제3판

의료소송 실무

Medical Malpractice Law

● ○

곽종훈

박영사

제3판을 내면서

세계 최고라고 자부하던 우리나라 의료시스템이 2023년 시작된 소위 의료대란으로 응급의료체계가 붕괴되고 응급 환자가 골든타임 내 치료를 받지 못하는 상황이 빈번하게 발생하는가 하면, 산부인과·소아청소년과·내과 등 필수의료 서비스가 제때 제공되지 못하는 의료 공동화 현상이 나타나고 있다. 이미 오래 전부터 사회문제가 된 수도권과 지방 간 의료 인프라 격차와 대형 병원으로 환자들이 몰리는 쏠림 현상이 개선되기는커녕 수도권의 의료체계마저 흔들리게 된 것이다. 원래 우리나라는 인구 대비 의사의 수가 경제협력개발기구(OECD) 평균보다 적은 상태이다 보니 전공의 및 의사들이 위험 부담이 크고 수익성이 낮은 필수 의료 과목(소아과, 산부인과, 내과 등)을 기피하면서 의료 공백이 발생하고 있었고, 이를 해결하기 위한 방안으로 의대 정원의 증원이 여러 차례 시도되었고, 국민소득 증가와 고령화 및 의료산업의 발전에 따른 의료 서비스에 대한 수효가 폭발적으로 늘어난 데다가 코로나 19의 팬데믹으로 인한 비상사태를 겪으면서 의사 수의 증가가 강력히 요청되었다. 이에 정부는 2023. 10. 19. 의대 정원을 2,000명 증원하는 발표를 하기에 이르렀고 갑작스러운 정부시책에 대하여 의사, 전공의, 의대생들이 조직적인 반대를 벌이게 된 것이다. 전공의의 이탈로 대형 병원의 병상가동률이 50% 이하로 떨어지고, 응급환자에 대한 조치나 암 환자의 치료가 지연되는 불상사가 이어졌다. 의사 수의 증대에 관한 여론의 높은 지지율에도 불구하고 의료계에서 정부시책에 반대하게 된 가장 큰 이유는, 증원의 규모가 예상 밖으로 큰데다가 정부가 타협의 여지가 없는 강경입장을 고수함으로써 일방적인 강압정책이라는 인상을 짙게 주었고, 값싼 인건비에도 희생을 감수하면서 대형 병원을 지탱하여 오던 전공의들로 하여금 장차 직접적인 피해를 입게 되리라는 불안감을 갖게 함으로써 집단이탈의 반발을 가져오게 한 것이다. 대형 병원의 전체 의사 중 39%에 달하는 전공의들의 집단 이탈은 기존 의료체계의 붕괴를 뜻하는 것이고, 그렇지 않아도 의료수가가 너무 낮고, 비합리적인 심사 등 규제가 많다는 정서가 광범위하게 펴져 있던 의료계로서는 의료의 모든 현안들이 '전적으로' 정부 책임이라는 피해 의식을 갖게 되면서 정부와의 타협을 불가능하게 만들었다. 이는 단순한 의대 증원의 문제가 아니라 지금까지 미흡한 응급의료 제도, 의료분쟁으로 인한 외과계 기피, 빈약한 공공의료 등과 같은 잘못된 의료정책이 누적된 결과이고, 다른 한편으로는 인구고령화와 소득 양극화의 심화 같은 사회환경의 변화도 한 몫을 한 것으로 보인다. 무엇보다도 비급여진료에 따른 부담을 완화시키기 위하여 도입된 실손보험제도가 1차 의료기관에서 비급여진료가 보편화되면서 피부과, 성형외과, 안과, 정형외과, 재활의학과, 통증의학과와 같이 비급여진료가 가능한 과목에 개원의들이 몰리는 기현상을 가져왔다. 정부로서는 코로나 펜데믹의 비상사태를 헌신적으로 극복해 낸 의료계의 노고를 위로하고 저수가체계의 개선을 통하여 의료인의 협조에 바탕을 둔 자발적인 개혁을 끌어냈어야 함에도, 당장의 현안을 해결하기 위한 방안으로 의대 정원 확대나 공공의대 설립과 같은 당장 그 효과를 기대하기 어려운 공공정책을 강요하는 방식을 취한 데에 결정적인 정책상의 실수가 있었던 것으로 보인다. 더욱이 의료전문가로 양성하는 데에는 막대한 인적 자원과 물적 인프라가 필요함에도 그에 대한 충분한 사전 점검 및 치밀한 계획을 세우지 아니한 채 일단 의과대학의 정원을 크게 늘이기만 하면 모든 문제가 해결될 수 있을 것이라는 성급한 생각에서 서둘러 증원정책을 강행함에 따라 최고의 엘리트 집단인 의사 직역의 자존심을 손상시킨 정책적인 실수라는 비난을 면키 어렵게 되었다.

의료정책은 우선 환자가 충분히 의료혜택을 누릴 수 있도록 수립되어야 한다. 그러기 위해서는 진료를 담당하는 의사들이 자신의 의술을 최대한 발휘할 수 있도록 의료시설과 진료시간이 보장되어야 하고 그에 대한 대가가 충분히 지급되어야 하는 한편, 의료과오가 발생하는 경우 이를 바로 찾아 내아 보전조치를 취함과 아울러 그로 인한 감당할 수 없는 피해를 적절히 보상하는 제도가 마련되어야 한다.

의료는 생명과 직결되는 행위이므로 이미 검증된 시술만을 행하는 것이 아니라 경우에 따라서는 치료효과가 있을 것 같으면 아직 시험단계에 있는 시술방법도 쓸 수밖에 없다. 또한 생명이 경각에 달하여 있는 응급상태에서 서둘러 시술을 행하는 것일 경우에는 아무리 뛰어난 의사라고 할지라도 사소한 신체적 장애에까지 낱낱이 놓치지 않고 완벽하게 시술하기 어려울 뿐만 아니라 중요한 시술에도 시행착오를 범하기 쉽다. 그러므로 의료과오 여부를 판단할 때 사후적 관점에서 완벽한 시술을 요구하는 것은 무리이고 의료수준이라는 통상의 시술 기준을 모든 경우에 일률적으로 적용하는 것은 오히려 환자에게 적절한 시술을 받을 기회를 박탈할 우려가 있다. 이렇게 볼 때, 의료과오로 인한 손해전보의 문제는 환자와 의사 또는 의료기관 사이의 1:1의 민사적 관계이기도 하지만 의료제도 전반을 이끄는 국가와 지방자치단체가 담당하여야 할 사회보장적 문제이기도 하다.

한편 나치 독일이나 일본 제국주의하에서 비인간적인 인체 실험이 광범위하게 행하여졌고 오늘날에도 의사의 윤리를 강화하여야 할 필요성이 여러 각도에서 대두되고 있으며, 어떠한 과제가 발견될 때마다 법적 규제를 강화하려는 경향이 나타나 의료 현장에서 비전문가에 의한 법의 개입이 가속화되고 있다. 그러나 법은 윤리의 최저한에 그쳐야 하고 의료현장에서 생긴 문제를 의료전문가가 주체적으로 해결하려고 노력하는 의료전문가의 자발적인 노력(professional autonomy)이 더욱 강력히 요구되고 이러한 노력에 법률 전문가가 협력하여 보다 실질적인 해결책을 찾아야 할 것으로 보인다.

여기에서 우리는 미국 의료과오 소송에서 새롭게 등장하는 분야라고 할 수 있는, 의료 사고나 악결과에 대하여 의료인이 환자 또는 가족에게 유감을 표하거나 사과하는 "Apology Laws"(사과법)에 주목할 필요가 있다. 최근 몇 년 동안 미국의 의사들은 의료과오 소송의 가능성을 줄이기 위하여 자신의 실수에 대해 환자측에 사과하도록 권고를 받아 왔다. 역사적으로 볼 때 의사들은 자신의 실수에 관하여 가급적 환자 측에 언급하지 말도록 권고를 받아 왔고 그 때문에 환자 측에서는 치료 과정에 발생하는 정당한 합병증에 대해서는 알기 어려운 벽을 느낄 수밖에 없었기 때문이다. 또한 일부 연구에 따르면 환자들은 의사가 자신의 과실에 대하여 솔직하게 말하는 것을 좋아하며, 의사가 자신의 실수에 대하여 책임을 지고 어떤 형태로든 배상할 경우 소송에 나설 가능성이 낮아질 수 있다고 한다. 오늘날 미국 39개 주와 컬럼비아 특별구는 의사들이 자신의 실수에 대한 책임을 지도록 장려하는 법안을 제정하였다. 이러한 법은 주마다 다소 차이는 있지만 의사가 환자 측에 동정, 유감, 애도의 표현을 자발적으로 표현하였다고 할지라도 후속 소송에서 이를 의료과오의 증거로 사용하는 것을 금지함으로써 당해 의사를 보호할 수 있도록 한 것이다. 이러한 사과법이 의료과오소송의 감소에 실질적인 효과를 미쳤는지는 불분명하지만, 의사들이 자신의 잘못을 인정하는 것이 환자측의 의문을 묵살하는 것보다 낫다는 인식을 의사들에게 심어준 점에서 사과법의 주된 목적은 달성할 수 있었다고 한다. 대한의사협회도 미국의 JCAHO와 같은 기구를 만들어 의료서비스의 질 향상 및 환자 안전 확보를 위하여 의료과오의 예방 가이드를 제공하는 등 자율적인 노력에 힘을 기울여야 할 것이다.

의료는 의사와 환자가 연합하여 공동의 적인 질병과의 전투라는 점을 자각할 때, 그 과정에서 필수적으로 발생하는 의료과오사건에 대해서도 위와 같은 진솔한 자세로 연대관계를 유지함이 마땅하다고 할 것이다.

금번 제2차 증보판에서, 의료가 각국의 국경을 넘어 범세계적으로 폭넓게 교류하고 있고 의료과오 역시 전 인류가 공통적으로 겪고 있는 법률적 현안임을 염두에 두고, 우리나라 판례의 추이는 물론 미국, 일본 등 각국의 법률제도와 운영실태를 비교법적으로 검토하여 우리나라 의료소송 실무의 개선책을 찾고자 노력하였다.

2025. 9. 30.

서립원에서 저자 씀

증보판을 내면서

재판부의 일원으로서 직접 재판업무를 수행하면서 가졌던 생각과 막상 법대 아래에서 재판을 받는 당사자의 대리인으로서 경험한 소회가 너무 달라 재조와 재야가 한 마음으로 바람직한 의료소송의 모델을 고민해보자는 뜻에서 초판의 발간을 서둘렀다. 그러다 보니 소송실무에서 자주 부딪히는 문제임에도 미처 싣지 못한 부분이 적지 않았다. 사실 의료소송 실무에서 다루어지는 분야는 국가적 의료체계 전체와 연계되어 있으며 사회가 발전할수록 의학기술이 더욱 첨단화하고 국민들에게 건강이 가장 큰 관심사가 되기 때문에 그 대상이 방대하고 그 전반에 걸쳐 정치한 이론을 세우기란 저자의 능력 밖일 뿐만 아니라 한 권의 책으로는 불가능하므로 어차피 본서는 개설서의 수준을 벗어나기 어렵다. 근래 의료법이 여러 차례 개정되면서 환자로 하여금 진료의사를 선택할 수 있게 하되 선택진료에 따른 추가비용을 받을 수 없게 함으로써 우리 사회의 뜨거운 논쟁거리가 되었던 선택진료가 사실상 폐지되는가 하면, 수술실 내 폐쇄회로 텔레비전의 설치·운영에 관한 의무규정(제38조의2)이 신설되어 2023. 9. 25. 시행을 앞두는 등 의료환경이 하루가 다르게 바뀌고 있다. 그러나 의료체계의 보완적 개선이 선행되지 아니한 채 새로운 제도를 강제할 때 수련기회의 차단과 기술전수의 기피와 같은 새로운 갈등이 촉발될 수 있을 것으로 보인다.

소송실무를 보면 시대에 따라 재판현장에서 자주 부각되는 이슈가 바뀌고 하나의 문제가 어느 정도 정리되면 또 다른 문제로 분쟁의 대상이 옮겨가면서 발전하는 것을 알 수 있다. 그중에서도 우리나라 민사재판실무를 할 걸음 크게 전진시킨 대표적인 변화는 전자소송의 일반화가 아닐 수 없다. 무엇보다도 당사자가 실시간으로 상대방이 제출한 서면이나 증거를 투명하게 살필 수 있고, 언제 어디서나 손쉽게 기록 전체에 접근하여 필요한 부분을 확대하여 볼 수 있는 것은 종전 재판실무에서는 상상하기 어려운 변화이다. 그에 따라 우리나라는 세계 어디에 내놓아도 손색이 없는 재판제도를 구축할 수 있게 되었고, 당사자의 철저한 사전준비와 그에 터 잡은 쟁점 중심의 공방, 법원의 시의적절한 소송지휘 및 적정한 판단이 가미될 때 세계 최고의 사법적 정의를 실현할 수 있는 토양을 갖추었다고 여겨진다.

한편 형사사건에 있어서는 수사권의 공정한 행사와 그에 기한 조사결과가 분쟁의 실체를 파악하는 데에 무엇보다도 중요한데도 피해자의 입장에서는 공무수행의 일환으로 많은 비용을 들여 작성된 공문서인 수사기록에의 접근이 제한되어 있어 도대체 어떤 내용의 조사가 어떻게 이루어졌는지조차 알기 어렵다. 그러므로 민사상 의료소송에 있어서도 형사상 과실 유무가 문제되어 형사사건이 병행될 때에는 그 진행경과를 알 수 없어 답답하게 되고, 무혐의로 종결되는 경우 수사기관이 내린 결론의 정당성을 신뢰하기 어렵다. 과거에는 의료소송에서 진료기록의 확보가 1차적인 관건이었으나 이 문제는 의료기관의 성실한 기록관리로 대부분 해소되었고, 이제는 확보된 진료기록에 전문가의 식견을 투영하여 의학적 진실을 규명하는 일이 가장 큰 숙제로 남아 있다.

아무튼 현재 우리나라 의료소송 실무가 넘어야 할 가장 큰 고개는 의료 전문가의 정직하고 솔직한 전문지식의 확보와 진료기록을 보충할 피고 측의 진료행위에 대한 해명이 아닌가 싶다. 특히 산고를 거듭하여 출범하였고 또 막대한 예산을 사용하고 있는 의료분쟁조정중재원의 감정부가 적극적으로 진료기록을 확보하여 의료사고의 원인에 관하여 바른 판단을 내려주는 것이 억울한 피해자를 구제하고 이 나라 사법체계를 반석 위에 세우는 가장 필요한 과제로 보인다. 의료전문가가 감정의견을 내는 것은 그 자체로 넓은 의미의 "재판"이므로, 이를 담당하게 된 의료인은 헌법 제27조가 보장하는 국민의 재판청구권이 실질적으로 보장될 수 있도록 공정하고 성실한 감정을 실시하여야 한다.

금번 증보판에서는 초판에서는 누락되었던 진단서, 처방전 등에 관한 법적 규제를 추가하는 한편, 미흡하였던 의료시설 관리상의 과오, 의료법 제33조 제2항의 실무상 적용, 의료법인의 특성 및 영리법인의 의료기관 설립 가능성, 의사와 한의사의 관계, 의료법상 무면허 의료행위의 범위, 의약품 사고, 실손보험금, 감염병에 대한 역학조사 협력의무 등에 관하여 보완하였고, 초판 발간 후 새로이 선고된 대법원판결 등도 가급적 반영하도록 노력하였으며, 의료과오소송의 핵심이라고 할 수 있는 인과관계 부분과 의료과오의 유형 등도 보완하였다.

우리나라 전자소송시스템이 세계 제일로 칭송받는 것처럼, 현행 국민건강보험체계를 뒷받침하는 의료소송 시스템이 잘 정비되고 발전되어 이 나라가 반석 위에 세워지는 데에 이 책이 조금이라도 보탬이 되기를 소망한다.

2022. 11. 20.

서립원에서 저자 씀

축하의 글

저자인 곽종훈 변호사는 서울고등법원에서 2006년부터 4년간 의료사고 전담재판부를 운영한 재판장의 경험을 바탕으로 이 책을 저술하였다. 저자는 대법원 1990년대 2년간의 재판연구관시기에도 의료과오사건(대법원 1998. 2. 27. 선고 97다38442 판결 등)을 비롯하여 제기된 제반 문제에 깊이 천착하는 연구보고서를 작성하곤 하였고, 의정부지방법원장 시기에도 그 법원연혁을 영문으로 소개하는 책자를 발간하는 저술의 열의를 보이기도 하였다.

우리는 고려, 조선의 왕조실록에서 볼 수 있듯이 기록문화의 훌륭한 전통을 가지고 있음에도 불구하고 각 개인들은 그들의 귀중한 공생활 또는 사생활의 경험을 기록으로 남기지 못하는 아쉬움이 있다. 법조계도 마찬가지이다. 우리와 같은 법체계인 일본에서도 많은 법조인이 자기들의 실무경험을 토대로 활발한 저술을 남기고 있음에도 불구하고 우리 법조인들은 귀중한 경험들을 저술로 남기지 못하고 떠남이 현실이다. 우리 법조계에서는 실무가의 저술을 오히려 백안시하는 경향까지도 있다. 저술은 학자의 몫으로 치부하고 있는 듯하다. 그러나 학자와 실무가의 저술은 그 지향점이 상이하여 그 의미와 효용이 다르다. 학자들의 저술은 자기학설의 일관성에 주안점이 있다면 실무가들의 저술은 각 이론의 실제 적용과정에서 나타난 문제점 해결의 경험에 중점이 있다. 기초의학과 임상의학의 저술이 모두 유용한 것과 같은 이치로 법률실무가들의 저술이 필요한 것이다.

저자는 머리말에서 '누구나 공감할 수 있는 의료과오 소송제도를 구축하기 위하여 법적 논증의 기본이 되는 책임요건의 실체법적 분석과 함께 바람직한 절차적인 모델을 제시하고자 하는 일념에서 이 책을 펴내기로 한다.'고 언급하고 있다. 높은 지향의 저술이다.

이 저서는 의료사고에서 책임요건의 핵심인 과실 및 인과관계를 중심으로 손해배상책임의 구조를 살핌과 아울러 환자의 자기결정권 보장을 위한 의사의 설명의무, 진료계약의 일방 당사자로서 환자의 의무를 체계적으로 검토하고 있다. 또한 실증적인 접근으로 진료과목별 의료과오의 선례를 판례를 중심으로 분석하고, 또 의료사고에 대한 구제 절차, 그중에서도 가장 결정적인 증거조사 방법인 감정절차의 개선책 등을 실무경험을 토대로 구체적으로 논하고 있다. 나아가 일반인들의 진료기록부에 대한 이해를 높이기 위하여 부록으로 진료기록부에 흔히 나오는 의학약어들도 알기 쉽게 풀이하고 있다. 의학약어 해설에는 의사인 장녀의 도움을 받았다고 설명하고 있다.

이 저술은 의료과오소송을 담당하는 법률실무가들은 물론 의료사고에 연계된 일반인들에게도 큰 도움이 되고 나아가 우리나라 의료사고의 분쟁 해결에 관한 법률문화 고양에 크게 기여하게 될 것으로 본다.

이 책의 출판을 진심으로 축하하며 박수를 보낸다.

변호사, 전대법관 박 준 서

머 리 말

서울고등법원에서 2006. 8. 16.부터 2010. 8.까지 꼬박 4년간 의료전문부인 민사 제17부의 재판장으로서 의료과오사건에 대한 항소심 재판업무를 수행하면서 법원내 의료법분야연구회(의료법커뮤니티)에 참여하여 의료소송의 전문가들과 함께 법이론과 실무에 관한 천착의 시간을 가졌다. 그동안 법원 내에서 이루어진 보직 변경의 추이에 비추어 보면 결코 짧은 기간이 아니다. 대학을 입학하였더라도 학사과정을 다 마치고 졸업했을 정도로 긴 세월이다. 그래서 그런지 민사 제17부를 떠난 지 이미 10년이란 세월이 지났음에도 여전히 그 당시 고심했던 의료과오사건에 대한 기억이 생생하고 그때 느꼈던 문제점들이 여전히 숙제로 남아 마음을 무겁게 한다.

의료과오사건을 둘러싸고 제기되는 법률적 쟁점은 “과실”과 “인과관계”라는 두 가지 큰 문제로 압축할 수 있고, 그에 관한 이론은 다소 복잡한 면이 없지 않지만, 법률전문가라면 누구나 어느 정도 시간을 투자하면 이해할 수 있는 결코 어려운 문제가 아니다. 그런데 막상 실무에서 의료과오소송을 마주쳐보면 사실인정은 물론 그에 따른 법적 판단 역시 특별한 전문성을 요하는 독특한 분야임을 뼈저리게 느끼게 된다. 그러므로 이러한 소송을 미리 경험하여 보지 아니한 변호사로서는 하나하나 배워가면서 수행하겠다는 막연한 생각을 가지고 뛰어들었다가는 낭패를 보기 쉽다. 왜냐하면, 일련의 의료과정에서 어느 단계의 어떤 의료행위가 문제되는지를 찾아내는 일부터가 비전문가로서는 쉽지 않기 때문이다. 한편 재판부로서도 사건관리를 위한 충분한 사전 준비 없이 심리에 임하면 소송지휘의 가닥을 잡기 어려울 뿐만 아니라 장기미제의 미궁에 빠지기에 십상이다. 이 점은 외국에서도 마찬가지로 이 분야에 전문가의 도움이 필요하다는 점에 대해서는 이론이 없다. 그러므로 우선 의료과오소송이 가지는 이러한 특성을 보다 자세히 살펴볼 필요가 있다.

첫째로, 의료법 등 관계법령에 의하면 의료의 전 과정이 기록되도록 법적 규제가 마련되어 있지만 막상 의료실무에서 그 규제가 제대로 지켜지지 않고, 제대로 된 기록물이 증거로 제출될지라도 의료전문가의 도움 없이는 그 기록물 자체를 해독하기조차 어렵다. 이처럼 진료기록이 가지는 어쩔 수 없는 한계로 말미암아 아무리 의료전문가라고 할지라도 직접 그 의료행위를 행한 담당자가 그 당시 단계별로 어떠한 의사결정을 내리고 또 어떠한 처치를 시행하였는지를 정확히 밝혀내기란 쉽지 않다. 따라서 통상 진료기록에 대한 전문가의 감정을 통하여 어떠한 구체적 상황에서 어떠한 의료행위가 행하여졌는지를 입증하게 되는데 우선 감정기관의 선정이 쉽지 않고, 그 감정결과가 도착하는 데에 많은 시일이 소요되며, 도착한 감정결과의 내용이 불명확하거나 실제로 행하여진 사실과 달라 보다 정확한 감정결과를 얻기 위하여 거듭하여 진료기록감정신청이 이루어지는 사례가 많다. 이는 곧 의료과오의 입증이 그만큼 어렵다는 것을 단적으로 보여준다.

둘째로, 과실 여부의 판단기준이 되는 의료수준(醫療水準)이 명쾌하지 않아 구체적 주의의무의 내용 및 위반 여부를 확정하기가 어렵다. 의료기관마다 질병을 대하는 표준적 처치방법이 일정하지 않아 비전문가가 그 정당성에 문제를 제기하기가 어렵다. 다만 간호사가 의사의 구체적 지시를 위반하였거나 처치과정에서 의료진 사이에 견해 대립이 있었는데 일방적 견해만이 채택되어 의료행위가 행하여진 사실이 드러난 경우 등에는 비교적 과실의 개연성을 쉽게 인정할 수 있다.

셋째로, 의료과정에서 발생한 악결과(惡結果)에 대한 원인을 분석함에 있어서 의료전문가들 사이에 견해가 분분한데다가 치료과정에서 무엇인가 미흡한 점이 있었다고 인정될지라도 이를 규범적으로 분석하여 과실 책임을 인정할 수 있을지를 판단하는 기준이 시대적 · 사회적 상황에 따라 가변적이라는 점도 의료과오소송을 어렵게 만드는 원인 중의 하나이다.

넷째로, 피고 측은 그 책임 존부를 다투는 소송이 본격적으로 시작된 후에는 대개 당해 분쟁이 신속히 끝나는 것을 원하지 않는다. 왜냐하면 시간을 끌수록, 관계인들의 기억이 희미해지거나 핵심 증인이 사망할 수 있어 진실규명이 어렵게 되거나 원고 측에서 적은 비용으로 소송을 시작한 후 지쳐버려 소송을 포기할 수 있다는 등의 이점이 있기 때문이다. 이 점은 특히 피고가 대부분 보험회사가 되고 개별적인 사건에 대한 충분한 사전 심사 없이 무조건 피고 사건을 수임하고 보는 미국의 변호사업계에서 심하게 나타난다고 한다.[1)]

다섯째로, 오랜 심리 끝에 어렵게 의료과오의 책임을 인정하는 쪽으로 결론이 난 경우에도 그 의료과오에 대한 피고의 책임비율을 정하는 것 역시 매우 어려운 문제이다. 이 문제는 의료환경이나 병원의 경영현실 등을 감안하지 않을 수 없는 한편, 피해의 실질적 회복을 위하여 형평의 이념에 맞는 손해의 분담비율을 정해야 하기 때문이다. 우리나라나 일본에서는 피고 측의 책임감액사유로 원고 측의 과실상계 사유만이 아니라 신체적 소인 등과 같이 다른 손해배상사건에서는 찾기 어려운 요소까지 감안하고 있다. 미국에서도 많은 주가 의료과오의 피해자가 받을 수 있는 손해액의 상한을 실정법으로 정하고 있다.[2)] 이는 그만큼 의료과오가 다른 손해배상책임의 경우와는 달리 원래 의료행위가 치료목적으로 행하여지는데다가 그 과정에서 위험 발생의 가능성이 매우 높기 때문에 부득이 과실이 인정된 경우에도 그 책임 범위를 제한하여야 한다는 공감대가 형성되어 있음을 뜻한다. 그러므로 손해배상의 범위도 교통사고로 인한 손해배상책임의 범위와 유사해 보이지만 실제로는 많은 차이를 드러내고 있다.

이러한 의료과오소송의 특성을 감안하여 법원에서도 전문 재판부를 설치하여 특별관리를 시도하고 있지만, 당사자들로부터는 여전히 다른 민사사건에 비하여 심리가 지지부진하다는 비판이 끊이지 않고[3)] 의료사고의 피해자 중 극

---

1) William A. Cirignani, Everything You Need to Know about Medical Malpractice in Plain English, Word Association Publishers(2016), 11-12면.

2) 이러한 법적 제한(statutory caps)은 통상 환자당 25만 달러 내외이며, 그 부당성을 지적하는 많은 비판이 있다. William A. Cirignani, 전게서, 66면.

3) 비록 오래된 통계이긴 하지만, 우리나라 의료소송의 경우 1심판결에는 평균 2.6년(933일, 30개월 1심 122건 분석), 2심판결에는 평균 1.3년(464일, 15개월 2심 43건 분석)이 소요되었으며, 성형외과사건은 더욱 그 기간이 늘어나 분쟁해결에 소용되는 총 기간이 평균 6.3년(2,283일)에 달한다는 분석이 있었고(의료개혁위원회, 의료 부문의 선진화를 위한 의료정책과제, 한국보건사회연구원(1997. 12.), 61쪽), 의약분업 이후 한때 감정결과의 회신이

히 소수만이 소송에까지 나갈 뿐이라고 하는데도 여전히 의료소송사건의 수는 연간 900건이 넘는 고공행진을 계속하였는가 하면[4] 재판에 대한 만족도는 높지 않다는 지적이 많다. 특히 **의료란 그 성질상 질병이란 공공의 적을 상대로 의료진과 환자가 강한 연대감을 가지고 치밀하게 대처하더라도 그 결과를 장담할 수 없는 힘겨운 싸움인데 중도에 이러한 연대감을 상실한 채 서로 대치상태에서 법정공방에 들어서게 되면 결국 피해를 입는 것은 공동전선을 펴야 할 환자와 의사일 수밖에 없으므로 사회전체가 엄청난 손실을 입게 된다.**

이러한 악순환의 고리를 사전에 차단하기 위한 노력의 일환으로 법원에서는 의료과오소송을 조정에 친한 분쟁유형으로 분류하여 전문가 조정위원의 도움을 받아 조정활성화에 많은 노력을 기울여 왔다. 특히 서울고등법원에서는 2006년 하반기에 의견청취형조정제도를 실시하기 시작하였고, 전문심리위원이 확보된 2008년부터는 심리 초기에 의료전문가인 전문심리위원으로 하여금 쟁점 파악에 적극적으로 관여하게 하였다. 이러한 변화의 방향은 그 후에도 이어져 만성적인 심리지연에 시달리던 의료과오사건이 단기간 내에 조정과 화해와 같은 대체적 분쟁해결 방식(ADR)으로 종결되는 쾌거를 가져오기도 하였다.

다만, 하나의 욕구가 채워지면 다른 불만이 새롭게 등장하는 것처럼, 의료전눈가의 조기개입이 쟁점을 파악하는 데에는 많은 도움을 준 반면, 의료전문가들 사이에 존재하는 다양한 의견 중 어느 하나가 심리 초기에 확정된 결론처럼 예단으로 작용할 위험이 나타나기 시작하였고, 의학적 전문지식에 대한 규범적 평가가 자칫 소홀히 될 수 있는 문제점이 제기되었다. 여기서 알 수 있는 것은 **의료과오소송은 그 분쟁의 성격상 질병이 인간의 힘으로 극복하기 어려운 것처럼 하나의 방법으로 정의와 공평의 이념을 일관되게 관철하기가 매우 어려**

지연되거나 아예 회신이 오지 않는 경우가 많아 심리기간이 이보다 더 지연된 경우도 있었지만, 2000년 이후 전체적인 의료소송의 심리기간은 의료전문재판부 설치 등의 영향으로 앞서 본 통계보다는 다소 짧아지고 있다. 박영호, "통계로 본 의료소송", 법원 의료법 분야연구회(의료법커뮤니티) 게시판, 7-8면 참조.

4) 의료과오 손해배상소송의 제1심 본안사건의 수는 꾸준히 증가하다가 2006년 979건을 정점으로 다소 감소하였는데 다시 늘기 시작하여 2013년에는 1,101건으로 증가하였고 그 후에도 2018년 959건에 이르기까지 매년 900건대를 유지를 하고 있다. 정성희 외 2인, 의료배상책임의 현황과 과제: 보상체계 중심으로, 보험연구원(2020), 34면 참조.

운 분야라는 것이고, 끊임없는 연구와 보완이 필요하다는 점이다.

이에 본 저자는 의료과오사건에서 재판과정에서 얻어진 사실관계를 규범적으로 평가하기 위해서는 국가 전체의 의료체계를 이해해야 함은 물론 그 결과에 관하여 사회전반에 걸쳐 공감대가 형성되어야 한다고 생각된다. 나아가 날로 새로워지는 의료서비스에 대한 수요의 변화를 공급자가 민감하게 수용하여야 하고, 그를 뒷받침할 수 있는 의료제도의 개혁이 수반되어야 하며, 그에 맞는 새로운 법규범을 세워나가야 할 것이다. 전 세계 어디에 내놓아도 손색이 없을 정도로 국민 모두가 혜택을 받을 수 있는 평준화된 건강보험제도가 이 땅에 정착되어 있다면, 이제는 환자가 기대하는 적정한 의료서비스가 이루어질 수 있도록 의료환경을 규범적으로 조성할 필요가 있다. 우선 의료소송실무상 환자 측으로부터 가장 많은 불만을 사는 설명부족의 점과 응급상황에서의 처치 지연의 점을 개선하기 위하여 이에 관한 엄격한 규범 적용이 필요하다. 또한 사람의 생명을 다루는 의사에게 고도의 주의의무를 요구하는 것은 당연함에도 불구하고, 그동안 재판실무에서는 의료수가가 저렴하면서도 의료사고에 대한 보험제도가 일반화되어 있지 아니한 의료환경을 감안하여, 의료과오는 엄격하게 인정하는 한편 그에 대한 책임을 전적으로 의료기관에 돌리기는 어렵다고 여겨 그 책임범위를 상당 정도 제한하려고 노력하여왔다고 할 수 있다. 그러나 수시로 발생할 수밖에 없는 의료사고로 인한 피해자 구제의 문제는 우리 사회가 풀어야 할 숙제이므로, 의료사고에 대한 책임보험제도를 공공성의 차원에서 실질화하는 것이 무엇보다도 중요하고, 국가적 차원에서 피해구제의 재원확보를 위한 방안을 찾아야 할 것이고, 그와 병행하여 책임제한에 관한 재판실무도 바뀌어야 할 것이다.

이제 좀 더 성숙한 자세로 누구나 공감할 수 있는 의료과오소송제도를 구축하기 위하여 법적 논증의 기본이 되는 책임요건의 실체법적 분석과 함께 바람직한 절차적인 모델을 제시하고자 하는 일념에서 이 책을 펴내기로 한다. 책임요건의 핵심인 과실 및 인과관계를 중심으로 손해배상책임의 구조를 살핌과 아울러 환자의 자기결정권 보장을 위한 의사의 설명의무, 진료계약의 일방 당사자로서 환자의 의무를 체계적으로 검토한 다음, 실증적인 접근으로 진료과목별 의료과오의 선례를 판례를 중심으로 분석해보고, 또 의료사고에 대한 구제절차, 그중에서도 가장 결정적인 증거조사방법인 감정절차의 개선책 등을 차례로 논하고, 일반인들도 진료기록부에 대한 이해를 높이기 위하여 부록으로 진료기록부에 흔히 나오는 의학약어들을 정리하였다.

아무쪼록 이 책이 의료과오소송을 맡은 일선 재판부는 물론 의료사고에 연계된 국민들이나 의료과오사건을 의뢰받은 재야 법조실무가들에게 조금이라도 도움이 되기를 기대해 본다. 지난 법조생활을 돌이켜보면 기라성 같은 법조 스승 및 동료 법관들로부터 삶의 자세와 법리 등에 관하여 많은 가르침을 받았고 그러한 가르침이 늘 등불이 된 데에 깊이 감사드리며, 국민들로부터 존중받고 신뢰받는 사법부로 더욱 매진할 것을 간절히 소망한다. 마지막으로 이 책이 햇빛을 볼 수 있도록 마음에 결단을 주신 성삼위 하나님과 생각이 막힐 때마다 조언을 아끼지 아니한 사랑하는 가족들, 특히 의학약어사전을 꼼꼼히 정리하여 준 맏이와 각주를 꼼꼼히 챙겨준 박희우 변호사, 출판을 선뜻 허락하여 주신 박영사의 안종만 회장님과 안상준 대표님, 졸고를 아름답게 기획 · 편집 · 제작하시며 수고를 아끼지 아니하신 여러분들께 깊은 감사를 표한다.

2020. 12. 31.

오수(獒樹) 서립원(瑞粒園)에서 저자 씀

차 례

세부 차례

제 1 장 의료과오소송 개관

제 2 장 의료사고의 발생 원인과 현황

제 3 장 손해배상책임의 구조

제 4 장 의료과오의 주요사례와 쟁점

제5장 의료사고에 대한 권리구제절차

제6장 의료과오소송과 진료기록 감정

제1장 의료과오소송 개관

1. 의료(과오)소송의 개념

의료소송이란 용어는 실무상 널리 사용되지만 법령상 그 개념이나 의미가 규정되어 있는 것은 아니다. 단지 넓게는 민사소송의 대상이 되는 분쟁 중 그 성격상 쟁점정리나 심리에 의학이나 의료[1]에 관한 전문지식 및 경험을 필요로 하는 것을 가리키고, 협의로는 의료행위 중에 의사 기타 의료인의 과실에 기인하여 발생한 사고에 대한 손해배상책임이 문제되는 의료과오로 인한 손해배상소송, 즉 사건명이 '손해배상(의)'에 해당하는 의료과오소송[2]을 가리킨다.

1) 일본에서는 의학과 의료를 포괄하여 의사(醫事)라고 칭하는가 하면, 의사관계소송에는 의료과오소송만이 아니라 교통사고나 산재사고로 인한 손해배상사건 중에서도 의학 및 의료에 관한 문제(사고와 후유장해 사이의 인과관계, 후유증의 정도 등)가 포함되어 있는 사건도 포함하는 개념으로 사용되고 있다. 佐佐木茂美, 医事関係訴訟の実務(新版), 新日本法規出版(2005), 3면 참조.

2) 서울고등법원의 의료전문재판부가 담당하는 의료사건은 손해배상(의) 사건이다.

2. 의료과오소송의 특성

의료과오소송은 일반 민사소송사건에 비하여, 의료에 관한 전문지식이 없이는 쟁점정리 자체가 쉽지 아니하고 으레 의료전문가의 전문지식 또는 그에 터 잡은 사실판단의 의견을 얻기 위한 감정절차가 뒤따르게 되는데 그 모두가 우선 오랜 기간이 소요되는 경우가 많고 감정절차를 거치더라도 확실한 판단자료를 확보하기가 쉽지 아니하여 많은 어려움을 겪게 된다. 이러한 심리지연의 사유를 구체적으로 살펴보면 의료과오소송에서 다음과 같은 특성이 있음을 알 수 있고, 이것을 해결하는 길이야말로 의료과오소송의 관건이라고 할 수 있다.

가. 전문적 식견의 확보가 필수적인 소송유형

의료과오소송은 한마디로 의학 및 의료에 관한 전문적인 식견이 제공되지 않고서는 해결할 수 없는 특별한 소송유형이다. 여기서 말하는 전문적인 식견이란 단지 인체에 대한 생물학적 지식이 있다거나 의학의 기본적 프로세스를 이해하고 있는 초보 수준의 전문지식을 말하는 것이 아니다. 물론 어느 정도의 의학지식이라도 사건을 파악하는 데에 적지 않은 도움을 주겠지만, 자칫 어설픈 의학지식이 구체적인 의료과오사건을 처리함에 있어 정확한 법적 판단을 방해하는 선입견으로 작용할 여지도 있는 점에 주의할 필요가 있다. 여기서 말하는 전문적 식견이란 적어도 문제가 된 의료분야에 관하여 기본적 지식은 물론 새로운 의학지식까지 끊임없이 배우고 익힌 전문가의 식견을 말하고, 나아가 임상의학의 실천에 관한 현실적 의료수준을 제대로 이해하고 있는 전문가 수준일 것을 요한다.[3] 그렇지 않고서는 문제가 된 의료행위의 내용 및 효과를 파악할 수 없기 때문이다.

소송과정에서 이러한 전문지식을 제공받기 위해서는 의료 전문가를 소송절차에 관여시켜야 하는데, 그 가장 대표적인 방법이 전문조정인, 전문심리위원

---

3) 미국 대부분의 주에서는 의료과실을 입증하기 위한 증거방법을 제한하고 있는데, 현재 또는 당해 의료과오가 있었다고 주장되는 시점에 의사면허를 가지고 의료행위를 행하던 의료인으로서 문제된 의료시술에 관한 의료수준(the standards of good and accepted medical practice for the care in question)을 아는 전문가가 그 의료수준이 무엇이며 피고 측이 그 의료수준을 어떻게 위반하였는지를 밝히는 방식의 증언에 의하여야 한다.

및 감정인 등의 도움을 받는 길이다.

흔히 의학적 전문지식은 정리된 쟁점에 관하여 재판부의 판단을 돕는 데에 필요한 것으로서 감정과 같은 증거방법으로 확보하면 족한 것으로 생각하기 쉽다. 그러나 실제로는 의료과오소송의 원고측은 대체로 의료에 관한 전문지식 없이 의료행위로 인한 악결과에 대하여 단지 억울한 생각에서 막연히 그 경위를 설명하는 방식으로 청구원인을 제시하는 것이 보통이고, 피고측은 이에 대하여 자신에게는 아무런 잘못이 없다는 식의 방어방법을 취하기 때문에, 과실 등에 관한 원고의 주장 자체가 특정되거나 정리되지 못한 채 소송이 표류하기 쉽다. 따라서 재판부로서는 소송의 초입단계에서부터 의료전문가의 도움을 받아 적극적으로 쟁점을 정리할 필요가 있다. 만일 이러한 쟁점정리단계를 거치지 아니한 채 원고가 막연히 제출한 감정신청서에 의존하여 곧바로 감정촉탁을 의뢰하거나 증인신문절차에 들어간다면 우선 분쟁해결에 도움이 되는 증거자료를 확보하기 어려울 뿐만 아니라 감정인이나 증인의 입장에서도 쟁점이 분명하지 않기 때문에 많은 어려움을 겪음은 물론 필요한 답변을 제대로 할 수 없게 된다.

쟁점정리단계에서 전문가의 도움을 얻는 방법으로는 쟁점정리를 위한 첫 기일을 변론준비기일이나 조기 제1회 변론기일로 지정하여 전문심리위원(민사소송법 제164조의2) 또는 감정인[4]의 도움을 받는 것과 조정기일로 지정하여 전문조정위원의 도움을 받는 것이 있다.[5] 이 때 제공되는 전문지식은 사실상 의료과오의 존재 여부를 가늠할 수 있을 정도로 수준 높은 것이지만 이는 오직 쟁점정리를 위한 것이나 임의적 분쟁해결을 위한 수단일 뿐 그 전문지식이 곧바로 증거자료가 될 수 없는 것임에 주의하여야 한다.

결국 의학적 전문지식에 터 잡아 증거자료가 될 수 있는 것은 감정이란 증거조사절차를 거쳐 얻어진 감정결과나 감정증언 또는 이에 준하여 제출되는 서증 등이다. 그리고 이러한 감정과 같은 증거방법이 기능하는 분야는, 법관의 자

---

4) 조기에 감정을 채택하여 감정인으로 하여금 감정사항을 확정하는 등의 방식으로 쟁점정리절차에 관여하게 할 수도 있으나 감정인이 대부분 대학병원 소속 의사들로서 평소 바쁜 일정에 쫒기는 터라 쟁점정리기일에 출석할 것을 기대하기란 쉽지 않을뿐더러 전문심리위원제도가 도입된 이상 사실상 무리한 요구로 보인다.

5) 쟁점정리단계에서 전문가인 조정위원 또는 전문심리위원을 활용하는 방법에 관하여는 본서 제5장 2.나.1)가)의 (2)항 및 (3)에서 자세히 논하기로 한다.

유심증에 따라 행하여지는 사실인정 과정에서 의학지식과 같은 전문적 경험칙은 일반적·상식적 경험칙과는 달리 법관으로 하여금 이를 사전 숙지하고 있도록 요구할 수 없으므로 법관의 지식을 보충해주는 것일 뿐, 진료경과 등의 전제사실을 확정하는 절차도 아니고 최종적으로는 당해 의사의 행위가 과실에 해당하는지 여부에 관한 법적 평가를 담당하는 것도 아니므로 감정사항을 결정하면서 그 한계를 명백히 하는 것이 중요하다.[6]

나. 증거자료의 편재와 쟁점정리가 어려운 소송유형

오늘날 의료서비스는 날로 전문화되어 가는 반면, 시민들의 생활에 여유가 생기면서 일반인도 대체로 의료에 관한 관심이 높아진데다가 인터넷 등을 통하여 누구나 전문지식에 쉽게 접근할 수 있게 되다 보니, 병원을 찾는 환자들은 거의 대부분 자신이 받는 진료의 내용이나 과정을 낱낱이 알고 싶어 한다. 또한 환자의 이러한 정보욕구는 의료서비스의 공급자인 의사의 설명의무에 의하여 법적으로 강력히 뒷받침된다. 그런가 하면 전문 의료기관이 제공하는 의료서비스는 그 과정이나 결과 및 처치내용이 진료기록부 등[7]에 상세히 기록되어 보존되고, 환자 편에서는 일부 의료행위를 제외하고서는 그 시술과정을 바로 옆에서 지켜보는 경우가 대부분이다. 따라서 의료소송은 전문가의 눈으로 보면, 분쟁의 대상이 되는 의료행위의 경위가 서증에 의해 적나라하게 들어나도록 제도적으로 보장되어 있는데다가 목격자가 많아, 현대의학으로서도 그 원인을 규명할 수 없는 예외적인 경우가 아닌 한, 다른 유형의 사건과는 달리 사실인정이 비교적 용이하다고 할 수 있다.

그러나 의료과오가 문제된 사건들을 개별적으로 들여다보면, 그 구체적인 시술 내용을 피고측의 상세한 해명 없이는 알기 어렵다. 더욱이 진료기록을 작성하는 쪽도 이를 보관하는 쪽도 어디까지나 모두 피고측이다. 따라서 처음부터 피고측이 진료기록부를 제시하지 않거나 제시하더라도 그 진료기록부의 기

---

6) 감정의 대상 및 한계에 관한 자세한 설명은 제6장 4.항에서 설명하기로 한다.

7) 의료기관은 다양한 진료기록을 작성·보관하고 있는데, 그 대표적인 것으로 진료기록부, 간호기록부, 수술기록부 등이 있고, 그 밖에도 마취기록, 의사지시표, 혈액검사·소변검사 등의 각종 검사표, X선·CT사진·MRI사진 등의 영상사진, 부검기록, 조직표본, 진료보수명세표 등이 있다.

재가 부실하거나 EKG 모니터링 기록과 같이 중요한 자료를 누락하는 예가 있고, 또 사전에 원고측이 증거보전과 같은 방법으로 이를 확보하더라도 담당 의사가 문제된 시술을 어떠한 근거에서 어떠한 의사 결정 과정을 거쳐 취한 것인지를 밝히지 않는 한, 그 시술의 구체적 경위를 객관적으로 파악하기란 결코 쉬운 일이 아니다. 진료 경위가 구체적으로 밝혀지지 않은 상태에서는 원고로서는 피고측이 범한 과실이라든가 그에 이른 인과관계 등을 특정하기 어렵게 되고, 이와 더불어 쌍방이 변론에서 벌일 공방의 대상이 되는 쟁점 역시 불분명한 상태에 머물고 만다. 이처럼 피고측으로부터 당해 사안에 대한 해명이 이루어지지 않은 때에는 재판부가 아무리 쟁점정리를 위하여 기일을 거듭하여 열더라도 쟁점이 명확해질 수 없다. 더욱이 쟁점정리가 되지 않은 채로 감정촉탁이나 증인신문을 실시하는 경우에는 장님이 문고리를 찾는 것처럼 감정사항이나 증인신문사항이 포괄적일 수밖에 없고 그 답변 역시 산만할 수밖에 없게 된다. 이렇게 실시된 증거조사로는 문제해결에 도움이 되는 집중적이고 전문적인 식견을 확보할 수 없게 된다. 결국 증거조사절차에 많은 시일이 소요되었음에도 그 모든 노력이 도로에 그칠 뿐 다시 원점으로 돌아가 새롭게 쟁점정리와 증거조사를 거듭할 수밖에 없게 되어 만성적인 사건적체에 빠지게 된다.

그러므로 의료과오소송이 신속하고 적정하게 원만히 수행되기 위해서는, 원고측은 과실 및 인과관계 등을 명확히 특정하여 주장하는 소송상 책임을 다하여야 하지만, 피고측은 이것이 가능하도록 그 전제가 되는 진료 경과 및 담당 의사의 의사 결정 과정 등에 관한 정보 및 자료를 쟁점정리 단계에서 적극적으로 제출하여야 한다. 요컨대 피고측으로서는 의료과오가 문제된 사안에 관하여 관련된 진료 전반을 불투명한 상태로 상대방의 억측에 맡겨둘 것이 아니라 사안 해명에 적극적으로 나서서 피고측이 알고 있는 진료행위의 경과 및 담당 의사가 행한 판단·처치의 정당성 등을 주장하고 관련된 정보 및 증거자료를 제출하는 것이 요망된다.

다. 감정에 대한 의존도가 높은 소송유형

앞에서 본 바와 같이 의료과오소송의 원만한 심리나 적정한 결론을 도출하기 위해서 의료전문가의 전문적 식견을 확보하는 것이 절대적으로 필요하고 그

중 감정이야 말로 법관의 판단능력을 보충하기 위해 절대적으로 필요한 증거방법으로서 의료과오소송에서 극히 중요한 위치를 점하고 있다.

현재 우리 실무를 보면, 의료사건에 관한 한 대부분 진료기록감정을 실시하되 1인의 감정인이 서면으로 의견을 진술하는 단독감정의 방식을 취하는 것이 일반이고, 이러한 감정 방식은 그 문제점으로 ① 감정인 선정의 어려움, ② 의학계에 폭넓게 퍼져 있는 비협조적인 분위기,[8] ③ 감정서 제출의 지연, ④ 감정결과에 대한 지나친 사후 공방, ⑤ 공정성 확보의 미흡 등이 지적되고 있다. 이처럼 감정사항을 정리하는 일이나 적절한 감정인을 선정하는 일이 한결같이 쉽지 않은데다가 선정된 감정인이 감정서를 작성하는 데에도 사안 자체가 모호하거나 병원 내부의 사정 등으로 어려움을 겪어 감정절차에 장기간이 소요되는 난점이 있다. 이러한 특성은 곧바로 의료소송의 심리에 많은 시일이 소요되는 원인이 되어 소송지연을 가져오게 한다.[9]

종전 우리 재판실무에서는 진료기록의 감정의 경우 각 법원 별로 연초에 각 대학병원 등으로부터 추천을 받아 감정인 명단을 작성한 다음 추첨의 방식으로 감정인을 선정하는 방식을 취하였는데, 이 방식은 당사자가 후보자를 추

---

8) 이 점은 미국에서도 마찬가지로 원고가 의료과실을 입증하기 위해서는 전문가 증언(expert testimony)가 필요한데 특히 소도시나 시골에서 이를 확보하기 어렵다. 이처럼 의사들이 의료과오소송에서 서로 불리한 증언하기를 꺼리는 현상을 "침묵의 음모(conspriacy of silence)"로 불리고, 이것이 생기는 원인이 동료 의사들이 행할지 모르는 앙갚음을 두려워하거나 장차 자신이 피고가 될지도 모른다는 생각 등에 있다고 본다. 그 때문에 어쩔 수 없이 이러한 전문가 증언만을 전문으로 하는 의사(hired gun)를 쓰기도 하지만 그들이 전문적 지식을 갖추지 못하여 어려움을 겪기도 한다. Marcia M. Boumil 외, Medical Liability in a Nutshell(5th ed.), West Academy(Eagan, MN, 2024), pp 70-71.

9) 의료소송이 장기화되는 것은 범세계적인 현상으로서, 일본의 의사관계소송의 경우 1심의 심리기간이 1995년에는 38.8개월, 2000년에는 35.6개월, 2003년에는 27.7개월, 2007년에는 23.6개월이 소요되어 일반 민사소송의 약 3배 에 달하였는데, 2001. 4. 1.에 東京地裁에 4개 재판부(제14, 30, 34, 35민사부)와 大阪地裁에 2001. 2개의 재판부(제17, 19민사부)를 각 의료집중부로 설치하여 의료사건을 전담케 하는 한편, 2003. 7. 9. 국회에서 통과된 민사소송법 개정으로 인하여 계획심리제도가 신설되면서 쟁점정리가 충분히 되고, 다른 증거조사까지 마친 상태에서 제출된 다른 증거에 의하여 의료과오 여부에 대한 감정의 필요성이 있다고 판단될 경우에만 감정을 채택하도록 하여 제한적으로 감정을 실시한 결과, 大阪地裁의 경우 그 평균 심리기간이 390.6일(13.0월)로 의료전담부가 설치되지 않은 법원을 포함한 전국의 의료 소송의 평균 심리 기간(2003년 27.7월)의 절반에도 미치지 못하고 있는 것으로 나타나고 있다. 佐佐木茂美, 전게서, 3-11면; 박영호 전게논문, 10면 각 참조.

천하는 방식보다 그 공정성을 담보하는 점에서 많은 장점이 있으나, 비협조적인 의국이 적지 않아 아예 처음부터 감정촉탁 자체에 응할 수 없다는 답변을 보내오기도 하고 또 응낙한 경우에도 감정촉탁회보서가 도착하는 데에 많은 시일이 소요되고 또 그 내용이 부실한 것이 적지 않다. 이러한 경우 공정성·중립성 측면에서 감정업무를 수행하기에 부적절하다고 판단하여 해당 의료인을 명단에서 배제할 것을 요구할 수 있으나 의료기관이 감정촉탁기관으로 지정되는 것을 귀찮게 여기는 이상 이러한 제재 수단은 별 효과가 없었다. 이에 그 방식을 개선하여 ① 법원행정처장은 매년 3. 31.까지 신체감정등을 촉탁할 『감정촉탁기관 및 감정과목별 담당의사 명단』을 작성하고, 이를 감정촉탁기관에게 송부함과 동시에 『감정인선정전산프로그램』에 입력하고, ② 『감정촉탁기관 및 감정과목별 담당의사 명단』을 신체감정 및 진료기록감정 분야로 나누어 작성하며, ③ 법원행정처장은 매년 3. 15.까지 신체감정등을 촉탁할 복수의 국·공립병원 및 대학부속병원 또는 종합병원의 장들에게 신체감정, 진료기록감정 분야로 나누어 감정과목별로 이를 담당할 과장 또는 대학의 조교수 이상의 전문의들을 추천할 것을 요청하고, ④ 법원행정처장은 추천 요청 시에 공정성·중립성 측면에서 신체감정을 수행하기에 부적절하다고 판단되는 전문의들(예를 들어 보험회사의 자문의, 근로복지공단의 촉탁의 등)을 배제할 것을 요구할 수 있도록 『감정촉탁기관 및 감정과목별 담당의사 명단』의 작성절차를 보완하고, 『감정인선정전산프로그램』을 운영하여 일정한 수를 무작위적으로 추출, 선정하는 방식을 취하고 있으며, 부성실한 담당의사에 대해서는 그 명단에서 삭제할 수 있게 하고 있다.[10]

그러나 이러한 방식도 의료계의 협조없이는 그 성과를 거두기 어렵다. 이와 같이 사실상 감정인의 확보가 어려운 점을 감안할 때, 지방법원 단위로 감정인 후보자의 인적 자료를 조직적으로 관리하거나 대법원 및 고등법원 단위로 의료관계소송위원회를 설치하여 진료과목별로 관련 학회로부터 감정인 후보자를 추천받는 방식도 도입할 필요가 있다. 이때 그동안 법원실무를 통하여 축적된 감정인이나 조정위원 등에 관한 인적 자료 및 네트워크를 활용하면 보다 우수한 감정인 후보군을 확보할 수 있을 것이다. 아울러 법원이 감정인 후보자를

10) '감정인등 선정과 감정료 산정기준 등에 관한 예규(재일 2008-1); 재판예규 제1724호 2019. 9. 20. 개정' 제4조, 제6조, 제14조 내지 제16조 등.

상대로 의료과오소송의 실정, 민사소송절차의 흐름, 감정의 의의 및 절차 등을 소개하는 설명회를 한다면 감정제도에 대한 이해를 높임은 물론 감정인으로서의 부담감과 저항감을 상당 정도 떨쳐낼 수 있을 것이다. 또한 감정인으로서의 사명감을 높이기 위해서는 당해 소송의 결과를 반드시 감정인에게 통지하는 사후 절차를 구축할 필요가 있다.

라. 의료분쟁조정위원회의 역할

정부는 2011. 4. 7. '한국의료분쟁조정중재원' 설립을 골자로 하는 '의료사고 피해구제 및 의료분쟁조정 등에 관한 법'을 공포하여 2012. 4. 8.부터 시행하였다. 지난 1988년 대한의사협회가 의료사고처리특례법 제정을 국회에 건의한 이후 23년 만에 이뤄진 입법이다.[11)]

이번 제정법은 판사와 검사 등 법률가들로 구성된 의료분쟁조정위원회를 두어 의료분쟁을 조정하거나 중재하도록 함으로써 피해자가 소송과 의료분쟁조정위원회에 의한 분쟁해결절차를 선택적으로 활용할 수 있도록 규정했다. 또한 중재원 산하에는 사고의 과실 유무와 인과관계를 규명하는 의료사고감정단(제25조)과 실질적인 조정역할을 담당하는 의료분쟁조정위원회(제19조)가 함께 설치하도록 하였다. 감정단에는 분야별, 대상별 또는 지역별로 감정부를 둘 수 있고, 감정위원은 의료전문가와 법조인이 위촉되게 하였고, 감정부는 사고가 발생한 병·의원을 방문해 문서나 물건을 조사하고 열람복사할 수 있다. 열람조사를

---

11) 이 법률안은 국회 보건복지위원회가 최영희 의원이 발의한 「의료사고 피해구제에 관한 법률안」과 심재철 의원이 발의한 「의료분쟁 조정 및 피해구제에 관한 법률안」 및 박은수 의원이 제기한 「의료사고 피해구제법 제정에 관한 청원」을 심사한 결과, 국회법 제51조에 따라 위원회 대안으로 의결하면서 그 대안의 제안이유로 "현행법상 의료사고로 인한 손해를 배상받기 위하여 「의료법」에 따라 설치된 의료심사조정위원회의 조정, 「소비자보호법」에 따른 소비자분쟁조정위원회의 조정 등을 이용할 수 있으나, 전자의 역할은 거의 유명무실한 실정이고 후자는 충분한 전문성을 갖추지 못한 채 소액 사건 위주로 기능을 발휘하고 있다는 문제점이 있음. 이에 의료분쟁을 신속·공정하고 효율적으로 해결하기 위하여 특수법인 형태로 한국의료분쟁조정중재원을 설립하고, 임의적 조정전치주의를 채택하여 조정과 소송을 별개의 절차로 규율하며 … 의료사고로 인한 피해자의 미지급금에 대하여 조정중재원이 손해배상금을 대신 지불하는 제도를 마련하는 등 의료사고로 인한 피해를 신속·공정하게 구제하고 보건의료인에게 안정적 진료환경을 조성하려는 것임"을 들었다.

방해하거나 기피한 사람에게는 1천만 원 이하의 과태료를 부과할 수 있게 된다. 감정부는 이렇게 수집한 자료를 기초로 사실조사의 내용 및 결과, 과실 및 인과관계 유무, 후유장애의 정도 등을 기재한 감정서를 작성하여 조정부에 송부하여 하며(제29조), 감정부에 소속된 감정위원은 조정부에 출석하여 해당 사건에 대한 감정결과를 설명하여야 할 의무를 부담한다(제30조 제1항). 다만 이러한 감정부가 의료인 중심으로 구성되기 때문에 그 공정성이 의심받을 수 있고, 또 과실 및 인과관계에 관한 판단이 법적 판단이 아닌 의학적·자연과학적 판단에 치우칠 수 있으며, 자칫 그 조정절차가 소송을 위한 증거수집 절차로 전락할 위험이 있다는 지적이 있었다.[12)]

위 법은 조정위원에 대한 직무의 독립성과 엄격한 신분보장을 규정하고 있고(제22조), 5인으로 구성되는 조정부를 분야별, 대상별, 지역별로 두도록 했는데 두 명의 법조인을 포함시키되 그중 한 명은 판사를 두도록 했다. 조정부의 장은 판사와 검사, 또는 변호사 등 법조인 조정위원 중에서 위원장이 지명한 자가 맡게 된다(제23조). 또한 조정신청일로부터 90일 이내에 조정을 결정하도록 명시했다. 다만, 1회에 한 해 30일 정도 연장을 해서 최장 120일 안에 조정결정을 끝내도록 했다. 조정이 성립되거나 조정절차 중 합의가 이뤄지면 업무상 과실치상죄를 범한 경우에도 피해자 의사에 반해 의료진에 대한 공소를 제기할 수 없도록 했다(제51조). 이 밖에도 조정이 성립되거나 중재판정이 내려졌지만 피해자가 손해배상금을 지급받지 못한 경우를 대비해 대불제도를 운영하도록 규정하고 있다(제47조).

이처럼 의료과오사건의 오랜 숙제인 전문가의 관여가 분쟁 초기에 이루어질 수 있도록 제도적으로 보장됨에 따라 설사 한국의료분쟁조정중재원에서 조정이나 중재가 성립되지 않는다고 할지라도 그 절차에서 확보된 감정서 기타 전문가의 의견진술이 후에 계속된 의료과오소송에서 중요한 증거자료가 될 것으로 보인다.

아무튼, 종전과는 달리 의료과오로 인한 분쟁해결을 체계적으로 지원할 수 있는 준사법적 공적 지원 제도가 마련되었고, 그 중점이 대체적 분쟁해결절차(ADR)의 활성화에 있는 이상, 그동안 소송제도가 가지는 어쩔 수 없는 한계로

---

12) 전병남, "의료분쟁조정법안(약칭)의 민사법적 고찰", 의료법학 제11권 제1호, 대한의료법학회(2010. 6.), 44-46면 참조.

노정되어온 의료과오소송의 문제점들이 해소되고 권리구제의 사각지대가 좁혀질 것으로 기대되었다. 그러나 국민의 기대와는 달리 의료분쟁조정위원회의 기능이 활성화되지 못하고 있는바, 제도적 보완이 필요한 것으로 보인다. 한편 이러한 재판외 분쟁해결수단이 소기의 목적을 거두려면 무엇보다도 의료과오에 관한 법규범이 예측가능성을 가지도록 확립되어야 하고, 이를 위해 법원은 법규범성이 모호한 분야를 중심으로 분쟁해결의 기준이 될 지침을 계속 제시할 책임이 있다.

마. 손해보험과의 관계

의료과오로 인한 손해배상 분쟁에는 많은 경우 손해보험제도와 관련되어 있다. 특히 '의료사고 피해구제 및 의료분쟁조정 등에 관한 법'에서 보건의료인단체 및 보건의료기관단체는 의료사고에 대한 배상을 목적으로 하는 의료배상공제조합(이하 "공제조합"이라 한다)을 보건복지부장관의 인가를 받아 설립·운영할 수 있도록 규정하여(제45조) 앞으로 손해보험이 관여되는 사건의 수는 더욱 늘어날 것으로 보인다. 이와 같이 손해보험이 관련된 사건의 경우에는 소송 당사자의 의사만으로 원만한 분쟁해결을 도모하기 어렵게 된다. 왜냐하면 배상액의 일부 또는 전부를 부담할 의무가 있는 보험회사의 의사가 소송 도중 강하게 반영되기 때문이고, 아울러 재판부로서는 보험약관에 정확한 분석 및 이해가 선행되지 않고서는 당사자 쌍방을 설득할 수 있는 원만한 화해조항을 도출해내기 어렵다.

국내 의료배상책임보험과 관련된 보험제도는 대한의사협회 의료배상공제조합이 운영하는 상호공제 및 의료배상공제와 손해보험회사가 판매하는 의사 및 병원 배상책임보험이 있고, 양 제도의 차이점은 아래 표와 같다.[13]

---

13) 정성희 외 2인, 전게서, 43면 이하 참조. 각종 보험의 자세한 내용은 제5장의 4.마.에 소개하였다.

항목	의료배상책임보험	의료배상공제
대상	의료인, 의료기관	대한의사협회 회원
소비자보호장치	건전성규제 예금자보호법 보호대상	없음
규제 · 감독 주체	금융감독원	보건복지부

3. 의료과오소송의 역사

의료과오는 의료와 함께 시작되었다고 할 수밖에 없다. 왜냐하면 의료는 사람이 행하는 것이고 사람은 신이 아닌 이상 잘못을 범하지 않을 리가 없기 때문이다. 기원전 18세기경 바빌로니아 왕 함무라비(Hammurabi)가 제정한 함무라비 법전(Hammurabi Code)에 의하면, "의사가 사람에게 수술칼로 중한 상처를 만들어 사람을 죽게 하였거나, 혹은 수술칼로 사람의 각막을 절개하여 사람의 눈을 못쓰게 하였으면, 그의 손을 자른다."(제218조), "만약 의사가 같은 과오로 평민을 죽게 하면, 그는 5세겔의 은으로 배상해야 한다."(제219조), "만약 의사가 어떤 사람의 노예에게 수술을 하다가 그 노예를 죽게 하면, 그는 그 노예를 다른 노예로 배상해야 한다."(제220조), "만약 의사가 노예에게 종양을 치료하는 수술을 하다가 그 노예의 눈을 실명시켰다면, 그는 노예 값의 절반을 은으로 배상해야 한다."(제221조)라고 규정하여, 치료 결과가 나쁘면 의사가 책임을 지며, 고의가 아니어도 중대한 손해에 대해 형벌을 받았다고 한다.

그 후대인 그리스 시대의 B.C. 3C 히포크라테스 선서에는, "나는 나의 능력과 판단에 따라 내가 환자의 이익이라 간주하는 섭생의 법칙을 지킬 것이며, 심신에 해를 주는 어떠한 것들도 멀리하겠노라(With regard to healing the sick, I will devise and order for them the best diet, according to my judgment and means; and I will take care that they suffer no hurt or damage./*διαιτήμασί τε χρήσομαιἐπ' ὠφελείη καμνόντων κατὰ δύναμιν καὶ κρίσιν ἐμήν, ἐπὶ δηλήσει δὲ καὶ ἀδικίη εἴρξειν*)"가 포함되어 있다. 히포크라테스의 선서가 처음 쓰일 시절에는 의술은 신의 기술이고 의사는 그 대리인이라고 여기고 그 신 앞에 이와 같은 서약을 한 것이다. 이는 의사는 환자에게 해를 가할 수 있는 존재임을 분명히 인식하고 명확히 인식하고 있었음을 뜻한다.

또한 로마시대 대박물학자인 프리니우스(Plinius)는 『박물지(Naturalis Historia)』에서 '의사는 환자의 목숨을 희생하여 그 기량을 쌓아왔음에도 자신의 의료과오로 환자에게 해를 입혔더라도 환자에게 그 탓을 돌린다.'라고 쓰고 있습니다.

이와 같이 의사는 잘못을 범하는 존재임이 역사적으로 자명한 사실로 인식되어 왔음에도 의사는 결코 잘못을 범할 수 없다는 도그마로 말미암아 "완벽"을 추구하는 것으로 의료과오를 방지하도록 노력하여 왔다. 말하자면 신(神)이 아닌 사람이 신이 되려는 방법으로 의료과오를 막으려는 잘못을 반복하여 범하여 온 셈이다. 요컨대 의료인들은 "의료과오는 일어나지 않는다"라는 전제하에서 의료시스템을 구축하여 왔지만 이는 "잘못을 범해서는 안된다"라는 도그마와 표리관계에 있는 것에 불과하다. 요컨대 "의사도 잘못을 범할 수 있다"라는 전제에 서면서도 "자동안전장치(failsafe)"라는 발상에서 의료시스템을 구축하는 것을 게을리 하여 온 것이다. 경관영양(經管榮養)을 링거관(点滴)에 연결하여 환자가 사망하는 잘못을 여러 번 저질렀음에도 "연결상의 잘못을 범하지 않도록 주의하세요!"라고 말만 할 뿐 경관영양의 선과 점적의 선을 서로 달리 하는 시스템 개혁을 실시할 생각을 하지 않은 것이다. 다른 한편 "의료인은 잘못을 범하지 않는다."라는 도그마는 또한 의료인에게 "과실을 인정하는 것은 치욕이다."라는 강박관념을 가지게 하거나 잘못을 감추는 의료계의 악풍습이 자리잡게 하는 정신적 토양이 되었다.[14] 1847년 창설된 미국의사회는 창설 시의 윤리강령(the Code of Medical Ethics: Current Opinion with Annotation)에 "동업자인 의사를 비판해서는 안된다,"[15] "의사들 사이의 토론내용을 환자에게 알려서는 안된다"[16]

---

14) 李 啓充, アメリカ醫療の光と影-醫療過誤防止からマネジドケアまで, 醫學書院(2011), 4-8면.

15) CHAPTER Ⅱ OF THE DUTIES OF PHYSICIANS TO EACH OTHER, AND TO THE PROFESSION AT LARGE. Art. Ⅰ. — Duties for the support of professional character. § 1. Every individual, on entering the profession, as he becomes thereby entitled to all its privileges and immunities, incurs an obligation to exert his best abilities to maintain its dignity and honour, to exalt its standing, and to extend the bounds of its usefulness. He should therefore observe strictly, such laws as are instituted for the government of its members; -should avoid all contumelious and sarcastic remarks relative to the faculty, as a body; and while, by unwearied diligence, he resorts to every honourable means of enriching the science, he should entertain a due respect for his seniors, who have, by their labours, brought it to the elevated condition in which he finds it.

16) CHAPTER Ⅱ. — Of the duties of physicians to each other, and to the profession at large. ART. Ⅳ. — Of the duties or physicians in consultations. § 7. All discussions in consultation should be held as secret and confidential.

라는 규정을 두게 된 데에서 잘 알려진 바와 같이 의사조직은 일종의 길드(guild)로서 동업자의 권익을 지키는 것을 제1 목표로 삼는 반면 환자의 안전을 지치는 사명은 부차적인 문제가 된 것이다.

미국의 경우 아네스트 코드만(Ernest Codman, 1869~1940)은 1910년대에 미국외과학회(ACS: American College of Surgeons)의 병원표준화위원회의 의장으로서 응급환자의 치료 결과를 추적하여 병원마다 크게 다른 의료의 질을 표준화함으로써 의료 서비스의 질을 향상시키려는 "결과평가 시스템(End Result System)"을 도입하였고, 그의 이러한 노력은 후에 병원과 기타 의료 기관을 평가하고 인증하는 비영리 민간 기관인 의료시설평가합동위원회(JCAHO: Joint Commission on Accreditation of Healthcare Organizations)가 설립되는 결과를 가져왔다. 코드만은 "의료의 효율화와 생산성은 경제적 기준에서 측량되어서는 안 되고 환자의 유익에 얼마나 공헌하였느냐의 점에서 평가되어야 한다"라는 생각 하에 의료사고를 계통적으로 방지하기 위하여 "의료사고의 보고를 제도화"할 것을 제창하였습니다. 코드만의 이러한 제안이 실현되는 데에는 80년이란 세월이 소요되어 1995년에 JCAHO가 의료과오의 데이터베이스를 작성하고 그 방지책을 검토할 목적으로 "Sentinel Events"란 이름의 의료사고 보고제도를 시작하였다.

한편 1994년 미국의 다나-파버 암 센터(DFCI: Dana-Farber Cancer Institute)에서 항암제를 과잉투여한 사건이 발생하였고 그 다음 해에는 위 사건을 시작으로 수많은 의료과오사건이 전 미국에 보도됨에 따라 국민들 사이에 의료불신이 팽배하게 되었고, 그에 대한 대응책으로 미국의 의료인들은 의료과오방지를 위하여 처음으로 계통적인 조치를 취하기 시작하였다. 요컨대 의료과오를 범한 개인의 "부주의"를 문책하는 것으로는 유사한 다른 의료과오에 대한 방지책이 되지 못한다. 그러므로 그러한 의료과오가 발생한 근본원인을 분석하고 그에 관한 의료 시스템과 의료과정이 가지고 있는 결함을 개선하여야 한다는 의식하에 전국적인 조처가 시행되게 된 것이다.[17)]

---

17) 1999년 11월 말에 미과학아카데미 의학부회가 의료과오에 관하여 발표한 「To err is Human」라는 제목하의 보고서에 의하면, 미국 전체에서 매년 4만 4천 내지 9만 8천의 입원환자가 의료과오로 사망하여, 병원입원중에 의료과오로 인하여 사망할 확률이 교통사고(4만 3천 명), 유방암(4만 2천 명), AIDS(1만 7천 명)으로 사망하는 확률보다 높다고 발표하였다. 미과학아카데미는 5년간 적어도 50% 이상 의료과오를 줄일 목적으로, ① 미보건성에 '환자안전센터'를 신설하여 의료과오에 대한 정보수집 및 방지책을 구축할 것,

우리나라의 경우에도 이와 같은 의료과오의 사례를 정리하고 그 원인을 분석하여 장기적인 개선대책을 마련하는 노력이 의료사고분쟁조정위원회와 같은 전문기구가 중심이 되어 진행될 필요가 있다. 이를 위해서는 개별적인 사건을 적당히 덮거나 개인적인 분쟁 조정의 차원에서 해결하는 데에 그칠 것이 아니라 의료과오의 사례를 정리·보고하는 제도가 선행되어 동일한 의료사고가 재발하는 것을 막아야 할 것이다.

---

② 사망 또는 중대한 상해가 생긴 의료과오에 대하여는 주당국에 의무적으로 보고하게 하고, 그 정보를 공개할 것, ③ 중대한 결과가 생기지 않은 과오에 대하여는 그 정보를 비밀로 하되 의사·병원으로부터 보고하도록 권장할 것을 미의회에 제안하였다. 위 보고서의 요지는 의료인도 사람인 이상 과오를 범하는 것을 피할 수 없지만 과오를 방지하는 것은 가능하므로(To err is human, but errors can be prevented) 과오방지를 위하여는 의료계가 "침묵의 문화"를 바꾸어 과오를 공개하여 토의하는 것이 필요하다는 점을 강조하였다. 李啓充, 전게서, 54-56면 참조.

제2장 의료사고의 발생 원인과 현황

1. 의료행위의 특성[1)]

의료는 사람의 생명과 건강을 관리하는 것을 그 내용으로 하는 것으로서 그 제1차적 목표는 환자 개인의 질병을 치유하는 데에 있고, 아울러 그 구체적 전개 과정을 통하여 인류 공동복지의 향상·발전을 도모하는 것을 제2차적 목표로 삼는다.

그런데 질병은 시간의 경과에 따라 악화함으로 인하여 항상 시간적 제약이 따르므로 이에 대처하는 의료행위는 적절한 시간 내에 필요한 조치를 취하여야 하는 단행성(斷行性)이란 특징을 가진다. 또 드러나는 증상만으로는 실재하는 질병을 알아내기 어려울 만큼 그 병변(病變)이 다양하여 일단 의사는 대부분 어느 정도의 가정적·추단적·잠정적 판단에 입각하여 진료를 실시하게 되고,[2)] 그 경

1) 석희태, "의료과실 판단기준에 관한 학설·판례의 동향", 의료법학 제1권 제1호(창간호), 대한의료법학회(2000. 5.), 331-334면 참조.

2) 대법원 2021. 9. 9. 선고 2021다234368 판결은, 원고가 폐경기에 들어선 이후 비정형 복합 자궁내막증식증 진단을 받고 그 치료를 위해 전(全)자궁적출술과 양쪽 난소 절제술을 받은 다음 양쪽 난소 절제로 장해지급률 50%의 상태가 되었음을 사유로 보험계약에 따른 보험료의 납입면제를 요청하자, 피고가 "원고의 양쪽 난소 절제는 난소암 발생 예방을 목적으로 이루어진 것이어서 보험계약 약관상 '장해'에 해당하지 않는다"는 이유로 원고의 요청을 거절한 사안에서, 「난소는 자궁에 연결된 부속기관으로서 자궁과 함께 여성의 생식기관을 구성하며 악성 세포가 난관을 통해 쉽게 전이되거나 호르몬의 영향을 주고 받는 등 질병의 확대에 있어 자궁과 밀접하고 유기적인 관계에 있으므로, 자궁의 질병에

과에 따라 진단 내지 요법을 수정해가는 동태성(動態性)을 가지게 된다. 그런가 하면 인간생체의 구조기능적 특성으로 인하여 의료침습의 효과가 대부분 유사하지만 경우에 따라서는 다양한 결과를 가져와 그 의료효과의 예측이 일정하지 않고 매우 불확실하다는 특성을 가진다. 특히 의료행위는 어떤 이상이 있는 병소(病巢) 또는 기능에 대하여 이를 치유하는 방향으로 작용하지만 그 일련의 행위는 통상적으로 생체에 대한 침습(侵襲)을 수반한다, 예컨대 외과수술이나 약물투여의 경우에 육체의 일부에 대한 절개·침식(切開·侵蝕) 혹은 약리작용에 의한 생체기능의 변화 등이 필연적으로 수반된다.

2. 의료행위의 적법성 한계

의료행위는 환자의 신체를 침해하는 행위가 포함됨에도 법률상 허용되고 사회적으로 타당성을 가지는 이유는 그것이 국가가 그 자격을 인정하는 의료전문가가 병을 치료할 목적 아래 의술적 적정성과 의학적 적응성을 갖추었기 때문에 일종의 정당행위로서 받아지기 때문이고, 만일 그 행위에 과실이 있다면 위법한 평가를 면할 수 없게 된다.

그런데 의료행위의 적법 요건으로 위와 같은 의술적 적정성과 의학적 적응성 이외에 환자의 동의를 포함되어야 하는지 여부에 관하여 견해의 대립이 있다. 이는 주로 환자의 자기결정권에 터 잡은 설명의무의 성격과 그 위반으로 인한 손해배상의 범위와 관련하여 논의되고 있지만, 의료행위에 관한 위법성 평가의 문제와 손해배상의 범위에 관한 문제가 논리필연적으로 연결되어 있다고 보이지는 않는다.

신체침해설은 환자의 자기결정권에 대한 침해가 있으면 비록 의사의 의료행위가 의술적 적응성과 의학적 적응성을 갖추었다고 하더라도 신체를 침해하는 위법행위로서 그로 인하여 야기된 생명, 신체상의 모든 손해에 대하여 의사에게 배상책임이 인정된다고 보는 입장으로서 우리나라 다수설이자 독일의 판

대한 의료조치의 결과로 난소가 훼손되었더라도 그것이 자궁의 치료에 필요한 것이었다면 전체적으로 보아 질병의 치유행위로 볼 수 있다」라고 판시함으로써 예방적 목적의 수술이라도 질병을 요건으로 하는 보험사고에 해당한다고 보았다.

례의 태도이고,[3] 우리나라 대법원도 이 입장에 서있는 것으로 보인다.[4] 미국에서는 환자의 의사에 반하여 시술되었거나 환자가 동의한 범위를 많이 벗어나 시술이 행하여진 사실이 입증된다면 폭행(battery 또는 assault)의 고의에 의한 불법행위를 구성한다고 본다.[5]

이에 반하여 자유침해설(인격권 침해설)은 의학의 과학적 규준에 따라 행해진 의료침습은 이미 신체침해라는 구성요건이 결여된 것이고 환자의 동의를 받지 못한 자기결정권의 침해는 신체에 대한 침해가 아니라 단지 일반적 인격권의 침해에 불과하고 그 침해로 인한 손해배상청구권도 위자료청구권에 국한된다고 보는 입장이다.[6]

3. 의료사고의 의의와 방지책

가. 의료사고의 의의

의료사고라 함은 통상 주사·투약의 잘못이나 오진 등과 같이 의료인의 과실로 환자에게 상해나 사망 등의 사고를 일으키는 것(일)을 가리킨다.[7][8] 그러나

3) 김현태, 불법행위론, 일조각(1979), 301-306면; 김용한, "의료과오의 서론적 고찰", 건국대학교 사회과학 제80집, 건국대학교(1984), 131면; 인정헌, "의료과오", 대한변호사협회지 통권 제94호(1984. 2.), 35면 이하; 권오승, 민법의 쟁점, 박영사(1993), 527면; 김민중, "의사책임 및 의사법의 발전에 관한 최근의 동향", 민사법학 제9·10호, 한국민사법학회(1993), 339면 각 참조.

4) 대법원 2021. 7. 8. 선고 2020다21340 판결은 "설명의무는 침습적인 의료행위로 나아가는 과정에서 의사에게 필수적으로 요구되는 절차상의 조치로서, 특별한 사정이 없는 한 의사 측에 설명의무를 이행한 데 대한 증명책임이 있다고 해석하는 것이 손해의 공평·타당한 부담을 지도원리로 하는 손해배상제도의 이상 및 법체계의 통일적 해석의 요구에 부합한다"라고 기본 법리를 제시한 다음, '피고가 원고의 우측 폐상엽 조직 일부를 절제하여 얻은 검체의 냉동생검병리판독 결과를 확인한 후 원고의 동의 없이 우측 폐상엽 전체를 제거하는 이 사건 수술을 시행한 것은 의사에게 요구되는 의료행위상 주의의무와 설명의무를 모두 위반한 것에 해당한다'고 본 원심이 판시를 정당한 것으로 보았다.

5) Marcia M. Boumil 외, 전게서, pp. 105-107.

6) 석희태, "의사의 설명의무와 환자의 자기결정권", 연세행정논총 제7집, 연세대학교 행정대학원(1981), 291-292면; 김천수, "환자의 자기결정권과 의사의 설명의무", 서울대학교 박사학위논문(1994), 342-345면.

7) 민중에센스국어사전; NAVER 표준국어대사전.

의료법 第39조 제3항은 "의료인이 다른 의료기관의 시설·장비 및 인력 등을 이용하여 진료하는 과정에서 발생한 의료사고에 대하여는 진료를 한 의료인의 과실 때문이면 그 의료인에게, 의료기관의 시설·장비 및 인력 등의 결함 때문이면 그것을 제공한 의료기관 개설자에게 각각 책임이 있는 것으로 본다."라고 규정한 데에서 잘 나타나듯이 의료사고는 단지 의료인의 과실로 인한 경우에만 발생하는 것이 아니라 의료기관의 시설·장비 및 인력 등의 결함 때문에 발생할 수 있다. 나아가 누구도 책임을 지지 않는 의료사고의 발생을 아울러 상정할 수 있을 터이므로 넓게는 의료과정에서 의료서비스를 받는 사람에게 생명·건강 등에 대한 피해를 일으킨 시술이 행하여졌거나 필요한 시술을 행하지 못한 것을 가리킨다고 볼 수 있다. 이러한 의료사고 가운데 의료기관이나 의료인이 법적 책임을 져야 하는 과실이 있는 경우를 통상 의료과오사건이라고 부른다.[9]

나. 의료사고의 방지책

의료사고가 발생한 경우 그에 대한 최선의 대처법은 환자나 가족에게 마땅히 해야 할 도리를 다하는 것이다. 이는 사망의 경위를 제대로 조사하여 알리는 일이고, 손해배상책임을 두려워하여 과오의 사실을 숨기는 것은 "wag the dog"(개의 꼬리를 잡고 휘두른다)와 같이 본말을 전도하는 잘못된 것이다. 자신의 잘못으로 다른 사람의 생명에 위해를 가하였음에도 나몰라하는 것은 어느 사회에서도 결코 허용될 수 없으며, 의료인만이 자신의 과오를 은폐함으로써 윤리적 책임 및 법적 책임을 면할 수 있다는 논의는 통용될 수 없다. 또한, 의사와 병원이 정보를 은폐하는 등 불성실한 대응을 하는 것은 의료과오로 가족을 잃은 피해자에게 정신적 고통을 배가시키는 것임을 잊어서는 안된다. 왜냐하면 가족을 잃은 슬픔을 견디다 보면 '원한'과 '분노'라는 부정적 감정에 시달리게 되기 때문이다. 미국의사회가 처음 결성되었을 때 "의사밖에 알 수 없는 정보를 환자에

---

8) Medical malpractice or professional negligence is the failure of a health care provider to render care in keeping with good and accepted medical techniques or principles. In other words, a doctor, nurse or technician does something not in keeping with good practice, or fails to do something necessary for the patient' s good care.

9) 이 밖에도 의료인이 의료과정에서 환자에 관하여 알게 된 일체의 사실을 외부에 공표해서는 안 됨에도 이를 공표하여 비밀준수의무를 위반하는 경우에도 법적 책임이 문제된다.

게 말해서는 안된다"라는 윤리강령을 정하였지만 최신 제정된 윤리강령에서는 "의사의 잘못으로 환자에게 중대한 합병증이 생기는 것은 종종 일어날 수 있다. 이러한 사태가 발생할 경우 의사는 무슨 일이 일어났는지를 환자가 이해할 수 있도록 필요한 사실을 모두 알릴 윤리적 의무가 있다. 정보가 모두 개시되어야 비로소 환자는 그 후의 의학적 조처에 관하여 '설명에 바탕을 둔 결단'을 내릴 수 있기 때문이다. 진실을 알린 후에 생길 수 있는 법적 문제의 가능성이 의사의 환자에 대한 정직성에 영향을 미쳐서는 안된다."라고 정함으로써 의료과오에 대한 정보개시의무를 명시하였다.

그러므로 의료과오를 방지하기 위한 최선의 방책은 "잘못으로부터 배운다"라는 자세로 최선을 다하는 것임은 두말할 필요가 없다. 의료과오를 일으킨 경위를 은폐하는 것은 잘못으로부터 배울 기회를 의료인 스스로 포기하고 유사한 과오의 재발을 장려하는 결과를 가져올 뿐이다. 여기서 문제되는 것은 "잘못을 저지른 개인의 부주의를 책망한다"라는 자세를 견지하는 병원이 많다는 점이다. 그러나 이러한 자세는 의료과오를 은폐하는 것을 장려하는 원인이 된다. 게다가 의료과오가 왜 일어났는지의 원인을 추구함으로써 그러한 사고의 재발을 방지하는 방책을 강구하는 것이 중요한데 오히려 개인의 부주의를 책망하는 입장을 취하게 되면 같은 실수를 반복하지 않도록 앞으로 더욱 신경을 써서 주의하자는 실효성이 있는 정신적·윤리적 방지책이 나오기 어렵게 된다.

의료과오로부터 배우기 위해서는 "blame free system"(아무도 비난하지 않는 시스템)을 구축하는 것이 필요하고, 이러한 시스템의 구축이야말로 의료과오 방지를 시작하는 첫걸음이 될 수 있다. 아무리 사소한 실수라고 할지라도 그 원인을 추구하여 대책을 세우는 것을 일상적으로 반복하는 것(continuous quality improvement; 지속적인 의료의 질 향상)도 "아무도 비난하지 않는다"라는 전제가 확립될 때 가능할 수 있다.[10)]

미국 연방 의회는 1986년 Health Care Quality Improvement Act (HCQIA)를 제정하였고, 그 핵심 내용은 의료 서비스의 질을 향상시키고, 무능력하거나 비윤리적인 의료인을 걸러내기 위해 병원과 기타 보건의료 기관이 자율적으로 전문직 동료 평가(peer review)를 수행할 수 있도록 법적 면책권(면책특권, immu-

10) 李 啓充, 전게서, 17-19면 참조.

nity)을 부여하는 것이다. 이와 관련하여 진료의 질을 관리하고 향상시키기 위한 절차로서 "의료기관 내부의 의료진 평가(동료 평가, peer review)"를 장려하되, 병원 내 의료진 평가 위원회의 회의록, 내부 감사 보고서와 같은 자료를 외부에 공개하지 않아도 되도록 보호하는 법률이 필요할 수 있다. 미국의 많은 주에서는 "peer review privilege"라는 법적 특권을 도입하여, 이러한 평가 과정에서 생성된 자료를 법정이나 외부 요청에 대해 보호하고 있다.[11)]

4. 의료과오의 유형

의료과오를 대별하면 의료인의 의료행위상의 과오로 인한 것, 불성실한 의료행위, 관리상의 과오, 전원의무 위반, 진료기록부의 개작·변조, 진단서에 관련한 위법행위, 의약품 사고 등으로 나눌 수 있다.

가. 의료행위상의 과오로 인한 것

의료인의 과오로 인한 의료과오에는 투약, 수술, 검사, 처치 등과 같은 적극적인 의료행위가 원인되어 발생하는 것과 필요한 검사나 치료를 행하지 않았기 때문에, 즉 부작위(不作爲)가 원인이 되어 발생하는 것으로 나눌 수 있다. 전자는 일반적으로 의료행위의 부작용, 합병증 등으로 불리는 것이 있는가 하면 의료인의 인위적인 잘못이 원인이 되는 경우도 있다. 한편 질병이란 원래 특별한 의료행위를 행하지 않더라도 자연적으로 치유되는 것이 있는가 하면 적절한 치료를 행하지 않으면 사망, 장해 등의 악결과에 이르게 되는 것도 있다. 그런데 아무것도 하지 아니한 채 방치한 경우는 물론이고 무엇인가 치료행위를 하였는데 그것이 의료기관의 조직적인 잘못으로 적절하지 않거나 불충분하여 악결과에 이르게 된 것도 후자에 해당한다.

의료과오의 판단기준은 뒤에서 자세히 다루겠지만 치료당시의 의료수준이고, 그 의료수준에 비추어 실제로 행하여진 의료행위가 부적절하다고 판단되고

---

11) Marcia M. Boumil 외, 전게서, 429-437면.

그 부적절한 행위가 없었거나 적절한 의료행위가 행하여졌더라면 환자에게 손해가 발생하지 않았을 것이라는 인과관계와 손해의 존재가 입증되면 의료관계자는 원칙적으로 손해배상책임을 지게 된다.

1) 의료행위의 유형별 의료사고

가) 진단사고

진단은 문진, 시진, 청진, 촉진 등과 함께 혈압, 맥박, 체온 등을 측정하고 각종 검사를 실시하여 그 결과에 터 잡아 종합적으로 내려진다. 의사가 진단하여 내린 결론이 객관적인 질환의 실태와 맞지 않는 경우를 오진(誤診)이라 한다. 환자에 대한 질문을 통하여 환자의 상태를 파악하는 문진을 소홀히 한 탓에 예방접종의 부작용이 생기는 사고, 알레르기 병력을 확인하지 아니한 채 아나필락시스를 일으킨 사고, 간세포암을 조기에 발견할 수 있는 적절한 검사를 실시하지 아니하여 제때 간세포암을 진단하지 못한 사고 등을 들 수 있다.[12] 다만 의사가 오진을 하였다고 하여 곧바로 손해배상책임을 구성하는 과실이 인정되는 것은 아니다.

나) 주사사고

주사약의 종류·분량 또는 주사의 부위나 방법에 잘못이 있는 경우가 있고, 이때에는 원칙적으로 시술상의 과실이 인정된다. 그밖에 무자격자에 의한 주사 시행이나 의사의 지도·감독 소홀과 같은 주사 시행자와 관련된 과오도 있다. 대법원은 산부인과 의사가 임신중절수술을 위한 마취주사를 시행함에 있어 직접 주사하지 않고 간호조무사에게 직접방법에 의한 마취주사를 맡긴 사안에서, 사이드 인젝션(Side Injection) 방법이 더 안전하고 일반적인 방법임에도 이를 사용하지 않은 것은 의사로서의 주의의무를 다하지 않은 과실이 있다고 판단하였

---

12) 대법원 2002. 1. 11. 선고 2001다27449 판결은 “문진의 방법으로 진단하여 감기약을 조제하여 줄 당시 그 조제약의 부작용의 발생가능성에 관한 설명을 할 시간적 여유가 없는 긴급한 사태가 존재하지 아니하였고, 그 조제약의 복용시 스티븐스-존슨 증후군과 같은 부작용이 발생할 수 있다는 사실 자체는 이미 의학계에 널리 알려져 있었으며, 그 부작용은 회복할 수 없을 정도로 중대한 반면 그에 관한 사전검사 방법이 알려져 있지 아니하였다는 것이므로 약사로서는 사용설명서에 부작용에 대한 경고가 표시되어 있는 의약품을 단순 판매하는 경우와는 달리 감기약을 조제함에 있어 조제 전에 스티븐스-존슨 증후군 등 부작용의 발생가능성을 미리 설명하여 부작용의 존재를 알 길이 없던 환자의 승낙을 받아야 하는 것이고”라고 판시했다.

다(대법원 1990. 5. 22 선고 90도579 판결). 의료법 시행규칙 제39조의 3은, 포장이 개봉되거나 손상된 일회용 주사 의료용품은 사용하지 말고 폐기해야 하며, 일회용 주사기에 주입된 주사제는 지체 없이 환자에게 사용하여야 하며, 일회용 의료기기는 한 번 사용한 경우 다시 사용하지 말고 폐기하도록 규정하고 있다.

다) 투약사고

의약분업에 의하여 의사가 직접 약제를 확인하거나 복용방법이나 부작용 등을 설명하는 예는 거의 없어졌다. 다만 예외적으로 의사가 약제를 직접 사용하는 예가 있고, 이 경우 조제를 잘못하거나 다른 약을 주거나 또는 유해·위험한 약품을 투여하면서 환자측에 적절한 주의를 주지 아니한 때에는 과실이 인정된다. 약사가 처방전에 따라 약을 제공하는 경우에도 마찬가지라고 할 것이다.

라) 수술사고

수술결정의 판단이 오진에 기초한 경우, 올바른 진단에 기초하였더라도 수술에 의한 회복의 개연성과 위험성을 잘못 판단한 경우 또는 환자가 수술을 감당할 정도의 체력을 가졌는가를 잘못 판단한 경우 등의 대표적인 과오의 예이다. 소독되지 아니한 메스를 사용한다거나 수술 후에 가위·가제 등의 수술도구나 부품을 체내에 남긴 경우는 쉽게 과실이 인정될 수 있을 것이다.

마) 수혈 · 수액사고

수혈은 흔히 부작용을 일으킬 수 있는 시술이므로 의료인이 이를 실시함에 있어서는 혈액형의 일치 여부는 물론 수혈용 혈액의 완전성 여부를 확인하고 수혈도중에도 처음에는 의사가 직접 입회하여 극소량으로부터 서서히 시용하는 등 세심한 주의를 하여 환자의 반응을 감시하여 부작용이 있는지 여부를 확인하는 한편 불의의 위험에 대한 임기응변의 조치를 취할 준비를 갖출 주의의무가 있다.[13]

이러한 문제는 경정맥 고영양법(TPN: Total Parenteral Nutrition)을 실시하면서 비타민 B_1을 함께 투여하여야 하는데 이를 놓친 채 28일간에 걸쳐 수액을 계속하는 바람에 비타민 B_1의 결핍으로 인하여 혈액 내에 pH가 떨어지는 산독증(酸毒症; acidosis)이 발병하여 사망하는 경우와 같은 수액사고에도 생긴다.

---

13) 대법원 1964. 6. 2. 선고 63다804 판결; 대법원 1998. 2. 27. 선고 97도2812 판결 등 참조.

바) 마취사고

전신마취는 환자의 중추신경계, 호흡기계 또는 순환기계 등에 큰 영향을 미치는 것으로서 환자의 건강상태에 따라 마취방법이나 마취제 등에 의하여 심각한 부작용이 올 수 있고, 그 시술상의 과오가 환자의 사망 등의 중대한 결과를 가져올 위험성이 있으므로, 이를 담당하는 의사는 마취 시술에 앞서 마취 시술의 전 과정을 통하여 발생할 수 있는 모든 위험에 대비하여 환자의 신체구조나 상태를 면밀히 관찰하여야 할 뿐 아니라, 여러 가지 마취방법에 있어서 그 장단점과 부작용을 충분히 비교·검토하여 환자에게 가장 적절하고 안전한 방법을 선택하여야 할 주의의무가 요구된다.[14] 특히 환자가 수술전에 전신이 쇠약하였고 전신에 마취약을 사용한 경우에는 귀중한 생명을 담당하고 있는 의사로서 수술을 담당하였다면 그 환자가 깨어남을 기다려야 할 것이요 만일의 경우에는 응급조처를 취할 수 있는 준비와 태세를 갖추어야 함은 수술을 하였던 의사로서의 당연한 직무상 의무라고 할 수 있다.[15]

사) 의료상담 사고

의사가 직접 환자를 진료하지 않고서도 특정 치료행위를 하기로 동료 의료인에게 약속하였음에도 그 치료행위를 하지 않았다거나 다른 의료 전문가를 통해 환자에게 특정한 조언을 제공하는 방법으로 진료행위에 관여하였을 때, 직접 또는 원격으로 환자의 상태에 관하여 동료 의사에게 비공식적으로 상담한 때에도 당해 환자에게 대한 진료에 관하여 법적 책임을 지는가가 문제될 수 있다.

이처럼 노상진료(curbside consults; 차도 옆 상담)의 경우에는 치료의사와 동료로서 비공식적인 협의를 한 것에 불과하므로 상담 의사는 환자에 대한 계약상의 의무는 없으며 환자와 법적 관계를 형성한 것이 아니므로 그 환자의 결과에 대하여 법적 책임을 진다고 볼 수 없다.[16] 다만 응급실 의사와 전화 상담을 통하여 환자의 상태를 진단하고 치료를 지시한 당직 신경과 전문의는 그러한 상담에 관하여 법적 책임이 문제될 수 있다.

대법원 2007. 2. 22. 선고 2005도9229 판결은 "의사는 전문적 지식과 기능

---

14) 대법원 2001. 3. 23. 선고 99다48221 판결 참조.
15) 대법원 1962. 2. 8. 선고 4294민상307 판결 참조.
16) Marcia M. Boumil 외, 전게서, pp 8-14.

을 가지고 환자의 전적인 신뢰하에서 환자의 생명과 건강을 보호하는 것을 업으로 하는 자로서 그 의료행위를 시술하는 기회에 환자에게 위해가 미치는 것을 방지하기 위하여 최선의 조치를 취할 의무를 지고 있으므로, 의사가 다른 의사와 의료행위를 분담하는 경우에도 자신이 환자에 대하여 주된 의사의 지위에 있거나 다른 의사를 사실상 지휘 감독하는 지위에 있다면, 그 의료행위의 영역이 자신의 전공과목이 아니라 다른 의사의 전공과목에 전적으로 속하거나 다른 의사에게 전적으로 위임된 것이 아닌 이상, 의사는 자신이 주로 담당하는 환자에 대하여 다른 의사가 하는 의료행위의 내용이 적절한 것인지의 여부를 확인하고 감독하여야 할 업무상 주의의무가 있고, 만약 의사가 이와 같은 업무상 주의의무를 소홀히 하여 환자에게 위해가 발생하였다면, 의사는 그에 대한 과실책임을 면할 수 없다"라고 판시하였다.

아) 환자에 대한 성적 침해 또는 착취행위

의사와 환자의 관계는 본질적으로 비대칭적 권력관계로, 환자는 의사에게 신체적·정신적으로 취약한 상태에서 의존하게 된다. 이러한 관계에서 의사가 자신의 지위를 이용하여 환자에게 성적 행위를 요구하거나 강요하는 것은 업무상 위력에 의한 성범죄로 평가될 수 있다. 대법원은 "병원 응급실에서 당직 근무를 하던 의사가 가벼운 교통사고로 인하여 비교적 경미한 상처를 입고 입원한 여성 환자들의 바지와 속옷을 내리고 음부 윗부분을 진료행위를 가장하여 수회 누른 행위가 업무상 위력 등에 의한 추행에 해당한다"고 판시하였다(대법원 2005. 7. 14. 선고 2003도7107 판결).

환자가 외관상 동의한 것처럼 보이더라도, 의사와 환자 사이의 권력 불균형으로 인해 진정한 동의로 볼 수 없는 경우가 많다. 특히 정신과 치료 과정에서는 환자의 취약성이 더욱 두드러지므로, 치료자-환자 간 성적 관계는 더욱 엄격히 금지된다. 정신건강의 맥락에서 환자는 종종 치료의 의도된 결과로 의사에게 애착과 의존성을 갖게 되고, 비윤리적인 치료자의 학대에 취약하게 되는 강한 감정을 일상적으로 갖게 되기 때문이다. 성적 착취에 대한 일반적인 항변은 환자의 동의이지만, 비자발적인 전이 반응과 불균형 관계의 강압적 성격으로 인하여 환자의 동의를 유효한 것으로 보기 어렵다.

자) 환자의 비밀 내지 정보의 누설

형법 제317조 제1항은 의사, 한의사, 치과의사, 약제사, 약종상, 조산사의 업무상비밀누설죄를 규정하고 있고, 의료법 제19조 제1항은 의료인이나 의료기관 종사자가 업무를 하면서 알게 된 다른 사람의 정보를 누설하거나 발표하지 못하도록 규정하고 있다. 이는 의사가 직무처리 중 알게 된 환자의 비밀을 보호하기 위한 것으로서 히포크라테스의 선서에서 유래되었으며, 의료법이 2016. 5. 29. 개정되면서 그 보호대상을 기존의 '비밀'에서 '정보'로 확대하였다.

대법원 2018. 5. 11. 선고 2018도2844 판결은 "의료법은 '모든 국민이 수준 높은 의료 혜택을 받을 수 있도록 국민의료에 필요한 사항을 규정함으로써 국민의 건강을 보호하고 증진'(제1조)하는 것을 목적으로 한다. 이 법은 의료인(제2장)의 자격과 면허(제1절)에 관하여 정하면서 의료인의 의무 중 하나로 비밀누설 금지의무를 정하고 있다. 이는 의학적 전문지식을 기초로 사람의 생명, 신체나 공중위생에 위해를 발생시킬 우려가 있는 의료행위를 하는 의료인에 대하여 법이 정한 엄격한 자격요건과 함께 의료과정에서 알게 된 다른 사람의 비밀을 누설하거나 발표하지 못한다는 법적 의무를 부과한 것이다. 그 취지는 의료인과 환자 사이의 신뢰관계 형성과 함께 이에 대한 국민의 의료인에 대한 신뢰를 높임으로써 수준 높은 의료행위를 통하여 국민의 건강을 보호하고 증진하는 데 있다. 따라서 의료인의 비밀누설 금지의무는 개인의 비밀을 보호하는 것뿐만 아니라 비밀유지에 관한 공중의 신뢰라는 공공의 이익도 보호하고 있다고 보아야 한다. 이러한 관점에서 보면, 의료인과 환자 사이에 형성된 신뢰관계와 이에 기초한 의료인의 비밀누설 금지의무는 환자가 사망한 후에도 그 본질적인 내용이 변한다고 볼 수 없다."라고 판시하였다.

물론 환자 또는 그 유족이 비밀유지의 권리를 포기했을 경우나 환자의 건강상태가 산재보상법상 감정촉탁의 대상의 된 경우, 감염병 신고의무와 같이 특별한 규정이 있는 경우 등에는 비밀유지의무의 예외가 인정된다.

차) 의사의 허위 진술

의사가 치료 결정에 영향을 미치거나 치료 결과를 은폐할 목적으로 환자에 관한 중요한 사실을 과실 또는 고의로 허위 진술하거나 은폐하는 행위는 환자의 자기결정권을 침해하고 적절한 치료 기회를 박탈하는 불법행위를 구성할 수 있다. 서울중앙지방법원 2006. 6. 28. 선고 2005가합107720 판결은, 산부인과 의사가 인공수정을 위해 내원한 불임환자의 난소를 적출한 행위가 제반 사정에 비추어 볼 때 환자에 대한 진료 이외의 다른 연구목적을 위하여 난소를 적출하면서 그 시술의 목적과 필요성에 관하여 환자를 적극적으로 기망하였거나, 혹은 환자가 난소적출의 필요성에 관하여 이미 착오에 빠진 것을 알면서도 올바른 의학적 정보를 제공하지 않은 채 그의 착오상태를 이용하여 이루어진 것으로 판단하여 의사에게 환자가 입은 정신적 손해에 대한 배상책임을 인정하였다. 의사의 허위진술이 문제되는 사례 중 상당수는 허위 진술의 내용, 허위 사실에 대한 인식, 환자가 이를 신뢰한 결과, 그로 인한 피해의 내용 등과 관련하여 의사의 설명의무 위반의 문제로 귀결된다.

2) 진료기관 및 의료인의 종류별 차이

우리나라 의료법은 의료인을 하나의 법률에서 함께 규정하면서 그 면허 종류를 "의사", "치과의사", "한의사", "조산사", "간호사"로 구별하고 각각 그 임무를 달리하는데, 간호사에 관하여 독립된 법률인 간호법을 2024. 9. 20. 제정하였다.[17] 의사는 의료와 보건지도를 임무로 하고, 치과의사는 치과 의료와 구강 보건지도를, 한의사는 한방 의료와 한방 보건지도를, 조산사는 조산과 임산부 및 신생아에 대한 보건과 양호지도를 각 임무로 한다. 다만 간호사는 환자의 간호요구에 대한 관찰로부터 진료의 보조 등 그 업무가 다양하다(간호법 제12조). 이러한 의료인의 기본 개념을 전제로 아래에서 의료기관의 유형 및 각 의료직역의 특성 및 그 업무 범위를 살펴보고자 한다. 의료업무는 국가가 인정하는 엄격한 면허 요건하에서 그 임무가 나누어져 있고 그 임무에 한계가 있으며, 의료인

---

17) 일본은 1906년 처음으로 醫師法을 제정하였다가 다른 의료관계자도 법제화하면서 1942년 國民醫療法으로 일원화하였다가 1948년 國民醫療法을 폐지하고 의료관계자별로 분리하여 법을 정비함에 따라, 오늘날 醫師法, 齒科醫師法, 保健師助産師看護師法, 藥劑師法, 臨床檢査技師等に關する法律, 診療放射線技師法, 理學療法士及び作業療法士法, 言語聽覺士法, 視能訓練士法(視能訓練士는 '의사의 지시하에 양안視技能에 장해가 있는 사람을 대상으로 양안시기능의 회복을 위하여 교정훈련 및 그에 필요한 검사를 하는 것을 업무로 하는 자격을 가진 자'를 말함), 臨床工學技士法, 齒科衛生士法, 救急救命士法, あん摩マッサージ指壓師,はり師,きゆう師等に關する法律, 柔道整復師法, 社會福祉士及び介護福祉士法, 精神保健福祉士法 등이 있다. 이러한 정책 방향에 관하일본 후생노동성의정국장은 2021년 의료기술의 고도화에 대응하여 의사의 업무가 증가하므로 의사의 노동시간을 줄이기 위하여 많은 의료관계직종마다 스스로의 능력을 개발하여 보다 능동적으로 대응할 수 있도록 의사의 업무 가운데 의사 이외의 의료관계직종이 실시가능한 업무에 관하여 의사로부터 다른 관계직종으로의 업무 이전 및 분담(タスク · シフト／シェア; Task Shift/Task Share)을 추진하여야 한다고 설명하였다; 前田和彦, 醫事法講義[新編第5版], 信山社(2023), 33-94면.

이라도 면허된 것 이외의 의료행위를 할 수 없으므로 이를 위반할 경우 의료법 제27조 위반이 된다.

그 밖에 의료 및 복지관계자의 자격에 관하여 별도의 법적 규제를 통하여 의료기사(임상병리사, 방사선사, 물리치료사, 작업치료사, 치과기공사, 치과위생사, 안경사, 의지·보조기기사), 보건의료정보관리사, 응급구조사, 사회복지사, 요양보호사, 의료급여 관리사, 정신건강전문요원, 군보건의료인 등을 두고 있다.

가) 의원, 병원 등

의료법 제33조 제2항은 의료인이나 의료법인 등 비영리법인이 아닌 자의 의료기관 개설을 원칙적으로 금지하고 있는바, 이는 의료기관 개설자격을 의료전문성을 가진 의료인이나 공적인 성격을 가진 자로 엄격히 제한함으로써 건전한 의료질서를 확립하고, 영리 목적으로 의료기관을 개설하는 경우에 발생할지도 모르는 국민 건강상의 위험을 미리 방지하고자 하는 데에 있다. 그러므로 의료법 제33조 제2항은 강행법규에 속하는 것으로서 이에 위반하여 이루어진 약정은 무효이다(대법원 2003. 4. 22. 선고 2003다2390,2406 판결 등 참조).

의료법 제33조 제2항에서 금지되는 의료기관 개설행위는, 비의료인이 그 의료기관의 시설 및 인력의 충원·관리, 개설신고, 의료업의 시행, 필요한 자금의 조달, 그 운영성과의 귀속 등을 주도적인 입장에서 처리하는 것을 의미한다. 따라서 의료인의 자격이 없는 일반인이 필요한 자금을 투자하여 시설을 갖추고 유자격 의료인을 고용하여 그 명의로 의료기관 개설신고를 한 행위는 형식적으로만 적법한 의료기관의 개설로 가장한 것일 뿐 실질적으로는 의료인 아닌 자가 의료기관을 개설한 경우에 해당하고, 개설신고가 의료인 명의로 되었다거나 개설신고 명의인인 의료인이 직접 의료행위를 하였다 하여 달리 볼 수 없다.[18]

의료기관은 진료대상과 규모에 따라 “의원급 의료기관”, “조산원”, “병원급 의료기관”으로 나누어지고, 병원급 의료기관에는 종합병원이 있다(의료법 제3조). 의원급 의료기관은 의사, 치과의사 또는 한의사가 주로 외래환자를 대상으로 하고, 조산원은 조산사가 조산과 임산부 및 신생아를 대상으로 보건활동과

---

18) 대법원 2022. 4. 14. 선고 2019다299423 판결; 대법원 2011. 10. 27. 선고 2009도2629 판결 등 참조; 이러한 법리는 약사 등이 아닌 자가 약사 명의를 빌려 약국을 개설하여 운영하거나 약사가 기존에 운영하던 약국을 인수하여 실질적으로 운영한 경우에도 모두 약사법 제20조 제1항을 위반하는 것으로 보는 경우에도 동일하게 적용된다(대법원 2021. 7. 29. 선고 2021도6092 판결).

교육·상담을 하고, 병원은 "30개 이상의 병상 또는 요양병상을 갖추어야 하고(의료법 제3조의2), 종합병원은 100개 이상의 병상을 갖추어야 한다. 종합병원의 병상이 100개 이상 200개 이하인 경우에는 내과·외과·소아청소년과·산부인과 중 3개 진료과목, 영상의학과, 마취통증의학과와 진단검사의학과 또는 병리과를 포함한 7개 이상의 진료과목마다 전속하는 전문의를 두어야 하며, 300병상을 초과하는 경우에는 9개 이상의 진료과목을 갖추고 각 진료과목마다 전속하는 전문의를 두어야 한다. 또한 보건복지부장관은 일정한 요건을 갖춘 종합병원 중에서 중증질환에 대하여 난이도가 높은 의료행위를 전문적으로 하는 상급종합병원을 지정할 수 있고(의료법 제3조의4), 병원급 의료기관 중에서 특정 진료과목이나 특정 질환 등에 대하여 난이도가 높은 의료행위를 하는 전문병원을 지정할 수 있다(의료법 제3조의5).

국가나 지방자치단체, 의료법인, 비영리법인 등은 의료인이 아니면서 의료기관을 개설할 수 있다(의료법 제33조 제2항). 이러한 의료기관에 소속된 의료인이 의료과오를 일으켜 불법행위로 인한 손해배상책임을 지는 경우 의료기관은 사용자책임을 지게 된다.[19] 현행법 하에서는 영리법인은 원칙적으로 의료기관을 개설할 수 없다. 우리나라 의료서비스 시스템은 한마디로 모든 의료기관이 예외 없이 요양기관에 등록하여 국민건강보험의 통제하에 둠으로써 정부가 의료비 운영과 관리에 관하여 절대적인 권한을 가지는 반면 의료비 재원은 대부분은 국민이 납부하는 건강보험료로 채워지고 있다. 그 때문에 정부의 의료기관에 대한 규제가 엄격하여 민간의 의료 공급조차도 공공의 서비스로 인식되는 모순이 발생한다는 비판이 일고 있으며, 의료기관 설립에 비의료인의 참여를 원천적으로 봉쇄하고 누적된 이익잉여금만으로 자본을 조달하도록 한 탓에 효율적인 의료기관이 경영 및 수익성 개선에 어려움을 겪는다는 비판이 있다. 이

19) 병원 등 법인(entity)이 직원의 과실과는 별도로 직접적으로 독자적인 의무를 위반하여 환자에게 손해를 입힌 경우에 그 법인 자체에 독립적인 법적 책임(corporate liability)을 묻는 이론이 The Theory of Corporate Negligence(법인 과실 이론, 또는 병원 과실 이론)이다. 법인 고유의 주의의무로 문제되는 것은 ① 안전하고 적절한 시설 및 장비의 유지관리에 합리적인 주의를 기울일 의무, ② 유능한 의사만 선발하고 유지할 의무(a duty to select and retain only competent physicians), ③ 의료 행위를 하거나 환자 치료에 관여하는 모든 사람을 감독할 의무, ④ 모든 환자에게 양질의 치료를 보장하기 위해 적절한 규칙과 정책을 수립, 채택 및 시행할 의무 등을 들 수 있다; Marcia M. Boumil 외, 전게서 pp 340-353 참조.

를 개선하는 방안으로 영리법인의 의료기관 설립이 꾸준히 논의되어 오고 있으나 아직도 그 찬반 논쟁의 뜨거운 상태이다. 현행 안정된 공공의료 체계 위에 의료서비스의 질 제고 및 해외 환자 유치를 통한 의료서비스 산업의 경쟁력 강화의 필요성이 있음을 감안할 때 제한적으로나마 영리법인에 의한 의료기관이 설립될 수 있는 길을 열어야 할 것이다.

정부는 이러한 필요를 감안하여 인천 송도지구, 제주특별자치도 등에 외국 영리법인 병원을 개설할 수 있는 길을 열었고, 제주도는 2018. 12. 5. 내국인 진료를 제한하는 조건으로 중화인민공화국이 전액 투자하여 설립한 녹지제주헬스케어타운 유한회사에 녹지국제병원의 개설을 조건부 허가했다. 그러나 녹지제주 쪽은 내국인 진료 제한은 의료법 위반 논란이 있다며 조건부 개설 허가 이후 3개월이 지나도록 개원하지 않았고, 제주도는 개설 허가 이후 3개월 동안 '정당한 사유' 없이 병원을 개설하지 않았다는 이유로 의료법 제64조에 근거하여 위 허가를 취소하였다. 이에 녹지제주 쪽은 외국의료기관 개설허가취소처분 취소소송을 제기한 결과 제1심에서는 패소하였으나 항소심에서 "예상치 못한 조건부 허가와 허가 지연으로 인해 사업자가 개원을 준비하는 데 많은 시간이 필요했고 3개월 안에 개원하기 어려웠을 것으로 보인다"라는 이유로 정당한 사유가 있다고 보아 승소하였고, 대법원도 2022. 1. 13. 제주도의 상고를 기각함으로써 항소심과 같은 입장을 취하였다.

또한 의료법인을 설립하려면 관할 시·도지사의 허가를 받아야 하는 등 그 공공성으로 인하여 엄격한 법적 규제를 받는다(의료법 제48조 이하). 특히 2019. 8. 27. 법률 제16555호로 의료법 제51조의2가 신설되어 "누구든지 의료법인의 임원 선임과 관련하여 금품, 향응 또는 그 밖의 재산상 이익을 주고받거나 주고받을 것을 약속해서는 아니된다."라고 규정하고 있고 이를 위반한 경우 1년 이하 징역이나 1천만원 이하의 벌금에 처하도록 규정하고 있다(의료법 제89조 제3호). 이는 사회복지사업법 제18조의2의 문언을 그대로 따온 것으로서 의료법인의 이사 임면 등을 통한 운영권 양도의 대가로 금품 등을 제공받는 것을 금지하는 취지로 보인다. 다만 의료법인에 대한 회생절차에서 M&A 절차를 통하여 의료법인을 재건할 필요가 있는 경우 인수인이 무상출연 및 자금을 대여하고 의료법인의 이사에 대한 추천권한을 갖는 방식의 회생계획안이 필요한데, 이 경우에는 무상출연 등의 대상은 그 운영권자가 아니라 의료법인 자체이므로 채무자회생법 제263조 제2항에 비추어 볼 때 의료법 제51조의2에 해당하지 않는다고 해석하여야 한다는 주장이 있다.[20]

아울러 의료법 제48조 제3항은 의료법인이 재산을 처분하려면 시·도지사의 허가를 받아야 한다고 규정하고 있는바, 원고(의료법인)가 기본재산인 토지에 관하여 피고(지자체)와 지상권변경계약을 체결하고 그에 따른 변경등기까지 마쳐준 뒤 위 토지 위에 세운 피고의 정신병원을 위탁운영 해왔는데, 피고와 분쟁이 발생하자 위 지상권변경계약이 의료법에 따른 시·도지사의 허가를 받지 않아 무효라고 주장하며 그 등기의 말소를 구한 사안에서, 대법원은 위 법조항은 '의료법인이 그 재산을 부당하게 감소시키는 것을 방지함으로써 그 경영에 필요한 재산을 항상 갖추고 있도록 하여 의료법인의 건전한 발달을 도모하여 의료의 적정을 기하고 국민건강을 보호증진하게 하려는 데 그 목적이 있는 조항으로서 강행규정에 해당한다'라고 보되, '유동적 무효 상태에서 자신의 의무이행을 통해 이 사건 지상권설정등기에 따른 부담을 용인해야 하는 지위에 있는 원고가 오히려 그 의무이행을 하지 않은 것을 기화로 권리자가 될 피고를 상대로 그 말소를 청구하는 것은 허용될 수 없다'라고 판시한 원심을 지지하였다.[21]

나) 의사와 한의사의 관계

한의사는 양약체계와는 다른 한의학체계에 입각하여 독자적인 한방 의료와 보건지도를 하기 때문에 한방의 치료방식이 양의의 입장에서 볼 때, 의료수준이 미달하는 부적절한 것으로 판단할 여지가 있다. 그러므로 한방진료의 경우 의료과오 여부가 문제될 때 그 의료수준을 어떻게 인정할 것인지, 또한 한의사가 과학기술의 발전에 따라 새로 개발·제작된 의료기기 등을 사용하는 것이 한의사의 의료행위로서 허용되는지 여부가 문제로 등장한다.

대법원 2014. 1. 16. 선고 2011도16649 판결은 이에 관하여 "[1] 구 의료법(2012. 2. 1. 법률 제11252호로 개정되기 전의 것. 이하 같다) 제2조 제1항, 제2항 제1호, 제3호, 제5조, 제27조 제1항 본문, 제87조 제1항에서 의사와 한의사가 동등한 수준의 자격을 갖추고 면허를 받아 각자 면허된 것 이외의 의료행위를 할 수

20) 나상훈, "회생의료법인 M&A과정 인수인이 무상출연 및 자금대여 조건으로 그 의료법인의 임원추천권을 갖는 내용의 운영권 양도계약의 위법 여부", 법률신문 2022년 2월 17일, 제11면.

21) 대법원 2021. 11. 25. 선고 2019다277157 판결.

없도록 하는 이원적 의료체계를 규정한 것은 한의학이 서양의학과 나란히 독자적으로 발전할 수 있도록 함으로써 국민으로 하여금 서양의학뿐만 아니라 한의학이 이루고 발전시켜 나아가는 의료혜택을 누릴 수 있도록 하는 한편, 의사와 한의사가 각자의 영역에서 체계적인 교육을 받고 국가로부터 관련 의료에 관한 전문지식과 기술을 검증받은 범위를 벗어난 의료행위를 할 경우 사람의 생명, 신체나 일반 공중위생에 발생할 수 있는 위험을 방지하기 위한 것이다. [2] 의료법령에는 의사, 한의사 등의 면허된 의료행위의 내용을 정의하거나 구분 기준을 제시한 규정이 없으므로, 의사나 한의사의 구체적인 의료행위가 '면허된 것 이외의 의료행위'에 해당하는지 여부는 구체적 사안에 따라 이원적 의료체계의 입법 목적, 당해 의료행위에 관련된 법령의 규정 및 취지, 당해 의료행위의 기초가 되는 학문적 원리, 당해 의료행위의 경위·목적·태양, 의과대학 및 한의과대학의 교육과정이나 국가시험 등을 통하여 당해 의료행위의 전문성을 확보할 수 있는지 여부 등을 종합적으로 고려하여 사회통념에 비추어 합리적으로 판단하여야 한다. 한의사가 전통적으로 내려오는 의료기기나 의료기술(이하 '의료기기 등'이라 한다) 이외에 과학기술의 발전에 따라 새로 개발·제작된 의료기기 등을 사용하는 것이 한의사의 '면허된 것 이외의 의료행위'에 해당하는지 여부도 이러한 법리에 기초하여 판단하여야 하고, 의료기기 등의 개발·제작 원리가 한의학의 학문적 원리에 기초하지 아니하였다는 사정만으로 한의사가 해당 의료기기 등을 진료에 사용한 것이 그 면허된 것 이외의 의료행위를 한 것이라고 단정할 것은 아니다."라고 판시하였다.

또한 한의사의 처방범위가 문제되는데, 대법원은 의료법이 약사법과 이원적 의료체계를 이루도록 규정한 취지와 의약품에 대한 안전성·유효성 심사인 품목허가의 의미 등을 고려하여, 한의사는 의약품이 한의학적 입장에서의 안전성·유효성 심사기준에 따라 품목허가를 받은 경우에만 그 의약품을 처방·조제할 수 있고, 서양의학적 입장에서의 안전성·유효성 심사기준에 따라 품목허가를 받은 경우에는 이를 처방·조제할 수 없다고 본다.[22]

---

22) 대법원 2022. 3. 31. 선고 2017다250264 판결; '신바로캡슐'의 제조사인 주식회사 ○○○와 '아피톡신주'의 제조사인 주식회사 ○○○○제약은 위 각 약품에 관한 품목허가를 신청하면서 생약제제에 해당함을 전제로 식약처장에게 그에 해당하는 자료를 제출하였고, 식약처장은 해당 자료를 기초로 서양의학적 입장에서 안전성 및 유효성을 심사하여 품목허가를 한 사안에서, 서양의학적 입장에서 안전성·유효성 심사가 이루어져 품목허가

한편 정형외과의원이 침술을 행한 경우[23]에 관하여 대법원 2014. 9. 4. 선고 2013도7572 판결은 "[1] 한방 의료행위란 '우리 선조들로부터 전통적으로 내려오는 한의학을 기초로 한 질병의 예방이나 치료행위'로서 의료법 관련 규정에 따라 한의사만이 할 수 있고, 이에 속하는 침술행위는 '침을 이용하여 질병을 예방, 완화, 치료하는 한방 의료행위'로서, 의사가 위와 같은 침술행위를 하는 것은 면허된 것 이외의 의료행위를 한 경우에 해당한다. [2]의사인 피고인이 자신이 운영하는 정형외과의원에서 환자 甲, 乙에게 침을 놓아 치료를 함으로써 '면허된 것 이외의 의료행위'를 하였다고 하여 구 의료법(2012. 2. 1. 법률 제11252호로 개정되기 전의 것) 위반으로 기소된 사안에서, 피고인은 당시 甲의 이마에 20여 대 등의 침을, 乙의 허리 중앙 부위를 중심으로 10여 대의 침을 놓는 등 한 부위에 여러 대의 침을 놓았고, 그 침도 침술행위에서 통상적으로 사용하는 침과 다를 바 없는 점, 침을 놓은 부위가 대체로 침술행위에서 통상적으로 시술하는 부위인 경혈, 경외기혈 등에 해당하고, 깊숙이 침을 삽입할 수 없는 이마 등도 그 부위에 포함된 점 등에 비추어 피고인의 행위는 한방 의료행위인 침술행위에 해당할 여지가 많은데도, 이와 달리 보아 무죄를 인정한 원심판결에 한방 의료행위인 침술행위에 관한 법리오해 및 심리미진의 위법이 있다."라고 이유로 파기환송하였다.[24]

또한 대법원 2011. 10. 13. 선고 2009다102209 판결은 "의료법에는 의사, 한의사 등의 면허된 의료행위의 내용에 관한 정의를 내리고 있는 법조항이 없으므로, 구체적인 행위가 면허된 것 이외의 의료행위에 해당하는지 여부는 구체적 사안에 따라 의료법의 목적, 구체적인 의료행위에 관련된 규정의 내용, 구체적인 의료행위의 목적, 태양 등을 감안하여 사회통념에 비추어 판단하여야 한

가 된 이상 한의사는 이 사건 약품을 처방·조제할 수 없다고 판시한 사례이다.

23) 침을 이용하여 근육통증을 치료하는 IMS(Intramuscular Stimulation, 근육 자극에 의한 신경 근성 통증 치료법)을 시행한 경우이다.

24) 그러나 파기환송심은 부산지방법원 2015. 12. 24. 선고 2014노3865 판결로 해당 의사가 행한 시술행위가 시술 부위 및 시술 방법, 시술 도구 등에 있어서 침술행위와의 차이가 있어 한방 의료행위로 단정할 수 없다는 등의 이유로 범죄의 증명이 없다고 보아 다시 무죄를 선고하였고, 이에 대하여 대법원 2021. 12. 30. 선고 2016도928 판결은 '이 사건 IMS 시술행위는 IMS 시술의 특성을 고려하더라도 한방 의료행위인 침술행위와 본질적으로 다르다고 볼 만한 사정보다는 오히려 그 유사성을 찾을 수 있을 뿐이다'라는 이유로 다시 파기환송하였다.

다. 그런데 한약의 위험성은 한약의 단독작용으로 발생할 수도 있지만 환자가 복용하던 양약과의 상호작용에 의하여 발생할 수도 있고, 한약과 양약의 상호작용 및 그에 의한 위험성에 관한 의학지식은 필연적으로 한약과 양약에 관한 연구를 모두 필요로 할 뿐만 아니라 그 연구결과도 한약과 양약에 관한 지식에 모두 반영될 것이고, 이와 관련된 연구 내지 지식을 의사 또는 한의사 중 어느 한쪽에 독점적으로 지속시켜야만 사람의 생명·신체상의 위험이나 일반공중위생상의 위험이 발생하지 아니하게 된다고 볼 수도 없다. 이러한 사정을 고려하면, 한약의 위험성이 한약의 단독작용에 의하여 발생할 가능성뿐만 아니라 한약과 양약의 상호작용에 의하여 발생할 가능성이 있더라도, 한의사가 환자에게 양약과의 상호작용으로 발생할 수 있는 한약의 위험성에 대하여 설명하는 행위는 한의사에게 면허된 것 이외의 의료행위라고 할 수 없고, 한의사는 한약을 투여하기 전에 환자에게 해당 한약으로 인하여 발생할 수 있는 위와 같은 위험성을 설명하여야 할 것이다."라고 판시하였다.

그런데 한의사가 초음파 진단기를 이용하여 환자를 진료한 것이 의료법 위반에 해당하는지가 문제된 사안에서, 대법원 2022. 12. 22. 선고 2016도21314 전원합의체판결의 다수의견은 앞서 본 판단기준과 달리 새로운 판단기준으로 "한의사가 의료공학 및 그 근간이 되는 과학기술의 발전에 따라 개발·제작된 진단용 의료기기를 사용하는 것이 한의사의 '면허된 것 이외의 의료행위'에 해당하는지 여부는 관련 법령에 한의사의 해당 의료기기 사용을 금지하는 규정이 있는지, 해당 진단용 의료기기의 특성과 그 사용에 필요한 기본적·전문적 지식과 기술 수준에 비추어 한의사가 진단의 보조수단으로 사용하게 되면 의료행위에 통상적으로 수반되는 수준을 넘어서는 보건위생상 위해가 생길 우려가 있는지, 전체 의료행위의 경위·목적·태양에 비추어 한의사가 그 진단용 의료기기를 사용하는 것이 한의학적 의료행위의 원리에 입각하여 이를 적용 내지 응용하는 행위와 무관한 것임이 명백한지 등을 종합적으로 고려하여 사회통념에 따라 합리적으로 판단하여야 한다"를 제시하면서, 이는 진단용 의료기기가 한의학적 의료행위 원리와 관련 없음이 명백한 경우가 아닌 한 형사처벌 대상에서 제외됨을 의미한다고 부언하였고, 그 근거로 "한의사의 한방 의료행위와 의사의 의료행위가 전통적 관념이나 문언적 의미만으로 명확히 구분될 수 있는 것은 아닐 뿐더러, 의료행위의 개념은 의료기술의 발전과 시대 상황의 변화, 의료서비스에 대한 수요자의 인식과 필요에 따라 달라질 수 있는 가변적인 것"이라는 점을 들었다. 아울러 이러한 새로운 판단기준에 따라, 다수의견은 한의사가 초음파 진단기기를 사용하여 환자의 신체 내부를 촬영하여 화면에 나타난 모습을 보고 이를 한의학적 진단의 보조수단으로 사용하는 것은 한의사의 '면허된 것 이외의 의료행위'에 해당하지 않는다고 봄이 타당하다고 판시하였는바, 소수의견이 지적하는 것처럼 한의사가 초음파 진단기를 서양의학적인 방법으로 사용한다면 이원적 의료체계에 반하는 것이므로 그 필요성이 인정되는 경우 제도적·입법적 해결함이 바람직할 것이다. 다만 다수의견의 지적처럼 한의사가 정확한 한의학적 진단의 보조수단으로 범용성·대중성·기술적 안전성이 담보된 초음파 진단기기를 사용하는 것은 이원적 의료체계의 한 축인 한의학의 과학화·정보화를 촉진시킴으로써 독자적인 발전역량을 강화하는 것이자 의료소비자의 합리적인 선택권을 보장하고 국민의 건강을 보호 · 증진시키는 데 도움이 될 수 있는 점은 부인할 수 없다.

다) 치과의사의 임무범위

치과의사는 의사와 달리 그 임무가 치과 의료와 구강 보건지도이므로 가능한 진료의 범위가 어디까지 미치는지가 문제이다. 예를 들면 치과의사가 양압환기(엠브베깅)나 기관삽관을 할 수 있는지가 문제이다. 이는 곧 치과 의료의 범위에 관한 문제이기도 하다.

대법원 2016. 7. 21. 선고 2013도850 전원합의체 판결의 다수의견은, "의사나 치과의사의 의료행위가 '면허된 것 이외의 의료행위'에 해당하는지는 구체적 사안에 따라 의사와 치과의사의 면허를 구분한 의료법의 입법 목적, 해당 의료행위에 관련된 법령의 규정 및 취지, 해당 의료행위의 기초가 되는 학문적 원리, 해당 의료행위의 경위·목적·태양, 의과대학 등의 교육과정이나 국가시험 등을 통하여 해당 의료행위의 전문성을 확보할 수 있는지 등을 종합적으로 고려하여 사회통념에 비추어 합리적으로 판단하여야 한다. 전통적인 관념이나 문언적 의미에 따르면, '치과'는 '이(치아)와 그 지지 조직 및 입 안의 생리·병리·치료 기술 등을 연구하는 의학 분야', '치과의사'는 '입 안 및 치아의 질병이나 손상을 예방하고 치료하는 것을 직업으로 하는 사람'으로 정의함이 일반적이다. 그러나 치과의사의 의료행위와 의사의 의료행위가 이러한 전통적 관념이나 문언적 의미만으로 구분될 수 있는 것은 아닐뿐더러, 의료행위의 개념은 고정 불변인 것이 아니라 의료기술의 발전과 시대 상황의 변화, 의료서비스에 대한 수요자의 인식과 필요에 따라 달라질 수 있는 가변적인 것이기도 하고, 의약품과 의료기술 등의 변화·발전 양상을 반영하여 전통적인 치과진료 영역을 넘어서 치과의사에게 허용되는 의료행위의 영역이 생겨날 수도 있다. 따라서 앞서 든 '면허된 것 이외의 의료행위' 해당 여부에 관한 판단기준에 이러한 관점을 더하여 치과의사의 면허된 것 이외의 의료행위에 해당하여 의료법 위반으로 처벌대상이 되는지 살펴볼 필요가 있다."라는 전제 위에, "치과의사인 피고인이 보톡스 시술법을 이용하여 환자의 눈가와 미간의 주름 치료를 함으로써 면허된 것 이외의 의료행위를 하였다고 하여 의료법 위반으로 기소된 사안에서, 의료법 등 관련 법령이 구강악안면외과를 치과 영역으로 인정하고 치과의사 국가시험 과목으로 규정하고 있는데, 구강악안면외과의 진료영역에 문언적 의미나 사회통념상 치과 의료행위로 여겨지는 '치아와 구강, 턱뼈 그리고 턱뼈를 둘러싼 안면부'에 대한 치료는 물론 정형외과나 성형외과의 영역과 중첩되는 안면부 골절상 치료나 악교정수술 등도 포함되고, 여기에 관련 규정의 개정 연혁과 관련 학회의 설립 경위, 국민건강보험공단의 요양급여 지급 결과 등을 더하여 보면 치아, 구강 그리고 턱과 관련되지 아니한 안면부에 대한 의료행위라 하여 모두 치과 의료행위의 대상에서 배제된다고 보기 어려운 점, 의학과 치의학은 의료행위의 기초가 되는 학문적 원리가 다르지 아니하고, 각각의 대학 교육과정 및 수련과정도 공통되는 부분이 적지 않게 존재하며, 대부뷴의 치과대학이나 치의학전문대학원에서 보톡스 시술에 대하여 교육하고 있고, 치과 의료 현장에서 보톡스 시술이 활용되고 있으며, 시술 부위가 안면부라도 치과대학이나 치의학전문대학원에서는 치아, 혀, 턱뼈, 침샘, 안면의 상당 부분을 형성하는 저작근육과 이에 관련된 주위 조직 등 악안면에 대한 진단 및 처치에 관하여 중점적으로 교육하고 있으므로, 보톡스 시술이 의사만의 업무영역에 전속하는 것이라고 단정할 수 없는 점 등을 종합하면, 환자의 안면부인 눈가와 미간에 보톡스를 시술한 피고인의 행위가 치과의사에게 면허된 것 이외의 의료행위라고 볼 수 없고, 시술이 미용 목적이라 하여 달리 볼 것은 아니다"라고 판시하였다. 한편 소수의견은 "치과의사 면허 범위를 확정하는 전제가 되는 의료행위는 치아와 구강, 위턱뼈, 아래턱뼈, 그리고 턱뼈를 덮고 있는 안면조직 등 씹는 기능을 담당하는 치아 및 그와 관련된 인접 조직기관 등에 대한 치과적 예방·진단·치료·재활과 구강보건(이하 이를 통칭하여 '치과적 치료'라 한다)을 목적으로 하는 의료행위를 뜻한다고 해석된다. 그리고 치과적 치료를 목적으로 하는 의료행위라면, 목적이 직접적인 경우뿐 아니라 간접적인 경우에도 이를 치과의사 면허 범위에 포함할 수 있다. 예컨대 치아와 구강에 대한 치과치료가 안면 부위의 조직에도 영향을 미친다면, 그 부분에 대하여 치과의사가 시술할 수 있는 경우도 있다. 그렇지만 그 경우에도 치과적 치료 목적이라는 범위 내에서 제한적으로 허용되는 것에 불과하고, 치과적 치료 목적을 벗어나 시술이 이루어진다면 이는 치과의사의 면허 범위를 벗어난 것으로 보아야 한다."고 하였다.

라) 조산사(구 조산원, 산파)

조산사는 과거 조산원, 산파라는 이름으로 불렸던 의료인인데 출산율이 낮아지고 현대 의술이 발전하면서 그 사회적 역할이 상대적으로 약화하였다. 그러나 여전히 조산사가 할 수 있는 의료행위의 범위가 문제가 되고 있다.

대법원 2007. 9. 6. 선고 2005도9670 판결은, "[1] 조산사가 조산원을 개설하여 할 수 있는 의료행위인 '조산'이란 임부가 정상분만하는 경우에 안전하게 분만할 수 있도록 도와주는 것을 뜻하므로, 이상분만으로 인하여 임부·해산부[25]에게 이상현상이 생겼을 때 그 원인을 진단하고 이에 대처하는 조치(약물투여를 포함한다)를 강구하는 것은 그러한 의료행위를 임무로 하는 산부인과의사 등 다른 의료인의 임무범위에 속하는 것으로서 조산사에게 면허된 의료행위인 '조산'에 포함되지 않는다. 따라서 조산사가 그와 같은 면허 범위 외의 의료행위를 하였다면, 그 행위가 조산원 지도의사의 구체적인 지시에 따른 것이었다거나 또는 임부·해산부 등에 대한 응급처치가 절실함에도 지도의사와 연락을 할 수 없고 그 지시를 기다리거나 산부인과 의원으로 옮길 시간적 여유도 없어 조산사의 독자적인 판단에 의하여 응급처치를 할 수밖에 없었다는 등의 특별한 사정이 없는 한, 원칙적으로 구 의료법(2007. 4. 11. 법률 제8366호로 전문 개정되기 전의 것) 제25조 소정의 무면허의료행위에 해당한다. [2] 응급의료에 관한 법률은 '국민들이 응급상황에서 신속하고 적절한 응급의료를 받을 수 있도록 응급의료에 관한 국민의 권리와 의무, 국가·지방자치단체의 책임, 응급의료제공자의 책임

---

25) 의료법이 2019. 4. 23. 법률 제16375호로 개정되어 2019. 10. 24. 시행되기 전에는 "임부(妊婦)·해산부(解産婦)·산욕부(産褥婦)"로 표시하였다가 개정된 후에는 "임산부"로 단일화하였다.

과 권리를 정하고 응급의료자원의 효율적인 관리를 위하여 필요한 사항을 규정함으로써 응급환자의 생명과 건강을 보호하고 국민의료의 적정을 기함을 목적으로' 하는 것으로서 의료인에게 적극적으로 그 면허 범위 외의 응급의료행위를 할 수 있는 권한을 부여하고 있지는 않은 점, 또 의료법은 조산사가 조산원을 개설하는 경우에는 반드시 지도의사를 정하여 그의 지도를 받도록 하고 있는 점 등에 비추어 보면, 이미 조산원에서 조산사의 도움을 받아 정상적인 분만과정이 진행되고 있는 경우에는 이상분만상황이 발생하지 않는 한 그 자체로 조산사의 독자적인 판단에 따른 응급처치가 요구되는 상황은 아니라고 봄이 상당하고, 다만 이상분만으로 인하여 임부·해산부 등에게 이상현상이 발생하였음에도 조산원 지도의사와 연락을 할 수 없고 또 그 지도의사의 지시를 기다리거나 산부인과의원으로 전원하는 등의 조치를 취할 시간적 여유도 없는 경우에 한하여 예외적으로 조산사가 그 독자적인 판단에 의하여 약물 투여 등 조산 이외의 응급처치를 하는 것이 허용된다. [3] 조산사가 산모의 분만과정 중 별다른 응급상황이 없음에도 독자적 판단으로 포도당 또는 옥시토신을 투여한 행위에 대하여, 조산원에서 산모의 분만을 돕거나 분만 후의 처치를 위하여 옥시토신과 포도당이 일반적으로 사용되고 있고, 위 약물들을 산모의 건강을 위해 투여하였다고 하더라도, 지도의사로부터 지시를 받지 못할 정도의 긴급상황을 인정할 수 없는 이상 정당한 응급의료행위라거나 사회상규에 반하지 않는 행위라고 볼 수 없다는 이유로 의료법 위반죄에 해당한다"고 판시하였다.

또한 대법원 2007. 9. 6. 선고 2006도2306 판결은, 조산사가 자신이 근무하는 산부인과를 찾아온 환자들을 상대로 진찰·환부소독·처방전발행 등의 행위를 한 것은 진료의 보조행위가 아닌 진료행위 자체로서 의사의 지시가 있었다고 하더라도 무면허의료행위에 해당한다고 보았다. 그리고 조산사의 주의의무에 관하여 대법원 2010. 5. 27. 선고 2006다79520 판결은, "조산사는 분만과정에서 산모와 태아의 상태가 정상적인지 여부를 계속적으로 관찰하고 산부인과 전문의 등으로 하여금 발생가능한 응급상황에 적절히 대처할 수 있도록 산모와 태아의 상태를 적시에 보고하여야 하며, 응급상황에서 자신이 취할 수 있는 범위 내의 필요한 조치를 취할 의무가 있다."가 있다고 보고 "병원에서 조산사가 분만을 관장하여 출생한 신생아가 뇌성마비 상태가 된 사안에서, 분만과정에 태변착색 등 이상 징후를 발견하였음에도 산부인과 전문의 등에게 보고를 지연함으로써 신생아가 의사로부터 적시에 기관 내 삽관을 통한 태변제거 및 인공호흡 등 응급조치를 받을 기회를 상실시켰을 뿐만 아니라 분만실에서 호흡을 하지 않는 신생아의 코에 산소가 나오는 고무관을 대주었을 뿐 마스크와 백을 이용한 인공호흡을 시키지 않는 등 조산사 스스로 가능한 범위 내의 심폐소생술도 제대로 하지 않은 조산사에게 의료과실이 있다"고 판시함과 아울러 신생아의 뇌성마비가 조산사의 의료과실에 의한 저산소성 뇌손상으로 인하여 발생하였다고 추정하였다.

마) 간호사, 전문간호사, 간호조무사

간호사의 업무는 다양하여, "① 환자의 간호요구에 대한 관찰, 자료수집, 간호판단 및 요양을 위한 간호, ② 의사, 치과의사, 한의사의 지도하에 시행하는 진료의 보조, ③ 간호 요구자에 대한 교육·상담 및 건강증진을 위한 활동의 기획과 수행, 그 밖의 간호법 시행령 제2조 등에서 정하는 보건활동, ④ 간호조무사가 수행하는 업무보조에 대한 지도" 등이 있고, 병원급 의료기관에서 의사의 일반적 지도와 위임에 근거하여 진료지원업무를 수행할 수 있도록 그 업무범위를 확대하였다(간호법 제12조).

간호사 중에는 전문간호사가 있고, 전문간호사는 보건, 마취, 정신, 가정, 감염관리, 산업, 응급, 노인, 중환자, 호스피스, 종양, 임상, 아동 등 자격을 취득한 해당 분야에서 간호업무를 수행하여야 한다(간호법 제5조 제2항, 제13조, 전문간호사 자격인정 등에 관한 규칙 제3조).

간호조무사는 간호사를 보조하여 간호사의 업무를 할 수 있으나, 의원급 의료기관에 한하여 의사, 치과의사, 한의사의 지도하에 환자의 요양을 위한 간호 및 진료의 보조를 수행할 수 있다(간호사법 제15조).

간호사의 임무가 진료의 보조인 경우에는 독자적으로 행할 수 있는 의료행위의 범위와 관련하여 간호사법위반(구 의료법위반)의 문제가 생길 경우가 있다. 대법원 2014. 9. 4. 선고 2012도16119 판결은, "간호사가 '진료의 보조'를 하는 경우 행위 하나하나마다 항상 의사가 현장에 참여하여 지도·감독하여야 하는 것은 아니고, 경우에 따라서는 의사가 진료의 보조행위 현장에 참여할 필요 없이 일반적인 지도·감독을 하는 것으로 충분한 경우도 있으나, 이는 어디까지나 의사가 주도하여 의료행위를 실시하면서 그 의료행위의 성질과 위험성 등을 고려하여 그 중 일부를 간호사로 하여금 보조하도록 지시 또는 위임할 수 있다는 것을 의미하는 것에 그친다. 이와 달리 의사가 간호사에게 의료행위의 실시를 개별적으로 지시하거나 위임한 적이 없음에도 간호사가 주도하여 전반적인 의료행위의 실시 여부를 결정하고 간호사에 의한 의료행위의 실시과정에 의사가 지시·관여하지 아니한 경우라면, 이는 의료법 제27조 제1항이 금지하는 무면허 의료행위에 해당한다고 보아야 한다. 그리고 의사가 이러한 방식으로 의료행위가 실시되는 데 간호사와 함께 공모하여 그 공동의사에 의한 기능적 행위지배가 있었다면, 의사도 무면허의료행위의 공동정범으로서의 죄책을 진다."라고 판시하였다. 또한 대법원 2003. 8. 19. 선고 2001도3667 판결은, "간호사가 '진료의 보조'를 함에 있어서는 모든 행위 하나하나마다 항상 의사가 현장에 입회하여 일일이 지도·감독하여야 한다고 할 수는 없고, 경우에 따라서는 의사가 진료의 보조행위 현장에 입회할 필요 없이 일반적인 지도·감독을 하는 것으로 족한 경우도 있을 수 있다 할 것인데, 여기에 해당하는 보조행위인지 여부는 보조행위의 유형에 따라 일률적으로 결정할 수는 없고 구체적인 경우에 있어서 그 행위의 객관적인 특성상 위험이 따르거나 부작용 혹은 후유증이 있을 수 있는지, 당시의 환자 상태가 어떠한지, 간호사의 자질과 숙련도는 어느 정도인지 등의 여러 사정을 참작하여 개별적으로 결정하여야 한다."라고 판시하면서, 간호사가 의사의 처방에 의한 정맥주사(Side Injection 방식)를 의사의 입회 없이 간호실습생(간호학과 대학생)에게 실시하도록 하여 발생한 의료사고에 대한 의사의 과실을 부정하였다.

전문간호사에 대하여는, 대법원 2010. 3. 25. 선고 2008도590 판결은, "피고인이 마취전문 간호사로서 의사의 구체적 지시 없이 독자적으로 마취약제와 사용량을 결정하여 치핵제거수술을 받을 피해자에게 척수마취시술을 한 후 집도의가 피해자에 대한 치핵제거수술을 시행하였고 수술현장에서도 집도의를 도와 피해자의 동태를 확인하면서 이상현상을 보이는 경우에 대비하여 응급조치를 준비하여야 함에도 현장을 이탈하는 등 적절한 조치를 취하지 않았을 뿐 아니라, 수술을 받던 피해자가 하체를 뒤로 빼면서 극도의 흥분상태로 소리를 지르는 등 통증을 호소하고 출혈이 발생한 이후에도 그 판시와 같이 마취전문 간호사로서의 필요한 조치를 다하지 아니한 업무상 과실이 있고, 그러한 업무상 과실과 집도의의 과실이 경합하여 결국 피해자가 사망에 이르게 되었다고 판단하였는바, 이러한 원심의 인정과 판단은 앞서 본 법리와 기록에 비추어 이를 수긍할 수가 있다."라고 판시하면서, "구 의료법 제56조 제1항, 제2항, 구 의료법 시행규칙(2006. 7. 7. 보건복지부령 제364호 '전문간호사의자격인정등에관한규칙' 부칙 제6조에 의하여 개정되기 전의 것) 제54조 제1항, 제2항 등을 종합하면, 전문간호사가 되기 위하여는 간호사로서 일정한 자격을 가지고 자격시험에 합격하여 보건복지부장관의 자격인정을 받아야 하나, 이러한 전문간호사라고 하더라도 마취분야에 전문성을 가지는 간호사인 자격을 인정받은 것뿐이어서 비록 의사의 지시가 있었다고 하더라도 의사만이 할 수 있는 의료행위를 직접 할 수 없는 것은 다른 간호사와 마찬가지이다. 원심은, 마취액을 직접 주사하여 척수마취를 시행하는 행위는 약제의 선택이나 용법, 투약 부위, 환자의 체질이나 투약 당시의 신체 상태, 응급상황이 발생할 경우 대처능력 등에 따라 환자의 생명이나 신체에 중대한 영향을 미칠 수 있는 행위로서 고도의 전문적인 지식과 경험을 요하므로 의사만이 할 수 있는 의료행위이고 마취전문 간호사가 할 수 있는 진료 보조행위의 범위를 넘어서는 것이므로, 피고인의 행위는 구 의료법 제25조 제1항에서 금지하는 무면허 의료행위에 해당한다고 판단하였는바, 이는 앞서 본 법리에 비추어 정당하고, 거기에 상고이유에서 주장하는 바와 같은 의료법에 관한 법리오해 등의 위법이 없다."라고 판시함으로써 전문간호사가 할 수 있는 업무의 한계를 분명히 하였다.

한편 간호조무사에 관하여, 대법원 2005. 12. 9. 선고 2005도5652 판결은, "간호조무사 자격시험에 응시하기 위하여 국·공립 간호조무사 양성소 또는 '학원의 설립·운영 및 과외교습에 관한 법률'의 규정에 의한 간호조무사 양성학원에서 학과교육을 받고 있거나 간호조무사 양성학원장 등의 위탁에 따라 의료기관에서 실습교육을 받고 있는 사람은 의료법 제25조 제1항 단서 제3호에서 규정하고 있는 '의학·치과의학·한방의학 또는 간호학을 전공하는 학교의 학생'이라고 볼 수 없다"라고 판시하였다.

바) 의료유사업자(접골사, 침사, 구사)

종전의 국민의료법이 1962. 3. 20. 의료법으로 개정되는 과정에서 종래 국민의료법상에서 인정되던 접골사, 침사, 구사의 자격제도를 국민보건 향상의 견지에서 근본적으로 폐기하고자 그 근거법률조항을 삭제하였고 그 이후의 의료법 개정과정에서도 여전히 침구사자격의 취득 및 영업에 관한 근거법률조항을 입법하지 아니하였으며, '접골사·침사·구사·안마사 자격시험규정'은 종전의 국민의료법의 하위법규로서 근거법령인 국민의료법이 폐지됨으로써 그 효력을 상실하였다(헌법재판소 2009. 10. 12. 선고 2009헌마584 결정).

그러나 의료법이 시행되기 전의 규정에 따라 자격을 받은 접골사, 침사, 구사는 각 해당 시술소에서 시술을 업으로 할 수 있다(의료법 제81조). 이제는 이러한 자격을 갖춘 의료유사업자는 극히 소수이고, 그동안 자격증 갱신이 문제되었는데, 대법원 1977. 5. 24. 선고 76누295 판결은 "의료법 부칙 제7조, 제59조(1675. 12. 31 법률 2862호로 개정전의 것), 동법시행규칙 제59조 및 1973. 11. 9.자 보건사회부 공고 58호에 의거한 서울특별시장 또는 도지사의 의료유사업자 자격증 갱신발급행위는 유사의료업자의 자격을 부여 내지 확인하는 것이 아니라 특정한 사실 또는 법률관계의 존부를 공적으로 증명하는 소위 공증행위에 속하는 행정행위라 할 것이다."라고 판시하였다.

사) 안마사

의료법 제82조는 안마사는 「장애인복지법」에 따른 시각장애인 중 일정한 교육과정을 마치거나 안마수련과정을 마친 자로서 시·도지사에게 자격인정을 받아야 하고, 의료행위의 일종인 안마업무를 할 수 있도록 규정하고 있다(의료법 제82조). 그 때문에 특혜 시비가 있었고, 이에 관하여 헌법재판소 2008. 10. 30. 선고 2006헌마1098 결정은 「시각장애인에 대하여만 안마사 자격인정을 받을 수 있도록 하는 이른바 비맹제외기준을 설정하고 있는 구 의료법(2006. 9. 27. 법률 제8007호로 개정되고 2007. 4. 11. 법률 제8366호로 전부 개정되기 전의 것) 제61조 제1항 중 "「장애인복지법」에 따른 시각장애인 중" 부분 및 의료법(2007. 4. 11. 법률 제8366호로 전부 개정된 것) 제82조 제1항 중 "「장애인복지법」에 따른 시각장애인 중" 부분(이하 위 두 조항을 합쳐 '이 사건 법률조항'이라 한다)은 신체장애자 보호에 대한 헌법 제34조 제5항의 헌법적 요청 등에 바탕을 두고 시각장애인의 생계를 보장하기 위한 것으로, 이러한 헌법적 요청과 일반국민의 직업선택의 자유 등 기본권이 충돌하는 상황이 문제될 수 있는바, 위 법률조항이 헌법 제37조 제2항에 의한 기본권제한입법의 한계를 벗어났는지 여부를 심사함에 있어서, 구체적인 최소침해성 및 법익균형성 심사과정에서 이러한 헌법적 요청뿐만 아니라, 일반국민의 기본권 제약 정도, 시각장애인을 둘러싼 기본권의 특성과 복지정책의 현황, 시각장애인을 위한 직업으로서의 안마사제도와 그와 다른 대안의 가능성 등을 종합하여 형량할 필요가 있을 것이다. 한편 이 사건 법률조항과 같이 시각장애인에 대한 우대처우로 인하여 비시각장애인의 직업선택의 자유 등 기본권이 제한받는 경우 직업선택의 자유에 대한 과잉제한 여부와 평등권 침해 여부가 동시에 문제되는데, 그러한 경우에는 직업선택의 자유 침해 여부와 평등권 침해 여부를 따로 분리하여 심사할 것이 아니라 하나로 묶어 판단함이 상당하다.」라고 판시한 다음, 이 사건 법률조항이 헌법 제37조 제2항에서 정한 기본권제한입법의 한계를 벗어나서 비시각장애인의 직업선택의 자유를 침해하거나 평등권을 침해한다고 볼 수는 없다고 보았다.

아) 한지의료인

접골사, 참사, 구사의 자격제도와 마찬가지로 의료법이 시행되기 전의 규정에 따라 면허를 받은 한지 의사(限地 醫師), 한지 치과의사 및 한지 한의사가 있고, 이들은 허가받은 지역에서 의료업무에 종사하는 경우 의료인으로 본다(의료법 제79조).

자) 의료기사 등

"의료기사"는 의사 또는 치과의사의 지도 아래 진료나 의화학적(醫化學的) 검사에 종사하고, 그 안에 "임상병리사", "방사선사", "물리치료사", "작업치료사", "치과기공사" 및 "치과위생사"가 있다(의료기사 등에 관한 법률 제2조). "보건의료정보관리사"란 의료 및 보건지도 등에 관한 기록 및 정보의 분류·확인·유지·관리를 하며(같은 법 제1조의2 제2호), "안경사"란 시력보정용 안경의 조제 및 판매와 콘택트렌즈의 판매를 주된 업무로 한다(같은 법 제1조의 2 제3호). 각각 해당 면허가 있고(같은 법 제4조), 무면허자의 업무를 금하고 있다(같은 법 제9조, 제30조 제1항 제1호).

"응급구조사"는 업무의 범위에 따라 1급 응급구조사와 2급 응급구조사로 구분한다(응급의료에 관한 법률 제36조). 1급 사회복지사 자격이 있는 사람 중에 "정신건강사회복지사", "의료사회복지사", "학교사회복지사"의 자격을 부여한다(사회복지사업법 제11조). 노인복지법에서 "요양보호사"를, 의료급여법에서 "의료급여 관리사"를 규정하고, 정신건강증진 및 정신질환자 복지서비스 지원에 관한 법률에서 "정신건강전문요원"의 자격을 규정하고 있다. "군보건의료인"은 군보건의료기관에서 의료업무에 종사하는 현역의 장교·준사관·부사관·병·군무원 또는 의료인을 말한다(군보건의료에 관한 법률 시행령 제2조). "영양사"는 「국민영양관리법」에 따라 면허·자격이 주어진다.

차) 의료법상 무면허의료행위의 범위

앞에서 의료인의 유형에 따른 임무범위를 설명하면서 그 범위를 벗어난 행위가 의료법상 무면허 의료행위에 해당하는지 여부에 관하여 아울러 설명하였다.

나아가 이에 관하여 실무상 문제된 사안을 더 살펴보면, 구 의료법(2019. 4. 23. 법률 제16375호로 개정되기 전의 것, 이하 '구 의료법'이라 한다) 제27조 제1항은 '의료인이 아니면 누구든지 의료행위를 할 수 없다'고 규정하며, 제87조 제1항 제2호는 제27조 제1항을 위반한 자를 처벌하도록 규정하고 있는데, 이는 의료법이 의료인이 되는 자격에 대한 엄격한 요건을 규정하면서 보건복지부장관의 면허를 받은 의료인에게만 의료행위 독점을 허용하는 것은 국민의 건강을 보호하고 증진하려는 목적(의료법 제1조)을 달성하기 위한 것이며, 의료법상 의료제도는 대한민국 영역 내에서 이루어지는 의료행위를 규율하기 위하여 체계화된 것이므로 내국인이 대한민국 영역 외에서 의료행위를 하는 경우에는 구 의료법 제87조 제1항 제2호, 제27조 제1항의 구성요건 해당성이 없다(대법원 2020. 4. 29. 선고 2019도19130 판결).

한편 비뇨기과를 운영하는 의사가 발기부전환자에게 팽창형임플란트 이식수술을 하면서 특정보형물을 사용하는 조건으로 의료기기 판매업체 직원을 수술에 참여시켜 수술도구를 이용해 수술부위를 잡아 벌리게 하여 그 의사가 의료법 위반과 보건범죄단속에 관한 특별조치법 위반 혐의로 기소된 사안에서, 제1심은 '의료행위란 의료인이 행하지 않으면 보건위생상 위해가 생길 우려가 있는 행위를 의미하고, 구체적으로 환자에게 위험이 발생하지 않았다고 해서 보건위생상의 위해가 없었다고 할 수 없으며, 수술부위를 잡아 벌리는 등의 행위는 수술과정에 직접 참여하는 행위로서 그 성격이 진료를 보조하는 행위인지 여부를 불문하고 의료인이 아니면 허용되지 않는 의료행위에 해당한다'라는 이유로 유죄를 선고하였고, 동 판결은 항소심을 거쳐 대법원 2021. 5. 6. 선고 2021도1769 판결로 그대로 확정되었다.

나. 불성실한 진료행위

불성실한 진료행위와 수인한도에 관한 판시가 최초로 선언된 것은, "의료행위의 속성상 환자의 구체적인 증상이나 상황에 따라 위험을 방지하기 위하여 요구되는 최선의 조치를 취하여야 할 주의의무를 부담하는 의료진이 환자의 기대에 반하여 환자의 치료에 전력을 다하지 아니한 경우에는 그 업무상 주의의무를 위반한 것이라고 보아야 한다"라는 대법원 2006. 9. 28. 선고 2004다61402 판결이었고, 이 판결은 주의의무 위반과 환자에게 발생한 악결과(惡結果) 사이에 상당인과관계가 인정되지 않는 경우에 재산상 손해의 배상을 인정할 수 없지만 예외적으로 그로 말미암아 환자나 그 가족이 입은 정신적 고통에 대한 위자료의 배상을 명할 수 있고, 그때의 판단기준으로 일반인의 처지에서 보아 수인한도를 넘어설 만큼 현저하게 불성실한 진료를 행한 것이라고 평가될 정도에 이른 경우인지 여부가 제시된 것이다.

이 대법원판결로 말미암아 의료진의 적극적인 의료과오가 없더라도 환자의 수인한도를 벗어난 불성실한 의료행위가 있다면 그 자체로 불법행위를 구성할 수 있는지가 문제되고 되었다. 여기서 말하는 "불성실한" 의료행위란 무엇을 뜻하고 또 그 판단기준은 무엇인가? 이에 관하여 대법원 2023. 8. 18. 선고 2022다306185 판결은 "의료진이 임상의학 분야에서 요구되는 수준에 부합하는 진료를 한 경우 불성실한 진료를 하였다고 평가할 수는 없으므로, 수인한도를 넘는 현저히 불성실한 진료는 의료진에게 현저한 주의의무 위반이 있음을 전제로 한다."라고 판시함으로써 대법원판례가 위자료 지급의무를 인정하는 "수인한도를 넘는 불성실한 의료행위"라 함은 의료과오의 판단기준인 의료수준을 위반한 행위를 가리킨다는 것이므로 "의료과오"의 또 다른 표현에 불과할 뿐, 의료과오와 구별되는 별개의 불법행위 성립요건을 뜻하는 것은 아니라고 보았다.

한편 미국은 1986년 EMTALA(Emergency Medical Treatment and Active Labor Act)라는 연방법을 제정하여 응급환자의 치료에 있어서 병원이 환자를 차별하거나 거부할 수 없도록 규정하고 있다. 이 법은 메디케어(Medicare)에 참여하는 병원을 중심으로 적용되는 법으로서, 병원은 ① 환자의 보험 유무나 지불 능력을 고려함이 없이 응급실(ER)에 도착한 환자가 의료적 응급상태(medical emergency) 또는 진통(active labor) 상태인지 여부를 적절한 의료적 선별 검사(Medical Screening Examination, MSE)를 통해 판단하여야 하고, ② 만약 선별 결과 환자가 응급상태에 있다면, 병원은 그 환자의 상태를 의학적으로 안정(stabilize)시킬 때까지 치료를 계속해야 하며, ③ 해당 응급상태를 치료할 능력이 없을 경우, 적절한 장비와 능력을 갖춘 병원으로의 전원할 수 있지만, 그것도 환자의 상태가 안정되었거나,

환자가 명시적으로 동의 또는 요청했거나, 의학적으로 전원이 환자에게 더 이익이 된다는 의사의 판단이 있는 때에 한하여 허용하고 있다. 이는 응급환자들이 보험이 없다는 이유로 병원 응급실에서 거부하거나 전원시키는 등의 불성실한 의료관행(patient dumping)을 방지하기 위해 마련된 법이다.[26)]

다. 관리상의 과오

의료기관은 의료시설을 관리·운영하고, 이를 이용하는 환자 기타 내방객이 그 안에서 감염되거나 환자가 넘어져서 다친다거나 자살한 경우 등에 관리상의 과오가 문제 된다. 이는 의료법 제39조 제3항 후단이 규정하는 "의료기관의 시설·장비 및 인력 등의 결함 때문에 발생하는 의료사고"이다. 의료기관 내에서 환자, 환자의 보호자, 의료인 또는 의료기관 종사자 등에게 발생하는 감염을 '의료관련감염'[27)]이라고 하고 의료인과 의료기관의 장은 이러한 의료관련감염을 예방하며 의료기술을 발전시키는 등 환자에게 최선의 의료서비스를 제공하기 위하여 노력하여야 한다(의료법 제4조 제1항).

1) 대법원 2003. 11. 27. 선고 2001다20127 판결은 "청신경초종 제거술을 받은 환자에게 수술중의 감염으로 인한 뇌막염이 발생하였지만 집도의사가 사고 당시 일반적인 의학수준에 비추어 볼 때 수술로 인한 감염을 막기 위하여 필요한 조치를 다하였다고 볼 여지가 있는 반면 환자는 위 감염으로 인한 뇌막염과는 무관하게 원인을 알 수 없는 뇌실내출혈 및 이와 병발한 수두증 등의 합병증으로 사망하였다면, 막연하게 망인에게 수술중의 감염으로 뇌막염이 발생하였다는 사실만 가지고 사망이라는 중한 결과에 대하여 집도의사에게 감염방지의무를 게을리 한 과실을 인정할 수 없다"고 판시하였다.

2) 서울중앙지방법원 2018. 1. 10. 선고 2015가합579935 판결은, 甲 주식회사가 운영하는 산후조리원에서 산모와 신생아에 대한 관리 업무를 담당한 간호조무사 乙이 진료를 받기 위해 방문한 병원의 의사로부터 결핵에 감염되었을 가능성이 의심된다며 가래검사를 처방받았는데도 가래검사 결과 폐결핵 확진

26) Marcia M. Boumil 외, 전게서, pp. 364-379.

27) 의료법이 2020. 3. 4. 법률 제17069호로 개정되어 2021. 3. 5. 시행되기 전에는 "병원감염"이라는 용어를 사용하였다.

판정이 내려질 때까지 산후조리원에서 계속 근무하는 바람에 산후조리원에 머물던 신생아들이 잠복결핵에 감염되거나 감염을 예방하기 위해 항생제를 복용하는 피해를 입은 사안에서, 가래검사 처방일 이후 산후조리원에 머물다가 잠복결핵에 감염되거나 감염을 예방하기 위하여 항생제를 복용한 신생아들과 그 부모들에 대하여 乙과 甲 회사는 각각 불법행위에 따른 손해배상책임과 사용자책임을 부담하고, 나아가 甲 회사는 가래검사 처방일 전에 산후조리원에 머물다가 잠복결핵에 감염된 신생아들과 그 부모들에 대하여도 채무불이행에 따른 손해배상책임이 있다고 보아 각각 금 30만 원 내지 400만 원 상당의 손해배상을 명하였다.

3) 대법원 2007. 1. 11. 선고 2005다44015 판결은, 정신분열증 환자가 안전장치 없는 폐쇄병실의 창문을 열고 투신하여 신체에 중대한 기질적 상해를 수반하는 후유증이 남게 되자 이를 비관하여 자살한 사안에서, 위 투신사고와 자살 사이에 상당인과관계가 인정된다고 보아 위 병원의 운영자에게 손해배상책임을 인정하였고, 입원 중인 전환장애환자의 자살기도 사고에 대하여 의사, 간호사 등의 관찰 감독상의 과실을 인정한 사례가 있다(대법원 1991. 5. 10. 선고 91다5396 판결).

4) 대법원 2022. 3. 17. 선고 2018다263434 판결은, 망인이 흉부 엑스레이 검사 도중 갑자기 낙상하는 사고가 발생하였고, 이후 입원을 기다리는 도중 양쪽 팔다리에서 경련 증상이 나타났는데, 의사가 망인에게 항경련제만 투여하였다가 이튿날 뇌 CT 검사를 통하여 망인의 뇌출혈 사실을 발견하고 혈종제거술을 하였지만 회복하지 못하고 사망한 사안에서, 여러 명의 의사가 분업이나 협업을 통하여 의료행위를 담당하는 경우 먼저 환자를 담당했던 의사는 이후 환자를 담당할 의사에게 환자의 상태를 정확하게 알려 적절한 조치를 할 수 있도록 해야 하고, 특히 환자가 병원에서 검사나 수술을 받는 과정에서 넘어지는 등의 사고가 발생하였다면 담당 의사는 이러한 사정을 고려하여 환자의 건강유지와 치료를 위한 주의를 기울여야 하며, 담당 의사가 바뀌는 경우 나중에 담당할 의사에게 이러한 사정을 알려 지속적으로 환자의 상태를 살필 수 있도록 해야 할 주의의무가 있는데, 이를 위반한 의료과오에 해당한다는 이유로 과실을 인정하지 아니한 원심을 파기하였다.

라. 전원의무 위반

의사는 만일 당해 의료기관의 설비 및 지리적 요인 기타 여러 가지 사정으로 인하여 진단에 필요한 검사를 실시할 수 없는 경우에는 특단의 사정이 없는 한 당해 환자로 하여금 그 검사를 받을 수 있도록 해당 의료기관에 전원을 권고할 의무가 있고(대법원 1998. 2. 27. 선고 97다38442 판결 참조), 또한 의사가 환자를 진찰하여 위험발생이 예견된 때에는 스스로 치료하여 결과를 회피하는 방법과 다른 의료기관에 전송함으로써 결과를 회피하는 방법이 있다. 후자의 경우 직접 진료를 계속하는 것과 다른 의료기관에 전송하는 것 모두 의학적 합리성이 있는 경우 당해 의사는 환자에게 이를 설명하고 환자로 하여금 자신의 의사에 따라 선택하게 하여야 한다. 이를 전원권고의무라고 부르고 설명의무의 한 형태로 이해되고 있다. 이때 환자가 전원을 희망한다면 의사는 환자의 의사에 따라야 한다. 그러나 당해 의료기관에서 감당할 수 없는 환자라고 판단되면 의사는 그 환자를 적절한 의료기관으로 전송하여야 하고 이를 전원의무라고 부른다.[28] 법원은 오래전부터 의사의 이러한 전원의무를 의료과오의 요소로 보고 있다.

의료법 제4조 제1항은 "의료인과 의료기관의 장은 의료의 질을 높이고 병원감염을 예방하며 의료기술을 발전시키는 등 환자에게 최선의 의료서비스를 제공하기 위하여 노력하여야 한다."라고 규정하고 있는바, 이처럼 의료인과 의료기관에 환자에 대하여 최선의 의료서비스를 제공할 의무가 있다면, 그 의무의 일환으로 전원의무가 인정되고 이러한 의무는 당연히 진료계약의 내용을 구성한다고 할 수 있다.

그리고 환자를 전원할 때에는 전원에 앞서 환자에게 적절한 정보를 제공하여야 하고, 또 안전히 수송하기 위해서 때에 따라서는 적절한 수송수단을 마련하여 줄 의무도 있다.

1) 대법원 2010. 4. 29. 선고 2009도7070 판결은, 피고인이 제왕절개수술을

---

28) 이러한 전원의무와 유사한 의무로 "전과(轉科)의무"가 있다. 복수의 과를 가진 종합병원에서 의사가 자신의 지식과 기량으로는 감당하기 어렵다는 판단이 서거나 그렇게 판단하는 것이 마땅한 경우에는 같은 병원내의 다른 과 전문의에 상담(컨설팅)을 하여야 한다; 鈴木利廣 외, 医療訴訟(専門訴訟大系 第1巻), 青林書院,(2007), 27-28면 참조.

시행 중 태반조기박리를 발견하고도 피해자의 출혈 여부 관찰을 간호사에게 지시하였다가 수술 후 약 45분이 지나 대량출혈을 확인하고 전원(轉院) 조치하였으나 그 후 피해자가 사망한 사안에서, 피고인에게 대량출혈 증상을 조기에 발견하지 못하고, 전원을 지체하여 피해자로 하여금 신속한 수혈 등의 조치를 받지 못하게 한 과실이 있다고 판시하였다.

2) 청주지방법원 2011. 2. 22. 선고 2010고단1681 판결은, 한의사인 피고인이, 자신이 조제한 한약을 복용하던 피해자에게 간기능 이상 증세가 나타났는데도, 간기능 검사와 치료가 가능한 전문병원으로 전원(轉院)을 권하지 아니하고 계속 한약을 복용하게 하여 피해자를 간기능 손상 등으로 사망에 이르게 한 사안에서, 피고인이 전원조치를 다하지 않은 과실 및 그 과실과 피해자의 사망 사이의 인과관계를 인정할 수 있다는 이유로 업무상과실치사죄를 인정하였다.

3) 대법원 1996. 6. 25. 선고 94다13046 판결은, 의사가 환자 내지 그 가족에게 상처 부위의 조직괴사에 대응하기 위하여 필요한 검사 내지 치료를 할 수 있는 병원으로는 종합병원밖에 없다고 설명하면서 종합병원으로 전원할 것을 권유하였다면 그것으로 의사로서의 진료상의 의무를 다하였다 할 것이고, 거기서 나아가 그 환자나 가족들이 개인의원으로 전원하는 것을 만류, 제지하거나 그 환자를 직접 종합병원으로 전원하여야 할 의무까지 있다고 할 수는 없다고 하여, 환자가 그 권유에 따르지 아니하여 증세가 악화된 데 대한 의사의 과실을 부정하였다.

4) 일본 최고재판소는 '의료기관이 예산상 제약 등으로 진료를 실시하기 위한 기술·설비 등을 가지지 못한 경우에는 이를 갖춘 다른 의료기관에 전송하는 등 적절한 조치를 취할 의무가 있다'라고 판시하여 기술과 설비를 갖추지 못하였다는 이유로 면책될 수 없음을 명백히 하였고, 개업의의 역할에 관하여 '감기 등의 비교적 가벼운 병세를 담담하고, 환자에게 중병의 가능성이 있는 경우에는 고도의 의료를 시행할 수 있는 진료기관에 전원하여야 한다.'라고 판시하여 자신의 진단·치료기술로는 대처할 수 없다고 생각되는 때에는 전원의무가 있음을 명시하였다. 아울러 개업의가 종합병원으로의 전송이 반나절 정도 늦어진 사안에서 '급성뇌증(急性腦症) 등을 포함하는 매우 긴급한 병세에 대하여도 적절히 대처할 수 있는, 고도의 의료기구에 의한 정밀검사 및 입원가료 등이 가능한 의료기관에 환자를 전송하여, 적절한 치료를 받게 할 의무가 있다'라고 판

시하였다[1995년(平成 7년) 판결; 1997. 2. 25. 제3소법정 판결; 2003. 11. 11. 제3소법정 판결].[29)]

5) 전원이 적절한 의료기관에 이루어지 아니한 경우 그 환자를 전원시킨 의사는 예견가능한 부작용에 대하여 책임을 질 수 있다. 대법원 2005. 6. 24. 선고 2005다16713 판결은 복부 자상을 입은 환자가 병원 응급실에 내원하였으나, 의사가 환자의 상태를 잘못 판단하여 즉각적인 응급개복술이 불가능한 대한병원으로 전원시켰고, 전원 과정에서 필요한 정보를 충분히 제공하지 않아 적절한 치료가 지연되어 환자가 사망한 사례에서, 환자의 활력징후가 비교적 좋아 즉각적인 응급개복술 실시가 가능한 병원으로 전원했다면 생존 가능성이 높았을 것으로 판단되고, 전원 과정에서 전원받은 의사에게 응급실에서의 초기상황과 시행된 처치에 대한 정보를 제공하지 아니하여 전원상의 과실과 환자의 사망 사이에 인과관계가 인정된다는 이유로 의사의 의료과오책임을 인정하였다.

마. 진료기록부의 개작, 변조

1) 진료기록부의 개념 및 작성 의무

가) 진료기록에 대한 법적 규제

진료기록부(medical records)란 의사가 그 의료행위에 관한 사항과 소견을 상세히 기록하고 서명한 것이다(의료법 제22조 제1항). 진료기록부에는 ① 진료를 받은 자의 주소·성명·연락처·주민등록번호 등 인적사항, ② 주된 증상, 필요한 경우 주된 증상과 관련한 병력, 가족력, ③ 진단결과 또는 진단명, ④ 진료경과, ⑤ 치료내용(주사·투약·처치 등), ⑥ 진료 일시분을 기재하여야 하며(의료법 시행규칙 제14조 제1호), 이러한 진료기록부는 추가기재·수정된 경우 추가기재·수정된 진료기록부 및 그 전의 원본 모두는 10년간 보전되어야 한다(의료법 제22조 제2항, 의료법 시행규칙 제1항 제2호). 또한 의료인은 진료기록부를 거짓으로 작성하거나 고의로 사실과 다르게 추가기재·수정하여서는 안되고, 이를 위반한 경우 3년 이하의 징역이나 3천만원 이하의 벌금에 처해진다(의료법 제88조 제1호).

진료기록부 기재시기에 관하여 대법원 1987. 8. 29. 선고 97도1234 판결은

29) 鈴木利廣 외, 전게서, 28면 참조.

"의사는 그 진료기록부를 작성함에 있어서 최선을 다하여 그 의료행위에 관한 사항과 소견을 알기 쉽고 신속 정확하게 기록할 수 있는 시기와 방법을 택하여야 할 것이나, … 그 작성의 구체적인 시기와 방법은 당해 의료행위의 내용과 환자의 치료경과 등에 비추어 그 기록의 정확성을 담보할 수 있는 범위 내에서 당해 의사의 합리적인 재량에 맡겨져 있다고 보아야 할 것"이라고 판시하였다.

진료기록부는 진료를 한 의사가 기재하고 서명하여야 한다. 대법원도 "진료기록부에 의료행위에 관한 사항과 소견을 기록하도록 한 의료법상 작위의무가 부여된 주체는 구체적인 의료행위에 있어서 그 환자를 담당하여 진료를 행하거나 처치를 지시하는 등으로 당해 의료행위를 직접 행한 의사에 한하고, 아무런 진료행위가 없었던 경우에는 비록 주치의라고 하더라도 그의 근무시간 이후 다른 당직자에 의하여 행하여진 의료행위에 대하여까지 그 사항과 소견을 진료기록부에 기록할 의무를 부담하는 것은 아니다."라고 보았고(대법원 1998. 1. 23. 선고 97도2124 판결; 대법원 1997. 11. 14. 선고 97도2156 판결), 진료를 하지 않은 의사는 진료를 행한 의사를 보조하기 위하여 그 의사의 구술에 의하여 기재하는 때를 제외하고 진료기록부에 기재하여서는 안 되며, 간호보조원의 무면허 진료행위가 있은 후에 이를 의사가 진료부에다 기재하는 행위는 정범의 실행행위종료 후의 단순한 사후행위에 불과하다고 볼 수 없고 무면허 의료행위의 방조에 해당한다(대법원 1982. 4. 27. 선고 82도122 판결).

나) 진료기록부의 전산화와 관련 문제

전자의무기록(EMR, Electronic Medical Record)은 종래 종이에 수기로 작성하던 의무기록 방식에 정보통신기술을 접목하여 병원에서 발생한 환자에 대한 의료정보를 전자문서 형식으로 전산화하는 의료서비스 시스템을 의미한다. 전자의무기록은 2002. 3. 30. 법률 제6686호로 개정된 의료법에서 처음으로 법적 근거가 마련되었으며, 이후 여러 차례의 법 개정을 통해 전자서명 요건, 안전한 관리·보존을 위한 시설과 장비, 접속기록 관리, 표준화, 인증제도 등이 도입되었다.

의료법 제23조는 의료인이나 의료기관 개설자는 전료기록부등을 「전자서명법」에 따른 전자서명이 기재된 전자문서로 작성·보관할 수 있고, 이때 전자의무기록을 안전하게 관리·보존하는 데에 필요한 시설과 장비를 갖추어야 하며, 전자의무기록에 추가기재·수정을 한 경우 접속기록을 별도로 보관하도록 규정하고 있다. 또한 보건복지부장관은 전자의무기록이 효율적이고 통일적으로 관리·활용될 수 있도록 전산정보처리시스템, 시설, 장비 및 기록 서식 등에 관한 표준을 정하여 고시하고 그 준수를 권고할 수 있다(의료법 제23조의2). 전자의무기록은 종이 형태의 진료기록부와 동일한 법적 효력을 가지며(대법원 2013. 7. 25. 선고 2012두28438 판결), 개인정보 보호, 변조 방지 등을 위한 법적 장치가 마련되어 있다. 2018. 3. 27. 개정된 의료법 제23조 제4항은 의료인이나 의료기관 개설자는 전자의무기록에 추가기재·수정을 한 경우 보건복지부령으로 정하는 바에 따라 접속기록을 별도로 보관하도록 규정하고 있다.

의료과오소송에서 의료기록[30]은 중요한 증거방법이 되고, 의사로서는 의료기록을 철저히 검토하였더라면 피할 수 있었던 악영향에 대하여는 법적 책임을 추궁당하게 되고, 의료기관에서 새로운 전자 건강 기록 기술을 계속 도입함에 따라 의사의 주의의무가 더욱 강화될 수밖에 없다. 의사가 전자의무기록을 통하여 환자에 대한 이전의 진단검사 및 시술결과에 관한 정보에 접근할 수 있는 길이 열리게 되면 동일한 검사를 반복하는 낭비를 막을 수 있지만 다른 의사의 소견이나 의견에 지나치게 의존하게 됨에 따라 오히려 부작용이 발생할 수도 있다. 또한 환자의 종이 기록을 전자 기록으로 옮기는 과정에서 사소한 사무적 오류로 심각한 결과를 초래할 수 있다.

2) 진료기록 개작 등 증거훼손 행위에 대한 소송상 제재

이러한 진료기록을 소송상 입증을 방해할 목적으로 개작 기타 훼손하는 사례가 적지 않았는데, 이는 곧 소송상 입증방해행위를 어떻게 취급하고 그에 대하여 어떠한 제재를 가할 것인가의 문제와 직결된다.

입증방해에 대한 제재의 근거에 관하여 기대가능성설, 신의칙 위반설, 경험칙설, 소송상 협력의무 위반설, 해명의무 위반설, 위험영역설, 제재설 등이 있다.

대법원판례는 의료과오소송에 있어서도 다른 일반 민사소송의 경우와 마찬가지로 문서제출명령에 대한 불응이나 진료기록 변조나 부실기재, 부검거부를 막론하고 입증방해의 효과에 대하여 "당사자 일방이 입증을 방해하는 행위

30) 전자의무기록(EMR)과 전자건강기록(EHR)을 함께 가리키고, 후자는 개인의 디지털 건강정보로서, 활력 징후, 과거 병력, 진단, 진행 상황, 약물, 알레르기, 실험실 데이터, 예방접종 날짜 및 영상 보고서가 포함된다. EHR 시스템은 환자의 진료에 관련된 모든 제공자와 공유할 수 있도록 설계된 반면, EMR은 특정 조직이나 의사를 사용하도록 특별히 생성 및 설계되었으며 해당 데이터는 인트라넷에 저장된다.

를 하였더라도 법원으로서는 이를 하나의 자료로 삼아 자유로운 심증에 따라 방해자 측에게 불리한 평가를 할 수 있음에 그칠 뿐 입증책임이 전환되거나 곧바로 상대방의 주장 사실이 증명된 것으로 보아야 하는 것도 아니다."라고 하여 제재의 근거에 관하여는 신의칙설, 입증방해의 효과에 관하여는 법원이 자유로운 심증에 따라 방해자에게 불리한 평가를 할 수 있다는 자유심증설의 입장을 일관되게 견지하고 있다고 여겨진다.[31)]

이에 따라 진료기록변조 등을 과실 추정 자료로 삼은 사례가 있고,[32)] 다른 한편 과실 추정 자료로 삼지 않은 경우도 있다.[33)][34)][35)]

---

31) 손흥수, "진료기록 개작, 부실기재 등과 의료과오소송: 진료기록 개작 등에 대한 독립한 손해배상책임 인정에 관한 논의를 포함하여", 사법논집 제53집, 법원도서관(2011), 30-46면 참조.

32) 대법원 1994. 6. 22. 선고 94다39567 판결은 "의료분쟁에 있어서 의사측이 가지고 있는 진료기록 등의 기재가 사실인정이나 법적 판단을 함에 있어 중요한 역할을 차지하고 있는 점을 고려하여 볼 때, 의사측이 진료기록을 변조한 행위는, 그 변조이유에 대하여 상당하고도 합리적인 이유를 제시하지 못하는 한, 당사자간의 공평의 원칙 또는 신의칙에 어긋나는 입증방해행위에 해당한다 할 것이고, 법원으로서는 이를 하나의 자료로 하여 자유로운 심증에 따라 의사측에게 불리한 평가를 할 수 있다."라고 판시하였다.

33) 결핵성 척수염 및 지주막염 치료 중 하반신마비에 이른 사안에서 원심인 서울고등법원 1998. 1. 13. 선고 95나30842 판결은 피고 병원에 오진의 과실도 없고 척수액 검사를 늦게 실시한 과실도 없을뿐더러 하반신 마비의 후유장애는 결핵성 척수염 및 지주막염의 후유증으로 보일 뿐 척수검사의 잘못으로 인한 것임을 인정할 만한 증거도 없다고 판단하였다. 이에 원고들 대리인은 상고를 하면서 피고 병원에서는 원심의 판단의 근거가 된 재판자료 중 가장 중요한 진료기록의 일부를 가필하여 원고들의 입증을 방해하였으므로, 원심으로서는 입증책임을 전환하여 피고 병원이 원고들이 주장하는 과실을 행하지 않았음을 입증하도록 하거나 원고들이 주장하는 피고 병원 측의 과실이 입증된 것으로 보았어야 한다고 주장하였다. 이에 대하여 대법원 1999. 4. 13. 선고 98다9915 판결은, "당사자 일방이 입증을 방해하는 행위를 하였더라도 법원으로서는 이를 하나의 자료로 삼아 자유로운 심증에 따라 방해자 측에게 불리한 평가를 할 수 있음에 그칠 뿐 입증책임이 전환되거나 곧바로 상대방의 주장 사실이 증명된 것으로 보아야 하는 것도 아니다. 이 사건에서 보면, 원심은 이 사건 진료기록이 가필된 점까지 고려하여 자유로운 심증에 따라 위와 같은 사실인정을 하였으므로 원심의 조치는 정당하다."라고 판시하였다.

34) 대법원 2010. 7. 8. 선고 2007다55866 판결은 "의사 측이 진료기록을 사후에 가필·정정한 행위는, 그 이유에 대하여 상당하고도 합리적인 이유를 제시하지 못하는 한, 당사자 간의 공평의 원칙 또는 신의칙에 어긋나는 입증방해 행위에 해당한다고 보면서도, 당사자 일방이 증명을 방해하는 행위를 하였더라도 법원으로서는 이를 하나의 자료로 삼아 자유로운 심증에 따라 방해자 측에게 불리한 평가를 할 수 있음에 그칠 뿐 증명책임이 전환되거나 곧바로 상대방의 주장 사실이 증명된 것으로 보아야 하는 것은 아니며, 그 내용의 허위 여부는 의료진이 진료기록을 가필·정정한 시점과 그 사유, 가필·정정 부분의 중요도와 가필·정정 전후 기재 내용의 관련성, 다른 의료진이나 병원이 작성·보유한 관

3) 진료기록 부실기재의 경우

의료소송에서의 사실인정은 대부분이 병원 측이 작성한 진료기록을 토대로 이루어지고 있고, 보충적으로 원고나 그 가족, 병원 의료진의 증언이 활용되고 있는 것이 현실이다. 그렇다면 병원 측은 향후 제기될지도 모를 소송에서 자신의 의료행위의 정당성을 방어하는 차원에서라도 자신이 행한 진료, 처치의 내역을 기록에 명백히 남겨야 할 것인데, 실제로는 재판상 중요한 의미를 지니는 진료경과가 진료기록에 전혀 기재되어 있지 않은 경우가 흔히 있다. 예를 들면, 분만 도중 태아 심박동 측정 여부, 또는 수술 후 환자에 대한 활력징후 측정 등 관찰의무의 이행 여부가 소송상 핵심문제가 되는 경우, 병원 측은 태아 심박동이나 혈압, 맥박 등의 활력 징후를 측정하였으나 정상이었기 때문에 특별히 기재되지 않았다든가, 응급상황이라서 또는 실수로 기재가 누락되었다는 이유를 대면서 진료상의 주의의무를 충실히 이행하였다고 주장하곤 한다. 이러한 경우 사실관계의 확정을 어떻게 하느냐가 문제인데, 판례와 실무는 진료기록을 인위적으로 개작하였을 때 입증방해 행위로서 병원 측에 불리한 평가 자료로 삼는 것과 비슷하게, 진료기록 부실에 대하여 병원 측에 불리한 평가를 함으로써 문제되는 의료행위가 이행되지 않은 것으로 사실인정을 하는 경우가 종종 있고 의료과실을 추정하는 유력한 자료로 삼고 있는 것으로 보인다.[36]

련 자료의 내용, 가필·정정 시점에서의 환자와 의료진의 행태, 질병의 자연경과 등 제반 사정을 종합하여 합리적 자유심증으로 판단하여야 한다."라고 전제한 다음, "원심은 이 사건 진료기록이 가필·정정되었을 가능성까지 감안하여 자유로운 심증에 따라 판시와 같은 사실을 인정하였으므로 원심의 조치는 정당하고, 상고이유 주장과 같은 증명책임에 관한 법리오해 등의 위법이 없다."라고 판시하였다.

35) 대법원 2010. 5. 27. 선고 2007다25971 판결도 "의료행위에 있어서의 잘못을 원인으로 한 불법행위책임이 성립하기 위해서도 일반 불법행위의 경우와 마찬가지로 의료상의 주의의무 위반과 손해의 발생이 있고 그 사이에 인과관계가 있음이 증명되어야 하므로, 환자가 진료를 받는 과정에서 손해가 발생하였다면, 의료행위의 특수성을 감안하더라도 먼저 환자 측에서 일반인의 상식에 바탕을 두고 일련의 의료행위 과정에 의료상의 과실 있는 행위가 있었고 그 행위와 손해의 발생 사이에 다른 원인이 개재되지 않았다는 점을 증명하여야 하고, 설령 당사자 일방이 증명을 방해하는 행위를 하였더라도 법원으로서는 이를 하나의 자료로 삼아 자유로운 심증에 따라 방해자 측에게 불리한 평가를 할 수 있음에 그칠 뿐 증명책임이 전환되거나 곧바로 상대방의 주장 사실이 증명되었다고 보아야 하는 것은 아니다(대법원 1999. 4. 13. 선고 98다9915 판결; 대법원 2003. 12. 12. 선고 2003다50610 판결 등 참조)."라고 판시하였다.

36) 대법원 1996. 6. 11. 선고 95다41079 판결에서 "(이 사건 사고는 전적으로 피고측의 지배하에서 발생한 것이고 진료기록 등도 피고측이 전문적인 견지에서 작성한 것으로서 원

한편 대법원 2008. 7. 24. 선고 2007다80657 판결은 "의무기록은 진료를 담당하는 의료인으로 하여금 환자의 상태와 치료의 경과에 관한 정보를 빠뜨리지 않고 정확하게 기록하여 이를 그 이후의 계속되는 환자치료에 이용하도록 함과 아울러 다른 관련 의료종사자에게도 그 정보를 제공하여 환자로 하여금 적정한 의료를 제공받을 수 있도록 하고, 의료행위가 종료된 후에는 그 의료행위의 적정성을 판단하는 자료로 사용할 수 있도록 하기 위하여 작성하는 것으로서 의료인은 의료행위에 관한 사항과 소견을 의무기록에 상세히 기록하여야 하므로, 의료사고 발생 후 변개되었다는 등의 특별한 사정이 없는 한 그 신빙성을 쉽게 배척할 수 없다고 할 것이지만, 이 사건과 같이 수술 후 진정제 투여 등을 통하여 진정상태를 계속 유지하고 있던 환자에게 뇌로 공급되는 산소의 전반적인 감소로 인한 저산소성 뇌손상이 발생하였는데, 의사 측이 환자에게 진정상태를 유지하는 기간 중 심전도, 혈압 및 산소포화도를 지속적으로 모니터하여 환자에게 산소가 공급되는 정도를 파악할 수 있었음에도 불구하고 의무기록에는 뇌로 공급되는 산소의 전반적인 감소가 있었다고 볼 만한 아무런 기재가 없는 경우에 있어서는, 의사 측에서 심전도, 혈압 및 산소포화도의 이상 소견이 없이도 다른 원인에 의하여 환자에게 저산소성 뇌손상이 발생할 수 있음을 입증하지 못하는 이상, 진료기록의 기재 여하에 불구하고 산소포화도의 감소 또는 심정지 등 환자에게 뇌로 공급되는 산소의 전반적인 감소를 시사하는 임상상태가 현실적으로 있었다고 추정하는 것이 타당하고, 나아가 임상경과의 관찰을 소홀히 하여 그 임상상태를 제대로 발견하지 못하였다거나 그 임상상태를 발견하였음에도 그 내용을 이 사건 의무기록에 제대로 기재하지 아니함으로 말미암아 그 임상상태에 대응한 적절한 치료가 이루어지지 못한 것으로 추정할 수 있을 것이다."라고 판시하였다.

다른 한편, 대법원 2005. 7. 28. 선고 2004다61259 판결은 "원고에 대한 진단 및 그 결과가 진료기록부에 모두 기재되어 있지 않고 진료내용 중 일부, 즉 활력 징후 측정결과는 분만 전후 2회만 기재되어 있고, 태아 심박동 수는 2. 7. 13:10경, 14:00경의 측정결과와 10:20경의 측정결과를 출력한 그래프만이 있으나, 진료기록이 부실하다는 사정만으로는 당시 환자의 상태가 비정상적이었다

고측에서 수술상황을 파악하기가 극히 곤란하다는 점에 비추어서도 위와 같이 해석함이 타당하다)"라는 부가적 판시를 하였다.

거나 환자 진료가 제대로 이루어지지 않았다는 등 환자들이 주장하는 의료과실을 곧바로 추정하기 어렵다는 점, 태아감시 장치는 태아 심박동 수에 이상이 있는 경우 경보가 울려 의료진이 필요한 조치를 취할 수 있도록 하는 장치일 뿐 감시 장치를 부착하였다고 하여 정상적인 경우에도 항상 이를 기록할 의무가 있다고 보기 어려운 점, 피고들이 태아 심박동 수를 30분 또는 5분 간격으로 측정할 것을 지시하거나 직접 측정하여 그 결과가 일부 진료기록에 기재되어 있고, 간호사가 간호기록지(을가 제1호증의 10)의 2. 7. 15:00란에 'FAT 불규칙'이라고 기재하였다가 의사의 지적을 받고 이를 화이트로 지운 사정을 보면, 진료기록부에 15:00경의 태아 심박동수 측정결과가 기재되어 있지는 않지만 그때에도 실제로는 태아감시기로 태아 심박동을 측정하고 있었다고 보이는 점, 산모는 입원 당시부터 원고 분만 시까지 독점적으로 태아감시기를 사용할 수 있었고, 피고 병원 의료진이 산모에게 태아감시기를 부착하지 않을 특별한 사정이 존재하지 아니하는 점 등에 비추어 보면, 해당 진료시간의 진료기록이 존재하지 아니하거나 부실하다는 사정만으로는 피고 병원 의료진이 태아 심박동 수를 제대로 측정하지 아니하고 산모에 대한 분만감시를 해태하였다고 단정하기는 어렵다."라고 판시하였다.

4) 진료기록 위·변조가 독립한 불법행위를 구성하는지 여부

서울고등법원 2010. 6. 17. 선고 2009나62259 판결은 "① 의료과오 소송은 그 특성상 진료기록부를 비롯한 기초적 증거자료의 대부분이 피고(의료인)측의 수중에 있을 뿐만 아니라 피고 측이 의료행위의 내용 및 진료경과 등을 상세히 알고 있어 분쟁의 원만한 해결을 위해서는 피고 측이 적극적으로 나서서 사안을 해명할 필요가 있는 점, ② 또한 의료과정은 고도의 전문적 지식을 필요로 하는 분야로서 대개의 경우 환자나 그 가족이 일부를 알 수 있는 것 이외에는 의사만이 알 수 있을 뿐이고, 그 치료의 목적을 달성하기 위한 의료기법은 의사의 재량에 달려있기 때문에 손해발생의 직접적인 원인이 의료상의 과실로 말미암은 것인지 여부는 전문가인 의사가 아닌 보통인으로서는 도저히 밝혀 낼 수 없음에도 의료과실에 대한 입증책임을 여전히 원고(환자) 측에 부담시키는 이유는, 인간의 인지능력에는 한계가 있을뿐더러 촌각을 다투는 응급상황이 다반사로 벌어지는 의료현장에서 원인불명 또는 불가항력적인 의료사고가 수시로 발생할 수밖에 없고, 의료기관이 제공하는 의료서비스의 과정이나 처치내용이 진료기록부 등에 상세히 기록되어 보존되도록 강제되고 있기 때문인 점, ③ 만일 의사가 진료기록을 아예 작성하지 않거나 위·변작하는 것을 그대로 방치할 경우 의료과오에 대한 입증책임이 원칙적으로 환자 측에 있는 현행 법제하에서는 환자 측이 의료과오책임을 추급하는 것이 사실상 불가능하게 되고, 그 이익이 오히려 불법을 저지른 당해 의사 측에 귀속되게 되는 불합리한 결과를 가져오는 점, ④ 의사가 환자를 진료하는 경우 그 의료계약의 법적 성질이 일종의 위임계약인 점에 비추어 의사는 자신이 시행한 의료행위로 인하여 악결과가 발생한 경우 환자 측에 대하여 그 전말을 보고할 의무를 부담한다고 해석되는 점 등을 감안할 때, 비록 법적 분쟁의 당사자가 가지는 재판을 받을 권리는 최대한 존중되어야 함은 물론 부당응소에 의하여 불법행위가 성립하려면 적어도 응소로 인하여 상대방 또는 제3자의 법익을 침해하고, 그 법익 침해에 관하여 고의 또는 과실이 있어야 할 것이지만(대법원 1996. 5. 10. 선고 95다45897 판결 등 참조), 의료과오소송에 있어서는 의사 측의 응소가 정당하다고 할지라도 의료과정을 해명하는 결정적인 증거자료가 되는 진료기록부를 처음부터 진실을 은폐할 의도로 허위로 작성하였거나 사후에 변작하였거나 또는 도저히 그 진료과정을 알 수 없을 정도로 현저하게 진료기록부 작성의무를 해태하였다면, 이는 그 자체로 관련 법규를 위반한 것이고, 나아가 현행 법제가 예정하고 있는 의료생활체계의 근간을 무너뜨리는 위법행위로서 정의의 관념에 비추어 허용될 수 없을 뿐만 아니라, 단순한 입증방해의 차원을 넘어서서 환자 측의 법익을 침해한 것이며, 그 법익침해에 고의 또는 과실이 있다고 평가함이 상당하다고 할 것이므로, 환자 측에 대하여 독립하여 불법행위를 구성한다고 보아야 할 것이다."이라는 법리를 제시하며 뇌성마비를 앓고 있는 원고가 태아곤란증 상태에서 제왕절개술을 지체한 것이 의심되는 사안에서 소송 중에 제출한 위 간호기록지와 분만실 기록지의 기재는 처음부터 진실을 은폐할 의도로 망인의 지시에 따라 허위로 작성하였거나 사후에 변작한 것으로 밖에 볼 수 없고, 피고 의원 진료기록상 위 03:40경부터 04:35경 출산 시까지, 그리고 04:35경 출산 이후 전원시까지의 응급처지 내역이 아예 기재되어 있지 않거나 이미 작성된 진료기록이 제출되지 않은 것 역시 같은 의도에서 비롯된 행위로 볼 수밖에 없다는 점을 들어 뇌성마비를 앓는 본인에게는 1,000만 원, 그 부모에게는 각 500만 원의 위자료

의 배상을 인정하였다.[37)]

일본 재판실무에서도 의료과오를 부정하면서도 진료기록 개작, 위증교사 등을 이유로 한 독립한 손해배상책임 인정한 예가 있다. 미국에서는 1980년대 이전까지도 문서훼손행위 자체는 불리한 사실추정의 제재를 받을 뿐 독자적인 불법행위를 구성하지 않는다는 판례에 따라 독립적인 손해배상 소송을 제기할 수 없었다. 이러한 입장에서 벗어나 고의에 의한 증거(문서)훼손행위를 독립적인 불법행위로 최초로 인정한 것이 1984년 캘리포니아 항소법원의 Smith v. Superior Court 판결이고, 1989년 알래스카 주 대법원의 Hazen v. Municipality of Anchorage 판결이 그 흐름에 합류하였으며, 과실에 의한 문서훼손행위에 대하여는 1984년 플로리다주 항소법원이 Bondu v. Gurvich 판결에서 최초로 독립한 불법행위가 될 수 있음을 인정하였고, Velasco v. Commercial Bldg. Maintenance Co. 판결에서 캘리포니아주 항소법원도 같은 입장을 취하였다. 그러나 이런 흐름을 상당수의 다른 주의 법원들이 따르기를 거부하여 근래에는 13곳 가량의 주 법원이 이 같은 입장을 견지하고 있고, 그 중 6개 주 법원이 고의에 의한 증거훼손행위를, 10개 주의 법원이 과실에 의한 증거훼손행위를 각 독립된 불법행위로 인정하고 있다. 소송의 상대방에 대해서만 불법행위 책임을 인정할 것인지, 제3자에 대해서도 책임을 인정할 것인지에 대해서는 견해가 갈려서 5개 주의 법원은 소송의 상대방에 대해서만 책임을 인정하고, 다른 7개주의 법원은 제3자의 경우에도 훼손에 대해 손해배상책임을 인정하고 있다.[38)]

5) 개선책

미국의 경우는 의료과오소송상의 의료보험 개혁입법 혜택제한 등 당해 의료과오소송절차 내에서의 엄중한 제재나 당해 의료과오소송절차 밖에서 별도로 독립한 손해배상책임을 인정함으로써 진료기록 개작 등에 대처하여 오고 있고, 반면 진료기록 개작 등이 문제된다기보다는 진료기록이 부자연스럽거나 불충분한 점이 있는 경우가 문제되는 상황인 독일의 경우는 당해 절차 밖에서 별도로 손해배상책임을 인정하거나 하지는 않고 당해 의료과오소송절차 안에서 입증책

37) 그러나 이 판결은 대법원 2010. 11. 25. 선고 2010다57817 판결에 의해 석명의무 불이행을 이유로 파기되었다.

38) 손홍수, 전게논문, 72-75면 참조.

임의 전환에 이르기까지 증명도를 경감하는 방법으로 환자의 입증책임을 경감하여 의사 측에 불리한 추정을 하는 것으로써 사안에 따른 유연한 대처를 추구하고 있음을 알 수 있고, 일본은 입증방해의 효과에 관해서는 어느 견해도 우위를 점하고 있다고 하기 어려운 상황이지만 의사에게 불리한 사실상의 추정을 넘어 독립한 손해배상책임을 인정하는 실무례 등이 나타나고 있음이 확인된다.

우리나라에서는 진료기록이 부자연스럽거나 불충분한 점이 있는 경우 의사 측에 불리한 추정을 하여야 한다는 것을 원칙으로 하여, 진료기록을 개작하여 원래의 진료내용을 알 수 없게 되거나 불성실하게 기재한 경우 의사 측에 불리한 사실상의 추정을 하는데 주저함이 없어야 하고, 나아가 다른 객관적인 자료에 반하지 않는 한, 민사소송법 제350조 등을 적극적으로 적용하여 진료기록을 훼손하여 버린 것으로 보아 진료기록 내용에 관한 원고의 주장내용을 진실한 것으로 인정하며, 원고가 진료기록을 접한 바가 없어 그 내용에 관하여 구체적으로 주장을 할 수 없는 등의 사정이 있는 경우 진료기록의 '내용'에 대한 환자 측의 주장뿐만 아니라 의료과오에 관한 환자의 주장이 합리적이고, 이에 대한 의사 측의 주장이 객관적인 근거가 없다면 환자가 주장하는 의료과오 '사실' 자체도 진실한 것으로 인정하고, 진료기록 훼손의 정도가 심하고 그것이 환자 측의 입증에 결정적인 경우 등 특별한 사정이 있는 경우에는 진료기록 개작, 부실기재 등에 대하여 독립한 손해배상책임을 인정하자는 견해[39]가 타당한 것으로 보인다.

바. 진단서에 관련된 위법행위

1) 진단서의 의의

진단서란 '의사·치과의사 또는 한의사가 사람의 건강상태나 상병(傷病) 등의 실정을 진단한 결과를 증명하기 위하여 작성하는 문서'를 가리킨다. 일반적으로 환자에 대해서는 병명 이외에, 치유될 때까지의 예상기간 등이 기입되고, 장기간에 걸친 결석이나 결근, 또는 휴학이나 휴직을 필요로 할 때 등에 가장 많이 이용되고 있다. 또 건강진단서는 건강진단을 하여 건강체인 것을 증명하

39) 손흥수, 전게논문, 101-104면 참조.

는 것으로서 입학이나 취직, 자동차 운전면허의 신청 등에 필요한 서류의 하나로 첨부되는 경우가 많다.[40] 또한 보통의 진단서 외에 사망진단서·시체검안서·출생증명서·사산증명서·상해진단서 등이 있다.

의료법 시행규칙 제9조는 진단서의 서식 및 기재사항을 규정하고 있고, 특히 상해진단서의 경우에는 상해의 원인, 부위 및 정도, 입원의 필요 여부, 치료기간 등을 적시하도록 규정하고 있다. 그 밖의 사망진단서, 출산증명서, 사산 또는 사태증명서에 관하여도 그에 대한 서식을 규정하고 있다.

어떠한 문서가 진단서인지 여부의 판단 기준에 관하여 대법원 2013. 12. 12. 선고 2012도3173 판결은 "형법 제233조의 허위진단서작성죄에서 진단서라고 함은 의사가 진찰의 결과에 관한 판단을 표시하여 사람의 건강상태를 증명하기 위하여 작성하는 문서를 말하는 것이고, 위 조항에서 규율하는 진단서에 해당하는지 여부는 서류의 제목, 내용, 작성목적 등을 종합적으로 고려하여 판단하여야 한다."라고 판시하였다.

2) 진단서 발부 의무

의료법 제17조는 다음과 같이 규정하고 있다.

> 제17조(진단서 등) ① 의료업에 종사하고 직접 진찰하거나 검안(檢案)한 의사[이하 이 항에서는 검안서에 한하여 검시(檢屍)업무를 담당하는 국가기관에 종사하는 의사를 포함한다], 치과의사, 한의사가 아니면 진단서·검안서·증명서를 작성하여 환자(환자가 사망하거나 의식이 없는 경우에는 직계존속·비속, 배우자 또는 배우자의 직계존속을 말하며, 환자가 사망하거나 의식이 없는 경우로서 환자의 직계존속·비속, 배우자 및 배우자의 직계존속이 모두 없는 경우에는 형제자매를 말한다) 또는 「형사소송법」 제222조제1항에 따라 검시(檢屍)를 하는 지방검찰청검사(검안서에 한한다)에게 교부하지 못한다. 다만, 진료 중이던 환자가 최종 진료 시부터 48시간 이내에 사망한 경우에는 다시 진료하지 아니하더라도 진단서나 증명서를 내줄 수 있으며, 환자 또는 사망자를 직접 진찰하거나 검안한 의사·치과의사 또는 한의사가 부득이한 사유로 진단서·검안서 또는 증명서를 내줄 수 없으면 같은 의료기관에 종사하는 다른 의사·치과의사 또는 한의사가 환자의 진료기록부 등에 따라 내줄 수 있다. 〈개정 2009. 1. 30., 2016. 5. 29., 2019. 8. 27.〉
> ② 의료업에 종사하고 직접 조산한 의사·한의사 또는 조산사가 아니면 출생·사망 또는 사산

40) 네이버 지식백과 중 두산백과.

증명서를 내주지 못한다. 다만, 직접 조산한 의사·한의사 또는 조산사가 부득이한 사유로 증명서를 내줄 수 없으면 같은 의료기관에 종사하는 다른 의사·한의사 또는 조산사가 진료기록부 등에 따라 증명서를 내줄 수 있다.
③ 의사·치과의사 또는 한의사는 자신이 진찰하거나 검안한 자에 대한 진단서·검안서 또는 증명서 교부를 요구받은 때에는 정당한 사유 없이 거부하지 못한다.
의사·한의사 또는 조산사는 자신이 조산(助産)한 것에 대한 출생·사망 또는 사산 증명서 교부를 요구받은 때에는 정당한 사유 없이 거부하지 못한다.
⑤ 제1항부터 제4항까지의 규정에 따른 진단서, 증명서의 서식·기재사항, 그 밖에 필요한 사항은 보건복지부령으로 정한다. 〈신설 2007. 7. 27., 2008. 2. 29., 2010. 1. 18.〉

이처럼 진단서를 발급할 수 있는 의료인을 원칙적으로 직접 진찰하거나 검안(檢案)한 의사 등으로 제한하고 발급받을 수 있는 당사자를 환자로 제한하는 한편, 해당 의사 등은 진단서 등의 교부를 요구받은 때에는 정당한 사유 없이 거부할 수 없도록 규정함으로써 진단서 발급을 의무화하고 있다.

아울러 의료법 제89조는 제17조 제1항을 위반한 자를 1년 이하 징역이나 1천만원 이하의 벌금에 처할 수 있도록 규정하고 있다.

3) 허위진단서에 대한 법적 규제

형법 제233조는 "의사, 한의사, 치과의사 또는 조산사가 진단서, 검안서 또는 생사에 관한 증명서를 허위로 작성한 때에는 3년 이하의 징역이나 금고, 7년 이하의 자격정지 또는 3천만원 이하의 벌금에 처한다."라고 규정하고 있고, 형법 제234조는 허위진단서등을 행사한 자에 대해서도 동일한 형에 처하도록 규정하고 있고, 형법 제235조에서 각 그 미수범도 처벌하도록 규정하고 있다.

그런데 허위진단서작성죄가 성립하기 위하여는 진단서의 내용이 실질상 진실에 반하는 기재여야 할 뿐 아니라 그 내용이 허위라는 의사의 주관적 인식이 필요하고, 의사가 주관적으로 진찰을 소홀히 한다던가 착오를 일으켜 오진한 결과로 객관적으로 진실에 반한 진단서를 작성하였다면 허위진단서작성에 대한 인식이 있다고 할 수 없으므로 허위진단서작성죄가 성립하지 아니한다(대법원 1976. 2. 10. 선고 75도1888 판결; 대법원 1990. 3. 27. 선고 89도2083 판결; 대법원 2006. 3. 23. 선고 2004도3360 판결 등).

한편 형법 제233조 소정의 허위진단서작성죄의 대상은 공무원이 아닌 의사가 사문서로서 진단서를 작성한 경우에 한정되고, 공무원인 의사가 공무소의 명의로 허위진단서를 작성한 경우에는 허위공문서작성죄만이 성립하고 허위진단서작성죄는 별도로 성립하지 않는다(대법원 2004. 4. 9. 선고 2003도7762 판결).

4) 진단서 교부 거부와 불법행위 성부

환자가 자신의 상병을 입증하기 위하여 담당 의사에게 일정한 내용의 진단서 발급을 요구하는 사례가 적지 않다. 만일 허위의 진단서를 요구하는 것이라면 의사로서는 이를 거절하는 것이 마땅하고 그 거절행위가 불법행위를 구성할 수 없다.

그런데 환자가 진단서의 용도나 송부방법을 밝히지 아니한 채 진단서의 작성을 요구한다거나 진단서 발급 수수료를 지급하지 아니한 채 진단서의 발급을 요구하고, 다른 의사가 행한 시술에 대한 의료전문가로서의 평가의견을 기재한 진단서를 요구하는 경우에 이를 거절하는 것이 불법행위를 구성하는지가 문제될 수 있다.

이에 대한 판단기준은 의료법 제17조 제3항 소정의 "정당한 사유"가 있는지 여부에 달려 있다고 할 것이다. 환자가 진단서 발급 요건을 갖추지 아니하였다면 이를 거절하는 데에 정당한 사유가 있다고 할 것이고, 만일 전문적 감정사항에 관한 특정 의견의 기재를 요구하거나 다른 의사의 시술의 적법 여부를 판정하는 의견을 구하는 것은 원래 진단서의 기재사항이 아닐 뿐만 아니라 당해 의사로서 자신이 치료한 범위를 초월하는 것이므로 이를 거절하는 것이 위법하다고 볼 수 없을 것이다.[41]

5) 처방전

구 의료법(2016. 12. 20. 법률 제14438호로 개정되기 전의 것, 이하 같다) 제17조 제1항에서는 그 규제대상을 처방전(전자처방전을 포함한다)까지 포함하였으나, 의

---

41) 昭和61년1월30일 大阪高民7判 昭和60년(ネ) 1267호 판결은, 진단서의 용도 및 송부방법을 제대로 밝히지 아니한 채 교부를 요청하였고, 진단서 발행의 수수료를 지급하지 않고서 그 발급을 요구하였으며, '현증상이 다른 치과의사의 시술에 의한 치료와 인과관계가 있다는 점을 기재하여 줄 것'을 요구하는 진단서의 발급을 거부한 사안에서, 치과의사가 진단서의 교부를 거부하였다고 하여 불법행위가 성립하지 않는다고 판시하였다; 中島健一郎, 歯科醫療過誤と判例, 一世出版(2004), 102-106면.

료법 제17조의2를 신설하여 별도로 규제하기 시작하였고, 그 내용은 종전과 마찬가지로 직접 진찰한 의사, 치과의사 또는 한의사에 한하여 처방전을 작성할 수 있도록 엄격히 제한하고 있고, 그 수령자도 직접 진찰받은 환자로 제한하면서 예외적으로 대리수령자를 규정하고 있으며 제17조의2를 위반한 자에 대하여는 같은 법 제89조 제1호에서 벌하고 있다.

> 제17조의2(처방전) ① 의료업에 종사하고 직접 진찰한 의사, 치과의사 또는 한의사가 아니면 처방전[의사나 치과의사가 「전자서명법」에 따른 전자서명이 기재된 전자문서 형태로 작성한 처방전(이하 "전자처방전"이라 한다. 이하 이 조에서 같다)]을 작성하여 환자에게 교부하거나 발송(전자처방전에 한정한다. 이하 이 조에서 같다)하지 못하며, 의사, 치과의사 또는 한의사에게 직접 진찰을 받은 환자가 아니면 누구든지 그 의사, 치과의사 또는 한의사가 작성한 처방전을 수령하지 못한다.
> ② 제1항에도 불구하고 의사, 치과의사 또는 한의사는 다음 각 호의 어느 하나에 해당하는 경우로서 해당 환자 및 의약품에 대한 안전성을 인정하는 경우에는 환자의 직계존속·비속, 배우자 및 배우자의 직계존속, 형제자매 또는 「노인복지법」 제34조에 따른 노인의료복지시설에서 근무하는 사람 등 대통령령으로 정하는 사람(이하 이 조에서 "대리수령자"라 한다)에게 처방전을 교부하거나 발송할 수 있으며 대리수령자는 환자를 대리하여 그 처방전을 수령할 수 있다.
> 1. 환자의 의식이 없는 경우
> 2. 환자의 거동이 현저히 곤란하고 동일한 상병(傷病)에 대하여 장기간 동일한 처방이 이루어지는 경우
>
> ③ 처방전의 발급 방법·절차 등에 필요한 사항은 보건복지부령으로 정한다.
> [본조신설 2019. 8. 27.]

대법원은 허무인을 상대로 처방전을 발행한 사건에서 "의사 등이 구 의료법 제17조 제1항에 따라 직접 진찰하여야 할 환자를 진찰하지 않은 채 그 환자를 대상자로 표시하여 진단서·증명서 또는 처방전을 작성·교부하였다면 구 의료법 제17조 제1항을 위반한 것으로 보아야 하고(대법원 2013. 4. 11. 선고 2011도14690 판결; 대법원 2017. 12. 22. 선고 2014도12608 판결 등 참조), 이는 환자가 실제 존재하지 않는 허무인(虛無人)인 경우에도 마찬가지이다."라고 판시하였다(대법원 2021. 2. 4. 선고 2020도13899 판결).

한편 대법원은 구 의료법(2016. 5. 29. 법률 제14220호로 개정되기 전의 것) 제17조 제1항(이하 '이 사건 조항'이라 한다)은 의료업에 종사하고 직접 진찰한 의사가

아니면 처방전 등을 작성하여 환자에게 교부하지 못한다고 규정하고 있는데 여기서 '직접'이란 '스스로'를 의미하므로 전화 통화 등을 이용하여 비대면으로 이루어진 경우에도 의사가 스스로 진찰을 하였다면 직접 진찰을 한 것으로 볼 수는 있다고 판시하고, 진찰의 개념 및 진찰이 치료에 선행하는 행위인 점, 진단서와 처방전 등의 객관성과 정확성을 담보하고자 하는 이 사건 조항의 목적 등을 고려하면, 현대 의학 측면에서 보아 신뢰할 만한 환자의 상태를 토대로 특정 진단이나 처방 등을 내릴 수 있을 정도의 행위가 있어야 '진찰'이 이루어졌다고 볼 수 있고, 그러한 행위가 전화 통화만으로 이루어지는 경우에는 최소한 그 이전에 의사가 환자를 대면하고 진찰하여 환자의 특성이나 상태 등에 대해 이미 알고 있다는 사정 등이 전제되어야 한다고 보았다. 그에 따라 전화 통화만으로 플루틴캡슐 등 전문의약품을 처방한 처방전을 작성하여 교부한 사안에서, 전화 통화 이전에 공소외인을 대면하여 진찰한 적이 단 한 번도 없고, 전화 통화 당시 환자의 특성 등에 대해 알고 있지도 않았다면 직접 진찰한 의사가 아니면서 처방전 등을 작성한 경우에 해당한다고 판시하였다(대법원 2020. 5. 14. 선고 2014도9607 판결).

사. 의약품 사고

1) 의약품의 개념

약사법 제2조 제4항은 "의약품"에 관하여 정의하고 있는데, 대법원 2004. 1. 15. 선고 2001도1429 판결은, "약사법에서 말하는 의약품은 제2조 제4항 제1호의 대한약전에 수재된 것 외에 사람 또는 동물의 질병의 진단, 치료, 경감, 처치 또는 예방에 사용됨을 목적으로 하는 것이거나 혹은 사람 또는 동물의 신체의 구조 또는 기능에 약리적 기능을 미치게 하는 것이 목적으로 되어 있는 것을 모두 포함하는 개념(단 기계기구, 화장품 제외)이라고 할 것이고 반드시 약리작용상 어떠한 효능의 유무와 관계없이 그 성분, 형상(용기, 포장, 의장 등), 명칭, 거기에 표시된 사용목적, 효능, 효과, 용법, 용량, 판매할 때의 선전 또는 설명 등을 종합적으로 판단하여 사회일반인이 볼 때 한 눈으로 의약품 아닌 식품에 불과한 것으로 인식되는 것을 제외하고는, 그것이 위 목적에 사용되는 것으로 인식되거나 약효가 있다고 표방된 경우에는 이를 모두 의약품으로 보아 약사법의 규제대상이 된다"고 판시하였다.

2) 의약품에 의한 사고의 유형

이러한 의약품을 의사는 환자에게 처방하거나 조제·투여하게 되는데 그 과정에서 의약품을 매개로 하여 각종 사고가 발생할 수 있다. 주로 의약품제조업자의 제조물책임이 문제되지만, 의사가 의약품 자체에 결함이 있음에도 불구하고 그러한 결함을 발견하지 못하고 환자에게 투여하여 부작용이 발생한 경우라든지 의약품 자체에는 결함이 없지만 지시·경고상의 결함이 있고 의사가 그러한 결함을 발견하지 못한 채 의약품을 투여하여 부작용이 발생한 경우에는 의사에게도 계약법 또는 불법행위법상의 과실책임이 문제되고, 경우에 따라서는 의사와 의약품제조업자 사이에 공동불법행위가 성립할 수 있다.[42]

3) 의약품의 부작용에 대한 의사의 설명의무

의사는 반드시 병을 완치시켜야 할 의무를 부담하는 것은 아니라 할지라도 최선의 주의로써 병을 치료하기 위한 충분한 조치를 다할 의무가 있고, 그러한 의무 속에는 치료를 위한 의약품의 투여도 신체에 대한 침습을 포함하는 것이므로, 긴급한 경우 기타의 특별한 사정이 없는 한, 그 침습에 대한 승낙을 얻기 위한 전제로서 환자에 대하여 질환의 증상, 치료방법 및 내용, 그 필요성, 예후 및 예상되는 생명, 신체에 대한 위험성과 부작용 등, 환자의 의사결정을 위하여 중요한 사항에 관하여 사전에 설명함으로써 환자로 하여금 투약에 응할 것인가의 여부를 스스로 결정할 기회를 가지도록 할 의무가 있고, 이러한 설명을 아니한 채 승낙 없이 침습한 경우에는, 설령 의사에게 치료상의 과실이 없는 경우에도 환자의 승낙권을 침해하는 위법한 행위가 된다(대법원 1994. 4. 15. 선고 92다25885 판결).

또한 대법원 2005. 4. 29. 선고 2004다64067 판결은, 결핵액인 '에탐부롤'의 투약에 관하여, "시각이상 등 그 복용 과정에 전형적으로 나타나는 중대한 부작용을 초래할 우려가 있는 약품을 투여함에 있어서 그러한 부작용의 발생 가능성 및 그 경우 증상의 악화를 막거나 원상으로 회복시키는 데에 필요한 조치사

42) 전병남, "의약품사고로 인한 책임경합 — 의약품제조업자·의사·국가간의 책임경합을 중심으로", 의료법학 제7권 제1호, 대한의료법학회(2006), 107-129면 참조.

항에 관하여 환자에게 고지하는 것은 약품의 투여에 따른 치료상의 위험을 예방하고 치료의 성공을 보장하기 위하여 환자에게 안전을 위한 주의로서의 행동지침의 준수를 고지하는 진료상의 설명의무로서 진료행위의 본질적 구성부분에 해당한다 할 것이고, 이때 요구되는 설명의 내용 및 정도는, 비록 그 부작용의 발생가능성이 높지 않다 하더라도 일단 발생하면 그로 인한 중대한 결과를 미연에 방지하기 위하여 필요한 조치가 무엇인지를 환자 스스로 판단, 대처할 수 있도록 환자의 교육정도, 연령, 심신상태 등의 사정에 맞추어 구체적인 정보의 제공과 함께 이를 설명, 지도할 의무가 있다"라고 판시함으로써 의사에게 약품제조회사의 제품설명서 이외에 의약품 부작용에 대한 설명의무를 인정하였다.

4) 허가사항 외 사용(off-label Use)

우리나라에서는 의약품이 허가사항 외 사용(off-label Use)이 다수 행해지고 있고, 어떤 약은 원래 식품의약품안전청에서 승인받은 것보다 허가사항 외 사용으로 더 많이 이용되는 것이 현실이다. 이에 관하여는 주로 의료급여의 대상이 될 수 있는지 여부가 논의되고 있지만, 일본이나 미국 등의 실무례에 비추어 볼 때, 허가사항 외 사용에 있어서도 그 사용을 합리화시키는 의학적인 증거 있으면 의료관계자는 보험 의료로서 인정되지 않아도 오히려 그것을 사용하는 것이야말로 환자의 이익으로 연결된다고 생각하기 때문에 의사가 일정한 근거 아래에서 그 필요성을 판단하여 사용하는 것을 막을 수는 없을 것이다.[43] 그런데 우리나라에서 미소프로스톨이라는 위장약으로 허가된 것을 분만보조제로 사용하여 용량 초과로 인해 사고가 발생한 사건이 있었는데,[44] 청주지방법원 2007.

43) 최상회, "의약품의 허가사항 외 사용으로 발생한 사고에 대한 의사와 제약회사의 책임", 인권과 정의 통권 제400호, 대한변호사협회(2009. 12.), 11-12면.

44) 일부 산부인과에서 1알(200mcg)당 277원 상당의 싸이토텍정(미소프로스톨)을 상대적으로 단가가 높은 (1알 10mg 59,844원) 디노프로스톤제의 대체 의약품으로 사용하고 있었는데, 이 약은 사용용량에 따라 산모에게 치명적인 부작용을 낳을 우려가 높음에도 불구하고, 의료인들은 이 약을 산모에게 투여하면서 아무런 사전 설명이 없었다는 것이다. 싸이토텍정은 소화성 궤양용제로써 한국화이자가 미국 G.D. Sesrle로부터 수입·공급하고 있는 전문의약품으로 최근 미소프로스톨이 자궁경부의 숙화와 자궁수축작용 등의 산과적 효능이 알려지면서 산부인과에서 싸이토텍정을 경구 및 질구투여하고 있는 것으로 알려졌다. 특히 기존의 유도분만제인 디노프로스톤에 비해 값이 저렴하고 냉장보관이 필요 없어 산과적으로 이를 대치할 약물로 평가되기 때문이다. 식약청은 해당 약이 '분만유도 효과가 없다'는 입장인 반면, 산부인과학회는 '통상적으로 임상에서 사용하고 있

2. 8. 선고 2005가합3707 판결은 "유도분만제로 쓰이는 프로스타글라딘의 자극으로 인해 자궁무력증이 유발될 수 있는데, 의사가 환자에게 유도분만제로 질강 내 투입한 미소프로스톨은 위궤양 약으로서 프로스타글라딘 E1 합성제제인 사실, 미소프로스톨은 미국 FDA 등으로부터 유도분만제로 승인받은 사실이 없고, 과다투여시뿐만 아니라 적정 용량에서도 자궁과자극과 이에 동반되는 태아심박동변화, 자궁무력증 등을 초래할 위험성이 보고되어 있는 사실 등을 종합하여 보면, 적정 용량의 사용만으로도 자궁과자극과 자궁무력증 등의 위험성이 보고되어 있고 유도분만제로 사용함에 대해 승인받지 못한 미소프로스톨을 유도분만제로 사용할 때에는 그 투여에 신중을 기하고 주의 깊은 관찰 하에 일반적 사용지침에 따라 약물을 투여하여야 함에도 불구하고 알려진 적정용량을 초과하여 망인에게 투여한 과실이 있다"라고 보아 의사에게 60% 책임을 인정하였고, 동 판결은 그 후 항소취하로 종국되었다.[45)]

5) 의약품 첨부문서와 사용상 주의의무

약사법 제58조는 의약품에 첨부하는 문서에 기재할 사항으로 "용법·용량, 그 밖에 사용 또는 취급할 때에 필요한 주의 사항" 등을 규정하고 있고, 「의약품 등의 안전에 관한 규칙」제69조 내지 제71조는 이러한 첨부문서에 관하여 자세히 규정하고 있다. 그런데 의료인이 어떤 의약품을 투약하면서 의약품이 담겨진 용기 또는 포장 속에 첨부한 문서에 기재된 용법·용량 기타 사용 및 취급상 주의사항을 위반하여 의료사고가 발생한 경우 당해 의료인에게 의료상 과실이 있는지가 문제로 된다. 이에 관하여 일본최고재판소 1996. 1. 23.자 판결은 '의약품 첨부문서의 기재사항은, 당해 의약품의 위험성(부작용등)에 관하여 가장 높은 정보를 가지고 있는 제조업자등이 투여를 받은 환자의 안전을 확보하기 위하여 이를 사용하는 의사등에 대하여 필요한 정보를 제공할 목적으로 기재한

다'는 정반대의 해석을 내놓았고, 산부인과협회 지침에서 용량에 대해 규정하고 있지만 실무에서는 이를 허가용도와 달리 쓰기 때문에 정확한 용량을 지켜지지 않아 발생하는 사고라고 한다. 김기영, "새로운 약제의 사용과 의사의 민사책임의 근거", 법조 통권644호, 법조협회(2010. 5.), 102-104면 참조.

45) 이 판결에 대하여 진료방법선택의 과실이 아니라 의료수준과 다른 약제를 선택하였더라도 시행상의 주의의무가 통상의 진료방법보다 더 강화시키는 시행상의 과실에 초점을 맞추고 있어 타당하다는 견해가 제시되었다; 김기영, 전게논문, 108면 참조.

것이기 때문에, 의사는 의약품을 사용하면서 첨부문서에 기재된 사용상의 주의사항을 따르지 않았고 그로 인하여 의료사고가 발생한 경우에는, 그에 따르지 않은 것에 특단의 합리적 이유가 없는 한 당해 의사의 과실이 추정된다'라는 판시를 하였다.[46)]

6) 혈우병 환자에 대한 혈약제재로 인한 사고

혈우병(hemophilia) 환자들이 혈액제재를 공급받고 C형 간염 바이러스(HCV)에 집단적으로 감염된 사안에서, 대법원 2017. 11. 9. 선고 2013다26708 판결은, "바이러스에 감염된 환자가 제약회사를 상대로 바이러스에 오염된 혈액제제를 통하여 감염되었다는 것을 손해배상책임의 원인으로 주장하는 경우, 제약회사가 제조한 혈액제제를 투여받기 전에는 감염을 의심할 만한 증상이 없었고, 혈액제제를 투여받은 후 바이러스 감염이 확인되었으며, 혈액제제가 바이러스에 오염되었을 상당한 가능성이 있다는 점을 증명하면, 제약회사가 제조한 혈액제제의 결함 또는 제약회사의 과실과 피해자의 감염 사이의 인과관계를 추정하여 손해배상책임을 지울 수 있도록 증명책임을 완화하는 것이 손해의 공평·타당한 부담을 지도 원리로 하는 손해배상제도의 이념에 부합한다. 여기서 바이러스에 오염되었을 상당한 가능성은, 자연과학적으로 명확한 증명이 없더라도 혈액제제의 사용과 감염의 시간적 근접성, 통계적 관련성, 혈액제제의 제조공정, 해당 바이러스 감염의 의학적 특성, 원료 혈액에 대한 바이러스 진단방법의 정확성의 정도 등 여러 사정을 고려하여 판단할 수 있다. 한편 제약회사는 자신이 제조한 혈액제제에 아무런 결함이 없다는 등 피해자의 감염원인이 자신이 제조한 혈액제제에서 비롯된 것이 아니라는 것을 증명하여 추정을 번복시킬 수 있으나, 단순히 피해자가 감염추정기간 동안 다른 회사가 제조한 혈액제제를 투여받았거나 수혈을 받은 사정이 있었다는 것만으로는 추정이 번복되지 않는다. 이는 피해자가 감염추정기간 동안 투여받은 다른 혈액제제가 바이러스에 오염되었을 가능성이 더 높다거나 투여받은 기간이 더 길다고 하더라도 마찬가지이

46) 民集 50권 1호 1항); 이에 관하여 첨부문서에는 다양한 기재사항이 있고 그 각각은 정보의 신뢰도가 다름에도 불구하고 일률적으로 과실추정의 기준으로 삼는 것은 부적절하다는 비판이 있다. 井上澄江, "民事醫療訴訟の過失判斷における添附文書の證據としての扱われ方に關する一考察", 關西大學(2019).

다."라고 판시하였다. 그러나 다양한 혈약제재를 장기간에 걸쳐 투여받을 수밖에 없는 혈우병 환자에 대하여 제약회사가 제조한 혈액제제의 결함 또는 제약회사의 과실과 피해자의 감염 사이의 인과관계를 추정한다는 것은 혈액제재의 전문가인 제약회사라고 하더라도 사실상 결과책임을 인정한 것이어서 제약회사로서는 혈액이 관리 및 혈액제재의 제조에 고도의 주의의무를 요한다고 할 것이다.

5. 의료과오의 발생 배경

의료행위는 과학기술의 발전과 밀접한 관련을 맺고 있으므로 과학기술이 발전하면 발전할수록 의료행위도 고도화되고 전문화된다. 그에 따라 혜택을 보는 환자의 수도 늘어나지만 다른 한편 치료행위가 가지는 침해기능에 의하여 그만큼 인체에 위해가 발생할 가능성도 커지게 된다. 의료과정이 복잡하여짐에 따라 의료현장이 바빠지고 의료인에게 보다 세심한 주의를 요구하게 되었지만 사람은 누구나 실수할 수 있기 때문에[47] 어쩔 수 없이 의료과오가 발생할 확률은 더욱 높아지게 되었다. 특히 우리나라의 경우에는 종합병원의 경우 의사 1인이 진료하는 환자의 수가 지나치게 많은데다가 응급실의 야간진료가 소홀이 되는 경향이 있고, 현행 의료체계를 전체적으로 조감할 때 의료수가 및 처치에 대한 제도적 통제로 인하여 개개의 환자에게 충분한 주의가 기울여지지 못하고 있는 것이 의료과오의 발생률을 높이고 있다고 보인다.

아울러 우리나라 의료계의 현실을 보면, 수술실에서 발생하는 안전사고의 빈도가 높고 그 결과도 치명적이며 곧바로 의료분쟁으로 이어지는 매우 심각한 수준을 보이는바, 수술실 의료인의 환자안전문화에 대한 인식을 심층 분석한 결과, 병원차원에서 수술실 의료인에게 환자안전을 최우선으로 삼고 일할 수 있는 근무환경과 시스템을 마련해주고, 명확한 업무분담과 업무에 대한 지침 등이 포함된 안전한 직업환경을 제공할 것이 제안되었다. 또한 직위에 맞는 차별화된 교육 프로그램의 개발, 상급자와 하급자 간에 수평적이고 자유로운 의

47) "To Err is Human"은 1999년 전미국과학아카데미 의학연구소가 미국연방의회에 제출한 의료과오보고서의 제목이다; 鈴木利廣 외, 전게서, 6면 참조.

사소통을 위한 병원 차원의 적극적으로 개입, 역할극이나 시뮬레이션 등의 실시, 환자에 대한 안전문화인식에 대한 반복적 점검 등이 필요하다고 한다.[48)]

6. 의료과오의 현황

가. 외국의 사례

의료사고 및 의료과오의 발생 빈도에 관하여 세계 최초의 조사보고서는 1993년 하바드 의료행위 연구소(the Harvard Medical Practice Study)[49)]에서 나왔다. 이 보고서에 의하면, 뉴욕주의 51개 응급병원(acute care nonpsychiatric hospitals)에서 1년간(1984년) 퇴원한 약 300만 명의 환자 가운데 무작위로 1%를 뽑은 3만 건에 관하여 2,500명의 환자를 인터뷰하고 1,000명의 의사를 조사하였으며 14년 이상 뉴욕에서 청구된 약 7만 건의 의료과오사건에 대한 보험회사 기록을 조사한 결과, 가장 특기할 만한 사항은 의료과오의 비율은 매우 높은 반면 의료과오 청구가 행하여진 것은 상대적으로 낮다는 점이다. 병원에 입원한 모든 환자 중 약 1%가 의료과오로 인한 손상을 경험하였고, 뉴욕 안에서만 의료과오로 인하여 연간 13,000명이 사망하며 7,000명 이상이 중대하거나 영구적인 장해를 입었다는 것이다. 이를 전 미국으로 확대하여보면 의료과오로 인하여 매년 적어도 75,000명이 사망하는 것으로 추산되고, 이 숫자는 산업재해로 인한 사망자수(연간 6,000명 내지 10,000명)와 고속도로 교통사고 사망자(연간 50,000명)의 숫자를 능가하는 것이다. 아울러 미국의 사법제도는 실제로 매우 불규칙하게 작용하고 있으며, 의사가 억울하게 손해배상청구를 당하는 사례의 5~6배나 많이 의료과오로 인하여 장해를 입은 환자가 전혀 법적 보상을 받지 못하는 결과가 된다. 가뜩이나 사법적 구제절차에 접근하기가 어려워 의료과오 피해자 7.5명 중 1명 꼴로 의료과오에 대한 손해배상청구를 하는가 하면, 15건의 의료과오 중 1건 정

48) 이보라, "수술실 의료인의 환자안전문화에 대한 인식", 서울대학교 간호대학 간호학과 학위논문(2019-08), 서울대학교 대학원.

49) Paul C. Weiler 외, A Measure of Malpractice, Harvard University Press(Cambridge, MA, 1994), 175면.

도가 실제로 병원측에 책임이 인정되고 있다는 것이다. 더욱 특기할 점은 의료과오사건의 경우에는 다른 과실사건[50]과는 달리 실제로 손해를 배상받은 피해자들 중 90%가 소송을 제기한 후에 비로소 손해배상을 받을 수 있었다는 점이다. 또한 의료과오소송은 비용이 많이 들고 패소율이 높은데, 그 이유는 환자측에서 억지로 소송을 개시한 탓이라기보다는 의학적인 정보와 지식의 부족에서 기인한다고 한다. 특히 미국의 사법제도는 의료과오를 이유로 소송을 제기하기 위해서는 그 과오를 입증하는 전문가의 의견서(the letter of merit)를 요구하고 있어 원고가 근거 없이 소송을 제기하는 것을 사전에 차단하는 데에는 효과적이지만 이러한 소송에서 필수적인 의료전문가의 도움을 얻는 데에 너무 많은 비용이 소요된다는 것이다. 이에 대한 개선책으로는 불법행위제도를 통째로 바꾸어 산재사고(workers' compensation)와 같이 무과실책임을 인정하자는 견해와 전문가의 사전 의견서를 요구하는 범위를 제한하여 장기간 치료를 요하는 상해를 입은 환자에 국한하자는 주장이 제시되었다.

그 후 미국 유타주와 콜로라도주에서 1992년을 대상으로 비슷한 조사·연구를 실시하였고, 오스트리아(조사년 1992년), 뉴질랜드(조사년 1998년), 덴마아크(조사년 1998년), 영국(조사면 1999-2000년), 캐나다(조사년 1999-2000년)에서도 같은 조사를 실시한 결과, 의료과오로 인한 유해사상률이 9~16.6%에 이르고, 그중 사망률이 4.9~17%에 달하며 그 가운데 예방가능성이 있었던 사고의 비율이 35~51%로 보고되었다. 일본의 厚生勞働科學研究에서 제출한 '의료사고의 전국적 빈도에 관한 연구'(2006년)에 의하면 유해사상률이 약 6%이고 그 중 23%는 예방이 가능하였던 것으로 나타났다.

가까운 일본에서도 1999년~2001년 사이 도쿄대학교 병원에서 환자에게 잘못된 약물이 투여된 사건, 요코하마시립대학병원의 간 이식 수술 중 사망 사건 등과 같이 대형병원에서 치명적인 의료사고가 다수 발생해 사회적 충격을 주자, 일본 후생노동성(厚生労働省)은 2002년부터 의료안전에 관한 새로운 의료법시행규칙을 시행하여 일정 규모 이상의 의료기관(특히 병원급)에 의료안전관리위원회의 설치를 사실상 의무화했고, 2007년 개정 의료법에서 안전관리 체제를 명확히 규정하였으며, 의료안전관리위원회로 하여금 의료사고를 예방하기 위한

50) 교통사고의 경우에는 손해배상을 받는 피해자 중 약 1/3만이 소송을 통하여 구제받는다고 한다.

대책의 수립, 사건·사고의 보고 및 분석, 환자안전을 위한 정기 교육, 안전문화 조성의 업무를 수행하게 하였다.51)

나. 우리나라

우리나라에서는 앞서 본 바와 같은 대규모의 심층적인 조사가 이루어진 예는 없어 보인다. 그러나 법정에 현출된 의료과오사건을 통하여 알 수 있는 것은, 우리나라 역시 앞서 외국의 사례에 못지않게 의료과오의 빈도가 높다고 보인다. 왜냐하면 우리의 의료체계가 결코 외국에 비하여 의료과오를 방지할 수 있도록 안전장치가 잘 마련되었다고 보이지 않기 때문이다. 도리어 밀려드는 환자를 비교적 짧은 시간 내에 쫓기듯 처리하는가 하면 다양한 업무를 동시에 처리하는 바람에 진료업무에 집중하지 못하는 경향이 있다. 그밖에 종합병원에서도 진단상의 과실이 문제가 되어 법정 소송으로 비화하는 예가 있고, 성형외과를 중심으로 지나치게 무모한 시험적 시술이 행하여지는 것도 쉽게 발견된다. 다만 앞서 본 미국의 예와 달리 우리나라의 경우에는 의료과오로 인한 피해자가 소송제기에 앞서 전문가의 의견을 확보하기 위하여 지나치게 큰 비용이 소요된다거나 소송절차에 의하지 아니하고서는 피해배상을 받기가 어렵다고 보이지는 않는다.

그러나 2010년대 초반 국내에서도 의료사고나 환자 안전 문제에 대한 사회적 관심이 커지면서 제도적 보완이 필요하다는 목소리가 제기되었고, 2015년 환자안전법이 제정되어 2016. 7. 29.부터 시행되었다. 그 주된 내용은, 보건복지부장관은 환자안전 및 의료 질 향상에 관한 정책의 수립·시행을 위하여 5년마다 환자안전사고 실태조사를 실시하고 그 결과를 공표할 수 있게 하였고, 200병상 이상인 병원급 의료기관과 100병상 이상의 종합병원은 환자안전을 전담할 인력을 의무적으로 두어야 하고, 환자안전위원회를 설치하여 환자안전사고의 예방 및 재발 방지를 위한 계획 수립 및 시행, 환자안전체계 구축·운영, 환자안전사건 분석, 환자안전사고를 보고한 자 및 보고내용의 보호 등의 업무를 담당하게 하였다.

---

51) 浦川道太郎 외, 전게서, 165-166면.

또한 「의료사고 피해구제 및 의료분쟁 조정 등에 관한 법률」 제5조 제3항에 따라 종합병원 개설자는 의료사고예방위원회를 설치·운영하여야 하는바, 이 예방위원회는 의료사고 실태 분석 및 평가에 관한 사항, 의료사고 예방에 관한 보건의료기관의 시책에 관한 사항 등을 심의한다(같은 법 시행규칙 제2조).

다. 의료과오와 형사처벌의 필요성

일본 의료계는 전부터 의료과오에는 형사처벌을 적용하여서는 안된다는 견해가 강력히 제기되어 왔다고 한다. 그러한 주장의 논거로는, ① 형사처분에 관여하는 수사관 및 재판관은 의료지식이 없어 적정·타당한 판단을 기대할 수 없고, ② 형사책임을 추궁하게 되면 의료인이 자신의 신변을 보호하기 위하여 진상을 밝히지 않게 되기 때문에 무엇보다도 중요한 의료사고의 재발방지라는 목적을 달성할 수 없게 되며, ③ 의료관계자가 형사처벌을 두려워하여 위축된 상태에서 의료행위를 하거나 진료를 포기하게 되어 환자의 이익에 반하게 되고, ④ 미국은 의료과오에 관하여 형사책임을 묻지 않고 있다는 점 등을 든다.

이에 대하여 ① 수사관이나 재판관이 부족한 전문지식을 보충하기 위하여 법의학자나 의료전문가의 협력을 얻기 위하여 많은 노력을 하고 있고, 의료인이 의료의 논리로 문제를 해결하지 못하기 때문에 사회문제화되고 있는 점을 감안할 때 의료과오를 해결하기 위하여 법률가의 관여가 필요할 수밖에 없고, ② 의료인이 진상해명에 협력할 의무는 민사재판에 의한 손해배상청구나 행정처분에도 마찬가지로 필요한데 형사처분을 하지 않는다고 진상해명에 협력할 것이라고 말하기 어렵고, 형사책임의 추궁은 국가형벌권을 목적으로 하는 것으로서 국가의 정책목적을 실현하기 위하여 필요하고, 형사책임보다도 의료과오의 재발방지가 우선하여야 한다고 말할 수 없으며, ③ 의료인 사이에는 '벌금으로 형사처벌을 받는 것보다도 업무정지의 행정처분이 더욱 무섭다'라는 견해도 들리고 현재의 행정처분은 원칙적으로 형사처분에 연동되어 있는 실정이므로 형사처분을 폐지한다면 당연히 행정처분도 행하여지지 않게 될 수 있으며, 현재 의료과오가 혼미상태에 빠지게 된 가장 큰 원인은 '의료사고는 의사와 병원의 불명예'라는 오래된 체질(가부장주의; パターナリズム; paternalism) 때문에 의료인이 환자에 대하여 의료과오의 진상을 밝히지 아니한 채 사실을 은폐함으로써

의료인과 환자 사이의 신뢰관계가 붕괴된 데에 있는바, 이러한 현실을 무시하고 오래된 가부장주의의 갇혀 책임을 다른 사람에게 전가하여도 문제가 해결될 수 없고, ④ 미국은 과실범처벌의 범위를 중대한 과실에 한정하거나 단순과실을 처벌하는 법률이 없는 주도 있기 때문에 오해가 생긴 것이며, 최근 연구에 의하면 의사에게 위험의 인식이 없는 경우나 단순과실에 대하여도 형사책임을 묻는 움직임이 나타나고 있고, 독일이나 불란서에서는 의료과오에 대한 처벌규정이 있으며 실제로 처벌이 이루어지고 있는 점을 보더라도 의료과오에 대하여 과실범으로 처벌하는 것이 특이한 것이 아니라는 반론이 있다. 아무튼 의료과오에 대하여서만 형사면책을 인정하는 것은 의료인에게 특권을 인정하는 것이고 의료인의 사회적 책임을 포기하는 것과 같기 때문에 도저히 국민들의 찬성을 얻기 어렵다는 것이다.[52)]

우리나라 재판실무도 의사에게 업무상과실로 인한 형사책임을 인정할 때 과실의 인정을 신중하게 하려는 경향이 있다. 예를 들면 대법원 2024. 10. 25. 선고 2023도13950 판결에서 「의료과오사건에서 의사의 과실을 인정하려면 결과 발생을 예견할 수 있고 또 회피할 수 있었는데도 예견하거나 회피하지 못한 점을 인정할 수 있어야 한다. 의사의 과실이 있는지 여부는 같은 업무 또는 분야에 종사하는 평균적인 의사가 보통 갖추어야 할 통상의 주의의무를 기준으로 판단하여야 하고, 사고 당시의 일반적인 의학 수준, 의료환경과 조건, 의료행위의 특수성 등을 고려하여야 한다(대법원 1996. 11. 8. 선고 95도2710 판결; 대법원 2018. 5. 11. 선고 2018도2844 판결 등 참조). 의사에게 진단상 과실이 있는지 여부를 판단할 때는 의사가 비록 완전무결하게 임상진단을 할 수는 없을지라도 적어도 임상의학 분야에서 실천되고 있는 진단 수준의 범위에서 전문직업인으로서 요구되는 의료상의 윤리, 의학지식과 경험에 기초하여 신중히 환자를 진찰하고 정확히 진단함으로써 위험한 결과 발생을 예견하고 이를 회피하는 데에 필요한 최선의 주의의무를 다하였는지를 따져 보아야 한다(대법원 2010. 7. 8. 선고 2007다55866 판결; 대법원 2018. 5. 11. 선고 2018도2844 판결 등 참조).」라고 일반적 법리를 전개하면서 민사상 손해배상책임 요건으로서의 과실과 별 차이가 없지만, 막상 원심이 “피해자에 대한 일반혈액검사와 일반화학검사 결과에 따르면 급성 감염

52) 飯田英男, 刑事醫療過誤 Ⅲ, 株式會社 信山社(2012), 38-41면.

증이 의심되어 원인 규명이 필요하였으므로, 피고인에게는 피해자를 입원시켜 일반적인 급성 감염증의 치료법인 혈액 등의 배양검사를 실시하고 결과를 기다리는 동안 수액요법과 경험적인 항생제 요법을 시행하였어야 함에도 일반화학검사 결과가 나오기도 전에 피해자에게 소화기계 증상과 통증에 대한 대증적 처치만 하고 피해자를 귀가시킨 업무상과실이 있다"라고 판단한 사안에서, '피고인의 진료당시 C반응성단백질 수치 등이 높은 것 외에 패혈증을 의심할 만한 증상이 없었고, C반응성단백질 수치 등은 급성 장염 등 다른 증상으로도 나올 수 있는 수치이므로 당시 피해자의 급성 감염증을 의심할 수는 있었으나, 미생물에 의한 감염이거나 패혈증의 증상으로 볼 수 있는 근거는 확인하지 못하였으므로 피고인이 패혈증으로 진단하지 못하고 급성 장염으로 진단한 것이 잘못이라고 보기는 어렵다'라는 대한의사협회의 사실조회 회신 등을 근거로 "피고인이 피해자를 급성 장염으로 진단하고 그 증상을 완화하기 위해 시행한 대증적 조치나 C-반응성단백질(CRP: C-reactive protein) 수치 결과가 확인된 이후 피해자에 대한 입원조치를 하지 않은 것에 의료상 과실이 있다고 보기 어렵고, 피해자에게 패혈증, 패혈증쇼크 등의 증상이 발현되어 하루 만에 사망에 이를 정도로 급격하게 악화될 것을 예견할 수 있었다고 보기도 어렵다."라는 이유로 파기환송하였다.

7. 의료과오소송의 최근 추세

오늘날 의료서비스는 날로 전문화되어 가는 반면, 생활에 여유가 생기면서 일반인도 의료에 관한 관심이 현저히 높아진데다가 인터넷 등을 통하여 전문지식에 쉽게 접근할 수 있다 보니, 대체로 자신이 받는 진료의 내용이나 과정을 낱낱이 알고 싶어 한다. 또한 환자의 이러한 정보욕구는 의료서비스의 공급자인 의사의 설명의무에 의하여 강력히 뒷받침된다. 그런데 의료과오소송에서 막상 자주 부딪치는 문제는 의사와 환자 사이에 의사소통의 단절 또는 신뢰관계의 훼손으로 인한 감정의 골이 깊이 파여 있는 점이다. 환자가 바라는 최종적인 목적이 금전적인 배상이라기보다는 정확한 정보를 받아 그 원인을 규명하고 그를 통하여 치료과정에서 형성된 억울한 심정을 풀고 싶은 경우가 의외로 많다.

이러한 욕구에 대하여는 새로이 출범한 한국의료분쟁조정중재원이 많은 역할을 할 것으로 기대되었지만, 아직까지 해당 의료기관의 비협조 등의 이유로 기대에 부응하지 못하고 있는 형편이다.

그런가 하면 전문 의료기관이 제공하는 의료서비스는 그 과정이나 결과 및 처치내용이 대부분 전자문서인 진료기록부 등[53]에 상세히 기록되어 보존되고, 일단 작성된 전자문서는 그 변경이 어렵다. 따라서 오늘날 의료소송은 전문가의 눈으로 보면, 분쟁의 대상이 되는 의료행위의 경위가 서증에 의해 적나라하게 드러나도록 제도적으로 뒷받침되어 있는데다가 목격자가 많아, 현대의학으로서도 그 원인을 규명할 수 없는 예외적인 경우가 아닌 한, 다른 유형의 사건과는 달리 사실인정이 비교적 용이하다고 할 수 있다. 다만 과실판단의 기준이 되는 의료수준의 구체적 적용이라든가 치료방법의 선택에 관한 의사의 재량권을 어디까지 보장할 것이며, 기술상 또는 절차상 잘못이 인정되는 경우 그에 따른 손해배상의 범위를 어디까지 인정할 것인가 등은 여전히 어려운 문제로 남아 있다.

우리나라와 소송제도가 유사한 일본의 경우에는 최근 10여 년간 의료소송의 건수가 계속하여 별 변동이 없다가 2020년부터 코비드 19의 영향으로 종결건수가 줄어들어 현재 진행중인 소송건수는 다소 늘어난 상태라고 하고, 진료과목별로는 내과, 외과, 정형외과, 산부인과 순으로 많으며 소아과의 경우는 근소하지만 의사 1,000명을 기준으로 할 때는 정형외과, 외과, 산부인과, 내과 순이어서 외과계 진료과목이 내과계 진료과목에 비하여 의료소송으로 비화되기 쉬운 경향을 보인다고 한다. 소제기 건수 중 1/2 정도는 화해로 종결되고 1/3 정도가 판결로 종국되는데 원고의 청구가 인용되기보다는 기각되는 비율이 압도적으로 많다고 한다.[54]

미국의 경우, 1990년대에 본격적으로 의료과오 소송체계에 관한 개혁이 본격적으로 시작되었는데, 그 주된 과제는 의료서비스의 접근성과 질을 높이고,

---

53) 의료기관은 다양한 진료기록을 작성·보관하고 있는데, 그 대표적인 것으로 진료기록부, 간호기록부, 수술기록부 등이 있고, 그 밖에도 마취기록, 의사지시표, 혈액검사·소변검사 등의 각종 검사표, X선·CT사진·MRI사진 등의 영상사진, 부검기록, 조직표본, 진료보수명세표 등이 있다.

54) 桑原 博道, "2020年の醫療訴訟統計について", 日本小兒科醫會會報 Vol. 62, 日本小兒科醫會(2021), 260-262면.

비용부담을 낮추는 것이었다. 그런데 의료과오에 대비한 보험비용을 높인 결과 많은 의사들로 하여금 위험성이 큰 의료영역을 떠나게 하여 의료서비스에 대한 접근성을 떨어뜨렸다. 또한 의료서비스의 질을 높이려다 보니 의사들이 방어적 의료를 할 수밖에 되어 오히려 전반적인 자원 부족을 겪게 되는 이율배반에 빠지게 되었다. 결국 의료비용이 상승되고 그 효과는 고스란히 소비자에게 전가되어 서비스의 경제성을 더욱 떨어뜨리는 결과가 된 것이다. 소송 제도의 개혁은 ① 중재나 조정과 같은 대체적 분쟁해결수단을 적극 활용하여 분쟁을 조기에 해결하는 것, ② 모든 의료과오소송에 대한 사법적 심사를 통하여 허위청구를 걸러내는 것, ③ 보상금이 환자에게 다 많이 귀속될 수 있도록 변호사와 의뢰인 사이의 수임료 계약에 제한을 가하는 것, ④ 보험금 상한제 도입 등으로 나타났다. 그밖에 주에 따라 배상할 수 있는 총 손해배상액을 입법적으로 제한하고, 의료과실 청구에 대한 소멸시효의 단축, 공동 및 다중 책임의 폐지 등으로 나타나기도 하였다.[55)]

8. 의료분쟁의 발생원인과 사전 대비책

의료행위는 그 자체로 많은 위험이 수반되고 아무리 의학이 발달되었다고 할지라도 사람의 능력에 한계가 있는 이상 감당할 수 없는 사태가 수시로 발생하기 때문에 그 결과를 놓고 분쟁의 소지가 대단히 많다고 할 수 있다.

따라서 이를 사전에 예방할 수 있는 길을 찾는 것이 최선인데, 이를 위해서는 우선 의료분쟁이 어떤 경위로 발생하는지에 주목할 필요가 있다. 결과가 나쁘다고 하여 의료행위에 관하여 당연히 분쟁이 생기는 것은 아니기 때문이다.

첫째로, 의료행위가 진행된 경과에 대한 시각이나 견해가 의료인과 환자측 사이에 차이가 있을 때 책임의 소재를 따지는 법적 분쟁이 생기는 경우가 많다. 이는 곧 의사의 설명의무와도 직결되는 문제인데, 예를 들면 의료행위에 수반되는 위험성을 정확하게 환자에게 설명하여 주는 것이 환자로 하여금 지레 겁을 먹게 하여 오히려 치료효과를 해칠 수 있다는 생각에서 담당 의료인이 환자

55) Marcia M. Boumil 외, 전게서, pp. 442-445.

측에 일부로 가벼운 치료인 것처럼 설명한 경우, 그 결과를 받아들이는 시각이 다를 수밖에 없고 그 때문에 법적 분쟁에 빠질 개연성이 커지게 된다. 이처럼 환자의 심기를 위하여 치료행위의 위험성을 제대로 설명하지 않는 것은 그 의료행위로 인한 위험부담을 의료기관이 전적으로 떠맡는 것을 뜻한다. 치료행위의 위험성을 제대로 인식하지 못한 환자측으로서는 악결과가 발생한 경우 의료과오가 개입하였다고 생각하기 쉬울 터이기 때문이다. 따라서 사실의 설명이 특별히 환자에게 유해한 경우가 아닌 한 환자의 심기를 염려하여 의료행위의 위험성을 감추는 것은 적절하지 않다.

둘째로, 사용하는 의료용어의 의미를 오해하고 있는 것도 의료분쟁의 원인으로 작용한다. 예를 들면, 합병증(合併症)은 '의료인의 부주의에 의하여 생기는 것', 봉합부전(縫合不全)은 '봉합하는 방법이 나빠 실밥이 풀린 것', 원내감염(院內感染)은 '병원의 관리가 견고하였더라면 발생하지 않는 것', 스테로이드는 '사용을 시작하면 끊을 수 없는 약'이라는 등의 선입견이 환자들 사이에 널리 퍼져 있는데, 이는 매우 부정확한 지식들이다. 이 때문에 환자측에서는 의료행위에 과오가 있었던 것으로 속단할 수 있다.

셋째로, 의료행위를 행하기 전에 이를 환자측에 설명할 의무가 있는바, 이를 설명할 때 반드시 환자측의 질문이나 요망사항 등의 유무를 확인하고, 그 내용을 진료기록부에 기록하여 놓은 것이 중요하다. 설명의무는 당해 환자에 관한 의학적 지식 및 신체적 상황만을 근거로 하여 발생하는 것이 아니라 당해 환자측의 희망 및 의향, 받아들이는 자세 및 능력 등과 같은 환자측의 사정도 설명의무의 발생요건이 되기 때문이다. 즉 구체적인 설명의무의 유무나 범위, 내용 등은, 당해 환자가 적극적이고 주체적으로 스스로 질환에 관심을 가지고 다양한 치료의 장면을 고려하여 세세한 항목에까지 자기결정권을 행사하기를 희망하는가, 아니면 설명에 별로 관심이 없고 그저 의사에게 맡긴 채 별도로 희망이나 요망이 없다는 태도를 보이는가에 따라 달라진다.

그러므로 앞서 본 의료분규의 원인에 대한 대책으로는, 주치의나 간호사나 약제사 등이 역할을 분담하여 설명문서나 팸플릿 등을 이용하여 의료에 관한 전문적 지식이 없는 환자를 상대로 환자의 신체상 중요한 사항이나 현재의 병증, 그에 대한 의료행위의 위험성 등에 관하여 정확한 정보를 충분히 제공할 수 있도록 여러모로 노력할 필요가 있다. 그리고 그렇게 제공한 정보의 내용 및 환자 측의 요구사항, 태도 등을 진료기록부에 남겨놓을 필요가 있다.

9. 의료정보의 부적정한 취급으로 인한 소송

가. 개인정보의 보호를 위한 법적 규제

개인정보보호법이 2011. 3. 29. 법률 제10465호로 제정된 이래 개인정보에 대한 국민의 의식이 날로 높아지고 있고, 이러한 경향은 의료정보의 경우에도 마찬가지이다. 일본에서는 의료소송의 2대 청구원인이라고 할 수 있는 의료과오 및 설명의무 위반에 뒤이어 의료정보의 부적정한 취급을 원인으로 한 소송을 제3의 청구원인이라고 할 정도로 사회적으로 문제가 되고 있다.

개인정보보호법은 공공기관뿐만 아니라 비영리단체 등 업무상 개인정보파일을 운용하기 위하여 개인정보를 처리하는 모든 자에게 개인정보 보호규정을 준수하도록 강제하고 있고, 전자적으로 처리되는 개인정보 외에 수기(手記) 문서까지 개인정보의 보호범위에 포함함으로써 개인정보 보호의 범위를 확대하였다. 의료정보는 '개인이 건강에 관한 정보'로서 개인정보보호법 제23조 제1항 소정의 민감정보에 해당하고, 민감정보는 정보주체에게 별도의 동의를 받거나 법령에서 처리를 요구하거나 허용하는 경우에만 처리할 수 있다. 또한 개인정보처리자는 개인정보가 분실·도난·유출·위조·변조 또는 훼손되지 않도록 내부 관리계획 수립, 접속기록 보관 등 안전성 확보에 필요한 기술적·관리적 및 물리적 조치를 취해야 한다(개인정보보호법 제29조). 의료정보는 개인정보보호법 외에도 보건의료기본법, 의료법, 응급의료에 관한 법률, 국민건강보험법, 의료급여법, 감염병의 예방 및 관리에 관한 법률 등 다양한 법률을 통해 보호되며, 이들 법률은 개인정보보호법의 특별법으로 우선 적용된다.

예를 들어, 의사가 동업관계 해소 후 환자 정보를 무단으로 가져가 활용하는 경우가 '무단 유출 및 누설'에 해당하고, 진료 목적으로 수집한 환자 정보를 마케팅이나 홍보 목적으로 이용하는 경우가 '목적 외 사용'에 해당하며, 해킹 등 외부 침입에 대비한 적절한 보안 조치를 취하지 않아 의료정보가 유출되는 경우가 '안전조치 미비로 인한 유출'에 해당한다. 이처럼 의료정보를 부적정하게 취급하여 정보주체에게 손해가 발생한 경우, 정보주체는 민법 제750조에 따라 불법행위에 기한 손해배상 청구를 하거나, 실제 손해액을 입증할 필요 없이 개인정보 보호법 제39조의2에 따라 300만 원 이하의 범위에서 상당한 금액을 손해액으로 하여 배상을 청구할 수 있다.

의료정보는 의사의 업무자료로서의 성격을 가지므로 의사에게는 직무수행상 이익이 있는 한편, 환자에게는 사적 영역, 즉 프라이버시에 속한다. 그러므로 개인정보에 대한 자기결정권의 일환으로, 환자는 자신의 의료정보에 대해 스스로 결정하고 통제할 수 있는 권리를 가지고, 사생활이 함부로 공개되지 않고 사적 영역의 평온과 비밀을 유지할 수 있는 권리를 가진다(대법원 2018. 5. 11. 선고 2018도2844 판결). 의료정보는 헌법 제10조(인간의 존엄과 가치)와 제17조(사생활의 비밀과 자유)에 의해 보호되는 정보로서, 헌법재판소는 "사람의 육체적·정신적 상태나 건강에 대한 정보는 인간의 존엄성이나 인격의 내적 핵심을 이루는 요소"라고 판시하였다(헌법재판소 2007. 5. 31. 선고 2005헌마1139 결정). 다른 한편 의료정보는 국가·사회의 정보자원으로서 공익적 목적으로 활용될 수 있는 가치를 가진다. 따라서 필요한 경우에는 본인의 동의 없이 또는 본인의 의사에 반하여서까지도 국가기관 또는 제3자에 대한 정보제공이 허용되기도 한다.[56)]

나. 판결례

1) 개인정보의 불법 이용

서울동부지방법원 2020. 7. 16 선고 2020고정180 판결은, 의사가 동업관계 해소 후 환자의 휴대전화번호를 무단으로 가져가 새로이 단독개원한 사실을 홍보하여 환자를 유치할 생각으로 유선전화로 그 휴대전화번호로 광고성 문자메시지를 문자대행발송업체를 통해 발송한 사안에서, 개인정보보호법 제71조 제2호, 제18조 제1항 위반을 이유로 벌금 200만 원의 유죄판결을 선고하였다.

2) 전자처방전 서비스와 개인정보법 위반 여부

이동전화, 유무선 통합 포털, 모바일 멀티미디어 서비스 등을 제공하는 법

---

56) 浦川道太郎 외, 전게서, 95-126면 참조.

인 소속 총괄 본부장, 담당 부장, 매니저 등이 환자의 처방정보데이터를 취급하는 개인정보처리자의 지위에서 의사들로부터 전자차트 프로그램을 통하여 전자처방전 정보를 법인 중계서버로 전송받아 저장한 다음 원하는 약국에 해당 전자처방전 정보를 전송하고 대가로 건당 일정한 액수의 수수료를 받기로 하는 '스마트 헬스 전자처방전 서비스' 사업을 수행한 것이 "정당한 사유 없이 전자처방전(전자서명이 되어 있는 경우)에 저장된 개인정보를 탐지하거나 누출·변조·훼손하였다"라는 이유로 기소된 사안에서, 서울중앙지방법원 2020. 2. 14. 선고 2015고합664 판결은 '병·의원이 약국에 처방전을 전송하는 것을 단순히 중계하는 역할을 하였다고 봄이 상당하고, 법인이 민감정보를 병·의원으로부터 수집·저장·보유하거나 탐지 또는 누출하였다고 보기 어렵다'라는 이유로 무죄를 선고하였고, 이 판결은 서울고등법원 2020. 9. 24. 선고 2020노544 판결을 거쳐 대법원 2024. 7. 11. 선고 2020도13960 판결로 그대로 확정되었다.

제3장 손해배상책임의 구조

1. 책임의 구성

의료과오를 이유로 의사 측에 민사상 손해배상책임을 묻기 위한 법률구성에는 ① 민법 제390조 이하에서 규정하는 채무불이행에 터 잡은 손해배상청구, ② 민법 제750조 이하에서 규정하는 불법행위에 터 잡은 손해배상청구가 있고, 이들 청구권의 상호관계에 관하여는 다툼이 있으나 별개로 성립하는 것으로서 그중 하나를 선택적으로 청구할 수 있는 청구권 경합관계에 있다고 보는 것이 우리나라 통설 및 판례라고 할 수 있다.

채무불이행책임은 주로 계약관계를 전제로 하므로[1] 의사측과 환자측 사이에 체결된 계약의 내용대로 의무를 이행하지 못한 귀책사유의 존재 여부가 문제로 되고, 불법행위책임은 그러한 계약관계를 직접 문제 삼지 않는 대신 의사측이 행한 위법한 가해행위의 존재 여부를 문제 삼는다.

이하에서 양 청구권의 요건과 구조를 차례로 살펴보기로 한다.

---

1) 환자가 의료급여법에 터 잡아 의료기관에서 의료급여를 받는 것과 같이 의사가 부담하는 진료의무의 내용이 계약에 의해서가 아니라 관련 사회복지법 등에 의하여 정하여지는 경우도 있다.

가. 채무불이행책임

의료과오를 채무불이행의 한 형태로 접근하는 것은 그 전제로 의사측에 환자에 대한 채무가 있다는 것이고 그 채무는 진료의무를 중심으로 통상 진료계약의 효과로 발생하지만 법령의 규정 등에 의해서도 발생하므로 먼저 그 발생원인을 살펴 볼 필요가 있다.

나아가 의료과오가 가지는 채무불이행으로서의 유형상 특성과 그로 인한 손해배상책임의 요건을 차례로 검토하기로 한다.

1) 채무발생의 원인

가) 진료(의료)계약

(1) 진료계약의 의의

환자가 의사(醫師) 또는 의료기관(이하 통칭하여 '의료인'이라 부른다)에게 진료를 의뢰하고, 의료인이 그 요청에 응하여 치료행위를 개시하는 경우에 의료인과 환자 사이에는 진료계약이 성립된다.[2] 이때 성립하는 계약을 실무상 "의료계약"으로 부르기도 하고(대법원 2009. 5. 21. 선고 2009다17417 전원합의체 판결), 형사사건에 관한 것이기는 하지만 "치료위임계약"이란 용어를 사용한 예[3]도 있

---

2) 독일과 네덜란드에는 민법전에 진료계약에 관한 별도의 규정을 두고 있다. 독일에서는 2013년에 도입된 "환자권리법(Patientenrechtegesetz)"을 통해 진료계약에 관한 규정이 제630a~630h BGB에 신설되었고, 진료계약의 성립에 관하여 § 630a BGB는 "의사와 환자 간의 계약은 일반적인 계약법에 따라 성립되며, 의사는 진료를 약속하고 환자는 대가를 지불합니다. 이 계약은 노력의무계약(Dienstvertrag)의 일종으로, 치유결과가 아닌 적절한 진료행위 자체가 의무의 내용입니다."라고 규정하고 있다.

3) 대법원 2005. 4. 15. 선고 2003도2780 판결은 「구 의료법(2002. 3. 30. 법률 제6686호로 개정되기 전의 것) 제25조 제3항 소정의 '유인'이라 함은 기망 또는 유혹을 수단으로 환자로 하여금 특정 의료기관 또는 의료인과 치료위임계약을 체결하도록 유도하는 행위를 말하는 것으로서, 의료인 또는 의료기관 개설자의 환자 유인행위도 환자 또는 행위자에게 금품이 제공되거나 의료시장의 질서를 근본적으로 해하는 등의 특별한 사정이 있는 경우에는 같은 법 제25조 제3항의 유인행위에 해당한다고 할 것이고, "의료의 적정을 기하고 국민의 건강을 보호증진한다."는 의료법의 제정 목적(같은 법 제1조)에 비추어 보면, 합법적인 의료행위를 하면서 환자를 유인할 목적으로 금품을 제공하는 경우는 물론, 법(法)이 금지하고 있어 의료인으로서는 마땅히 거부하여야 할 의료행위를 해 주겠다고 제의하거나 약속함으로써 환자를 유혹하여 치료위임계약을 체결하도록 유도하는 경우도 같은 법 제25조 제3항의 유인행위에 해당한다고 보아야 한다.」라고 판시하였다.

다. 진료계약의 상대방은 개인이 개업의인 경우에는 그 의사가 되고, 의료기관이 병원을 설립한 경우에는 그 의료기관 또는 의료법인이 되며, 후자의 경우 환자를 실제로 진료하는 담당의사는 이행보조자의 지위에 서게 된다.

(2) 진료계약의 특성 및 법적 성질

흔히들 일반인이 병원을 찾을 때는 질병의 존부 및 그 내용에 관한 정확한 진단을 받고 이를 치료받기 위함이다. 그리고 대부분 소기의 목적을 달성하고 그에 대한 진료비를 지급하는 것이 일반이다. 이는 마치 질병의 진단 및 치유라는 일의 완성을 목적으로 하고 그에 대한 대가를 지급하는 도급계약과 같은 외양을 취한다. 그러나 질병의 진단이나 치료는 그 특성상 완성을 내용으로 삼을 수 없는 일이다. 따라서 진료계약의 법적 성질은 사무처리를 내용으로 하는 위임계약으로 보아야 하고, 따라서 진료계약에 의하여 의료인이 부담하는 채무는 매도인의 목적물인도채무, 소비대차상 차주의 채무, 운송인의 채무 등과 같은 내용적으로 확정된 일정한 결과를 달성해야 할 「결과채무」가 아니라, 환자가 희망하는 질병의 치유 등 결과를 향하여 최선의 주의를 기울여 적절한 의료행위를 실시하는 것 자체를 내용으로 하는「수단채무」에 불과하여,[4] 환자가 바라는 결과가 생기지 않았다고 하더라도 그 때문에 당해 의료인이 곧바로 채무불이행책임을 지는 것은 아니다. 다시 말하면 의료인이 환자와 진료계약을 체결하는 첫 단계에서 의료인 부담하는 진료채무는 비록 환자의 증상이 어떤 질병에서 비롯된 것인지 쉽게 알 수 있는 경우라고 할지라도 질병이 다양한 가능성을 염두에 둘 때 단정적으로 어느 질병을 치료하기로 하는 것으로 그 내용을 특정할 수 없고, 환자로서도 나름대로 자기의 현재 병증에 대한 병명을 나름대로 알고 있다고 할지라도 의료인의 경험·기술·지식·판단 등을 신뢰하여 최적의 치료가 행하여지도록 그의 전문적 처치에 맡길 수밖에 없으므로 그 계약으로 인한 의료인의 채무는 단지 일반적으로 요구되는 정도의 선관주의의무에 따라서 병증에 대한 의학적 해명과 이를 적절히 처치한다는 정도의 극히 추상적·개

4) 대법원은 이에 관하여 "의사가 환자에게 부담하는 진료채무는 질병의 치유와 같은 결과를 반드시 달성해야 할 결과채무가 아니라 환자의 치유를 위하여 선량한 관리자의 주의의무를 가지고 현재의 의학수준에 비추어 필요하고 적절한 진료조치를 다해야 할 책무 이른바 수단채무라고 보아야 하므로 —"라고 판시하고 있다(대법원 1988. 12. 13. 선고 85다카1491 판결; 1993. 7. 27. 선고 92다15031 판결; 대법원 2001. 11. 9. 선고 2001다52568 판결 등).

괄적인 것이 될 수밖에 없다.[5] 그러다가 시간이 경과하고 여러 조치가 진행됨에 따라 시시각각 변화하는 환자의 생체반응 등에 따라 의사의 진료채무가 점차 명확해지고 구체화되게 된다. 여기서 채무불이행 여부의 판단기준이 되는 것은 그로 인한 악결과가 아니라 베풀어진 의료가 의료수준에 합당한 것인지 여부인 것이다.[6] 요컨대 의료인은 환자의 건강상태 등과 당시의 의료수준 그리고 자기의 지식경험에 따라 적절하다고 판단되는 진료방법을 선택할 수 있는 상당한 범위의 재량을 가진다(대법원 1992. 5. 12. 선고 91다23707 판결; 대법원 2007. 5. 31. 선고 2005다5867 판결 등 참조). 이 점에서 진료행위의 결과가 나쁠 경우 의료인과 환자 사이에 의료인의 책임에 대한 인식에 차이가 생기게 되고, 그 때문에 의료분쟁에 대한 해결책을 찾는 데에 어려움을 겪게 된다.

(3) 원격진료

의료인은 의료법에 따른 의료기관을 개설하지 아니하고서는 의료업을 할 수 없으며, 원칙적으로 그 의료기관 내에서 의료업을 하여야 한다(의료법 제33조). 다만 의료법 제34조는 의료인이 컴퓨터·화상통신 등 정보통신기술을 활용하여 먼 곳에 있는 의료인에게 의료지식이나 기술을 지원하는 방식에 의한 의료인 대 의료인의 원격의료만을 허용하고 있다(대법원 2020. 11. 12. 선고 2016도309 판결). 다만 대법원 2013. 4. 11. 선고 2010도1388 판결이 「의사가 환자와 대면하지 아니하고 전화나 화상 등을 이용하여 환자의 용태를 스스로 듣고 판단하여 처방전 등을 발급한 행위가 2007. 4. 11. 개정되기 전 구 의료법 제18조 제1항에서 정한 '자신이 진찰한 의사' 또는 2007. 4. 11. 개정된 구 의료법 제17조 제1항에서 정한 '직접 진찰한 의사'가 아닌 자가 처방전 등을 발급한 경우에 해당하는 않는다」라고 판시한 점 등을 들어 의료법 제34조가 의료인과 환자 간의 원격의료가 전면 금지되었다고 단정할 수 없다는 견해가 있다.[7]

---

5) 이러한 점에서 미국판례가 의사가 환자에게 "이 치료를 통해 완치될 것"이라고 명확히 약속한 경우라거나 어떤 특정 수술 결과나 시술 약속을 서면 계약 또는 진료상 약속으로 한 경우에 계약위반(Breach of Contract)으로 인한 손해배상책임을 인정하는 것과는 구별된다.

6) 이 점에서 "의사는 진료의 실시에 있어서「병을 고친다」은 취지의 발언을 하는 경우가 있지만, 그것은 실은「병을 치료하기 위하여 충분한 조처를 다한다」고 하는 뜻을 갖는 것이다."라고 설명된다; 석희태, "의료과오 민사책임에 관한 연구", 연세대학교대학원 박사학위논문(1988), 67면.

7) 한두륜, "원격의료 규정은 원격의료를 금지하는가", 법률신문(2022. 2. 28.) 참조.

한편 세계보건기구(WHO)는 원격의료를 '원거리를 주된 요소로 정보 및 통신기술을 사용하여 모든 보건의료종사자가 환자에 대한 질병 및 부상의 진단, 치료 및 예방, 연구 및 평가, 지속적인 정보 교환을 하고 모든 보건의료종사자에 대한 지속적인 교육을 하는 것 그리고 개인과 지역 사회의 건강을 증진시키는 건강관리 서비스'라고 정의하여 그 주된 내용이 의사와 환자 간의 원격의료에 있음을 알 수 있다. 우리나라 정부도 2020년 코로나19 사태가 진행되는 동안 의사와 환자 간의 원격의료를 허용하는 것으로 지침을 정하여 전화를 통한 의사와 환자 간의 상담, 진료, 처방을 한시적으로 허용한다고 발표하였다.

이처럼 의사와 환자 간의 원격의료가 상황에 따라 필요할 뿐만 아니라 미국의 경우에는 연방 차원에서 보건복지법을 통하여 이러한 원격의료가 도입되어 각종 법률[8]의 규제하에 일반화되어 있는 점에 비추어 볼 때 사회적 공감대가 이루어지는 범위 내에서 국민의 건강권을 보호하기 위하여 원격의료의 범위를 넓혀가야 한다. 다만 원격진료는 대면진료에 비하여 의료과실을 유발할 가능성이 있으므로 대면진료가 가능한 상황까지 편의성만을 내세워 무리하게 원격의료를 확장하는 것은 타당하지 않다. 아무튼 적어도 코로나19 사태와 같이 대면진료가 어려워 의료시스템이 제대로 작동하지 않는 상황을 위한 원격의료의 활용에 관한 예외를 법제를 통해 명문화할 필요가 있다. 이 경우 불가피하게 원격의료를 수행하여야 하는 의료인의 입장을 감안하여 원격지 의료인과 현지 의료인 모두 일정 부분 책임을 경감시켜주는 입법적 조치가 필요할 것이다.[9]

이러한 원격진료의 경우에 의사와 환자 간의 진료계약은 정보 및 통신기술을 사용하여 체결될 수밖에 없고 그 방식도 전자문서의 작성방식으로 이루어질 것이다.

---

8) 1996년 건강보험 정보 활용 및 책임에 관한 법(HIPPA, Health Insurance Portability and Accountability Act), 1992년 조지아 주 원격의료법(Georgia Distance Loaming and Telemedicine Act of 1992) 등이 있다.

9) 백경희, "미국의 원격의료에 관한 고찰—코로나19 대치에 대한 시사점을 중심으로—", 법률신문(2020. 8. 27.) 참조. 코로나19 사태가 일어나기 전의 사안에 관하여 대법원 2020. 11. 12. 선고 2016도309 판결은, 전화 진료만으로 환자에게 다이어트 약을 처방한 한의사에게 비록 처방에 관한 판단을 한의원 내에서 했다고 할지라도 '의료인이 의료인 대 의료인의 행위를 벗어나 정보통신기술을 활용하여 원격지에 있는 환자에게 행하는 의료행위는 특별한 사정이 없는 한 의료법 제33조 제1항에 위반된다'라고 보아 벌금 50만 원을 선고한 원심을 그대로 확정시켰다.

(4) 진료계약의 성립

(가) 환자에게 의사능력이 있는 경우

제3자의 개입 없이 직접 환자가 진료를 요청하고 의사가 이에 응하면 양자 간에 사법상 의료계약관계가 성립한다. 이때 진료계약의 효력은 특별한 사정이 없는 한 환자와 의사 사이에만 발생하고, 채무불이행으로 인한 손해배상청구권도 원칙적으로 계약당사자 사이에서만 문제가 된다. 환자가 직접적인 의사표시를 할 수 없는 경우일지라도 묵시적 의사표시 내지 의사실현(민법 제532조) 등을 인정할 만한 사정이 있는 경우에는 추단되는 효과의사에 따라 진료계약을 성립을 인정할 수 있다.

또한 제3자가 법정대리인이거나 당사자 일방의 수권을 받아 정당한 대리권의 범위 내에서 대리의 방식으로 진료계약을 체결한 경우에도 그 효과는 위와 같다. 다만 제3자가 환자를 대리하는 경우에는 의료계약의 내용에 따라 제3자가 보증인으로서 의료비지급의무를 부담할 수 있다.

환자가 행위무능력자인 경우에는 민법상 행위무능력자에 대한 일반적인 보호규정에 따라 처리하면 될 뿐 그 대상이 의료계약이라고 하여 특별히 달리 취급할 여지는 없다.[10)]

(나) 환자에게 의사능력이 없는 경우

i) 동행자가 있는 경우

환자의 동행자가 대리권을 가지는 경우에는 병원과 환자 사이에 그 대리인을 통하여 진료계약이 체결될 것이다. 그러나 대리권이 없는 경우에는 의사해석의 문제로 귀결되는데, 환자의 동행자에게 계약당사자의 지위를 가질 의사가 있다면 제3자를 위한 계약이 성립할 것이고, 이때 제3자인 환자에게 귀속되는 법적 지위는 이행청구권자이므로 이를 행사하지 않는 한 곧바로 당해 환자가 진료계약을 체결한 것과 동일한 권리와 의무를 부담하는 것은 아니지만, 우리

10) 의료계약은 환자의 생명에 관한 것으로서 환자에게 이익을 주는 것이기 때문에 미성년자 등의 행위능력을 제한하는 입법취지에 비추어 볼 때 일반의 거래와는 달리 법정대리권의 취소권을 제한하여야 한다거나 진료는 순수한 개인적 사항에 관한 것이므로 타인의 개입을 가능한 한 배제한다는 의미에서 환자가 의사능력을 갖추고 있는 한 통상의 재산거래와 달리 의료계약은 취소할 수 없다는 주장(석희태, 전게논문, 12-13면 참조)이 있으나, 개별적인 사안에서 친권의 남용 등의 법리에 의하여 부당한 결과를 막아야지(서울동부지방법원 2010. 10. 21.자 2010카합2341 결정 참조) 의료계약의 특성에서 행위무능력자에 대한 보호규정을 달리 해석하려는 접근은 찬성하기 어렵다.

나라 계약법에 의하더라도 의사에게 제3자를 위한 채무부담을 인정할 수 있다고 해석되고, 동행자는 요약자로서 진료비 지급의무 등의 계약상 의무를 부담한다. 물론 동행자가 대리의사로 의료계약을 체결한 경우에는 무권대리행위에 해당하여 환자본인의 추인에 의하여 환자본인과 적법한 의료계약이 체결된 것으로 처리될 수 있지만, 만일 추인을 받지 못하면 제3자는 무권대리인으로서 의사의 선택에 따라 의료계약상의 의무인 진료비지급의무를 이행하거나 그로 인한 손해를 배상할 책임을 지게 된다. 다만 병원측에서 동행자에게 대리권이 없다는 사실을 알았거나 알 수 있었을 때에는 그 책임을 물을 수 없다(민법 제135조 제2항).

만일 동행자에게 계약당사자의 지위를 인수할 의사가 없는 경우에는 아래에서 보는 바와 같이 동행자가 없는 경우와 마찬가지로 처리될 것이다.

ii) 동행자가 없는 경우

의사가 의사능력이 없는 환자를 제3자의 개입 없이 직접 대면하여 아무런 계약관계 없이 환자를 현실로 진료하게 되는 경우가 있을 수 있다. 이때 사실적 계약관계[11]를 인정할 여지가 있다는 주장이 있다. 즉 "사실적 계약관계의 관념이 시인되고 이것이 의료관계에 확장적용된다면, 의식불명의 환자에게 의사가 독단하여 자발적으로 진료를 가하는 경우 양자의 권리·의무관계의 내용은 통상적인 의료관계와 같이 계약법의 규정 내지 이상에 의해 규율될 것이고, 그 결과 진료보수지급관계나 의료과오시의 손해배상관계의 당사자는 다른 법적 경루 내지 법적 의제를 거치지 않고 바로 환자 본인과 의사로 결정되는바, 오늘날 거의 완비된 의료체제를 토대로 하여 진료는 의사의 고유하고도 독점적인 업무로 되어 있는 한편 사회일반의 보편적 의식구조는 질병 등의 경우에 의사에게 그 진료를 의뢰하는 것으로 되어 있는 점을 감안할 때 구급의료의 범위 내에서 의사와 환자 사이의 사실적 계약관계의 성립을 인정해도 무방하며, 사무관리의

11) 독일민법학의 특유한 이론으로서 1941년 Gunter Haupt가 라히프니찌 대학 취임강연에서 처음으로 발표하였고 그 후 독일 내에서 많은 논쟁을 불러 일으켰으며 우리나라 민법학자들 사이에서도 많은 논쟁이 있었다. 요컨대 사실적 계약관계는 명시 혹은 묵시의 의사표시가 없이도 사실상의 제공과 사실상의 청구(사실상의 이용 또는 사실상의 공급수령)라는 현실적인 행위 내지 용태가 있으면 인정되는 것으로서 법률행위 또는 계약체결에 관한 민법의 규정, 예컨대 의사흠결에 관한 규정·행위무능력에 관한 규정 등의 적용은 배제되나, 성립된 계약관계 자체 내지 그 이행에 관하여는 보통의 계약관계에 있어서와 마찬가지로 계약법이 적용되게 된다. 이은영, 채권각론(제5판), 박영사(2005), 102-110면 참조.

법리를 적용할 때 생기는 문제점(의사에게 원칙적으로 보수청구권이 인정되지 않는 점, 의사에게 의료과오가 있더라도 고의 또는 중과실이 없는 한 손해배상책임이 인정되지 않는 점, 진료의 방향을 환자의 의사 혹은 추정적 의사에 적합하도록 하여야 하는 점)을 피할 수 있다"라는 주장이다.[12)]

그러나 의식불명의 환자가 병원에 실려 올 때, 우선 의사는 응급의료에 관한 법률 등이 정하는 바에 따라 진료의무를 부담하고 그 책임의 범위가 결정될 수 있으므로 반드시 환자와 사이에 계약관계의 성립이 전제되어야만 충분한 보호를 받는 것이 아니며, 오히려 사실적 계약론이 소비자의 일정한 행위에 그 효과의사와는 무관하게 계약체결의 효과를 부여함으로써 우월한 독점기업의 지위를 더욱 강하게 해주었으며 우리나라에서 행하여진 의료서비스가 정형화되어 있다고 보이지 않는 점, 묵시적 의사표시나 의사실현에 의한 계약의 성립을 폭넓게 인정하는 한편 사무관리의 법리를 현실에 맞게 적절히 해석·적용함으로써 타당한 결론을 도출할 수 있을 점 등을 감안할 때 굳이 사실적 계약관계를 도입할 필요가 있는지는 의문이다.[13)]

(5) 진료예약의 철회

우리 의료법상 진료거부는 금지되므로 의료기관이 이미 체결된 진료예약을 임의로 철회할 수 없다고 할 것이다. 그러나 의료법 제16조 소정의 정당한 이유가 인정되는 경우에는 의사측에 의한 예약의 철회도 허용된다고 본다. 이 경우 진료예약의 철회로 필요한 진료가 지체됨으로써 손해가 발생할 여지가 있으면 의사측에 이를 방지할 의무가 생긴다고 할 것이다.[14)]

---

12) 석희태, 전게논문, 9-11면 참조.

13) 미국에서는 환자가 무의식, 무능력 기타 의사표명능력 상실하여 상호 의사합치(mutuality of assent)가 없더라도 법원은 일정한 경우에 의사-환자의 관계(physician-patient relationship)를 인정한다. 즉 우선 환자 대신 타인이 의사-환자 관계의 당사자가 되는 것을 인정하며, 이를 사실상 추정(implied-in-fact) 또는 법률상 추정(implied-in-law)이 된다고 한다. 친척이 환자를 병원으로 데리고 와 의료를 명시적으로 승낙한 경우에는 계약은 사실상 추정된다고 하고, 경찰이나 구조대원이 응급환자를 병원에 데려온 경우에는 의료에 관한 승낙이 법률상 추정된다고 함으로써, 환자는 동행자와 의사 사의의 계약상 수익자로서 명시적 계약체결과 동일한 권리를 보유하고 의무를 부담한다고 해석한다. Marcia M. Boumil 외, Medical Liability in a Nutshell(5th ed.), West Academy(Eagan, MN, 2024) p. 8; 김천수, "의사· 환자관계의 성립과 진료상 주의의무", 의료법학 제7권 제1호, 대한의료법학회(2006), 192면 참조.

14) 의사가 외국 세미나에 참석할 것을 이유로 예약을 변경 또는 철회할 수 있는가는 환자의

(6) 진료행위의 한계

진료계약의 성립하면 앞에서 본 바와 같이 의료인은 재량권을 가지고 환자의 건강상태 등과 당시의 의료수준 그리고 자기의 지식경험에 따라 적절하다고 판단되는 진료방법을 선택할 수 있지만, 그러한 재량권을 무제한적으로 행사할 수 있는 것이 아니라 진료행위의 침습적 성질 및 환자의 인격권 보호의 차원에서 여러 가지 제약을 받게 된다.

(가) 환자본인의 의사 및 선택

진료행위는 환자의 병변을 치유하고 건강을 유지·증진시키는 것을 목적으로 하는 것이지만 통상 환자의 신체에 침습을 가함으로써 신체손상이 수반되고, 또한 불측의 위험 및 정신적·육체적 고통을 초래하는 것이 보통이다. 따라서 의사가 수술과 같이 환자의 신체를 침해하는 진료행위를 하는 경우에는 질병의 증상, 치료방법의 내용 및 필요성, 발생이 예상되는 위험 등에 관하여 당시의 의료수준에 비추어 상당하다고 생각되는 사항을 설명하여 당해 환자가 그 필요성이나 위험성을 충분히 비교해 보고 그 진료행위를 받을 것인지의 여부를 선택하도록 함으로써 그 진료행위에 대한 동의를 받아야 한다(대법원 1994. 4. 15. 선고 92다25885 판결; 대법원 2002. 10. 25. 선고 2002다48443 판결 등 참조). 환자의 동의는 헌법 제10조에서 규정한 개인의 인격권과 행복추구권에 의하여 보호되는 자기결정권을 보장하기 위한 것으로서, 환자가 생명과 신체의 기능을 어떻게 유지할 것인지에 대하여 스스로 결정하고 진료행위를 선택하게 되므로, 의료계약에 의하여 제공되는 진료의 내용은 의료인의 설명과 환자의 동의에 의하여 구체화된다고 할 수 있다(대법원 2009. 5. 21. 선고 2009다17417 전원합의체 판결).

요컨대 궁극적으로 치료주권은 환자에게 있고, 의사는 치료의 협력자에 지나지 않는다. 이 점은 응급의료에 관한 법률 제9조에서 응급환자의 경우에도 원칙적으로 의료종사자로 하여금 응급의료에 관하여 설명하고 그 동의를 받도록 규정함으로써 명백히 하고 있다.

(나) 연명치료 중단 가부

의료인이 환자측의 요구에 의하여 연명치료를 중단하고 퇴원을 허락할 수 있는지가 문제이다. 연명치료 중단이 우리 사회에서 본격적으로 문제가 된 것

상태가 시기적으로 민감한지 여부와 전원할 다른 대체 의료기관의 존부 등에 따라 달라질 것이다.

은 1997년에 발생한 일명 '보라매 병원 사건'에서 비롯된다. 7년여의 공방 끝에 대법원 2004. 6. 24. 선고 2002도995 판결은 「보호자가 의학적 권고에도 불구하고 치료를 요하는 환자의 퇴원을 간청하여 담당 전문의와 주치의가 치료중단 및 퇴원을 허용하는 조치를 취함으로써 환자를 사망에 이르게 한 행위에 대하여 보호자, 담당 전문의 및 주치의가 부작위에 의한 살인죄의 공동정범으로 기소된 사안에서, 담당 전문의와 주치의에게 환자의 사망이라는 결과 발생에 대한 정범의 고의는 인정되나 환자의 사망이라는 결과나 그에 이르는 사태의 핵심적 경과를 계획적으로 조종하거나 저지·촉진하는 등으로 지배하고 있었다고 보기는 어려워 공동정범의 객관적 요건인 이른바 기능적 행위지배가 흠결되어 있다는 이유로 작위에 의한 살인방조죄만 성립한다」고 판시하였다. 이 판결의 취지는 회복불가능한 환자조차 치료를 중단하면 살인이 된다고 판시한 것이 아니다. 그럼에도 이 판결 후 의료기관에서는 모든 치료중단행위는 살인이 된다고 잘못 알려지면서 무의미한 연명치료를 부추기는 사회병리현상이 나타났다.

그러다가 2008년 일명 '세브란스 병원 김할머니 사건'을 계기로 연명치료중단 및 존엄사에 대한 논쟁이 우리 사회에서 활발하게 일어났고, 대법원 2009. 5. 21. 선고 2009다17417 전원합의체 판결은, 「김 할머니가 생전에 표명한 의사 등을 근거로 추정적 의사에 기한 자기결정권에 따라 연명치료가 가능하다고 판단하고 인공호흡기를 제거하라」는 판결을 내렸다. 이 판결 이후 많은 사회적 논의를 거쳐 2016. 2. 3. 법률 제14013호로 소위 웰다잉법인 「호스피스 완화의료 및 임종과정에 있는 환자의 연명의료결정에 관한 법률」(약칭 연명의료결정법)이 제정되어 2018. 2. 3.부터 본격적으로 시행되게 되었다. 위 법률에 따르면, 담당의사는 임종과정(회생의 가능성이 없고, 치료에도 불구하고 회복되지 아니하며, 급속도로 증상이 악화되어 사망에 임박한 상태)에 있는 환자(담당의사와 해당 분야의 전문의 1명으로부터 임종과정에 있다는 의학적 판단을 받은 자)가 ① 연명의료계획서, 사전연명의료의향서 또는 환자가족의 진술을 통하여 환자의 의사가 연명의료중단등결정을 원하는 것이고, 임종과정에 있는 환자의 의사에도 반하지 아니하는 경우, 또는 ② 환자의 의사를 확인할 수 없고 환자가 의사표현을 할 수 없는 의학적 상태에서 ㉠ 미성년자인 환자의 법정대리인(친권자에 한정한다)이 연명의료중단등결정의 의사표시를 하고 담당의사와 해당 분야 전문의 1명이 확인한 경우, ㉡ 환자가족 중 배우자나 1촌 이내의 직계 존속·비속, 그러한 사람이 없는 경우 2촌 이내의 직계 존속·비속, 이러한 직계 존·비속이 없는 경우 형제자매가 순차로 연명의료중단등결정의 의사표시를 하고 담당의사와 해당 분야 전문의 1명이 확인한 경우에 한하여, 연명의료중단등결정을 이행할 수 있도록 규정하고 있다(제2조, 제15조, 제16조, 제17조, 제18조). 일단 연명의료중단등결정이 있는 이상 담당의사는 즉시 연명의료중단등결정을 이행하여야 하되 연명의료중단등결정 이행 시 통증 완화를 위한 의료행위와 영양분 공급, 물 공급, 산소의 단순 공급은 시행하지 아니하거나 중단되어서는 아니 되며, 담당의사가 연명의료중단등결정의 이행을 거부할 때에는 해당 의료기관의 장은 윤리위원회의 심의를 거쳐 담당의사를 교체하여야 한다(위 같은 법 제19조).

이와 같이 엄격한 조건하에 행하여진 연명의료중단등결정이 없는 한, 아무리 환자가 원한다고 할지라도 의사조력에 의한 자살인 존엄사 내지 안락사(death with dignity; physician-assisted suicide; euthanasia)[15)]는 우리나라에서 허용되지 않는다.

사실 현대 의학은 죽음도 삶의 일부로서 의료행위로 간주하고 긍정적으로 받아들이고 있다. 회복불가능한 경우 네덜란드나 벨기에 등에서는 소극적 안락사는 물론 의사조력자살까지 허용하고 있다. 대만은 2000년 「안녕완화의료조례(Hospice and Palliative Care Act)」를 제정한 이래 2016년 이후에는 사전돌봄계획(ACP: Advance Care Planning)과 환자자주권리법(Patient Right to Autonomy Act, 2019 시행) 등이 법률·제도로 확대되어 환자의 자기결정권을 보다 폭넓게 보장한 결과, 병원에서 의료진과 상담한 뒤 ACP(Advance Care Planning)를 등록하면 향후 ① 말기 환자, ② 비가역적 혼수상태, ③ 영구적인 식물 상태, ④ 극중증 치매, ⑤ 그 밖에 고통을 참기 어렵거나 질병이 회복될 수 없고 현재 의료수준으로는 적절한 해결 방법이 없는 상황이 왔을 때 연명의료를 중단할 수 있도록 함으로써

---

15) 안락사는 사기(死期)에 임박하여 의학상 회복할 가능성이 없는 환자에 대하여 참기 어려운 육체적 고통을 완화 또는 제거하여 죽음을 맞이하게 하는 것을 말하는데, 독일의 형법학자 K. English는 ① 생명의 단축을 수반하지 않고 죽음에 이르는 고통을 제거 내지 완화하는 처치를 하는 "순수 안락사", ② 고통의 제거 내지 완화를 위하여 마취약 등을 사용하여 그 부작용으로 환자의 생명이 단축되는 "간접적 안락사", ③연명치료를 행하지 않는다는 의미에서 "부작위에 의한 안락사", ④ 생명의 직접적 단축을 환자의 고통제거 방법으로 사용하는 "적극적 안락사"의 4가지로 분류하였다. 또한 생명연장장치를 제거하거나 사용하지 않음으로써 자연적 죽음을 맞이하도록 하는 것을 "소극적 안락사" 또는 "존엄사"라고 부른다. 前田和彦, 전게서, 316-317면.

우리나라보다 연명의료 중단 범위를 훨씬 넓게 인정한다.[16] 오스트리아 형법은 환자의 자기결정권을 무시한 전단적 의료행위에 대해 자유형과 벌금형을 부과하고 있다. 일본에서는 여호와의 증인이 대량출혈로 위험에 처하자 동의없이 수혈하여 살렸지만 종교권을 침해했다고 하여 손해배상책임을 인정하였다.[17]

(7) 의사가 이행보조자가 되는 경우

의사가 의료법인 기타 의료기관 개설자에 고용되거나 위임에 의하여 의료행위를 하는 경우에는 의료계약의 당사자는 그 의료기관 개설자가 되고 의사는 단지 의료급여를 제공할 의무가 있는 의료기관 개설자의 지정을 받아 이행보조자의 지위에서 진료를 행하게 된다. 이 경우에는 환자는 진료하는 의사에 대하여 직접적인 계약상의 권리를 취득하지 않고 오직 의료기관 개설자에 대하여 계약상의 권리를 가진다.

이때 민법 제391조는 이행보조자의 고의·과실을 채무자의 고의·과실로 본다고 정하고 있으므로 어떤 범위에서 이행보조자의 범위가 결정되는지가 문제로 된다. 대법원은 이행보조자는 채무자의 의사 관여 아래 채무의 이행행위에 속하는 활동을 하는 사람이면 충분하고 반드시 채무자의 지시 또는 감독을 받는 관계에 있어야 하는 것은 아니라고 보고 있으므로, 그가 채무자에 대하여 종속적인 지위에 있는지, 독립적인 지위에 있는지는 상관없다. 이행보조자가 채무의 이행을 위하여 제3자를 복이행보조자로 사용하는 경우에도 채무자가 이를 승낙하였거나 적어도 묵시적으로 동의한 경우 채무자는 복이행보조자의 고의·과실에 관하여 민법 제391조에 따라 책임을 부담한다고 보아야 한다(대법원 2011. 5. 26. 선고 2011다1330 판결; 대법원 2018. 2. 13. 선고 2017다275447 판결; 대법원 2020. 6. 11. 선고 2020다201156 판결 등 참조).

---

16) 박성민 기자 등, "병동 곳곳 '내생명 내가 결정' 문구—중증치매도 연명의료 중단 가능", 동아일보 2025. 8. 20.자.

17) 일본에서 안락사의 적법요건에 관한 지도적 판례로 언급되는 名古屋高等裁判所의 판결에 의하면, "① 환자가 현대의학의 지식과 기술로는 불치의 병에 해당하여 그 죽음이 목전에 임박한 것, ② 환자의 고통이 매우 심하여 누구도 참으로 목불인견(目不忍見)의 정도일 것, ③ 오직 환자의 죽음의 고통을 완화시킬 목적으로 행하여 질 것, ④ 환자의 의식이 명료하여 의사를 표명할 수 있는 경우에는 환자의 진지한 촉탁 또는 승낙이 있을 것, ⑤ 의사의 손에 의할 것을 원칙으로 하되 그럴 수 없는 경우에는 의사가 할 수 없는 특별한 사정이 있을 것, ⑥ 그 방법이 윤리적으로 타당하여 인용할 수 있을 것 등을 들었지만, 그 요건을 충족하지 않았다고 보아 촉탁살인죄로 징역 1년에 집행유예 3년을 선고하였다(名古屋高判昭和 37년 12월 22일 高判刑集 5卷674項); 前田和彦, 전게서, 317면.

(8) 진료계약의 종료

(가) 진료계약의 종료 사유와 시점

진료계약은 환자의 질병이나 상해에 대한 치료가 완료되어 진료의 목적이 달성된 경우 종료된다. 그리하여 민법 제163조 제2호 소정의 '의사의 치료에 관한 채권'에 있어서는, 특약이 없는 한 그 개개의 진료가 종료될 때마다 각각의 당해 진료에 필요한 비용의 이행기가 도래하여 그에 대한 소멸시효가 진행된다고 해석함이 상당하고, 장기간 입원 치료를 받는 경우라 하더라도 다른 특약이 없는 한 입원 치료 중에 환자에 대하여 치료비를 청구함에 아무런 장애가 없으므로 퇴원시부터 소멸시효가 진행된다고 볼 수는 없다(대법원 2001. 11. 9. 선고 2001다52568 판결).

그러나 의사와 환자 사이의 진료계약관계는 장기간 계속될 수 있고, 그러한 진료계약관계가 언제 종료되는지가 문제된다. 환자가 사망한 경우는 진료계약은 당연히 종료 되고, 통상적으로 환자는 자기결정권 및 신뢰관계를 기초로 하는 의료계약의 본질상 원칙적으로 제한 없이 무제한의 해지권을 갖고, 의사는 의료계약을 해지하는 것은 의료법 제15조 제1항에서 규정하는 진료거부에 해당할 수 있으므로 정당한 사유가 있는 경우에만 진료계약을 해지할 수 있다고 본다.[18] 다만 진료계약은 당사자 간의 합의에 의해 해지될 수 있는데, 묵시적인 합의해지를 인정하기 위해서는 당사자 쌍방에게 계약을 실현할 의사가 없거나 계약을 포기할 의사가 있다고 볼 수 있을 정도에 이르러야 한다.

(나) 연명치료중단과 진료계약 종료 관련 판례

서울서부지방법원은 "甲이 乙 학교법인이 운영하는 병원에서 진료를 받던 중 식물인간상태에 빠져 乙 법인을 상대로 연명치료중단을 구하는 소를 제기하여 법원이 乙 법인에 대하여 甲의 연명치료중단을 명하는 판결을 선고하였는데, 乙 법인이 사망한 甲의 상속인인 丙 등을 상대로 의료계약에 따른 진료비 지급

18) 송덕수, 채권법각론(제6판), 박영사(2023), 398면; 서울중앙지방법원은 "치료위탁계약은 민법상 위임계약에 해당하는데, 민법 제689조에 의하면 위임계약은 각 당사자가 언제든지 해지할 수 있으므로 원칙적으로 환자와 병원 모두 그 계약을 해지할 수 있다. 다만, 의료법 제15조 제1항은 '의료인은 진료나 조산 요청을 받으면 정당한 사유 없이 거부하지 못한다'고 규정하고 있으므로, 결국 병원은 정당한 사유가 있어야 환자의 진료 요청을 거부하고 퇴원을 요구할 수 있다"고 판시했다(서울중앙지방법원 2009. 1. 14. 선고 2007가합59573 판결).

을 구한 사안에서, 甲과 乙 법인 사이의 의료계약은 연명치료중단판결이 乙 법인에 송달된 때에 해지되었고, 그 이후 甲에 대하여 발생한 의료비는 의료계약에 따른 진료비로 볼 수 없다"고 판시했다(서울서부지방법원 2014. 3. 26. 선고 2011가단62048 판결).

(다) 병원 운영 중단으로 인한 진료계약 이행불능 관련 판례

서울중앙지방법원은 "피고는 2018. 3.경부터 환자들의 민원, 고소, 치과의사들의 퇴사 등으로 인하여 진료에 어려움을 겪었고, 2018. 5.경부터는 휴진을 하거나 제한적인 진료를 하는 등 환자들에게 충분한 진료를 하지 못하다가, 2018. 8. 1.경 피고 병원 의료진이 진료를 중단하기에 이른 점, 치아 교정치료는 그 치료가 종료될 때까지 정기적인 검진과 지속적인 관리가 필요한데 피고 병원이 위와 같이 장기간 동안 제대로 된 진료를 하지 못한 점" 등을 고려하여 진료계약이 이행불능 상태에 이르렀다고 판단했다(서울중앙지방법원 2019. 10. 23. 선고 2018가합559109 판결).

나) 법령상의 진료의무

(1) 사회보장급여로 의료가 행해지는 경우

국민기초생활 보장법(구 생활보호법)은 국가 또는 지방자치단체(보장기관)로 하여금 동법이 정하는 수급권자에 대해 의료급여(동법 제12조의3)와 조산 등의 해산급여(동법 제13조)를 행하도록 규정하고 있고, 국민기초생활 보장법 제12조의3 제3항이 "의료급여에 필요한 사항은 따로 법률에서 정한다"라고 규정함에 따라 제정된 별도의 법률이 바로 '의료급여법'이다. 의료급여법은 생활이 어려운 사람에게 의료급여를 제공함으로써 국민보건의 향상과 사회복지의 증진에 이바지함을 목적으로 하여(의료급여법 제1조), 국민기초생활 보장법에 따른 의료급여 수급자 외에도 재해구호법에 따른 이재민, 의사상자 등 예우 및 지원에 관한 법률에 따른 의상자 및 의사자유족 등도 수급권자에 포함시키고 있다(의료급여법 제3조). 또한 노인복지법 제27조에 의한 건강진단, 아동복지법 제15조에 의한 보호조치 등의 경우도 마찬가지로 법률에 의한 의료에 관한 보호규정들이다.

이러한 보호는 국가 또는 지방자치단체가 경영하는 의료기관에서 필요한 조치를 받게 하거나, 보호기관이 특히 지정하는 사설의료기관에서 필요한 조치를 받게 하거나 혹은 때에 따라서는 비용을 현금으로 지급하여 일반의료시설에서 필요한 조치를 받게 하는 등의 방법으로 행해진다. 이 경우에 의사는 환자와

사이에서 직접적인 진료계약을 체결하지 않는 반면, 법령이 규정하는 바에 따라 환자에 대하여 일종의 공법상 관계에서 진료계약과 유사한 진료의무를 부담하게 된다.

(2) 환자가 공법상 수진의무를 지는 경우

또한, 환자에게 일종의 사회보장으로 의료서비스에 관한 보호규정을 두는 것과는 달리, 전염병예방법이나 결핵예방법 등에서 질병의 확산을 막기 위하여 법령이 일정한 자에게 수진의무를 부여하거나, 예방접종을 받게 하거나, 격리수용되어 치료받도록 의무를 부여하고 있는데 이 경우에도 의사로서는 법령에 따라 적정한 진료를 행할 공법상의 의무를 지게 된다.

(3) 국민건강보험에 의한 의료

헌법 제36조 제3항은 모든 국민의 보건에 관한 국가의 보호의무를 천명하고 있고, 국민건강보험법은 국민의 질병·부상에 대한 예방·진단·치료·재활과 출산·사망 및 건강증진에 대하여 보험급여를 실시함으로써 국민보건을 향상시키고 사회보장을 증진함을 목적으로 마련되었으며, 동법에 의하면, 국내에 거주하는 모든 국민은 의료급여 수급권자 등에 해당하지 아니하면 당연히 건강보험의 가입자 또는 피부양자(이하 '가입자 등'이라 한다)가 되는 한편, 의료법에 의하여 개설된 모든 의료기관, 약사법에 의하여 등록된 모든 약국 등은 요양기관으로서 건강보험의 보험자인 국민건강보험공단을 대신하여 가입자 등에게 건강보험의 주된 보험급여인 요양급여를 실시하며, 그 요양급여비용은 일반적으로 국민건강보험공단과 요양급여를 받는 자가 함께 부담하도록 규정하고 있다.

모든 의료기관이 요양기관으로서 건강보험의 가입자인 환자에게 보험급여를 실시하는 측면은 일종의 공법관계로 해당 법령에 의하여 규율되지만, 의료기관과 환자와의 관계는 어디까지나 자유의사에 의하여 성립한 사법상의 진료계약관계이고, 다만 그 급부 내용이나 범위, 대가의 지급 등이 앞서 본 공법관계를 전제로 하거나 그에 의하여 제한을 받는 것에 지나지 않는다.

(4) 진료거부의 범위 및 위법성

(가) 의료법 제15조

의료법 제15조는 다음과 같이 규정하고 있다.

제15조(진료거부 금지 등) ① 의료인 또는 의료기관 개설자는 진료나 조산 요청을 받으면 정당한 사유 없이 거부하지 못한다. 〈개정 2016. 12. 20.〉 ② 의료인은 응급환자에게 「응급의료에 관한 법률」에서 정하는 바에 따라 최선의 처치를 하여야 한다.

그리고 의료법 제15조 제1항을 위반한 자에 대해서는 같은 법 제89조 제1호에서 1년 이하의 징역이나 1천만원 이하의 벌금에 처하도록 규정하고 있다.

(나) 의료법 제15조의 입법취지

의료인 또는 의료기관 개설자에게 의료행위를 할 수 있는 전속적인 권리 내지 특권을 부여하는 한편, 환자가 마음에 들든 싫든 관계없이 국민의 건강을 지키기 위하여 진료나 조산 요청을 받으면 이를 실시할 응소(應召)의무를 부여하고 있는 것이다. 그런데 구체적으로 진료거부가 문제될 수 있는 것은 아래에서 보는 바와 같은 응급환자의 경우가 대부분이고 이에 관하여는 특별법에서 별도로 규정하고 있다.

(다) 응급의료에 관한 법률 제6조 등

제6조(응급의료의 거부금지 등) ① 응급의료기관등에서 근무하는 응급의료종사자는 응급환자를 항상 진료할 수 있도록 응급의료업무에 성실히 종사하여야 한다. ② 응급의료종사자는 업무 중에 응급의료를 요청받거나 응급환자를 발견하면 즉시 응급의료를 하여야 하며 정당한 사유 없이 이를 거부하거나 기피하지 못한다. [전문개정 2011. 8. 4.] 제60조(벌칙) ③ 다음 각 호의 어느 하나에 해당하는 사람은 3년 이하의 징역 또는 3천만 원 이하의 벌금에 처한다. 〈개정 2015. 1. 28., 2016. 5. 29., 2019. 1. 15., 2020. 4. 7.〉 1. 제6조제2항을 위반하여 응급의료를 거부 또는 기피한 응급의료종사자

단순한 진료거부에 비해 응급의료의 거부에 대해서는 모두 무겁게 벌하고 있다. 이는 응급의료의 거부가 생명의 위험에 미치는 영향이나 비난가능성이 크기 때문이다. 종전에는 응급조치불이행죄를 의료법에서 규정하였고, 대법원은 진료거부로 인한 의료법위반죄와 응급조치불이행으로 인한 의료법위반죄는 포괄1죄의 관계에 있는 것이 아니라 상상적경합관계에 있다고 보았다(대법원 1993. 9. 14. 선고 93도1790 판결).

또한 응급의료에 관한 법률 제11조에 따르면, 의료인은 해당 의료기관의 능력으로는 응급환자에 대하여 적절한 응급의료를 할 수 없다고 판단한 경우에는 지체 없이 그 환자를 적절한 응급의료가 가능한 다른 의료기관으로 이송해야 한다. 또한 의료기관의 장은 응급환자를 이송할 때에는 응급환자의 안전한 이송에 필요한 의료기구와 인력을 제공해야 하며, 응급환자를 이송받는 의료기관에 진료에 필요한 의무기록을 제공해야 한다. 의료인은 응급환자를 다른 의료기관으로 이송하는 경우에는 이송받는 의료기관에 연락하고, 적절한 이송수단을 알선하거나 제공해야 한다. 또한 이송받는 의료기관에 대한 연락이나 준비를 할 수 없는 경우에는 응급의료지원센터나 119구급상황관리센터를 통하여 이송받을 수 있는 의료기관을 확인하고 적절한 이송수단을 알선하거나 제공해야 한다(응급의료에 관한 법률 시행규칙 제4조).

대법원은 ① 진찰 결과 장파열, 복강내출혈 및 비장손상 등의 가능성이 있어 응급개복술의 시행이 필요한 부상자를 그 처의 요청으로 집 근처 병원으로 이송시키던 중 부상자가 복강내출혈 등으로 사망한 사례에서, 다른 사망원인이나 의사가 즉시 개복수술을 시행하였어도 사망하였을 것이라는 점에 대한 입증이 없는 이상 의사가 수술을 실시하지 아니한 채 만연히 부상자를 다른 병원으로 이송하도록 한 과실로 수술이 지연되어 부상자가 사망하였다고 추정함이 상당하다고 보았고(대법원 2000. 9. 8. 선고 99다48245 판결), ② 병원 인턴인 피고인이 응급실로 이송되어 온 익수환자를 담당의사의 지시에 따라 구급차에 태워 다른 병원으로 이송하던 중 산소통의 산소잔량을 체크하지 않은 과실로 산소공급이 중단된 결과 환자가 폐부종 등으로 사망한 사안에서, 담당의사에게서 이송 도중 환자에 대한 앰부 배깅과 진정제 투여 업무만을 지시받은 인턴에게 일반적으로 구급차 탑승 전 또는 이송 도중 구급차에 비치되어 있는 산소통의 산소잔량을 확인할 주의의무가 있다고 보기는 어렵다고 판시하였다(대법원 2011. 9. 8. 선고 2009도13959 판결).

미국의 법원에서도 "구급차가 미리 병원에 전화를 걸어 명백히 심장마비가 온 혼자를 호송중이라고 알렸는데 전문적인 시설을 갖추고 있는 육군의료센터(재향군인시설)에서 응급실 의사는 구급차에 그 환자를 보다 멀리 떨어진 다른 시설로 호송할 것을 조언하였고 그에 따라 멀리 떨어진 응급센터에 도착한 직후 환자가 사망한 사건에서 육군의료센터의 책임을 인정하면서, 그 이유로 ① 응급 서비스가 필요한 개인이 더 먼 시설을 찾아 자신의 상태를 위험에 빠뜨리지 않고 가장 가까운 응급 시설에 접근할 수 있어야 한다고 보는 것이 공중 보건 원칙 및 규정에 부합하며, ② 특정 시설이 응급 치료를 제공한다는 사실을 대중에게 알리면 서비스가 필요한 개인이 그곳에서 치료를 받을 수 있고 그러한 시설로 가는 데에 귀중한 시간을 낭비하지 않고 그냥 돌아가는 일이 없을 것이라는 점을 들었고, 이러한 경우에는 법은 상황의 응급적 특성과 그러한 치료를 제공할 수 있는 응급실의 역할에 의하여 암묵적으로 의사-환자 관계가 부과된다고 규정한다"라고 판시하였다(Arrington v. Wong, 237 F.3d 1066(9th Cir, 2001).[19]

(라) "정당한 사유"의 판단기준 및 입증책임

진료거부죄나 응급조치불이행죄나 모두 면책사유로 '정당한 사유'를 들고 있다. 여기서 말하는 정당한 사유란 '의사가 없다거나 질병 등으로 사실상 진료를 불가능한 경우 등을 들 수 있지만, 구체적인 적용에 있어서는 "환자에 대한 진료의 필요성, 긴급성, 해당 의료기관의 성질, 다른 의료기관에서의 진료 가능성, 기타 사정" 등을 종합하여 정당한 사유의 유무를 판단한다고 설명되고 있다.

다만 '피고 병원의 소속의사가 진료를 거부하여 환자에게 손해를 가한 경우 피고 병원에 과실이 있는 것으로 일단 추정되고, 그 진료거부에 정당한 사유가 있는 경우에 해당한다는 구체적 사실을 주장·입증하지 않는 한 환자가 입은 손해를 배상할 책임이 있다'라고 판시한 일본의 재판례[20]가 있는바, 일단 진료거부가 문제가 된다면 우리나라에서도 동일한 법리가 적용될 가능성이 매우 높다.

따라서 의료인이나 의료기관의 개설자 및 응급의료종사자의 입장에서는 진료기록부 기타 업무일지를 작성하면서 이를 염두에 두고 필요한 기재를 남겨야 할 것이다.

2) 채무불이행의 유형

채무자가 채무의 내용에 좇아 채무내용을 실현하지 않는 것이 채무불이행이고 그 유형에는 통상 이행지체와 이행불능 및 불완전이행이 있고 불완전이행의 한 형태로 적극적 채권침해가 논의되고 있다.

---

19) Marcia M. Boumil 외, 전게서, pp. 4-5.

20) 神戸地裁平成4年6月30日; 교통사고를 당해 상해를 입은 환자를 받아들이도록 구급요청을 받은 3차구급지정병원이 당시 적어도 11인의 의사가 있음에도 불구하고 정형외과도 뇌신경외과도 없고, 거리적으로 멀다는 등의 이유로 환자를 받아들이지 않았기 때문에 그 환자가 다른 의료기관으로 호송되었다가 후에 사망한 사건에 관한 판결례이다.

그런데 의료과오는 적극적으로 잘못된 처치를 행한 것만이 아니라 필요한 치료를 하지 않는 경우도 포함되지만, 이 모두가 일단 추상적으로는 채무내용에 해당하는 진료라는 급부를 시작하였는데 그것이 의료수준에 부합하지 못하다는 것이므로, 채무불이행의 유형 중 이행지체를 상정하기는 어렵고 이행불능이나 불완전이행 특히 적극적 채권침해가 주로 문제된다.

3) 채무불이행의 요건

이행불능의 요건은 ① 채권의 성립 후에 이행이 불능으로 되었을 것, ② 불능이 채무자에게 책임있는 사유에 기할 것, ③ 이행불능으로 손해가 발생했을 것이다. 그리고 불완전이행의 요건은 ① 이행행위가 있을 것, ② 이행이 불완전할 것, ③ 채무자의 귀책사유가 있을 것, ④ 불완전이행으로 손해가 발생했을 것 등이다.[21] 이들 요건 중 공통요건의 하나인 채무자의 귀책사유는 채무자 자신에게 고의·과실이 있는 경우만이 아니라 신의칙상 이와 동일시할 수 있는 경우, 예컨대 이행보조자의 고의·과실 등도 채무자의 고의·과실로 간주하고 있으므로(민법 제391조), 이때 귀책사유는 고의·과실보다는 넓은 개념이다.

이와 같이 채무불이행의 유형에 따른 요건을 분석하는 방식을 취하지 않고, 의료과오에 대한 채무불이행 구성을 ① 진료계약의 성립, ② 주의의무의 존재, ③ 작위 또는 부작위에 의한 주의의무 위반, ④ 이익의 침해, ⑤ 주의의무 위반과 이익침해 사이에 인과관계가 있을 것, ⑥ 손해가 발생할 것, ⑦ 책임성립의 인과관계와 손해와의 인과관계로 정리하는 입장도 있다.[22]

이행불능에 해당하는 대표적인 경우로는 '환자의 사망'을 상정할 수 있지만,[23] 사망 자체가 악결과인 이상 진료의무가 결과채무가 아니라 수단채무이므

21) 이러한 요건 이외에 위법성이 필요한지 여부에 관하여 학설이 대립하고 있으나, 귀책사유로서의 고의와 과실의 개념 속에 위법성이 포함되어 있고, 채무불이행을 정당화할 수 있는 사유가 있는 경우에는 불이행에 해당하지 않거나 귀책사유가 없는 경우의 하나일 것이므로 별도의 위법성 요건을 추가할 필요가 없다고 보아 여기에 따로 열거하지 않는다. 이은영, 채권총론(제4판), 박영사(2009), 247-248면 참조.

22) 浦川道太郎 외, 醫療訴訟(第2版), 株式會社民事法研究會(2024), 50면 참조.

23) 일본의 1960년대와 1970년대 하급심 판결 중 이행불능으로 법리를 구성한 사례가 여러 건 있지만, 오늘날에는 '의료과정의 어느 단계에서 환자가 사망하여 더 이상 계약의 이행이 불가능하게 된 때에 그 전 과정에서 발생한 손해에 대한 배상을 계약이행불능의 논리에 의해 판단하고자 하는 견해'는 찾기 어렵다. 석희태, 전게논문, 70, 73면 참조.

로 이것도 넓게 보면 불완전이행의 한 형태로 이해하는 것이 보다 합리적일 것이다.

이하 위 요건 중 특별히 문제가 되는 부분을 차례로 보기로 한다.

가) 이행이 불완전할 것

진료계약상의 급여의무는 위임계약의 성격상 선관주의의무와 일체불가분의 관계에 있고, 급여의무의 불완전 이행은 선관주의의무를 다하지 못하였다는 것을 뜻한다. 진료행위로 인하여 악결과가 발생한 경우 그것이 이행행위가 완전했음에도 불구하고 발생한 것인지 아니면 불완전하였기 때문에 발생하였는지를 판별하기란 매우 어렵다. 완전이행이냐 불완전이행이냐의 판가름은 결국 악결과에 대해 채무자인 의료인측에 귀책사유, 즉 과실이 있는지 여부의 문제로 돌아가게 된다.

나) 채무자의 귀책사유가 있을 것

원래 채무불이행책임은 그 핵심적 요건이 채무자가 채무의 내용에 따른 이행을 하지 않은 데에 있고, 채무자의 귀책사유는 소극적 요건으로서 부수적인 책임요건이 될 뿐이다. 따라서 채무불이행책임에서는 불이행이 밝혀지면 그에 관한 채무자의 과실이 추정됨이 원칙이다.

여기서 귀책사유란 불이행과 관련된 채무자의 고의·과실을 가리킬 뿐 손해발생과의 관련성을 요구하지 않는다. 이 점에서 손해발생과 고의·과실의 관련성을 요구하는 불법행위책임과 다르다고 설명된다.[24] 여기서 고의라 함은 채무자가 자기의 이행의무를 알면서 정당한 사유 없이 그것을 의도적으로 이행하지 않는 경우를 가리키고, 과실이란 채무의 불이행이 채무자의 주의의무의 해태로 인하여 발생하였음을 의미한다. 그러나 채무불이행책임에서 고의와 과실의 구별은 중요하지 않을뿐더러 실익도 없다.

과실 및 그 전제가 되는 주의의무의 판단은 객관적 입장에서 할 것이지 채무자의 주관적 사정을 기초로 할 것은 아니라는 견해가 지배적이다. 따라서 채무자가 종사하는 직업 및 그가 속하는 사회적 지위 등에 따라서 보통 일반적으로 요구되는 정도의 주의를 다하지 못한 것을 가리킨다.

앞서 본 바와 같이 의료과오의 경우에는 불완전이행의 판단과 귀책사유의

---

24) 이은영, 전게서, 246면 참조.

판단이 매우 밀접하게 연결되어 있으므로, 다른 채무불이행의 유형과 같이 채무불이행사실에 의하여 귀책사유의 존재가 추정되고 채무자가 귀책사유 없음을 입증할 책임을 지게 된다고 보기는 어렵고, 오히려 불완전이행에 관한 입증 속에 귀책사유에 대한 입증이 포함된다고 보아야 한다.

다) 관련문제

(1) 책임능력

채무불이행책임에서는 채무자의 능력 결여로 이행이 불완전하게 된 경우에 채무자의 무능력이 채무불이행책임을 면책시키지 않는다. 행위능력을 갖추었거나 대리를 통해 유효한 채무부담을 한 자는 그 이행의 결과에 대하여 책임을 지는 것이 타당하기 때문이다.

(2) 면책약정

진료계약을 체결하면서 채무자가 법률상 부담해야 할 어떤 책임을 특히 면제 또는 감경하는 약정을 삽입하고자 하는 경우, 그 효력이 문제될 수 있다. 그 내용이 특정한 시술행위를 사전에 이해하고 그 시행에 동의하는 것이라면 그 시술행위로 인하여 부작용이 발생한다고 할지라도 그 때문에 의사가 책임을 지지 않는다. 그러나 그 내용이 의사의 고의 또는 중대한 과실에 의한 책임까지도 면제하기로 하는 것이라면 법규나 사회질서에 반하는 것으로 그 효력을 인정할 수 없을 것이다. 가사 진료계약의 일부로서 그 효력을 인정한다고 할지라도 불법행위 책임을 사전에 면제하거나 제한하는 합의는 대체로 반사회질서 행위에 해당하여 무효라고 볼 경우가 많으므로 불법행위책임까지 배제하기는 어려울 것이다(대법원 1983. 3. 22. 선고 82다카1533 전원합의체 판결 참조).

예를 들어 의과대학생을 수련하는 일부 의사가 시술자의 책임을 면제해주는 대가로 할인된 가격으로 진료계약을 체결할 수 있다. 이러한 경우 미국에서도 통상 의료과오로 인한 법적 책임을 제한하려는 목적으로 체결된 면책조항(exculpatory clauses)은 거의 공공정책(public policy)에 반한다는 이유로 그 효력이 없는 것으로 여겨진다. 캘리포니아 민법규정(The applicable California Civil Code)는 공공의 이익에 영향을 주는 "고의 또는 과실 여부에 관계 없이 법률 위반에 관한 면책조항"을 금지하였고,[25] 네덜란드 민법 제463조는 의료 제공자(또는 병

25) Marcia M. Boumil 외, 전게서, pp. 264-265.

원)의 책임을 제한하거나 면제하려는 계약 조항은 무효라고 규정하고 있다.

라) 손해발생 및 인과관계

채무불이행책임을 물으려면 환자에게 손해가 발생하여야 한다. 이 점은 불법행위 책임을 묻는 경우에도 동일하게 문제되므로 그 부분에서 자세히 다루기로 한다.

다만 채무불이행책임을 묻는 경우에도 정신적 손해인 위자료청구를 할 수 있는지가 문제로 된다. 명문의 규정은 없지만 학설은 대체로 이를 시인하고 있고, 대법원은 "일반적으로 계약상 채무불이행으로 인하여 재산적 손해가 발생한 경우, 그로 인하여 계약 당사자가 받은 정신적인 고통은 재산적 손해에 대한 배상이 이루어짐으로써 회복된다고 보아야 할 것이므로, 재산적 손해의 배상만으로는 회복될 수 없는 정신적 고통을 입었다는 특별한 사정이 있고, 상대방이 이와 같은 사정을 알았거나 알 수 있었을 경우에 한하여 정신적 고통에 대한 위자료를 인정할 수 있다"고 판시함으로써(대법원 1994. 12. 13. 선고 93다59779 판결; 대법원 1998. 7. 10. 선고 96다38971 판결; 대법원 2004. 11. 12. 선고 2002다53865 판결 등 참조) 특별손해의 일환으로 보고 있다.

나아가 대법원은 "재산적 손해의 발생이 인정되는데도 입증곤란 등의 이유로 그 손해액의 확정이 불가능하여 그 배상을 받을 수 없는 경우에 이러한 사정을 위자료의 증액사유로 참작할 수는 있다고 할 것이나, 이러한 위자료의 보완적 기능은 재산적 손해의 발생이 인정되는데도 손해액의 확정이 불가능하여 그 손해 전보를 받을 수 없게 됨으로써 피해회복이 충분히 이루어지지 않는 경우에 이를 참작하여 위자료액을 증액함으로써 손해 전보의 불균형을 어느 정도 보완하고자 하는 것이므로, 이 사건과 같이 그 재산적 손해액의 주장·입증 및 분류·확정이 가능한 계약상 채무불이행으로 인한 손해를 심리·확정함에 있어서까지 함부로 그 보완적 기능을 확장하여 편의한 방법으로 위자료의 명목 아래 다수의 계약 당사자들에 대하여 획일적으로 일정 금액의 지급을 명함으로써 사실상 재산적 손해의 전보를 꾀하는 것과 같은 일은 허용될 수 없다"고 판시하고 있다(대법원 1984. 11. 13. 선고 84다카722 판결; 대법원 2004. 11. 12. 선고 2002다53865 판결 등 참조).

한편 일본의 판례는 우리나라와 마찬가지로 일반채무불이행으로 인한 위자료청구권의 인정에 매우 소극적이라고 하지만, 의료과오소송에 있어서는 보

편적으로 그 권리를 인정한다.[26]

4) 입증책임의 소재

채무불이행책임을 물음에 있어 민법 제397조 제2항의 취지상 채무불이행이 채무자의 귀책사유에서 기인한 것이라는 점을 채권자가 입증할 필요가 없고, 오히려 채무자가 책임을 면하려면 스스로 채무불이행이 그의 귀책사유에 기한 것이 아니라는 것을 입증하여야 한다고 보는 것이 통례이다.

그러나 의료과오에 관하여는, 앞에서 본 바와 같이 환자의 사망사실로부터 의료인측이 귀책사유가 없다는 점에 대한 입증책임을 진다는 일반원칙에 따랐던 일본의 하급심판결례가 없었던 것은 아니지만 오늘날 이러한 견해를 지지하는 학자는 없고, 단지 불완전이행의 구체적 사실이 귀책사유의 존재와 밀접하게 관련되어 있는 진료계약의 특성을 감안하여 다음과 같이 입증책임의 소재에 관하여 견해가 대립하고 있다.

가) 외형적 불완전이행설

진료의 결과로 보아 외형적·객관적으로 불완전한 치료가 행해졌다고 인정되는 경우에, 소송에서 원고가 이 사실 이상으로 구체적인 이행불완전 사실을 주장·입증하지 않아도 그대로 그 이행불완전이 추인되며, 피고는 진료경과의 구체적 진술과 더불어 각 단계에 있어서 선관주의의무의 완수를 입증해야 한다. 즉 피고는 과실의 부존재를 입증키 위해 예견가능성의 부존재를, 예견가능성이 존재한 경우는 결과불가피성(허용된 위험의 경우)을 입증해야 하고, 그렇지 못한 경우는 결국 채무불이행책임을 면하지 못하게 된다고 보는 견해이다.

그 논거로 드는 것이, ① 환자는 일반적으로 자신이 받은 약이나 각 진료·처치의 구체적 내용이 어떠한 것인가, 그리고 전체적인 메카니즘은 어떠한가를 알지 못하는 것이 대부분이며, 병상이 회복되지 않았다든가 악화된 경우에 비로소 그 진료에 관하여 의문을 갖고 의사에게 설명을 구하는 것으로 되므로 환자의 주장책임은 「회복되지 않았다든가 악화되었다」라고 하는 사실에 한정하는 것으로 충분한 점, ② 실제적인 입증활동에 있어서 누가 먼저 활동을 개시해야 되는가에 따라서 각 당사자에게 있어서는 입증의 난이도가 많이 달라지는데,

---

26) 福岡地裁小倉支部昭和49年10月22日判時780号90頁 등; 석희태, 전게논문, 57면에서 재인용.

일의 전문성에 비추어 환자 쪽보다 의사 쪽에서 먼저 자신의 구체적인 진료활동과 주의의무를 다한 사실을 개진하고, 다음에 환자 쪽이 그 개진된 것을 인지하여 다시 자신의 입증활동을 전개한다고 하는 방식이 타당한 점, ③ 환자와 의사가 체결하는 의료계약 속에는 그 내용의 일부로 예상외의 결과를 초래하지 않는다는 일종의 부작위의무라든가 혹은 결과채무가 포함되어 있고, 무엇인가 예상외의 결과가 생겼다고 한다면, 그것을 적극적으로 설명하고 변명할 의무(이것은 민법상 위임계약의 수임인이 갖는 보고의무로부터의 일종의 유추 내지 확장이며, 단순한 사실보고가 아닌 의학적 판단에까지 이르는 설명의무이다)가 포함되어 있다고 보아야 하는 점, ④ 진료가 그 채무의 본지에 따랐는지 여부에 관한 입증이 전문가인 의사가 환자보다 용이한 점, ⑤ 구체적 사실의 주장·입증책임이 환자에게 있다고 전제하면서, 그 곤란을 경감시키기 위하여 「일응추정」이론이나 소송지휘 합리화에 의존하는 것은 우회적이고 예외적인 방법 내지 불완전한 방법인 점, ⑥ 현재의 의료실태에 비추어 의사는 기술수준을 지킨 의료행위를 행하였다는 것을 누구에게든지 충분히 주장·입증할 수 있다고 인정할 필요가 있는 점 등을 든다.[27]

나) 주의의무불이행설

이는 의사의 의료채무의 이행불완전, 즉 의료행위는 행해졌지만 의학상의 기술규준에 적합하지 않아서 선관주의를 결한 바가 있다는 사실은 청구원인사실로서 원고인 환자측이 그 입증책임을 부담하고, 이에 대해 피고인 의사는, 위의 이행불완전을 자신의 책임으로 돌릴 수 없는 사유 즉 불가항력 내지 이와 동시할 사유의 존재에 관하여 입증책임을 부담한다는 견해이다. 이는 다시 말해서, 일반의 결과채무라면 귀책사유의 존부로서 문제로 되는 채무자측의 과실에 해당하는 것이, 여기서는 손해배상청구권 근거규정의 요건사실인 이행불완전에 포함되어서 원고측 입증책임의 범주에 속하기 때문에, 이제 책임요건 문제로 남은 것은 진료상 실수가 있는가 없는가의 문제를 뛰어 넘는 사유 즉 의료채무 이행불완전에 대한 「비난성조각사유」으로서의 불가항력 또는 이와 동시할 사유의 존부에 한정된다는 것이다.

이 견해의 근거로 들고 있는 것은, ① 진료채무가 가지는 수단성·개괄성이

27) 석희태, 전개논문, 74-75면 참조.

란 특성상 소송에서 원고인 환자가 불완전이행에 대한 주장·입증책임을 다하기 위해서는 결국 피고인 의료인측의 선관주의의무위반 사실을 구체적으로 지적해내야 하고, 불완전이행이 주장·입증된 이상 의사가 주의의무위반 사실 즉 이행불완전사실의 입증책임을 진다는 것은 부당하고 비난성조각사유에 관하여서만 입증책임을 부담하는 것이 형평의 이념에 부합하는 점, ② 항상 위험성을 안고 있는 의료의 특질상 불완전이행에 대한 입증책임을 의사에게 부담시키는 것은 부당하다는 점 등을 든다.[28]

다) 소견

사회 각 분야별로 전문성이 강화된 오늘날에는 급부의 전문성, 재량성 및 밀실성은 의료계에 특이한 현상이라고 하기 어렵다. 어찌 보면 사회 각 분야에 걸쳐 전문가의 의견이 존중되며 그를 따르는 것이 사회 일반적인 경향이 아닌가 싶다. 다만 진료행위는 인간의 가장 중요한 가치라고 할 수 있는 생명과 건강을 그 대상으로 삼고 있는데다가 그 구체적 급부의무가 가변적이고 유동적이며 시간적 제약을 받는다는 점에서 다른 어떤 분야보다 민감할 뿐만 아니라 결과채무가 아니라 수단채무라는 특성을 가진다.

한편 진료행위는 그 과정이나 결과 및 처치내용이 진료기록부 등에 상세히 기록되어 보존되어 있는데다가 대부분 환자측이 옆에서 지켜보고 있는 가운데 진행되며 또 의사의 환자에 대한 설명의무가 강화됨에 따라 그 진행경과를 환자측이 숙지할 수 있도록 제도적으로 보장되어 있는 셈이다. 이런 점에서 만일 의사측에서 진료기록부 등의 자료제출을 거부한다면 문서제출명령 기타 다른 여러 강제수단을 동원하여 그 제출을 강제하고 이를 위반할 경우 의사측에 그에 따른 소송상 불이익을 주는 것이 필요할 것이다.

그러나 진료의무는 큰 틀에서 볼 때, 결국 질병과의 싸움으로 어차피 그 급부에 인간적인 한계가 있을 수밖에 없는데 단지 외형상의 결과만을 두고 손해배상책임의 전제가 되는 불완전이행에 관하여 자신에게 구체적인 잘못이 없다는 점을 적극적으로 입증할 책임을 의사에게 부과시키는 것은 우선 채무불이행책임의 기본구조와도 맞지 않을 뿐만 아니라 다른 법령상 근거도 없으며 형평의 이념상 그러한 예외를 허용하는 것이 적절한지도 의문이다. 더욱이 환자측

28) 석희태, 전개논문, 77-78면 참조.

이 의료전문가가 아닌 이상 설사 의사측에 그러한 입증책임을 부과한다고 할지라도 전문가의 도움이 없이는 그 진위를 다투기란 사실상 불가능하여 반드시 환자측에 유리하다고 보기도 어렵다.

따라서 일단 불완전이행의 일반구조에 따라 급부의 불완전성에 관한 주장 입증책임을 환자측에 부여하는 것을 원칙으로 하되, 구체적인 상황과 여건에 따라 추정이론에 의해 입증책임을 전환하거나 의사측에 반증의 부담을 부여하는 것이 옳을 것으로 여겨진다.

이렇게 볼 때, 의사의 의료과오를 채무불이행으로 구성하는 경우에, 이행불완전 사실에 관한 입증책임은 환자측이 부담하고, 그 책임을 다하기 위해서 채무내용, 즉 선관주의의무의 개개의 구체적인 특정과 그 위반사실을 증명하는 구조를 취하게 된다. 원고는 환자가 죽었다든가 신체상의 기능장애가 생겼다고 하는 결과를 드는 것만으로는 이행불완전 사실을 주장한 것으로는 되지 않고 의료행위의 연속적 경과를 그것을 구성하는 의사측의 행위 및 여러 동작으로 분해한 뒤에, 어디에 어떠한 선관주의의무위반이 있었는가를 주장·입증해야 된다. 이렇게 되면 원고가 피고의 과실에 관해 주장·입증책임을 부담하는 불법행위책임구조와 다를 바 없게 되어 채무불이행구조가 환자에게 유리한 점은 별로 없고 오히려 채무내용을 구체적으로 구성해야 하는 부담을 안는 결과가 되므로, 아래에서 보는 불법행위구조가 접근하기도 편하고 소송경제적일 수 있다.

라) 재판실무의 경향

우리나라에서는 재판실무상 채무불이행책임을 물어 그 입증책임이 문제된 사례가 찾기 어렵고 대체로 불법행위책임을 묻고 있는바, 그 이유가 앞서 본 바와 같이 환자측이 채무불이행의 책임을 묻더라도 소송상 유리한 점이 없기 때문이라면, 우리 실무는 주의의무불이행설에 서 있는 것이 아닌가 싶다.

나. 불법행위책임

1) 전문가책임의 특성

불법행위의 성립요건은 가해행위, 손해, 인과관계로 나누어지고, 가해행위는 단순한 작위나 부작위만이 아니라 위법성과 유책성을 갖추어야 한다.

여기서 문제가 되는 것은 의료과오책임은 일반 불법행위와 달리 전문영역에서 발생한 가해행위에 대한 책임이라는 점이다. 우리나라는 전문가의 책임이라고 하여 특별히 불법행위의 성립이나 그로 인한 손해배상책임에 차이가 있는 것은 아니지만, 미국에서는 전문가책임(professional liability)라는 특별한 법리를 적용하고 있다. 이는 일반 불법행위가 대등 당사자 사이에 예외적으로 인정되는 손해 전가(轉嫁)의 사유로서 손해 귀속의 문제라고 한다면, 전문가책임의 경우에는 먼저 전문가로서 한 행위라는 요건이 충족되어야만 비로소 인과관계 있는 손해에 대하여 배상책임이 성립한다고 설명한다. 또한 전문가의 행위가 성립하려면 진료의무가 발생하는 "의사-환자 관계((physician-patient relationship)"가 성립되어야 한다고 본다. 우리나라의 경우에는 감정인과 같은 전문가책임을 논하면서 그 공통점을 규명하려는 노력이 있지만 인과관계에 대한 입증책임의 전환이라든가 소송심리상의 특수성을 인정하는 외에 특별히 달리 취급할 여지는 없어 보인다. 이처럼 미국에서는 주의의무에 대한 인정징표로 의사-환자의 관계를 들고 있는 데에 반하여 우리나라에서는 이 문제를 적극적인 불법행위의 요건으로 들고 있지 않지만, 주의의무의 존재를 인정하기 위해서는 우리나라의 법체계에 있어서도 이러한 전문관계의 성립을 당연한 전제로 받아들이기 때문이지, 이러한 관계가 성립하지도 않았음에도 과실을 인정하는 것은 아니다. 다만 미국의 경우에는 어느 정도 병원 측에 그 선호도에 따라 환자를 선택할 수 있는 지위를 부여하고 있지만, 우리나라의 경우에는 의료법 제15조에서 '의료인은 진료나 조산을 요청받으면 정당한 사유 없이 거부하지 못하며, 의료인은 응급환자에게 「응급의료에 관한 법률」에서 정하는 바에 따라 최선의 처치를 하여야 한다'라고 규정함으로써 의료인에게 강한 진료의무를 부과하고 있는 점에서 차이가 있다.

2) 과실

가) 개념

위법한 가해행위가 있었는가의 문제는, 발생된 손해에 관하여 피해자가 그 행위자에게 그 손해를 배상하게 하는 과실책임을 물을 수 있는지 여부에 달려 있다.

과실은 통상 '결과의 예견'과 '결과의 회피'라는 2개의 요소로 나누어 풀이하는 방법이 오래전부터 확고하게 자리 잡고 있다. 요컨대, 결과를 예견할 수 있는지 여부를 '예견가능성'이라 부르고, 예견가능성이 있음을 전제로 결과를 예견할 수 있다고 평가되는 경우를 '예견의무가 있다'라고 말한다. 또한 결과를 회피할 수 있는지 여부를 '회피가능성'이라 부르고, 회피가능성이 있음을 전제로 결과를 회피할 수 있다고 평가되는 경우를 '결과회피의무가 있다'라고 말한다. 그리고 이 양자를 합하여 일반적으로 '주의의무'라고 부른다.

이러한 민사책임을 구성하는 과실의 개념에 관하여 객관적(추상적)과실설,[29) 주관적(구체적)과실설[30) 및 구성요건해당설[31) 등이 대립한다. 주관적과실설은

---

29) 객관적과실설에 따르면 과실이란 일정한 결과가 발생한다는 것을 알고 있어야 함에도 불구하고 부주의, 즉 주의를 게을리 하였기 때문에 그것을 알지 못하고서 행위를 하는 심리상태라고 하며, 불법행위에 있어서의 과실은 추상적 경과실을 의미하는 것으로 본다. 추상적 경과실이라 함은 기울여야 할 주의(주의의무)를 게을리 하는 것으로서 그 주의의 정도는 그때그때의 구체적 사례에서 표준인·보통인을 기준으로 하며 그 이외에 그 사고로부터 생기는 위험의 대소 내지 피침해이익의 대소에 의하여 주의의무의 정도가 변하게 된다. 예컨대 생명·신체에 직접 어떤 피해를 줄 위험이 큰 의사, 운수사업자, 식품제조판매업자 등은 무거운 주의의무를 진다는 입장으로서 우리나라의 통설 및 판례라고 할 수 있다.

30) 우리나라에는 이 설을 취하는 대표적인 학자로서는 김형배(金亨培) 교수가 있고, 그 주장 취지는 과실의 본래적 개념을 책임능력을 전제로 하는 유책성 관련으로 파악되는 주관적 과실로 구성함으로써 불법행위의 또 다른 요건인 고의와 함께 행위자에 대한 비난가능성 즉, 유책성을 유지하고자 하는 데에 있다. 이는 독일의 전통적인 주관적 과실론의 대표격인 Sieber의 견해를 받아들인 것으로서 Sieber에 의하면, '「주의」자체는 행위자의 개인적 관계에 의하여 정하여지는 것이 아니고 사회생활에 있어서의 객관적 척도에 의하여 정하여지는 것이지만 이와 같이 객관적으로 필요한 주의를 태만히 함으로써 책임을 질 것인가 지지 않을 것인가 하는 것은 당해 행위자의 개인적 상황에 의하여 정해진다고 한다. 즉, 주관적 유책성은 객관적 척도에 의하여 측정되는 것이 아니므로, 과실은 객관적으로 사회생활상 필요한 주의를 행위자의 개인적 능력에 의하여 지킬 수 있었는데도 불구하고 이를 태만히 하여 지키지 못한 경우에 한해서 인정되는 것'이라고 설명한다; Sieber, Planck's Kommentar zum BGB, Bd. Ⅱ, Halfte I. 4.Aufl. S.220f; 김형배, "과실개념과 불법행위책임체계", 민사법학, 한국사법행정학회(1985. 4.), 272면에서 재인용.

31) 독일 민법 제276조 제2항에서 규정하는 "Fahrlässig handelt, wer die im Verkehr erforderliche Sorgfalt außer Acht lässt."의 해석에 관하여 Wietholter는 동 조문이 바로 과실의 개념을 규정한 것이라고 하면서 이 과실개념은 거래상 요구되는 주의를 태만히 함으로써 타인에게 손해를 야기시킨 불법(Unrecht)에 대하여 배상의무를 부과시키는 구성요건요소라고 설명한다. 이러한 주장이 나온 배경에는 통설인 객관적과실설이 논리의 일관성을 유지하지 못한 채 주의의무의 「객관적」기준을 전제해야 함에도 불구하고 행위자의 직업·능력 등을 중심으로 하여 평균인을 기준으로 삼고 있으므로 이와 같은 유형화(Klassen-und Typenbildung)는 결국 「객관적」기준을 제시한 것이 아니라 실제로는 객관화의 외형을 가진 개별화된 기준을 설정하는 결과에 이르는 약점을 가지는 데에서 비롯된다.; Wietholter, Rechtfertigungsgrund des richtigen Verhaltens, 1960, S. 21ff. u.S. 50; 김형배, 위 논문, 274면에서 재인용.

책임주의를 철저히 관철하는 점에서 객관적 과실설보다 논리적이지만, 위험책임체계가 충분히 입법화되지 못한 우리나라 현행 법체계 하에서는 오늘날 급격하게 증가하는 피해를 손해배상법률관계로서 형평의 이념에 맞게 적절히 분담시키기 위해서라도 이를 그대로 받아들이기는 어렵다. 왜냐하면 주관적 과실설을 관철시킬 때 가해행위자에 대하여 불법행위의 손해배상책임도 물을 수 없고 그렇다고 위험책임을 귀속시킬 수도 없는 권리구제의 사각지대(死角地帶)가 발생할 수밖에 없기 때문이다. 따라서 주의의무의 범위가 행위자의 순수한 의사에 기초한 비난가능성의 범위를 벗어난다거나 그 속에 위법성의 요소까지 아울러 평가될 수밖에 없는 단점이 있다고 할지라도 오늘날 다양하게 발생하는 위험야기요소를 포섭함과 아울러 주의의무의 내용을 해당 상황 및 영역에서 평균적으로 요구되는 구체적인 주의의 정도로 유형화하여 규범적으로 파악함으로써 손해의 적정한 분담 내지 전보를 도모하는 객관적 과실설이 보다 타당하다고 할 수 있다.[32] 다만 객관적 과실설을 취한다고 할지라도 주의의무의 내용을 추상적인 일반인을 표준으로 하여 정하는 것이 아니라 구체적 사례에서 행위자의 직업·능력 등을 중심으로 하여 평균인을 기준으로 삼고 있으므로 실제로는 순수한「객관적」기준에 의하는 것이 아니라 객관화의 외형을 가진 개별화된 기준을 설정하고 있는 것이므로 그 범위 내에서 책임주의원칙은 실현되고 있다고 볼 수 있다.[33]

나) 예견의무와 결과회피의무

구체적인 사례에 들어가 예견의무와 결과회피의무를 하나로 묶어 그 존부를 동시에 평가하여 과실행위에 해당하는지 여부를 판단할 것인지 아니면 별개의 요소를 보아 독립적으로 평가할지 여부에 관하여는 많은 논쟁이 있다.

객관적 과실설에 따르면, 의료과오에 관하여 이처럼 객관적으로 필요한 주의를 태만히 함으로써 책임을 질 것인지 아닌지를 결정하는 것은, 일단 당해 행

32) 이은영, 채권각론(제5판), 박영사(2005), 741-745면 참조.

33) 이에 관하여 '주관적 요소인 유책성을 과실의 개념에서 완전히 분리할 수는 없다고 하더라도 객관적 기준에 의한 과실의 유형화를 위하여는 구체적 사정 하에서 그 분야의 평균인에게 일반적으로 요구되는 주의의무의 위반을 과실로 보는 객관적 과실설을 기준으로 과실의 의미를 정립하되, 의료소송과 같이 계약적 요소가 중시되는 특수한 불법행위소송에 있어서는 과실책임주의의 주관적 요소인 유책성을 보충적으로 고려함이 옳다고 본다.'라는 견해가 있다; 김용빈, "의료과오소송에 있어 입증책임 완화에 따른 의료과실의 의미와 판단기준", 의료법학 제9권 1호, 대한의료법학회(2008. 6.), 63면.

위자의 개인적 상황에 의하여 정해진다고 한다. 즉 구체적 상황하에서 행위자의 직업·능력 등을 중심으로 하여 평균인을 표준으로 삼아 객관적으로 사회생활상 필요한 주의를 지킬 수 있었는데도 불구하고 이를 태만히 하여 지키지 못한 경우에 한해서 인정되는 것이라고 할 수 있다.

실제 소송에서 환자에게 악결과(a bad result)가 발생하였다고 하여 곧바로 과실이 있다고 인정되는 것이 아니라 우선 그 원인이 무엇인지를 찾아야 할 것이고, 그 원인을 피할 수 있었는지 여부 즉 회피가능성과 그에 터 잡은 결과회피의무의 존부가 우선 문제된다. 이를 달리 말하면 의료행위는 그 자체로 신체에 손상을 가하는 침습적 측면을 내포하고 있음에도 치료라는 궁극적 목적을 위하여 의학적 적응성이 인정되는 범위 내에서 그러한 손상행위를 허용하되 악결과를 회피하기 위하여 필요한 조치를 취하는 것을 당연한 전제로 삼는 것이므로, 의사에게 부여되는 악결과에 대한 회피의무는 의료행위의 필수적 전제라고 할 수 있다. 그런데 의사가 의료행위를 하면서 악결과를 회피하는 데에 필요한 조치를 취하지 못한 경우라고 하여 무조건적으로 의사에게 그 결과에 대한 불법행위책임이 지운다고 한다면 부당한 결과가 발생할 수밖에 없다. 왜냐하면 전문가인 의사로서도 직업상 그 인지능력에 한계가 있을 수밖에 없으므로 책임주의 원칙상 악결과의 발생을 예견할 수 없는 경우에까지 그 책임을 물을 수는 없기 때문이다. 따라서 악결과에 대한 결과회피의무를 다하지 못하였다고 할지라도 그로 인한 악결과 발생이 객관적으로 예견된 경우에 한하여[34] 당해 의사에게 불법행위책임을 물을 수밖에 없다.

이렇게 볼 때, 예견가능성 여부는 결과회피의무와 별도로 그 다음 단계에서 평가의 대상이 된다고 할 수 있다. 다만 부득이 악결과의 발생이 예견되지만 치료될 수 있는 가능성에 비하여 악결과가 발생할 가능성이 상대적으로 낮거나 어차피 달리 방도를 취할 수 없는 극한 상황에서 그러한 악결과의 발생을 무릅쓰고 의학적 적응성의 범위를 벗어나 위험한 시술을 단행하는 경우가 있는데,

---

34) 이러한 예견가능성을 미국에서는 인과관계(proximate cause)의 문제로 다루고 있고, 의료인의 과실이 원고가 입은 상해를 일으켰고, "그 상해나 그와 유사한 상해가 적절한 처치를 제공하지 못한 결과로 발생할 것임을 미리 합리적으로 예견할 수 있었을 것"[the injury suffered by the patient(or some similar injury) was reasonably foreseeable beforehand as a result of the health care provider's failure to render appropriate care]을 원고가 입증하여야 하다고 설명하고 있다.

이때 환자측의 사전 양해나 동의 또는 긴급피난 등의 법리에 의하여 그 가해행위의 위법성이 조각될 수 있을 것이다.

또한 예견의무는 통상 구체적인 위험을 대상으로 하지만, 의료행위는 진찰부터 시작하여 투약, 시술 등의 다음 단계로 나아감과 아울러 시간이 경과함에 따라 점차 환자가 가지는 위험이 구체화되는 측면이 있으므로 추상적 위험이 존재하는 데에 그치는 단계라고 할지라도 결과회피의무를 전제로 한 예견의무가 인정될 수 있다.

여기서 주의할 것은 악결과의 발생을 예견할 수 있었을 뿐만 아니라 이를 예견하였음에도 그 결과를 회피하지 아니한 채 신체손상행위에 나아간 경우가 고의에 의한 불법행위라고 한다면, 그러한 결과발생을 예견할 수 있었음에도 정상의 주의를 태만함으로 인하여 결과를 예견하지 못한 경우가 바로 과실에 의한 불법행위로서 양자가 구별될 수 있다는 점이다.

한편 민사책임의 요건으로 과실 여부를 판단함에 있어서 예견가능성의 정도를 특별히 문제삼지 아니하고, 단지 대법원판례가 제시하는 바와 같이 "의사가 진찰·치료 등의 의료행위를 하는 경우 사람의 생명·신체·건강을 관리하는 업무의 성질에 비추어 환자의 구체적인 증상이나 상황에 따라 위험을 방지하기 위하여 요구되는 최선의 조치를 행하여야 할 주의의무가 있고, 의사의 이와 같은 주의의무는 의료행위를 할 당시 의료기관 등 임상의학 분야에서 실천되고 있는 의료행위의 수준을 기준으로 판단하여야 하며, 특히 진단은 문진·시진·촉진·청진 및 각종 임상검사 등의 결과에 터 잡아 질병 여부를 감별하고 그 종류, 성질 및 진행 정도 등을 밝혀내는 임상의학의 출발점으로서 이에 따라 치료법이 선택되는 중요한 의료행위이므로, 진단상의 과실 유무를 판단하는 데에는 비록 완전무결한 임상진단의 실시는 불가능할지라도, 적어도 임상의학 분야에서 실천되고 있는 진단 수준의 범위 안에서 해당 의사가 전문직업인으로서 요구되는 의료상의 윤리와 의학지식 및 경험에 터 잡아 신중히 환자를 진찰하고 정확히 진단함으로써 위험한 결과 발생을 예견하고 그 결과 발생을 회피하는 데에 필요한 최선의 주의의무를 다하였는지 여부를 따져 보아야 한다."[35]라는 식으로 소위 의료수준을 판단기준으로 삼아 예견의무와 결과회피의무를 동시에

35) 대법원 2003. 1. 24. 선고 2002다3822 판결.

판단요소로 삼는 것처럼 표현할 수도 있을 것이다.

한편 대법원판례는 위와 같이 의료전문가인 의사에게 결과발생을 예견하기 위하여 필요한 최선의 주의의무를 다할 것을 요구하고 있다. 그러나 아무리 의료전문가라고 할지라도 의료수준을 기준을 할 때 단지 낮은 정도의 예견가능성만 있는 경우에까지 과실이 있는 것으로 평가한다면 의료행위에 사실상 결과책임을 인정하는 결과가 되기 때문에 부당하다는 지적이 있을 수 있다. 그러나 '위험한 결과 발생을 예견할 수 있도록 필요한 최선의 주의의무를 다하여야 한다'라는 취지는 악결과의 발생을 일부라도 예견할 수 있었던 경우에는 전문가가 행하는 의료행위의 성격상 예견의무가 있는 것으로 해석된다.[36)]

대법원은 일찍부터 의사는 진료를 행함에 있어 환자의 상황과 당시의 의료수준 그리고 자기의 지식경험에 따라 적절하다고 판단되는 진료방법을 선택할 상당한 범위의 재량을 가진다고 할 것이고, 그것이 합리적인 범위를 벗어난 것이 아닌 한 진료의 결과를 놓고 그중 어느 하나만이 정당하고 이와 다른 조치를 취한 것은 과실이 있다고 말할 수는 없음을 명백히 하고 있다(대법원 1984. 6. 12. 선고 82도3199 판결; 대법원 1992. 5. 12. 선고 91다23707 판결; 대법원 2019. 2. 14. 선고 2017다203763 판결 등).

다) 보호의무 이론

'의사의 주의의무의 본질을 의사와 환자 사이의 의료계약에서 찾아야 하고, 의사의 주의의무가 의료계약에 내재된 본질적인 급부의무에 속하는 것은 아닐지라도 의료계약에 기하여 형성된 의사와 환자의 인적 신뢰관계에서 파생되는 신의칙상의 의무의 일종으로서 의사는 의료계약 당사자인 환자에 대하여 본질적인 진료채무 이외에 진료의 전 과정에서 환자의 생명, 신체, 재산을 침해하지 않도록 배려하여야 할 보호의무를 부담하고 있다고 보아야 하고, 이러한 점에서 의사의 주의의무의 본질은 이러한 환자에 대한 보호의무로 보는 것이 옳다'라는 견해가 있다. 이 견해에 따르면 의사의 주의의무 위반 여부를 판단함

---

36) 형사상 과실범에 관하여 대법원은 예견가능성의 정도에 관하여 "경험칙상 예견이 가능한 범위에 속한다"(대법원 1983. 8. 23. 선고 83도1328 판결)라고 하거나, "위험을 쉽게 발견할 수 있었을 것"(대법원 1988. 9. 27. 선고 88도833 판결)이라거나 "결과가 누구나 능히 예견할 수 있는 일"(대법원 1990. 11. 13. 선고 90도2016 판결)이라거나 "결과를 충분히 예견할 수 있었다"(대법원 1997. 4. 22. 선고 97도538 판결)라는 등으로 표현함으로써 고도의 예견가능성이 있는 경우에 한하여 과실범이 성립할 수 있음을 판시하고 있다.

에 있어서 당해 의사의 의학지식 및 기술의 수준이 평균적인 의사의 수준에 미달하는 경우에는 평균적인 의사의 수준에서 그 위반 여부를 판단하게 되나, 당해 의사의 수준이 평균적인 의사의 수준보다 높다면 그 의사 자신의 수준에서 과실 여부를 판단하여야 하는 것이고, 이러한 이유에서 우리의 판례도 의사의 주의의무가 "최선, 고도의 주의의무"임을 천명하고 있고, 의사의 주의의무의 본질을 이와 같이 의료계약에 따른 보호의무로 파악하는 경우 진료상의 과실 뿐만 아니라 설명의무 위반, 나아가 불성실진료행위에 대하여도 의사의 불법행위책임을 인정하는 한편, 그로 인한 의사의 책임을 제한하는 통일적인 법적 근거를 제공할 수 있다는 것이다.[37)]

이 견해는 대법원판례가 보호의무라는 개념을 사용하여 채무불이행책임 또는 불법행위책임을 인정하고 있는 예로서, ① 숙박업자가 위험이 없는 안전하고 편안한 객실 및 관련시설을 제공함으로써 고객의 안전을 배려하여야 할 보호의무(대법원 1994. 1. 28. 선고 93다43590 판결), ② 경험이 부족한 투자 고객에 대한 증권회사 임직원의 보호의무(대법원 2006. 6. 29. 선고 2005다49700 판결), ③ 노무수급인에 대한 생명, 신체, 건강을 해치는 일이 없도록 물적 환경을 정비하고 필요한 조치를 강구할 노무도급인의 보호의무(대법원 1997. 4. 25. 선고 96다53086 판결), ④ 입원환자에 대하여 병원측이 부담하는 휴대품 등의 도난 방지를 위한 신의칙상의 보호의무(대법원 2003. 4. 11. 선고 2002다63275 판결) 등을 들고, 법무사나 관세사에 대하여 대법원판례가 인정한 설명, 조언의 의무(대법원 2006. 9. 28. 선고 2004다55162 판결; 대법원 2005. 10. 7. 선고 2005다38294 판결)도 그 기본계약에 부수하여 인정되는 신의칙상 보호의무로서 같은 궤에 속한다고 본다.

살피건대, 진료계약의 급부내용은 환자측의 요청에 응하여 의사가 치료행위를 행하는 것이고, 질병의 진단이나 치료는 그 특성상 완성을 내용으로 삼을 수 없으므로 진료계약의 법적 성질을 사무처리를 내용으로 하는 위임계약으로 보는 이상, 그 진료 과정에서 의사가 환자의 생명, 신체, 재산을 침해하지 않도록 배려하여야 할 보호의무는, 수임인으로서 부담하는 선관주의의무의 일환으로 보든 신의칙상 인정되는 진료계약의 부수적 의무로 보든 꼭 인정할 필요가 있는 의무가 아닐 수 없다. 그리고 이러한 보호의무의 개념은 의료사고의 구체

37) 김용빈, 전게논문, 71-73면 참조.

적 상황에서 의사의 과실을 판단하는 유용한 도구가 될 수 있을 것이다. 다만 의사의 환자에 대한 진료의무는 앞에서 본 바와 같이 진료계약에 기하여서만 발생하는 것이 아니라 진료계약 없이 법령상의 의무 등으로서도 발생하는 것인데, 위 양자 사이에 의사의 주의의무에 차이를 두기는 어려울 것이다. 따라서 의료행위가 법률상 허용되고 사회적으로 타당성을 가지는 이유가 국가가 그 자격을 인정하는 의료전문가가 병을 치료할 목적 아래 의술적 적정성과 의학적 적응성을 갖춘 정당행위이기 때문이라는 의료행위의 본질에서 의사의 환자에 대한 위와 같은 보호의무의 근거를 찾아야 할 것이다.

라) 의료수준

(1) 의료수준의 관념

의료과오사건에서 의사의 과실 여부를 판단하는 기준, 즉 결과회피의무나 예견의무의 판단기준이 되는 것이 바로 "진료 당시의 이른바 임상의학의 실천에 의한 의료수준"이다. 요컨대 이러한 의료수준에 미치지 못하는 의료행위를 행하였거나 그 의료수준에 부합된 의료행위가 행하여지지 아니한 때에 그 의료행위는 과실이 있다고 평가되는 것이다.[38)]

이에 관하여 대법원판례는 '인간의 생명과 건강을 담당하는 의사에게는 그 업무의 성질에 비추어 보아 위험방지를 위하여 필요한 최선의 주의의무가 요구되고, 따라서 의사로서는 환자의 상태에 충분히 주의하고 진료 당시의 의학적 지식에 입각하여 그 치료방법의 효과와 부작용 등 모든 사정을 고려하여 최선의 주의를 기울여 그 치료를 실시하여야 하며, 이러한 주의의무의 기준은 진료 당시의 이른바 임상의학의 실천에 의한 의료수준에 의하여 결정되어야 하나, <u>그 의료수준은 규범적으로 요구되는 수준으로 파악되어야 하고, 해당 의사나 의료기관의 구체적 상황을 고려할 것은 아니다</u>'(대법원 1997. 2. 11. 선고 96다5933 판결; 대법원 2000. 1. 21. 선고 98다50586 판결 등)라고 판시[39)]하였다가, '의사가 진

38) 쉽게 설명하면, 사회생활을 하는 모든 영역의 일에는 대부분 따라야 할 원칙(규칙; rules)이 있기 마련인데, 이러한 원칙이 의료업무에 종사하는 전문가들, 즉 의사나 간호사 및 의료기관 등에 있고, 이를 의료소송에서 "의료수준"(standards of care)이라고 부르고, 이를 위반한 것이 "의료과오"(medical malpractice; medical negligence; breaches of the standards of care; professional negligence; professional malpractice)인 것이다.

39) 학자들은 예견에 준하는 고도의 예견가능성이 과실의 요건으로 요구된다고 설명한다; 平野龍一, 刑法總論 Ⅰ, 有斐閣(1972), 194면; 山口厚, 新判例から見た刑法(第2版), 有斐閣(2008), 73-74면.

찰·치료 등의 의료행위를 함에 있어서는 사람의 생명·신체·건강을 관리하는 업무의 성질에 비추어 환자의 구체적인 증상이나 상황에 따라 위험을 방지하기 위하여 요구되는 최선의 조치를 취하여야 할 주의의무가 있고 의사의 이와 같은 주의의무는 의료행위를 할 당시 의료기관 등 임상의학 분야에서 실천되고 있는 의료행위의 수준을 기준으로 삼되 그 의료수준은 통상의 의사에게 의료행위 당시 일반적으로 알려져 있고 또 시인되고 있는 이른바 의학상식을 뜻하므로 진료환경 및 조건, 의료행위의 특수성 등을 고려하여 규범적인 수준으로 파악되어야 한다'(대법원 2008. 2. 14. 선고 2006다48465 판결; 대법원 2010. 1. 14. 선고 2009다59558 판결; 대법원 2022. 12. 29. 선고 2022다264434 판결 등 참조)라고 판시하는 것이 대세를 이루고 있다.

(2) 의료수준의 구체적 내용

의료과오에 있어서는 전문가의 과실 유무가 문제되는 것이므로 일반전문가·통상전문가라면 어떻게 하여야 하는가가 판단의 기준이 된다. 특히 앞에서 본 바와 같이 의료과오소송에 있어서는 판례가 일관되게 과실의 기준으로 "의료 당시에 있어서 소위 임상의학의 실천에 관한 의료수준"이라는 표현을 사용하고 있는데, 이를 구체적으로 살펴보면, 우선 과실이 문제된 당해 의사와 같은 입장에 놓고 일반의사의 의료수준을 문제 삼는 것이다. 그러나 이러한 의료수준이란 의료전문가가 마주치는 어느 상황에서도 일률적으로 적용할 수 있도록 단일한 채자로 정리할 수 있는 간단한 내용이 아니라 학교에서의 전문교육, 현장에서의 실습, 의학논문, 세미나, 전문서적, 각종 법령을 통하여 축적되며 또 변화하는 것으로서 이를 구체적인 사례에 적용하기란 쉬운 문제가 아니다. 그러므로 해당 질병에 대한 의학서적 등을 조사함과 아울러 의료전문가와의 자문을 구하는 것이 필수적이다.

한편 대학병원과 같이 충분한 정보를 접할 수 있는 경우에는 그 의료수준이 보다 높은 것을 가리키게 되고, 만일 그 의사가 순환기 전문의라면 순환기 전문의 중에서 통상적인 의사의 수준을 가리키게 된다.[40] 그러므로 새로운 치료법에 관한 지식이 문제가 된 의료기관과 유사한 특성을 가진 의료기관에 상당한 정도 보급되어 있고 당해 의료기관의 경우에도 이러한 지식을 가지고 있

40) 鈴木利廣 외, 전게서, 18-19면 참조.

다고 기대하는 것이 상당한 경우에는 특별한 사정이 없는 한 그 의학지식은 당해 의료기관의 의료수준이라고 할 수 있다.[41] 그리고 여기서 말하는 통상적인 의사라 함은 연찬의무를 다하여 마땅히 갖추어야 할 기량과 지식을 제대로 갖춘 의사를 뜻하고,[42] 현실로 존재하는 의사들 중에서 평균적 의사를 가리키는 것은 아니다.

이 점은 미국에서도 마찬가지로 "the knowledge, training and skill (or ability and competence) of an ordinary member of the profession in good standing" 또는 "ordinary care/keeping with good and accepted medical or nursing practice"라고 표현하고 있으며, 그 기준은 'average' 구성원의 기준은 아니라고 본다.[43]

다만 당해 의사가 통상적인 일반의사의 수준을 넘어서는 높은 능력을 가진 경우에는, 과실의 유무를 당해 의사의 능력을 전제로 하여 판단할 것인가 아니면 여전히 일반의사의 수준을 기준으로 판단할 것인가가 문제 된다. 당해 의사에게 특별히 과도한 주의를 요하는 것이 아닌 한 당연히 당해 의사의 능력을 기준으로 과실 유무를 판단하는 것이 옳을 것이다. 아울러 과실의 유무에 관한 판단자료 속에는 당해 의사와 환자 사이에 특별히 합의한 사항이 있는 경우에는 이러한 합의사항도 그 판단자료 속에 당연히 포함된다. 또한 의료현장에서 현실로 행하여지고 있는 의료관행도 의료수준을 판단하는 한 요소가 될 수 있으나, 의사가 의료관행에 좇았다고 하여 항상 면책되는 것은 아니다.

실제로 의료수준을 소송실무에서 구체적 적용함에 있어서는 진료환경에 따른 올바른 규범을 설정하기 매우 어렵다. 통상 과실이 문제된 당해 의사와 같은 입장에 놓고 일반의사의 의료수준을 문제 삼는 것이므로, 대학병원과 같이 충분한 정보를 접할 수 있는 경우에는 그 의료수준이 높아진다고 할 것이나, 대학병원이 가지는 특수한 상황, 즉 진료과목이 다양하게 분류되어 있고 그 과목

---

41) 日本最高裁判所 1995. 6. 9 判決, 民集 49卷 6號 1449면.

42) 의성(醫聖) 히포크라테스의 명언인 "인생은 짧지만 예술은 길다"의 예술(Art)은 실은 의료 기술을 지칭하는 말이다. — 그러므로 훌륭한 의사는 유능한 진료 행위자인 동시에 의학자가 되어야 한다. 한쪽으로 환자를 진료하면서도 다른 한편으로 공부를 평생 계속해야 하는 것이 의업(醫業)의 고귀한 전통이며, 다른 학문 분야 전문직과 다른 점이라 하겠다; 이순형, "강의는 종합예술", 끝나지 않은 강의, 서울대학교출판부(2004), 197면.

43) Victor Schwartz 외, Torts: Cases and Materials(11th ed.), Foundation Press(New York, NY, 2006), p. 171 참조.

마다 전임의·전공의 및 수련의 등과 같이 의학적 지식 및 임상경험에 차이가 있는 다양한 의료진이 공존하여 그들 사이에서 지도, 수련, 협진 및 업무분담 등이 일상적으로 행하여진다는 점을 감안하여야 할 것이다. 예를 들면, 문제가 된 의사가 이비인후과 전문의라면 이비인후과 전문의 중에서 일반의사의 수준을 기준으로 삼는 것을 뜻하게 되고, 당해 의사가 일반의사의 수준을 넘어서는 높은 능력을 가진 경우에는 그 의사에게 특별히 과도한 주의를 요하는 것이 아닌 한 당연히 당해 의사의 능력을 기준으로 과실 유무를 따져야 할 것으로 보인다.

이하에서 의료수준을 정함에 있어서 문제가 되는 몇 가지 사항을 차례로 살펴보기로 한다.

(가) 표준치료지침(Clinical Practice Guideline)

i) 의의

표준치료지침이라 함은 증거중심의학(evidence-based medicine; 증거바탕의학)이 대두되면서 기존의 전문가 집단의 재량에 의존하여 제공되던 의료서비스에 대해서 일관성과 표준화를 이루기 위하여 시도된 것으로서, 특정 주제에 대하여 체계적으로 개발된 지침을 가리킨다.[44] 예를 들면 건강보험공단에서 제시하고 있는 요양급여의 적용기준이 이에 해당한다. 개발목적에 따라 치료의 표준화를 통해 의료서비스의 질을 향상시키려는 것이 있고, 경제적 목적에 의해 비용절감의 목적으로 제정된 것도 있다. 이러한 표준치료지침은 그 성질상 과실 판단이 기준이 되는 의료수준과 밀접한 관련을 가질 수밖에 없다.

ii) 문제점

우선 표준치료지침이 편파적이거나 남발되어 그에 대한 규범력을 인정하기 어려울 수 있는가 하면, 통상의 표준적 환자만을 대상으로 표준치료지침이 개발되는 경우에는 고령이거나 소아 또는 만성병에 의하여 면역력이 저하된 특수한 환자군에게는 그 적용이 적절하지 못할 수가 있다. 또한 의사의 재량권을 제한할 우려가 있을뿐더러 경우에 따라서는 환자의 자기결정권을 제한할 수 있다는 점 등이 문제점으로 지적된다.

44) 이에 대한 용어는 일정하지 않고, "가이드라인", "가이드", "표준치료", "지침" 등 다양하게 불린다. 또 동종의 질환을 가지고 입원한 환자에 대하여 입원절차, 검사, 치료, 간호 및 약제지도 등 여러 직종이 연계되는 일련의 의료서비스가 제공되는데 이를 효율적으로 관리하여 팀진료의 추진, 의료과오의 예방, 재원일수의 단축 등을 도모하기 위한 방편으로 하여 일련의 계획표로 정리한 도표(clinical path, care map)를 사용하기도 한다.

영국에서 1988년부터 1998년까지 10년 동안 431개의 표준치료지침서가 출판되었으나 그 중 88%는 별다른 의학적인 정보를 제시해주지 못하였고, 67%에서는 실제 치료를 행하는 의료서비스 제공자들에게 전달조차 되지 않았으며, 82%에서는 해당 치료가 권고할 만한 가치가 있다는 의학적 근거들이 제대로 평가받지 못했다고 한다.

일본에서도 이러한 표준지침이 일종의 의사에 대한 행위규범이 될 수 있음을 인정하지만, 인적·설비적 제약이 있을 수 있고 환자마다 처한 사정(기왕증, 합병증 등)이 다르며, 표준지침서 자체에 선택가능한 다양한 검사나 치료법을 예상하고 있는 경우도 있으므로 실제 의료현장에서는 표준지침서 대로 진료가 행하여지는 것은 아니고 담당의사의 재량에 맡겨져 있는 부분이 크다고 한다.[45]

iii) **법적 기능**

의료소송실무에서 보면, 임상의 현실에서 의외로 환자의 처치에 관하여 의사에 따라 편차가 크고 일관된 원칙이 없는 것이 아닌가하는 의심을 가지게 될 때가 많다. 이런 점에서 표준치료지침은 그것이 공신력이 있는 단체 또는 규제를 담당하고 있는 주체[46]에 의하여 작성된 것이라면, 직접적인 법적 강제력을 가지지 않는다고 할지라도 표준치료에 대한 평가기준, 즉 의료법학적으로 주의의무의 판단기준으로 평가될 것이다.

만일 표준치료지침이 마련되어 있다면 설사 강제성이 없을지라도 어떤 의사가 이를 따르지 않고 다른 방식을 취하였을 때, 그 의사는 자신에게 과오가 없음을 입증하기 위하여 그 이유에 대하여 충분히 과학적 근거를 제시하여야 할 것이다.

45) 鈴木利廣 외, 전게서, 282-283면 참조. 그 밖에 "critical path", "clincal path", "care maps" 라는 용어가 사용되는 예가 있는데, 이는 위기관리를 효과적으로 하기 위하여 동종의 질환을 가진 입원환자에 대하여 입원시 행하여야 할 오리엔테이션, 검사, 치료, 간호, 약제지도 등 여러 직종의 의료인들이 연계하여 제공하여야 할 제반 의료를 하나의 일정표로 묶어서 작성하여 놓은 것이다.

46) 우리나라 중앙응급의료센터에서 응급환자의 중증도에 따른 병원 간 이상 가이드라인을 개발·배포하였다. 이는 보건복지가족부와 중앙응급의료센터에서 개발한 것으로서, 중환자의 병원 간 전원에 있어서 안정성 확보를 위하여 취하여야 할 의학적 기준과 함께 현 응급의료에 관한 법률에서 규정하고 있는 병원 간 전원의 법률적 요건을 보충하는 내용을 담고 있다.

(나) 1차 진료기관의 진단상의 과실

실무상 자주 부딪치는 것 중 하나가 1차 병원에서에서 실시한 진단행위에 과실이 있는지 여부이다. 특히 그 결과가 중대함에도 그 책임을 전적으로 1차 병원에 돌리기 어려운 경우가 많아 어려움을 겪는다. 예를 들면, 짧은 시간의 관찰만으로 가벼운 감기(상기도염)로 쉽게 진단하였는데 후에 뇌수막염(bacterial meningitis)의 초기증세임이 밝혀짐에 따라 뇌수막염의 초기에 절대적으로 필요한 중요한 처치를 취하지 아니한 채 그 질병이 악화된 경우를 실무상 종종 보게 된다. 이러한 경우 전원을 통한 의료체계의 협조적 운영을 위해서라도 진단상의 주의의무를 가볍게 볼 수는 없다. 시설이 열악한 1차 병원이라고 할지라도 중대한 질환의 가능성을 놓치지 않기 위해서는 마찬가지로 위험방지를 위하여 필요한 최선의 주의의무가 요구된다고 할 것이다. 다만 1차 병원의 의료현실을 감안하여 그 책임비율을 제한하는 방법으로 형평을 도모하여야 할 것이다.

(다) 시험적 시술 또는 특수한 시술

의사가 실시하는 치료법이 의료수준에 부합하는 정당한 것으로 평가받기 위해서는 특별한 사정이 없는 한 그 치료법이 사전에 검증되어 그 유효성과 안전성이 널리 인정된 것이어야 할 것이다. 그러나 의학적 지식은 의학잡지에 실린 논문, 학회 및 연구회에서의 발표, 일반 매스컴의 보도 등을 통하여 보급되며 치료에 필요한 기술 및 설비 등에 비하여 보다 쉽게 짧은 기간 내에 보급되는 점을 간안할 때, 어떤 치료법에 관하여 의료계에 의문을 제기하는 견해가 존재한다고 할지라도 그것만으로 당해 치료법의 유효성 및 안전성을 객관적으로 시인하는 데에 방해가 된다고 볼 수는 없다. 또한 임상에서 다수의 의사들이 기피하는 치료법을 택한 결과 좋지 않은 결과가 발생하였다고 하여 곧바로 그 치료방법이 잘못된 것이라고 단정할 수도 없다. 왜냐하면 의학적 처치는 전문적인 것이고 또 가변적인 것이기 때문에 비록 소수가 채택하고 있는 치료법이라고 할지라도 합리적인 기술과 처치에 의하여 뒷받침되는 이상 이를 존중받을 만한 소수의 견해로서 충분히 정당한 것으로 인정할 수 있기 때문이다.[47)]

그러나 시험적 치료는 적어도 그 의도한 결과에 대해 어느 정도의 확실성

---

47) 이 점에서 미국에서 논의되는 "respectable minority rule"은 시사하는 바가 크다고 할 수 있다; Marcia Mobilia Boumil 외, Medical Liability in a Nutshell(2nd ed.), Tomson/West (St. Paul, MN, 2003), 27-28면 참조.

이 있고 기대되는 이익과 위험이 적절한 관계에 있는 경우에만 의학적 적응성이 있는 치료행위로서 허용될 수 있다.[48] 아울러 그에 대한 의사의 환자에 대한 사전 설명의무도 강화된다고 할 것이다.

(라) 분업적 의료행위와 특수한 주의의무

의료행위가 의사에 의하여 개인적으로 수행되는 경우와 달리 팀워크에 의한 분업적 의료행위가 행하여지는 상황이라면 관여된 개개의 의료인들에게 특수한 의무가 추가로 부가되는바, 동료 의료인의 선택이나 감독, 그들과의 협력, 정보교환 등의 의무가 그것이다. 왜냐하면 분업적 의료행위가 행하여질 때에는 그에 관여하는 모든 자의 긴밀한 협력 없이는 적절한 의료행위의 수행이 불가능하기 때문이다.[49]

(마) 한방치료의 의료수준

한의사가 한방의료행위를 함에 있어 규범적으로 요구되는 한방의료수준에 서양의학에 관한 임상지식까지 갖추어야 하는지, 나아가 한의사의 과실 판단 시 서양의학 수준을 고려할 것인지 문제된다. 즉 특정 상황에서 통상의 한의사에게 서양의학적 의료지식을 갖추도록 요구하는 것이 합리적으로 기대할 수 있는지에 관한 문제이다. 반대로 의사의 의료과실을 판단함에 있어 한의학 수준을 고려해야 하는지에 대해서도 동일하게 논의될 수 있다.

한의사가 루푸스, 다발성경화증 및 스테로이드제와 관련된 의료지식이 부족한 상태에서 뇌종양을 한방요법으로 치료한 경험을 과신하여 한방적 치료의 효과를 증가시키기 위해 스테로이드제 복용을 중단하여 환자의 증세가 악화된 사건에서, 대법원 2006. 12. 21. 선고 2006다41327 판결은 당해 한의사에게 과실책임을 인정하면서, 그 이유를 환자의 구체적인 증상이나 상황에 따라 위험을 방지하기 위하여 요구되는 최선의 조치를 취하여야 할 주의의무와 시의적절한 전원조치의무를 다하지 않은 점을 들었다. 이에 관하여 한의사가 나름대로 한의학적 접근방법에 따라 치료방법을 선택하고 조치하였더라도 서양의학적 기준에 따른 적절한 조치를 강구하지 않았다면 발생한 의료사고에 대한 과실책임을

48) 김기영, "임상시험계약상 피험자의 민사법적 보호 — 의사의 진료와 의약품임상시험과의 구별을 중심으로 —", 법조 제60권 제5호(통권 제656호), 법조협회(2011. 11.), 80면 참조.
49) 정영일, "분업적 의료행위에 있어서 형법상 과실책임", 형사판례연구 제6권, 박영사(1998), 45면 이하 참조.

면할 수 없다고 보는 것은 한의사의 한방의료과실을 평가함에 있어 의사에게 요구되는 동일한 수준의 의학적 지식을 요구하지는 않았으나 어느 정도의 양방임상의학의 의료지식을 갖추도록 요구하는 것으로서 과연 한방의료행위의 독자성을 인정하면서 이원적 면허체계를 구축하고 있는 우리 의료체계 및 법령하에서 타당할 수 있는지 의문이 든다.[50]

그러나 의사나 한의사가 진찰·치료 등의 의료행위를 함에 있어서는 사람의 생명·신체·건강을 관리하는 업무의 성질에 비추어 환자의 구체적 증상이나 상황에 따라 위험을 방지하기 위하여 요구되는 최선의 조치를 취하여야 하고, 환자에게 적절한 치료를 하거나 그러한 조치를 취하기 어려운 사정이 있다면 신속히 전문적인 치료를 할 수 있는 다른 병원으로의 전원조치 등을 취하여야 한다. 이러한 전원의무는 의료인 개인의 능력이나 당해 의료기관의 설비 및 지리적 요인 등은 물론 서양의학과 한의학의 학문적 차이에 의해서도 발생할 수 있다. 이와 관련하여 우리 법원은 기본적으로 서양의학과 한의학적 검사 및 치료방법의 독자성을 인정하고 있으나, 한의사 자신의 의료적 조치 이후 경과에 관한 주의관찰을 통해 환자에게 부작용이 발생하거나 악화되는 등의 경우에는 환자에 대한 최선의 치료를 위하여 다른 영역의 의료인과의 협진 또는 전원조치할 것을 요구하고 있다. 특히 검사 또는 치료 방법상 한의학적 내재적 한계를 명시적으로 인정하고 있다. 그러므로 한의사로서도 양방임상의학분야에서 실천되는 의료행위 수준이나 양방의료의 내용을 대강이나마 알고 있지 않는 한 적절한 시기에 양방의료인의 협진을 의뢰하거나 양방병원에로의 전원조치를 하는 것을 기대할 수 없을 것이기 때문에 한의사에게도 어느 정도의 양방의료의 지식, 기술이 요구된다고 할 것이다.[51] 이는 우리나라 의료체계가 이원적 면허체계를 구축하고 있는 것은 어디까지나 국민의 건강증진에 도움이 되기 때문이고 아무리 한의학이 개인의 주관적, 직관적, 경험적 특성을 강조하고 있어 그만큼 재량의 폭이 넓다고 할지라도 이미 양방임상의학분야에서 그 효과가 널리 인정되는 치료방법을 무시하고 독자적인 치료방법을 고집하는 것 자체가 한의사에

50) 이백휴, "이원적 의료체계에서 의사와 한의사의 과실판단", 의료법학 제12권 제2호, 대한의료법학회(2011. 12.), 134-140면 참조.

51) 김선혜, "한방의료와 의료과실(하)", 법조 제58권 제7호(통권 제634호), 법조협회(2009. 7.), 393, 414, 415면 참조.

게도 요구되는 의료수준에도 반한다고 보인다.

(3) 의료수준에 관한 판례의 추이

일본에서는 東大輸血梅毒사건에 대한 1961. 2. 16. 일본최고재판소판결이 의사가 헌혈자의 혈액을 채취하면서 제대로 문진을 하지 아니하였고 그 혈액을 통하여 수혈받은 환자가 매독에 감염된 사안에서 '적어도 사람의 생명 및 건강을 관리하는 업무에 종사하는 자는 그 업무의 성질에 비추어 위험방지를 위하여 실험상 필요로 하는 최선의 주의의무가 요구되고 … 당시 의사들 사이에 (혈청반응음성이라는 검사증명서를 지참하는 헌혈자에 대하여는) 문진을 생략하는 것이 관행이었다고 할지라도, 또한 문진에 대한 정확한 회답이 얻어지지 아니할 가능성이 있다고 할지라도, 당해 의사는 헌혈자에 대하여 문진을 다하여야 하였다'라고 판시한 것이 의료수준에 관한 최초의 최고법원판결로 소개되고 있다. 그 후 미숙아망막증에 관한 1978년부터 1992년까지 사이의 일련의 일본최고재판소 판결에서 '의사의 주의의무에 관한 기준으로 삼아야 할 것은 진료 당시의 임상의학 실천에 있어서의 의료수준'라는 판시가 행하여졌고 또 '의료수준이란 전국에 일률적으로 결정되어야 한다'라는 견해가 채택되었다.[52]

우리나라 대법원은 1992. 5. 12. 선고 91다23707 판결에서 '산모가 신장 150㎝의 왜소한 여자로서 초산시에도 극심한 고통 속에 흡인분만의 방법으로 체중 3.59㎏되는 유아를 분만한 바 있었고, 두 번째 자녀를 임신하고서는 6개월 가량이 지난 1977. 4. 27.부터 세 차례에 걸쳐 병원에 찾아가 산부인과 과장에게 진찰을 받았고, 같은 해 8. 6. 출산을 1주일 앞두고 세 번째 진찰을 받을 때에는 통상의 경우보다 배가 지나치게 불러 산부인과 과장의 지시에 따라 엑스선촬영으로 쌍생아인지 여부를 확인한 결과 쌍생아는 아님이 밝혀졌다는 것이고, 이때에 산모는 이번 출산의 경우에는 초산시보다 배가 훨씬 불러 거대아 출산등 난산이 예상된다는 이유로 산부인과 과장에게 제왕절개의 방법으로 분만하도록 해줄 것을 요구하였으나 산부인과 과장은 추후 경과를 보고 결정하자고 하면서 첫아이를 질식분만으로 출산한 점 등을 고려하여 이번 출산의 경우도 질식분만으로 출산할 수 있을 것으로 가볍게 판단하고 질식분만의 금기사항인 아두골반불균형상태(태아의 두부가 임부의 골반에 비하여 상대적으로 큰 경우) 등에 해당되는

52) 鈴木利廣 외, 전게서, 20-21면 참조.

지 여부에 관하여는 별다른 진단을 하지 않았다는 것인바, 물론 이때에 피고 2가 단순히 쌍생아인지 여부만 검사하고 만연히 추후 경과를 보고 결정하자고 할 것이 아니라 나아가 원고 2의 골반을 계측하는 등 안전하게 질식분만을 하는데 장애사유가 없는지 미리 살펴보아 그 판단결과를 설명하고 그 내용을 진료기록부에 자세히 기록해 두었으면 출산을 담당한 산부인과 전공의인 소외인이 제왕절개의 방법으로 분만을 바라는 원고 2의 요청을 무시하지 아니하였을는지 알 수 없으나, 이는 결과적으로 그렇다는 것일 수는 있어도 이것을 가리켜 당시의 의료수준이나 분만의 실태에 비추어 보아 불법행위의 책임의 요건으로서의 의료상의 과실에까지 이른다고 하기는 어렵다.'라고 판시하는 한편, '분만 중 태아가 뇌손상을 입고 두개강내출혈이 생겨 뇌성마비가 발생한 경우에 있어 출산을 담당한 의사에게, 통상의 주의력을 가진 산부인과 의사라면 아두골반불균형상태 또는 경계아두골반불균형상태의 가능성이 있음을 의심할 수 있다고 보이는데도 이러한 가능성을 전혀 예상하지 아니하여 이에 대한 대비를 하지 아니하였고, 분만 2기에 있어 5분마다 한번씩 측정하여야 할 태아심음측정을 4회나 하지 아니한 채 만연히 통상의 질식분만의 방법으로 분만을 진행시키다가 뒤늦게 아두골반불균형 또는 이와 유사한 상태의 경우에는 피하여야 할 시술방법인 흡인분만의 방법을 무리하게 계속하여 태아를 만출시킨 의료상의 과실이 있다'고 판시하였다.

그 후 대법원 1994. 4. 26. 선고 93다59304 판결에서 '의사가 진찰 치료 등의 의료행위를 함에 있어서는 사람의 생명 신체 건강을 관리하는 업무의 성질에 비추어 환자의 구체적인 증상이나 상황에 따라 위험을 방지하기 위하여 요구되는 최선의 처치를 행하여야 할 주의의무가 있다고 할 것이나 의사의 이와 같은 주의의무는 의료행위를 할 당시 의료기관 등 임상의학분야에서 실천되고 있는 의료행위의 수준을 기준으로 판단하여야 한다'라고 판시하면서 의사의 주의의무의 판단기준으로 의료수준의 구체적 의미를 제시하였다. 그러다가 우리 법원은 수차례의 조정을 거쳐 의료과실의 정도 및 기준에 대하여 "의사가 진찰·치료 등의 의료행위를 함에 있어서는 사람의 생명·신체·건강을 관리하는 업무의 성질에 비추어 환자의 구체적인 증상이나 상황에 따라 위험을 방지하기 위하여 요구되는 최선의 조치를 취하여야 할 주의의무가 있고 의사의 이와 같은 주의의무는 의료행위를 할 당시 의료기관 등 임상의학 분야에서 실천되고 있는 의료행위의 수준을 기준으로 삼되 그 의료수준은 통상의 의사에게 의료행위 당시 일반적으로 알려져 있고 또 시인되고 있는 이른바 의학상식을 뜻하므로 진료환경 및 조건, 의료행위의 특수성 등을 고려하여 규범적인 수준으로 파악되어야 한다"는 입장을 정립하였다(대법원 1999. 3. 26. 선고 98다45379,45386 판결; 대법원 2012. 9. 13. 선고 2010다76849 판결; 대법원 2013. 1. 24. 선고 2011다26964 판결 등).

(4) 실무상 의료수준의 결정

앞서 본 대법원판례에 터 잡아 실무에 적용할 의료수준을 다음과 같이 분석할 수 있을 것이다.

(가) 의료수준이 의료행위 당시 일반적으로 알려져 있고 또 시인되고 있는 이른바 의학상식을 뜻한다고 한다면, 의학적 지식이 보급되는 수단을 살펴야 한다. 우선 의학논문이 중시되기 때문에 어떤 의학적 견해가 의료수준에 해당하는지 여부는 그 견해가 의학논문으로 발표되었는지 여부가 중요한 단서가 된다. 또 어떤 새로운 치료법이 의학논문에 발표된 후 의학 교과서에 게재되기까지는 일정한 기간이 요하므로 의학 교과서에 게재되기 이전에도 의료수준으로 평가될 수 있다. 여러 학회에서 책정한 표준치료지침은 전문가들 사이에 충분한 토론을 거쳐 유효성과 안정성을 시인한 후에 의견일치를 보아 정리된 것이므로 그 표준치료지침이 발표되는 시점에서 적어도 전문의료기관에게는 기대되는 의료수준으로 평가될 수 있다.

(나) 앞에서 본 바와 같이 대법원 2000. 1. 21. 선고 98다50586 판결은 '의료수준은 규범적으로 요구되는 수준으로 파악되어야 하고, 해당 의사나 의료기관의 구체적 상황을 고려할 것은 아니다.'라고 판시한 반면, 대법원 1998. 7. 24. 선고 98다12270 판결은 '의료수준은 통상의 의사에게 의료행위 당시 일반적으로 알려져 있고 또 시인되고 있는 이른바 의학상식을 뜻하므로 진료환경 및 조건, 의료행위의 특수성 등을 고려하여 규범적인 수준으로 파악되어야 한다.'라고 판시하고 있어[53] 서로 모순되는 듯한 느낌이 든다.

---

53) 대법원 1999. 11. 23. 선고 98다21403 판결은 "의료사고에 있어서 의료인의 과실은 그와 같은 업무와 직무에 종사하는 사람이라면 보통 누구나 할 수 있는 주의의 정도를 표준으로 하여 과실 유무를 논하여야 하며, 이에는 사고 당시의 일반적인 의학의 수준과 진료환경 및 조건, 의료행위의 특수성 등이 고려되어야 할 것"이라고 판시하였다.

해당 의료기관의 성격 및 담당 의사의 전문분야는 의료수준을 결정하는 데에 중요한 요소가 될 수밖에 없다. 대학병원, 응급의료센터, 순환기내과 전문의, 개업의 등 각각 그에 걸맞은 일정한 수준의 의료가 기대되고 있기 때문이다. 그러나 비교적 가벼운 질환을 치료하는 개업의라고 할지라도 환자에게 중대한 질병의 가능성이 있는 경우에는 고도의 치료를 실시할 수 있는 진료기관에 전원할 의무가 있다. 따라서 개업의라고 할지라도 중대한 질환의 가능성을 놓치지 않기 위한 지식·기량에 관하여는 고도의 의료를 실시하는 진료기관의 의사와 거의 같은 수준의 의료수준이 요구된다고 할 것이다(대법원 1998. 7. 24. 선고 98다12270 판결 참조).

아울러 환자가 특정 의료기관과 진료계약을 체결할 때 그 의료기관의 성격, 소재하는 지역이 가지는 의료환경의 특성, 의사의 전문분야 등에 따라 기대하는 바가 다를 수밖에 없고 환자의 이러한 사정도 의료수준의 평가에 고려대상이 된다고 할 것이다.

이에 관하여 주의의무는 객관적으로 파악하는 것이 옳다. 다만 특수능력과 특수지식이 있어 쉽게 위험을 회피할 수 있는 지위에 있는 자에게 그에게 기대되는 높은 주의의무를 부과하는 것은 불법행위자에게 과도한 부담을 지우지 않으면서 피해자와 사회를 더욱 강하게 보호할 수 있으므로 예외적으로 그 사정을 고려하는 것이 맞는데 이때 과실의 판단 기준은 주관적 사정에 따른 개인화보다는 객관적 사정을 고려한 세부화 쪽으로 발전해 나가는 것이 옳다는 주장이 있다.[54]

(5) 의료관행

의료현장에서 현실로 행하여지고 있는 의료관행도 의료수준을 판단하는 한 요소가 될 수 있다. 그러나 의사가 의료관행에 좇았다고 하여 항상 면책되는 것은 아니다. 이 점은 앞서 본 東大輸血梅毒사건에 대한 일본최고재판소의 판결에서 “주의의무의 존부는 원래 법적 판단에 의하여 결정되어야 할 사항이고, 가사 소론과 같은 관행이 행해지고 있었다고 할지라도 그것은 오직 과실의 경중 및 그 정도를 판정하는 데에 참작사유인 데에 그치고 이로써 곧바로 주의의무를 부정된다고 말할 수 없다”라고 판시함으로써 잘 드러나 있다.

---

54) 권영준, “법의 개인화 단상”, 법조 제70권 제5호, 법조협회(2021. 10.), 33면 참조.

또한 마취제인 페루카민 S를 투여함에 있어서 2분 간격으로 혈압을 측정하여야 하는가 아니면 5분 간격으로 혈압을 측정하여야 좋은가가 다투어진 사건에서, 일본 최고재판소는 "의료수준은 의사의 주의의무에 관한 기준(규범)이 되는 것이기 때문에 평균적 의사가 현재 행하고 있는 의료관행과는 반드시 일치하는 것이 아니고, 의사가 의료관행에 좇은 의료행위를 했다고 하여 의료수준에 좇은 주의의무를 다하였다고 곧바로 말할 수 없다"라는 이유로 원심이 "1974년경에는 혈압에 대하여 적어도 5분 간격으로 측정하는 것이 일반 개업의의 상식이기 때문에 의사에게 과실이 있다고 말할 수 없다"고 본 것을 뒤집어, "의사는 일반적으로 그 마취제의 설명서에 기재된 대로 2분 간격으로 혈압을 측정할 주의의무가 있다"라고 판시하였다.[55]

(6) 의료수준과 연찬의무·전송(전원)의무

어떤 의사가 현실로 갖추고 있는 지식이나 기량과 당해 의사에게 기대되어지는 지식·기량 사이에 차이가 있는 경우, 의료수준을 판단하는 데에 기준이 되는 것은 당해 의사에게 기대되는 지식 및 기량이다. 한편 환자에 대한 검사를 실시한 후 의사가 당해 환자에 대하여 필요한 치료가 자신의 능력이나 전문 지식의 범위를 벗어난다고 판단하여 추가 치료를 거부하기로 하였다면 그러한 결정이 차별적이지 않는 한 다른 의사에게 의뢰하는 것이 적절하며, 의사는 스스로 진찰한 환자가 이제는 자신의 지식이나 기술 및 시설 부족 등으로 손쓸 수 없다고 판단되는 때에는 곧바로 그 환자를 적절할 의료기관에 전송하여야 한다. 다만 의사는 의뢰나 전원이 끝날 때까지 필요한 치료를 제공하여 한다. 이 경우 최초의 진료의는 시의적절하고 적정한 의뢰를 실시하여야 하고 이를 게을리하는 경우 의료과오가 문제될 수 있다.

한편 응급의료에 관한 법률 제11조[56]에서 이러한 전원의무를 규정하고 있

---

55) 鈴木利廣 외, 전게서, 24면 참조.

56) 제11조(응급환자의 이송) ① 의료인은 해당 의료기관의 능력으로는 응급환자에 대하여 적절한 응급의료를 할 수 없다고 판단한 경우에는 지체 없이 그 환자를 적절한 응급의료가 가능한 다른 의료기관으로 이송하여야 한다.
② 의료기관의 장은 제1항에 따라 응급환자를 이송할 때에는 응급환자의 안전한 이송에 필요한 의료기구와 인력을 제공하여야 하며, 응급환자를 이송받는 의료기관에 진료에 필요한 의무기록(醫務記錄)을 제공하여야 한다.
③ 의료기관의 장은 이송에 든 비용을 환자에게 청구할 수 있다.
④ 응급환자의 이송절차, 의무기록의 이송 및 비용의 청구 등에 필요한 사항은 보건복지

다. 그러나 능력 범위 내의 환자 상태임에도 전원하는 것은 일종의 응급의료의 거부에 해당하며, 전원할 필요가 인정되는 경우에 전원과 관련된 구체적 주의의무를 위반한 때에도 의료과오의 책임이 문제가 된다.

반면 일단 전원요건이 충족되는 경우에는 당해 환자는 전원을 거부할 수 없다고 할 것이다. 그럼에도 환자가 전원을 거부하는 경우에는 의사는 여전히 진료의무를 부담하되, 환자측의 전원거부로 인하여 행하여진 추가적인 진료에 대하여는 특별한 사정이 없는 한 유책성을 인정하기 어려울 것이다.

(7) 진료자문 및 협력진료상의 주의의무

진료자문(consultation for a second opinion)은 진료를 담당하는 주치의가 다른 의사에게 자문을 구하는 경우인데, 이때 자문의사가 진료를 하더라도 주치의는 어디까지나 자문을 구한 의뢰의사이므로 자문의사의 권유나 진단을 참작하여 자신의 책임하에 최종적 판단을 하되 자문의사는 자신의 전문영역에 비추어 합리적인 소견을 개진하는 것뿐이다. 이 경우 진료를 담당하는 다른 의사로부터 진료자문을 받은 자문의사는 그 환자와 사이에서 의료관계가 성립하지 않는 것이 원칙이다. 다만 자문을 요청한 의사인 진료의사가 단순한 독립적 지위에 있지 않고 자문의사의 지휘 감독을 받는 지위에 있다면 자문의사는 진료의사를 매개로 하여 당해 환자와 의료관계를 맺고 있는 것으로 보아야 한다.

한편 협진은 두 개 이상의 전문진료과에 속하는 여러 의사가 한 장소에서 동시에 환자를 진찰하고 공동으로 치료하는 경우를 가리킨다. 이는 독립된 지위의 집단의료로서 각 참여의사는 직접 환자와 의료관계를 맺게 된다.[57)]

진료자문이나 협진의 경우 당해 환자와 의료관계가 성립되었다고 보이는 경우에는 채무불이행책임이나 의료과오에 대한 공동불법행위책임을 물을 수 있게 된다.

한편 대법원 1996. 11. 8. 선고 95도2710 판결은, "피고인은 위 부속병원 구강악안면외과 과장이지만 진료체계상 피해자를 담당한 의사가 아니었다는 것인데, 기록에 의하면, 일반적으로 대학병원의 진료체계상 과장은 병원행정상의 직

부령으로 정한다.
[전문개정 2011. 8. 4.]

57) 김천수, "의료와 생명공학에 대한 의료법학의 성과와 발전 — 의료행위와 생명현상에 대한 민사법적 접근을 중심으로 —", 민사법학 제36호, 한국사법행정학회(2007. 5.), 498면 참조.

급으로서 다른 교수나 전문의가 진료하고 있는 환자의 진료까지 책임지는 것은 아니고, 소속 교수 등이 진료시간을 요일별 또는 오전, 오후 등 시간별로 구분하여 각자 외래 및 입원 환자를 관리하고 진료에 대한 책임을 맡게 된다는 것이다. 그러한 사정을 감안하면, 피고인에게 피해자를 담당한 의사가 아니어서 그 치료에 관한 것이 아님에도 불구하고 구강악안면외과 과장이라는 이유만으로 외래담당의사 및 담당 수련의들의 처치와 치료 결과를 주시하고 적절한 수술방법을 지시하거나 담당의사 대신 직접 수술을 하고, 농배양을 지시·감독할 주의의무가 있다고 단정할 수 없는 것이다."라고 판시하여, 환자를 담당한 의사가 아닌 경우 병원행정상 지휘·감독관계에 있다는 점만으로 관련 의료행위에 대한 지시·감독할 주의의무를 인정하기 어렵다고 보았다.

(8) 환자의 자기결정권과의 관계

의사가 실시한 치료법이 의료수준에 반하지 않지만 치료의 방침 및 다른 치료법에 관한 설명이 부족하여 결과적으로 환자의 의사에 반하는 치료가 행하여진 경우 의사에게 과실을 인정할 수 있는가가 문제될 수 있다. 종전 판례이론에 따르면 오직 의료수준에 따라 치료, 진단 및 설명이 행하여진 이상 의사에게 책임이 생기지 않고, 오히려 신규치료방법이 확립되지 아니한 치료법이라고 한다면 이를 환자에게 소개하는 것이 무책임한 태도가 된다.

그러나 대법원 2014. 6. 26. 선고 2009도14407 판결에서 "환자의 명시적인 수혈 거부 의사가 존재하여 수혈하지 아니함을 전제로 환자의 승낙을 받아 수술하였는데 수술 과정에서 수혈을 하지 않으면 생명에 위험이 발생할 수 있는 응급상태에 이른 경우, 환자의 생명을 보존하기 위해 불가피한 수혈 방법의 선택을 고려함이 원칙이지만, 한편으로 환자의 생명 보호에 못지않게 환자의 자기결정권을 존중하여야 할 의무가 대등한 가치를 갖는다"라고 판시한 것처럼, 의사는 의료수준에 국한하지 말고 경우에 따라서는 환자가 자신의 몸에 행하여지는 치료방법에 대하여 그 이해득실을 이해한 후에 당해 치료법을 받아들일지를 숙려하여 결단할 수 있도록 도와주어야 한다.[58]

58) 浦川道太郎, 전게서, 142-144면 참조.

마) 주의의무의 범위

(1) 전문의 진료과목과 주의의무

미국에서는 어느 한 영역의 전문의는 자신의 전문과목과 일정하게 관련된 질병(certain related conditions)에 대해서 진료의무를 질 뿐, 그와 무관한 질병에 대해서는 진료의무를 지지 않는다고 본다. 심지어는 설사 환자가 응급상황이거나 생명이 위험한 경우라도 마찬가지라는 것이다.[59] 그러나 우리나라의 경우에는 이러한 예외를 폭넓게 인정할 수 있을지는 의문이고, 적어도 일반의로서의 주의의무는 인정되어야 할 것이다. 다만 경우에 따라서는 전문의 진료과목에 의한 주의의무의 제한을 인정할 수밖에 없을 것이다.[60]

(2) 응급환자의 경우

응급환자에 대하여는 응급의료에 관한 법률 제5조 및 제6조[61]에 의하여 신고 및 협조의무와 진료의 거부금지 등에 관한 특별규정을 두고 있다. 외래진료와 입원진료의 경우에는 합리적 범위와 기준에서 의사의 재량이 주어지는 점에서 차이가 있다. 이는 응급환자로 하여금 가장 가까운 응급의료기관에서 진료

59) 김천수, "의사·환자관계의 성립과 진료상 주의의무", 의료법학 제7권 제1호, 대한의료법학회(2006), 183면 참조.

60) 김천수, 전게논문, 184-185면 참조. 특히 응급환자에 대하여 자신의 진료과목 해당 환자가 아님을 이유로 하여 진료를 회피함은 의료법 및 응급의료법의 관련규정에 반하는 것이라고 본다. 즉 자신의 전문과목 해당 환자가 아니라는 사실은 의료법이나 응급의료에 관한 법률에서 발하는 "성낭한 이유" 내시 "정당한 사유"에 해딩하지 않는다고 힐 깃이다. 하지만 해당 전문과목 전문의가 당해 의료기관에 있고 그의 진료를 받을 가능성이 희박하지 않다는 사실은 진료회피 내지 거부의 정당한 사유가 될 것이다. 자신의 전문과목에 속하지 않는 질병을 전문의로서 진료한다는 신뢰를 환자측에게 형성시킨 의사는 그 진료에 대하여 일반의로서가 아니라 전문의로서의 고도의 주의의무를 부담한다고 할 것이다. 현재의 우리 의료법 아래에서는 의사라면 누구나 모든 질병에 대하여 일반의로서 진료할 수 있고, 일반의와 전문의 사이의 진료 수준에 따른 차이 내지 제한이 없으나, 일반의가 시행할 수 있는 진료의 범위와 종류를 진료과목별로 제한할 필요가 있다는 지적이 있다.

61) 제5조(응급환자에 대한 신고 및 협조 의무) ① 누구든지 응급환자를 발견하면 즉시 응급의료기관등에 신고하여야 한다.
② 응급의료종사자가 응급의료를 위하여 필요한 협조를 요청하면 누구든지 적극 협조하여야 한다.
제6조(응급의료의 거부금지 등) ① 응급의료기관등에서 근무하는 응급의료종사자는 응급환자를 항상 진료할 수 있도록 응급의료업무에 성실히 종사하여야 한다.
② 응급의료종사자는 업무 중에 응급의료를 요청받거나 응급환자를 발견하면 즉시 응급의료를 하여야 하며 정당한 사유 없이 이를 거부하거나 기피하지 못한다.

를 거절당하지 않고 신속한 진료를 받게 할 목적에서 비롯된 것으로서 미국의 각 주에서도 법령 또는 판례에 의하여 동일한 응급의료의무를 부과하고 있다.

응급의학과 전문의가 아닌 다른 진료과목의 전문의나 응급의학과 전문의이지만 응급의료기관에 종사하지 아니한 의사의 경우에도 의료기관 외에서 환자를 발견한 경우에 위와 같은 응급의료의무가 발생하는 것인가? 또 그 소속 의료기관이 정한 진료시간이 아닌 경우나 자신이 소속된 의료기관이 외부에서 진료요청을 받은 경우 진료를 거부할 수 있는가? 의료법 제30조 제1항은 의료업의 종사자에 대한 감독적 규정으로서 이에 관한 판단의 근거조항이 된다고 보기 어렵고, 의료법 제16조이나 보건의료기본법 제5조 제2항 소정의 "정당한 이유"에 해당하는지 여부를 구체적인 사례에 따라 판단하여야 할 것이지만, 진료시간과 공간에서 벗어난 요청이라고 하여 이를 당연히 거부할 수 있다고 해석할 수는 없을 것이다. 다만 응급의료에 관한 법률 제6조 제2항에서 "업무중"이라는 제한이 있으므로 법문상 의료인 내지 의료기관이 정해 놓은 시간과 공간의 범위 내에서만 진료의무가 인정된다고 할 것이고, 이러한 제한은 응급환자만이 아니라 통상의 환자에게도 원칙적으로 적용된다고 할 것이다.[62)]

(3) 신뢰의 원칙

신뢰의 원칙이란 자신의 주의의무를 다하는 사람은 다른 사람도 역시 주의의무를 다하리라고 믿어도 좋다는 원칙이다. 예를 들어 고속주행이 허용된 자동차전용도로를 운전하는 자동차 운전자의 경우에 자동차전용도로는 보행자의 통행이 금지되어 있으므로 보행자가 도로를 무단 횡단하는 경우는 없을 것이라고 신뢰하고 고속으로 운전하다가 자동차전용도로를 무단 횡단하는 보행자를 충격하여 사망하게 하여도 자동차 운전자는 업무상과실치사죄의 죄책을 부담하지 않는다는 것이다. 신뢰의 원칙은 1930년대 독일 판례를 통하여 인정되기 시작하였고 1954년 독일연방대법원(BGHM Bundesgerichtshof) 전원합의체의 결정을 통하여 교통사고 분야에서 확립되었다. 그 후 이 원칙은 비단 교통사고뿐만 아니라 의료행위, 각종 건설현장 등의 위험업무에 적용되고 있다. 우리나라 대법원은 1970년대부터 차량과 차량간의 교통사고에서 인정하기 시작하여 점차 적용범위를 확대하여 의료과오소송에서도 이를 적용하고 있다.

62) 同旨; 김천수, 전게논문 185-187면.

이러한 신뢰의 원칙이 적용된 사례로서, ① '약사가 의약품을 판매하거나 조제함에 있어서 약사로서는 그 의약품이 그 표시포장상에 있어서 약사법 소정의 검인, 합격품이고 또한 부패 변질 변색되지 아니하고 유효기간이 경과되지 아니함을 확인하고 조제판매한 경우에는 우연히 그 내용에 불순물 또는 표시된 의약품과는 다른 성분의 약품이 포함되어 있어 이를 사용하는 등 사고가 발생하였다면 특히 그 제품에 불순물 또는 다른 약품이 포함된 것을 간단한 주의를 하면 인식할 수 있고 또는 이미 제품에 의한 사고가 발생된 것이 널리 알려져 그 의약품의 사용을 피할 수 있었던 특별한 사정이 없는 한 관능시험 및 기기시험까지 하여야 할 주의의무가 있다 할 수 없고 따라서 그 표시를 신뢰하고 그 약을 사용한 점에 과실이 있었다고는 볼 수 없다'(대법원 1976. 2. 10. 선고 74도2046 판결), ② 간호사가 의사의 처방에 의한 정맥주사를 함에 있어 뇌실외배액관을 정맥에 연결된 튜브로 착각하고 주사하여 피해자를 사망케 한 사례에서 의사의 과실을 부인한 판결(대법원 2003. 8. 19. 선고 2001도3667 판결), ③ 내과의사가 신경과 전문의에 대한 협의진료 결과 피해자의 증세와 관련하여 신경과 영역에서 이상이 없다는 회신을 받았고, 그 회신 전후의 진료 경과에 비추어 그 회신 내용에 의문을 품을 만한 사정이 있다고 보이지 않자 그 회신을 신뢰하여 뇌혈관계통 질환의 가능성을 염두에 두지 않고 내과 영역의 진료 행위를 계속하다가 피해자의 증세가 호전되기에 이르자 퇴원하도록 조치한 경우, 피해자의 지주막하출혈을 발견하지 못한 데 대하여 내과의사의 업무상과실을 부정한 판결(대법원 2003. 1. 10. 선고 2001도3292 판결) 등을 들 수 있다.

신뢰의 원칙이 적용되기 위하여는 우선 모든 관여자의 규칙준수를 신뢰할 수 있어야 하고, 따라서 신뢰의 원칙은 관여자의 규칙준수를 신뢰할 수 없는 상황인 경우에는 그 적용이 제한되며, 행위자가 스스로 규칙을 위반한 경우, 주의의무가 타인의 행위에 대한 지휘, 감독 등에 관한 것인 경우 등에는 그 적용이 배제된다.[63]

(4) 긴급사무관리(선한 사마리아인 법)

진료의무가 없음에도 불구하고 긴급한 위해를 면하게 하기 위하여 의료행위에 착수한 의사의 경우에는 민법 제735조 소정의 긴급사무관리의 법리에 따

63) 김용빈, "의료행위의 과실과 신뢰의 원칙", 사법연수원논문집 제2집, 사법연수원(2004), 212-213면.

라 고의 또는 중대한 과실이 있는 경우에 한하여 손해배상책임을 지고, 경과실의 경우에는 면책된다.

응급의료에 관한 법률 제5조의2[64]는 응급의료종사자가 아닌 자가 '생명이 위급한 응급환자에게 응급의료 또는 응급처치를 제공하여 발생한 재산상 손해와 사상(死傷)에 대하여 고의 또는 중대한 과실이 없는 경우 민사책임과 상해(傷害)에 대한 형사책임을 지지 아니하며 사망에 대한 형사책임은 감면한다'라고 규정하고 있고, 또 응급의료종사자가 업무수행 중이 아닌 때 본인이 받은 면허 또는 자격의 범위에서 한 응급의료에 대해서도 마찬가지로 면책규정을 두고 있다.

선한 사마리아인 법(Good Samaritan laws)은 그 명칭이 보여주듯이 성서의 누가복음 10장 30~33절에 나오는 '착한 사마리아인의 비유'에서 유래했다. 법철학적 배경으로는 개인의 행동의 자유와 사회적 연대라는 가치가 충돌하는 지점에 있다고 할 수 있고, 현행법상 강제되는 것은 아니고 어디까지는 예우와 지원을 통하여 장려하는 수준에 그친다. 여기에는 거리, 식당 등과 같이 전통적인 의료 환경 밖에서 발생하는 응급 상황이라거나 의료 시설 내에서라도 담당 의사가 없는 시간이나 장소에서 발생하는 응급 상황이 포함된다. 우연히 현장에 있거나 응급상황에서 손쉽게 도울 수 있는 의사 또는 다른 개인이 나중에 과실이 있었다고 판명되더라도 일반적으로 책임을 지지 않고 조치나 치료를 행할 수 있다.[65]

바) 과실판단의 기준시점

과실판단의 기준시점은 의료행위시이다.

---

64) 제5조의2(선의의 응급의료에 대한 면책) 생명이 위급한 응급환자에게 다음 각 호의 어느 하나에 해당하는 응급의료 또는 응급처치를 제공하여 발생한 재산상 손해와 사상(死傷)에 대하여 고의 또는 중대한 과실이 없는 경우 그 행위자는 민사책임과 상해(傷害)에 대한 형사책임을 지지 아니하며 사망에 대한 형사책임은 감면한다. 〈개정 2011. 3. 8., 2011. 8. 4.〉

1. 다음 각 목의 어느 하나에 해당하지 아니하는 자가 한 응급처치
   가. 응급의료종사자
   나.「선원법」 제86조에 따른 선박의 응급처치 담당자,「119구조·구급에 관한 법률」제10조에 따른 구급대 등 다른 법령에 따라 응급처치 제공의무를 가진 자
2. 응급의료종사자가 업무수행 중이 아닌 때 본인이 받은 면허 또는 자격의 범위에서 한 응급의료
3. 제1호나목에 따른 응급처치 제공의무를 가진 자가 업무수행 중이 아닌 때에 한 응급처치

65) Marcia M. Boumil 외, 전게서 pp. 243-246.

의료행위는 위급한 상황하에서 환자의 신체상황을 정확히 인식하고 그에 대한 적절한 처치를 신속하게 선택·결정하여야 하는 시간을 다투는 행위가 대부분이다. 따라서 사후에는 쉽게 알 수 있었던 사실도 그 의료행위 당시에는 정황상 알 수 없었던 경우가 있는가 하면, 후에 널리 알려진 지식이나 기술도 행위 당시에는 알기 어려운 경우도 얼마든지 있을 수 있다.

따라서 의료과오사건을 심리하는 법관으로서는 의료행위 당시의 상황에서 결과 발생의 방지가 가능했었는지를 심리함에 있어 전문가들이 범하기 쉬운 결정론적인 판단의 경향, 즉 사후판단 편향(Hindsight Bias)[66]에 빠지지 않도록 주의하여야 한다.

사) 과실의 추정

(1) 과실 입증의 어려움과 그에 대한 구제책

어떤 의료과오는 경우에 따라서 그 행위자가 단계별로 어떠한 의사결정을 내리고 또 어떠한 처치를 실시하였는지를 밝혀내는 것이 불가능할 수 있다. 예를 들면, 환자가 의식이 없는 상태라든지 환자측이 전혀 전후 사정을 알 수 없는 상황 속에서 악결과가 발생하였고, 그것이 간접증거나 정황증거에 의하여 의료과실이 없이는 일어날 수 없는 어처구니없는 결과임에도 그에 대한 의사측의 납득할 만한 설명이 없는 한 구체적으로 어떠한 의료과실이 있었는지 알 수 없는 경우이다. 이때 비록 과실에 대한 직접증거가 없다고 할지라도 의료상의 과오를 사실상 추정할 수 있을 것이다. 의료행위의 적부를 판단하는 가장 기초적인 자료인 진료기록부의 기재가 제대로 작성되어 있지 않았다거나 허위 기재 또는 변조된 경우 등에도 마찬가지로 사실상 의사측에 무거운 입증부담을 지게 함이 옳을 것이다.[67]

(2) 입법적 시도와 그 결과

우리나라에서 의료과오의 피해자가 속출하는데도 그에 관한 구제가 미흡

---

66) 통상 '후견편향', '사후판단편파', '후견지명 효과' 등의 용어를 사용한다.

67) 대법원은 '당사자 일방이 입증을 방해하는 행위를 하였더라도 법원으로서는 이를 하나의 자료로 삼아 자유로운 심증에 따라 방해자측에게 불리한 평가를 할 수 있음에 그칠 뿐 입증책임이 전환되거나 곧바로 상대방의 주장 사실이 증명된 것으로 보아야 하는 것은 아니다'(대법원 1999. 4. 13. 선고 98다9915 판결; 대법원 2003. 12. 12. 선고 2002다59894 판결 등)라고 판시하고 있으나, 입증방해의 정도가 심하여 그 기재 내용을 전혀 믿기 어려운 경우에는 입증책임의 전환까지는 아니라고 할지라도 무거운 입증의 부담을 부과하여야 한다.

하여 심각한 사회문제가 된 적이 있었다. 2010년경 그 때문에 최영희 국회의원이 "의료사고 피해구제에 관한 법률안"을 발의하였고, 심재철 국회의원은 "의료분쟁 조정 및 피해구제에 관한 법률안"을 발의하였으며, 이러한 법률안 속에 의료과실 입증책임의 법정책적 전환, 인과관계의 추정에 관한 조항이 포함되어 있었다. 그러나 이러한 의안들은 그 심의과정에서 많은 반대에 부닥쳤으며, 막상 2011. 3. 11. 국회를 통과한 「의료사고 피해구제 및 의료분쟁 조정 등에 관한 법」에는 이에 관한 아무런 규정을 두고 있지 않다.

그 당시 필자는 2006년 8월부터 서울고등법원에서 의료과오 전문부인 민사제17부의 재판장으로 재직하면서 의료전문가들을 전문조정위원으로 위촉하여 의견청취형 조정절차를 시행한 결과 배당사건의 80% 정도를 조정절차로 종결시킨 경험이 있었던 터라, 위 특별법에 의거하여 장차 설립될 의료분쟁조정중재원의 산하에 감정부를 두게 되고(제25조), 그 감정부로 하여금 조정결정에 필요한 의료인의 과실 및 인과관계 유무를 규명하도록 "의료사고 감정"의 업무를 부여하는 새로운 제도를 도입하였기 때문에(제8조, 제28조, 제29조, 제30조) 환자측으로는 위 특별법에 의하여 설치될 의료분쟁조정위원회를 통하여 의료과실에 관한 입증의 부담을 더는 결과가 될 것으로 기대하면서(제38조), 의료과실 입증책임의 전환 및 인과관계의 추정에 관한 법조항의 입법에 대하여는 반대의 의견을 가졌다.

그러나 한국의료분쟁조정중재원이 발족하여 10년 가까이 시일이 경과하였지만 의료과오분쟁에서 눈에 띄는 변화는 찾기 어려운 것 같다. 그 이유는 위 특별법에 의거한 조정절차가 '이미 해당 분쟁조정사항에 대하여 소(訴)가 제기된 경우'에는 조정신청을 할 수 없는 등 택일적으로만 조정신청제도를 이용할 수 있게 제한하고 있고(제27조 제3항 제1호), 기껏 조정신청이 접수되어 사건배당을 마친 경우에도 소가 제기되거나 신청인이 의료사고를 이유로 물리적 해결책을 강구할 때 등에는 그 조정신청을 각하하며(제27조 제7항), 피신청인이 조정절차에 응하지 아니할 경우에도 각하하도록 규정하고(제27조 제11항) 있기 때문으로 보인다. 많은 비용을 들여 시설 및 인적 네트워크를 갖춘 한국의료분쟁조정중재원이 소기의 기능을 발휘할 수 있도록 하루빨리 제도적 개선이 이루어져야 할 것이다.

(3) Res Ipsa Loquitur 원리

여기서 우리는 미국 판례법상의 원칙이라고 할 수 있는 "Res Ipsa Loquitur (the thing speaks for itself)"에 주의를 기울일 필요가 있다. 이는 대체로 ① 쟁점이 일반인의 상식 범위 내에 있으며, ② 피해의 원인이 되는 수단이 피고의 배타적인 지배에 속하고, ③ 그 사고가 과실이 없이는 통상 발생하지 않는 것이며, ④ 원고가 자발적으로 그 결과의 발생에 기여하지 아니하였을 것을 조건으로 하여 과실의 사실상 추정(a permissive inference of negligence)을 허용하는 원칙이다. 즉 원고는 전문가의 증언이 없이도 배심원은 원고에게 유리한 평결을 할 권한을 가지게 되지만 그 추정이 강제되는 것은 아니고 원고가 그 원인관계에 관하여 전문가의 증언을 추가하지 않더라도 과실이 있다고 받아들일 수 있는 데에 그친다. 이 원칙도 그 구체적인 적용에 있어서 법정마다 상당한 차이가 있다.[68]

그런데 미국 내에서 1970년대 초부터 의료과오소송 건수의 증가와 그에 따른 배상금의 증가로 인하여 보험료의 급격이 인상되고 특히 사고위험이 높은 마취과와 같은 영역에서는 어떤 조건으로도 의료과오배상책임보험업의 보장을 받을 수 없는 사태까지 발생하고, 의료계에 방어적 진료가 일반화하고 유능하고 경험 많은 의사들이 조기에 은퇴하는 등 사회 전반에 위기의식이 고조되게 되었다. 이러한 위기는 1980년대 초에 다시 엄습하여 산과의사의 경우 1984년 당시 1인당 연간 US $ 7만 이상의 보험료를 부담하게 되는 결과를 가져왔다. 이에 미국 여러 주는 불법행위법의 개혁을 착수하였고, 그 일환으로 1985년 7월 현재 10개 주가 Res Ipsa Loquitur 원리의 적용을 금지하거나 또는 적용요건을 분명히 하는 입법을 하였다고 한다.[69]

한편 대법원 1995. 2. 10. 선고 93다52402 판결[70]은 "원래 의료행위에 있어

---

68) 이 원리의 적용 가능성을 확립한 선구적 판례는 영국 Byrne v. Boadle, 2 Hurl. & C. 722 (Eng.Rep. 1863)사건이었습니다. Byrne 사건에서 원고는 길을 걷던 중 밀가루 통에 머리를 맞았습니다. 그 통은 피고 소유의 창고 창문에서 떨어졌습니다. 법원은 이 원칙을 적용하여 피고의 과실 없이는 밀가루 통이 통상적으로 그 창문 밖으로 떨어질 수 없다고 판단하였습니다. 또한 미국 법정에서 이 원칙의 적용이 문제되는 일반적인 상황은 수술 도중 의료 도구나 스펀지가 환자 내부에 남겨졌다고 주장하는 경우이다; Marcia Mobilia Boumil 외, 전게서, pp. 211-212 참조.

69) 석희태, "미국 불법행위법에서의 의료과오 민사책임이론 — 이른바 의료과오 위기와 불법행위법의 개혁 —", 사법행정 제35권 제5호, 한국사법행정학회(1994. 5.), 11면 참조.

70) 대상이 된 사안은 소외 망 △△△가 손바닥과 발바닥에 땀이 많이 나는 증상을 치료하기 위하여 1990. 7. 28. 피고 연세대학교 산하 영동세브란스 병원에 입원하여 수술받기에 앞

서 주의의무 위반으로 인한 불법행위 또는 채무불이행으로 인한 책임이 있다고 하기 위하여는 다른 경우와 마찬가지로 의료행위상의 주의의무의 위반, 손해의 발생 및 주의의무의 위반과 손해의 발생과의 사이의 인과관계의 존재가 전제되어야 한다고 할 것이다. 그러나 의료행위가 고도의 전문적 지식을 필요로 하는 분야이고, 그 의료의 과정은 대개의 경우 환자본인이 그 일부를 알 수 있는 외에 의사만이 알 수 있을 뿐이며, 치료의 결과를 달성하기 위한 의료기법은 의사의 재량에 달려 있기 때문에 손해발생의 직접적인 원인이 의료상의 과실로 말미암은 것인지 여부는 전문가인 의사가 아닌 보통인으로서는 도저히 밝혀낼 수 없는 특수성이 있어서 환자측이 의사의 의료행위상의 주의의무위반과 손해의 발생과 사이의 인과관계를 의학적으로 완벽하게 입증한다는 것은 극히 어려우므로, 이 사건에 있어서와 같이 환자가 치료도중에 사망한 경우에 있어서는 피해자측에서 일련의 의료행위 과정에 있어서 저질러진 **일반인의 상식에 바탕을 둔 의료상의 과실있는 행위를 입증하고** 그 결과와 사이에 일련의 의료행위외에 다른 원인이 개재될 수 없다는 점, 이를테면 환자에게 의료행위 이전에 그러한 결과의 원인이 될 만한 건강상의 결함이 없었다는 사정을 증명한 경우에 있어서는, 의료행위를 한 측이 그 결과가 의료상의 과실로 말미암은 것이 아니라 전혀 다른 원인으로 말미암은 것이라는 입증을 하지 아니하는 이상, 의료상 과실과 결과 사이의 인과관계를 추정하여 손해배상책임을 지울 수 있도록 입증책임을 완화하는 것이 손해의 공평·타당한 부담을 그 지도원리로 하는 손해배상제도의 이상에 맞는다고 하지 않을 수 없다."라고 판시하였는바, 여기서 "일반인

선 사전 검사를 마치고 수술 후 아주 드물게 하지마비가 생길 수 있으며 기흉같은 것이 생길수도 있고 그 외에 얼굴에 땀이 전혀 나지 않거나 눈동자의 변화같은 것이 올 수 있고 아직 의학에서 알 수 없는 부작용이 있을 수 있다는 내용의 설명을 피고 1로부터 듣고, 같은 피고로부터 같은 달 31. 09:40부터 14:30까지 제1흉추 및 제2흉추 안쪽에서 손으로 가는 교감신경 절제수술을 받았는데 수술후 16:45경 입에 거품을 물고 경련이 시작되었고 그 이래 의식을 찾지 못하였으며 19:50경에는 미열이 발생하고 20:00경 다시 입에 거품을 물고 다리에 경련이 있었고 21:00경 전신경련을 일으키는 증상을 나타내어 위 병원의 신경외과 당직의인 소외 윤도흠이 항경련제를 투여하였으며 수술의사인 피고 1에게 연락을 해 같은 피고가 같은 날 23:00경 병원에 도착하여 용태를 본 후인 같은 해 8.1. 00:30경에는 중환자실로 옮겨져 기관내삽관을 하고 산소호흡기를 부착하였고, 그 후 중환자실에서 계속 집중치료를 하였으나 같은 달 3. 뇌전산화단층촬영 결과 뇌간 및 소뇌간 부위에 뇌경색이 나타났고 그로 인해 위 소외인이 같은 달 17. 01:50경 사망한 사례로서 '다한증 사건'이라 불린다.

의 상식에 바탕을 둔"이라는 판시부분은 Res Ipsa Loquitur의 법리를 원용한 것이라는 견해가 유력하다.[71]

(4) Common Knowledge Theory(일반인의 상식이론)

미국에서는 원칙적으로 전문가 증인이 의료과오소송에서 필수적이라고 보면서도 '의사의 과실이 중대하거나 의사가 아닌 일반인이 보더라도 너무나 명백할 정도로 분명하여 의사가 아니더라도 당해 의사의 행위에 과실이 있는 것으로 인정될 수 있는 경우 또는 원고가 주장하는 주의의무 위반이 일반 배심원들도 일반 상식과 경험에 의거하여 쉽게 이해할 수 있는 복잡하지 않은 진단이나 시술상의 문제와 관련되어 있는 경우에는 전문가의 증언이 요구되지 않는다는 이론이 일반인의 상식이론(common knowledge theory)이다.[72] 예를 들면, ① 환자의 어깨에 주사를 하였는데 폐에 구멍이 난 경우, ② x-ray 검사결과 동맥류가 명백히 밝혀졌는데 아무도 영상을 판독하지 아니한 채 그 환자로 하여금 병원을 나가게 하였다가 사망한 경우, ③ 복강 수술시 사용한 패드가 장기 내에 그대로 남아 있는 경우, ④ 외과 수술 도중에 사용한 바늘이 가슴에 남아 있는 것이 나중에 발견된 경우, ⑤ 치과의사가 다른 치아를 잘못 발치한 경우, ⑥ 의사가 마취제 대신에 부식성이 있는 물질을 잘못 사용한 경우, ⑦ 출산 도중에 부적절한 마취시술로 인하여 환자가 화상을 입은 경우 등의 판결례가 common knowledge theory가 적용된 사례인바,[73] 이러한 사례의 경우에는 우리나라에서는 대부분 표현증명 내지 일응의 추정으로 해결할 수 있는 사안들이고,[74] 특별히 감정 등의 증거조사절차를 거치지 않더라도 의사의 과실을 인정할 수 있을 것이지만, 의사의 과실이 일반인이 보더라도 너무나 명백한 경우는 사실상 드물어서 실제로 재량성과 전문성이 보장되는 복잡한 진단이나 시술상의 문제와 관련되어 있는 의료소송실무에서 이를 원용하기란 쉽지 않을 것이다.

미국의 추세는, Res Ipsa Loquitur 원리를 사용할 수 있는 범위를 확대하여 일반 배심원들이 예외적으로 common knowledge theory에 의하여 추론이 가능

---

71) 박영호, "의료과실의 입증방법", 의료법학 제6권 제2호, 대한의료법학회(2005. 12.), 52면 참조.

72) Marcia M. Boumil 외, 전게서, pp. 79-83.

73) 박영호, 전게논문, 22-24면 참조.

74) 안법영, "의료사고의 불법행위책임 — 대법원과 독일연방법원(BGH)판결의 비교 고찰", 법학논집 제33권, 고려대학교 법학연구소(1997. 8.), 271-274면.

한 경우나 추론을 지원하기 위하여 전문가 증언이 행하여지는 경우에도 모두 적용할 수 있다고 한다. 요컨대 필요한 전제 조건이 충족될 때에는 정황 증거의 사용을 허용하는 별도의 원칙으로 Res Ipsa Loquitur 원리를 적용하는 것입니다. 오늘날에는 책임이 성립될 것이라는 확실성을 높이기 위하여 전문가 증언을 제공하는 것 외에도 Res Ipsa Loquitur 원리를 주장하는 것이 일반적이다.[75)]

(5) 의료관계법규 위반과 과실의 추정

비의료인의 의료행위나 의료인의 면허된 것 이외의 의료행위를 하는 것은 무면허의료행위로서 의료법 제27조 제1항에 따라 금지되며, 의료법 제87조의2 제1항 제2호에 따라 5년 이하의 징역이나 5천만원 이하의 벌금의 형사처벌 대상이 된다. 그런데 이러한 무면허의료행위로 인하여 악결과가 발생한 경우 의료과실이 추정될 것인지가 문제로 된다. 미국 McCarthy v. Boston City Hosp., 266 N.E.2d 292(Mass,1971)에서 법원은 면허 부재(the absence of a license)가 해당 의사가 진료에 적합하지 않다는 면허 당국의 결정에 의한 것인지 아니면 일종의 실수라고 본 것인지에 따라 달라진다고 보고, 등록 만료로 면허를 잃게 된 경우 환자에 대한 진료의 질에 어떤 식으로든 영향을 미쳤다고 볼 수 없다는 이유로 악결과에 대한 직접인 원인은 아니라 판단하였다. 한편 Stahlin v. Hilton Hotel Corp., 484 F.2d 580(7th Cir. 1973)에서는 간호사가 면허 없이 업무를 수행하여 간호법을 위반한 사안인데 법원은 해당 간호사가 간호사에게 요구되는 자격을 갖추지 못하였으므로 의료과오청구의 원인이 된 업무를 수행할 능력이 없다고 판단하였다.[76)]

우리 대법원은 약사가 문진을 한 후 감기로 진단하고 각종 전문의약품을 혼합하여 다량으로 조제하였다가 후에 선행사인 스티븐스-존슨 증후군, 칸디다 폐렴, 중간사인 위장관 출혈, 패혈증(추정), 직접사인 호흡부전, 심폐정지로 사망한 사안에서, "무면허로 의료행위를 한 경우라도 그 자체가 의료상의 주의의무 위반행위는 아니라고 할 것이므로 당해 의료행위에 있어 구체적인 의료상의 주의의무 위반이 인정되지 아니한다면 그것만으로 불법행위책임을 부담하지는 아니한다"라고 판시하였다(대법원 2002. 1. 11. 선고 2001다27449 판결).

---

75) Marcia M. Boumil 외, 전게서, pp. 97-99.

76) Marcia M. Boumil, 전게서 pp. 84-85.

(6) 최근 판례 동향

최근 선고된 대법원 2023. 8. 31. 선고 2022다303995 판결에서 과실 추정의 법리로 제시하는 판시를 보면, "의료행위는 고도의 전문적 지식을 필요로 하는 분야로서 전문가가 아닌 일반인으로서는 의사의 의료행위의 과정에 주의의무 위반이 있는지 여부나 그 주의의무 위반과 손해발생 사이에 인과관계가 있는지 여부를 밝혀내기 극히 어려운 특수성이 있으므로, 수술 도중이나 수술 후 환자에게 중한 결과의 원인이 된 증상이 발생한 경우 그 증상발생에 관하여 의료상의 과실 이외의 다른 원인이 있다고 보기 어려운 간접사실들을 증명함으로써 그와 같은 증상이 의료상의 과실에 기한 것이라고 추정하는 것도 가능하다(대법원 2004. 10. 28. 선고 2002다45185 판결; 대법원 2013. 6. 27. 선고 2010다96010, 96027 판결 등 참조)."라고 하였다. 이는 수술 도중이나 수술 후 환자에게 중한 결과의 원인이 된 증상이 발생한 경우에 '일반인의 상식에 바탕을 둔 의료상의 과실있는 행위의 입증' 등을 요구하지 않고 간접사실들로서 그 증상발생에 관하여 의료상의 과실 이외의 다른 원인이 있다고 보기 어렵다는 점을 증명하면 의료상의 과실을 추정할 수 있다는 것이다. 이때 "의사의 과실로 인한 결과발생을 추정할 수 있을 정도의 개연성이 담보되지 않는 사정들을 가지고 막연하게 중한 결과에서 의사의 과실과 인과관계를 추정함으로써 결과적으로 의사에게 무과실의 입증책임을 지우는 것까지 허용되는 것은 아니다(대법원 2004. 10. 28. 선고 2002다45185 판결)."라는 것이므로 의사의 과실로 인한 결과발생을 추정할 수 있을 정도의 개연성이 담보될 정도의 입증이 필요하다고 할 것이다.

3) 사용자책임

가) 민법상 사용자책임

직접 악결과를 일으키지 아니하였음에도 시술자와의 사용관계에 의하여 시술자가 행한 의료과오에 대하여 불법행위책임을 지는 것이 사용자책임이다. 이는 의료과오소송에서 피해자 구제를 위한 중요한 법적 장치이다. 예를 들어, 의료법인은 소속 의사의 과실로 인한 손해에 대해 사용자로서 배상책임을 부담하며, 이는 피해자가 충분한 배상을 받을 수 있도록 보장하는 역할을 한다.

민법 제756조 제1항은 "타인을 사용하여 어느 사무에 종사하게 한 자는 피용자가 그 사무집행에 관하여 제삼자에게 가한 손해를 배상할 책임이 있다. 그러나 사용자가 피용자의 선임 및 그 사무감독에 상당한 주의를 한 때 또는 상당한 주의를 하여도 손해가 있을 경우에는 그러하지 아니하다."라고 규정하고 있다.

나) 사용자책임의 성립요건

(1) 사용관계의 존재

사용자책임이 성립하기 위해서는 우선 사용자와 피용자 사이에 사용관계가 존재해야 한다. 사용관계라 함은 "어떤 사람이 다른 사람을 위하여 그 지휘·감독 아래 그 의사에 따라 사무를 집행하는 관계로서, 고용관계에 의하는 것이 보통이겠지만 위임·조합·도급 기타 어떠한 관계라도 실질적인 지휘·감독 관계가 있으면 충분하고, 이러한 지휘·감독 관계는 실제로 지휘·감독하고 있느냐의 여부에 의하여 결정되는 것이 아니라 객관적으로 지휘·감독을 하여야 할 관계에 있느냐의 여부에 따라 결정된다(대법원 2019. 11. 14. 선고 2019다216312 판결 등 참조).[77] 병원 개설자와 의사, 의사와 간호사, 의료법인과 소속 의료인 등 다양한 형태의 사용관계가 인정될 수 있다.

대법원 1998. 2. 27. 선고 97도2812 판결은, "의료행위는 의사의 책임하에 이루어지는 것이고 간호사는 그 보조자에 불과하므로, 의사는 당해 의료행위가 환자에게 위해가 미칠 위험이 있는 이상 간호사가 과오를 범하지 않도록 충분히 지도·감독을 하여 사고의 발생을 미연에 방지하여야 할 주의의무가 있고, 이를 소홀히 한 채 만연히 간호사를 신뢰하여 간호사에게 당해 의료행위를 일

---

77) 미국에서 사용자책임(vicarious liability; respondeat superior liability)의 근거가 되는 실질적인 지휘·감독 관계를 인정하는 기준으로, Borrowed Servant Doctrine[어떤 종업원이 본래의 고용주가 아니라 다른 사람의 통제를 받아 일하던 중 불법행위를 저질렀을 경우, 실질적인 통제를 행사한 고용주(차용자)가 책임을 지는 반면, 본래 고용주의 책임이 면제된다는 원칙], Captain of the Ship Doctrine[수술실에서는 외과의사가 "선장" 역할을 하므로, 수술실 내 다른 의료진(간호사, 마취과 의사 등)의 실수도 외과의사가 최종적인 책임을 져야 한다는 원칙], Apparent agency(또는 Ostensible agency; 본인이 어떤 사람을 자기의 대리인인 것처럼 보이게 하였거나, 그렇게 믿도록 행동한 경우, 제3자는 그를 합리적으로 대리인으로 믿고 의존할 수 있으며, 이로 인해 발생한 손해에 대해 본인이 책임을 질 수 있다는 법리), "non-delegable duty" doctrine[법이 특정한 의무를 본인에게 직접 부과한 경우, 그 의무의 수행을 제3자(예: 독립계약자, subcontractor)에게 맡겼더라도, 그 이행과정에서 발생한 과실에 대해 본인이 책임을 면할 수 없다는 원칙], Agency by Estoppel(본인이 어떤 사람을 자신의 대리인으로 보이도록 했거나, 묵인함으로써, 제3자가 그를 대리인으로 합리적으로 믿고 의존하게 만들었을 경우, 본인은 그 사람의 행위에 대해 법적 책임을 부인할 수 없다는 원칙) 등이 있다; Marcia M. Boumil, 전게서 pp 279-282, 294-314.

임함으로써 간호사의 과오로 환자에게 위해가 발생하였다면 의사는 그에 대한 과실책임을 면할 수 없다."라고 판시하였다.

또한 대법원 2007. 2. 22. 선고 2005도9229 판결은, "의사는 전문적 지식과 기능을 가지고 환자의 전적인 신뢰하에서 환자의 생명과 건강을 보호하는 것을 업으로 하는 자로서 그 의료행위를 시술하는 기회에 환자에게 위해가 미치는 것을 방지하기 위하여 최선의 조치를 취할 의무를 지고 있으므로, 의사가 다른 의사와 의료행위를 분담하는 경우에도 자신이 환자에 대하여 주된 의사의 지위에 있거나 다른 의사를 사실상 지휘 감독하는 지위에 있다면, 그 의료행위의 영역이 자신의 전공과목이 아니라 다른 의사의 전공과목에 전적으로 속하거나 다른 의사에게 전적으로 위임된 것이 아닌 이상, 의사는 자신이 주로 담당하는 환자에 대하여 다른 의사가 하는 의료행위의 내용이 적절한 것인지의 여부를 확인하고 감독하여야 할 업무상 주의의무가 있고, 만약 의사가 이와 같은 업무상 주의의무를 소홀히 하여 환자에게 위해가 발생하였다면, 의사는 그에 대한 과실 책임을 면할 수 없다."라고 판시하였다.

(2) 사무집행 관련성

피용자인 의료인이 그 사무집행에 관하여 제3자에게 손해를 가한 경우에만 사용자책임이 성립한다. 민법 제756조에 규정된 사용자책임의 요건인 '사무집행에 관하여'라는 뜻은 피용자의 불법행위가 외형상 객관적으로 사용자의 사업활동 내지 사무집행행위 또는 그와 관련된 것이라고 보일 때에는 행위자의 주관적 사정을 고려함이 없이 이를 사무집행에 관하여 한 행위로 본다는 것이다 (대법원 2008. 1. 18. 선고 2006다41471 판결).

(3) 피용자의 불법행위 성립

사용자책임이 성립하기 위해서는 피용자인 의료인의 행위가 불법행위의 요건을 갖추어야 한다. 즉 의료인의 과실로 인한 위법행위와 이로 인한 손해발생 및 인과관계가 인정되어야 한다.

다) 사용자책임의 범위와 제한

(1) 원칙

의료기관은 소속 의료인의 과실로 인한 손해에 대해 원칙적으로 전부 배상할 책임이 있다. 다만, 피해자에게 그 손해의 발생과 확대에 기여한 과실이 있다면 사용자책임의 범위를 정함에 있어서 이러한 피해자의 과실을 고려하여 그 책임을 제한할 수 있다(대법원 2015. 5. 14. 선고 2012다43553 판결).

(2) 사용자의 면책사유

민법 제756조 제1항 단서에 따르면, 사용자가 피용자의 선임 및 그 사무감독에 상당한 주의를 한 때 또는 상당한 주의를 하여도 손해가 있을 경우에는 사용자책임이 면제된다. 그러나 의료과오소송에서 이러한 면책사유가 인정되는 경우는 매우 드물다고 할 수 있다.

라) 관련 문제

(1) 간병인의 과실에 대한 책임

간병인이 병원과 직접 고용관계에 있지 않고 환자 측과 계약을 체결한 경우, 병원은 간병인의 과실에 대해 사용자책임을 부담하지 않는다. 서울중앙지방법원 2019. 11. 13. 선고 2016가합577998 판결에서는 간병인이 병원과 간병에 관한 계약을 체결한 것이 아니라 간병인이 소속된 회사를 통해 환자 측과 간병서비스 제공계약을 체결한 경우, 병원의 사용자책임이나 채무불이행책임이 인정되지 않는다고 판시하였다.

(2) 설명의무 위반과 사용자책임

의료인의 설명의무 위반으로 인한 손해에 대해서도 의료기관은 사용자책임을 부담한다. 설명의무 이행에 대한 증명책임은 의사에게 있으며(대법원 2010. 8. 19. 선고 2007다41904 판결), 설명의무를 위반하여 환자의 자기결정권을 침해한 경우 의료기관은 소속 의료인의 사용자로서 위자료 배상책임을 부담한다.

다. 채무불이행책임과 불법행위책임의 관계

하나의 행위가 계약상 채무불이행의 요건을 충족함과 동시에 불법행위의 요건도 충족하는 경우, 채무불이행책임과 불법행위책임은 각각 요건과 효과를 달리하는 별개의 법률관계에서 발생하는 것이므로 하나의 행위가 계약상 채무불이행의 요건을 충족함과 동시에 불법행위의 요건도 충족하는 경우에는 두 개의 손해배상청구권이 경합하여 발생하고, 권리자는 위 두 개의 손해배상청구권 중 어느 것이든 선택하여 행사할 수 있다.

다만 동일한 사실관계에서 발생한 손해의 배상을 목적으로 하는 경우에도 채무불이행을 원인으로 하는 배상청구와 불법행위를 원인으로 한 배상청구는 청구원인을 달리하는 별개의 소송물이므로, 법원은 원고가 행사하는 청구권에 관하여 다른 청구권과는 별개로 그 성립요건과 법률효과의 인정 여부를 판단하여야 한다. 계약 위반으로 인한 채무불이행이 성립한다고 하여 그것만으로 바로 불법행위가 성립하는 것은 아니다(대법원 2021. 6. 24. 선고 2016다210474 판결).

2. 인과관계

가. 인과관계론

1) 손해배상책임과 인과관계론의 위치

채무불이행이나 불법행위나 그에 기초한 손해배상청구권이 발생하려면 그러한 위법행위와 발생한 손해 사이에 인과관계가 있을 것이 요구된다. 이러한 관계를 책임성립요건으로서의 인과관계라 한다. 다른 한편 책임이 성립한 경우에도 발생한 손해 중 어느 범위까지 위법행위자에게 배상시킬 것인가의 판단문제가 남게 되는데 이를 손해배상의 범위결정의 문제라 한다.

우리 민법은 책임성립의 인과관계에 관하여는 민법 제390조와 제750조에서, 배상범위의 인과관계에 관하여는 민법 제393조와 제763조에게 각각 규정하는 방식을 취하고 있어 독특한 입법체계를 갖추고 있다고 볼 수 있다.

여기서 손해라 함은 피해자가 누리고 있던 보호법익에 대한 침해를 말하고 단순히 발생할 우려만으로는 책임을 발생시키지 않고 손해가 현실적으로 발생하여야 한다. 이러한 손해의 대표적인 예로 생명·신체에 대한 침해, 자유·명예·정조·사생활·가족관계에 대한 침해 등을 들 수 있다.

책임성립의 단계에서의 손해는 피해자에게 생긴 자연적인 손해를 가리키며 이것은 아직 손해범위·배상액에 의해 구체화되지 않은 추상적 손해이다. 통상 일반 민사사건의 경우 위법행위와 이러한 손해 사이의 인과관계가 자명하여 그 인정에 별 어려움이 없지만, 의료과오소송이나 공해소송 등에 있어서는 그렇지 않은 경우가 많아 적지 않게 어려움을 겪게 된다.[78]

78) 의학적 인과관계의 문제는 공무상 재해 또는 업무상 재해 여부를 따지는 데에 있어서나 망인의 자살이 자유로운 의사결정을 할 수 없는 상태에서 이루어진 것인지에 따라 재해

2) 학설

민법상 손해배상책임에서 성립요건으로서의 인과관계와 배상범위의 인과관계를 분리하여 볼 것이냐 아니면 통합하여 일괄적으로 판단할 것이냐를 두고 학설이 대립하고 있다.

다수설은 책임성립·배상범위결정·배상액산정의 세 단계를 엄격히 구분하지 않고 모두 상당인과관계설에 의하여 일괄적으로 해결하여 왔다. 특히 책임성립의 인과관계와 배상액범위결정의 인과관계를 개념상으로도 구별하지 않았다. 상당인과관계설은 원인·결과의 관계에 있는 무한한 사실 가운데 객관적으로 보아 어떤 선행사실로부터 보통 일반적으로 초래되는 후행사실이 있는 때에 상당인과관계에 있다고 인정하고, 그 인과관계의 판단에는 위법행위 당시에 보통인이 알 수 있었던 사정과 채무자 또는 가해자가 특히 알고 있었던 사정을 함께 고찰의 대상으로 삼는 절충설을 취하고 있다.

이와 달리 사실적 인과관계설 등으로 불리는 신이론[79]은 책임성립에 요구되는 인과관계는 사실적 인과관계뿐이라는 입장이다. 상당인과관계설에서 주장하는 법적 인과관계의 이론은 완전배상주의를 취하는 독일민법 아래에서만 타당하며, 제한배상주의의 우리민법 아래에서는 책임성립의 단계에서 상당성이라

사망보험금이 지급되는지 여부가 갈리는 경우 등에서도 자주 발생한다. 특히 피보험자가 자유로운 의사결정을 할 수 없는 상태에서 사망의 결과를 발생케 한 직접적인 원인행위가 외래의 요인에 의한 것이라면, 그 사망은 피보험자의 고의에 의하지 않은 우발적인 사고로서 보험사고인 사망에 해당할 수 있기 때문이다(대법원 2015. 6. 23. 선고 2015다5378 판결 등 참조). 대법원 2021. 2. 4. 선고 2017다281367 판결은, 망인이 우울증을 앓다가 자살에 이르자 망인의 유가족이 재해사망보험금을 청구한 사건에서, 망인이 자유로운 의사결정을 할 수 없는 상태에서 자살에 이르게 된 것이라고 볼 증거가 부족하다고 본 원심판단에 대하여, 대법원은 "이미 주요우울장애와 자살의 연관성 및 주요우울장애에 대한 판단기준이 의학적으로 정립되어 있고, 이 사건의 경우 망인이 주요우울장애로 인해 자유로운 의사결정을 할 수 없는 상태에서 자살에 이르게 된 것으로 보인다는 취지로 인과관계를 인정한 의학적 소견이 나타나 있는 이상, 구체적이고 전문적, 의학적인 근거 없이 이에 반하는 인과관계 판단을 한 원심판단은 타당하지 않다"라고 판단하였다. 이는 인과관계의 존부를 판단함에 있어서 전문적·의학적 근거를 중시하는 실무의 견해를 잘 보여주고 있다.

79) 김형배, "인과관계", 민법학연구, 박영사(1986), 330-345면; 김선석, "민사법상의 인과관계론에 대한 재음미", 대한변호사협회지 통권 제111호(1985. 10.), 6-10면; 양삼승, "손해배상의 범위 및 방법에 관한 독일·일본 및 우리나라 민법의 비교", 민사법의 제문제: 온산 방순원선생고희기념논문집, 박영사(1984), 70면 이하; 박영호, "의료소송과 사실적 인과관계", 법조 제52권 제3호, 법조협회(2003. 3.), 50-53면 각 참조.

는 법적 인과관계의 심사는 필요하지 않고 단지 자연적, 사실적 인과관계의 존부만이 문제된다고 본다. 여기서 자연적·사실적 인과관계란 위법행위와 손해 사이에 존재하는 '원인·결과의 관계'(conditio sine qua non; 영미법상의 but for test)를 가리키고, 이는 곧 '피고의 행위가 없었더라면 배상을 구하고 있는 당해 손해는 발생하지 않았을 것이다'라는 불가결조건의 공식으로서의 관계를 말한다.[80] 한편 배상범위의 결정문제는 전부냐 전무(全無)냐의 양자택일의 관계가 아닌 배상의 정도를 결정짓는 것으로서, 탄력적인 이해조정을 가능토록 하는 세련된 법기술로서 작동된다는 점에 착안을 한다. 이 설을 취하는 경우에도 세부적인 내용에서 견해가 나누어지고, 특히 배상범위결정의 문제를 인과관계의 문제가 아니라 별개의 규범적 판단으로 보는 견해가 있는가 하면, 책임성립의 인과관계와 구분되는 책임범위의 인과관계로 보아 위법행위와 각 손해항목과 사이에 상당한 인과관계가 존재하는지를 따져야한다는 견해 등이 있다.

3) 판례

대법원이 책임성립의 인과관계와 책임범위의 인과관계를 구분하여 설시한 예를 찾을 수 없고, 책임성립의 인과관계가 문제된 사안에서 한결같이 상당인과관계가 있는지 여부만을 판시하고 있다. 연속되는 인과관계 중에서 "상당성 있는" 인과관계만을 법적 인과관계에 해당하는 것으로 보고 그 범위 안에서 발생한 손해에 한하여 배상되어야 한다는 것이 상당인과관계설의 요체이다.

이에 관하여 지도적 판례라 할 수 있는 대법원 1994. 3. 25. 선고 93다32828,32835 판결은 "불법쟁의행위로 인하여 노동조합이나 근로자가 그 배상책임을 지는 배상액의 범위는 불법쟁의행위와 상당인과관계에 있는 모든 손해라 할 것이고, 노동조합이나 근로자의 불법쟁의행위로 인하여 의료업무를 수행하는 사용자가 그 영업상의 손실에 해당하는 진료수입의 감소로 입은 손해는 일

80) 미국에서는 인과관계에는 "사실적 인과관계(cause-in-fact; factual cause)"과 "법적으로 책임을 물을 수 있을 정도로 충분히 관련된 원인(proximate cause)"의 두 가지 유형으로 구별하고, 피고의 불법행위가 없었더라면 원고에게 부상이 발생하지 않았다거나(but-for) 원고에게 부상이 피고의 행위로 인해 예견가능한 결과였다면 전자에 해당하지만, 반면에 후자는 다른 모든 관련 요소를 고려할 때 피고의 행위가 원고의 부상의 법적 원인에 해당하는지 여부를 말한다. 손해가 그 행위로부터 예상가능한 결과가 아니라거나 중간에 개입된 제3자의 행위나 우연한 사건으로 인과관계가 너무 멀어졌다면 proximate cause가 아닐 수 있다. Marcia M. Boumil 외, 전게서, 195면 참조.

실이익으로서 불법쟁의행위와 상당인과관계가 있는 손해라 할 것이다"라고 판시하고 있다.

4) 사견

책임성립의 인과관계와 책임범위의 인과관계를 구분하는 해석론은 우리 민법의 조문형식에도 부합하고[81] 실무상 부딪치는 많은 문제를 분석적으로 접근하는 도구로서 매우 유용하다고 여겨진다. 다만 책임성립의 인과관계는 순수하게 사실적 인과관계로 족하다는 견해에는 찬성하기 어렵다. 이는 민사책임의 성립 여부를 자연과학적 인과관계와 동일시하는 것으로 결과적으로 형법학상 조건설이 가지는 약점을 그대로 안게 될 뿐만 아니라 특히 의료과오사건에서는 자연적 인과관계가 불투명한 경우에도 규범적 판단에 의하여 책임성립에 관한 개연적 인과관계를 인정할 필요가 있기 때문이다.

나. 입증

1) 입증책임

인과관계의 존재는 법적 책임요건이고, 법률요건분류설에서 말하는 권리근거규정에 해당하므로 불법행위에 기한 책임이거나 채무불이행에 기한 책임이거나 그 어느 것이나, 원칙적으로 손해배상을 청구하는 원고측이 입증책임을 부담한다.

원래 현실의 소송에서는 원고가 일응 입증을 하면 피고가 반증을 제기하는 과정을 거치는 경우가 적지 않지만 이는 어디까지는 자유심증주의하에서 공방이 이루어지면서 입증의 부담이 부동적으로 오가는 것에 불과하고 입증책임의 소재는 변하지 않는다.[82]

---

81) 민법 제393조는 일본민법 제416조에서 유래하고, 일본법은 영미의 계약책임법의 대표적 판례인 하들리사건의 선결례에서 유래하며, 그 하들리선결례는 다시 18C 불란서의 민법학자 포띠르(Pothier)의 예견이론에서 유래한 것으로 추측된다고 한다. 정종휴, "손해배상의 범위결정의 구조", 손해배상법의 제문제: 성헌황적인박사화갑기념논문집(1990), 93-94면.

82) 김선석, "의료과오에 있어서 인과관계와 과실", 재판자료 제27집: 의료사고에 관한 제문제, 법원행정처(1985), 57면 이하 참조.

2) 입증의 정도

민사소송이나 행정소송에서 사실의 증명은 추호의 의혹도 있어서는 아니되는 자연과학적 증명은 아니나, 특별한 사정이 없는 한 경험칙에 비추어 모든 증거를 종합적으로 검토하여 어떤 사실이 있었다는 점을 시인할 수 있는 고도의 개연성을 증명하는 것이고, 그 판정은 통상인이라면 의심을 품지 아니할 정도일 것을 필요로 한다(대법원 2010. 10. 28. 선고 2008다6755 판결; 대법원 2016. 11. 24. 선고 2015두54759 판결 등 참조).[83)][84)]

그런데 의료과오소송은, 첫째로, 의료과정을 이해함에 있어서는 고도의 전문적 지식을 필요로 하고, 둘째로는 의료의 과정에서 환자에게 부첨된 사람은 대개의 경우 환자 자신밖에는 없는 경우가 많아서 의료과정중에 행해진 조치에 대해서는 환자 본인 및 의사 이외에는 알 수 있는 사람이 없다는 「의료의 밀실성」이 있으며, 셋째로 치료의 결과를 달성하는 기술기법은 여러 가지가 있을 수 있고 이때에 어느 기법을 선택하는가는 기본적으로는 의사의 재량에 달려 있으며, 넷째로 의료행위의 인과관계는 결국 같은 전문가인 다른 의사에 의해서 판정될 수밖에 없는 경우가 많은데, 이 경우 의사상호 간에는 서로 비판하는 것을 꺼려하는 폐쇄성을 가지므로, 입증의 정도를 경감할 필요성이 생기는바, 이를 해결하기 위한 이론으로 ① 형사사건과 달리 민사사건에 있어서는 합리적으로 생각해서 증거의 무게가 다른 편보다 우월하다고 보여질 정도까지 증명이 행해지면 입증이 있었다고 보는 증거우월설, ② 인과관계의 존재에 관하여 재판관에게 개연성의 정도만으로서도 인과관계를 추인하는 것을 인정하고 상대방의 반증을 기다리는 범위를 확대해서 입증책임을 사실상 전환시키려는 사실상 추

---

83) 미국법원은 Alfonso u. hand, 783 F.2d 958(1986년 10심)에서 "원고가 불만을 제기한 치료와 원고의 손실 또는 부상 사이의 인과관계를 합리적 확실성을 가지고 입증해야 하는 책임은 원고에게 있으며, 추측, 지레짐작 또는 어림짐작에 근거한 의료과오 소송의 판결은 유지될 수 없다(The burden of proving with reasonable certainty the causal connection between the treatment complained of and the plaintiffs loss or injury rests on the plaintiff, and a judgment in a malpractice action based upon conjecture, surmise or speculation cannot be sustained…"라고 판시하였다; Marcia M. Boumil 외, 전게서, 194면 참조.

84) 미국에서는 피고의 행위가 피해의 원인이었다는 사실을 '증거의 우월(preponderance of the evidence)'을 통하여 입증해야 한다고 본다. 이는 민사소송에서 사용되는 가장 낮은 기준으로서, 원고가 승소할 가능성이 "없는 것보다 더 높다(more likely than not)"는 것을 의미하고, "51%" 기준이라고도 불린다. 다만 대부분의 의료과오 사건에서 인과관계의 요소는 전문가의 증언을 통하여 입증되어야 한다. Marcia M. Boumil 외, 전게서, pp. 208-213.

정설, ③ 원고가 인과관계의 존재를 추인시킬 만한 간접사실을 증명하면 피고가 다른 간접사실을 증명하지 않는 한 인과관계를 인정하여야 한다는 간접반증론, ④ 인과관계를 인정함에 있어서 역학적 방법을 도입함으로써 입증의 경감을 시도하려는 역학적 인과관계론 등이 있다고 설명된다.[85]

3) 의료과오의 유형에 따른 인과관계 입증의 차이

의료과오사건은 크게 나누면 ① 적극적인 의료행위로 인하여 악한 결과가 창출되는 작위형(作爲型), ② 적절한 의료행위를 하지 아니하여 기존의 질병이 악화되는 부작위형(不作爲型)이 있다.

작위형의 경우에는 인과관계란 곧 구체적 의료행위와 피해 사이의 사실적 인과관계의 문제로 된다. 즉 어떤 의료행위가 행하여진 후에 나타난 일련의 현상을 추적하여, 그 구체적 사실관계에 당해 행위와 결과발생 사이의 규칙성 존부에 관한 의학적 지식을 적용하여 인과관계 존부를 판단한다. 이 경우 현상의 측면에서의 연속성이 인정된다면 설령 객관적·통계적 발생 확률이 낮더라도 인과관계가 인정된다. 이때 입증의 주제는 ① 원인이 된 의료행위의 특정, ② 당해 의료행위에 의하여 당해 결과가 발생할 수 있는 의학적 가능성, ③ 당해 의료행위와 결과발생 사이의 시간적 근접성·접착성, 신체부위의 연속성 등이다.

반면, 부작위형의 경우에는 치료행위를 실시하지 않은 것과 피해 사이의 문제로서, 의사가 본래 행하여야 할 의료행위를 행하였다고 가정한 위에 그의 경과를 상정하여 이를 현실의 결과와 대비하여 그 사이에 차이가 있다는 점을 증명할 필요가 있고, 거기에 달리 있을 수 있는 통상의 경과를 탐구하는 예측을 포함하는 사고(思考)의 실험이 필요하게 된다. 이 경우에는 부작위를 대상으로 삼기 때문에 충분한 정보가 없는 경우가 많으므로 다른 있을 수 있는 경과의 재구성 자체가 매우 곤란하다. 이때 중요한 입증의 주제는 ① 증상악화에 의한 결과발생의 의학적 가능성, ② 본래 행하여져야 할 치료방법, ③ 당해 치료행위가 실시되었을 경우 피해회피의 가능성[객관적 구명율(救命率), 치유율(治癒率), 후유장해의 발생 빈도, 일반적인 후유장해의 정도] 등이다.[86]

---

85) 양삼승, "의료과오로 인한 민사책임의 발생요건", 민법학총론: 후암곽윤직교수 화갑기념, 위 논문집편집위원회, 박영사(1985), 754-756면 참조.

86) 鈴木利廣 외, 전게서, 38-39면 참조.

4) 입증의 곤란과 실무의 경향

앞에서 본 바와 같이 필요한 검사를 실시하지 아니한 것과 같은 부작위형 의료과오가 문제되는 경우에는, 의료기관의 태만으로 인하여 전개된 사태의 순서 자체를 충분히 특정할 수 없는 때가 적지 않다. 또한 분야에 따라서는 축적된 선행연구가 없어 적절한 통계수치를 얻기 어려운 경우도 많다. 그 때문에 인과관계의 입증이 매우 곤란하게 되고, 의료기관 측에 명백한 과실이 있더라도 사망이나 장애라는 결과 사이에 인과관계가 부정되는 사태가 자주 발생하게 된다.

가) 인과관계의 추정

(1) 대법원 판결의 흐름

의료과실과 인과관계에 관한 그 동안 축적된 대법원판결례를 분석한 결과 완전히 상이한 2가지 방식이 병존한다는 주장이 법원재판 실무계에서 제기되었다. 즉 우리나라 대법원판례가 의료과실과 인과관계의 입증에 대하여 ① 간접사실에 의한 인과관계와 과실의 동시 추정 방식(과실개념의 미분화)과 ② 일반인의 상식 방식[(대법원 93다52402 판결 방식(의료과실 개념의 분화)]이라는 별개의 방식을 취하고 있다는 것이다.[87] 이때 대법원이 위 ①항 방식을 취하였다는 판례로는 대법원 2004. 10. 28. 선고 2002다45185 판결이 제시된다.

대법원 2004. 10. 28. 선고 2002다45185 판결의 관련 판시는 "의료행위는 고도의 전문적 지식을 필요로 하는 분야로서 전문가가 아닌 일반인으로서는 의사의 의료행위의 과정에 주의의무 위반이 있는지의 여부나 그 주의의무 위반과 손해발생 사이에 인과관계가 있는지 여부를 밝혀내기가 극히 어려운 특수성이 있으므로 수술 도중 환자에게 사망의 원인이 된 증상이 발생한 경우 그 증상 발생에 관하여 의료상의 과실 이외의 다른 원인이 있다고 보기 어려운 간접사실들을 입증함으로써 그와 같은 증상이 의료상의 과실에 기한 것이라고 추정하는 것도 가능하다고 하겠으나, 그 경우에도 의사의 과실로 인한 결과발생을 추정할 수 있을 정도의 개연성이 담보되지 않는 사정들을 가지고 막연하게 중한 결과에서 의사의 과실과 인과관계를 추정함으로써 결과적으로 의사에게 무과실의 입증책임을 지우는 것까지 허용되는 것은 아니다."라는 것으로서, 그 핵심은 간접사실들의 입증을 통한 의료상의 과실을 추정할 수 있음을 인정함과 아울러

87) 박영호, "의료과실과 인과관계의 입증에 관한 대법원 판결의 태도", 의료법학 제6권 제2호, 대한의료법학회(2005. 12.), 235-237면 참조.

의사의 과실로 인한 결과발생을 추정할 수 있을 정도의 개연성이 담보되지 않는 사정들을 가지고 막연하게 중한 결과에서 의사의 과실과 인과관계를 추정할 수 없다는 데에 있다.

위 견해가 지적한 것처럼 대법원의 판결례 중에는 ① 의료행위와 장해결과와의 시간적 접착성, ② 타 원인의 개입가능성이 없는 점 등과 같이 수술후에 발생한 악결과를 발생시킬 과실행위의 개연성이 담보되는 사정 등을 열거함으로써 인과관계와 과실을 동시에 추정하는 판시를 한 사례가 적지 않다(대법원 1993. 7. 27. 선고 92다15031 판결; 대법원 1995. 3. 10. 선고 94다39567 판결; 대법원 1998. 2. 13. 선고 97다12778 판결; 대법원 2000. 7. 7. 선고 99다66328 판결).

한편 이미 앞에서 본 바와 같이 대법원 1995. 2. 10. 선고 93다52402 판결은 "환자가 치료 도중에 사망한 경우에 있어서는 피해자측에서 일련의 의료행위 과정에 있어서 저질러진 일반인의 상식에 바탕을 둔 의료상의 과실 있는 행위를 입증하고 그 결과와 사이에 일련의 의료행위 외에 다른 원인이 개재될 수 없다는 점, 이를테면 환자에게 의료행위 이전에 그러한 결과의 원인이 될 만한 건강상의 결함이 없었다는 사정을 증명한 경우에 있어서는, 의료행위를 한 측이 그 결과가 의료상의 과실로 말미암은 것이 아니라 전혀 다른 원인으로 말미암은 것이라는 입증을 하지 아니하는 이상, 의료상 과실과 결과 사이의 인과관계를 추정하여 손해배상책임을 지울 수 있도록 입증책임을 완화하는 것이 손해의 공평·타당한 부담을 그 지도원리로 하는 손해배상제도의 이상에 맞는다"라고 판시하였고, 이를 지도적 판례로 인용하는 많은 후행 판결들이 있었다.

(2) 대법원 판결례에 대한 학설의 대립

이러한 대법원의 판결 흐름에 대하여, ①의 방식에 대해서는 일본 의료소송에서 인과관계의 입증완화에 주로 사용되고 있는 사실상 추정론과 같은 구조이고 이를 의료과실의 입증완화에도 적용한 것이고, ②의 방식에 대해서는 일반인의 상식에 바탕을 둔 의료상의 과실을 먼저 입증하도록 하는 점에서 전혀 판이한 새로운 패러다임을 창조하였다는 견해가 있다.[88)]

이에 대하여 대법원 93다52402 판결은 주의의무위반 여부의 판단 기준을 변경하거나 다루고자 하는 것이 아니라 입증책임을 경감하기 위한 방책으로 채택된 것으로서 입증의 정도에 관한 설시이며, 일반인의 상식에 바탕을 둔 의료

88) 박영호, 전게논문, 240-241면 참조.

상 과실행위가 원고에 의해 입증되면, 피고에게 인과관계 부존재의 주장이라는 방어무기가 남겨져서 그 입증에 성공하면 면책되지만 그렇지 못하면 일응 인과관계도 추정되어 책임을 진다는 것으로 환자측의 의료과실 입증책임을 완화하는 것일 뿐이다는 다수의 견해가 있다.[89)]

(3) 사견

대법원판례가 지적하는 것처럼 '의료행위가 고도의 전문적 지식을 필요로 하는 분야이고, 그 의료의 과정은 대개의 경우 환자나 그 가족이 일부를 알 수 있는 점 외에 의사만 알 수 있을 뿐이며, 치료의 결과를 달성하기 위한 의료기법은 의사의 재량에 달려 있는 것이기 때문에 손해발생의 직접적인 원인이 의료상의 과실로 말미암은 것인지 여부는 전문가인 의사가 아닌 보통인으로서는 도저히 밝혀 낼 수 없는 특수성이 있어서 환자측이 의사의 의료행위상의 주의의무 위반과 손해의 발생과 사이의 인과관계를 의학적으로 완벽하게 입증한다는 것은 극히 어렵다'(대법원 1999. 9. 3. 선고 99다10479 판결 등 참조)라는 점은 두말 할 나위 없이 당연하다. 이 때문에 인과관계 추정론, 입증책임 전환론 등이 활발하게 제기되고 있고, 대법원도 위와 같은 판시를 한 것이다. 그러나 의료과실의 기준이 되는 의료수준에 대한 수많은 판시례가 잘 보여주는 바와 같이 이를 위반한 의료과실 및 인과관계에 대한 입증이 없이 악결과에 대한 책임을 물을 수 없는 것은 책임주의 원칙상 역시 당연하다. 다만 의료과오소송의 특성을 감안할 때 구체적 사안에 따라 입증의 정도를 경감할 필요가 있고, 이를 위해 사실상 추정론을 전개하는 과정에서 앞서 본 ①방식과 ②방식의 판시례가 전형적(典型的)으로 제시된 것일 뿐 대법원이 일반인의 상식에 바탕을 둔 의료상의 과실이라는 새로운 판단기준을 수립한 것은 아니라고 할 것이다.

대법원 93다52402 판결에서 제시한 "일반인의 상식에 바탕을 둔 의료상의 과실 있는 행위"의 의미를 두고 학설이 대립하고 있으나,[90)] 일반인의 상식에 의

89) 석희태, "의료과실 판단기준에 관한 학설·판례의 동향", 의료법학 제1권 제1호(창간호), 대한의료법학회(2000. 5.), 347-348면; 김성수/김도형, "의료판례의 종합적 분석 및 그 전망", 법조 제46권 제1호, 법조협회(1997. 1.), 11면; 김천수, "진료과오 책임의 입증 및 설명의무 이행", 의료법학 제1권 제1호(창간호), 대한의료법학회(2000. 5.), 299-300면; 신은주, "의료과오사건에 있어서 과실의 입증 및 입증방해", 판례월보 제305호, 판례월보사(1996. 2.), 33-35면; 전병남, "의료소송에 있어서의 입증책임의 완화", 의료법학 제2권 제2호, 대한의료법학회(2001. 12.), 348면.

90) 대법원 1995. 2. 10. 선고 93다52402 판결; 대법원 2002. 8. 27. 선고 2001다19486 판결; 대

하더라도 정황적 간접사실에 의해 의료상의 과실을 쉽게 인정할 수 있는 경우를 뜻하는 것이고 이러한 경우에는 인과관계가 추정된다는 뜻으로 이해된다. 그러나 인간의 인지능력에는 한계가 있을뿐더러 촌각을 다투는 응급상황이 다반사로 벌어지는 의료현장에서 원인불명 또는 불가항력적인 의료사고가 수시로 발생할 수밖에 없고, 의료기관이 제공하는 의료서비스의 과정이나 처치내용이 진료기록부 등에 상세히 기록되어 보존되도록 강제되고 있는데다가 환자측으로서도 이러한 자료를 비교적 손쉽게 확보할 수 있으며, 특별히 예외적인 상황이 아닌 한 의료상식이 인터넷 등을 통하여 널리 공개되어 있고 의학이 비약적으로 발달하여 인과관계를 규명할 수 있는 학문체계가 갖추어져 있는 오늘날의 의료현실에 비추어 볼 때, 대법원 93다52402 판결에서 제시한 인과관계 추정의 법리는 인과관계 추정의 요건으로 일반화할 수 있는지는 의문이고, 재판실무상 그 적용에 있어서 신중을 기하여 할 것이다.

대법원 2004. 10. 28. 선고 2002다45185 판결도 의료과실을 원인으로 하는 손해배상 청구소송에서 의사의 과실 또는 인과관계의 사실상 추정에 관한 종래 대법원판례를 전제로 하면서도 자칫 의사의 과실로 인한 결과발생의 개연성이 담보되지 않는 사정들을 가지고 막연하게 중한 결과에서 의사의 과실과 인과관계를 추정함으로써 결과적으로 의사에게 무과실의 입증책임을 지우는 것을 막자는 의미에서 내려진 것으로 추정 법리의 한계를 설정한 판례로서 의미가 있다고 할 것이다.[91]

법원 2003. 1. 24. 선고 2002다3822 판결; 2005. 9. 30. 선고 2004다52576 판결 등. 대법원 1995. 2. 10. 선고 93다52402 판결에서 말하는 "일반인의 상식"이라는 개념을 두고 ① 의료과실의 판단기준을 직접적 평균인에서 일반인(layperson)으로 변경한 것이 아닌가 하는 의문점을 제기하는 견해, ② 여기서 말하는 일반인은 일반 시민이 아니라 평균적인 의사를 의미한다는 견해, ③ 일반인의 상식을 의사의 진료상 주의의무 위반의 판단기준으로 설정된 것이며, 여기서 말하는 일반인은 문외한인 일반인으로 보아야 한다는 견해, ④ 의료과실을 일반인의 상식을 바탕으로 입증하면 의사의 과실이 입증된 것으로 환자측의 의료과실 입증책임을 완화하고 있는 것이라는 견해 등이 제시되었고, 다수설은 ④설을 지지하고 있으며, 앞서 본 미국의 Res Ipsa Loquitur(the thing speaks for itself) 법리를 원용한 것으로 보이고, 재판실무에서는 환자의 입증의 정도를 의학적 지식에 바탕을 둔 엄격한 주의의무위반의 입증에서 일반인의 상식수준에서 추상적으로 과실로 판단되는 기초사실의 입증으로 완화한 것으로 해석하고 있다; 박영호, "의료과실의 입증방법", 의료법학 제6권 제2호, 대한의료법학회(2005. 12.), 51-53면 참조.

91) 민유숙, "의료과오로 인한 손해배상소송에 있어서 인과관계·과실의 추정과 설명의무(2004. 10. 28. 선고 2002다45185 판결: 공2004하, 1929)", 대법원판례해설 통권 제51호,

더욱이 대법원 1999. 9. 3. 선고 99다10479 판결은 환자 사망의 원인인 뇌경색의 발생원인이 불명인 사안에 관한 것으로서, “사망원인인 뇌경색이 이 사건 수술후에 일어났으며, 이 사건 수술과 환자의 사망 사이에 다른 원인이 개재되었을 가능성은 찾아 볼 수 없고, 그 환자가 이 사건 다한증외에는 특별한 질병 없이 정상적인 생활을 하여 왔고 수술전 사전검사에서도 특이한 이상증상이 나타나지 아니하였는데, 이 사건 치료과정에 있어서 피고 1이 수술의 일부분을 다른 의사들에게 맡기고 늦게 수술에 참여하여 수술도중 피부 및 근육을 절개해 놓고 기다린 시간이 다소 많이 경과하는 등 수술과정에 있어 소홀한 점이 있었으며 수술 후 사후대처가 소홀했다는 점”을 들어, 「환자의 사망이 의사의 이 사건 수술과정에서의 잘못으로 인한 것이라 추정할 수밖에 없고, 의료전문가가 아닐 뿐 아니라 수술과정에 참여한 바도 없는 원고들이 의사의 과실을 정확하게 지적하고 전문적인 지식을 동원하여 망인의 사망의 원인을 밝혀 내지 못하였다고 하여 피고들의 손해배상 책임을 부정할 수는 없다」라고 판시한 것은 결과 발생에 대한 개연성이 없는 정황들을 양적으로 합산하여 과실의 규범적 판단을 대체하는 것으로서 타당하지 않다는 비판이 있다.[92]

그러나 소송상 인과관계의 입증은 일점의 의심도 허용하지 아니하는 자연과학적 증명이 아니라 경험칙에 비추어 모든 증거를 종합하여 검토할 때, 특정의 사실이 특정의 결과발생을 초래하는 관계가 시인될 수 있는 고도의 개연성을 증명하는 것이고, 그 판정은 통상인이 의심하지 아니할 정도로 진실성에 확신을 가질 수 있는 것이 필요하고 또 그것으로 족하다고 할 것이다.[93] 그러므로 안면경련의 수술 후에 환자가 뇌내혈종으로 사망한 사건에서 ① 수술이 소뇌내출혈을 일으킬 수 있는 일반적 가능성, ② 혈종·소뇌내출혈과 수술 사이에 시간적·장소적 접근성, ③ 뇌내출혈을 일으킬 수 있는 다른 원인이 발생할 확률이 낮고 그 원인의 존재가 당해 환자에게 없는 점 등이 인정된다면 일단 인과관계가 있다고 볼 수 있는 구조를 갖추었다고 볼 수 있다.[94] 앞서 본 우리나라 판례가 들고 있는 바와 같이 일반인의 상식에 바탕을 둔 의료상의 과실 있는 행위

법원도서관(2005).

92) 안법영, 전게논문, 272면 이하.

93) 水野 謙, “ルンバ—ル施行後の脳出血と因果關係”(日本最高裁判所 昭和 50. 10. 24. 第二小法廷判決), 別冊 Jurist 219號 醫事法判例百選, 有斐閣(2014. 3.), 136-137면 참조.

94) 日本最高裁判所 平成 11. 3. 23.(判例時報 1677號 54項) 참조.

를 입증하고 그 결과와 사이에 일련의 의료행위 외에 다른 원인이 개재될 수 없다는 점, 이를테면 환자에게 의료행위 이전에 그러한 결과의 원인이 될 만한 건강상의 결함이 없었다는 사정을 증명한 경우에 있어서는, 의료행위를 한 측이 그 결과가 의료상의 과실로 말미암은 것이 아니라 전혀 다른 원인으로 말미암은 것이라는 입증을 하지 아니하는 이상, 의료상 과실과 결과 사이의 인과관계를 추정하는 것도 같은 취지로 보인다.

아울러 이와 같은 대법원판결례가 나오는 배경에는 의료인측에 과실이 있음이 명백함에도 불구하고 의료계의 비협조나 불명확한 감정결과 등으로 인해 그 원인관계를 규명하기 어려운 데에서 비롯되는 경우가 많음을 감안할 때, 피고측은 적극적으로 의료행위 과정을 해명하고 의료계에서는 전문적인 의학지식을 공정하고 구체적으로 제공하는 풍토를 조성함으로써 의사의 과실로 인한 결과발생의 개연성이 담보되지 않는 사정들을 가지고 중한 결과에 대한 의사의 과실이 추정되는 참으로 억울한 경우를 막을 수 있을 것이다.

나) 과실은 있으나 인과관계가 인정되기 어려운 경우

실무상 진단상의 주의의무라든지 처치상의 주의의무를 위반하였음이 명백하지만, 다른 한편 그 환자가 불치의 병에 걸려 어차피 사망할 수밖에 없는 상황에 있고 다만 그 사망 시기가 문제되는 사안을 자주 접하게 된다. 요컨대 그러한 주의의무 위반이 없었더라면 나름대로 여러 처치를 실시하였을 것이고 그러하였다면 상당 기간 생명이 연장될 개연성은 극히 높지만 딱히 그 연명기간이 얼마나 연장되었을지는 현대 의학으로서는 확정하기 어려운 경우이다. 다시 말하면 주의의무 위반으로 인하여 손해가 발생한 것은 명백한데 책임 범위로서의 인과관계[95]를 인정하기 어려운 경우이다. 이 경우 하급심에서는 일본에서 전개된 기대권침해론, 연명이익론 및 치료기회상실설 등을 참고하여 얼마간의 위자료를 인정하는 경향이 있다.[96] 한편 일본 최고재판소는 1999. 2. 25. 사망과

95) 영미법에서 "as a cause … a … injury results"라는 표현되는 과실로 인한 손해배상책임의 발생은 명백한데, "as a proximate cause"로 표현되는 손해의 범위는 불명한 경우이다; 김천수, "의사·환자관계의 성립과 진료상 주의의무", 의료법학 제7권 제1호, 대한의료법학회(2006), 181면 참조.

96) 서울고등법원 2008. 1. 10. 선고 2007나48679 판결에서, " … 비록 피고 병원 의료진이 망인에 대하여 혈관재개통술 여부 등 치료방침을 결정하기 위하여 즉각적인 관상동맥조영술을 실시하지 아니한 잘못이 있다고 할지라도, 망인에 대하여 관상동맥조영술을 통한 진단이나 그에 따른 관상동맥우회술을 실시하는 등 적절하고 진지한 조치가 취하여졌더

사이에 인과관계가 인정되지 않지만 기대권론에 입각하여 위자료만을 인정한 하급심을 파기하면서, "의사가 주의의무를 다하여 진료행위를 하였더라면 환자가 그 사망의 시점에도 여전히 생존하였으리라고 인정할 수 있는 고도의 개연성(상당한 정도의 가능성의 존재)이 증명된다면 의사의 과실과 환자의 사망 사이에 인과관계가 긍정된다"라고 판시하는 한편, 이러한 인과관계 존부의 문제와 손해액의 평가 문제를 구별하여, 환자가 그 후에도 얼마간 생존할 수 있었을 것인가의 문제는 일실이익의 산정 기타 손해액을 산정함에 있어서 고려할 사유로 보고, 이 경우에도 다소나마 일실수입 상당의 재산상 손해까지 인정하는 것이 일반적 추세이다.[97] 미국에서는 애초 생존·회복 가능성이 50% 미만이었던 환자는 의료인의 과실이 있어도 배상이 불가능하다고 보았으나, "loss of a chance(기회상실)" 원리를 적용하면서 더 나은 결과를 얻을 기회를 잃은 것"을 별도 법익으로 인정하여 인과관계를 완화하려는 시도가 행하여지고 있으며, 워싱턴주, 매사추세츠주, 아이오와 주와 같은 많은 주에서는 손해액의 비율화를 인정하고 있다. 예를 들면, 환자가 5년 동안 생존할 가능성이 40%이었는데 의사의 과실로 인하여 생존가능성이 상실된 경우, 5년의 생존가치에 40%에 해당하는 금액만큼의 손해배상으로 인정하는 것이다.[98]

한편, 대법원 2006. 9. 28. 선고 2004다61402 판결에서, "의료진의 주의의무 위반으로 인한 불법행위의 책임을 묻기 위해서는 의료행위상 주의의무의 위반, 손해의 발생 및 그 양자 사이에 인과관계가 존재한다는 점이 각 입증되어야 할

라도 망인이 지닌 질환 자체의 위험성이나 검사 및 치료방법의 위험성으로 인하여 구명의 가능성이 있었는지 여부가 불명한 경우에 해당한다고 할 것인바, 이러한 경우 환자인 망인이나 그 보호자는 의료에 대하여 치료라는 결과만을 구하는 것이 아니라 그 과정에서 적절한 치료를 받을 기대권을 가지는 반면, 피고 병원 의료진으로서는 사람의 생명 및 건강을 관리하는 업무에 종사함에 있어서 그 업무의 성질상 위험방지를 위한 최선의 주의의무를 다할 것이 요구된다고 할 것인데, 피고 병원 의료진의 앞서 본 부주의로 인하여 망인과 그 보호자인 원고들의 기대가 침해당하였다고 할 것이므로 이를 금전으로 위자할 의무가 있다고 할 것이다."라고 판시하였다.

97) 鈴木利廣 외, 전게서, 42-46, 84-85면 참조. 浦川道太郎 외, 전게서, 139-142면에서는 最判平城11·2·25民集53卷 2號 235項 및 最判平城12·9·22民集54卷7號2754項을 들어 일본최고재판소의 판례이론이 平城 10년대 이후 변경된 것으로 본다. 즉 '생명을 유지하는 것이 사람에게 가장 기본적 이익으로서 그 가능성은 법적으로 보호되는 이익이고, 의사가 과실로 그 법익을 침해하였다면 인과관계가 있다는 것으로, 인과관계가 없더라도 책임을 인정하는 종전의 기대권론과는 구별된다는 것이다.

98) Marcia M. Boumil 외, 전게서, pp. 204-208.

것인바, 의료행위의 속성상 환자의 구체적인 증상이나 상황에 따라 위험을 방지하기 위하여 요구되는 최선의 조치를 취하여야 할 주의의무를 부담하는 의료진이 환자의 기대에 반하여 환자의 치료에 전력을 다하지 아니한 경우에는 그 업무상 주의의무를 위반한 것이라고 보아야 할 것이지만, 그러한 주의의무 위반과 환자에게 발생한 악결과(惡結果) 사이에 상당인과관계가 인정되지 않는 경우에는 그에 관한 손해배상을 구할 수 없다. 다만, 그 주의의무 위반의 정도가 일반인의 처지에서 보아 수인한도를 넘어설 만큼 현저하게 불성실한 진료를 행한 것이라고 평가될 정도에 이른 경우라면 그 자체로서 불법행위를 구성하여 그로 말미암아 환자나 그 가족이 입은 정신적 고통에 대한 위자료의 배상을 명할 수 있으나, 이때 그 수인한도를 넘어서는 정도로 현저하게 불성실한 진료하였다는 점은 불법행위의 성립을 주장하는 피해자들이 이를 입증하여야 한다." 라고 판시하였는데, 의료진의 주의의무 위반이 사망과 같은 악결과에 아무런 영향을 미치지 아니한 경우에 한하여 이 판례의 취지가 적용될 수 있는지, 아니면 앞에서 본 바와 같이 악결과에 영향을 미쳤지만 그 정도가 연명이익을 침해하는 정도에 그치는 경우에도 적용될 수 있는지가 문제로 남는다. 일단 과실이 인정되고 나아가 그러한 과실이 없었다면 상당기간 생명을 연장할 개연성이 높은 경우라면, 결코 그러한 과실을 두고 수인한도의 범위 내에 있다고 평가하기는 어려울 것이다. 반면, 수인한도를 넘었는지 여부가 문제되려면 비록 주의의무 위반은 인정되지만 그러한 잘못이 악결과에는 직접적인 영향을 미치지 아니한 경우이어야 하는 것이 아닌가 싶다.

3. 설명의무

가. 의의

의사의 설명의무는 그 근저에 informed consent라는 관념이 깔려 있다. 이는 환자가 자기의 질병상태, 의료행위의 목적, 방법, 위험성, 대체적 치료법 등에 관하여 바른 설명을 받고 이해한 후에 자주적으로 선택·동의 또는 거부할 수 있는 것을 말하고, 그 안에는 ① 의료종사자측의 충분한 설명, ② 제공된 정보에 기한 환자측의 이해·납득·동의·선택이라는 2가지 내용이 포함되고, 그 핵심은 '환자의 주체성'을 전제로 한 환자의 자기결정권보장에 있다.

환자의 자기결정권은 '자기의 개인적 일을 스스로 결정하는 권리'로서 헌법상 보장된 인권이다. 헌법 제10조는 개인의 행복추구권을 규정하고 있고, 이 규정은 '인격적 생존에 필요불가결한 권리, 자유를 포섭하는 포괄적인 주권적 권리'라고 이해되고 있으며(인격적 이익설), 환자의 자기결정권은 이러한 인격적 자율권에 포함되는 권리이다.[99]

informed consent는 원래 실험적 의료, 임상시험에 있어서 윤리기준으로 탄생하였다. 제2차 세계대전에 대한 반성을 거치면서 1947년 채택된 뉘른베르크 강령에서 실험적 의료에는 실험을 당하는 자의 동의가 절대적으로 필요하다는 점이 내세워졌고, 1964년 제18회 의사회총회에서 헬싱키 선언이 채택되었으며, 그 후 이러한 정신이 일반의료에까지 파급되어 1981년 제35회 세계의사총회에서 리스본 선언이 채택되었다. 일본에서는 1990년대에 들어서서 비로소 이러한 informed consent의 중요성을 인식하게 되었다.[100]

의료기술의 진보와 함께 진단법이나 치료법이 다양화·복잡화지게 되었고, 이러한 상황 가운데 환자의 자기결정권을 실질적으로 보장하는 것이 점차 중요성을 가지게 되었으며, 환자가 스스로 적극적인 생활태도를 가지고 치료를 선택하는 것이 보장되어야 하고, 의료종사자로서는 질병의 성질과 선택가능한 치료방법에 관하여 한자측에 정보를 제공하여야 할 의무는 앞으로 점차 강하게 요구되어지고 있다. 이는 환자의 의식에 작용하여 모든 것을 의료기관에 맡기고 그 처분에 따른다는 수동적·소극적인 환자상에서 자신의 질병에 대하여 지혜롭고 현명하게 능동적·적극적으로 대처하는 자세의 변화를 가져오고, 의료기관의 입장에서도 환자의 선호 및 가치관을 염두에 두고 환자와 상의하여 공동의사로 치료방법을 결정한다는 의식의 전환과 의료윤리의 변화가 필요함을 뜻

99) 독일에서는 진료계약에 관한 규정이 § 630a~630h BGB에 신설되었고, § 630d BGB 는 환자의 사전 동의(Informed Consent) 없이는 의료행위를 할 수 없도록 규정하고 있다.

100) 미국에서는 informed consent의 원리가 '합의되지 않은 불법적인 신체 접촉으로 정의되는' common law상의 "battery"의 개념에서 논리적으로 파생된 개념으로 보고 있다. 즉 'battery 이론'이 의료법 분야에서 환자의 사전 동의를 얻지 않고 시술을 시행한 의료진에게 책임을 부과하는 데 사용되어 왔는데 시간이 지남에 따라 과실 이론(negligence theory)이 'battery 이론'을 소송의 근거로 대체한 것으로 본다. Marcia M. Boumil 외, 전게서, 141면 참조.

하는 것이다.[101)]

다른 한편, 의사의 설명의무는 진료과정상 설명이 필요한 사항을 중심으로 고지의무의 범위라든가 진료를 마친 후 그 전망을 알려주어야 할 의무 등도 포섭하는 개념으로 접근할 필요가 있고, 이러한 설명의무는 informed consent와는 직접 관련이 없다.

나. 설명의무의 법적 성격(보장내용)

설명의무의 법적 구성에 관하여 종래 두 가지 견해가 나누어져 왔다.[102)] 그 하나는, 의사의 설명은 의료행위의 위법성을 조각하는 동의의 유효 요건이라는 설(위법성조각구성설)로서 이를 이행하지 아니하면 동의가 무효가 되어 의료행위가 정당성을 잃게 된다는 입장(동의무효설, 치료상해설)이고,[103)] 다른 하나는 법적 의무로 보되(의무설) 환자의 동의와 무관하게 의사의 진료의무로부터 생기는 부수적·파생적인 법적 의무라는 견해(비독립적 부수의무설)과 의료계약에서 도출되는 진찰과 치료라는 진료의무와 병존하는 독립적 주의의무로 보는 견해(독립적 주의의무설)로 나누인다.[104)] 살피건대 설명의무는 본질적으로는 의사의 법적 의무로서 독자성을 가진다고 보는 것이 필요하지만, 환자의 자기결정권 침해 여부를 따질 때 설명의무가 제대로 이행되었는지 여부가 당연히 문제로 될 것이므로 위 양 견해는 상호 모순된 것이라기보다는 보완적이라고 봄이 타당할 것이다.[105)]

---

101) 浦川道太郎 외, 醫療訴訟(第2版), 株式會社民事法研究會(2024), 19-22면 참조.

102) 환자의 자기결정권의 보장내용을 둘러싼 학설의 대립은 ① 설명의무의 법적 성격 또는 설명과 동의와의 관계에 관한 학설의 대립과 ② 주로 형법학과 관련하여 환자의 동의 없이 또는 충분한 설명 없이 의사가 일방적으로 행하는 전단적 의료행위(Eigenmächtige Heilbehandlung)에 대한 법적 평가에 관한 학설 대립의 형태로 나타난다; 浦川道太郎 외, 전게서, 제24-25면.

103) 환자의 자기결정권의 보장내용을 신체처분권(신체이익과 이에 결부된 자기결정권), 신체의 일체성을 기초로 하는 자기결정권으로 보는 입장이다.

104) 환자의 자기결정권의 보장내용을 의사결정의 자유, 자기실현에 대한 권리, 자기 운명을 결정할 권리 또는 인격에 관한 추상적·포괄적 자유권이라는 입장이다; 이수경, "의사의 설명의무위반으로 인한 손해배상책임", 판례연구 제24집 제1호, 서울지방변호사회(2010. 9.), 91-92면 참조.

105) 鈴木利廣 외, 전게서, 53면 참조.

대법원은 "일반적으로 의사는 환자에게 수술 등 침습을 가하는 과정 및 그 후에 나쁜 결과 발생의 개연성이 있는 의료행위를 하는 경우 또는 사망 등의 중대한 결과 발생이 예측되는 의료행위를 하는 경우에 있어서 응급환자의 경우나 그 밖에 특단의 사정이 없는 한 진료계약상의 의무 내지 침습 등에 대한 승낙을 얻기 위한 전제로서 당해 환자나 그 법정대리인에게 질병의 증상, 치료방법의 내용 및 필요성, 발생이 예상되는 위험 등에 관하여 당시의 의료수준에 비추어 상당하다고 생각되는 사항을 설명하여 당해 환자가 그 필요성이나 위험성을 충분히 비교해 보고 그 의료행위를 받을 것인가의 여부를 선택할 수 있도록 할 의무가 있다."라고 판시함으로써[106] 의사의 설명의무가 진료계약과 밀접한 관련이 있음을 밝혔다.

한편 의료법은 2016. 12. 20. 법률 제14438호로 개정하여 제24조의2를 신설하여, 그 제1항, 제2항에서 의사·치과의사 또는 한의사가 사람의 생명 또는 신체에 중대한 위해를 발생하게 할 우려가 있는 수술, 수혈, 전신마취를 하는 경우, ① 환자에게 발생하거나 발생 가능한 증상의 진단명, ② 수술 등의 필요성, 방법과 내용, ③ 환자에게 설명을 하는 의사, 치과의사 또는 한의사 및 수술 등에 참여하는 주된 의사, 치과의사 또는 한의사의 성명, ④ 수술 등에 따라 전형적으로 발생이 예상되는 후유증 또는 부작용, ⑤ 수술 등 전후 환자가 준수하여야 할 사항 등 5가지 사항을 환자(환자가 의사결정능력이 없는 경우 환자의 법정대리인)에게 설명하고 서면으로 그 동의를 받아야 하고, 다만 설명 및 동의 절차로 인하여 수술 등이 지체되면 환자의 생명이 위험해지거나 심신상의 중대한 장애를 가져오는 경우는 예외로 한다고 규정함으로써, 설명의무는 이제는 법령상의 의무가 되었다.

106) 대법원 1995. 1. 20. 선고 94다3421 판결.

다. 설명의무의 종류[107)]

1) 침습행위에 대한 환자의 승낙을 얻기 위한 설명[108)]

의사가 수술과 같이 환자의 신체를 침해하는 침습행위를 하는 경우에 환자의 정확한 이해에 터 잡은 동의를 얻기 위하여 질병의 증상, 치료방법의 내용 및 필요성, 발생이 예상되는 위험 등에 관하여 당시의 의료수준에 비추어 상당하다고 생각되는 사항을 설명하는 것으로서 협의의 설명의무라고 한다. 이러한 설명의 대상이 되는 의료행위는 모든 의료행위가 아니라 수술, 마취약의 투여, 검사용 조영제 투여 등 일정한 신체적 침습을 수반하는 의료행위에 국한된다.

2) 환자의 자기결정권 보장을 위한 설명

환자의 자기결정권은 그 자체로 헌법이 보장하는 기본권이고 그에 대한 침해는 그 자체로 채무불이행 및 불법행위가 된다. 이러한 자기책임적 결정을 하기 위하여 필요한 정보를 제공하기 위한 설명을 말한다. 이 경우에는 침습적 의료행위만이 아니라 환자가 동의에 앞서 계획된 진료의 내용과 효과를 파악할 수 있도록 환자의 진단, 경과, 위험, 치료방법 등을 설명할 의무를 말한다. 환자는 이에 따라 자신의 질병을 다각도로 검토하여 최종적으로 자신의 치료방법을 결정하게 되므로, 위와 같은 설명은 환자의 자기결정권 행사의 기초가 된다.

일본 최고재판소는 환자가 종교적 신념에 기하여 수혈을 수반하는 의료행위를 거부하는 의사결정을 할 권리는 인격권의 한 내용으로 존중되어야 한다고 본 다음, 환자가 위와 같은 의사에 따라 수혈 없이 수술을 받을 수 있을 것으로 기대하고 입원하였다는 사실을 담당의사가 알았던 이상, 수술도중 수혈 외 다른 구명수단이 없는 사태에 이른 경우에는 수혈을 한다는 방침을 채택하고 있음을 환자에게 미리 설명하여야 하며, 입원 및 수술 여부를 환자 자신의 의사에 맡겨야 한다고 판시하였다.

---

107) 학자에 따라 그 명칭을 다양하게 붙이고 있으나, 그 내용은 대체로 대동소이하다.

108) '조언설명의무'라고도 불린다; 김천수, "환자의 자기결정권과 의사의 설명의무", 서울대학교박사학위논문(1994) 144면; 서영애, "의사의 지도·설명의무의 내용과 손해배상책임의 범위", 재판과 판례 19집, 대구판례연구회(2010), 456-457면 각 참조.

3) 진료행위로서의 설명

가) 지도설명

환자에게 필요한 정보를 제공하여 의료효과를 높이기 위하여 또는 환자에게 야기될지 모르는 손해를 방지하기 위한 설명으로서, ① 환자의 건강상태를 정확히 이해시키기 위한 설명, ② 건강상태의 향상을 위한 행동방법에 대한 설명, ③ 진료중 또는 진료후에 발생할 것으로 예견되는 위험 내지 악결과를 회피하기 위한 설명 등을 일컫는다. 의료는 원래 의사가 행하는 치료행위와 의사의 지도하에 환자 자신이 행하는 요양이 서로 어울릴 때 비로소 당초 예정된 효과가 발생하는 의사와 환자의 공동행위이다. 따라서 의사는 환자에게 앞서 본 사항을 설명할 의무가 있는 것이다. 또 진료를 위한 설명에는 환자의 자기결정과 관계없는 의사의 ① 조언의무, ② 안내의무, ③ 지시의무, ④ 지도의무 등이 모두 해당된다.[109] 이러한 지도설명은 환자의 자기결정권과 무관하게 환자의 건

---

109) 대법원도 "의사가 진찰·치료 등의 의료행위를 함에 있어서는 사람의 생명·신체·건강을 관리하는 업무의 성질에 비추어 환자의 구체적인 증상이나 상황에 따라 위험을 방지하기 위하여 요구되는 최선의 조치를 취하여야 할 주의의무가 있고, 이와 같은 주의의무는 환자에 대한 수술 등 침습행위가 종료함으로써 끝나는 것이 아니라, 그 진료 목적의 달성을 위하여 환자가 의사의 업무범위 이외의 영역에서 생활을 영위함에 있어 예견되는 위험을 회피할 수 있도록 환자에 대한 요양의 방법 기타 건강관리에 필요한 사항을 지도 설명하는 데까지도 미친다 할 것이므로(의료법 제24조 참조), 의사는 수술 등의 당해 의료행위의 결과로 후유 질환이 발생하거나 아니면 그 후의 요양과정에서 후유 질환이 발생할 가능성이 있으면, 비록 그 가능성이 크지 않다고 하더라도 이를 억제하기 위한 요양의 방법이나 일단 발생한 후유 질환으로 인해 중대한 결과가 초래되는 것을 막기 위하여 필요한 조치가 무엇인지를 환자 스스로 판단·대처할 수 있도록, 그와 같은 요양방법, 후유 질환의 증상과 그 악화 방지나 치료를 위한 대처방법 등을 환자의 연령, 교육 정도, 심신상태 등의 사정에 맞추어 구체적인 정보의 제공과 함께 설명, 지도할 의무가 있다(대법원 2005. 4. 29. 선고 2004다64067 판결 참조)."라고 판시하여(대법원 2010. 7. 22. 선고 2007다70445 판결) 설명의무의 한 형태로 지도설명의무를 인정하고 있다. 이 판결의 구체적 사실관계를 보면, ① 피고 1은 망인이 퇴원할 무렵 망인에게 "수술 후 몇 개월 동안 상처가 아플 수 있는데, 그 통증은 3개월 정도 지속될 수 있다. 처음에 많이 아프다가 좀 좋아지다가 또 아플 수도 있다"는 설명만 하였을 뿐, 수술 부위의 통증과 심장의 통증을 구분하여 주의사항을 말하여 주지 않았고, 피고 2 역시 위와 같은 사항을 말하여 주지 않은 사실, ② 피고들이 망인에게 교부한 안내서에는 항응고제의 부작용, 위험성, 항응고제의 약효에 영향을 미치는 음식, 복용시 유의사항, 즉시 의사를 찾아야 하는 경우 등에 관한 자세한 내용이 포함되어 있으나, 망인에게 구두로 그 내용을 설명해 준 적은 없는 사실, ③ 망인은 2004. 6. 12. 19:00경 호흡 곤란 등의 통증을 느꼈음에도 피고 1이 수술 후 가슴통증이 올 수 있다고 했다면서 괜찮아질 것이라고 말하며 심각하게 생각하지 않아 즉시 피고 병원을 찾아가지 않았던 사실, ④ 망인은 같은 날 21:30경 호흡

강권의 보호를 위하여 요구되는 것으로서 주된 급부의무의 완전한 이행을 위한 종속적 부수의무이고, 설명의무의 이행시기도 침습행위와 무관하며, 환자의 자기결정권과 같이 포기되거나 면제될 성질이 아니라고 할 것이다.

피임도구를 시술한 의사가 후에 그 시술이 불임을 유발하거나 생명을 해칠 수도 있는 위험이 있음이 밝혀진 경우, 의사는 환자에게 그러한 사실을 고지할 의무가 있는지가 문제될 수 있다. 의사의 설명의무는 시술 전뿐만 아니라 시술 후에도 계속되며, 특히 불임이나 생명을 위협하는 위험과 같은 중대한 위험이 발견된 경우에는 환자가 추가적인 조치를 취할 수 있는 기회를 제공하기 위하여서라도 그에 관한 고지의무가 인정된다고 보아야 할 것이다. 미국에서 1970년대 초 미국에서 널리 시술되었던 자궁내 피임장치 중 하나인 The Dalkon Shield intrauterine device가 후에 불임 또는 죽음까지도 일으킬 수 있는 심각한 부작용이 있음이 밝혀진 사안에서, 법원은 환자에게 그 사실을 가장 알려줄 수 있는 위치에 있는 의사로 하여금 그 환자의 위치를 찾아 추가적 치료를 행하도록 합리적인 조치를 취할 의무가 있다고 인정하였다.[110] 또한 미국의학협회는 환자에게 부작용을 공개하도록 의무화하는 지침을 발표하였다.

나) 전원권고

의사는 자기가 처한 상황에서 의사의 상태나 의사 등에 입각하여 환자의 병증에 가장 부합하는 의료급부를 행해야 할 의무를 진다. 만일 자신이 그러한 급부를 제공하기 곤란한 경우에는 다른 의료기관으로 옮기도록 권고하거나 필요에 따라 다른 의료기관의 치료를 받을 기회를 가질 수 있도록 의료정보를 제

곤란이 심해지고 전기가 튀듯 두근거린다고 하며 비로소 원고 1에게 119 구급대를 불러달라고 하였는데 위 구급대를 기다리던 중 의식을 잃었고, 그 후 119 구급대의 도움으로 다른 병원 응급실로 갔으나 이미 소생이 불가능하게 된 사실 등을 인정되었고, 이러한 사실관계에 터 잡아 피고들은 망인에게 항응고제의 효과, INR 수치를 일정하게 유지해야 하는 이유, 항응고제 부작용 및 그 위험성 등을 명확하게 설명해 줌으로써 망인으로 하여금 가슴 통증 등 안내서에 기재된 일정한 상황이 발생한 경우 그 위험성 및 심각성을 정확하게 인식하고 즉시 응급실에 내원하는 조치를 취할 수 있도록 구체적인 정보의 제공과 함께 이를 지도·설명할 의무가 있고, 이러한 지도·설명의무는 단순하게 안내서의 교부만으로 대체할 수는 없다고 할 것인데, 피고들은 위와 같은 설명·지도의무를 전혀 이행하지 않았고, 그로 인하여 망인이 가슴 통증의 심각성을 제대로 인식하지 못함으로써 통증을 느끼고도 약 2시간 30분이나 지체한 관계로 적절한 응급처치 등을 받지 못하여 사망에 이르렀는바, 결국 피고들의 지도·설명의무 위반과 이 사건 사고 사이에는 상당인과관계가 인정된다고 판단한 것이다.

110) Tresemer v. Barke, 150 Cal.Rptr. 384 (Cal.APP.1978).

공하게 된다. 이러한 전원권고에는 적합한 전문과로 옮기거나 적은 병원에서 대형병원으로 옮기는 것 등이 있다.

4) 전말보고의무

의료계약은 그 법적 성질이 위임계약에 해당하므로, 민법 제683조에 따라 수임인인 의사측은 환자에게 진료의 결과가 실패로 끝난 경우에는 그 전말을 보고할 의무가 있다.[111)]

이를 위반한 경우에는 일종의 채무불이행에 해당하여 환자를 비롯한 계약 당사자는 그로 인하여 입은 손해의 배상을 청구할 수 있고, 그 주로 문제되는 것은 정신적 고통으로 인한 위자료이겠지만, 환자에게 생긴 결과의 중대성, 의사의 설명태도 및 그 내용 등이 판단자료가 될 것이다.

이러한 의무 속에 의사가 환자와의 진료계약에 기하여 그 계약의 당사자가 아닌 유족에게 환자가 사망한 전말에 관하여 보고·설명할 의무를 지는지가 문제 된다. 진료계약을 체결하면서 환자 및 의사측의 의사(意思)는 특별한 사정이 없는 한 환자가 사망한 경우에 유족에게 사인 등을 설명하기로 하는 내용도 포함되어 있다고 해석되거나 신의칙상 의사측은 환자의 유족에 대하여 사인 등을 포함하는 전말을 설명할 의무를 부담한다고 보는 견해가 유력히 제기되고 있다. 더 나아가 악결과의 원인을 해명할 의무까지 있는지가 다투어질 수 있는데, 환자의 사인이 불분명하거나 의사 측이 특정한 사인에 의문을 제기하는 경우에는 그를 강제하는 것은 사실상 불가능하므로 의사 측에 사인을 해명하기 위한 병리해부를 제안할 의무를 인정하는 것으로 족하다고 할 것이다.[112)]

5) 전염위험 등 제3자를 위한 설명의무

의사는 진료 과정에서 질환이 의심되는 증세를 발견하는 경우에도 설명의무를 부담한다. 특히 감염 위험과 관련하여, 의사는 환자뿐만 아니라 환자와 접촉하는 가족이나 다른 사람들에게 발생할 수 있는 감염 위험에 대해서도 적절히 고지하고 필요한 조치를 취하여야 할 의무가 있는지가 문제될 수 있다.

---

111) 東京地判平成9年2月25日判例タイムズ951号258頁; 東京高判平成10年2月25日判例タイムズ992号205頁 참조.

112) 鈴木利廣 외, 전게서, 55-56면 참조.

미국 테네시주에서는 환자가 로키산 홍반열(Rocky Mountain spotted fever, RMSF)로 응급실에 입원하였다가 하루 만에 사망한 사건에서 담당의사가 그 부인과 연락을 취하면서도 부인에게 감염의 위험성을 알리지 아니한 탓에 그 부인이 후에 동일한 증세로 사망한 사건에서 그 의사에게 설명의무를 다하지 못한 법적 책임을 물은 사례가 있고[Bradshaw v. Daniel, 854 S.W.2d 865.(Tenn. 1993)], 전염의 위험성이 있는 성병이 없다고 잘못 알린 과실로 그 환자의 성적 파트너에 대한 의료과오의 책임이 문제된 사례도 있다[Doe v. Cochran, 332 Conn. 325 (Conn.2019)].[113] 또한 정신질환자를 치료하는 의사로서는 그 환자가 다른 의사나 식별이 가능한 특정 피해자를 폭력적 공격의 대상으로 삼을 징후가 분명한 경우 제3자를 보호하기 위하여 합리적 조치를 취할 의무가 있고 그 의무 속에는 해당 제3자에게 미리 설명하여 줄 의무가 있다고 할 것이다.[114]

서울중앙지방법원 2018년 판결에서는 메르스 확진자가 발생한 병원에 입원했던 환자의 메르스 감염 가능성을 확인하여 감염 차단을 위한 조치(다른 환자나 방문객에 대한 출입 통제, 마스크 착용, 감염예방교육 등)를 취하지 않은 의료진의 과실을 인정하였다(서울중앙지방법원 2018. 8. 21 선고 2015가단5310790 판결).

한편 HIV 및 에이즈 전염병이 진화함에 따라 환자의 의사결정에 합리적인 영향을 미칠 수 있는 경우 의사가 자신의 건강(HIV 및 에이즈 포함) 상태를 환자에게 공개할 의무를 지는지가 문제될 수 있다. 에이즈가 유행하던 초기, Faya v, Almaraz, 620 A.2d 327 (Md.1933) 사건에서 미국 법원이 HIV 또는 에이즈에 걸린 외과의사가 유방 수술을 하기 전에 환자에게 자신의 건강 상태를 알려야 할 법적 의무가 있다고 판시하였고, 2005년에 미국의사협회(American Medical Association)가 HIV에 감염된 의사는 진료 시 반드시 HIV 상태를 공개하도록 지침(guidance)을 발표한 것에 비추어 볼 때,[115] 현행 법령상 의사가 자신의 건강상태(HIV 및 에이즈 포함)를 환자에게 공개할 명시적 의무는 규정되어 있지 않지만, 의사의 건강상태가 환자의 치료에 중대한 영향을 미칠 수 있는 경우, 의료인으로서의 일반적인 주의의무와 환자의 자기결정권 보장 측면에서 일정한 정보 제공이 필요하다고 본다.

---

113) Marcia M. Boumil 외, 전게서, pp. 17-18.
114) Marcia M. Boumil 외, 전게서, pp. 18-22.
115) Marcia M. Boumil 외, 전게서, pp. 181-183.

라. 설명의무의 범위

의사는 환자의 상황과 당시의 의료수준 그리고 자기의 지식경험에 따라 적절하다고 판단되는 진료방법을 선택할 상당한 범위의 재량을 가진다. 그러나 복수의 치료방법이 존재하는 경우, 의사는 환자에게 각 치료방법의 내용, 필요성, 위험성, 예후 등에 관하여 설명하여 환자가 스스로 치료방법을 선택할 수 있도록 해야 한다(대법원 2007. 5. 31. 선고 2005다5867 판결).

이와 관련하여 사전에 예상한 수술의 범위 및 방법 등에 관해서는 미리 환자측에 설명을 하여 동의를 받았지만 막상 수술을 시작한 후 상황에 대처하여 수술 범위가 넓어지거나 다른 수술 방식을 취함으로써 사후에 문제가 되는 경우에 설명의무의 위반 여부가 문제 된다. 크게는 만일 합리적인 사람이라면 당해 의사가 처한 상황에서 수술 범위를 확대하는 것이 환자에게 가장 이익이 되는 것이라는 점에 이의가 없었을 것이라고 판단된다면 그와 같은 수술 범위의 확대를 위법한 것으로 보기 어렵다.[116] 그러나 설기저부암(tongue cancer)이 경부(neck)로 전이된 환자에 대하여 그 종양의 크기가 작아 구강 내로 접근하여 종양을 제거하기로 하는 수술이 예정되어 있었는데 실제 수술 도중 발견된 종양의 크기가 영상검사로 파악된 종양의 크기보다 큼에 따라 당초 예정된 것과 달리 측인두절제술을 통하여 종양을 제거하는 수술을 실시하게 된 경우에는 그로 인한 부작용과 관련하여 환자측의 동의 없이 수술확대가 가능하다고 보기는 어려울 것이다. 대법원에서는 '환자가 의사로부터 올바른 설명을 들었더라도 위 투약에 동의하였을 것이라는 이른바 가정적(假定的) 승낙에 의한 의사의 면책은 의사측의 항변사항으로서 환자의 승낙이 명백히 예상되는 경우에만 허용된다'라고 판시하였다(대법원 1994. 4. 15. 선고 92다25885 판결 참조).[117]

---

116) 미국 North Carolina 주대법원은 Kennedy v. Parrott 사건(1956)에서, 맹장염수술 도중 난소낭(ovarian cyst)에 구멍이 뚫린 것을 발견하고 사전에 환자측의 동의 없이 추가적인 수술을 시행한 것에 대하여, ① 수술 도중 사전에 진단되지 아니한 다른 환부가 발견되었고 ② 환자가 사전에 그에 대한 동의를 할 수 없었으며, ③ 수술의 확대에 동의하지 아니하리라는 아무런 증표가 없었고, ④ 그 확대수술이 당초 예상한 수술의 영역 내에 있음(in the area of the original incision)을 이유로 그 수술 확대는 정당화된다고 판시하였다; Kennedy v. Parrott, 243 N.C. 355, 90 S.E.2d 754 (1956).

117) 미국에서는 사전 설명에 의하여 동의를 얻지 아니한 채 시술할 때에는 그 시술이 아무리 뛰어나게 이루어졌다고 할지라도 폭행(assault, battery)에 해당하게 되고, 사전에 환자측

또한 대법원은 의사의 설명의무는 그 의료행위에 따르는 후유증이나 부작용 등의 위험발생 가능성이 희소하다는 사정만으로 면제될 수 없으며, 그 후유증이나 부작용이 치료행위에 전형적으로 발생하는 위험이거나 회복할 수 없는 중대한 것인 경우에는 발생가능성의 희소성에도 불구하고 설명의 대상이 되며,[118] 이 경우 의사가 시술 전 환자의 상태 및 시술로 인한 합병증으로 사망할 가능성의 정도와 예방가능성 등에 관하여 구체적인 설명을 하여 주지 아니하였다면 설명의무를 다하였다고 할 수 없다고 본다.[119] 다만 그 후유증이나 부작용이 비전형적인 것으로서 그 발생가능성이 희박하여 담당의사가 예상하지 못했으며 이를 예상할 주의의무가 있다고 보기도 어려운 경우에는 설명의무를 위반하였다고 보기 어렵다고 할 것이다.

마. 설명의무의 이행

1) 설명의 주체

설명은 그 설명내용을 이해할 수 있는 자가 하여야 하므로, 설명의무자는 진료행위를 하는 주치의사로 한정될 수밖에 없고, 보조의사나 간호사 등 의사

의 동의를 받았더라도 그 시술이 동의를 받은 범위를 벗어났다거나 다른 의사에 의하여 시술된 경우에는 폭행이 문제될 수 있다. Marcia Mobilia Boumil 외, 전게서, pp. 67-69 참조.

118) 대법원 2002. 10. 25. 선고 2002다48443 판결; 대법원 2004. 10. 28. 선고 2002다45185 판결 등 참조; 대법원 2020. 11. 26. 선고 2018다217974 판결은, 자각증상 없는 경추부 관련 질환 환자에게 경추부 척수병증에 따른 사지마비가 발생하는 것은 매우 이례적이어서 원고의 현 장해 상태는 이 사건 수술에서 통상 예견되는 합병증의 범위를 벗어난 것으로서 설명의무의 대상이 되지 않는다고 본 원심판단에 대하여, 경추 추간판탈출증 등의 기왕증이 있는 환자가 기관삽관을 이용한 전신마취와 흉부거상 및 두부하강의 자세로 장시간 수술을 받는 경우 경추부 척수병증에 따른 사지마비의 후유증이 발생할 위험은 이 사건 수술 당시의 의료수준에 비추어 이 사건 수술로 인하여 예상되는 것이고 발생빈도가 낮다고 하더라도 발생할 경우 환자에게 중대한 생명·신체·건강의 침해를 야기할 수 있는 것이므로, 이 사건 수술을 받지 않을 경우에 생길 것으로 예견되는 결과와 대체 가능한 차선의 치료방법 등과 함께 환자인 원고 본인에게 구체적으로 설명해 주었어야 할 사항이라고 보아야 하고, 원심이 든 원고의 주관적 증상 또는 후유증 발생가능성의 희소성 및 이에 따른 피고 병원 의료진의 예견만으로 설명의무가 면제된다고 볼 수 없다고 판단하여 파기환송하였다.

119) 대법원 1999. 12. 21. 선고 98다29261 판결; 대법원 2004. 10. 28. 선고 2002다45185 판결 등 참조.

가 아닌 의료보조인은 포함되지 않는다. 이는 필요한 정보를 환자에게 제공할 의무를 뜻함과 아울러 그를 통하여 환자로부터 동의를 얻어야 할 법적 지위를 뜻하기도 한다. 두 명 이상의 의료서비스 제공자가 관련된 경우, 일반적으로 의료절차를 수행하거나 치료, 진단 또는 기타 의료 서비스를 제공한 의사, 즉 시술을 제안한 의사에게 설명의무가 있다.

2) 설명의 상대방 및 동의권자

설명의무의 종류에 따라 그 상대방이 달라진다.

환자의 자기결정권을 보장하기 위한 설명의무는 그 성질상 자기결정권을 행사할 주체인 환자에게 행하여져야 한다. 다만 환자가 의식불명인 경우에는 법정대리인이 동행하였을 때에는 그 법정대리인에게, 법정대리인이 동행하지 아니한 경우에는 동행한 사람을 상대로 행하여질 수밖에 없다. 또 환자가 미성년자인 경우에는 법정대리인인 친권자의 동의가 있어야 하며, 미성년자라도 실질적인 판단력이 있을 때는 환자 본인의 동의가 우선적으로 필요하다고 볼 것이다. 판례도 환자가 성인으로서 판단능력을 가지는 이상 환자의 가족이나 친족 등이 행한 승낙으로 환자의 승낙을 갈음할 수 없다고 하거나[120] 환자 이외의 자를 상대로 하여서는 설명의무를 이행할 것으로 볼 수 없다고 보고 있다.[121]

한편 생명윤리 및 안전에 관한 법률 제16조 제2항은 "연구대상자가 동의 능력이 없거나 불완전한 경우에는 법정대리인의 서면동의를 받아야 한다. 이 경우 대리인의 동의는 연구대상자의 의사에 어긋나서는 아니 된다."라고 규정하고 있고, 여기서 "연구대상자의 의사에 어긋나서는 아니 된다"는 문구는 이미 미국 등지에서 시행되고 있는 미성년자의 의견을 존중해야 한다는 "Informed Assent의 개념"을 반영하고 있다고 해석된다. "Informed Assent" 주로 미성년자나 의사결정능력이 제한된 사람들이 의료행위나 연구 참여에 대해 자신의 의견을 표현하

120) 대법원 1994. 11. 25. 선고 94다35671 판결은 환자의 시숙이 수술시행을 승인한다는 내용의 부동문자로 인쇄된 수술 승인서 용지에 서명날인 한 사안에서, 환자가 성인으로서의 판단능력을 가지고 있는 이상 인척에 불과한 시숙의 승낙으로써 환자의 승낙에 갈음하는 것은 허용되지 아니한다고 판시하였고, 대법원 1997. 7. 22. 선고 96다37862 판결 또한 원고가 성인으로서 판단능력을 가지고 있는 이상 친족인 원고의 오빠의 승낙으로써 원고의 승낙에 갈음하는 것은 허용되지 아니한다고 판시하였다.

121) 대법원 2002. 9. 4. 선고 2002다16781,16798 판결.

는 절차로서, 법적 동의(Informed Consent)와는 구별되며, 법적 동의 능력이 없는 사람들의 자기결정권을 존중하기 위한 보완적 절차이다. 대법원 2023. 3. 9. 선고 2020다218925 판결은 "환자가 미성년자라도 의사결정능력이 있는 이상 자신의 신체에 위험을 가하는 의료행위에 관한 자기결정권을 가질 수 있으므로 원칙적으로 의사는 미성년자인 환자에 대해서 의료행위에 관하여 설명할 의무를 부담한다"고 판시함으로써 미성년자의 의견(Assent)을 존중해야 한다는 원칙을 확립하였다는 평가를 받고 있다. 또한 서울고등법원 2023. 4. 13. 선고 2021나2050919 판결은 "미성년자에 대한 필러 주입술은 현재 의료계에서 실제로 광범위하게 행해지고 있다. 피고 병원 의료진은 성년에 매우 근접한 원고의 요청에 따라 이 사건 필러 주입술을 결정하였다"고 판시하여, 미성년자의 의견(Assent)을 존중한 의료행위의 적법성을 인정했다.

환자가 임상시험용 약물 또는 치료의 임상시험에 참여하도록 제안을 받는 경우 의사는 환자로부터 구체적이고 상세한 사전 동의를 받아야 할 것이다.

3) 설명의 시기

설명은 환자가 자신의 인식능력과 결정능력을 완전히 가지고 있고, 환자에게 행해지는 침습시까지 일정한 고려기간이 남아 있어 충분히 의료침습의 의미를 이해하고 그 위험성과의 비교형량을 할 수 있는 시점에서 이루어져야 한다.

이에 관하여 대법원 2022. 1. 27. 선고 2021다265010 판결은, "의사의 설명의무는 그 의료행위가 행해질 때까지 적절한 시간적 여유를 두고 이행되어야 한다. 환자가 의료행위에 응할 것인지를 합리적으로 결정할 수 있기 위해서는 그 의료행위의 필요성과 위험성 등을 환자 스스로 숙고하고 필요하다면 가족 등 주변 사람과 상의하고 결정할 시간적 여유가 환자에게 주어져야 하기 때문이다. 의사가 환자에게 의사를 결정함에 충분한 시간을 주지 않고 의료행위에 관한 설명을 한 다음 곧바로 의료행위로 나아간다면 이는 환자가 의료행위에 응할 것인지 선택할 기회를 침해한 것으로서 의사의 설명의무가 이행되었다고 볼 수 없다. 이때 적절한 시간적 여유를 두고 설명의무를 이행하였는지는 의료행위의 내용과 방법, 그 의료행위의 위험성과 긴급성의 정도, 의료행위 전 환자의 상태 등 여러 가지 사정을 종합하여 개별적·구체적으로 판단하여야 한다."라는 전제 위에, 수술 당일 환자에게 수술에 따른 위험성을 설명하고 곧바로 수술에 나아간 사안에서, 의사의 설명의무가 환자에게 수술에 관한 위험성을 충분히 숙고할 시간적 여유를 두고 이루어지지 않았을 여지가 있다고 보아, 설명의무를 위반하지 않았다고 본 원심을 의사의 설명의무 이행에 관한 법리를 오해하여 필요한 심리를 다하지 않아 판결에 영향을 미친 잘못이 있다는 이유로 파기하였다.

4) 설명의무의 이행 정도 및 형식

설명의무를 구체적으로 어떻게 이행하는 것이 채무의 내용에 맞는 급부의 제공에 해당하는지가 문제이다. 오늘날 사회 각 분야에서 특히 의사소통이 강조되고 있다. 의사소통은 한쪽 당사자가 단지 정보나 의사를 일방적으로 쏟아내서는 달성할 수 없고 상대방이 알아들을 수 있는 용어나 기법을 적절히 사용하는 것이 필수적이다. 의사가 환자에 대하여 설명의무를 이행함에 있어서도 이러한 소통의 기술이 필수적이라고 할 것이다.

설명의무의 내용 및 이행수준을 둘러싸고, ① 의료계의 관행에 따라 통상의 합리적인 의사라면 설명할 정보를 기준으로 삼아야 한다는 합리적 의사기준설, ② 당해 환자가 놓인 상황에 따라 합리적인 환자라면 중요시할 정보를 설명하여야 한다는 합리적 환자설, ③ 당해 환자가 중요시할 정보를 설명하여야 한다는 구체적 기준설, ④ 의사가 알거나 알 수 있는 당해 환자의 모든 정보에 터잡아 환자가 그 의사를 결정하기 위하여 중요시할 것으로 예견할 수 있는 정보를, 의사가 알거나 알 수 있었던 범위 내에서 설명할 의무가 있다는 이중기준설 등이 대립한다.

설명의무가 환자의 자유로운 판단을 위한 것이라면 제공되어야 할 정보도 의사가 아니라 환자를 기준으로 하되, 환자의 처한 환경이나 개별적 차이에 따라 제공되어야 할 정도가 천편일률적이어서는 안될 것이며, 설명의무는 어디까지나 정보를 제공하는 의사의 행동규범인 이상 의사가 이를 수행할 수 있는 예측가능성의 범위 내에서 요구되어야 할 것이므로 이중기준설이 타당하다고 할 것이다. 다만 정보의 내용은 병명·증상과 같은 진단결과, 실시하고자 하는 의료행위의 내용, 치료에 따르는 위험성, 치료후의 경과 등이 될 것이고, 그 용어나 기법에 관하여도 환자의 눈높이가 고려되어야 할 것이다.[122)]

122) 저자의 실무경험에 의하면, 환자가 이해할 수 있는 충분한 설명이 사전에 이루어진다면 의사에 대한 높은 신뢰와 함께 질병에 대한 공동전선이 형성되어 설사 악결과가 발생한

설명은 의사와 환자 사이의 설명대화로 이행되며, 통상 의사가 수술서약서, 수술동의서, 수술승낙서 등과 같은 서면을 통해 환자의 동의를 받지만 이러한 서면의 작성만으로는 충분치 않고 그 밖에 의료행위의 내용이나 위험성에 관하여 설명이 있어야 한다. 한편 응급의료에 관한 법률 제9조, 같은 법 시행규칙 제3조 및 [서식] 1에 의하면, 의료종사자는 원칙적으로 응급환자에게 응급의료에 관하여 설명하고 그 동의를 받아야 하고 그 설명과 동의를 일정한 서식에 의하도록 규정하고 있다.

그리고 설명은 어디까지나 진정하여야 하고, 사기성 허위 설명, 사실의 은폐 또는 정보의 미공개를 통해 얻은 환자의 사전 동의는 유효하다고 볼 수 없고, 의사가 설명의무를 이행하였다고 보기 어렵다. 비록 동의서가 작성되었다고 할지라도 의사의 설명이 허위라는 것을 알면서 다른 당사자의 동의를 유도하기 위할 의도로 자신의 내심 의사에 반하여 작성된 것이라면 그 동의서의 효력을 인정하기 어렵다고 할 것이다.

5) 설명의무의 예외

그러나 의사에게 환자에 대한 설명의무를 모든 경우에 강제할 수는 없다.

응급의료에 관한 법률 제9조 제1항도 설명의무가 배제되는 경우로 "설명 및 동의 절차로 인하여 응급의료가 지체되면 환자의 생명이 위험하여지거나 심신상의 중대한 장애를 가져오는 경우"를 들고 있다.

사회일반에 알려져 있는 정보라든가 환자 자신이 전문가로서 이미 잘 알고 있는 정보의 경우에는 미리 설명할 필요는 없다. 또한 환자가 설명을 받을 권리를 포기한 경우에는 일정한 범위에서 설명의무가 감면된다. 한편 자해(自害)의 우려가 있는 정신장애인이라든가 입원권고에 따르지 않는 제1급감염병 환자와 같이 법령상 강제치료가 행하여져야 하는 경우로서 설명이 곤란한 경우에도 설명의무가 면제될 수 있다. 그러나 법령상 동의가 요구되지 않는다고 할지라도 설명 자체가 가능하다면 환자 본인에게 설명되어야 할 것이다.

이와 관련하여 암과 같이 질병에 대한 자세한 설명이 환자에게 중대한 정

다고 할지라도 그 책임을 소재를 모색하는 자세가 현재와는 크게 달라질 것으로 생각된다. 우리나라의 경우 초등학교 5학년이 이해할 수 있는 수준의 설명이 가장 바람직하다고 보고 이를 실제 의료현장에서 가르치는 사례가 있다고 한다.

신적 충격을 추어 치료에 악영향을 줄 우려가 있는 경우에도 의사는 환자 본인에게 설명의무를 이행하여야 하는지가 문제된다. 이는 환자가 제한된 상황에서 설명을 듣고 그 시술에 동의하는 것을 포기할 권리가 있느냐의 문제이기도 하다. "환자의 심약(心弱)이나 중병 이환(罹患)사실 등으로 인한 정신적 충격과 위험이 인정되는 예외적인 경우에는 설명의무가 면제될 수 있다"는 학설이 있고,[123] 서울민사지방법원 1992. 3. 13. 선고 90가합45545 판결은 "설명에 의하여 환자에 악영향을 미치거나 의료상 악영향을 가져오는 경우 등 특별한 사정이 없는 한" 설명의무가 있다고 판시함으로써 설명의무가 없는 특별한 사정의 사례로 인정한 것으로 보이고, 일본 최고재판소도 암의 불고지에 관하여 의사의 재량범위를 넓게 인정하여 '합리성이 없지 않은 한 암의 불고지에는 위법성이 없다고 판시한 바가 있으나, 그 후 단기간 내에 암도 극복가능한 질병이 됨에 따라 환자의 자기결정권을 존중하고 이를 환자에게 알려줌으로써 치료의욕을 자극할 수 있다는 등의 이유로 근래에는 고지하는 것을 원칙으로 하고 있다.[124] 아무튼 의사가 환자의 의사결정에 관련된 정보를 공개하는 것 자체가 환자에게 해를 끼칠 수 있다고 판단되는 드문 상황에서 의사가 해당 정보의 공개를 보류할 수 있다고 보아야 할 것이다.

바. 설명의무위반에 대한 구제방법 및 입증책임

1) 설명의무 위반의 법적 책임 구성

설명의무를 위반한 행위는 위법한 행위로서 불법행위를 구성할 뿐만 아니라 의료계약상의 의무를 위반한 행위에도 해당한다. 법률적 구성의 차이는 실질적 의무의 내용 내지 가치판단의 차이는 거의 없고 소송의 유·불리의 점에 있어서도 결정적인 영향은 없다.

불법행위로 구성하는 경우에는, 의사가 환자에게 의료행위를 행하게 되면 의사와 환자 사이에 사실상 또는 법률상 특별한 사회적 관계가 성립하게 되고, 거기에서 생기는 상호간의 신뢰는 법으로 보호되어야 하는바, 환자는 전문적 지식의 보충이 필요한 상황에서 의사는 이를 제공할 수 있는 유일한 전문가이

---

123) 정영일, 형법각론(제3판), 박영사(2011), 34-35면.
124) 浦川道太郎 외, 전게서, 제37-38면 참조.

므로 환자가 의사에게 필요한 정보를 보충하여 줄 것을 기대하는 것은 당해 구체적 상황에서 신의칙상 일반적으로 기대되는 신뢰이고, 이에 대한 불법행위가 성립하는 것이다.

반면 계약상의 의무 불이행으로 구성하는 것은, 처음 의료계약을 체결할 당시에는 병적 증상의 의학적 해명 및 그에 대한 치료가 추상적인 합의내용이라고 한다면 진료가 진행됨에 따라 구체적인 진료 내용이 유동적으로 변화하게 되고 환자의 자기결정 및 그 실질화의 요청에 맞추어 신의칙상 요구되는 설명의무의 내용도 구체화하는바, 이러한 의료계약상 부수의무 내지 신의칙상 의무를 위반한 것이 책임의 근거가 된다.[125]

2) 입증책임

침습행위에 대한 환자의 승낙을 얻기 위한 설명의무, 즉 조언설명의무의 위반에 관하여는 그것이 자기결정권을 행사할 수 없게 된 데 대한 위자료만을 청구하는 것이라면, 의사의 설명결여 내지 부족으로 선택의 기회를 상실하였다는 사실만을 입증함으로써 족하고(대법원 1994. 4. 15. 선고 93다60953 판결), “특별한 사정이 없는 한 의사측에 설명의무를 이행한 데 대한 증명책임이 있다”라는 대법원 2007. 5. 31. 선고 2005다5867 판결[126]을 감안할 때, ‘의사의 설명결여 내지 부족’에 대한 주장책임과 ‘그로 인하여 선택의 기회를 상실하였다’라는 점에 대한 주장책임 및 입증책임을 환자측이 부담하는 반면, 조언설명의무를 다했다는 입증책임은 종국적으로 의사가 부담하는 데에 있다는 판시로 보인다. 나아가 진료행위로 발생한 악결과로 인한 모든 손해를 청구하기 위해서는 “그 중대

125) 浦川道太郎 외, 전게서, 27-29면 참조.

126) “설명의무는 침습적인 의료행위로 나아가는 과정에서 의사에게 필수적으로 요구되는 절차상의 조치로서, 그 의무의 중대성에 비추어 의사로서는 적어도 환자에게 설명한 내용을 문서화하여 이를 보존할 직무수행상의 필요가 있다고 보일 뿐 아니라, 응급의료에 관한 법률 제9조, 같은 법 시행규칙 제3조 및 [서식] 1에 의하면, 통상적인 의료행위에 비해 오히려 긴급을 요하는 응급의료의 경우에도 의료행위의 필요성, 의료행위의 내용, 의료행위의 위험성 등을 설명하고 이를 문서화한 서면에 동의를 받을 법적 의무가 의료종사자에게 부과되어 있는 점, 의사가 그러한 문서에 의해 설명의무의 이행을 입증하기는 매우 용이한 반면 환자측에서 설명의무가 이행되지 않았음을 입증하기는 성질상 극히 어려운 점 등에 비추어, 특별한 사정이 없는 한 의사측에 설명의무를 이행한 데 대한 증명책임이 있다고 해석하는 것이 손해의 공평·타당한 부담을 그 지도원리로 하는 손해배상제도의 이상 및 법체계의 통일적 해석의 요구에 부합한다.”

한 결과와 의사의 설명의무 위반 내지 승낙 취득 과정에서의 잘못과 사이에 상당인과관계가 존재하며, 그 설명의무의 위반이 생명 신체에 대한 의료적 침습 과정에서 요구되는 의사의 주의의무 위반과 동일시 할 정도의 것"이란 점이 입증되어야 하는데 이는 다른 의료과오사건과 마찬가지로 환자측에서 그 입증책임을 부담한다고 할 것이다.

다음 지도설명의무 위반에 대한 입증책임을 어느 편이 부담하는지가 문제되는데, 앞서 본 바와 같이 지도설명의무는 진료계약상 주된 급부의무의 완전한 이행을 위한 종속적 부수의무로서 그 위반이 의료과오와 마찬가지로 진료계약상의 채무불이행이나 불법행위에 해당하는지 여부의 문제이므로 그에 대한 입증책임을 이를 주장하는 환자측에서 부담하는 것이 법률체계에 부합하고, 또 조언설명의무와는 달리 이를 문서화할 의무를 의사측에 부담시키는 법령도 없고 그 이행시기 역시 침습행위의 시기와 무관할뿐더러 환자의 자기결정권과 같이 포기되거나 면제될 성질이 아닌 점을 감안할 때 입증책임의 분배에 관한 일반원칙에 대한 예외를 인정하는 것은 적절치 않다고 할 것이다.[127] 다만, 객관적 진료경과 및 담당의사의 판단내용 등에 관한 정보 및 자료가 의사측에 편재되어 있는 의료과오소송의 특성상 환자측으로부터 지도설명의무가 제대로 이행되지 아니한 점이 정황증거에 의하여 어느 정도 입증되면, 입증의 부담이 의사측에 넘어가 지도설명의무를 이행한 사실에 관하여 적극적으로 반증이 제시되지 아니하는 한 의사측이 불리한 사실판단을 받을 가능성이 높다고 할 것이다.

---

127) ① 同旨; 김천수, 전게논문, 152-153면, ② 서울고등법원 2010. 4. 22. 선고 2009나72218 판결(횡문근 분해증으로 인한 구획증후군에 대해 즉시 근막절개술을 실시하여야 한다는 점을 환자측에 설명하지 않았는지 여부와 그 전제로서 그 무렵 피고 병원 의료진이 횡문근 분해증으로 인한 구획증후군을 제대로 진단하지 못한 잘못이 있는지 여부가 문제된 사건임); 다만 조언설명의무에 관하여 의사에게 입증책임을 부담시키는 이유가 입증가능성이 의사에게 편재되어 있기 때문이라는 점을 들어 지도설명의무라고 하여 달리 볼 것이 아니라는 입장에서 지도설명의무의 이행에 대한 입증책임이 의사에게 있다는 견해가 있다. 이성철, "의료과오소송과 입증책임", 2010 의료소송의 이론과 실무 법관연수자료; 서영애, 전게논문, 462-465면에서 재인용.

사. 설명의무위반의 효과

1) 학설의 대립

설명의무위반으로 인한 손해배상책임의 범위와 관련하여서 전체 손해를 배상하여야 한다는 신체침해설(상해설)과 위자료만 배상하여야 한다는 인격권침해설(자유침해설)이 대립하는 것으로 설명된다.[128] 그러나 이는 앞서 본 설명의무의 유형 중 자기결정권 행사의 전제가 되는 협의의 손해배상의무에 대한 것일 뿐, 모든 설명의무를 포섭하는 범위에서의 견해대립은 아니다. 오히려 자기결정권을 침해하였을 뿐만 아니라 그 진료행위의 내용이 의료수준을 지키지 못하여 의술적 적응성 또는 의학적 적응성을 갖추지 못한 경우에는 어느 입장을 취하더라도 신체침해를 포함하는 모든 손해를 배상할 의무가 있다는 데에 다툼이 없다. 이와 달리 자기결정권만을 침해하였을 뿐 그 진료행위가 의료수준에 따라 이루어진 경우에는 신체침해설을 취하더라도 인격권침해를 넘어서는 신체침해로 인한 손해를 인정하기는 어려울 것이다. 따라서 신체침해설을 취할 경우 의료행위에 과오가 없었던 경우라도 질병자체로 인한 신체적 손해까지도 과오 없는 의사에게 전가되는 부당한 결과가 된다는 인격권침해설의 주장은 받아들이기 어렵다고 할 것이다.

2) 판례의 태도

대법원 1994. 4. 15. 선고 93다60953 판결에서 "의사가 설명의무를 위반한 채 수술 등을 하여 환자에게 사망 등의 중대한 결과가 발생한 경우에 있어서 환자 측에서 선택의 기회를 잃고 자기결정권을 행사할 수 없게 된 데 대한 위자료만을 청구하는 경우에는 의사의 설명결여 내지 부족으로 선택의 기회를 상실하였다는 사실만을 입증함으로써 족하고, 설명을 받았더라면 사망 등의 결과는 생기지 않았을 것이라는 관계까지 입증할 필요는 없으나, 그 결과로 인한 모든 손해를 청구하는 경우에는 그 중대한 결과와 의사의 설명의무 위반 내지 승낙취득과정에서의 잘못과의 사이에 상당인과관계가 존재하여야 하며, 그 경우 의사의 설명의무의 위반은 환자의 자기결정권 내지 치료행위에 대한 선택의 기회

128) 박영호, "설명의무위반 및 치료기회상실을 근거로 한 가족들의 독자적 위자료 청구권", 법조 제58권 제2호, 법조협회(2009. 2.), 15-16면 참조.

를 보호하기 위한 점에 비추어 환자의 생명 신체에 대한 의료적 침습 과정에서 요구되는 의사의 주의의무 위반과 동일시 할 정도의 것이어야 한다."고 판시하였다.

우선 형식적으로만 보면, 설명의무를 위반한 경우에도 그 결과로 인한 모든 손해를 청구할 수 있는 여지가 있음을 인정하는 점에서 학설상 신체침해설을 지지하는 것처럼 보이지만, 설명의무의 위반은 환자측이 누려야 할 선택의 기회 내지 자기결정권에 대한 침해이고 그 손해도 위자료에 국한되는 것임을 밝히고, 나아가 설명의무 위반을 이유로 진료행위로 인한 모든 손해를 청구하려면 "그 중대한 결과와 의사의 설명의무 위반 내지 승낙취득과정에서의 잘못과의 사이에 상당인과관계가 존재하여야 한다"라거나 설명의무 위반이 "환자의 생명 신체에 대한 의료적 침습 과정에서 요구되는 의사의 주의의무 위반과 동일시 할 정도의 것이어야 한다"라는 판시는, 결국 설명의무를 위반하여 의료수준을 벗어나는 진료가 행하여진 경우를 가리키는 것으로서 그 자체로 통상적인 의료과실에 의한 의료사고에 해당하는 것이어서 굳이 설명의무 위반이 매개되지 않고서도 신체적 법익을 침해한 위법성을 인정할 수 있지만 그 진료 경위에서 환자의 의사가 존중되지 못함으로써 그 위법성이 가중된 것을 뜻하는 것이라면 오히려 인격권침해설에 가까운 판시라고 할 것이다.

우리나라 대법원판결 중 설명의무 위반을 근거로 전체손해를 인정한 것으로 볼 수 있는 사례로는 ① 미골통을 치료하기 위하여 전신마취하에 미골절제술을 시술함에 있어 마취제인 할로테인 부작용으로 사망한 사안에서 의사가 환자에게 미골절제술이 불가피한 수술인지 여부, 할로테인의 부작용에 대하여 설명을 하지 않았는데, 이러한 경우 환자나 그의 부모는 피고들로부터 위와 같은 설명을 들었더라면 위 수술을 받지 않았거나 위 마취방법에 동의하지 않았을 수도 있었을 것이라고 보아 전체 손해의 배상을 인정한 것(대법원 1996. 4. 12. 선고 95다56095 판결)과 ② 손바닥과 발바닥에 땀이 많이 나는 증상을 치료하기 위하여 제1흉추 및 제2흉추 안쪽에서 손으로 가는 교감신경 절제수술을 받았는데 수술 직후 뇌경색으로 사망에 이르게 된 사안에서 의사가 수술 전 환자에게, 수술 후 하지마비, 기흉, 눈동자의 변화 등의 부작용이 생길 가능성이 있음을 설명하였으나, 뇌경색의 가능성에 관하여는 설명하지 않았는바, 의사가 수술 후 사후 대처를 소홀히 한 과실과, 설명의무를 소홀히 한 과실을 모두 인정한 것

(대법원 1995. 2. 10. 선고 93다52402 판결) 등이 있다.

3) 사견

의사에게 계약상 또는 법률상 진료의무가 발생하지 아니하였음에도 예를 들면 지나가는 사람을 붙잡아 그 의사에 반하여 의료행위라는 명목으로 침습적 행위를 하였다면 아무리 그 행위가 의술적 적응성 또는 의학적 적응성을 갖추었다고 할지라도 그 적법성을 인정하기는 어렵다. 그런 점에서 환자의 동의 내지는 자기결정권 존중을 의료적 침습행위가 사회적 상당성을 가지는 근거로 보는 신체침해설은 타당하다고 할 것이다. 그러나 일단 의사에게 환자를 치료할 법률관계가 성립한 이상 그에 따른 개별적인 진료행위마다 환자에게 그에 관하여 설명하지 아니하면 곧바로 전단적(專斷的) 의료행위로서 불법행위에 해당하며 그로 인한 모든 손해를 환자에게 배상할 의무가 있다고 보는 것을 적절치 않다. 왜냐하면 일단 진료의무를 지게 된 의사는 그 환자를 의술적 적응성 또는 의학적 적응성에 따라 진료행위를 할 의무를 부담하는 것이 기본이고 이를 위반할 때 계약위반이나 불법행위가 문제되는 것이고, 나아가 환자의 자기결정권을 존중하여 그 전제가 되는 설명의무를 이행하는 것은 별개의 문제이다. 만일 이를 위반한 경우에는 결국 환자의 자기결정권에 의하여 보호하는 인격적 법익이 침해된 것이므로 그에 대한 배상은 위자료만이 문제되는 것이 당연하다.

그런데, 의사가 행할 침습행위에게 관하여 환자측에 자기결정권의 전제가 되는 통상적인 설명의무를 이행하지 아니하였을 뿐만 아니라 그 침습적 행위가 의료수준을 벗어나는 시험적 시술이라거나 고도의 위험성을 수반하는 시술 등이어서 예외적으로 환자의 특별한 동의가 없는 한 그 정당성을 인정하기 어려운 경우에는 단지 자기결정권의 전제가 되는 설명의무 위반의 문제에 그치지 아니하고 당해 의료행위 자체에 위법의 소지가 있으므로 그로 인하여 발생하는 모든 손해를 배상할 책임을 져야 할 경우가 생기는 것이다.

또한 앞서 본 바와 같이 설명의무 중에는 환자의 자기결정권의 전제가 되는 설명의무만 있는 것이 아니라 치료·요양상의 주의사항을 설명하여야 할 요양지도의무가 있고 또 적절히 전원하기 위한 설명의무 등도 있다. 이러한 설명의무는 그 자체로 진료행위의 일부에 해당하므로 이를 위반한 경우에는 헌법이 보장하는 인격권에 대한 침해의 문제가 아니라 경우에 따라 의료계약의 위반 또는 진료행위 자체에 요구되는 사회적 상당성을 잃게 되어 그로 인한 모든 손해를 배상할 의무를 질 수 있다.

이처럼 설명의무 위반의 효과는 다양한 가능성을 품고 있어 어느 하나의 학설로 수미일관하게 설명하려는 노력은 적절치 않을 것으로 여겨진다.

4. 환자의 의무

가. 진료비지급의무

1) 진료보수

진료계약의 법적 성질이 위임이라면, 위임자의 채무로는 우선 보수지급의무가 있고, 아울러 비용상환의무를 진다. 환자가 병원에 지급하는 진료비 속에는 약제 등에 대한 실비와 의료기계·기구의 사용료 및 시술료 등의 포함되어 있다.

응급의료에 관한 법률 제22조[129]에 규정된 미수금 대지급 청구권은 계약

129) 제22조(미수금의 대지급) ① 의료기관과 구급차등을 운용하는 자는 응급환자에게 응급의료를 제공하고 그 비용을 받지 못하였을 때에는 그 비용 중 응급환자 본인이 부담하여야 하는 금액(이하 "미수금"이라 한다)에 대하여는 기금관리기관의 장(기금의 관리·운용에 관한 업무가 위탁되지 아니한 경우에는 보건복지부장관을 말한다. 이하 이 조 및 제22조의2에서 같다)에게 대신 지급하여 줄 것을 청구할 수 있다.
② 기금관리기관의 장은 제1항에 따라 의료기관 등이 미수금에 대한 대지급을 청구하면 보건복지부령으로 정하는 기준에 따라 심사하여 그 미수금을 기금에서 대신 지급하여야 한다.
③ 국가나 지방자치단체는 제2항에 따른 대지급에 필요한 비용을 기금관리기관의 장에게 보조할 수 있다.
④ 기금관리기관의 장은 제2항에 따라 미수금을 대신 지급한 경우에는 응급환자 본인과 그 배우자, 응급환자의 1촌의 직계혈족 및 그 배우자 또는 다른 법령에 따른 진료비 부담 의무자에게 그 대지급금(代支給金)을 구상(求償)할 수 있다.
⑤ 제4항에 따른 대지급금의 상환 청구를 받은 자가 해당 대지급금을 정하여진 기간 내에 상환하지 아니하면 기금관리기관의 장은 기한을 정하여 독촉할 수 있다. 〈신설 2017. 10. 24.〉
⑥ 제5항에 따른 독촉을 받은 자가 그 기한 내에 대지급금을 상환하지 아니하면 기금관리기관의 장은 보건복지부장관의 승인을 받아 국세 체납처분의 예에 따라 이를 징수할 수 있다. 〈신설 2017. 10. 24.〉

당사자의 지위에서 진료비 지급의무를 부담하는 것이 아니라, 응급환자 진료의 실효성을 달성할 목적으로 법정 청구권을 인정한 것으로 보아야 할 것이다.

2) 의료사고와 진료비 지급의무

비록 악결과가 발생하였다고 하더라도 의료수준에 따른 합당한 치료가 행하여졌다면 의료인의 채무불이행에는 해당하지 아니하므로 환자로서는 그에 대한 진료비 전부를 지급할 의무를 진다. 그러나 의료진에 과실이 있다고 인정되는 경우에는 이는 진료계약에 의하여 위임된 채무의 본지에 따른 것이 아니므로 그에 대한 대가인 진료보수에 대한 지급의무도 발생하지 않는다고 할 것이다. 이에 관하여 책임제한의 비율을 적용하여 의사측의 책임비율을 초과하는 당해 치료비에 관하여는 여전히 환자측에 지급의무가 있다는 주장이 있다.[130] 그러나 당해 진료행위가 일련의 과정으로 일체를 이루고 있는 것인 이상 그 전체를 채무의 본지에 따르지 못한 불완전이행으로 보아 당해 진료비 전체를 청구할 수 없는 것으로 보는 것이 타당할 것이다. 다만 비용에 관하여는 민법 제688조에서 그 상환의무에 관하여 필요비인 이상 아무런 제한이 없으므로 여전히 그 지급의무를 진다고 할 것이다.[131]

그러나 의료과오로 인한 새롭게 발생한 비용은 그 자체로 진료계약상의 필

⑦ 기금관리기관의 장은 제4항에 따라 대지급금을 구상하였으나 상환받기가 불가능하거나 제22조의3에 따른 소멸시효가 완성된 대지급금을 결손으로 처리할 수 있다. 〈개정 2017. 10. 24.〉

⑧ 미수금 대지급의 대상·범위·절차 및 방법, 구상의 절차 및 방법, 상환이 불가능한 대지급금의 범위 및 결손처분 절차 등에 관하여 필요한 사항은 대통령령으로 정한다. 〈개정 2017. 10. 24.〉

130) 배병일, "의료계약상의 진료채무와 진료비채무와의 관계", 사법행정 제35권 제2호, 한국사법행정학회(1994. 2.), 56면; 대법원 1993. 7. 27. 선고 92다15031 판결의 사안에 관하여 '피고의 치료비 채권 중 1차 수술비에 해당하는 것과 그 이후의 수술비 및 치료비를 구별하여 피고의 1차 수술비와 원고의 손해배상채권은 상계할 수 있다고 볼 수도 있지 않을까. 의사의 진료채무는 최선을 다하여 진료를 하면 그것으로 이행이 되고 이에 따라 환자의 치료비지불채무도 발생한다. 의사는 수술을 하면 그로서 환자는 수술비채무를 부담한다. 그러나 의료과오가 발생하면 그때부터 환자는 손해배상청구권을 가지게 되고 이에 따라 의료과오 발생이후 하게 되는 의사의 치료행위는 손해전보로 볼 수 있다. 따라서 수술비지불의무와 의료과오 이후의 치료비지불의무는 구별되어야 할 것이다.'라는 견해이다.

131) 鈴木利廣 외, 전게서, 68면.

요비로 보기는 어려울 것이다. 즉 의사가 선량한 관리자의 주의의무를 다하지 아니한 탓으로 오히려 환자의 신체기능이 회복불가능하게 손상된 경우, 그로 인한 후유증세의 치유 또는 더 이상의 악화를 방지하기 위한 치료행위는 진료채무의 본지에 따른 것이 되지 못하거나 손해전보의 일환으로 행하여진 것에 불과하여 병원측으로는 환자에 대하여 그 수술비 내지 진료비의 지급을 청구할 수 없다.

또한 장기입원을 거쳐 수술을 시행한 경우에 수술상 과실이 있더라도 그 수술에 대한 시술료를 청구하지 못하는 것은 별론으로 하되, 입원중의 처치에 대한 비용 및 보수는 지급되어야 할 것이다. 이에 관하여 입원으로부터 퇴원에 이르기까지의 일련의 과정을 전체로 하나의 계약으로 보아 그 과정 중 어딘가에 과실이 있다면 그 전부에 대한 진료보수의무를 지지 않는다는 견해도 있을 수 있으나 이는 받아들이기 어렵다.[132]

대법원은 "의사가 선량한 관리자의 주의의무를 다하지 아니한 탓으로 오히려 환자의 신체기능이 회복불가능하게 손상되었고, 또 손상 이후에는 그 후유증세의 치유 또는 더 이상의 악화를 방지하는 정도의 치료만이 계속되어 온 것뿐이라면 의사의 치료행위는 진료채무의 본지에 따른 것이 되지 못하거나 손해전보의 일환으로 행하여진 것에 불과하여 병원 측으로서는 환자에 대하여 그 수술비와 치료비의 지급을 청구할 수 없다"고 보고 있고(대법원 1993. 7. 27. 선고 92다15031 판결; 대법원 2015. 11. 27. 선고 2011다28939 판결; 대법원 2018. 4. 26. 선고 2017다288115 판결 등 참조), 나아가 "이러한 법리는 환자가 특정 시점 이후에 지출될 것으로 예상되는 향후치료비를 종전 소송에서 충분히 청구할 수 있었고 실제로 이를 청구하였더라면 그 청구가 적극적 손해의 일부로서 당연히 받아들

---

132) 의사가 환자에게 부담하는 진료비채무는 질병의 치료와 같은 결과를 반드시 달성해야 할 결과채무가 아니라 환자의 치유를 위하여 선량한 관리자의 주의의무를 가지고 현재의 의학 수준에 비추어 필요하고 적절한 진료조치를 다해야 할 채무 즉 수단채무라고 보아야 할 것이므로, 위와 같은 주의의무를 다하였는데도 그 진료 결과 질병이 치료되지 아니하였다면 치료비를 청구할 수 있으나, 의사가 위와 같은 선량한 관리자의 주의의무를 다하지 아니한 탓으로 오히려 환자의 신체기능이 회복불가능하게 손상되었고, 또 위 손상 이후에는 그 후유증세의 치유 또는 더 이상의 악화를 방지하는 정도의 치료만이 계속되어 온 것뿐이라면 의사의 치료행위는 진료채무의 본지에 따른 것이 되지 못하거나 손해전보의 일환으로 행하여진 것에 불과하여 병원측으로서는 환자에 대하여 그 수술비 내지 치료비의 지급을 청구할 수 없다(대법원 1993. 7. 27. 선고 92다15031 판결).

여졌을 것임에도 환자가 종전 소송에서 해당 향후치료비 청구를 누락한 결과, 환자가 이를 별도의 소송에서 청구하는 것이 종전 소송 확정판결의 기판력에 저촉되어 소송법상 허용되지 않는 경우에도 환자가 종전 소송에서 해당 청구를 누락한 것이 그 청구권을 포기한 것이라고 평가할 수 있는 등의 특별한 사정이 없는 한 마찬가지로 적용된다."라고 판시하면서 병원측이 환자를 상대로 청구한 향후치료비에 해당하는 진료비에 관하여 병원측이 행한 향후치료는 불법행위로 인한 손해의 전보에 해당한다는 이유로 환자가 이를 지급할 의무가 없다는 취지의 판결을 하였다(대법원 2018. 4. 26. 선고 2017다288115 판결).

3) 진료보수의 미지급과 진료거부의 가부

의료법 제16조에 의하면, '의료인 또는 의료기관 개설자는 진료나 조산 요청을 받으면 정당한 사유 없이 거부하지 못한다'라고 규정하고 있는바, 환자가 이미 행한 진료에 대한 보수를 지급하지 아니한 경우 의료기관이 그 환자에 대한 진료를 거부할 수 있는가? 이는 진료를 거부할 정당한 이유에 해당하는지 여부의 문제인바, 원칙적으로 과거에 진료비를 거부한 것을 이유로 응급을 요하는 진료를 거부할 수는 없겠지만, 환자의 증상, 주변 의료기관의 상황, 과거의 부지급 정도 등에 따라서 진료를 거부하더라도 그 자체로 불법행위를 구성하지 아니한 경우가 있을 수 있다고 본다.

4) 과잉진료와 진료비 삭감

과잉진료라 함은 통상 정상적인 진료범위를 넘어서 불필요한 진료가 행하여졌다는 것을 뜻하지만 어디까지가 불필요한 진료인지를 판단하기란 쉽지 않다. 대체로 건강보험심사평가원(이하 '심평원'이라 한다)이 인정하는 범위를 벗어난 진료를 과잉진료로 보고 그로 인한 요양급여비용을 환수하는 처분하고 있다. 이러한 환수처분을 둘러싸고 적지 않은 법적분쟁이 발생하고 있다. 한편 심평원이 정당한 진료범위로 인정하는 것 중에는 환자의 편에서 볼 때 오직 고통만을 연장시키는 참으로 불필요한 진료가 포함될 수 있다. 예를 들면 뇌사상태에 있는 환자에게 연명치료를 계속한다거나 말기 암환자에게 죽기 직전까지 항암치료를 계속하는 것 등이다. 어차피 회복이 불가능한 환자에게는 적극적인 약물치료 등을 무리하게 계속하는 것보다 호스피스의 활동과 같이 죽음을 편안히

맞이할 수 있도록 도와주는 것이 헌법이 보장하는 행복추구권을 실질적으로 보호하는 길일뿐만 아니라 불필요한 진료비를 저감시키는 바른 길이라고 할 것이다.[133] 아울러 회복이 불가능한 말기 암환자에게 죽는 날까지 항암치료를 적극적으로 실시하는 오늘날의 의료현실이 과연 환자를 위한 정당한 의료행위인지, 그러한 환자를 퇴원시킨 주치의의 행위를 살인죄로 의율하는 사법권의 행사가 국민의 생명권을 보장하기 위한 불가피한 처사인지 관하여는 쉽게 의견의 일치에 이르지 못하고 있는바, 이는 죽음에 대한 개인의 종교적·윤리적 가치와 밀접하게 연결된 문제로서 몰종교적인 규범적 판단으로서는 전 국민적 공감대를 형성하는 데에 한계가 있음을 지적해두고 싶다.

의료기관이 행한 임의 비급여의 근거가 된 진료계약이 국민건강보험법 등 관계법령에 위반되어 무효인 경우, 환자는 의료기관에 이미 지급한 진료비 상당의 부당이득반환 채권을 가지게 된다. 또한 심평원은 요양기관의 임의비급여를 통제하기 위하여 그 반환을 명하는 처분을 하기도 한다. 이하에서 심평원에서 행하는 의료비에 관한 처분의 법적 성질 기타 그에 관한 법적 쟁점을 살펴보기로 한다.

가) 요양기관의 임의비급여에 관한 통제

요양기관의 임의 비급여가 '사위 기타 부당한 방법'에 해당하는지 여부에 관하여 심평원에서 과다본인부담 진료비임을 확인하고 환자들에게 환불하라는 처분을 함으로써 임의 비급여와 관련한 쟁송이 치열하게 진개되있다. 병원들은 난치병(예, 급성골수성 백혈병) 환자에 대한 정당한 진료이자 불가피한 진료이고 비용을 청구하여도 행위수가에 포함되어 별도로 산정하지 않는다거나 치료방법 등이 허가사항을 위반한 것이라는 등의 이유로 비용을 상환 받지 못하기 때문에 어쩔 수 없이 환자 측의 동의하에 정당하게 부담시킨 것인데도 거액의 진료비를 계속 환불하도록 하는 것은 위법하다고 주장하여 왔다. 여기에서는 비급여 항목에 대한 진료비 부담약정이 무효인지 여부, 관계 법령에서 정한 기준과 절차와 다르게 징수된 비용을 가입자 등에게 반환하도록 하는 것이 부당한지 여부가 문제된다.

---

133) 박종훈, "너무 과하게 치료하는 것이 아닐까?", 대한변협신문 제484호(2014. 3. 3.), 15면 참조.

나) 요양급여비용에 대한 심사[134]

요양기관을 운영하는 의사 등이 환자에 대한 시술(주로 척추수술)을 한 후 심사평가원에 요양급여비용의 심사청구를 하였는데 심사평가원에서 수술의 필요성 등이 인정되지 아니한다는 이유로 요양급여비용을 감액조정한 처분에 대한 다툼도 있다. 이와 같은 소송에서는 건강보험에서의 요양급여의 범위, 입증책임 분배, 심사평가원의 심사기준의 성격과 효력이 문제된다.

다) 건강보험제도의 연혁

건강보험제도란 일상생활에서 우연히 발생한 질병이나 부상으로 인하여 일시에 고액의 진료비가 소비되어 가계가 파탄되는 것을 방지하기 위하여 보험원리에 따라 국민들이 평소에 납부한 보험재정으로 보험급여를 지급함으로써 국민 상호간의 위험을 분담하고 의료서비스를 제공하는 사회보장제도를 말한다. 건강보험제도와 관련된 법제는 1963년 제정된 의료보험법이 최초이나 시행되지 못하였고, 1977년에 제정된 의료보험법에 근거하여 500인 이상 사업장 근로자를 대상으로 처음으로 의료보험이 실시되었다. 1979년 공무원 및 사립학교 교원에게 의료보험이 확대 실시된 후, 1988년 농어촌 지역 의료보험이 실시되었고, 1989년 의료보험이 도시지역 자영업자에게 확대 실시됨으로써 의료보험제도가 시행된 지 10년 만에 전체 국민에게 의료보장이 실현되었다. 1999년 제정된 국민건강보험법에 따라 국민건강보험공단이 국가의 위임을 받아 건강보험제도를 운영 관리하고 있으며, 1977년 의료보험 시행 당시 강제가입과 소득수준에 따른 보험료의 차등부과, 균등한 보험급여, 법률에 의한 보험료의 강제징수를 특징으로 하는 사회보험 방식을 채택하였다.[135]

라) 소송의 형태

(1) 국민건강보험공단과 심평원의 관계

건강보험제도에서 보험자인 공단은 건강보험사업의 운영주체로서 보험료를 징수하여 가입자와 피부양자에게 해당 경우에 따라 보험급여를 제공해 준다. 공단은 보험자로서 ① 가입자 및 피부양자의 자격관리, ② 보험료 기타 법에 의한 징수금의 부과·징수, ③ 보험급여의 관리, ④ 가입자 및 피부양자의 건강의

---

134) 서태환, "의료 행정소송실무상의 제문제", 사법논집 제52집, 법원도서관(2011), 365-366면 참조.

135) 노병호·한경식, 사회보험법, 진원사(2010), 61-62면.

유지·증진을 위하여 필요한 예방사업, ⑤ 보험급여비용의 지급 등의 업무를 수행한다(국민건강보험법 제13조).

한편 심평원은 요양급여비용의 심사 및 요양급여의 적정성 평가 등의 업무를 수행한다(국민건강보험법 제55조). 요양급여의 적정성 평가란 의료서비스의 적정성, 효과성, 효율성 등을 다양한 지표를 이용하여 환자에게 실시한 진찰, 시술, 투약, 검사 등이 의·약학적으로 타당하였는지 여부와 비용효과 측면에서 효율성이 있었는지 여부를 요양기관별로 관리하는 것이다. 심평원은 의료서비스 공급자인 요양기관과 의료서비스 수요자인 가입자 등을 관리하는 공단과의 사이에서 요양기관이 제공하는 의료서비스와 비용산정의 적정성 여부에 대한 공정한 심판자로서의 역할을 수행한다. 심평원은 요양급여대상 여부 확인을 통하여 국민들이 의료기관 이용 후 본인이 부담한 진료비가 건강보험법에서 정한 기준에 맞게 책정되었는지를 확인하여 잘못 지급된 진료비가 있을 경우 환급받을 수 있도록 하고 있다(법 제43조의2).

(2) 심평원이 행하는 요양급여비용의 심사와 행정처분성

i) 절차

요양급여비용의 청구를 하고자 하는 요양기관은 심평원에 질병 또는 부상명, 요양개시 연월일 및 요양일수, 요양급여비용의 내용 및 처방전 내용 등을 기재한 요양급여비용명세서를 첨부한 요양급여비용심사청구서를 제출한다(제43조). 심사청구를 받은 심사평가원은 최대 40일 동안 요양기관으로부터 제출받은 자료의 검토 또는 현지출장에 의한 확인의 방법으로 그 심사청구내용이 요양급여기준과 요양급여비용의 내역에 적합한지를 심사하여 그 심사결정내용을 공단 및 요양기관에 통보하게 된다. 법에서는 심사평가원에 요양급여비용의 심사와 더불어 의료서비스의 질적 적정성을 담보하기 위한 요양급여의 적정성 평가 기능을 부여하였다(제43조). 공단은 심사평가원이 요양급여의 적정성을 평가하여 통보한 경우 그 평가결과에 따라 요양급여비용을 가산 또는 감액 조정하여 지급한다.

ii) 심사기준

요양급여는 보건의료기술의 발달, 국가경제 내에서의 국민 의료비 배분 요소 및 상황의 변화, 건강보험 재정상태 및 요양급여 수준의 변동 등의 여러 정책적 요인과 의료의 다양성·복잡성·전문성 등의 의료 내적 요인 등으로 인하

여 변화할 수밖에 없으므로, 미리 법률에 상세하게 규정하는 것은 입법기술상 매우 어렵다. 따라서 법령으로 구체적으로 정할 수는 없고, 각종 고시와 보건복지부장관의 행정해석, 심사평가원의 심사지침 등이 각종 진료비 심사의 기준이 된다. 요양기관의 치료행위가 국민건강보험법 관계 법령에 따른 요양급여대상에 해당하는지 여부는 특별한 사정이 없는 한 그 치료행위 당시의 요양급여기준 등을 기준으로 판단하여야 한다.

iii) 요양급여의 허용 범위

원칙적으로, 의사의 질병 진단의 결과에 과실이 없다고 인정되는 이상 그 요법으로서 어떠한 조치를 취하여야 할 것인가는 의사 스스로 환자의 상황 기타 이에 터 잡은 자기의 전문적 지식 및 경험에 따라 결정하여야 할 것이고, 생각할 수 있는 몇 가지의 조치가 의사로서 취할 조치로서 합리적인 것인 한 그 어떤 것을 선택할 것이냐는 당해 의사의 재량의 범위 내에 속한다.

그러나 의사의 진료방법이나 약제의 선택 및 사후의 처치과정에서 명백히 합리성을 결여하여 의료과오에 해당하는 경우에는 요양급여로 허용될 수 없다(대법원 1986. 10. 28. 선고 84다카1881 판결 참조). 또한 건강보험은 국민의 질병·부상에 대한 예방·진단·치료·재활과 출산·사망 및 건강증진에 대하여 보험급여를 실시함으로써 국민보건을 향상시키고 사회보장을 증진함을 목적으로 하는 제도이고, 요양급여 비용의 지급은 가입자들의 보험료를 기초로 이루어지는 것이므로 부적정한 요양급여에 대한 요양급여비용의 지급으로 인하여 발생하는 피해 혹은 손해는 당해 환자뿐만 아니라 궁극적으로 보험료를 납입한 일반 국민의 부담으로 귀착될 수밖에 없다. 따라서 요양급여는 의사의 재량이라고 하여 무한대로 허용되는 것이 아니라 적정하고 타당한 범위에 그쳐야 하고, 이를 위하여 보건복지부장관이 국민건강보험법의 위임을 받아 제정한 같은 법 시행규칙, '국민건강보험 요양급여의 기준에 관한 규칙(약칭: 건강보험요양급여규칙)',[136] '요양급여비용 심사·지급 업무처리기준', '요양급여의 적용기준 및 방법에 관한 세부사항' 등과 같은 요양급여의 기준에서 인정하는 요양급여만이 그 비용을 지급받을 수 있다. 위와 같은 '요양급여의 기준에 관한 규칙' 등에 의하면, 요양

136) 2018. 12. 31. 신설된 제1조의2(요양급여 대상의 여부 결정에 관한 원칙)에는 "보건복지부장관은 의학적 타당성, 의료적 중대성, 치료효과성, 비용효과성, 환자의 비용부담 정도 및 사회적 편익 등을 고려하여 요양급여대상의 여부를 결정해야 한다."라고 규정하고 있다.

기관은 행위와 치료재료의 경우에는 비급여대상으로 정하여 고시한 사항을 제외한 행위 및 치료재료를, 약제의 경우에는 요양급여대상으로 정하여 고시한 사항만을 각 요양급여로 적용하여야 한다. 따라서 원칙적으로 요양기관이 요양급여대상 또는 비급여대상으로 결정되지 아니한 행위 및 치료재료를 임의로 사용하여 환자에게 부담하게 할 수 없도록 규정하고 있다. 그러나 의약기술 및 관련 산업이 지속적으로 발전하기 때문에 사전에 고시하는 급여·비급여 목록표에 등재되어 있지 아니한 새로운 행위·약제 및 치료재료가 있을 수 있는데 이와 같은 경우 급여·비급여 대상 여부에 대한 결정을 신청 하도록 함으로써 계속적인 임의 비급여를 통하여 환자부담을 가중시킬 수 없도록 규정하고 있다.

iv) 요양급여비용의 심사

심평원이 행하는 심사기준 심사는 요양기관이 수급자에게 제공한 요양급여의 내용이 요양급여비용 심사와 관련되는 법령 및 각종 기준에 적합한 것인지의 여부를 심사하는 것이다. 이는 주로 개별적 요양급여의 내용이 의약학적 타당성이 있는지에 대한 판단으로 의학, 약학 등에 관하여 전문적인 내용을 판단하는 것을 말한다. 이 기준 심사와 관련하여 심사평가기관과 요양기관 사이에는 기준적용의 일관성 및 통일성의 결여, 기준의 정립시기 및 기준의 공개 여부와 의사의 진료권과의 관계 등에 대하여 자주 논란이 제기되어 왔다. 요양급여는 수급자의 다양한 수급상황을 고려하여 요양기관의 의료 전문적 판단을 전제로 제공되는 진료서비스이며, 건강보험에서의 진료서비스의 제공은 단순한 사적 법률관계에서 이루어지는 것이 아니라 사회의료로서의 공공성과 특수성을 가지고 제공되고 있다. 따라서 심사의 기준은 보건의료기술의 발달 및 국가경제에서의 보건의료기술 발전 수용가능성, 국가경제의 변화와 그 범주 내에서의 국민의료비 배분 요소 및 상황의 변화, 건강보험 재정상태, 적정 요양급여수준에 대한 평가 대책 등의 여러 정책적·경제적·사회적 요인들을 부단하게 반영하는 것이어야 하고, 또한 의료의 다양성·복잡성·전문성 등 의료의 특성과 의료제도 내외적 변화요인 등에 따라 탄력적으로 변화하여야 하므로 기왕의 심사기준을 조정하고 새로운 기준을 만드는 과정이 필요하다.

v) 진료비삭감과 행정처분성

우선 심평원이 심사기준으로 사용하는 각종 고시와 보건복지부장관의 행정해석, 심사평가원의 심사지침 등이 직접 행정소송의 대상이 될 수 있는지가 문제로 된다. 대법원 2003. 10. 9. 자 2003무23 결정은 '어떠한 고시가 일반적·추상적 성격을 가질 때에는 법규명령 또는 행정규칙에 해당할 것이지만, 다른 집행행위의 매개 없이 그 자체로서 직접 국민의 구체적인 권리의무나 법률관계를 규율하는 성격을 가질 때에는 행정처분에 해당한다'라는 법리를 제시한 다음, '항정신병치료제의 요양급여인정기준에 관한 보건복지부 고시가 다른 집행행위의 매개없이 그 자체로서 제약회사, 요양기관, 환자 및 국민건강보험공단 사이의 법률관계를 직접 규율한다는 이유로 항고소송의 대상이 되는 행정처분에 해당한다.'라고 판시하였다. 또한 대법원 2006. 9. 22. 선고 2005두2506 판결도 같은 취지에서 '약제급여·비급여목록 및 급여상한금액표(보건복지부 고시 제2002-46호로 개정된 것)는 특정 제약회사의 특정 약제에 대하여 국민건강보험가입자 또는 국민건강보험공단이 지급하여야 하거나 요양기관이 상환받을 수 있는 약제비용의 구체적 한도액을 특정하여 설정하고 있는 점, 약제의 지급과 비용의 청구행위가 있기만 하면 달리 행정청의 특별한 집행행위의 개입 없이 이 사건 고시가 적용되는 점, 특정 약제의 상한금액의 변동은 곧바로 국민건강보험가입자 또는 국민건강보험공단이 지급하여야 하거나 요양기관이 상환받을 수 있는 약제비용을 변동시킬 수 있다는 점 등에 비추어 보면, 위 고시는 다른 집행행위의 매개 없이 그 자체로서 국민건강보험가입자, 국민건강보험공단, 요양기관 등의 법률관계를 직접 규율하는 성격을 가진다고 할 것이므로, 항고소송의 대상이 되는 행정처분에 해당한다.'고 판시하였다.

다음 심평원 진료비 삭감, 요양기관에 대한 업무정지,[137] 과징금 부과, 요

137) 업무정지처분의 법적 성격에 관하여 대법원 2022. 1. 27. 선고 2020두39365 판결은 "구 국민건강보험법(2011. 12. 31. 법률 제11141호로 전부 개정되기 전의 것, 이하같다) 제40조 제1항, 제85조 제1항 제1호, 제85조의2 제1항, 국민건강보험법 제98조 제1항 제1호, 구 국민건강보험법 시행령(2012. 8. 31. 대통령령 제24077호로 전부개정되기 전의 것) 제21조 제1항 제4호, 제3항, 구 의료법(2016. 5. 29. 법률 제14220호로 개정되기 전의 것, 이하 같다) 제33조 제3항, 제36조, '업무정지처분에 갈음한 과징금 적용기준'(2008. 11. 26. 보건복지가족부고시 제2008-153호) 제2조 제2호 (다)목을 종합하면, 요양기관이 속임수나 그 밖의 부당한 방법으로 보험자에게 요양급여비용을 부담하게 한 때에 구 국민건강보험법 제85조 제1항 제1호에 의해 받게 되는 요양기관업무정지처분은 의료인 개인의 자격에 대한 제재가 아니라 요양기관의 업무 자체에 대한 것으로서 대물적 처분의 성격을 갖는다. 따라서 속임수나 그 밖의 부당한 방법으로 보험자에게 요양급여비용을 부담하게 한 요양기관이 폐업한 때에는 그 요양기관은 업무를 할 수 없는 상태일 뿐만 아니라 그 처분대상도 없어졌으므로 그 요양기관 및 폐업 후 그 요양기관의 개설자가 새로 개설한 요양기관에 대하여 업무정지처분을 할 수는 없다."라고 판시하였다. 또한 대법원

양급여 등 환수 등에 대해서는 이를 행정처분으로 보고 그에 대한 항고소송이 제기되고 있으며, 그 주된 쟁점은 요양기관이 사위 기타 부당한 방법으로 보험급여비용을 받은 것인지 여부가 다투어지고 있다. 또한 질병의 치료와 관련하여 요양급여기준에서 비급여대상으로 삼고 있는 사항이 아니면 수진자로부터 요양급여기준에 따른 급여비용만을 받아야 하고, 종래 급여대상으로 인정된 것과 다른 치료방법이나 재료, 약제를 사용하고자 하는 경우 그것이 보험급여의 대상으로 분류되어 있지 않은 것이라면 사전에 보건복지부장관으로부터 급여대상 또는 비급여대상으로 결정을 받는 등의 절차를 거쳐야만 사용할 수 있고, 이 과정에 불복이 있으면 행정소송으로 다툴 수 있다. 그런데 요양기관이 급여기준규칙 등에서 정한 진료수가 등을 위반·초과하여 가입자 등으로부터 요양급여비용을 받거나, 급여기준규칙 등에서 정한 기준과 절차에 따르지 아니하고 임의로 비급여 진료행위를 하고 환자 본인과 사이에 보험비급여로 하기로 상호 합의하여 그 진료비용 등을 환자 본인으로부터 지급받는 등 요양기관이 요양급여를 한 후 요양급여를 받은 자로부터 관계 법령에서 정한 기준과 절차와 다르게 그 비용을 징수하는 경우에는 '요양기관이 사위 기타 부당한 방법으로 가입자 등으로부터 요양급여비용을 받거나 부담하게 한 때'에 해당하는지가 문제로 된다.

(3) 의료급여법(구 의료보호법)상 급여비용

의료급여제도는 생활이 어려운 자에게 의료급여를 실시함으로써 국민보건의 향상과 사회복지증진에 이바지함을 목적으로 하고 있으며(의료급여법 제1조), 헌법 및 사회보장기본법상 생활유지능력이 없거나 생활이 어려운 국민의 최저생활을 보장하고 자립을 보장하는 제도인 공공부조제도를 의료보장분야에서 구체적으로 실현한 제도이다. "의료급여"라 함은 수급권자의 질병·부상·출산 등에 대한 진찰·검사, 약제·치료재료의 지급, 처치·수술과 그 밖의 치료, 예방·재활, 입원, 간호, 이송과 그 밖의 의료목적의 달성을 위한 조치를 말한다.

의료급여의 보장기관은 수급권자의 거주지관할 시장·군수·구청장이고, 의

2022. 4. 28. 선고 2022두30546 판결은, 같은 취지에서 보건복지부 소속 공무원의 조사를 거부한 요양기관 및 의료급여기관이 폐업한 후 그 개설자가 새로 개설한 요양기관 및 의료급여기관에 대하여 위 조사 거부를 이유로 업무정지처분을 할 수 없다는 이유로 해당 업무정지처분이 위법하다고 판시하였다.

료급여기관에 의료법에 의하여 개설된 의료기관이 포함되므로 국민건강보험의 급여기관과 차이가 없으며 심평원이 보장기관으로부터 급여비용 심사와 적정성 평가업무를 위탁받아 급여비용을 심사한다(의료급여법 제33조 제2항 및 시행령 제20조 제1항).

대법원 1999. 11. 26. 선고 97다42250 판결은 "의료보호의 목적, 의료보호대상자의 선정절차, 기금의 성격과 조성방법 및 운용절차, 보호기관의 심사결정의 내용과 성격, 진료기관의 보호비용의 청구절차 등에 비추어 볼 때, 진료기관의 보호기관에 대한 진료비지급청구권은 계약 등의 법률관계에 의하여 발생하는 사법상의 권리가 아니라 법에 의하여 정책적으로 특별히 인정되는 공법상의 권리라고 할 것이고, 법령의 요건에 해당하는 것만으로 바로 구체적인 진료비지급청구권이 발생하는 것이 아니라 보호기관의 심사결정에 의하여 비로소 구체적인 청구권이 발생한다고 할 것이므로, 진료기관은 법령이 규정한 요건에 해당하여 진료비를 지급받을 추상적인 권리가 있다 하더라도 진료기관의 보호비용 청구에 대하여 보호기관이 심사 결과 지급을 거부한 경우에는 곧바로 민사소송은 물론 공법상 당사자소송으로도 지급 청구를 할 수는 없고, 지급거부 결정의 취소를 구하는 항고소송을 제기하는 방법으로 구제받을 수밖에 없다."라고 판시하였다.

마) '속임수나 그 밖의 부당한 방법'으로 보험급여비용을 받았는지 여부

(1) 의의

국민건강보험법 제57조 제1항은 "공단은 속임수나 그 밖의 부당한 방법으로 보험급여를 받은 사람이나 보험급여 비용을 받은 요양기관에 대하여 그 보험급여나 보험급여 비용에 상당하는 금액의 전부 또는 일부를 징수한다."라고 규정하고 있고, "속임수나 그 밖의 부당한 방법"이란 표현이 업무정지에 관한 제98조 제1항 및 과징금 부과 요건에 관한 제99조 제1항에도 그대로 사용되고 있다.

한편 의료급여법 제23조 제1항은 "시장·군수·구청장은 속임수나 그 밖의 부당한 방법으로 의료급여를 받은 사람 또는 급여비용을 받은 의료급여기관에 대하여는 그 급여 또는 급여비용에 상당하는 금액의 전부 또는 일부를 부당이득금으로 징수한다."라고 규정하고 있고, 마찬가지로 업무정지에 관한 제28조 제1항, 과징금 부과에 관한 제29조 제1항에도 동일한 표현을 사용하고 있다.

이에 근거하여 보건복지부장관 등은 요양기관에 대한 현지조사결과 요양기관이 속임수나 기타 부당한 방법으로 공단, 가입자 또는 피부양자에게 요양급여비용을 부담하게 한 때에는 당해 요양기관 업무정지를 명할 수 있는 등의 행정처분을 하게 되는데, 실무상 '속임수 기타 부당한 방법'이 무엇인지에 관하여 다툼이 많은 실정이다.

여기서 "속임수나 그 밖의 부당한 방법"이란 요건은 원래 국민건강보험법을 제정할 당시인 1999. 2. 8.에는 제52조 제1항(제85조 제1항)에서 "사위 기타 부당한 방법으로"라는 표현을 사용하였다가 2012. 9. 1. 그 전문이 개정되면서 현재와 같은 표현으로 바뀌었다. 이 점은 의료급여법도 마찬가지로 2013. 6. 12. 전부개정되기 전에는 "사위 기타 부당한 방법"이란 표현을 사용하였다. 그러나 이러한 표현의 변화는 법령상의 용어를 순화하기 위한 것일 뿐 그 의미가 바뀐 것은 아닌 것으로 보인다.

그동안 요양기관은 대체로 '속임수 기타 부당한 방법'과 관련하여 문제된 행위가 고의가 아닌 의사나 원무과 직원의 착오에 의한 것이라고 하면서 '부당한 방법'에 해당하지 아니한다는 취지로 다툰다. 그러나 행정법규 위반에 대하여 가하는 제재조치는 행정목적의 달성을 위하여 행정법규 위반이라는 객관적 사실에 착안하여 가하는 제재이므로 위반자의 의무 해태를 탓할 수 없는 정당한 사유가 있는 등의 특별한 사정이 없는 한 위반자에게 고의나 과실이 없다고 하더라도 부과될 수 있다(대법원 2000. 5. 26. 선고 98두5972 판결 등 참조).

(2) 입증책임

요양기관이 사위 기타 부당한 방법으로 요양급여비용을 지급받았다는 점을 증명할 책임은 국민건강보험공단에 있다(대법원 2009. 11. 26. 선고 2009두8786 판결 등). 요양기관이 요양급여비용의 지급을 청구하여 심평원의 심사를 거쳐 공단으로부터 이를 지급받게 되면 특별한 사정이 없는 한 요양기관이 정당하게 공단으로부터 요양급여비용을 지급받은 것으로 볼 수 있다. 공단이 요양기관에 대하여 공단으로부터 요양급여비용을 사위 기타 부당한 방법으로 지급받았음을 이유로 그 요양급여비용에 상당하는 금액의 전부 또는 일부를 징수하는 경우에 그 요양급여비용을 지급받은 것이 정당하다는 사실을 요양기관으로 하여금 증명하도록 하면, 공단이 요양기관으로부터 요양급여비용에 관한 심사청구를 받은 후 제대로 심사를 하지 않고 요양급여비용을 지급하였다고 하더라도 아무런 제한 없이 요양기관에 대하여 지급한 요양급여비용 상당액을 징수할 수 있게 되는 반면, 요양기관으로서는 요양급여비용을 지급받은 뒤에도 그 요양급여비용 상당액을 징수당할 수 있는 위험에 대비하여 장기간 진료기록부 등의 자료를 계속해서 보관하고 있는 등의 조치를 할 수밖에 없게 되는 불합리가 발생하기 때문이다.

한편 대법원 2012. 6. 18. 선고 2010두27639,27646 전원합의체 판결의 다수의견은, "요양기관이 국민건강보험의 틀 밖에서 임의로 비급여 진료행위를 하고 비용을 가입자 등으로부터 지급받은 경우라도 ① 진료행위 당시 시행되는 관계 법령상 이를 국민건강보험 틀 내의 요양급여대상 또는 비급여대상으로 편입시키거나 관련 요양급여비용을 합리적으로 조정할 수 있는 등의 절차가 마련되어 있지 않은 상황에서, 또는 그 절차가 마련되어 있다고 하더라도 비급여 진료행위의 내용 및 시급성과 함께 절차의 내용과 이에 소요되는 기간, 절차의 진행 과정 등 구체적 사정을 고려해 볼 때 이를 회피하였다고 보기 어려운 상황에서, ② 진료행위가 의학적 안전성과 유효성뿐 아니라 요양급여 인정기준 등을 벗어나 진료해야 할 의학적 필요성을 갖추었고, ③ 가입자 등에게 미리 내용과 비용을 충분히 설명하여 본인 부담으로 진료받는 데 대하여 동의를 받았다면, 이러한 경우까지 '사위 기타 부당한 방법으로 가입자 등으로부터 요양급여비용을 받거나 가입자 등에게 이를 부담하게 한 때'에 해당한다고 볼 수는 없다. 다만 요양기관이 임의로 비급여 진료행위를 하고 비용을 가입자 등으로부터 지급받더라도 그것을 부당하다고 볼 수 없는 사정은 이를 주장하는 측인 요양기관이 증명해야 한다. 왜냐하면 항고소송에서 당해 처분의 적법성에 대한 증명책임은 원칙적으로 처분의 적법을 주장하는 처분청에 있지만, 처분청이 주장하는 당해 처분의 적법성에 관하여 합리적으로 수긍할 수 있는 정도로 증명한 경우 그 처분은 정당하고, 이와 상반되는 예외적인 사정에 대한 주장과 증명은 상대방에게 책임이 돌아간다고 보는 것이 타당하기 때문이다."라고 판시함으로써 구체적인 의료현실을 감안하여 공평의 관념에서 입증책임의 분배를 제시하였다.

(3) '속임수나 그 밖의 부당한 방법'의 의미

'속임수나 그 밖의 부당한 방법'에 의한 급여청구는 그 법전 용어에 변화가 있었으나 이는 결국 "허위청구"와 "부당청구"의 두 유형으로 정리할 수 있다.

(가) 허위청구

고의로 요양급여비용의 청구원인이 되는 실제 존재하지 않은 사실을 관련 서류의 거짓작성 또는 속임수 등의 부정한 방법에 의해 허위로 존재한 것으로 하여 진료비를 청구하는 경우를 말한다. 예를 들어, ① 입원 및 내원일수 증일 청구, 미실시행위료·약제비·치료재료대 청구, 비급여대상 진료 후 이중청구, 실제 내원이 이루어지지도 않은 날에 진료행위가 이루어진 것으로 하여 요양급여비용 청구, ② 친인척·지인의 인적 사항을 이용하여 실제 진료사실 없이 진찰료·주사료 등을 허위로 청구하는 경우 등을 들 수 있다.

(나) 부당청구

진료비청구의 원인이 되는 사실관계는 실제 존재하나, 요양급여가 건강보험법 및 의료법 등 관계 법령을 위반하여 부정하게 이루어지는 등 허위청구 외에 부정하게 이루어진 진료비 청구행위 등을 가리킨다. 속임수 기타 부정한 방법으로 보장기관 또는 보험자 등에게 급여비용을 '부담'하게 하면 부당청구가 되는 것이고, 그 금액을 직접 수령한 경우에만 부당청구가 되는 것이 아니다. 요양기관이 요양급여 산정기준을 위반하여 청구하는 경우에도 부당청구이다. 요양기관이 건강보험의 가입자 등에게 요양급여를 하고 그 비용을 징수하는 경우 반드시 관계 법령에서 정한 기준과 절차에 따라야 하고 다른 방식에 의한 비용징수는 허용되지 않으므로, 요양기관이 요양급여를 한 후 요양급여를 받은 자로부터 관계 법령에서 정한 기준과 절차와 다르게 그 비용을 징수하는 경우에는 '사위 기타 부당한 방법으로 가입자 등에게 요양급여비용을 부담하게 한 때'에 해당한다(대법원 2007. 6. 15. 선고 2006두10368 판결 등).

재판실무에서 문제가 된 구체적인 사례로는 ① 약제 및 치료재료 실거래가 위반청구, ② 장비나 자격조건 위반 검사 등의 경우,[138] ③ 약사가 의약품

138) 대법원 2020. 7. 9. 선고 2020두31668, 31675 판결은, 요양·의료기관을 운영하는 갑이 영상의학과 전문의 을 등이 실제 요양기관에 출근하지 않는 등 전산화단층 촬영장치 등의 의료영상 품질관리 업무의 총괄 및 감독, 영상화질 평가 등의 업무를 수행하지 않고 원격으로 판독 업무만 하였음에도 비전속 인력으로 신고하고 전산화단층 영상진단료 등에 관하여 요양급여·의료급여비용을 청구하여 지급받았다는 이유로 요양급여비용 환수처분 및 업무정지처분을 받은 사안에서, 갑이 비전속 영상의학과 전문의의 영상판독을 거쳐 품질관리 적합판정을 받고 등록된 전산화단층 촬영장치 등을 활용한 전산화단층 영상진단료 등을 요양급여비용 또는 의료급여비용으로 청구하였다면 이를 구 국민건강보험법(2016. 2. 3. 법률 제13985호로 개정되기 전의 것) 제57조 제1항, 제98조 제1항 제1

조제·투약 후 사후 처방전을 발급받은 경우, ④ 진찰·처방이 1회 이루어졌는데도 2회의 조제에 관한 급여청구, ⑤ 약사가 개별적 동의 없이 행한 약제 지급청구, ⑥ 약사가 허위로 발급된 처방전임을 인식하면서 행한 의약품 조제청구, ⑦ 의사가 입원치료 중인 수진자에 대하여 약제를 원내처방하지 않고 원외처방전을 발행하여 투약한 경우, ⑧ 의료기관 개설부적격자에 고용되어 한 진료행위,[139] ⑨ 의료기관이 아닌 곳에서 행한 진료행위, ⑩ 양로시설이나 노인요양시설 등에 입소한 환자 등에 대하여 실시한 가정간호 방문료를 급여비용으로 청구한 사례, ⑪ 임의 비급여 진료행위,[140] ⑫ 응급의료에 관한 법률 등 다른 개별 행정법률을 위반하여 요양급여를 제공하고 요양급여비용을 받은 사례,[141] ⑬ 「국

호, 의료급여법 제28조 제1항 제1호의 '속임수나 그 밖의 부당한 방법'으로 급여비용을 받은 경우에 해당한다고 볼 수 없다고 판시하였다.

139) 대법원 2020. 6. 4. 선고 2015두39996 판결은, 『구 국민건강보험법(2011. 12. 31. 법률 제11141호로 전부 개정되기 전의 것, 이하 같다) 제39조, 제43조, 제52조 제1항, 제70조 제1항, 제3항, 제40조 제1항 제1호, 구 의료법(2007. 4. 11. 법률 제8366호로 전부 개정되기 전의 것) 제30조 제2항, 제53조 제1항 제2호, 제66조 제3호, 제69조의 내용과 체재 등에 비추어 보면, 의료기관을 개설할 수 없는 자가 개설한 의료기관은 국민건강보험법상 요양기관이 될 수 없지만, 이러한 의료기관이라 하더라도 요양기관으로서 요양급여를 실시하고 그 급여비용을 청구한 이상 구 국민건강보험법 제52조 제1항에서 정한 부당이득징수 처분의 상대방인 요양기관에 해당하고, 이러한 의료기관이 요양급여비용을 청구하는 것은 '사위 기타 부당한 방법'에 해당한다.』고 판시하였다.

140) 사례별로 부당청구에 해당하는지 여부에 관하여 다툼이 많은바, 자세한 분석은 서태환, 전게논문, 375-393면 참조.

141) 대법원 2020. 10. 15. 선고 2020두36052 판결은 "구 국민건강보험법(2016. 2. 3. 법률 제13985호로 개정되기 전의 것, 이하 같다)은 국민의 질병·부상에 대한 예방·진단·치료·재활과 출산·사망 및 건강증진에 대하여 보험급여를 실시하여 국민보건 향상과 사회보장 증진에 이바지함을 목적으로 제정된 법률(제1조)로서 응급의료에 관한 법률 등 다른 개별 행정법률과는 입법 목적과 규율대상이 다르다. 따라서 국민건강보험법에 따른 요양기관이 응급의료에 관한 법률 등 다른 개별 행정법률을 위반하여 요양급여를 제공하고 요양급여비용을 받은 것이 구 국민건강보험법 제57조 제1항에서 부당이득징수의 대상으로 정한 '속임수나 그 밖의 부당한 방법으로 보험급여비용을 받은 경우'에 해당하는지는 국민건강보험법과 다른 개별 행정법률의 입법 목적 및 규율대상의 차이를 염두에 두고 국민건강보험법령상 보험급여기준의 내용과 취지 및 다른 개별 행정법률에 의한 제재수단 외에 국민건강보험법상 부당이득징수까지 하여야 할 필요성의 유무와 정도 등을 고려하여 판단하여야 한다."라고 판단기준을 제시하면서, 지역응급의료기관으로 지정된 갑 병원이 응급의료에 관한 법률 시행규칙 [별표 8] '지역응급의료기관 지정기준' 중 응급실 전담간호사 인원수가 5명 이상이어야 한다는 인력기준을 충족하지 못하게 되었음에도 계속하여 응급실에 내원한 환자 등을 상대로 응급처치 및 응급의료를 실시하고 응급의료관리료를 지급받은 사실에 대하여, 갑 병원이 속임수나 그 밖의 부당한 방법으로 응급의료관리료를 지급받았다는 이유로 국민건강보험공단이 구 국민건강보험법(2016.

민건강보험 요양급여의 기준에 관한 규칙」이 정한 요양급여에 필요한 적정한 인력·시설 및 장비를 유지하지 아니한 사례,[142] ⑭ 요양기관이 집단급식소를 설치·운영하면서 식품위생법상 사전 신고 의무를 위반한 사례[143] 등이 있다.

특기할 것은 앞에서 본 바와 같이 대법원 2012. 6. 18. 선고 2010두27639, 27646 전원합의체 판결에서 요양기관이 국민건강보험의 틀 밖에서 임의로 비급여 진료행위를 하고 비용을 가입자 등으로부터 지급받은 경우라도 일정한 요건을 갖춘 경우 부당청구에 해당하지 않는다고 본 것이다. 또한 대법원은 요양기

---

2. 3. 법률 제13985호로 개정되기 전의 것, 이하 같다) 제57조 제1항에 근거하여 갑 병원에 응급의료관리료 징수처분을 한 사안에서, 관련 법령의 규정 내용과 취지를 관련 법리에 비추어 살펴보면, 갑 병원이 응급실에 내원한 응급환자와 비응급환자에게 응급처치 등을 행한 이상 비록 당시 '응급실 전담간호사 인력기준'을 충족하지 못하였더라도 그러한 사정만으로 갑 병원이 위 응급처치 등과 관련하여 받은 응급의료관리료를 구 국민건강보험법 제57조 제1항에서 부당이득징수의 대상으로 정한 '속임수나 그 밖의 부당한 방법으로 받은 보험급여 비용'에 해당한다고 보기는 어렵다고 판시하였다.

142) 대법원 2020. 3. 12. 선고 2019두40079 판결은, 「국민건강보험 요양급여의 기준에 관한 규칙」이 요양급여의 일반원칙으로 '요양기관은 가입자 등의 요양급여에 필요한 적정한 인력·시설 및 장비를 유지하여야 한다'고 규정한 취지는 요양기관으로 하여금 가입자 또는 피부양자에게 적정한 요양급여를 제공하게 하려는 것이지, 구 정신보건법령상 정신과의원의 입원실 수를 제한·유지하기 위한 것이라고 볼 수는 없고, 정신의료기관이 구 정신보건법령상 시설기준을 위반하였다 하더라도, 국민건강보험법에서 정한 요양급여의 기준에 미달하거나 그 기준을 초과하는 등의 다른 사정이 없는 한 구 정신보건법 규정에 따라 시정명령 등을 하는 외에 곧바로 해당 정신의료기관에 지급된 요양급여비용을 국민건강보험법상 부당이득징수의 대상으로 보아 제재하여야 할 정도의 공익상 필요성이 있다고 인정하기도 어렵다고 보아, 구 정신보건법령상 정신과의원의 입원실 수를 초과한 상태에서 요양급여가 제공되었다는 사정만으로는 해당 요양급여비용을 수령하는 행위가 '속임수나 그 밖의 부당한 방법에 의하여 요양급여비용을 받는 행위'에 해당된다고 볼 수 없다고 판시하였다.

143) 대법원 2019. 11. 28. 선고 2017두59284 판결은, "국민건강보험 요양급여의 기준에 관한 규칙 등이 식품위생법상의 인력·시설 기준을 갖춘 요양기관에서 환자 식사를 제공한 경우에 요양급여비용을 지급하도록 규정한 취지는 요양기관으로 하여금 환자의 치료에 적합한 위생적인 식사를 제공하게 하려는 데 있는 것이지, 집단급식소의 설치·운영에 대한 신고까지 달성하기 위한 데 있는 것이라고 볼 수는 없다. 또한, 요양기관이 집단급식소를 설치·운영하면서 식품위생법상 사전 신고 의무를 위반한 경우 식품위생법 규정에 따라 과태료를 부과하는 제재를 하는 외에 요양급여비용으로 수령한 식대까지 국민건강보험법상 부당이득징수의 대상으로 보아야 할 정도의 공익상 필요성을 인정하기도 어렵다. 따라서 요양기관이 건강보험의 가입자 또는 피부양자에게 식품위생법상의 인력·시설 기준을 갖추어 환자 식사를 제공하였다면, 비록 집단급식소 설치신고를 하지 않은 상태에서 식사가 제공되었다고 하더라도 위 요양기관이 식대 관련 요양급여비용을 수령하는 행위가 '속임수나 그 밖의 부당한 방법에 의하여 요양급여비용을 받는 행위'에 해당된다고 볼 수는 없다."라고 판시하였다.

관이 비록 개별 행정법률을 위반한 채 요양급여비용을 받은 것이 '속임수나 그 밖의 부당한 방법으로 보험급여비용을 받은 경우'에 해당하는지에 관하여 "국민건강보험법과 다른 개별 행정법률의 입법 목적 및 규율대상의 차이를 염두에 두고 국민건강보험법령상 보험급여기준의 내용과 취지 및 다른 개별 행정법률에 의한 제재수단 외에 국민건강보험법상 부당이득징수까지 하여야 할 필요성의 유무와 정도 등을 고려하여 판단하여야 한다."라고 판단기준을 제시한 점이다(대법원 2020. 10. 15. 선고 2020두36052 판결 참조).

(4) 환수대상의 금액 범위

국민건강보험법 제57조 제1항이나 의료급여법 제23조 제1항은 한결같이 환수대상의 범위에 관하여 "그 (보험)급여나 (보험)급여비용에 상당하는 금액의 전부 또는 일부를 징수한다."라고 규정하고 있다.

5) 선별급여제도의 도입 및 내용

가) 선별급여제도의 도입

정부는 2016년 3월 22일 국민건강보험법 개정하면서 제41조의4를 신설함으로써 선별급여제도를 도입하였다. 이는 본래 비급여의 급여화를 위한 정책으로서, 요양급여대상으로 인정하기에는 경제성이나 치료효과성 등이 부족한 신의료기술 등의 경우에 예비적인 요양급여인 선별급여로 건강보험제도권 내에 편입시켜 가입자와 피부양자의 의료비 부담을 완화하기 위해 도입된 제도이다.

나) 선별급여제도의 내용

국민건강보험법 시행령 제18조의4 제1항에 따르면, 선별급여를 실시할 수 있는 경우로, ① 경제성 또는 치료효과성 등이 불확실하여 그 검증을 위하여 추가적인 근거가 필요한 경우 ② 경제성이 낮아도 가입자와 피부양자의 건강회복에 잠재적 이득이 있는 경우 ③ 위 ①, ②에 준하는 경우로서 요양급여에 대한 사회적 요구가 있거나 국민건강 증진의 강화를 위하여 보건복지부장관이 특히 필요하다고 인정하는 경우 등을 들고 있다.

선별급여의 대상은, ① 의료행위(검사, 시술 등), ② 치료재료, ③ 약제 등이고, 선별급여의 특성을 반영한 별도의 심의 과정을 거쳐 선별급여로 결정되면 이를 고시하도록 규정하고 있다. 다만 통상의 요양급여의 경우에는 지정기간의 제한이 없지만, 선별급여의 경우에는 지정기간이 5년 이내로 제한되어 있고, 통상의 요양급여는 통상 본인부담률이 낮은 반면, 선별급여는 상대적으로 본인부담률이 높게 설정된다.

다) 선별급여제도의 효과

선별급여제도는 기존에 비급여로 분류되어 환자가 전액 부담해야 했던 의료서비스 중 일부를 건강보험 체계 내로 편입시켜 환자의 의료비 부담을 경감시키는 효과가 있다. 특히 경제성이 낮아도 환자의 건강회복에 잠재적 이득이 있는 의료서비스를 보험급여 영역으로 확대하는 데 기여하였으며, 기존의 임의비급여 중 일부를 선별급여로 지정함으로써 환자의 부담을 경감시키는 효과를 가져왔다. 그러나 약제에 대한 선별급여 절차 미비, 기존 급여대상의 선별급여 전환 근거 미비, 본인부담률 상향에 따른 접근성 문제 등이 지적되고 있고, 특히 실손보험의 남용이라는 사회적 문제를 야기하는 주요 원인이 되고 있다.

6) 국민건강보험법상 보험급여의 제한과 범위

국민 모두가 치료비를 크게 염려하지 않아도 되게 된 것은 평준화된 건강보험제도가 실시되고 있기 때문인데, 그러한 보험급여가 제한되는 특별한 사유가 있기 때문에 이에 대한 주의를 요한다. 국민건강보험법 제53조 제1항은 "고의 또는 중대한 과실로 인한 범죄행위에 그 원인이 있거나 고의로 사고를 일으킨 경우", "고의 또는 중대한 과실로 공단이나 요양기관의 요양에 관한 지시에 따르지 아니한 경우" 등에 보험급여를 제한하고 있다.

그런데 여기서 '중대한 과실'의 개념을 넓게 해석할 경우 보험급여 제공의 사각지대가 확대될 우려가 있다. 대법원은 "국민건강보험 제도는 국가공동체가 구성원인 국민에게 제공하는 가장 기본적인 사회안전망에 해당한다. 이러한 국민건강보험법의 입법목적과 국민건강보험 제도의 특성을 고려하면, 국민건강보험급여 제한사유 중 '중대한 과실'이라는 요건은 되도록 엄격하게 해석·적용하여야 한다(대법원 2003. 2. 28. 선고 2002두12175 판결 등 참조)."라고 기본법리를 선언하면서, 「교통신호를 위반한 채 교차로에 진입한 과실로 발생한 교통사고로 부상을 입어 요양급여를 받은 후 그 부상이 '중대한 과실로 인한 범죄행위에 원인이 있는 경우'에 해당한다는 이유로 요양급여비용 상당액에 관하여 부당이득 징수처분을 한 사안」에서, "운전자가 교통신호를 위반하여 운전하다가 교통사고를 야기하였다는 사정만으로 곧바로 그 사고가 국민건강보험법 제53조 제1항

제1호에서 정한 국민건강보험급여 제한사유에 해당한다고 단정하여서는 아니 되고, 그 사고가 발생한 경위와 양상, 운전자의 운전 능력과 교통사고 방지 노력 등과 같은 사고 발생 당시의 상황을 종합적으로 고려하여 판단하여야 한다." 라고 판시하였다(대법원 2021. 2. 4. 선고 2020두41429 판결).

7) 치료비 채권의 소멸시효

치료비채권은 민법 제163조 제2호의 규정에 의하여 소멸시효기간이 3년이다.

그 기산일에 관하여, 대법원은 특약이 없는 한 그 개개의 진료가 종료될 때마다 각각의 당해 진료에 필요한 비용의 이행기가 도래하여 그에 대한 소멸시효가 진행된다고 해석하고 있고(대법원 1998. 2. 13. 선고 97다47675 판결 참조), 장기간 입원 치료를 받는 경우라 하더라도 다른 특약이 없는 한 입원 치료 중에 환자에 대하여 치료비를 청구함에 아무런 장애가 없다고 보아 퇴원시부터 소멸시효가 진행되는 것이 아니라 마찬가지로 개개의 진료가 종료될 때마다 그 진료에 필요한 비용에 대한 채권의 소멸시효가 따로따로 진행된다고 본다(대법원 2001. 11. 9. 선고 2001다52568 판결).

8) 진료비 거짓 청구와 의료기관 개설허가 취소처분(또는 폐쇄명령)

의료법 제64조 제1항 제8호에 의하면 "의료기관 개설자가 거짓으로 진료비를 청구하여 금고 이상의 형을 선고받고 그 형이 확정된 때"에는 관할 행정청은 반드시 해당 의료기관에 대하여 더 이상 의료업을 영위할 수 없도록 개설 허가 취소처분(또는 폐쇄명령)을 하여야 할 뿐 선택재량을 가지지 못한다(대법원 2021. 3. 11. 선고 2019두57831 판결).

의료법 제33조 제2항에 따르면, 의료기관은 의사, 치과의사, 한의사 또는 조산사(제1호)와 같은 의료인(자연인)이 개설할 수도 있지만, 의료업을 목적으로 설립된 법인(제3호), 민법이나 특별법에 따라 설립된 비영리법인(제4호) 등과 같은 법인도 개설할 수 있다. 자연인이 의료기관을 개설한 경우에는 해당 의료기관에서 거짓으로 진료비를 청구하였다는 범죄사실로 개설자인 자연인이 금고 이상의 형을 선고받고 그 형이 확정된 때에, 법인이 의료기관을 개설한 경우에는 해당 의료기관에서 거짓으로 진료비를 청구하였다는 범죄사실로 법인의 대표자가 금고 이상의 형을 선고받고 그 형이 확정된 때에 의료법 제64조 제1항

제8호에 따라 진료비 거짓 청구가 이루어진 해당 의료기관의 개설 허가 취소처분(또는 폐쇄명령)을 해야 한다.

9) 실손보험과 보험금 청구의 남용

근래 보험상품 중 '상해 또는 질병의 치료를 위해 지출된 비용'을 보상하는 실손보험 약관이 포함된 것이 적지 않다. 이러한 보험약관에서는 통상 「보상하는 손해」에 관하여 "상해 또는 질병으로 인하여 병원 또는 의원(한방병원 또는 한의원을 포함합니다) 등에 입원하여 치료를 받은 경우에는 입원의료비를 수익자(수익자의 지정이 없을 때에는 피보험자)에게 지급한다."라고 되어 있고, 「보상하지 아니하는 손해」로 "한약재 등의 보신용 투약비용", "피로, 권태, 심신허약 등을 치료하기 위한 안정치료비", "진료와 무관한 제비, 상당한 이유가 없는 고단위 영양제 투여비용, 의사의 임상적 소견과 관련 없는 검사비용" 등을 들고 있다.

그런데 임의비급여 항목의 주사제에 대한 고가의 진료비가 실손보험금으로 청구되는 사례가 증가하면서 그 주사제가 '건강기능강화' 등을 목적으로 하는 단순한 영양제로서 보상대상에서 제외되는지 아니면 면역기능 강화를 위한 기능의학적, 영양학적 치료법에 해당하는지, 또는 입원치료가 필요없는 환자에 대하여 입원확인서 등을 작성해 준 행위가 불법행위에 해당하는지 여부 등을 두고 법적 다툼이 벌어지고 있다. 피보험자는 자신이 받은 치료가 실손보험계약에서 담보하고 있는 치료임을 소명할 수 있는 청구서(치료 내용을 알 수 있는 해당 의료기관이 작성한 소견서, 입원확인서 등)를 제출하여야 보험금을 지급받을 수 있는데, 이때 의료기관이 작성한 소견서나 입원확인서 등이 허위인지 여부가 문제 된다.

대구지방법원 서부지원 2011. 8. 18. 선고 2011고단640 판결은 "맘모톰 절제술은 시술 후 약물투여나 처치 등 의사의 계속적 경과 관찰과 치료가 필요 없고 단지 회복실 등에서 지혈과 안정을 취한 뒤 바로 퇴원할 수 있어 원칙적으로 입원이 필요 없는 시술이다. 그럼에도 불구하고 피고인은 맘모톰 절제술이 의료보험이 적용이 되지 않는 비급여 항목이고, 시술비가 고액이어서 환자들이 쉽게 시술을 결정할 수 없다는 것을 알고, 환자들이 민영 보험회사에 가입한 보험에 따라 보험금을 받을 수 있도록 입원내역을 허위로 기재한 진단서를 발급하여 주는 방법으로 맘모톰 절제술을 받는 환자를 유치하는 방법으로 수익을 올리기로 마음먹고 진단서, 입퇴원확인서를 허위로 작성한 행위, 환자가 보험회사에 가입한 보험에 따라 보험금을 받을 수 있도록 한 행위"에 대하여 허위진단서작성죄 및 사기죄를 적용하여 유죄를 선고하였고, 위 판결은 대구지방법원 2012. 2. 16. 선고 2011누3008 판결로 항소기각되었으며, 이에 대한 상고심에서 위 판시는 대부분 그대로 유지된 반면, 입퇴원확인서를 진단서의 일종으로 보아 허위진단서작성죄를 인정한 부분만 법리오해의 위법이 있다고 보아 경합범 관계에 있는 항소심판결 전부에 대하여 파기환송하였다(대법원 2013. 12. 12. 선고 2012도3173 판결).

그리고 실손보험약관에서 보상하지 않는 손해로 들고 있는 "상당한 이유가 없는 고단위 영양제 투여비용" 등은 판단기준으로 "상당성"을 들고 있어 의학적 견해에 따라 다른 판단을 내릴 수 있어 그 자체로 분쟁의 소지가 크다. 다른 한편 일부 의료계에서 실손보험에 가입한 환자들에게 임의비급여의 고가 치료를 권장함으로써 실손보험제도 자체를 위험에 빠뜨리는 도덕적 해이의 사례가 있다는 지적이 있는바, 꼭 필요한 환자들이 실손보험의 혜택을 누릴 수 있는 건전한 의료체계의 확립을 위하여 이러한 부도덕한 행위는 경계하여야 한다.

또한 의료실손보험계약을 체결한 환자가 임의 비급여 시술을 받고 그 시술이 국민건강보험법 등 관련 법령에 위반되어 무효임에도 그 진료비를 실손보험금으로 지급받은 경우 보험사가 환자를 대위하여 의료기관에 직접 그 실손보험금 상당의 부당이득반환을 청구할 때 환자의 무자력이 채권자대위권 행사의 요건이 되는지 여부가 재판실무에서 다투어졌다.[144] 금전채권의 경우에는 원칙적으로 채무자가 무자력인 때에만 채권자가 채무자를 대위하여 채무자의 제3채무자에 대한 권리를 행사할 수 있지만, 피보전권리와 대위행사의 대상이 되는 채무자의 권리가 밀접하게 관련되어 있고 채권자가 채무자의 권리를 대위하여 행사하지 아니하면 자기 채권의 완전한 만족을 얻을 수 없게 될 위험이 있어 채무자의 권리를 대위하여 행사하는 것이 자기 채권의 현실적 이행을 유효·적절하게 확보하기 위하여 필요한 경우에는 채권자대위권의 행사가 채무자의 자유로운 재산관리행위에 대한 부당한 간섭이 된다는 등의 특별한 사정이 없는 한 채

144) 맘모톰 시술이 문제된 사건으로 맘모톰 시술은 2019년 7월 신의료기술 평가를 통하여 안전성과 유효성이 확인되었는데 이러한 안전성이 확인되기 이전에 시행된 맘모톰 시술이 문제된 사안이었다.

권자는 채무자의 권리를 대위하여 행사할 수 있는바(대법원 2014. 12. 11. 선고 2013다71784 판결 등 참조), 양 채권 사이의 밀접한 관련성은 인정되지만 채권의 현실적 이행을 유효·적절하게 확보하기 위하여 필요한 경우라고 보기 어렵고, 피보험자들의 자유로운 재산관리행위에 대한 부당한 간섭이 된다고 볼 수 있다는 이유로 보전의 필요성을 부인하였다(서울중앙지방법원 2021. 11. 18. 선고 2020나68532 판결; 서울중앙지방법원 2021. 5. 21. 선고 2020나40619 판결; 서울중앙지방법원 2020. 8. 21. 선고 2019나66066 판결; 대전지방법원 2021. 11. 23. 선고 2020나106723 판결 등 참조).

그리고 실제로 발생하지 않은 보험사고의 발생을 가장하여 청구·수령된 보험금 상당 부당이득반환청구권의 소멸시효기간에 관하여, 대법원은, 입원치료 시에 보험금을 지급하는 내용의 보험을 다수 가입한 후 입원치료의 필요성이 없는데도 여러 차례 입원치료를 받았다며 보험금을 청구·수령한 보험계약자가 사기죄로 처벌받은 후, 보험자가 피보험자 등에 대한 보험금 상당 부당이득반환청구를 한 사안에서, 상행위인 계약의 무효로 인한 부당이득반환청구권은 민법 제741조의 부당이득 규정에 따라 발생한 것으로서 특별한 사정이 없는 한 민법 제162조 제1항이 정하는 10년의 민사 소멸시효기간이 적용되나, 부당이득반환청구권이 상행위인 계약에 기초하여 이루어진 급부 자체의 반환을 구하는 것으로서 채권의 발생 경위나 원인, 당사자의 지위와 관계 등에 비추어 법률관계를 상거래 관계와 같은 정도로 신속하게 해결할 필요성이 있는 경우 등에는 상법 제64조가 유추적용되어 같은 조항이 정한 5년의 상사 소멸시효기간에 걸리는데, 이 경우에도 보험자의 피보험자 등에 대한 보험금 상당 부당이득반환청구권은 기본적 상행위인 보험계약에 기초하여 이루어진 급부 자체의 반환을 구하는 것으로서 그 법률관계를 상거래 관계와 같은 정도로 정형적으로 신속하게 해결할 필요성이 있으므로 5년의 상사소멸시효 기간에 걸린다고 판단하였다.[145)]

---

145) 대법원 2021. 8. 19. 선고 2018다258074 판결.

나. 진료협력의무

1) 의의

의사는 환자를 문진하여 환자로부터 증상 등에 관한 정보를 얻어 향후 행할 검사 및 진료의 계획을 세우고 그 계획에 따라 약제 복용 등을 지시한다. 만일 환자로부터 정확한 정보를 제공받지 못하면 적정한 진료계획을 세울 수 없고, 또 환자가 의사가 지시한 약제를 복용하지 않는다면 질병을 치유할 수 없으며 진료계약의 목적을 달성할 수 없게 된다. 이처럼 의료계약은 의료인과 환자 사의의 협동관계에서 이행된다. 또한 불법행위의 피해자는 불법행위로 인한 손해의 확대를 방지하거나 감경하기 위하여 노력하여야 할 의무를 부담하는바 의료과오의 피해자도 마찬가지이다(대법원 2006. 8. 25. 선고 2006다20580 판결 참조).

다만 협동관계의 한 축을 담당하는 환자에게 의사의 의견을 존중하여 치료에 협력할 필요를 법적 의무로 볼 것인지 아니면 단순한 책무(Obliegenheit) 내지는 간접의무로 볼 것인지는 견해가 나누어져 있다. 책무 또는 간접의무라 함은 그 이행을 하지 아니할 때 그 이행을 강제할 수 없고, 불이행의 경우에도 손해배상 청구를 할 수 없으며, 단지 책무위반이 당해 의무자에게 일정한 불이익을 야기함에 불과하다는 점에서 법적 의무와 달리 취급된다.[146)]

한편 서울고등법원 2009. 8. 20. 선고 2008나83761 판결은 "환자 및 그 보호자(이하 '환자측'이라 한다)가 의사 또는 의료기관(이하 '의료인'이라 한다)에게 진료를 의뢰하고 의료인이 그 요청에 응하여 치료행위를 개시하는 경우에 의료인과 환자측 사이에는 질병의 치료를 목적으로 하는 의료계약이 성립하고, 그 계약목적의 달성을 위하여 의료인은 환자에 대하여 자신이 가진 모든 의료지식과 의료기술을 동원하여 환자를 진료할 의무 등을 부담하는 반면, 환자측은 의사에게 자기의 질병, 증세, 병력, 체질 등 당해 진료에 필요한 사항을 숨김없이 사실대로 알려야 하는 고지의무와 함께 전문가인 의사의 의견을 존중하여 정밀검사의 실시, 약제의 복용 등과 같이 의사가 진료상 행하는 지시를 충실히 따라야 하는 협력의무를 진다"라고 판시하였다. 또한 다수의 견해는 환자의 진료협력의무를 인정하고 있는바, 이하 그 내용을 구체적으로 살펴보기로 한다.

---

146) 곽윤직·김재형, 민법총칙(제9판), 박영사(2013), 59-60면; 이영준, 민법총칙(개정증보판), 박영사(2007), 47면 각 참조.

2) 진료협력의무의 유형

환자의 진료협력의무를 구체적으로 다음과 같이 나누어 볼 수 있다.[147)]

가) 수진협력의무

수진협력의무는 의사가 지정한 진료일에 환자가 의사의 진료를 받고 그에 협력하는 것을 의미한다. 따라서 진료일이 지정되었음에도 환자가 그 지정일에 의사로부터 진료를 받지 않거나, 일정한 증상이 발현된 것에 대하여 진료를 받는 중에 주의를 게을리하여 하여 이에 관한 진료를 받지 못한 때, 환자가 임의로 진료받는 것을 중지하거나 거부하는 경우가 수진협력의무 위반에 해당한다.

의학적으로 의사의 계속적인 치료가 필요함에도 불구하고, 환자나 그 보호자가 의사의 충고에 반하여 자의로 퇴원하고자 하는 경우(DAMA: discharge against medical advice)와 그와 정반대로 의사가 환자에 대하여 더 이상의 의료행위가 불필요하다고 판단하여 퇴원 지시를 내렸음에도 불구하고 환자가 그 지시를 거절하고 의사에게 추가적으로 수술 등의 진료를 요구하는 경우도 수진협력의무 위반의 예이다.

다만 '여호와 증인' 신도로 다른 사람의 피를 받지 않아야 한다는 교리를 생명보다 소중히 하는 신념을 가지고 있었던 환자에 관하여, 대법원 2014. 6. 26. 선고 2009도14407 판결은 환자의 명시적인 수혈 거부 의사가 존재하는 경우, 의사가 환자의 자기결정권을 존중하여 수혈을 하지 않은 행위에 대해 업무상과실치사죄의 책임을 물을 수 없다고 판단했습니다. 한편 일본최고재판소 2000. 2. 29. 판결은, 어떠한 경우에도 수혈을 거부한다는 의사를 명확히 밝힌 환자에 대하여 달리 생명을 구할 방법이 없는 경우에는 수혈을 실시할 방침이라는 점을 설명하지 아니한 채 수술을 시작하였다가 결과적으로 수혈을 실시한 사안에서, 환자의 자기결정권이 침해되었다는 이유로 병원은 환자가 입은 정신적 고통을 위자할 책임이 있다고 판시하였다.[148)]

나) 문진에 대한 응답과 설명의무

환자에 대한 문진에 대하여 환자는 현재의 증상, 그러한 증상이 생긴 경위,

---

147) 백경희, "환자의 진료협력의무와 의사의 의료과실", 의료법학 제13권 제1호, 대한의료법학회(2012. 6.), 93-95면.

148) 제1심은 ① 절대적 무수혈의 특약은 공서양속에 반하여 무효이고, ② 의사에게 구명의무가 있다는 등의 이유로 이 사건 수혈은 사회적 정당행위로 위법성이 없다고 보았다; 浦川道太郎 외, 전게서, 45-48면 참조.

기왕력, 가족력, 그동안 행한 자가치료 또는 다른 의료기관에서 치료받은 경과, 증상의 변화 등에 관한 정보를 제공하여야 한다.

이러한 환자의 설명의무는 의사의 문진의무와 밀접한 관련이 있다. 환자는 무엇이 중요한 정보이고 무엇이 중요하지 않는지 모르는 경우가 적지 않다. 또한 환자의 입장에서 의사의 묻는 태도에 따라 의료상 중요하지 않는 내용이라고 생각하여 말하지 않을 수 있다. 따라서 환자의 설명은 의사에 의한 필요·충분한 문진이 이루어질 때 제대로 행하여질 수 있다.

그러므로 의사가 필요하고도 충분한 문진을 행하였음에도 환자가 고의 또는 과실로 중요한 정보를 전하지 아니한 경우에는 환자의 설명의무 위반으로 판단될 것이다. 그러나 환자가 전한 정보가 부정확한 때에는 의사는 미심쩍은 사항에 대하여 다시 문진을 행하여 정보의 정확성을 검토하여만 하므로 이 경우에는 환자의 설명의무 위반이라고 판단되는 사항은 적어질 것이다.

다) 요양지침에 대한 준수의무

의사는 환자에 대한 치료와 아울러 환자가 제대로 회복될 수 있도록 약제의 복용방법, 입원 또는 정밀검사를 받은 것 등 요양방법을 설명하고 지도할 의무가 있다. 의사는 치유되는 과정에서 환자에게 정확한 정보를 제공함으로써 환자로 하여금 스스로 자기결정을 할 수 있도록 하여야 한다. 의료법 제24조에서는 '의료인은 환자나 환자의 보호자에게 요양방법이나 그 밖에 건강관리에 필요한 사항을 지도하여야 한다.'라고 하여 설명의무 중 유일하게 요양방법 지도의무에 관한 명시적인 조항을 두고 있다. 환자가 이러한 의사의 의료방침이나 지시를 준수하여야 할 의무가 있다. 이 의무 역시 의사의 설명의무와 밀접한 관련을 가지며 만일 환자가 의사의 지시 내용 및 그 중요성을 충분히 이해하지 못하였다면 환자는 그 지시를 따르지 않을 우려가 있다.

라) 감염병에 대한 역학조사 협력의무

근래 감염병이 기승을 부리면서 그에 대한 실태조사와 역학조사 등이 질병관리청장, 시·도지사 또는 시장·군수·구청장의 주된 직무가 되었다. 감염병의 예방 및 관리에 관한 법률(약칭: 감염병예방법) 제18조 제3항은 역학조사에 대한 국민의 협력의무를, 제41조는 감염병에 걸린 감염병환자가 감염병관리기관 등에 입원치료를 받아야 할 의무를 각각 규정하고 있고, 제79조 제1호, 제79조의3 등은 그 각 위반에 관한 벌칙을 다음과 같이 규정하고 있다.

제18조(역학조사) ① 질병관리청장, 시·도지사 또는 시장·군수·구청장은 감염병이 발생하여 유행할 우려가 있거나, 감염병 여부가 불분명하나 발병원인을 조사할 필요가 있다고 인정하면 지체 없이 역학조사를 하여야 하고, 그 결과에 관한 정보를 필요한 범위 에서 해당 의료기관에 제공하여야 한다. 다만, 지역확산 방지 등을 위하여 필요한 경우 다른 의료기관에 제공하여야 한다. 〈개정 2015. 7. 6., 2019. 12. 3., 2020. 8. 11.〉
② 질병관리청장, 시·도지사 또는 시장·군수·구청장은 역학조사를 하기 위하여 역학조사반을 각각 설치하여야 한다. 〈개정 2020. 8. 11.〉
③ 누구든지 질병관리청장, 시·도지사 또는 시장·군수·구청장이 실시하는 역학조사에서 다음 각 호의 행위를 하여서는 아니 된다. 〈개정 2015. 7. 6., 2020. 8. 11.〉
1. 정당한 사유 없이 역학조사를 거부·방해 또는 회피하는 행위
2. 거짓으로 진술하거나 거짓 자료를 제출하는 행위
3. 고의적으로 사실을 누락·은폐하는 행위
④ 제1항에 따른 역학조사의 내용과 시기·방법 및 제2항에 따른 역학조사반의 구성·임무 등에 관하여 필요한 사항은 대통령령으로 정한다.

제41조(감염병환자등의 관리) ① 감염병 중 특히 전파 위험이 높은 감염병으로서 제1급감염병 및 질병관리청장이 고시한 감염병에 걸린 감염병환자등은 감염병관리기관, 중앙감염병전문병원, 권역별 감염병전문병원 및 감염병관리시설을 갖춘 의료기관(이하 "감염병관리기관등"이라 한다)에서 입원치료를 받아야 한다. 〈개정 2010. 1. 18., 2018. 3. 27., 2020. 8. 11., 2020. 8. 12., 2023. 8. 16.〉
② 질병관리청장, 시·도지사 또는 시장·군수·구청장은 다음 각 호의 어느 하나에 해당하는 사람에게 자가(自家)치료, 제37조제1항제2호에 따라 설치·운영하는 시설에서의 치료(이하 "시설치료"라 한다) 또는 의료기관 입원치료를 하게 할 수 있다. 〈개정 2010. 1. 18., 2020. 8. 11., 2020. 8. 12.〉
1. 제1항에도 불구하고 의사가 자가치료 또는 시설치료가 가능하다고 판단하는 사람
2. 제1항에 따른 입원치료 대상자가 아닌 사람
3. 감염병의심자
③ 보건복지부장관, 질병관리청장, 시·도지사 또는 시장·군수·구청장은 다음 각 호의 어느 하나에 해당하는 경우 제1항 또는 제2항에 따라 치료 중인 사람을 다른 감염병관리기관등이나 감염병관리기관등이 아닌 의료기관으로 전원(轉院)하거나, 자가 또는 제37조제1항제2호에 따라 설치·운영하는 시설로 이송(이하 "전원등"이라 한다)하여 치료받게 할 수 있다. 〈신설 2020. 8. 12., 2020. 9. 29.〉
1. 중증도의 변경이 있는 경우
2. 의사가 입원치료의 필요성이 없다고 판단하는 경우

3. 격리병상이 부족한 경우 등 질병관리청장이 전원등의 조치가 필요하다고 인정하는 경우
④ 감염병환자등은 제3항에 따른 조치를 따라야 하며, 정당한 사유 없이 이를 거부할 경우 치료에 드는 비용은 본인이 부담한다. 〈신설 2020. 8. 12.〉
⑤ 제1항 및 제2항에 따른 입원치료, 자가치료, 시설치료의 방법 및 절차, 제3항에 따른 전원등의 방법 및 절차 등에 관하여 필요한 사항은 대통령령으로 정한다. 〈개정 2020. 8. 12.〉

제79조(벌칙) 다음 각 호의 어느 하나에 해당하는 자는 2년 이하의 징역 또는 2천만원 이하의 벌금에 처한다. 〈개정 2015. 7. 6., 2017. 12. 12., 2019. 12. 3., 2020. 3. 4., 2021. 3. 9.〉
1. 제18조제3항을 위반한 자
2. 제21조제1항부터 제3항까지 또는 제22조제3항에 따른 신고를 하지 아니하거나 거짓으로 신고한 자
2의 2. 제21조제5항에 따른 현장조사를 정당한 사유 없이 거부·방해 또는 기피한 자
2의 3. 제23조제2항에 따른 신고를 하지 아니하고 고위험병원체 취급시설을 설치·운영한 자
3. 제23조제8항에 따른 안전관리 점검을 거부·방해 또는 기피한 자
3의 2. 제23조의2에 따른 고위험병원체 취급시설의 폐쇄명령 또는 운영정지명령을 위반한 자
3의 3. 제49조제4항을 위반하여 정당한 사유 없이 폐쇄 명령에 따르지 아니한 자
4. 제60조제4항을 위반한 자(다만, 공무원은 제외한다)
5. 제76조의2제6항을 위반한 자

제79조의3(벌칙) 다음 각 호의 어느 하나에 해당하는 자는 1년 이하의 징역 또는 1천만원 이하의 벌금에 처한다. 〈개정 2020.8.12〉
1. 제41조제1항을 위반하여 입원치료를 받지 아니한 자
2. 삭제 〈2020.8.12〉
3. 제41조제2항을 위반하여 자가치료 또는 시설치료 및 의료기관 입원치료를 거부한 자
4. 제42조제1항·제2항제1호·제3항 또는 제7항에 따른 입원 또는 격리 조치를 거부한 자
5. 제47조제3호 또는 제49조제1항제14호에 따른 입원 또는 격리 조치를 위반한 자
[본조신설 2020.3.4]

특히 코로나바이러스감염증-19가 전세계적으로 창궐하면서 우리나라에서도 감염병예방법 제25조에 따른 임시예방접종이 전국적으로 실시됨에 따라 질병관리청 산하에 코로나19 예방접종 대응 추진단을 설치하고 2021. 3. 17. “코로나19 예방접종 후 이상반응 시도 신속대응팀 업무매뉴얼”을 제정하여 반포하는 등 전 국가적으로 총력을 다해 대응하여야만 하였고, 그에 따라 국민들에게 다

양한 협력의무가 강제될 수밖에 없었다.

3) 진료협력의무의 주체

환자 자신이 진료협력의무를 지는 것이 당연하지만, 환자의 연령 및 의식 상황에 따라서는 보호자나 개호자가 환자와 마찬가지로 진료협력의무를 부담한다.

4) 의무위반의 법적 효과

가) 면책 여부

환자가 수진협력의무를 위반한 경우 의료계약에 있어 진료의무를 부담하는 채무자인 의사가 환자에 대하여 의료행위를 제공하려 하지만 채권자인 환자측의 사유로 인하여 수진을 지체하거나 지체 중 의사가 제공하는 의료급부를 거부하는 것이므로 민법상 채권자지체에 관련되어 문제가 된다.

이에 관하여 환자의 수령지체를 이유로 의사의 채무불이행책임이 면제된다는 견해가 있다. 일본 재판실무례에는 환자측의 비협력을 이유로 의사의 과실을 부인한 사례도 있었다.[149] 그러나 오늘날에는 의사의 과실을 평가하는 관점이 변화하여 의사측의 설명의무가 강조되고 만일 의사가 충분한 설명의무를 다하지 못하였다면 환자측의 정보제공이 미진하더라도 그로 인한 과실상계조차 부정되고 있다. 요컨대 환자의 의무위반이 중대한 경우에는 의사의 과실이 부인될 수 있을 것이지만 이 경우 환자의 의무위반을 주장·입증하는 것으로 족하지 않고 그 전에 의사측이 문진 및 설명 등을 하여야 할 채무를 충분히 수행하였는지가 주장·입증되어야 한다고 본다.[150]

서울고등법원 2009. 8. 20. 선고 2008나83761 판결은 "환자측이 고지의무와 협력의무를 위반하여 질병의 치료라는 계약 목적을 달성할 수 없는 경우에는

149) ① 위암으로 진단받지 아니한 환자가 수술을 받지 않고 지내다가 사망한 사안에서 의사가 여러 차례 위내시경와 같은 정밀검사를 받을 것을 권했지만 환자가 이에 협력하지 아니하는 바람에 확정진단을 하지 못했던 사안에서 의사의 과실을 부인하였고(東京地裁昭和47年8月8日判例時報690号64頁), ② 안검하수에 대하여 치료를 계속하여도 호전되지 않았기 때문에 환자가 임의로 통원을 중단한 사안에서 환자가 의사에게 만족한 치료의 기회를 주지 않았다는 이유로 의사의 책임이 부인되었다(大阪地裁昭和46年4月19日判例時報646号72頁); 鈴木利廣 외, 전게서, 73-74면에서 재인용.

150) 鈴木利廣 외, 전게서, 74면.

의료인이 진료의무를 태만히 하였다거나 환자에 대한 진료과정상의 부주의로 인한 과실이 인정되지 않는 이상 의료인에게 그 책임을 물을 수 없다"라고 전제한 다음, 제왕절개술의 지연에 따른 과실 유무가 쟁점이 된 사안에서 '피고 병원 의료진이 원고 1에게 심정지가 발생하여 심폐소생술로 회복된 후 비로소 응급 제왕절개술을 시행한 사실, 임신부의 저산소증이 지속되면 태아의 저산소증과 태아의 대사성 산증이 초래될 수 있고, 지속적 저산소증에 의한 태아의 대사성 산증은 다기관 부전이나 신경학적 손상을 초래할 수 있는 바, 다음과 같은 사정, 즉 ① 임신부의 지속적인 저산소증은 태아의 저산소증과 태아 산증을 초래할 수 있으므로 태아의 지속적인 모니터링이 반드시 필요한 상황이므로 입원이 필수적인 점, ② 그러나 원고 1은 스스로 내과적 질환이라고 단정하고 피고 병원 의료진으로부터 산과 진료를 위하여 지속적 전자 태아감시장치를 이용한 태아심음감시와 분만실 입원을 권유받았음에도 이를 거부한 점, ③ 원고 1이 계속하여 피고 병원 의료진의 지시에 따르지 아니하는 가운데 원고 1의 상태가 급속도로 악화되고 있었지만 22:00경 원고 1이 극심한 저산소증에 달하여 흉부 방사선 촬영에 동의하기 이전에는 원고 1의 의식이 명료하였기 때문에 피고 병원 의료진으로서는 원고 1의 의사에 반하여 강제적으로 흉부 방사선 촬영이나 분만실 입원 및 제왕절개술 등을 시행할 수 없었던 점 등을 고려할 때, 피고 병원 의료진이 적기에 원고 1에 대하여 제왕절개술을 시행하지 못한 것 또한 원고 1이 피고 병원 의료진에 대한 환자로서의 협력의무를 이행하지 아니함으로써 발생한 것일 뿐이고 피고 병원 의료진의 과실로 인한 것이라고 할 수 없다'라고 판시하였다.

또한 대법원 2006. 8. 25. 선고 2006다20580 판결은, "불법행위의 피해자는 불법행위로 인한 손해의 확대를 방지하거나 감경하기 위하여 노력하여야 할 의무가 있으며, 그 손해경감조치의무가 수술을 받아야 할 의무일 경우, 수술이 위험 또는 중대하거나 결과가 불확실한 경우에까지 용인하여야 할 의무는 없다고 하겠으나, 그렇지 아니하고 관례적이며 상당한 결과의 호전을 기대할 수 있는 수술이라면 이를 용인할 의무가 있으므로, 그와 같은 수술을 거부함으로써 손해가 확대된 경우 그 손해 부분은 피해자가 부담하여야 하고, 더 나아가 그러한 수술이 필요하다는 사실을 알면서도 상당한 기간 내에 수술을 받지 않음으로 인하여 확대된 손해 부분 역시 피해자가 부담하는 것이 공평의 견지에 비추어 타당하다. 다만, 그렇다고 하여 수술을 받는 데 필요한 상당한 기간이 지난 후의 손해 전부를 피해자의 귀책사유로 인한 것이라고 볼 수는 없으며, 상당한 기간 내에 수술을 받았더라도 개선될 수 없는 노동능력 상실 부분에 해당하는 일실수입 손해는 여전히 불법행위자가 부담하여야 한다."라고 판시하였다.

나) 과실상계

채무불이행 및 불법행위에 관하여 피해자 측에도 과실이 있다면 손해배상의 유무나 범위에 있어 이를 참작하여 가해자 측의 책임을 감면할 수 있는 과실상계의 법리가 적용되는바, 의료사고 민사책임에서도 이러한 과실상계의 법리가 적용되고, 이는 판례에서는 의료인의 책임제한의 측면으로 사용되고 있다.[151] 즉 의료행위 협력 위반이나 요양방침 준수 위반, 문진 응답과 증상 등의 설명을 게을리함으로써 나아가 의사의 의료과실이 개입된 채무불이행 내지 불법행위책임이 야기된 때에는 손해배상 시 환자 측의 의료행위 협력 위반 등이 과실상계나 위자료 감액의 요인이 된다. 이와 같이 대개의 진료협력의무 위반 유형이 주로 과실상계 법리를 통한 의사 측의 책임을 감면하는 결과로 나타나는바, 예컨대, 환자가 의료과실로 장해를 입은 뒤 그에 대한 환자 본인의 관리소홀로 인하여 손해가 확대된 경우는 환자 본인의 태만이라는 과책이 있기 때문에 이는 과실상계가 되는 것이다.[152]

서울남부지방법원 2018. 7. 19. 선고 2016가단240974 판결은, '여호와의 증인' 신자로서 수술 전 종교적 신념에 따라 수혈을 받지 않겠다는 의사표시를 한 환자에게 병원이 급성 담낭염을 진단하여 복강경을 이용한 담낭절제술을 실시한 후 생리식염수 및 혈액대용제만을 투여하였을 뿐 수혈을 하지 아니한 채 환자가 저혈양성 쇼크에 의한 심정지로 사망한 사안에서, 법원은 의료진이 급성 출혈 가능성 파악, 출혈 부위 확인, 재수술 검토, 수액 및 약물투여 등 부분에서 미흡한 점이 있었다고 판단하여 병원 측의 책임을 인정하되, 환자의 무수혈 의

151) 미국 대부분의 주에서 contributory negligence 또는 comparative negligence로 논의되는 문제로서, 피해자의 과실 정도에 따라 손해배상액을 비율적으로 감액한다. Marcia Mobilia Boumil 외, 전게서, pp. 251-256.

152) 강현중, "의료사고와 피해자 측의 과실", 재판자료 제27집: 의료사고에 관한 제문제, 법원행정처(1985), 123면 이하; 백경희, 전게논문, 97-99면 각 참조: 환자가 자신이 손해를 줄일 수 있었음에도 그렇게 하지 않은 경우(Avoidable Consequences)에도 과실상계의 사유가 될 수 있다. Marcia Mobilia Boumil 외, 전게서, p. 257

사표시로 인해 의료진의 치료 수단에 일부 제한이 초래된 점을 고려하여 책임비율을 30%로 제한했다. 또한 서울동부지방법원 2017. 10. 26. 선고 2015가합110971(본소),2017가합109210(반소) 판결은, 환자가 수혈을 거부함에 따라 철분제제만을 투여하다가 나중에 수혈에 대한 동의를 받고 수혈 조치를 취했으나 환자가 사망한 사례에서, 최초의 수혈 조치가 환자의 거부 의사표시로 인하여 지연된 점을 고려하여 병원 측의 책임비율을 50%로 제한했다.

대법원 2005. 1. 28. 선고 2003다14119 판결은, 망인이 처와 다투다가 유기인제 살충제(리바이지드)을 음독하고 1시간 후 병원 응급실에 호송된 후 위세척을 실시하려는 것을 완강히 거부하다가 상급병원으로 전원되는 과정에 '위세척과 결박을 하지 않을 테니 제발 링겔만이라도 맞으라"고 설득하여 해독제인 아트로핀(0.5mg짜리 1개)을 정맥주사하였고, 전원된 병원에서 망인의 위세척이 실시되었으나, 음독 3일 만에 사망한 사안에서, "망인의 치료를 담당한 의사로서는 약물중독에 대한 일반적인 처치절차에 따라 망인에게 위세척을 실시하여야 하고 망인이 거부로 위세척을 실시할 수 없었다면 망인을 결박하는 등으로 반항을 억압한 후 위세척을 실시하여야 한다. 그리고 전원도중에라도 아트로핀 2~4 mg을 5~10분(15~20)분 간격으로 아트로핀화에 대한 증상이 나타날 때까지 계속 투여하여야 한다. 이러한 조치들을 취하지 아니한 의사측의 과실을 40%로 인정한 원심판단은 정당하다.'라는 취지로 상고를 기각하였다. 이 판결은 응급환자의 경우 환자의 자기결정권보다 생명권이 우선시된다는 법원의 입장을 밝힌 것에 큰 의미가 있지만, 의사가 망인의 치료거부에 대한 완력행사에도 불구하고 치료거부 의사표시에 반하여 결박하면서까지 위세척을 수회 실시하려 했으나 환자의 지나친 방해로 위세척이 실패한 점을 고려할 때 의사의 온정적 간섭주의(paternalism)에 대한 한계를 인정하여야 함에도 결박해서라도 위세척을 실시하지 아니한 부분을 과실로 인정한 것은 잘못이라는 지적이 있다.[153)]

다) 계약해제 등

환자의 의무위반이 있는 때에도 그로 인한 불이익은 환자측에 생기는 것이므로 그 때문에 의료기관측에 당해 의료계약에 대한 해제권을 인정할 실익이 없을 것이다. 그러나 어떤 질환으로 입원한 환자가 의사가 지시하는 약제를 복

---

153) 류화신, "의료분야의 퍼터널리즘(paternalism)에 대한 민사법적 강제", 의료법학 제6권 제2호, 대한의료법학회(2005. 12.), 176-178면 참조.

용하지 않음은 물론 그 밖의 다른 치료도 거부한다면 그로 인한 불이익이 환자측에만 생긴다고 보기 어렵고 그러한 상황 하에서 당해 의료계약을 계속하는 것은 아무런 의미가 없으므로 의료기관측이 의료계약을 해제할 합리적 이유가 될 수 있을 것이다.[154]

한편 환자의 수진협력의무의 이행지연으로 인해 발생하는 불이익을 채권자에 부담시키는 것이 공평의 관념과 위험분배의 원리의 측면에서 맞지 않기 때문에 법에서 규정한 채권자지체로 인한 채권자의 불이익이 발생하는 것을 넘어서 의사가 환자에게 채무불이행으로 인한 손해배상을 청구할 수는 없을 것이다.[155]

5. 손해

가. 손해의 의의

의료과오로 인하여 사망하거나 신체상의 손상을 입은 피해자가 입은 손해는 교통사고, 산업재해로 인한 손해와 유사하게 학설상 많은 다툼이 있고, 소송실무에서도 많은 변화가 있었다.

오늘날 인신손해배상소송의 실무는 손해, 즉 피해자에게 발생한 불이익을 삼분설에 따라 소극적 손해, 적극적 손해, 위자료로 나누어 산정하고, 책임제한(과실상계), 손익상계, 책임의 경합 등이 관련 문제로 등장한다.

한편 의료과오로 인한 손해는, ① 피해자인 환자에게 이미 어떠한 상병을 앓고 있는데다가 의료 자체가 위험과 불확실성을 안고 있어 적절한 치료가 행하여진다고 하더라도 완전히 회복하는 데에는 한계가 있는 점, ② 환자와 의료기관 사이에 존재하는 계약관계로 인하여 다양한 의무가 발생하는 점, ③ 침해되는 법익도 생명, 신체 및 건강만이 아니라 자기결정권 및 치료의 기회와 같이 다양한 점 등과 같이 교통사고와 근본적으로 다른 특수성이 있으므로 손해배상

154) 鈴木利廣 외, 전게서, 75면.
155) 유남석 집필부분, 편집대표 김증한, 주석 민법: 채권총칙(Ⅱ)(제4판), 한국사법행정학회(2013), 94-96면 참조.

의 기준이 되어 온 차액설만을 따를 것이 아니라 다양한 법익침해에 대하여 불법행위책임을 인정하는 한편, 손해의 전액 배상이 아니라 부분적 배상도 인정할 필요가 있다.

특히 의료과오소송에서는 다른 유형의 불법행위소송과는 달리 책임제한의 범위와 정도가 형평의 이념과 관련하여 어려운 문제를 제기하고 있다. 이하에서 각 손해항목 별로 실무상 문제점과 판례의 동향을 살펴보기로 한다.

나. 손해의 범위에 관한 일반론

1) 손해배상액 산정

의료과오로 인한 인신손해에 대해서 손해액을 산정할 때 재판실무는 통상 항목별로 손해액을 산정하여 이를 합산하는 방식을 취하고 있다. 그러나 가해행위가 동일하고 피해자가 다수인 경우 그로 인한 손해를 피해자별로 각 항목마다 따로따로 산정하여 합산하는 방식을 취하는 것은 피해구제에 지장을 가져올 수 있으므로 그 가해행위로 인한 손해를 총체적이고 포괄적으로 파악하여 그 배상을 명하고 다수의 피해자들 사이에 차이를 두지 않는 방법도 고려해볼 필요가 있다.[156)]

또한 2016. 3. 29. 신설된 민사소송법 제202조의2(손해배상 액수의 산정)는 "손해가 발생한 사실은 인정되나 구체적인 손해의 액수를 증명하는 것이 사안의 성질상 매우 어려운 경우에 법원은 변론 전체의 취지와 증거조사의 결과에 의하여 인정되는 모든 사정을 종합하여 상당하다고 인정되는 금액을 손해배상 액수로 정할 수 있다."라고 규정하고 있는바, 손해의 성질상 그 액을 입증하는 것이 매우 어려운 경우에는 법원은 본 조항을 활용할 필요가 클 것이다. 일본에서는 간세포암을 조기 발견하지 못한 과실로 환자가 사망한 사안에서 위 민사소송법 제202조의2와 동일한 규정인 일본민사소송법 제248조를 여명 인정에 적용하여 일실이익을 400만 엔 상당으로 판단한 사례가 있다고 한다.[157)]

미국의 일부 주에서는 단순한 과실이 아니라 "의식적 무시(conscious disregard)" 또는 "고의적 무관심(deliberate indifference)"과 같이 가중 손해배상의 근거

156) 鈴木利廣 외, 전게서, 80면.

157) 東京地判平成17年11月30日 最高裁 H P; 鈴木利廣 외, 전게서, 83면에서 재인용.

가 되는 예외적 상황이 있는 경우에 입법이나 판례로 가중적 손해배상(aggravating damages)를 인정하고 있다.[158] 또한 특정 유형의 소송에서 중과실, 고의 또는 무모하게(willfully or recklessly) 원고에게 피해를 입힌 피고를 처벌하기 위하여 징벌적 손해배상(punitive damages; exemplary damages)이 사용될 수 있으나[159] 우리나라에서는 이를 허용하지 않고 있다.

2) 정기금배상

가) 정기금 지급의 필요성

의료과오로 인하여 식물인간이 된 경우 그 후유장애의 계속기간이나 잔존여명이 단축된 정도 등을 확정하기 어려운 경우가 있고, 또 일단 잔존여명을 신체감정에 의하여 판단하여 향후 개호비 기타 치료비 상당의 손해배상판결을 명하여 확정되었는데, 그 잔존여명이 지나도록 계속하여 생존하는 경우가 얼마든지 생길 수 있다. 이 경우 생존을 조건으로 하는 정기금 배상을 명할 필요가 크다.

나) 정기금 지급청구와 청구의 특정 여부

원고 2가 피고의 불법행위로 인하여 입게 된 상해를 치료하기 위하여 앞으로 계속하여 욕창방지와 관절고정방지를 위한 물리치료비, 신경성방광염예방치료비, 변비관장, 영양 향상을 위한 비용등으로 1년에 금 93,400원씩이 필요하므로, 당해 사건의 변론종결시부터 향후 30년 동안 원고가 생존할 것을 조건으로 피고에 대하여 매년 위 금 93,400원씩의 지급을 청구한 사안에 관하여, 서울고등법원 1967. 3. 31. 선고 65나2435 판결은 "원고가 생존할 것을 조건으로 한 향후 30년 동안 매년 금 93,400원씩의 정기급부금 청구는 그와 같은 판결의 집행단계에서 원고가 생존해 있느냐의 여부를 간편하게 심사하기가 용이하지 못하므로 결국 특정되지 아니한 청구라고 볼 수밖에 없는 것이고, 원고가 현재 건강한 사람이 아니라는 사실, 원고의 나이와 같은 (1935. 6. 29.생) 건강한 남자의 평균 여명이 27년밖에 되지 않는다는 사실 등에 비추어서 원심증거 중 원고가 앞으로 30년 동안 생존할 수 있다는 부분은 믿지 않는 터이고, 그 밖에는 원고의 전 거증에 의하더라도, 원고가 앞으로 생존할 수 있는 기간이 얼마나 될 것인지

158) Marcia M. Boumil 외, 전게서, p. 201.
159) Marcia M. Boumil 외, 전게서, pp. 213-214, 224-226.

를 확정할 만한 자료가 없으므로 정기급부금 청구는 그 이상의 판단을 할 필요 없이 받아들일 수 없다"라는 이유로 기각하였다. 이에 대하여 대법원 1967. 8. 29. 선고 67다1021 판결은 "원고 2가 앞으로 30년간 생존할 수 있느냐의 여부의 점은 원심으로서는 심사확정할 필요가 없는 것이고, 원고가 앞으로 30년 이내에 사망한다면, 그 생존을 조건으로 하는 정기금 청구권은 이로써 소멸하는 것에 지나지 아니하므로, 원심으로서는 다만, 원고가 청구하는 정기금의 지급청구권의 발생 요건과 그 필요성을 심리판단하여 그 청구의 필요가 있다면, 이의 지급을 명하여야 할 것이며 그 집행단계에 있어서 원고의 생존 여부의 심사가 용이치 아니하다는 점만 가지고서는 위 정기금청구가 특정되지 아니한 청구라고는 볼 수 없다 할 것이니, 원심은 이 점에서 정기금청구에 관한 법리를 오해한 위법이 있다 할 것이고, 이 점에 관한 상고논지는 이유 있으므로, 원판결 중 이 부분에 관한 점을 파기하고, 사건을 서울고등법원으로 환송하기로 한다."라고 판시하였다.

다) 정기금 지급 판결의 재량성

정기금 지급을 명하는 판결은 당사자처분권주의에 의하여 당사자가 신청하는 경우에만 가능한지 아니면 법원이 자유재량으로 그 신청에 무관하게 지급을 명할 수 있는지가 문제 된다.

이에 대하여 대법원 1994. 1. 25. 선고 93다48526 판결은 "불법행위로 입은 상해의 후유장애로 인하여 장래에 계속적으로 치료비나 개호비 등을 지출하여야 할 손해를 입은 피해자가, 그 손해의 배상을 정기금에 의한 지급과 일시금에 의한 지급 중 어느 방식에 의하여 청구할 것인지는 원칙적으로 손해배상청구권자인 그 자신이 임의로 선택할 수 있는 것으로서(대법원 1991. 1. 25. 선고 90다카27587 판결; 1992. 1. 21. 선고 91다36628 판결 등 참조), 다만 식물인간 등의 경우와 같이 그 후유장애의 계속기간이나 잔존여명이 단축된 정도 등을 확정하기 곤란하여 일시금지급방식에 의한 손해의 배상이 사회정의와 형평의 이념에 비추어 현저하게 불합리한 결과를 초래할 우려가 있다고 인정될 때에는, 손해배상청구권자가 일시금에 의한 지급을 청구하였더라도 법원이 재량에 따라 정기금에 의한 지급을 명하는 판결을 할 수 있다고 보아야 할 것이다."라고 판시함으로써 예외적으로 당사자의 일시급을 청구하더라도 법원이 재량에 따라 정기금에 의한 지급을 명할 수 있다고 판시하였다. 여기에서 특기할 점은 대법원

2021. 7. 29. 선고 2016다11257 판결은 "특히 전문적인 감정 등을 거쳐 예측된 여명기간을 기준으로 소송 등을 통하여 손해배상이 이루어진 다음 피해자가 예측된 여명기간을 지나서 생존하여 추가 손해가 발생한 경우에는 새로운 여명기간의 예측에 대한 불확실성이 더욱 커지므로, 이러한 경우 법원으로서는 손해배상을 일시금 지급방식으로 정하는 데 더욱 신중을 기할 필요가 있다."라고 판시하였다.

한편 대법원은 "일시금지급방식에 의한 손해의 배상이 사회정의와 형평의 이념에 비추어 현저하게 불합리한 결과를 초래할 우려가 있다고 인정될 때"에 관한 요건을 엄격히 해석하여 정기금지급을 명한 원심판결을 파기하였고(대법원 1995. 6. 9. 선고 94다30515 판결; 대법원 1994. 1. 25. 선고 93다51874 판결), 그 후 재판실무에서는 여명에 관한 감정결과에 따라 일시금 지급을 명하거나, 여명예측이 불확실하다고 보아 향후 치료비 및 개호비 손해에 대하여는 가동연한 이내로서 원고가 확실히 생존하고 있으리라고 인정되는 기간을 기준으로 일시금과 정기금을 혼용하여 지급을 명하기도 한다. 여기에서 주의할 점은 원고가 일시금으로 구하고 있는 일실수익 손해를 산정하여 그 지급을 명함에 있어서 피해자가 확실히 생존하고 있으리라고 인정되는 기간 동안의 일실수익은 중간이자를 공제한 일시금으로, 그 기간 이후 가동연한까지의 일실수익은 생계비를 공제한 금액에서 중간이자를 공제한 일시금으로, 그 기간 이후 가동연한까지의 일실수익 중 생계비 상당의 손해는 피해자의 생존을 조건으로 매월 정기금으로 배상할 것을 명하여야 한다는 점이다(대법원 2000. 7. 28. 선고 2000다11317 판결 참조).

라) 추가판결의 사례

일단 전소에서 감정결과에서 인정된 여명기간을 기초로 향후치료비와 개호비 손해, 위자료 등을 산정하여 원고 일부승소판결을 선고하여 그 판결이 확정되었음에도 원고가 그 여명기간이 지나서까지 계속 생존하는 경우, 대법원 2007. 4. 13. 선고 2006다78640 판결은 "불법행위로 인한 적극적 손해의 배상을 명한 전소송의 변론종결 후에 새로운 적극적 손해가 발생한 경우에 그 소송의 변론종결 당시 그 손해의 발생을 예견할 수 없었고 또 그 부분 청구를 포기하였다고 볼 수 없는 등 특별한 사정이 있다면 전소송에서 그 부분에 관한 청구가 유보되어 있지 않다고 하더라도 이는 전소송의 소송물과는 별개의 소송물이므로 전소송의 기판력에 저촉되는 것이 아니다(대법원 1980. 11. 25. 선고 80다1671 판결; 대법원 2002. 2. 22. 선고 2001다71446 판결 등 참조)."라고 판시하였고, 대법원 2010. 2. 25. 선고 2009다75574 판결은 "상해의 후유증이 기대여명에 어떠한 영향을 미쳐 얼마나 단축될 것인가는 후유증의 구체적 내용에 따라 의학적 견지에서 개별적으로 판단하여야 할 것인바, 신체감정촉탁에 의한 여명의 감정결과는 의학적 판단에 속하는 것으로서 특별한 사정이 없는 한 그에 관한 감정인의 판단은 존중되어야 하되(대법원 1992. 11. 27. 선고 92다26673 판결; 대법원 2008. 2. 29. 선고 2007다85973 판결 등 참조), 이러한 전문 감정인의 감정결과에 의하더라도 피해자의 기대여명의 예측이 불확실하다고 판단되는 경우에는 일실수입 손해와 향후치료비 손해 등을 산정함에 있어서 피해자가 확실히 생존하고 있으리라고 인정되는 기간 동안의 손해는 일시금의 지급을 명하고 그 이후의 기간은 피해자의 생존을 조건으로 정기금의 지급을 명할 수 있다(대법원 2002. 11. 26. 선고 2001다72678 판결 등 참조)."고 판시하였다.

이런 경우, 후소에서는 사실심변론종결시까지의 일실수입 손해와 향후치료비 손해 등에 대해서는 일시금으로, 그 후의 손해에 대해서는 정기금 지급을 명하고 있다(대전지방법원 2005. 2. 18. 선고 2004가단19705 판결; 대전고등법원 2006. 10. 18. 선고 2005나2972 판결 등 참조).

마) 정기금판결에 대한 변경의 소

민사소송법 제252조 제1항은 "정기금(定期金)의 지급을 명한 판결이 확정된 뒤에 그 액수산정의 기초가 된 사정이 현저하게 바뀜으로써 당사자 사이의 형평을 크게 침해할 특별한 사정이 생긴 때에는 그 판결의 당사자는 장차 지급할 정기금 액수를 바꾸어 달라는 소를 제기할 수 있다."라고 규정하는바, 이러한 정기금판결에 대한 변경의 소는 판결 확정 뒤에 발생한 사정변경을 그 요건으로 하는 것이므로, 단순히 종전 확정판결의 결론이 위법·부당하다는 등의 사정을 이유로 본조에 따라 정기금의 액수를 바꾸어 달라고 하는 것은 허용될 수 없다(대법원 2016. 3. 10. 선고 2015다243996 판결 참조).

3) 손해액산정의 기준시

불법행위로 인한 손해배상청구권은 현실적으로 손해가 발생한 때에 성립하는 것이라 할지라도 그 현실적 손해발생이란 비단 손해배상청구권자가 자기

수중으로부터 치료비 등을 직접 지급함으로써 손해가 현실적으로 발생한때 뿐만 아니라 치료비지급채무를 부담하는 경우에도 현실적으로 손해발생이 있는 것이라고 본다(대법원 1965. 3. 23. 선고 64다1899 판결; 대법원 1988. 12. 27. 선고 87다카2323 판결 등 참조).

또한 불법행위로 인한 손해 중 사고시부터 장래 상당한 기간에 걸쳐 계속적이고도 정기적으로 발생하는 손해의 경우에는, 기왕의 치료비라는 이유만으로 그 치료비가 계속적이고 정기적으로 발생한 것이고 또한 사고일로부터 상당히 후에 발생한 것임에도 중간이자를 공제함이 없이 사고일로부터 지연손해금의 배상을 명한다면 중간이자에 해당하는 부분은 실질적으로 과잉배상에 해당하여 부당하기 때문에, 그 손해가 기왕의 치료비라고 하더라도 그 손해금 및 이에 대한 손해발생일 이후부터의 지연손해금의 배상을 명함은 별론으로 하고, 이를 불법행위 당시를 표준으로 하여 일시금으로 산정하여 그 일시금 및 사고시부터의 지연손해금의 배상을 명하려면 그 일시금을 산정함에 있어서 중간이자를 공제하고 산정함이 상당하다(대법원 1994. 9. 30. 선고 94다7300 판결).

이는 불법행위로 인한 손해배상채무의 지연손해금의 기산일은 불법행위 성립일이기 때문이며(대법원 1975. 5. 27. 선고 74다1393 판결; 대법원 1993. 3. 9. 선고 92다48413 판결 등 참조), 중간이자 공제율을 실무에서 통상 민법 소정의 법정이율인 연 5%를 적용하는데, 오늘날과 같은 저금리 시대에는 불법행위 시점을 기준으로 일시에 배상하는 손해액을 산정함에 있어서는 적절한지 의문이다.[160]

160) 다만 불법행위시 이후로 사실심의 변론종결일 이전의 어느 시점을 기준으로 그 이후 발생할 손해를 그 시점으로부터 장래 각 손해 발생 시점까지의 중간이자를 공제하는 방법으로 현가를 산정하여 지연손해금은 그 기준시점 이후로부터 구하는 것도 허용되고(대법원 1997. 10. 28. 선고 97다26043 판결 참조), 불법행위시와 변론종결시 사이에 장기간의 세월이 경과함으로써 위자료 산정의 기준이 되는 변론종결시의 국민소득수준이나 통화가치 등의 사정이 불법행위시에 비하여 상당한 정도로 변동한 결과, 그에 따라 이를 반영하는 위자료 액수 또한 현저한 증액이 불가피한 경우에는, 예외적으로 불법행위로 인한 위자료 배상채무의 지연손해금은 위자료 산정의 기준시인 사실심 변론종결 당일부터 발생한다고 보아야 하고(대법원 2012. 3. 29. 선고 2011다38325 판결), 이처럼 불법행위로 인한 위자료 배상채무의 지연손해금이 사실심 변론종결일부터 발생한다고 보아야 하는 예외적인 경우에는 불법행위 시부터 지연손해금이 가산되는 원칙적인 경우보다 배상이 지연된 사정을 적절히 참작하여 사실심 변론종결 시의 위자료 원금을 적절히 증액 산정할 필요가 있다(대법원 2016. 5. 12. 선고 2015다254293 판결).

4) 손해액의 입증책임

손해배상책임이 인정되는 경우 법원은 손해액에 관한 당사자의 주장과 증명이 미흡하더라도 적극적으로 석명권을 행사하여 증명을 촉구하여야 하고, 경우에 따라서는 직권으로 손해액을 심리·판단하여야 한다(대법원 1986. 8. 19. 선고 84다카503, 504 판결; 대법원 2016. 11. 10. 선고 2013다71098 판결 등 참조).

채무불이행이나 불법행위로 인한 손해배상청구소송에서 재산적 손해의 발생사실이 인정되나 구체적인 손해의 액수를 증명하는 것이 사안의 성질상 곤란한 경우, 법원은 증거조사의 결과와 변론 전체의 취지에 의하여 밝혀진 당사자들 사이의 관계, 채무불이행이나 불법행위와 그로 인한 재산적 손해가 발생하게 된 경위, 손해의 성격, 손해가 발생한 이후의 제반 정황 등의 관련된 모든 간접사실들을 종합하여 적당하다고 인정되는 금액을 손해의 액수로 정할 수 있다(대법원 2004. 6. 24. 선고 2002다6951,6968 판결; 대법원 2009. 8. 20. 선고 2008다51120, 51137,51144,51151 판결 등 참조).

민사소송법 제202조의2는 종래의 판례를 반영하여 '손해배상 액수의 산정'이라는 제목으로 "손해가 발생한 사실은 인정되나 구체적인 손해의 액수를 증명하는 것이 사안의 성질상 매우 어려운 경우에 법원은 변론 전체의 취지와 증거조사의 결과에 의하여 인정되는 모든 사정을 종합하여 상당하다고 인정되는 금액을 손해배상 액수로 정할 수 있다."라고 정하고 있다. 이 규정은 특별한 정함이 없는 한 채무불이행이나 불법행위로 인한 손해배상뿐만 아니라 특별법에 따른 손해배상에도 적용되는 일반적 성격의 규정이다. 손해가 발생한 사실이 인정되나 구체적인 손해의 액수를 증명하는 것이 매우 어려운 경우에는 법원은 손해배상청구를 쉽사리 배척해서는 안 되고, 적극적으로 석명권을 행사하여 증명을 촉구하는 등으로 구체적인 손해액에 관하여 심리하여야 한다. 그 후에도 구체적인 손해액을 알 수 없다면 손해액 산정의 근거가 되는 간접사실을 종합하여 손해액을 인정할 수 있다(대법원 2020. 3. 26. 선고 2018다301336 판결 참조).

5) 손해배상채권과 소멸시효

의료과오로 인한 손해배상책임을 채무불이행으로 구성할 경우, 그로 인한 손해배상채권은 민법 제162조 제1항에 의하여 10년간 행사하지 아니하면 소멸시효가 완성한다.

그러나 불법행위에 의한 책임을 물으면 그로 인한 손해배상채권은, 민법 제766조가 적용되어 피해자나 그 법정대리인이 그 손해 및 가해자를 안 날로부터 3년간 이를 행사하지 아니하면 시효로 인하여 소멸하고, 또 '불법행위를 한 날로부터 10년을 경과한 때에도 시효소멸한다. 여기서 단기소멸시효 3년의 기산점이 문제되는데, 대법원은 '손해 및 가해자를 안 날'이라고 함은 손해의 발생, 위법한 가해행위의 존재, 가해행위와 손해의 발생 사이에 상당인과관계가 있다는 사실 등 불법행위의 요건사실에 대하여 현실적·구체적으로 인식하였을 때를 의미한다. 피해자가 언제 불법행위의 요건사실을 현실적·구체적으로 인식하였는지는 개별 사건에서 여러 객관적 사정을 참작하고 손해배상청구가 사실상 가능한 상황을 고려하여 합리적으로 인정하도록 판시하여 왔고(대법원 2008. 4. 24. 선고 2006다30440 판결; 대법원 2011. 11. 10. 선고 2011다54686 판결; 대법원 2018. 7. 24. 선고 2018다215664 판결; 대법원 2019. 12. 13. 선고 2019다259371 판결 등 참조), 위 법조항이 2020. 10. 20 법률 제17503호로 개정되어 "③ 미성년자가 성폭력, 성추행, 성희롱, 그 밖의 성적(性的) 침해를 당한 경우에 이로 인한 손해배상청구권의 소멸시효는 그가 성년이 될 때까지는 진행되지 아니한다."가 신설되었다.

종전 신체감정에서 예측된 여명기간을 초과하여 생존한 경우 추가 손해에 대한 배상청구권의 단기소멸시효 기산점이 문제된 사안에서, 대법원 2021. 7. 29. 선고 2016다11257 판결은 "예측된 여명기간 내에 그 기간을 지나 생존할 것을 예상할 수 있는 사정이 생겼다면 그 때에, 그러한 사정이 발생하지 않고 예측된 여명기간이 지나면 그 때에 장래에 발생 가능한 손해를 예견할 수 있다고 보아야 한다. 따라서 종전에 손해배상 범위 결정의 전제가 된 여명기간을 지나 피해자가 생존하게 되어 발생하는 손해로 인한 배상청구권은 늦어도 종전에 예측된 여명기간이 지난 때부터 민법 제766조 제1항에서 정한 소멸시효기간이 진행된다."라고 판시하였다.

한편 대법원 2021. 8. 19. 선고 2019다297137 판결은, "민법 제766조 제2항에 의하면, 불법행위로 인한 손해배상청구권은 불법행위를 한 날부터 10년을 경과한 때에도 시효로 인하여 소멸한다. 가해행위와 이로 인한 손해의 발생사이에 시간적 간격이 있는 불법행위에 기한 손해배상청구권의 경우, 위와 같은 장기소멸시효의 기산점이 되는 '불법행위를 한 날'은 객관적·구체적으로 손해가 발생한 때, 즉 손해의 발생이 현실적인 것으로 되었다고 할 수 있을 때를 의미하고, 그 발생시기에 대한 증명책임은 소멸시효의 이익을 주장하는 자에게 있다(대법원 2013. 7. 12. 선고 2006다17539 판결 참조)."라고 판시하면서, 성범죄 피해에 따른 외상후 스트레스 장애(PTSD: Post-traumatic Stress Disorder)가 뒤늦게 발생한 경우 그에 대한 손해배상청구권의 장기소멸시효 기산점을 전문가로부터 성범죄로 인한 PTSD가 발현되었다는 진단을 받은 때로 보았다.

의료과오로 인한 손해배상채권에 관하여도 소멸시효의 중단 및 정지 등에 관한 민법 일반론이 적용된다. 다만, 의료사고 피해구제 및 의료분쟁 조정 등에 관한 법률 제42조에 따르면, 조정절차가 개시되면 소멸시효가 중단되고, 조정이 성립하거나 합의가 이루어진 경우, 당사자가 조정결정에 동의하지 않는 경우, 조정을 하지 않는 결정으로 사건이 종결되는 경우에 시효가 새로이 진행한다고 규정하고 있다.

6) 상해보험금의 공제 여부

의료과오의 피해자인 환자가 별도의 상해보험에 가입한 경우 그 상해보험금이 손해배상금에서 공제되는지가 문제된다. 상해보험은 피보험자가 급격하고도 우연한 외래의 사고로 인해 신체에 상해를 입은 경우 보험금을 지급하는 인보험의 일종으로서 실손보상의 원칙이 적용되지 않는 정액보험의 성격을 가지고 있어, 실제 손해액과 관계없이 약정한 보험금액을 지급하는 것이 원칙이다. 따라서 피보험자가 손해보험계약에 따라 보험자로부터 수령한 보험금은 보험계약자가 스스로 보험사고의 발생에 대비하여 그때까지 보험자에게 납입한 보험료의 대가적 성질을 지니는 것으로서 제3자의 손해배상책임과는 별개의 것이므로 이를 그의 손해배상책임액에서 공제할 것이 아니다. 다만 전체 손해액에서 보험금으로 전보되지 않고 남은 손해액이 제3자의 손해배상책임액보다 많을 경우에는 제3자에 대하여 그의 손해배상책임액 전부를 이행할 것을 청구할 수 있고, 이 경우에 가해자의 손해배상책임액과 위 남은 손해액의 차액 상당액은 보험자대위에 의하여 보험자가 가해자에게 이를 청구할 수 있다(상법 제682조; 대법원 2015. 1. 22. 선고 2014다46211 전원합의체 판결 참조).

다. 구체적인 손해액의 산정

1) 적극적 손해

가) 치료비

이미 실제로 치료를 받은 부분은 기왕치료비로서 그에 관한 영수증 등을 통하여 입증될 것이나, 신체감정 당시를 기준으로 치료가 종결되지 않고 앞으로도 계속 치료가 필요한 경우에는 신체감정의 항목으로 향후치료비가 포함된다. 향후치료비는 진찰료, 검사료, 처치료, 수술료, 마취료, 입원료, 투약료, 보조기구 비용 등이 있다.

여기서 주의할 점은 향후치료비에 관한 감정촉탁결과가 도착한 이후에 변론종결 전까지 지출된 치료비에 관하여 낱낱이 치료비 지출자료를 제출하여야만 치료비 상당의 손해로 인정할 수 있는지 아니면 그러한 증거자료 없이도 감정촉탁결과에 따라 일정 시점 이후 변론종결시까지의 치료비를 인정할 수 있는지가 문제이다.

대법원 2000. 5. 12. 선고 99다68577 판결은 "향후치료비와 같은 예상손해액은 사실심의 변론종결 당시에 이미 그 예상기간이 지났다면 그 지난 부분의 손해는 실제로 발생한 손해에 한하여 배상을 받을 수 있는 것이므로, 사실심 변론종결 당시까지의 예상치료비에 대하여는 그것이 실제 치료비로 소요되었는지 만약 그렇지 않다면 변론종결 당시로 보아서도 그와 같은 치료비가 앞으로도 소요될 것인지의 여부를 가려 향후치료비 손해를 산정하여야 할 것이다(대법원 1996. 12. 20. 선고 96다41236 판결; 1999. 2. 26. 선고 98다51831 판결 등 참조)."라고 판시하였다.

한편 대법원 1987. 9. 22. 선고 86다카1651 판결은 "사실심변론종결일 이전부터 원고에게 주기적인 검사 및 보조기구가 필요하였다고 하더라도 원고가 그 변론종결당시까지 원고가 위와 같은 검사를 받고 보조기구를 구입하여 그 비용을 실제로 지출하였다는 주장과 입증을 하지 아니하는 한 이를 손해라고는 할 수 없다"라고 판시한 반면, 대법원 1991. 5. 10. 선고 90다14423 판결은 "불법행위의 피해자가 실제의 소송진행과정에서 일정한 시점에서부터 사실심의 변론종결 이후 장래의 일정 시점까지 계속적으로 발생하는 개호비나 치료비 등의 손해에 관한 주장, 입증을 함에 있어서는 그러한 주장, 입증의 시기와 변론종결시

사이에는 항용 시간적 간격이 생기기 마련이므로 변론종결 전에 제출된 주장이나 증거자료 등에 의하여 위와 같은 기간 동안의 손해의 발생이 추단되는 등의 특별한 사정이 있다면 원심으로서는 마땅히 위와 같은 기간 동안의 손해에 관하여서도 입증을 촉구하는 등의 방법으로 석명하여야 할 의무가 있다"라고 판시하였다(대법원 1997. 7. 22. 선고 95다6991 판결도 같은 취지임). 따라서 사실심 변론종결시까지는 구체적인 손해에 대한 입증이 필요할 것이지만 이미 제출된 증거자료나 신체감정 촉탁결과에 의하면 치료비의 발생이 충분히 추단되는 경우에는 변론의 전취지를 모아 이미 입증이 된 것으로 보거나 만일 입증이 부족하다고 보인다면 법원은 반드시 입증을 촉구하는 등의 방법으로 석명하여야 할 것이다. 그런데 일부 재판실무에서 아무런 입증촉구도 하지 아니한 채 변론을 종결한 다음 식물인간상태에 있는 환자와 같이 당연히 치료비가 계속적으로 지출되고 있을 것인 명백함에도 입증부족을 이유로 해당 치료비 청구부분을 기각하는 사례가 있는바, 이는 경험칙에 현저히 반할 뿐만 아니라 불필요한 상소를 유발시키는 결과를 초래할 것이므로 시정되어야 할 것이다.

한편 향후치료비는 통상적인 치료의 범위 내에서 산정될 수밖에 없기 때문에 원고가 지급을 구한 어떠한 향후치료비에 대하여 그 치료가 필수적인 것이 아니라는 이유로 그에 대한 청구를 기각할 수 있는지가 재판실무상 문제 되었다. 이에 관하여 원심은 원고의 복합부위통증증후군 치료를 위해 척수신경 자극기 삽입술이 필수적이지 않다는 이유로 그 비용의 지급을 구한 원고의 향후치료비 청구를 배척하였으나, 대법원은 '신경치료 및 약물치료만으로 별다른 치료효과를 얻지 못하는 복합부위통증증후군 환자에 대해서는 척수신경 자극기 삽입술을 시행해볼 수 있고, 원고에 대한 감정의도 그 시술의 필요성을 언급하면서 원고에게 먼저 시험적 삽입술을 시행해볼 필요가 있다는 의견을 밝히고 있으므로, 원심으로서는 척수신경 자극기 삽입술이 원고의 복합부위통증증후군에 의한 통증 및 증상을 개선할 수 있는지(이를 판단하기 위해 적어도 원고는 시험적 삽입술을 받아 볼 필요가 있을 것이다), 척수신경 자극기 삽입술(영구적 삽입술)을 받게 되면 원고에게 향후 어떤 치료가 어느 정도의 기간 동안 필요하며 그 소요비용은 어느 정도인지 등에 대해 심리한 다음 그에 근거하여 원고의 향후치료비 손해액을 산정하였어야 한다. 그런데도 원고에게 척수신경 자극기 삽입술이 필요하지 않다고 단정하여 이를 기초로 향후치료비를 산정한 원심판단에는 향후치료비 산정에 관한 법리오해와 심리미진, 자유심증주의 한계 일탈의 잘못이 있다'라고 판시하였다(대법원 2021. 3. 11. 선고 2019다208472 판결).

나) 개호비

개호라 함은 피해자가 중상을 입어 그 치료기간 동안 또는 치료가 종결된 이후에도 불치의 후유장해로 인하여 일정기간 또는 여명까지 타인의 조력을 받아야 하는 경우 그 피해자를 돕는 행위를 말하는데, 이에 필요한 비용을 개호비라 한다.

개호는 식사, 착탈의, 자세바꾸기 등 일상생활을 스스로 할 수 없을 때에만 필요한 것이 아니라 옥외 외출시에는 신체적 운동제한과 인지기능장애를 보호해줄 타인의 도움이 필요한 경우에도 개호비가 인정된다(대법원 1990. 10. 23. 선고 90다카15171 판결 참조). 또한 지적 또는 정신적 장해로 인하여 타인의 감독 내지 보호가 필요한 경우에도 개호의 필요성이 인정되며, 대법원 1996. 12. 20. 선고 96다41236 판결은 "원고의 정신과적인 현 증상으로는 지남력은 부모를 알아보는 정도로만 유지되고 있고 단기기억력, 판단력 등은 유지되지 않는 등 심한 인지적 비효율성과 기본적 개념 형성능력의 장애, 기본적 의사소통의 장애, 충동조절의 문제 등을 보여 이러한 점들을 고려할 때 스스로 조절하고 계획하는 생활을 하는 것이 매우 어려운 것으로 감정되어 있는바, 위와 같은 병력 및 후유장해를 가진 원고로서는 적어도 일정한 기간 동안은 다른 사람의 조력이 없이 홀로 일상생활을 영위하기는 심히 곤란하다고 보는 것이 경험칙에 비추어 타당하다."라고 판시하였다.

아울러 장애를 입어 혼자서는 기본적인 일상생활을 영위할 수 없는 자를 직업적인 개호인이 도와주는 것만이 개호에 해당하는 것이 아니라 그와 같은 자를 가족들이 수시로 도와주는 정도의 것도 개호에 해당한다(대법원 1996. 12. 20. 선고 96다41236 판결 등 참조).

개호비는 원칙적으로 간병인에게 실제로 지급한 비용이나 도시보통일용노임이나 농촌일용노임을 기준으로 한다. 인신사고의 피해자가 치료 종결 후에도 개호가 필요한지 여부 및 그 정도에 관한 판단은 전문가의 감정을 통하여 밝혀진 후유장애의 내용에 터잡아 피해자의 연령, 정신상태, 교육 정도, 사회적·경제적 조건 등 모든 구체적인 사정을 종합하여 경험칙과 논리칙에 비추어 규범적으로 행하는 평가이어야 한다(대법원 2003. 3. 28. 선고 2002다68515 판결; 대법원

2004. 3. 26. 선고 2003다64794 판결 등 참조). 구체적인 사건에서 개호의 필요 유무와 개호의 정도는 매우 다툼이 심하고, 대법원 1998. 10. 13. 선고 98다30889 판결은 "인신사고의 후유증으로 인하여 필요한 개호인원의 인정은 전문가의 감정을 통하여 필요한 개호 내용을 확정한 다음 특별히 개호인을 고용할 사유가 없는 한 동거 가족이 1일 중 개호에 투입할 총시간을 심리하여 1일 8시간을 기준으로 하여 법원이 1일 몇 인분의 개호가 필요한지를 산정하는 방법으로 확정하는 것이 경험칙과 논리칙에 부합된다"라고 판시하여 기본 원칙을 제시하였다. 피해자가 식물인간인 경우 2인 개호의 문제가 자주 문제가 되고 있으며, 대체로 2인이 필요한 경우는 단독으로 기동이 어려운 사정 이외에 정신적 장애가 있어서 누군가 옆에서 감시하는 것이 필요한 경우이거나(대법원 1989. 10. 10. 선고 88다카20545 판결; 1991. 5. 10. 선고 91다5396 판결 등) 피해자가 운동기능을 거의 상실하여 혼자서 할 수 있는 일이 거의 없는 경우이다(대법원 1990. 3. 27. 선고 88다카26543 판결 등).

다) 소송준비비용 등

의료과오소송은 환자측이 소송을 준비하고 또 소송을 수행하는 데에 많은 비용이 소요된다. 예를 들면 소제기 전에 증거를 보전하기 위하여 진료기록을 등사하거나 의료전문가에게 상담을 구하고 그에 대한 사례를 하는 경우에는 그 비용은 민사소송법 제1편 제3장의 소송비용에는 포함되지 않는다. 우리나라에는 그 예를 찾기 어렵지만 일본에서는 이러한 비용을 의료소송 특유의 적극적 손해의 일부로 인정해준 사례가 있다.[161]

라) 기왕증 기여도 참작

피해자의 후유증이 의료과오를 유일한 원인으로 하여 생긴 것이 아니고 사고와 피해자의 기왕증이 경합하여 후유증이 나타난 것이라면 그 사고가 후유증이라는 결과발생에 대하여 기여하였다고 인정되는 정도에 따라 그에 상응한 배상액을 부담시키는 것이 손해의 공평한 부담이라는 견지에서 타당하다고 본다(대법원 1988. 4. 27. 선고 87다카74 판결; 대법원 1977. 9. 13. 선고 76다1877 판결; 대법원 1987. 4. 14. 선고 86다카112 판결 등 참조). 그러나 병원에서 사고로 인한 치료비와 기왕증으로 인한 치료비를 구분하여 치료비계산서를 발행하지 않고 현실적

---

161) 鈴木利廣 외, 전게서, 88-89면 참조.

으로 구분하기도 어려운 경우가 많다. 실무상 구분의 어려움을 이유로 통상 치료비 총액 중 기왕증 기여도 비율만큼 공제하는 방법을 사용한다.

2) 소극적 손해

가) 본질

일정한 직업에 종사하여 수입을 얻고 있던 자가 사고로 인한 부상으로 신체기능에 장애가 생겨 그 직업에 더 이상 종사할 수 없게 된 경우 그 일실 이익의 산정방식에 관하여는 그 본질론과 관련하여 차액설(현실손해설, 소득상실설)과 평가설(사상손해설, 가동능력상실설)의 대립이 있다.

대법원은 과거 피해자가 잔존한 신체기능을 가지고 최소한 도시 또는 농촌 일용노동에 종사하여 잔존노동능력에 상응한 수입을 얻을 수 있다고 추정한 후 종전 직업의 소득으로부터 잔존 일용노임을 공제하는 방법으로 일실이익을 산정하는 등 기본적으로 차액설의 입장에 서 있었다(대법원 1980. 9. 30. 선고 79다1796 판결; 대법원 1981. 7. 7. 선고 80다454 판결; 대법원 1982. 1. 26. 선고 80다2953 판결 등). 그러다가 피해자가 종전 직업에 종사할 수 없게 되었다고 하여 그 사실만으로 바로 장래 일용노동에 의한 소득밖에 얻을 수 없다고 볼 수 없고 향후 소득의 예측은 합리적이고 객관적인 근거에 의할 것을 요구하게 되었고(대법원 1985. 9. 24. 선고 85다카449 판결; 대법원 1985. 11. 26. 선고 85다카595 판결 등), 마침내 1986. 3. 25. 선고 85다카538 판결부터는 종선 식업의 소득에 피해자의 노농능력 상실률을 곱하는 방법으로 일실이익을 산정할 수 있도록 평가설의 입장을 받아들였다.

나) 사망의 경우

피해자가 사망한 경우에는 사고 당시 얻고 있었던 수입액을 기준으로[162] 가동기간 동안 중간이자를 공제하는 방식으로 일식이익이 산정된다. 다만 가동기간 동안의 일실 수입액에서 생계비를 공제하여야 한다. 현재 실무는 책임제

162) 장차 그 임금수익이 증가될 것을 상당한 정도로 확실하게 예측할 수 있는 객관적인 자료가 있을 때에는 장차 증가될 임금수익도 일실이득을 산정함에 고려되어야 할 것이고 이와 같이 장차 증가될 임금수익을 기준으로 산정된 일실이득 상당의 손해는 당해 불법행위에 의하여 사회관념상 통상 생기는 것으로 인정되는 통상손해에 해당하는 것이라고 볼 것이므로 당연히 배상 범위에 포함시켜야 한다(대법원 1989. 12. 26. 선고 88다카6761 전원합의체 판결 참조).

한을 하기 전에 생계비를 공제하고 있다. 생계비의 입증책임은 원칙적으로 피해자인 원고측에 있다(대법원 1970. 4. 28. 선고 70다479 판결). 아울러 대법원은 '생계비는 사람이 사회생활을 영위하는 데 필요한 비용을 가리키는 것으로 이는 수입의 다과에 따라 각기 소요액이 다른 것으로 보아야 할 것이며 구체적인 생계비 소요액은 결국 사실인정의 문제로서 증거에 의하여 인정되어야 하는 것이지 수입의 다과에 불문하고 그 수입의 1/3 정도가 생계비로 소요된다고 하는 경험칙이 있다고 할 수는 없다.'고 보고 있다(대법원 1986. 9. 9. 선고 86다카565 판결; 1994. 4. 12. 선고 93다30648 판결 등 참조). 그러나 실제 생활비를 증거에 의하여 확정하기란 어려운 일이기 때문에 실무에서는 대체로 수입의 1/3, 소득이 현저히 낮은 경우에는 수입의 1/2인 것으로 다툼 없는 사실로 정리하고 있다.

다) 장해의 경우

피해자가 신체에 손상을 입은 데 그친 경우에는 그 상해를 치료하기 위하여 휴업함으로써 현실적으로 수입이 감소한 휴업손해가 소극적 손해의 기본 내용이 된다. 나아가 그 상해로 인하여 후유증이 남는 경우에는 그 후유증상이 고정된 때로부터 그 이후의 노동능력 상실에 따른 일실이익이 소극적 손해의 주된 항목이 된다. 이때 ① 노동능력상실률, ② 여명의 단축 등이 주요 쟁점이 된다. 이들 문제는 실무에서 주로 의료기관에 신체감정을 촉탁하여 신체기능장애율에 관한 감정의견을 중심으로 판정되는데 그 감정의 근거 및 적정성을 두고 많은 다툼이 있고 맥브라이드표가 여러모로 불합리한 면이 있음에도 여전히 실무에서 이를 적용하고 있다.

노동능력상실률을 적용하여 일실이익을 산정할 경우, 그 노동능력상실률은 단순한 의학적 신체기능장애율이 아니라 피해자의 연령, 교육 정도, 종전 직업의 성질과 직업경력, 기능 숙련 정도, 신체기능장애 정도 및 유사직종이나 타직종의 전업가능성과 그 확률 기타 사회적·경제적 조건을 모두 참작하여 경험칙에 따라 정한 수익상실률로서 합리적이고 객관성이 있는 것이어야 하고, 노동능력상실률을 정하기 위한 보조자료의 하나인 의학적 신체기능장애율에 대한 감정인의 감정 결과는 사실인정에 관하여 특별한 지식과 경험을 요하는 경우에 법관이 그 특별한 지식, 경험을 이용하는 데 불과한 것이며, 궁극적으로는 앞서 열거한 피해자의 제 조건과 경험칙에 비추어 규범적으로 결정될 수밖에 없다(대법원 2004. 2. 27. 선고 2003다6873 판결; 대법원 1992. 5. 22. 선고 91다39320 판결; 대법원 2002. 9. 4. 선고 2001다80778 판결 등 참조). 여기서 주의하여야 할 점은 노동능력상실률을 평가할 때 '기왕의 장해율', 즉 불법행위 전에 가지고 있던 기왕증으로 인한 노동능력상실의 정도는, '기왕증 기여도', 즉 기왕증이 후유증 발생에 기여한 정도와 구분되는 개념이라는 것이다.[163] 불법행위 전에 기왕의 장해가 있었다면, 불법행위 후 현재의 노동능력상실률(L2)에서 기왕의 장해로 인한 노동능력상실률(L1)을 빼고(L3 = L2 − L1), 기왕증이 후유증 발생에 기여하였다면 기왕의 장해율 외에 기왕증의 기여도도 참작하여 불법행위로 인한 노동능력상실률을 평가하여야 한다. 기왕의 장해와 기왕증 기여도가 동일한 부위에 문제 되는 경우, 기왕증 기여도는 기왕의 장해로 인한 노동능력상실률을 제외하고 증가된 노동능력상실률에 기왕증이 기여한 정도를 의미한다(대법원 2023. 8. 31. 선고 2022다303995 판결). 그러므로 추간판탈출증 등을 치료하는 과정에서 의료과실이 없더라도 환자에게 척추 유합술이 필요하고, 장해평가기준에서 척추 유합술을 받은 상태 자체를 장해로 인정하는 것과 같이 일부 의료행위의 특수성상 불법행위가 없었더라도 필연적으로 일정한 장해 및 노동능력상실이 예정된 경우가 있다. 이러한 경우 의료과실로 인한 불법행위가 없었더라도 피해자의 노동능력은 그 예정된 장해로 일정 부분 상실될 수밖에 없다는 점을 고려해야 하는데, 예정된 장해는 기왕의 장해와 그 성격이 유사하므로 특별한 사정이 없는 한 기왕의 장해와 동일하게 취급하면 된다. 다만 일실수입을 실제소득에 의하여 산정하는 경우, 그 실제소득은 예정된 장해가 없었던 상태에서 얻고 있던 소득이라는 차이를 고려해야 한다. 따라서 기왕의 장해가 없이 예정된 장해만 있고, 예정된 장해로 인한 노동능력상실의 정도를 알 수 있는 경우에는, 현재의 전신 노동능력상실률(L2)에서 예정된 장해로 인한 전신 노동능력상실률(L1)을 빼는 방법으로 불법행위로 인한 전신 노동능력상실률(L3 = L2 − L1)을 산정하고, 여기에 통계소득 또는 실제소득을 그대로 곱하는 방식으로 일실수입을 산정하면 된다(L3 × 소득). 한편 기왕증이 예정된 장해 외에 증가된 노동능력상실률에도 기여하였다면, 이를 참작하여 현재의 전신 노동능력상실률(L2)을 산정하여야 한다(대

163) "원심은 망인의 노동능력상실률 100%에서 기왕의 장해로 인한 노동능력상실률 56%를 감하기만 하여 망인이 이 사건 사고로 44%의 노동력을 잃었다고 평가하였을 뿐 기왕증의 기여도를 정하거나 이를 노동능력상실률 평가에 참작하지 아니하였다. 이러한 원심 판단에는 노동능력상실률 평가방법에 관한 법리를 오해함으로써 필요한 심리를 다하지 아니하여 판결에 영향을 미친 잘못이 있다."(대법원 2023. 6. 15. 선고 2023다211840 판결).

법원 2023. 8. 31. 선고 2022다303995 판결).

상해의 후유증이 평균여명에 어떠한 영향을 미쳐 얼마나 단축될 것인가는 후유증의 구체적 내용에 따라 의학적 견지에서 개별적으로 판단하여야 하고, 신체감정촉탁에 의한 여명감정 결과는 의학적 판단에 속하는 것으로서 특별한 사정이 없는 한 그에 관한 감정인의 판단은 존중되어야 한다(대법원 1990. 11. 9. 선고 90다카26102 판결; 대법원 1992. 11. 27. 선고 92다26673 판결; 대법원 1995. 2. 28. 선고 94다31334 판결; 대법원 1996. 8. 23. 선고 96다21591 판결; 대법원 2002. 11. 26. 선고 2001다72678 판결 등 참조), 이러한 전문 감정인의 감정 결과에 의하더라도 피해자의 기대여명의 예측이 불확실한 경우에는 법원으로서는 일실수입 손해와 향후 치료비 손해 등을 산정함에 있어서 피해자가 확실히 생존하고 있으리라고 인정되는 기간 동안의 손해는 일시금의 지급을 명하고 그 이후의 기간은 피해자의 생존을 조건으로 정기금의 지급을 명할 수밖에 없고, 대법원은 그와 같은 산정방식을 정당한 것으로 본다(대법원 1992. 11. 27. 선고 92다26673 판결; 대법원 1994. 3. 25. 선고 93다43644 판결; 대법원 2000. 7. 28. 선고 2000다11317 판결; 대법원 2002. 11. 26. 선고 2001다72678 판결 등 참조). 법원은 특히 여명 예측이 불확실하다고 보아 피해자가 확실히 생존하고 있으리라고 인정되는 기간을 기준으로 일시금과 정기금을 혼용하여 일실수입 손해의 지급을 명함에 있어서는 피해자가 확실히 생존하고 있으리라고 인정되는 기간 동안의 일실수입은 중간이자를 공제한 일시금으로, 그 기간 이후 가동연한까지의 일실수입은 생계비를 공제한 금액에서 중간이자를 공제한 일시금으로, 그 기간 이후 가동연한까지의 일실수입 중 생계비 상당의 손해는 피해자의 생존을 조건으로 매월 정기금으로 배상할 것을 명하여 한다(대법원 2000. 7. 28. 선고 2000다11317 판결; 대법원 2002. 11. 26. 선고 2001다72678 판결 등 참조).

또한 대법원은 “지속적 식물인간 상태로서 여명이 사고시로부터 약 5년으로 단축되었다는 감정결과가 나와 피해자가 위 여명기간 이후로는 생존할 수 없음을 전제로 하여 판결선고가 이루어지고 그 판결이 확정된 직후 피해자가 가해자측으로부터 그 확정판결의 인용금액 중 일부를 감액한 금액을 지급받고 사고로 인한 일체의 청구권을 포기하기로 합의하였는데, 그 이후 피해자가 위 감정결과와는 달리 점차 의식을 회복하면서 위 여명기간이 지난 후에도 생존하게 되자 추가손해의 지급을 구하는 소송을 제기하여 감정을 시행한 결과, 피해자는 의식을 회복하고 식물인간상태에서 벗어나 제한적이나마 자력에 의한 거동을 할 수 있는 등 증상이 상당히 호전된 채 고정되어 종전에 예측된 위 여명기간 이후로도 약 38년이나 더 생존할 수 있고 정신적 장해로 인한 개호가 필요한 상태임이 밝혀진 경우, 전소의 일실수입 청구에서 제외하였던 종전 예측의 여명기간 이후 가동연한까지의 생계비에 상당하는 일실수입 손해와 추가적으로 필요하게 된 개호비 손해가 위 합의에 이르기까지 예상할 수 없었던 중대한 손해로서 위 합의의 효력이 미치지 않으며, 그 손배배상청구권의 소멸시효는 피해자가 점차 의식을 회복하는 등 피해자의 증상이 호전되기 시작한 시점부터 진행한다."라고 보았다(대법원 2001. 9. 14. 선고 99다42797 판결 참조).

라) 가동연한

가동개시 연령은 원칙적으로 성년이 되는 19세부터이지만, 미성년자라도 사고 당시 현실로 수입을 얻고 있었고, 그러한 수입을 계속 얻을 수 있으리라는 사정이 인정되는 경우에는 사고 당시부터 수입을 인정한다.

가동종료 연령은 정년이 정해져 있는 경우에는 그 정년을 그 직종의 가동연한으로 보고, 정년에 관한 규정이 따로 정하여져 있지 아니한 업체의 경우에는 동일, 유사 직종의 일반적인 가동연한 종료시까지 가동연한을 인정한다. 일용노동의 경우 대법원은 1989. 12. 26. 선고한 88다카16867 전원합의체 판결에서 일반육체노동을 하는 사람 또는 육체노동을 주로 생계활동으로 하는 사람(이하 '육체노동'이라 한다)의 가동연한을 경험칙상 만 55세라고 본 기존 견해를 폐기하고, 그 후부터 육체노동의 가동연한을 경험칙상 만 60세로 보아야 한다는 견해를 유지하여 왔다. 그러다가 대법원 2019. 2. 21. 선고 2018다248909 전원합의체 판결에서 다수의견은 "우리나라의 사회적·경제적 구조와 생활여건이 급속하게 향상·발전하고 법제도가 정비·개선됨에 따라 종전 전원합의체 판결 당시 위 경험칙의 기초가 되었던 제반 사정들이 현저히 변하였기 때문에 위와 같은 견해는 더 이상 유지하기 어렵게 되었다. 이제는 특별한 사정이 없는 한 만 60세를 넘어 만 65세까지도 가동할 수 있다고 보는 것이 경험칙에 합당하다."라고 판시하였다.

그리고 택시 운전기사가 정년퇴직한 후 1년 단위로 근로계약을 체결하는 방식으로 택시운전 업무를 계속하고 있었던 경우, 대법원은 해당 직종 종사자의 연령별 근로자 인구수, 취업률 또는 근로참가율, 근로조건, 정년 제한, 연령별 분포, 증감 비율과 증감 원인 등과 함께 연령, 경력, 건강 상태와 업무의 특성 등 구체적 사정을 심리하여 가동연한을 정할 필요가 있다는 이유로, 사고 이후 다시 피고와 1년간 재계약을 체결하더라도 그 계약기간 만료 시점에 만 63세인 점 등을 고려하여 가동연한을 만 63세까지로 인정한 원심판결을 파기·환송하였다.[164)]

한편 일반육체노동이 아니라 특정한 직종에 종사하는 사람에 대하여 가동연한을 인정할 때에는, 국민의 평균여명, 경제수준, 고용조건 등의 사회적·경제적 여건 외에 연령별 근로자 인구수, 취업률 또는 근로참가율 및 직종별 근로조건과 정년 제한 등 제반 사정을 조사하여 이로부터 경험칙상 추정되는 가동연한을 도출하거나 피해자의 연령, 직업, 경력, 건강상태 등 구체적인 사정을 고려하여 그 가동연한을 인정할 수 있다(대법원 2011. 5. 13. 선고 2009다100920 판결; 대법원 2021. 3. 11. 선고 2019다208472 판결 등 참조). 그리하여 특수직업 종사자에 대하여는 법원은 연령별 취업인원수 등에 관한 통계자료를 보유하고 있는 관공서나 동업조합, 협회 등에 사실조회를 하는 등의 증거조사를 하고 있다. 또한 대법원은 일반 육체노동자의 가동연한 이상의 가동연한을 인정하거나 일반노동에 비하여 가동연한을 단축하여 인정하려면 그 특수직업의 구체적 업무내용, 이에 필요한 신체적·정신적 자질에 관한 심리를 거쳐 합리적 이유가 있어야 한다고 본다(대법원 1991. 8. 27. 선고 91다2977 판결; 대법원 1989. 5. 9. 선고 88다카20859 판결 등 참조). 그리하여 다방종업원은 35세가 될 때까지(대법원 1991. 5. 28. 선고 91다9596 판결), 법무사는 70세가 될 때까지(대법원 1992. 7. 28. 선고 92다7269 판결), 변호사도 70세가 될 때까지(대법원 1993. 2. 23. 선고 92다37642 판결), 목사도 70세가 될 때까지(대법원 1997. 6. 27. 선고 96다426 판결) 각 인정한 선례가 있다.

마) 가동일수

대법원은 "근로조건이 산업환경에 따라 해마다 변동하는 도시 일용근로자의 일실수입을 그 1일 노임에 관한 통계사실에 기초하여 평가하는 경우에는, 그 가동일수에 관하여도 법원에 현저한 사실을 포함한 각종 통계자료 등에 나타난 월평균 근로일수와 직종별 근로조건 등 여러 사정들을 감안하고 그 밖의 적절한 자료들을 보태어 합리적인 사실인정을 하여야 할 것이다"라고 판시하였다(대

---

164) 대법원 2021. 3. 16. 선고 2018다285106 판결.

법원 2003. 10. 10. 선고 2001다70368 판결).

그동안 재판실무는 1990년대 중반까지는 대체로 경험칙 또는 다툼 없는 사실로 육체노동에 종사하는 도실일용노동의 경우 월 가동일수를 25일로 산정하면서도 구체적으로 위 경험칙과는 다른 사실이 증거에 의하여 인정되고 그것이 불합리하다고 보이지 않는다면 이를 일실수익산정의 기초로 삼았고(대법원 1992. 12. 8. 선고 92다26604 판결 등), 1990년대 후반 이후에는 월 22일로 줄여 인정하였다.[165] 다만 특별한 기능이 없이 농촌일용노동에 종사하는 자의 경우 월 가동일수를 경험법칙상 25일로 추정된다고 보았다(대법원 1998. 7. 10. 선고 98다4774 판결; 대법원 1999. 2. 9. 선고 98다53141 판결 등 참조). 다른 한편 대법원 2013. 9. 26. 선고 2012다60652 판결은 일용직 배전활선전공의 월 가동일수를 합리적인 사실인정을 거치지 아니한 채 경험칙을 내세워 월 22일로 인정한 원심판결을 파기하였다.

최근 재판부에 따라서는 도시 일용노동자의 월 가동일수를 18일로 인정한 사례가 늘고 있고(서울중앙지방법원 2021. 1. 20. 선고 2019나50009 판결; 부산지방법원 2021. 8. 12. 선고 2020가단348624 판결; 서울동부지방법원 2017. 4. 26. 선고 2016나23740 판결; 대전지방법원 2021. 5. 13. 선고 2016가단215582-1 판결 등), 그 근거로 2003. 9. 15. 법률 제6974호로 근로기준법이 개정되어 처음으로 1주간 근로시간이 44시간에서 40시간으로 감소되었고, 1일 8시간의 근로시간을 기준으로 하면 주 5.5일 근무에서 주5일 근무로 근로조건이 변화된 점, 최근에는 OECD 선진국들을 중심으로 주 4일제에 대한 사회적 논의가 계속되고 있으며, 우리나라도 국회에서 주 4일제 논의가 시작되고 있는 점, 공휴일에 관한 사항을 정하고 있는 대통령령인 관공서의 공휴일에 관한 규정이 2013. 11. 5. 대통령령 제24828호로 개정되어 기존의 공휴일(제2조) 외에 대체공휴일(제3조)을 신설하였고, 제2조 제11호에서 정한 임시공휴일의 지정도 가능하게 되어 전체적으로 2013년 이후 연

165) 대법원 1999. 5. 25. 선고 99다748 판결은, "원심이 위 원고의 월간 가동일수에 관하여 위와 같은 합리적인 사실인정의 과정을 거치지 아니한 채 경험칙을 내세워 자의로 월 22일로 인정한 것은 잘못이라 할 것이나, 당원에 현저한 사실인 노동부 발간의 옥외근로자직종별임금조사보고서에 기재된 통근 일용 용접공의 월평균 근로일수에 관한 과거의 통계(월 21.1일)와 이 사건 기록에 나타난 제반 사정 및 가동일수 감소의 경험칙 등을 감안하여 보면 일용 용접공인 위 원고의 사고 당시 월간 가동일수를 22일을 초과하여 인정할 수는 없다"고 판시하였다.

간 공휴일 수도 증가하여 2019년 기준 공휴일(토요일 포함)을 제외한 법정근로일은 248일(= 365일 – 117일)이고, 이를 월로 환산하면, 월 20.6일(= 248일 / 12월, 소수점 둘째 자리 이하는 버림)로서 월 가동일수는 22일보다 적게 된 점, 오늘날 우리의 경제가 선진화되고 레저산업이 발달되어 근로자들도 종전처럼 일과 수입에만 매여 있지 않고 생활의 여유를 즐기려는 추세이며 이른바 일과 삶의 균형(Work-life balance)이 강조되고 시중 일일노임도 증가하는 반면, 오히려 일과 삶의 균형 추세에 따라 월 가동일수는 지속적으로 줄어가고 있는 점 등을 들고 있다. 그러나 대부분의 재판부는 도시 일용노동자의 월 가동일수를 여전히 22일로 인정하고 있다.

그런데 대법원 2024. 4. 25. 선고 2020다271650 판결은, "대법원 2001다70368 판결에 이르러 관련 통계와 가동일수 감소의 경험칙 등을 고려하였을 때 도시 일용근로자의 월 가동일수를 22일을 초과하여 인정할 수 없다고 보았다. 이후 하급심은 주로 경험칙을 근거로 도시 일용근로자의 월 가동일수를 22일로 보는 판단을 하였고 대법원은 대체로 이를 수긍하였다. 그런데 우리나라는 2003. 9. 15. 법률 제6974호로 근로기준법을 개정하여 1주간 근로시간의 상한을 44시간에서 40시간으로 줄이면서 그 시행일을 사업 규모에 따라 단계적으로 정한 결과 2011. 7. 1.부터는 원칙적으로 5인 이상의 근로자를 사용하는 모든 사업이나 사업장에 적용되는 등 근로현장에서 근로시간의 감소가 이루어졌고, 이와 아울러 근로자들의 월 가동일수가 지속적으로 감소하는 경향을 보이고 있으며, 대통령령인 「관공서의 공휴일에 관한 규정」의 개정 등으로 대체공휴일이 신설되고 임시 공휴일의 지정도 가능하게 되어 연간 공휴일이 증가하는 등 사회적 · 경제적 구조에 지속적인 변화가 있었고, 근로자의 삶의 질 향상과 일과 삶의 균형이 강조되는 등 근로여건과 생활여건의 많은 부분도 과거와 달라졌다. 또한 고용노동부가 매년 실시하고 있는 통계법에 의해 지정통계로 지정된 법정통계조사인 고용형태별 근로실태 조사의 고용형태별·직종별·산업별 최근 10년간 월 평균 근로일수 등에 의하면 과거 대법원이 도시 일용근로자의 월 가동일수를 22일 정도로 보는 근거가 되었던 각종 통계자료 등의 내용이 많이 바뀌어 그대로 적용하기 어렵게 되었다. 위와 같은 여러 사정을 고려하면, 특별한 사정이 없는 한 이 사건 사고 당시 도시 일용근로자의 월 가동일수를 20일을 초과하여 인정하기는 어려워 보인다."라고 판시하였다.

3) 위자료

가) 위자료의 의의

민법 제751조 제1항에서는 "타인의 신체, 자유 또는 명예를 해하거나 기타 정신상 고통을 가한 자는 재산 이외의 손해에 대해서도 배상할 책임이 있다"라고 규정하여 정신적 고통을 가한 자에게는 "비재산적 손해"에 대하여도 배상책임을 인정하고 있다. 여기서 정신적 고통이란 육체적 고통을 포함하여 정신적 괴로움, 충격, 불쾌감, 불안감, 절망감, 우울증 등을 총칭하는 표현이고, 따라서 정신적 손해는 금전적 평가 내지 환가가 본질적으로 불가능한 손해이다. 한편 비재산적 손해에 대한 배상(non-economic damages)은 통증이나 정신적 고통, 정서적 스트레스, 친인척 관계의 상실, 기타 무형적 피해에 대한 손해배상이라고 할 수 있다.[166)]

정신적 손해를 비재산적 손해의 동의어로 볼 것인지는 견해의 대립이 있으나,[167)] 위자료는 통상 정신상의 고통 내지 정신상의 손해의 배상을 의미하는 용어로 사용된다.

태아도 손해배상의 청구권에 관하여는 이미 출생한 것으로 보아 사고 당시에는 미처 출생하지 아니하였다고 하더라도 그 뒤에 출생한 이상 아버지의 부상으로 인하여 입게 될 정신적 고통에 대한 위자료를 청구할 수 있고(대법원 1993. 4. 27. 선고 93다4663 판결), '피해 당시 그 피해로 인한 정신적 고통을 느낄 수 없는 유아라고 할지라도 그 유아가 성장하여 장래 그로 인한 정신적 고통을 감득하게 될 것이 경험칙상 용이하게 추지되므로 그런 유아도 장래에 감득할 위 정신적 고통에 대한 위자료청구권이 있다(대법원 1971. 3. 9. 선고 70다2992 판결).

나) 위자료의 참작 사유

의료과오로 인한 손해배상사건에서 위자료의 참작사유로 "망인과 피고 병원, 그리고 그 소속 의료진과의 관계, 망인이 이와 같은 불법행위를 당한 기간과 당시 망인의 상태, 망인과 다른 원고와의 관계 및 기타 이 사건 변론에 나타난 제반 사정을 종합하면"으로 판시한 사례(서울고등법원 2012. 10. 11. 선고 2011나78707 판결)가 있고, 대법원은 불법행위로 입은 정신적 고통에 대한 위자료 액수

166) 미국사법제도연구반, "인신사고 손해배상사건에서의 손해배상액 산정(미국)", 외국사법제도(1), 법원행정처(2007), 27, 59면 참조.

167) 안병하, "위자료 기능의 새로운 이해", 사법 제21호, 사법발전재단(2012), 11-13면 참조.

에 관하여는 사실심 법원이 제반 사정을 참작하여 그 직권에 속하는 재량에 의하여 이를 확정할 수 있고 피해자의 신분 및 나이, 가족관계, 재산 및 교육정도, 이 사건 사고의 경위와 결과, 기타 이 사건 변론에 나타난 여러 사정을 참작하도록 판시하고 있고(대법원 1999. 4. 23. 선고 98다41377 판결; 대법원 2002. 11. 26. 선고 2002다43165 판결 등 참조), 다만 사고의 특수성을 제대로 참작하지 않음으로써 손해의 공평한 분담이라는 이념과 형평의 원칙에 현저히 반하여 그 재량의 한계를 일탈한 경우에는 위법한 것으로 보고 있다(대법원 2009. 12. 24. 선고 2008다3527 판결; 대법원 2017. 3. 30. 선고 2016다267920 판결 등 참조).

의료과오 사건의 위자료 참작사유로 문제될 수 있는 것은, ① 이미 장해가 있는 환자가 의료사고로 후유장해가 생겼는데 그 후유장해에 기왕의 장해가 기여한 점, ② 원질환의 예후가 불량하게 된 점, ③ 의료사고 후 진료기록부를 변작한다거나 환자의 제소에 응소하는 태도가 심히 불성실한 점, ④ 유족에 대한 사인설명의무를 위반하거나 사체부검 등 사인해명을 검토할 기회를 주지 않은 점 등을 들 수 있다.[168]

또한 대법원 2001. 10. 26. 선고 99다68829 판결은 "불법행위의 피해자인 외국인이 일시체류자 또는 불법체류자로서 사고가 아니었더라면 곧 고국으로 돌아갈 것이 예정되어 있거나, 그러한 피해자의 유족들이 외국인으로서 외국에 거주하고 있는 경우, 그 사고로 인한 불법행위로 외국인인 피해자가 입은 정신적 고통에 대한 위자료를 산정하는 데에는 피해자 자신의 고국에서의 소득수준이나 그 나라의 경제수준을 위자료 산정의 한 기준으로 참작할 수는 있으나, 그 참작의 정도는 반드시 그러한 소득수준 또는 경제수준의 차이에 비례하여야 하는 것은 아니고, 당해 불법행위의 유형을 감안하여 합리성이 인정되는 범위 내에서 고려하면 족하다."라고 판시하였다.

다) 위자료의 보완적 기능

법원은 위자료액을 산정함에 있어서 피해자측과 가해자측의 제반사정을 참작하여 그 금액을 정하여야 하므로 피해자가 가해자로부터 당해 사고로 입은 재산상 손해에 대하여 배상을 받을 수 있는지의 여부 및 그 배상액의 다과 등과 같은 사유도 위자료액 사정의 참작사유가 되는 것은 물론이며, 특히 재산상 손

---

168) 鈴木利廣 외, 전게서, 86-88면 참조.

해의 발생이 인정되는데도 입증곤란 등의 이유로 그 손해액의 확정이 불가능하여 그 배상을 받을 수 없는 경우에 이러한 사정을 위자료의 증액사유로 참작할 수 있다.

그런데 대법원 1984. 11. 13. 선고 84다카722 판결은 "이러한 위자료의 보완적 기능은 재산상 손해의 발생이 인정되는데도 손해액의 확정이 불가능하여 그 손해전보를 받을 수 없게 됨으로써 피해회복이 충분히 이루어지지 않는 경우에 이를 참작하여 위자료액을 증액함으로써 손해전보의 불균형을 어느 정도 보완하고자 하는 것이므로, 함부로 그 보완적 기능을 확장하여 그 재산상 손해액의 확정이 가능함에도 불구하고 편의한 방법으로 위자료의 명목아래 사실상 재산상 손해의 전보를 꾀하는 것과 같은 일은 허용되어서는 안될 것이다."라는 법리를 제시한 다음, 의학대학교 2년생의 사망사고에 관하여 '의사의 수입을 기초로 한 일실이익 주장이 인정되지 않는다고 하여 바로 위자료로서 예비적 주장에 의한 일실이익액보다 많은 금액을 인정하였음은 필경 위자료가 갖는 보완적 기능의 한계를 일탈하여 위자료라는 명목으로 사실상 재산상 손해의 전보를 허용한 잘못을 저질렀다'라고 판시하였다.

한편 주위적으로 재산상 손해배상을 청구하면서 그 손해가 인정되지 않을 경우에 예비적으로 같은 액수의 정신적 손해배상을 청구하는 형태의 부진정 예비적 병합 청구의 소가 허용되는지 여부가 문제된 사안에서, 대법원은 청구의 예비적 병합은 논리적으로 양립할 수 없는 수개의 청구에 관하여 주위적 청구의 인용을 해제조건으로 예비적 청구에 대하여 심판을 구하는 형태의 병합이지만, 주위적으로 재산상 손해배상을 청구하면서 그 손해가 인정되지 않을 경우에 예비적으로 같은 액수의 정신적 손해배상을 청구하는 것과 같이 수개의 청구 사이에 논리적 관계가 밀접하고, 심판의 순위를 붙여 청구를 할 합리적 필요성이 있다고 인정되는 경우에는, 당사자가 붙인 순위에 따라서 당사자가 먼저 구하는 청구를 심리하여 이유가 없으면 다음 청구를 심리하는 이른바 부진정 예비적 병합 청구의 소도 허용된다고 판시하였다.[169)]

라) 연명이익의 상실, 치료기회상실에 대한 평가

의료행위상 의사의 과실과 환자의 생명·신체에 미친 손해 사이에 상당인

---

169) 대법원 2021. 5. 7. 선고 2020다292411 판결.

과관계가 인정되지 않아 통상적인 법리로는 손해배상책임을 인정할 수 없지만, 손해와 인과관계가 없는 의사의 부적절한 의료행위 자체만으로도 환자의 위자료 배상을 인정하려는 노력들이 판례를 통해 이론적 체계를 형성해 왔다. 일본 재판실무에서 주로 언급된 것은 '적절한 의료에 대한 기대권' 및 '제대로 치료받았더라면 연명할 수 있었다는 기대, 즉 연명이익'이다. 가장 먼저 주창된 기대권침해론이 환자의 기대권이라는 주관적 개념을 독립적인 권리 개념으로 이끌어내는데 실패하자 연명이익상실론이 대세를 이루게 되었고, 최고재판소 1997. 9. 22. 제2소법정 판결이 '환자가 그 사망시점에 생존해 있었을 상당한 정도의 가능성'의 침해를 언급하자 이를 따라 하급심판례도 연명이익 대신 '사망시점에 생존해 있었을 상당한 정도의 가능성'으로 표현을 수정하고 그 침해를 이유로 위자료 지급을 명하게 되었다. 그런데 이러한 법리 또한 어느 정도의 연명 가능성, 즉 '환자가 그 사망시점에 생존해 있었을 상당 정도의 가능성'이 입증되는 경우에 위자료 지급을 받을 수 있기에 그 역시 증명이라는 난관에 직면하게 되었다. 이때 새로이 등장한 이론이 바로 적절한 치료를 받을 기회를 침해받음으로 인하여 입은 정신적 손해에 주목한 치료기회상실론이었다.[170]

이러한 일본 재판실무의 새로운 추세는 우리나라 재판실무에도 영향을 미쳤고, 대법원 2007. 5. 10. 선고 2006다72680 판결은 손해와의 인과관계를 부정하면서 다만 적절한 치료를 받아 볼 기회를 상실한 것을 이유로 정신적 고통에 대한 위자료만을 인정한 원심 판결을 유지하였다. 그밖에 치질 진단 및 수술을 받은 후 급성골수성 백혈병이 확인되어 치료받던 환자가 사망한 사안에서, "의사가 수술 전 혈액검사를 하지 않은 과실이 없었더라면 감염과 출혈의 위험이 큰 상태인 범혈구감소증 등 혈액학적 이상이 발견된 망인으로서는 혈소판 등의 수치를 정상범위로 맞추는 등 감염, 출혈 등 수술 후 부작용을 방지할 수 있는 충분한 조치를 받은 후 피고 병원에서 위 수술을 받거나 여러 과가 있는 상급병원에서 협진을 통하여 치질수술을 받을 수 있었고, 나아가 위와 같은 치료를 통해 다소나마 망인의 생존기간을 연장할 수 있는 여지가 있었을 것인데 의사의 이와 같은 과실로 인하여 위와 같은 치료를 받아 볼 기회를 상실하였다"라며 위자료 배상을 긍정한 서울동부지방법원 2010. 2. 4. 선고 2009가합3188 판결 등이

170) 류화신, "적절한 의료를 받을 기대와 손해배상책임 여부 — 일본 최고재판소의 최근 판결을 중심으로 —", 의료법학 제13권 제1호, 한국사법행정학회(2012. 6.), 400-402면 참조.

있다.

한편 대법원 2006. 9. 28. 선고 2004다61402 판결은 "의료진의 주의의무 위반으로 인한 불법행위의 책임을 묻기 위해서는 의료행위상 주의의무의 위반, 손해의 발생 및 그 양자 사이에 인과관계가 존재한다는 점이 각 입증되어야 할 것인바, 사람의 생명·신체·건강을 관리하는 업무인 의료행위의 속성상 환자의 구체적인 증상이나 상황에 따라 위험을 방지하기 위하여 요구되는 최선의 조치를 취하여야 할 주의의무를 부담하는 의료인 및 의료종사원 등 의료진이 그와 같은 환자의 기대에 반하여 환자의 치료에 전력을 다하지 아니한 경우에는 그 업무상 주의의무를 위반한 것이라고 보아야 할 것이지만, 그러한 주의의무 위반과 환자에게 발생한 악결과(악결과) 사이에 상당인과관계가 인정되지 않는 경우에는 그에 관한 손해배상을 구할 수 없다 할 것이다. 다만, 그 주의의무 위반의 정도가 일반인의 처지에서 보아 수인한도를 넘어설 만큼 현저하게 불성실한 진료를 행한 것이라고 평가될 정도에 이른 경우라면 그 자체로서 불법행위를 구성하여 그로 말미암아 환자나 그 가족이 입은 정신적 고통에 대한 위자료의 배상을 명할 수 있다고 보아야 할 것이나, 이때 그 수인한도를 넘어서는 정도로 현저하게 불성실한 진료가 있었다는 점은 불법행위의 성립을 주장하는 원고들이 이를 입증하여야 할 것이다."라고 판시하였다.

이러한 우리 법원의 입장에 대하여 일본은 우리의 경우와 달리 '사망 시점에 생존해 있었을 상당한 정도의 가능성' 또는 '중대한 후유증이 남지 않았을 상당한 정도의 가능성'이라는 개념을 부각하고 그러한 존재의 증명이 필요한지 여부에 관하여 큰 의미를 부여하였다. 그리고 '적절한 의료를 받을 이익'을 법이 독립된 이익으로 인정할 것인지 여부, 또 의료행위가 '현저하게 부적절한' 경우의 의사의 책임 여부 등에 관하여 깊이 있게 논의하였다. 이는 우리에게 시사하는 바가 크다. 우리나라 법원이 큰 고심 없이 채택하기 시작한 치료기회상실론의 이론적 기초를 다지고 의사의 과실책임이 부당하게 확대되지 않는 범위 내에서 환자의 적절한 의료에 대한 기대를 충족시킬 수 있는 방안이 향후 강구되어야 한다는 지적이 있다.[171]

---

171) 류화신, 전게논문, 414-415면 참조. 본서 제3장. 2.나.4)의 "나) 과실은 있으나 인과관계가 인정되기 어려운 경우" 참조.

4) 책임제한

가) 기본 법리

의료과오소송에 있어서는 의료인에게 악결과에 대한 모든 손해의 배상을 명하는 것은, 의료인이 향후 의료행위를 행함에 있어 상당한 위축이 야기될 수 있다는 점에 대한 정책적 고려와 함께, 의료행위는 생명을 구하기 위한 것이며 그 의료과실의 발생이 의료인의 고의에 근거하지 않는다는 점, 환자의 체질적 소인과 현대임상의학의 한계에 해당하는 불가항력적인 결과가 존재한다는 점을 토대로 발생한 손해를 의료인과 환자에게 적절하게 분배시키는 것이 바람직하다는 점 등에서 법원의 자유재량 하에 의료인에 대한 책임제한의 법리가 생성되었다.

먼저 환자의 과실 내지 귀책사유가 피해의 발생 및 확대에 기여한 경우에는 손해배상액을 감액하는 과실상계(민법 제396조, 제763조)는 의료과오소송에서도 자주 채용되고 있다. 예를 들면 피부질환을 앓고 있는 환자가 자기관리를 해태한 경우, 간세포암을 조기에 발견하지 못한 의료과실 사안에서 당해 환자가 금주지시에도 불구하고 음주를 계속한 경우 등이다.

다음 가해행위와 피해자측의 요인이 경합하여 손해가 발생하거나 확대된 경우에는 그 피해자측의 요인이 체질적인 소인 또는 질병의 위험도와 같이 피해자측의 귀책사유와 무관한 것이라고 할지라도 당해 질환의 태양·정도 등에 비추어 가해자에게 손해의 전부를 배상시키는 것이 공평의 이념에 반하는 경우에는, 법원은 그 손해배상액을 정함에 있어서 과실상계의 법리를 유추적용하여 그 손해의 발생 또는 확대에 기여한 피해자측의 요인을 참작할 수 있다(대법원 1995. 4. 14. 선고 94다29218 판결; 대법원 1997. 8. 22. 선고 96다43164 판결; 대법원 1998. 7. 24. 선고 98다12270 판결 등 참조).

또한 피해자가 손해를 입은 동일한 사고로 이익을 얻은 경우에 그 이익을 공제하여 손해액을 산정하는 손익상계의 법리가 의료사고에도 적용된다. 이에 따라 사고전에 필요하였던 의료비와 개호비가 손익상계의 대상이 될 수 있는지가 문제될 수 있다. 예를 들면, 원래 개호인이 붙은 상태에서 치료를 받던 중환자가 의료사고로 사망한 경우 사망으로 인하여 치료비와 개호비를 더 이상 지출할 필요가 없게 되었기 때문에 이론상으로는 이를 손익상계의 대상으로 삼을 수 있을 것이다. 그러나 이는 개호를 요하는 중증의 장애 환자가 생존하는 경우와 그 환자가 사망한 경우를 비교하여 환자가 사망한 것을 이익으로, 생존하는 것을 손해로 인정하는 결과가 되기 때문에 받아들이기 어렵다. 다만 일본 재판 실무에서는 정신질환자나 중증 질환자가 의료과오로 사망한 경우 통상의 피해자에 비하여 저액의 위자료를 인정한 사례가 있다고 한다.[172]

일본에서는 제왕절개수술을 지체하여 저산소성허혈성뇌증 및 뇌성마비후유증이 발생한 사안에서 피고 의사의 과실이 기여한 비율을 2/3로 인정하는 것과 같이 인과관계를 비율적으로 인정하여 일정한 비율에 한하여 과실책임을 인정한 사례가 적지 않다. 그러나 우리나라 대법원은 "불법행위로 인한 손해배상청구 소송에서 가해행위와 손해 발생 사이의 인과관계는 존재하거나 부존재하는지 여부를 판단하는 것이고, 이를 비율적으로 인정할 수는 없으므로, 이른바 비율적 인과관계론은 받아들일 수 없다."라고 판시하였다(대법원 2013. 7. 12. 선고 2006다17546 판결).

나) 판례

대법원 2010. 2. 25. 선고 2009다75574 판결은 "가해행위와 피해자측의 요인이 경합하여 손해가 발생하거나 확대된 경우에는 그 피해자측의 요인이 체질적인 소인 또는 질병의 위험도와 같이 피해자측의 귀책사유와 무관한 것이라고 할지라도, 그 질환의 종류·정도 등에 비추어 가해자에게 손해의 전부를 배상하게 하는 것이 공평의 이념에 반하는 경우에는, 법원은 손해배상액을 정하면서 과실상계의 법리를 유추적용하여 그 손해의 발생 또는 확대에 기여한 피해자측의 요인을 참작할 수 있고(대법원 1998. 7. 24. 선고 98다12270 판결 등 참조), 의사 등이 진료상 과실 또는 설명의무를 위반함으로써 환자에게 손해를 배상할 책임이 있는 경우 그 손해배상의 범위를 정함에 있어서는, 의사 측 과실의 내용 및 정도, 진료의 경위 및 난이도, 의료행위의 결과, 해당 질환의 특성, 환자의 체질 및 행태 등 제반 사정을 참작하여 손해 분담의 공평이라는 손해배상제도의 이념에 비추어 그 손해배상액을 제한할 수 있고(대법원 1998. 7. 24. 선고 98다12270 판결 등), 책임감경사유에 관한 사실인정이나 그 비율을 정하는 것은 그것이 형평의 원칙에 비추어 현저히 불합리하다고 인정되지 않는 한 사실심의 전권사항에 속한다."(대법원 2023. 8. 31. 선고 2022다303995 판결)[173]라고 판시하였다.

---

172) 浦川道太郎 외, 전게서, 133면 참조

173) 대법원 2020. 4. 29. 선고 2014다11895 판결은 "손해배상청구 사건에서 책임제한 사유에

다) 미국의 입법례

미국의 많은 주는 현재 의료과오사건의 원고가 배상받을 수 있는 손해배상액의 상한이 법정되어 있다. 과거 의료과오에 대하여 일반 손해배상법을 적용하다 보니 의료기관이나 의사가 수백만 달러를 배상하여야 하는 경우까지 발생하게 되었다. 이에 보험회사는 의사와 보험계약을 체결하는 것을 거절하거나 보험료를 대폭 인상하게 되고, 의사들은 의료사고의 위험이 높은 의료분야에 종사하는 것을 기피하고 있으며, 의사들이 손해배상에 관하여 법적 보호를 해주지 않는 주를 떠나버려 지역적으로 의료업계가 황폐화되기까지 하였다. 이에 ATRA[174]는 의료과오로 인한 손해배상액을 비재산적 손해(non-economic damages)에 대하여 250,000달러로 제한하고, 변호사 보수(contingency fee)를 제한하며, 장래의 손해에 대하여 분할상환을 인정할 것 등을 주장하였다. 이에 따라 많은 주가 이러한 개혁안을 받아들인 것이다.

이러한 상한제는 고령의 미취업 가정주부, 어린이들, 실업자에게 특별히 불리하고, 그 상한이 대체로 환자 1인당 미화 250,000달러 정도이다.[175] 따라서 다수의 의사에게 과실이 인정되는 경우에도 환자 1인당 상한이 정하여져 있기 때문에 손해배상액의 총액은 미화 250,000달러를 넘을 수 없다. 이러한 상한제에 대하여는 극도로 의료인측에 유리하게 만들어진 일방적이고 인위적이며 불공평한 제도라는 비판이 제기되고 있다.[176] 일부 주에서는 손해배상 제한에 관

관한 사실인정이나 그 비율을 정하는 것은 그것이 형평의 원칙에 비추어 현저히 불합리하다고 인정되지 않는 한 사실심의 전권사항에 속한다(대법원 2007. 11. 30. 선고 2006다19603 판결; 대법원 2018. 11. 29. 선고 2016다266606,266613 판결 등 참조)."라고 판시하고 있다.

174) "The American Tort Reform Association"의 약어로서, 미국 내 민사사법 제도를 개혁하고 불법행위 제도의 개혁을 옹호하는 데 전념하는 비영리, 무소속 단체입니다. 142,000명의 풀뿌리 지지자들과 함께 하는 전국적인 국가 기반 책임 개혁 연합 네트워크로서 the American Council of Engineering에 의해 1986년에 설립되었다.

175) California 주는 의료과오 소송에서 위자료 액수가 250,000달러를 초과할 수 없는 것으로 규정하고, Alaska 주는 의료과오 소송에서 영구장애, 사망 등을 초래한 경우 위자료의 상한선이 400,000달러, 기타의 경우 250,000달러이고, 의료과오 이외의 불법행위로 인한 손해배상에서는 영구장애의 경우 100만 달러 혹은 25,000달러를 피해자의 여명으로 곱한 금액 중 다액, 기타의 경우에는 400,000달러 혹은 8,000달러를 피해자의 여명으로 곱한 금액 중 다액이 상한선이며, Massachusetts 주는 상한선이 500,000달러이다; 미국사법제도연구반, 전게논문, 27-28면 참조.

176) William Cirignani, 전게서, 66면.

하여 헌법적 문제가 제기되었고, 배심재판을 받을 권리, 헌법상 권력 분립, 평등 보호의 보장, 적법절차를 받을 권리 등이 침해된다는 주장이 있으나 의료 과실로 인한 막대한 의료 비용의 부담 등을 막기 위한 합법적 수단이라는 이유로 유지되기도 하고 위헌이라고 판단된 사례도 있다.[177)]

5) 코로나19 팬더믹 및 입법에 의한 면책

우리나라에서는 코로나19 팬더믹 상황에서 의사들에게 특별히 면책을 규정하는 포괄적인 입법은 이루어지지 않았다. 다만, 감염병예방법상 한시적 비대면 진료 허용, 재난관리기금을 통한 의료기관 지원 등 제한적인 범위에서 의료인의 활동을 지원하는 법적 조치가 취해졌다.

그러나 미국, 독일, 일본 등 일부 국가에서는 코로나19 대응 과정에서 의료인에 대한 면책 규정을 도입한 사례가 있다. 특히 미국에서는 선한 사마리아인 원칙에 입각한 "코로나 바이러스 원조, 구호 및 경제 보안법[Coronavirus Aid, Relief and Economic Security Act(CARES Act)]"과 같은 긴급법안을 제정하여 코로나19 환자의 예방, 진단, 치료 등 자원봉사를 수행하는 의료 서비스 제공자에게 일반 과실에 대한 책임을 면제하였으며, 코로나19의 증상이나 전염을 진단, 예방 또는 치료하기 위해 다양한 항바이러스제 및 기타 약물 백신, 생물학적 제제, 기기(검사 및 호흡 보조기 등)를 투여하거나 사용한 의료 제공자에게 광범위한 면책권을 부여하는 "공공준비 및 비상대비법[the Public Readiness and Emergency Preparedness Act (PREP Act)]"이 의회에 의해 제정되었다.[178)]

라. 책임의 경합

의료과오사건으로 인하여 환자에 대하여 손해배상책임을 지는 법적 주체는 그 책임원인에 따라 다양할 수 있고 이러한 복수의 책임주체 사이에 책임 경합이 생긴다.

---

177) Marcia M. Boumil 외, 전게서, pp. 227-228.

178) Marcia M. Boumil 외, 전게서, pp. 276-278.

1) 책임의 원인

가) 채무불이행책임

진료계약의 당사자인 의료기관은 계약상 주의의무를 위반한 행위가 있다면 채무불이행으로서 손해배상의무를 진다. 법인인 의료기관이라면 의사와 같은 개인이 행하는 진료행위는 법인의 행위가 되거나 법인의 이행보조자가 되기 때문에 당연히 법인이 채무불이행책임을 진다.

나) 불법행위책임

진료행위에 종사하는 각 의료인은 사람의 생명, 신체를 직접 다루는 업무를 행하기 때문에 고도의 주의의무를 부담한다. 그런데 그 의료인 각각의 행위에서 주의의무를 위반한 경우 각 행위자는 불법행위책임을 진다. 다만 이 경우 각 개인이 자기의 행위에 대해서만 불법행위책임을 지기 때문에 팀의료의 경우에는 각 개인의 책임과 결과 사이에 인과관계가 존재하는지 여부를 늘 염두에 두어야 한다. 또한 불법행위에 대하여는 3년의 단기 소멸시효가 있기 때문에 시효기간의 도과 여부를 잘 확인하여야 한다.

다) 제조물책임

의료행위에 사용된 의료기기, 약제 기타 제조물의 결함으로 인하여 손해가 발생한 경우에는 제조업자 등에게 「제조물 책임법」에 의한 손해배상책임이 발생한다. 이러한 제조물책임은 불법행위책임의 한 유형이다.

의료기기라 함은 사람 또는 동물에게 단독 또는 조합하여 사용되는 기구·기계·장치·재료 또는 이에 유사한 제품으로서 ① 질병을 진단·치료·경감·처치 또는 예방할 목적으로 사용되는 제품, ② 상해(傷害) 또는 장애를 진단·치료·경감 또는 보정할 목적으로 사용되는 제품, ③ 구조 또는 기능을 검사·대체 또는 변형할 목적으로 사용되는 제품, ④ 임신을 조절할 목적으로 사용되는 제품 등을 가리키고(의료기기법 제2조 제1항), "의료기기의 품목 및 품목별 등급에 관한 규정(식품의약품안전처 고시)"에서 진료대와 수술대부터 치과용방습재료까지 소품목들이 열거되어 있고, 이를 신체부착의료기기인 의료장치(Medical Device), 신체에 부착되지 않는 의료기기인 의료용구(Medical Instrument), 의료장비(Medical Equipment), 의료용품(Medical Supplies)으로 나눌 수 있다. 이와 관련하여, 이들 의료기기의 결함으로 인하여 발생하는 의료사고에서 의료기기 제조업자의 제조물책임과 의사측의 의료과오책임이 중첩될 수 있는 것으로 보고, 특히 의료장치(Medical Device)의 경우에는 의사측이 환자에게 이를 판매하거나 공급하는 데에 관여하고 있으므로 제조물책임법상 판매자로서 인정되어 제한적이나마 제조물책임의 주체가 될 수 있으며, 또 피해자의 완전한 구제를 위해 그 적용범위를 확대하여야 한다는 입법론이 제시되고 있다.[179]

제조물 책임법 제3조 제1항은 "제조업자는 제조물의 결함으로 생명·신체 또는 재산에 손해(그 제조물에 대하여만 발생한 손해는 제외한다)를 입은 자에게 그 손해를 배상하여야 한다."라고 규정하고 있는바, 물품을 제조·판매하는 제조업자는 그 제품의 구조·품질·성능 등에 있어서 그 유통 당시의 기술수준과 경제성에 비추어 기대 가능한 범위 내의 안전성과 내구성을 갖춘 제품을 제조·판매하여야 할 책임이 있고, 이러한 안전성과 내구성을 갖추지 못한 결함으로 인하여 소비자에게 손해가 발생한 경우에는 불법행위로 인한 손해배상의무를 부담한다(대법원 2004. 3. 12. 선고 2003다16771 판결). 제조업자 등이 합리적인 설명, 지시, 경고 기타의 표시를 하였더라면 당해 제조물에 의하여 발생될 수 있는 피해나 위험을 피하거나 줄일 수 있었음에도 이를 하지 아니한 때에는 그와 같은 표시상의 결함(지시 · 경고상의 결함)에 대하여도 불법행위로 인한 책임이 인정될 수 있고, 그와 같은 결함이 존재하는지 여부에 관한 판단을 함에 있어서는 제조물의 특성, 통상 사용되는 사용형태, 제조물에 대한 사용자의 기대의 내용, 예상되는 위험의 내용, 위험에 대한 사용자의 인식 및 사용자에 의한 위험회피의 가능성 등의 여러 사정을 종합적으로 고려하여 사회통념에 비추어 판단하여야 한다(대법원 2008. 2. 28. 선고 2007다52287 판결).

대법원 2004. 3. 12. 선고 2003다16771 판결은 제조물책임을 묻는 경우 그 입증책임에 관하여 "고도의 기술이 집약되어 대량으로 생산되는 제품의 결함을 이유로 그 제조업자에게 손해배상책임을 지우는 경우 그 제품의 생산과정은 전문가인 제조업자만이 알 수 있어서 그 제품에 어떠한 결함이 존재하였는지, 그 결함으로 인하여 손해가 발생한 것인지 여부는 일반인으로서는 밝힐 수 없는 특수성이 있어서 소비자 측이 제품의 결함 및 그 결함과 손해의 발생과의 사이의 인과관계를 과학적·기술적으로 입증한다는 것은 지극히 어려우므로 <u>그 제품이 정상적으로 사용되는 상태에서 사고가 발생한 경우 소비자 측에서 그 사</u>

179) 김지숙, "의료기기사고의 민사책임에 관한 연구", 의료법학 제6권 제2호, 대한의료법학회(2005. 12.), 189-191, 222-226면 참조.

고가 제조업자의 배타적 지배하에 있는 영역에서 발생하였다는 점과 그 사고가 어떤 자의 과실 없이는 통상 발생하지 않는다고 하는 사정을 증명하면, 제조업자 측에서 그 사고가 제품의 결함이 아닌 다른 원인으로 말미암아 발생한 것임을 입증하지 못하는 이상 그 제품에 결함이 존재하며 그 결함으로 말미암아 사고가 발생하였다고 추정하여 손해배상책임을 지울 수 있도록 입증책임을 완화하는 것이 손해의 공평·타당한 부담을 그 지도원리로 하는 손해배상제도의 이상에 맞다."라고 판시하였고, 이 판시를 좇아 제조물책임법이 2017. 4. 18. 법률 제14764호로 개정되어 제3조의2(결함등의 추정)가 신설되었다.[180)]

한편 합성 교감신경흥분제인 페닐프로판올아민(Phenylprophanolamine) 함유 일반의약품인 감기약 "콘택600"을 복용한 사람이 출혈성 뇌졸중으로 사망한 사안에서, 대법원 2008. 2. 28. 선고 2007다52287 판결은 "사용설명서에 부작용으로 출혈성 뇌졸중이 표시되어 있고, 그 병력이 있는 환자 등에게 투여하지 말라는 등의 지시사항이 기재되어 있는 점 등에 비추어 위 의약품에 표시상의 결함이 없다"라고 판시하였다.

이와 관련하여 의사가 제조업체로부터 제품의 실제 및 가능한 위험에 대해 적절하게 정보를 제공받은 경우, 의사는 환자와 제조업체 사이의 학습된 중개자 역할을 하며 제조업체는 환자에게 직접 경고할 의무가 없는 대신, 의사가 잠재적으로 위험한 제품을 사용하거나 투여하기 전에 환자에게 사용하려는 제품과 관련된 위험 및 부작용에 대하여 경고할 의무가 있다고 보아야 할 것이다.[181)]

180) 미국 불법행위법(Restatement (Second) of Torts) 제402A조에서 정립된 제조물 책임(product liability) 이론으로 엄격책임(strict liability) 법리가 있다. 이는 결함 있는 제품으로 인해 소비자에게 손해가 발생한 경우 제조업자나 판매자가 과실(fault) 이 없어도 책임을 지도록 하는 무과실책임의 원칙, 소비자 보호 강화 및 경험 중심의 책임이라는 측면에서는 우리나라와 유사하지만, 전자는 결함의 존재 자체에 대한 입증책임을 완화하는 데 초점을 맞추고 있다면 후자는 결함과 인과관계의 추정에 관한 특별규정이라는 점에 차이가 있다. 미국의 엄격책임 규정은 실제로 의료 서비스에 대해서는 적용된 적이 없는바, 미국 법원은 의사가 환자와 과실 없는 방식으로 치료를 제공하기로 계약하고, 환자가 완치되지 않았다는 이유만으로 의사의 치료에 결함이 있다고 볼 수 없다고 판단했다. 또한 법원은 일반적으로 사회가 의료 서비스를 필요로 하고 이러한 서비스를 쉽게 이용할 수 있어야 하는데, 엄격한 책임을 부과하면 이러한 서비스에 대한 비용이 증가하고 필요한 의료 과학의 발전을 저해할 가능성이 높다는 점 등을 들어 § 402A에 따라 의사와 병원에 엄격한 책임을 부과하는 것을 거부했다고 한다.; Marcia M. Boumil 외, 전게서, pp 362-364 참조

181) Marcia M. Boumil 외, 전게서, pp 360-362.

라) 국가배상책임

국가나 지방자치단체는 공무원 또는 공무를 위탁받은 사인(이하 "공무원"이라 한다)이 직무를 집행하면서 고의 또는 과실로 법령을 위반하여 타인에게 손해를 입히거나 「자동차손해배상 보장법」에 따라 손해배상의 책임이 있을 때에는 국가배상법에 따라 그 손해를 배상하여야 한다.

예를 들면, 국가가 한센병 환자의 치료 및 격리수용을 위하여 운영·통제해 온 국립 소록도병원 등에 소속된 의사나 간호사 또는 의료보조원 등이 한센인들에게 시행한 정관절제수술과 임신중절수술은 신체에 대한 직접적인 침해행위로서 그에 관한 동의 내지 승낙을 받지 아니하였다면 헌법상 신체를 훼손당하지 아니할 권리와 태아의 생명권 등을 침해하는 행위가 된다. 또한 한센인들의 임신과 출산을 사실상 금지함으로써 자손을 낳고 단란한 가정을 이루어 행복을 추구할 권리는 물론이거니와 인간으로서의 존엄과 가치, 인격권 및 자기결정권, 내밀한 사생활의 비밀 등을 침해하거나 제한하는 행위임이 분명하다. 더욱이 위와 같은 침해행위가 정부의 정책에 따른 정당한 공권력의 행사라고 인정받으려면 법률에 그에 관한 명시적인 근거가 있어야 하고, 과잉금지의 원칙에 위배되지 아니하여야 하며, 침해행위의 상대방인 한센인들로부터 '사전에 이루어진 설명에 기한 동의(prior informed consent)'가 있어야 한다. 만일 국가가 위와 같은 요건을 갖추지 아니한 채 한센인들을 상대로 정관절제수술이나 임신중절수술을 시행하였다면 설령 이러한 조치가 정부의 보건정책이나 산아제한정책을 수행하기 위한 것이었다고 하더라도 이는 위법한 공권력의 행사로서 민사상 불법행위가 성립한다(대법원 2017. 2. 15. 선고 2014다230535 판결).

국가배상책임이 문제되는 의료과오의 유형은, ① 공무원인 의료인의 국·공립의 병원, 진료소 또는 보건소에 소속하여 의료행위에 종사하거나 국·공립학교의 교의가 비상근으로 의료행위에 종사하는 경우에 일어난 의료과오, ② 국가나 지방자치단체 내에서 전문의사와 다른 의료기술자, 보조자 등이 한 팀을 형성해서 조직적 의료행위를 하다가 발생한 의료과오, ③ 「감염병의 예방 및 관리에 관한 법률」 제42조에 의하여 감염병환자에게 강제검진, 강제수용 기타 각종의 강제처분을 할 수 있고, 같은 법 제10조 이하에서 예방접종에 관한 상세한 규정을 두고 있는데, 이러한 강제처분의 과정 또는 vaccine 등의 약해(藥害)에서 발생한 의료사고, ④ 비자격자에게 고의 또는 과오로 법령에 위배하여 의료인면허를 부여하였는데 그 「가짜 의료인」이 일으킨 의료과오, ⑤ 보건소와 국가기관이 제공한 불충분한 진료, ⑥ 공공의 영조물인 의료기계장치에 하자가 있어서 발생한 의료사고 등이다.[182)]

2) 책임 경합의 형태

책임 경합의 형태에는 ① 각 행위자가 독립하여 계약책임 또는 불법행위책임을 지는 경우, ② 공동불법행위가 성립하는 경우가 있다.

가) 각 행위자가 독립의 책임을 지는 경우

각 행위자가 독립적으로 책임을 지는 경우에는 각각의 과실에 기하여 인과관계가 인정되는 범위 내에서 배상책임을 진다.

나) 공동불법행위가 성립하는 경우

(1) 민법 제760조 제1항의 성립요건

(가) 각자의 행위는 각각 독립하여 불법행위의 요건을 갖추어야 한다. 그러므로 각자의 행위의 독립성이 있어야 함은 물론이고 각자에 관하여 고의·과실, 책임능력, 인과관계가 있어야 한다.

다만 인과관계에 관하여 각자의 행위와 가해행위 사이에 인과관계가 있고 그 가해행위와 결과 사이에 인과관계가 있다면 전체적으로 불법행위가 성립한다고 보고 있다. 즉 대법원은 '교통사고로 인하여 상해를 입은 피해자가 치료를 받던 중 의사의 과실 등으로 인한 의료사고로 증상이 악화되거나 새로운 증상이 생겨 손해가 확대된 경우에는 다른 특별한 사정이 없는 한 그와 같은 손해와 교통사고 사이에도 상당인과관계가 있다고 보아야 한다.'라고 판시하였다(대법원 1997. 8. 29. 선고 96다46903 판결; 대법원 1997. 4. 11. 선고 97다423 판결).

(나) 각자의 행위는 관련공동하여 손해의 원인이 되어야 한다.

여기서의 공동의 의미를 어떻게 해석하는가와 관련하여 객관적 공동설과 주관적 공동설이 대립하고 있다. 객관적 공동설은 공동 행위자 사이에 의사의 공통이나 행위공동의 인식은 필요하지 않고 단순히 행위가 객관적으로 관련공동하여 있으면 족하다고 보는 입장이고, 주관적 공동설은 민법 제760조 제1항의 공동불법행위가 성립하기 위해서는 가해자들 사이에 공모 내지 공동의 인식

---

182) 김원주, "의료사고와 국가배상의 법리", 한국행정법학의 어제·오늘·내일, 문연 김원주교수 정년기념논문집 간행위원회(2000), 142-146면 참조.

이 있어야 한다는 입장이다. 대법원은 '교통사고와 의료사고가 각기 독립하여 불법행위의 요건을 갖추고 있으면서 객관적으로 관련되고 공동하여 위법하게 피해자에게 손해를 가한 것으로 인정된다면, 공동불법행위가 성립되어 공동불법행위자들이 연대하여 그 손해를 배상할 책임이 있다.'라고 판시함으로써 객관적 공동설에 의하여 가해자 사이의 주관적 공동 여부는 문제삼지 않고 있다(대법원 1997. 8. 29. 선고 96다46903 판결 등 참조).

(2) 민법 제760조 제2항의 성립요건

공동아닌 수인의 행위 중 어느 자의 행위가 그 손해를 가한 것인지를 알 수 없는 때, 예컨대 여러 사람이 서로 합세하여 타인을 구타하고 있는 동안에 누군가가 칼로 상해한 경우, 또는 수인의 투석으로 상해를 입었는데 누구의 투석에 의해 상해를 입은 것인지를 알 수 없어 가해자 불명인 경우를 말한다. 제1항에 대하여 객관적 공동만을 요한다는 입장에 의하면 제2항은 객관적 공동성이 없다는 점에서 제1항과 다르게 된다.

(가) 각자의 행위가 불법행위의 요건을 갖추어야 함은 민법 제760조 제1항의 경우와 같다.

(나) 주관적 공동이 없는 수인의 행위임을 요한다. 다만 그 수인의 행위는 손해를 발생시킨 가해행위에 관하여 공동이 있는 것이 아니라 가해행위의 전단계를 이루는 행위에 관하여 공동이 있어야 한다. 이 공동은 객관적으로 존재함으로써 충분하다.

(다) 가해자를 알 수 없어야 한다. 이 규정은 피해자에게 인과관계의 입증을 면제하고 행위자 전원에게 그 책임을 지움으로써 피해자의 보호를 꾀하려는데 그 입법취지가 있다. 그러므로 공동행위자 중 어떤 자가 자기의 행위와 손해와의 사이에 인과관계가 없음을 입증한 경우에는 면책될 수 있다.

다) 인과관계의 단절론에 관하여

환자에 대한 가해 원인이 여러 가지인 경우, 예를 들면 응급실 의사가 진단상의 과실로 수술이 필요한 골절상을 확인하지 못하였는데, 그 후 주치의가 x-ray 필름을 판독하여 골절을 확인하고 후속 응급실 의사에게 그 사실을 알렸음에도 이를 환자에게 전혀 알리지 아니하여 환자가 돌이킬 수 없는 부상을 입게 된 경우, 최초 응급실 의사는 오진에 대한 책임을 면하게 되는 것인지가 문제될 수 있다. 이 경우 미국 불법행위법에서는 최초 과실 행위자와 손해 사이의 인과관계를 단절시키고, 책임을 두 번째 과실 행위자에게 이전할 수 있는 법리를 '대체 원인(Superseding Cause)' 원칙 또는 '개입 원인(Intervening Cause)' 원칙으로 논의하고 있다.[183)]

이는 인과관계 단절의 문제로 우리나라에서 논의되고 있는데, 상당인과관계설의 틀 안에서 인과관계의 유무가 판단될 뿐이고 최초의 과실행위에 의한 진행 방향이 다른 원인에 의하여 저지·변경됨으로써 경험칙상 예상할 수 없었던 결과를 가져오는 것이 아닌 한, 인과관계의 단절을 인정하기는 어려울 것이다.

3) 책임의 내용

가) 부진정 연대채무

공동불법행위가 성립하는 경우나 의료과오와 제조물책임이 경합하는 경우 등에는 가해자들이 부담하는 손해배상채무는 부진정연대채무이다. 이는 수인의 채무자가 동일한 내용의 급부에 대해 각자 독립된 채무를 부담하지만, 채무의 목적이 동일하여 채무자 중 1인의 이행으로 다른 채무자들도 채무를 면하게 되는 관계이다.[184)] 법률의 명문 규정이 없음에도 판례와 학설에 의해 인정되고 있으며, 제도의 취지는 부진정연대채무자들의 자력, 변제 순서, 이들 사이의 구상관계와 무관하게 채권자에 대한 채무 전액의 지급을 확실히 보장하려는 데에 있다.

나) 구상관계

부진정연대채무에 대하여는 연대채무와 같이 부담부분 이상의 변제를 한 경우의 구상권에 관한 명문의 규정은 없지만, 공평의 관점 등에서 각자의 과실비율에 따른 구상을 인정하고 있다. 이때 구상권의 법적 성질에 관하여는 사무관리상의 비용상환청구권설, 부당이득반환청구권설 등이 대립하고 있다. 대법원은 "공동불법행위자 중 1인이 자기의 부담부분 이상을 변제하여 공동의 면책을 얻게 하였을 때에는 다른 공동불법행위자에게 그 부담 부분의 비율에 따라

183) Marcia M. Boumil 외, 전게서, pp. 197-201.

184) 일본의 재판실무도 손해 전부에 대해 공동불법행위자들이 연대책임(과실경중에 따라 내부 구상으로 조절)을 진다는 것을 원칙으로 하나, 예외적인 경우에 한하여 피해자에 대한 관계에 있어서 비율적·부분적 책임을 인정하기도 한다. 이충상, "일본의 공동불법행위책임론: 특히 부분적 책임론 중심으로", 판례실무연구 제3권, 박영사(1999), 93-94면 참조. 자세한 내용은 위 논문, 94-103면.

구상권을 행사할 수 있다"고 판시하고(대법원 1999. 2. 26. 선고 98다52469 판결), "이른바 부진정연대채무의 관계에 있는 복수의 책임주체 내부관계에 있어서는 형평의 원칙상 일정한 부담 부분이 있을 수 있으며, 그 부담 부분은 각자의 고의 및 과실의 정도에 따라 정하여지는 것"이라고 판시하고 있다(대법원 2006. 1. 27. 선고 2005다19378 판결).

이처럼 부진정연대채무자들 사이에는 내부적으로 일정한 부담부분이 있으며, 대법원은 "복수의 책임주체 중 1인이 자기 부담 부분 이상을 변제하여 공동의 면책을 얻게 하고 다른 부진정연대채무자에 대하여 그 부담 부분의 비율에 따라 구상권을 행사하는 경우 부담 부분의 비율을 판단함에 있어서는, 불법행위 및 손해와 관련하여 그 발생 내지 확대에 대한 각 부진정연대채무자의 주의의무의 정도에 상응한 과실의 정도를 비롯한 기여도 등 사고 내지 손해와 직접적으로 관련된 대외적 요소를 고려하여야 함은 물론, 나아가 부진정연대채무자 사이에 특별한 내부적 법률관계가 있어 그 실질적 관계를 기초로 한 요소를 참작하지 않으면 현저하게 형평에 어긋난다고 인정되는 경우에는 그 대내적 요소도 참작하여야 하며, 일정한 경우에는 그와 같은 제반 사정에 비추어 손해의 공평한 분담이라는 견지에서 신의칙상 상당하다고 인정되는 한도 내에서만 구상권을 행사하도록 제한할 수도 있다"라고 판시하였다(대법원 2001. 1. 19. 선고 2000다33607 판결).

다) 공동불법행위로 인한 손해배상책임의 범위

공동불법행위책임은 가해자 각 개인의 행위에 대하여 개별적으로 그로 인한 손해를 구하는 것이 아니라 가해자들이 공동으로 가한 불법행위에 대하여 그 책임을 추궁하는 것이므로, 공동불법행위로 인한 손해배상책임의 범위는 피해자에 대한 관계에서 가해자들 전원의 행위를 전체적으로 함께 평가하여 정하여야 하나, 이는 과실상계를 위한 피해자의 과실을 평가함에 있어서 공동불법행위자 전원에 대한 과실을 전체적으로 평가하여야 한다는 것이지, 공동불법행위자 중에 고의로 불법행위를 행한 자가 있는 경우에는 피해자에게 과실이 없는 것으로 보아야 한다거나 모든 불법행위자가 과실상계의 주장을 할 수 없게 된다는 의미는 아니다(대법원 2007. 6. 14. 선고 2006다78336 판결; 대법원 2020. 2. 27. 선고 2019다223747 판결 등 참조).

4) 책임경합의 구체적 사례

가) 교통사고와 의료과오

대법원 1993. 1. 26. 선고 92다4817 판결은 '이 사건 교통사고로 인하여 좌대퇴골 분쇄골절 등의 상해를 입고 피고가 경영하는 정형외과의원에 입원하여 치료를 받던 중 의사인 피고의 물리치료상의 과실로 말미암아 유합되었던 골절부위가 다시 골절된 것으로서, 그 당시 원래 골절되었던 상해부위가 상당한 정도로 치유되었다고 하더라도, 특별한 다른 사정이 없는 한 위와 같은 재골절과 이 사건 교통사고 사이에도 상당인과관계가 있다고 보아야 할 것이므로, 이 사건 교통사고와 의료사고는 피해자가 위와 같은 재골절로 인하여 입은 손해에 대한 관계에서 공동불법행위를 구성한다고 할 것이고, 따라서 이 사건 교통사고에 관하여 공제계약을 체결한 위 소외 회사의 부담부분을 초과하여 피해자에게 손해를 배상하였다면 공동불법해위자인 피고의 부담부분에 대하여는 위 소외 회사를 대위하여 구상권을 행사할 수 있을 것이다'라고 판시하였다.

또한 대법원 1994. 11. 25. 선고 94다35671 판결은 '피고의 승용차 운행상의 과실로 인하여 10주간의 가료를 요하는 좌측 상완부간부 분쇄골절 등의 상해를 입은 환자가 그 상해부위에 대한 수술을 위한 전신마취를 시행받다가 급성신부전증을 불러 일으켜 사망의 결과에 이르게 되었다면 기록상 망인의 사망이 마취의사의 중대한 과실에 기인하는 것이라는 등 교통사고의 가해자인 피고에게 망인의 사망의 결과에 대한 책임을 부담시키는 것이 상당하지 아니하다고 인정되는 특단의 사정을 찾아 볼 수 없는 이 사건에 있어서, 망인의 사망과 위 교통사고 사이에도 상당인과관계가 있다고 보아야 할 것이다'라고 판시하고, 대법원 1997. 8. 29. 선고 96다46903 판결은 '피고가 야기한 교통사고로 인하여 약 16주간의 치료를 요하는 좌경골 개방성 분쇄골절, 좌비골 분절골절 및 좌외과 견열골절상 등의 상해를 입은 피해자가 그 상해 부위에 대한 수술을 위하여 전신마취를 시행하고 수술을 받던 중 심한 관상동맥경화증 및 만성허혈성심질환에 속발된 급성심근경색증을 일으켜 사망하였다면, 기록상 피해자의 사망이 수술을 담당한 의사들의 중대한 과실에 기인하는 것이라는 등 교통사고의 가해자인 피고에게 피해자의 사망의 결과에 대한 책임을 부담시키는 것이 상당하지 아니하다고 인정되는 특단의 사정을 찾아볼 수 없는 이 사건에 있어서, 피해자의 사망과 피고가 야기한 교통사고 사이에도 상당인과관계가 있다고 보아야 할 것이고,

한편 양 행위의 결과 발생을 구별할 수 있는 경우에 해당한다고 할 수도 없는 이상, 이 양 행위는 객관적 관련공동성이 있는 일련의 행위로서 공동불법행위의 요건을 충족하였다고 할 것이므로 피고는 공동불법행위자로서 피고 병원과 연대하여 피해자의 사망으로 인한 손해를 배상할 책임이 있다고 할 것이다.'라고 판시함으로써 교통사고와 의료과오의 각 가해자에 대하여 공동불법행위책임을 인정하였다.

이에 대하여 교통사고와 의료사고가 경합된 경우 양 사고의 특성 때문에 공동불법행위의 원용은 타당하지 않다는 견해가 나타나고, 손해에 대한 공평평가의 사실요인인 피해자의 과실과 결과 사이의 인과관계 및 가해자들의 과실과 결과 사이의 인과관계의 성부를 상호연관시켜 증명과정에서 이들의 존재의 강도, 정도를 종합적으로 고려하여 손해를 평가하여야 한다는 주장이 제기되고 있다.[185] 이러한 주장이 제기되는 이유는 가해자에게 지나치게 가혹한 책임을 부과시키는 결과가 되므로 인과관계도 비율적으로 인정하자는 입장에서 출발하고 있다.

나) 의료품·의료기기의 제조물책임과 의료과오

심장질환 환자에게 인공심폐장치를 사용하여 심장수술을 하던 중 피를 보내는 펌프튜브에 균열이 생겨 공기가 혼입되어 뇌경색으로 인한 언어장해, 우수운동장해 등이 발생한 사안에서, 인공심폐장치의 제조상 과실과 인공심폐장치를 조작하던 임상공학기사의 과실을 인정하여 각각 손해배상책임을 인정하되 그들 사이에 부진정 연대채무가 성립한다는 일본 실무례가 있다.[186]

다) 2개 이상의 의료기관의 과실이 경합하는 경우

피고 병원 소속 의사들인 피고 2, 3으로부터 수지절단 및 접합수술을 받은 후 심장을 둘러싸고 있는 심낭에 400cc가량의 삼출물이 차서 심장을 압박하는 바람에 심폐기능에 갑작스런 장애를 일으켜 심장 탐포나데로 사망에 이른 사안에서, 대법원 2005. 9. 30. 선고 2004다52576 판결은 '전신기능이 저하된 망인에게 수액을 투여함에 있어 그 용량을 철저히 지키고 투여 후에도 망인의 소변배출 여부와 배출량 등을 제대로 관찰하며 신체상태를 세심하게 살펴보아 수액

185) 박종권, "자동차사고와 의료과오의 경합에 관한 연구", 동국대학교 대학원 박사학위논문(1992), 49면.

186) 東京高判平成14年2月7日判例時報1789号78頁; 鈴木利廣 외, 전게서, 96-97면에서 재인용.

투여로 인한 부작용의 기미가 보이면 즉시 이를 중단하거나 적절한 대응조치를 취하여야 할 주의의무가 있음에도, 이러한 조치를 제대로 취하지 아니한 채 수액을 계속 투여하고 망인의 신체상태를 제대로 살펴보지 아니한 피고 2, 3의 잘못으로 인하여 발생한 것으로 봄이 상당하다'라는 원심판단을 지지함으로써, 다수의 의사가 의료행위에 관여한 경우 그 중 누구의 과실에 의하여 의료사고가 발생한 것인지 분명하게 특정할 수 없는 때에는 일련의 의료행위에 관여한 의사들 모두에 대하여 민법 제760조 제2항에 따라 공동불법행위책임을 물을 수 있다고 보았다.

2개 이상의 의료기관이나 의사가 관여하여 각각의 과실이 인정되는 경우에도 양자 사이에 공동불법행위가 성립한다.

라) 외부검사기관의 과실과 의료과오

의료기관이 외부 검사기관에 혈액검사 등을 위탁한 경우가 많다. 이때 외부 검사기관의 과오에 관하여 단지 이행보조자의 과오로 볼 것인지 아니면 공동불법행위를 인정할 것인지 문제가 된다. '개업의가 민간외부검사기관에 혈액검사를 위탁한 결과, 그 검사기관은 환자의 혈액형이 실제는 Rh -인데 Rh +로 판정하였기 때문에 혈액형 부적합 임신에 대한 대응을 제대로 하지 못한 바람에 뇌성마비 장애를 가진 신생아가 출산된 사안'에서 의사와 민간검사기관의 공동불법행위책임을 인정한 일본 하급심 사례가 있다.[187)]

마) 팀의료내 개인책임의 경합

동일한 의료기관 내에서 각각의 행위자별로 과실과 위법성이 인정될 때에는 공동불법행위책임이 인정된다.

바) 사용자책임과 실행자 개인 책임의 경합

의료기관이 사용자책임을 부담하여야 하는 경우 의료행위를 행한 개인에 대하여 불법행위가 성립하는 경우에는 개인과 의료기관은 공동불법행위책임을 진다.

187) 鈴木利廣 외, 전게서, 98면.

마. 의사에 반한 임신 등

의사의 도움을 받아 출산을 조절하려는 하였음에도 그 의사에 반하여 출산이 이루어진 경우, 그에 대한 의사의 과실책임을 물을 수 있는지가 문제로 된다. 미국에서는 “부당 생명(wrongful life)” 또는 “부당 출생(wrongful birth)”에 대한 소송이 일반적으로 의사가 유전자 검사를 부주의하게 수행하였다거나 예비 부모에게 자녀가 장애가 있을 수 있다는 사실을 부주의하게 알리지 않았다든지 필요한 조치를 취하지 않았을 때 제기되고 있다. 통상 “부당 출생”은 장애아 부모가 겪은 정신적 고통과 의료비를 근거로 제기하는 손해배상 청구를 의미하며, “부당 생명”은 의사의 과실이 없었다면 장애가 없었거나 아예 태어나지 않았을 것이라고 주장하는 아동이 동반하여 제기하는 청구가 많다.[188]

1) 장애아 출산의 경우

가) 다운증후군과 모자보건법

임산모가 산부인과의사에게 기형아 검사를 해줄 것을 부탁하였고, 의사는 초음파검사에 의하여 태아가 정상이라고 판단하였고 서울에 있는 기형아 전문 검사기관인 이원임상검사센터에 기형아검사를 의뢰하여 에이.에프.피(AFP)검사(모체혈청 단백질 검사)를 받은 결과 정상수치 범위 내인 23.43ng/ml로 나왔음에도 원고는 다운증후군의 기형아로 태어난 사안에서, 원고는 다운증후군이 모자보건법 제14조 제1항 제1호에 의하여 인공임신중절이 허용되는 질환에 해당하므로, 의사가 산모에게 기형아 판별확률이 비교적 높은 검사법에 대하여 아무런 설명을 하지 아니하여, 산모로 하여금 확실한 검사 방법을 택하여 태아가 기형아인지의 여부를 확인하고 만일 그 태아가 기형아라면 낙태할 수 있는 기회를 상실하게 함으로써, 기형아(다운증후군)인 원고 자신을 태어나게 하였다고 주장하면서, 원고 자신의 향후 치료비 및 양육비 상당의 손해 중 일부를 청구하였다.

이에 대하여 대법원 1999. 6. 11. 선고 98다22857 판결은 “모자보건법 제14

188) Marcia M. Boumil, 전게서, pp. 215-219; 잘못된 출산에 대하여 미국법원은 의료 과실로 인한 일반 불법행위 성립을 인정하였고, 장애 아동에 대하여 장애와 관련된 비용과 아동이 견뎌야 하는 고통에 대하여까지도 기꺼이 보상을 인정해준 예가 있다고 한다. 그러나 대다수의 법원은 장애로 인해 아동의 삶이 아예 태어나지 않았을 때보다 더 나빠졌다는 주장에 대해서는 이를 받아들이지 아니하여 ‘부당한 생명’에 대한 손해배상이 인정되지 않는 경우가 많다고 한다.

조 제1항 제1호는 인공임신중절수술을 할 수 있는 경우로 임산부 본인 또는 배우자가 대통령령이 정하는 우생학적 또는 유전학적 정신장애나 신체질환이 있는 경우를 규정하고 있고, 모자보건법시행령 제15조 제2항은 같은 법 제14조 제1항 제1호의 규정에 의하여 인공임신중절수술을 할 수 있는 우생학적 또는 유전학적 정신장애나 신체질환으로 혈우병과 각종 유전성 질환을 규정하고 있을 뿐인데, 기록에 의하면 다운증후군은 유전성 질환이 아님이 명백하다. 따라서 다운증후군은 위 조항 소정의 인공임신중절사유에 해당하지 않음이 명백하여 원고의 부모가 원고가 다운증후군에 걸려 있음을 알았다고 하더라도 원고를 적법하게 낙태할 결정권을 가지고 있었다고 보기 어려우므로, 원고의 부모의 적법한 낙태결정권이 침해되었음을 전제로 하는 원고의 이 사건 청구는 이 점에 있어서 이미 받아들이기 어렵다고 할 것이다. 나아가서 원고는 자신이 출생하지 않았어야 함에도 장애를 가지고 출생한 것이 손해라는 점도 이 사건 청구원인 사실로 삼고 있으나, 인간 생명의 존엄성과 그 가치의 무한함(헌법 제10조)에 비추어 볼 때, <u>어떠한 인간 또는 인간이 되려고 하는 존재가 타인에 대하여 자신의 출생을 막아 줄 것을 요구할 권리를 가진다고 보기 어렵고, 장애를 갖고 출생한 것 자체를 인공임신중절로 출생하지 않은 것과 비교해서 법률적으로 손해라고 단정할 수도 없으며</u>, 그로 인하여 치료비 등 여러 가지 비용이 정상인에 비하여 더 소요된다고 하더라도 그 장애 자체가 의사나 다른 누구의 과실로 말미암은 것이 아닌 이상 이를 선천적으로 장애를 지닌 채 태어난 아이 자신이 청구할 수 있는 손해라고 할 수는 없다."라고 판시하였다.

나) 다운증후군과 설명의무 위반 여부

원고 2가 1997. 6. 1. 제왕절개수술로 출산한 망 소외인에게서 다운증후군(Down's syndrome)이란 증세가 나타나 치료 중 1997. 7. 1. 선행사인 백혈병, 직접사인 심장마비(추정)로 사망하자, 담당 의사(피고 2)가 트리플마커 검사만을 기초로 태아가 정상이라고 말하였을 뿐 트리플마커 검사는 부정확하므로 태아의 기형 여부를 확실하게 진단하기 위하여는 양수천자 등 다른 정확한 검사를 하여야 한다는 등의 설명을 하지 않은 잘못이 있다는 이유로 원고 기형아를 출산함으로써 정신적 손해를 입었다고 그 배상을 구하는 사안에서, 원심(서울고등법원 2000. 9. 28. 선고 99나51588 판결)은 담당 의사가 트리플마커 검사를 함에 있어 원고 2에게 위 검사가 기형아 등에 관한 선별검사인지 확진검사인지, 위 검사로부터 알 수 있는 기형아 검출률이 얼마이며 그 의미는 무엇인지, 위 검사 이외의 보다 정확한 기형아 검사방법으로는 무엇이 있으며 그 방법의 장점과 단점은 무엇인지에 대하여 설명하여야 할 주의의무가 있음에도 불구하고 트리플마커 검사의 부정확성이나 더 정확한 검사방법의 존재에 대하여 아무런 설명을 하지 않은 의료상의 과실이 있다고 할 것이나, 이 사건과 같이 임신 후 의사에게 기형 여부의 검진을 의뢰하였는데 의사의 의료상 과실로 인하여 기형아인 사실을 밝혀내지는 못하였으나 설사 이를 밝혀냈다 하더라도 그 증세가 다운증후군이어서 임신중절이 법적으로 허용되지 않는 경우에, 위 사실을 미리 알았을 경우 원고들이 받게 되었을 고통에 비하여 그렇지 않을 경우 출생 후에 받게 된 고통이 반드시 크다고 단정할 만한 자료가 없다는 이유로 기각하였다.

이에 대하여 대법원 2002. 3. 29. 선고 2000다61947 판결은 "의사의 설명은 모든 의료과정 전반을 대상으로 하는 것이 아니라 수술 등 침습을 과하는 과정 및 그 후에 나쁜 결과발생의 개연성이 있는 의료행위를 하는 경우 또는 사망 등의 중대한 결과발생이 예측되는 의료행위를 하는 경우 등과 같이 환자에게 자기 결정에 의한 선택이 요구되는 경우만을 대상으로 하여야 하고, 따라서 <u>환자에게 발생한 중대한 결과가 의사의 침습행위로 인한 것이 아니거나 또는 환자의 자기결정권이 문제되지 아니하는 사항에 관하여는 위자료 지급대상으로서의 설명의무 위반이 문제될 여지가 없다(대법원 1995. 4. 25. 선고 94다27151 판결 참조)</u>"라는 법리를 전제한 다음, "원심의 인정 사실에 의하면, ① 산부인과 분야에서 임산부에게 특별한 사유가 없는 한 기형아 검사는 트리플마커 검사만으로 시행하는 것이 가장 보편적이고, 양수천자 검사 등은 원심 판시와 같은 특별한 사유가 있는 경우에 한하여 시행되는 것인데, ② 원고 2는 기형아 검사 당시에 32세가 되지 않았을 뿐 아니라 그 어떤 유전적 결함을 가진 병력도 없었고, 트리플마커 검사 결과 위 원고가 임신한 태아가 다운증후군에 해당할 확률이 거의 없는 등 양수천자 검사의 전제가 되는 어떠한 징후도 없었으므로, 피고 2가 임산부인 위 원고에게 구태여 위험하고 비용이 많이 드는 양수천자 검사의 내용과 필요성에 관하여 설명하거나 이를 권유할 필요가 없었으며, 이런 경우 산부인과 분야에서 양수천자 검사를 따로 시행하지 않는 것이 일반화되어 있고, ③ 이와 같은 상황에서 피고 2가 양수천자에 관한 내용을 알려 주었더라도 원고 2가 통상적인 검사 결과 이상이 없다는 판정을 받고도 무리하게 양수천자 검사를 요구하였을 것이라고 보이지는 않고, ④ 가사 피고 2가 원고 2에게 양수천자 검사법을 알려 주었고, 그 결과 위 원고가 검사를 요구하여 태아에게 다운증후군의 의심이 있다는 사실을 알았다고 하더라도 모자보건법상 태아의 다운증후군의 병력이 있다는 사정은 적법한 낙태의 사유가 될 수 없으므로(대법원 1999. 6. 11. 선고 98다22857 판결 참조) 적어도 법률적으로는 원고 2가 태아를 낙태하려고 시도할 수는 없었다는 사정을 알 수 있는바, 이러한 사정들에 비추어 보면, 원고 2가 포태한 태아에게 다운증후군의 의심이 있는지의 여부는 의사가 통상의 검사 결과의 통보 이상으로 모든 가능성에 대하여 설명하여야 할 만큼 중대한 결과에 관한 것이라고는 볼 수 없어서 원고 2가 가능한 다른 검사방법에 관하여 설명을 듣지 못하였다고 하더라도 기형아 검사에 관한 자기선택권이나 검사 결과 태아에게 다운증후군이 있음이 확인된 후 낙태수술을 할 것인지에 관한 자기선택권을 침해당하였다고 보기는 어렵고, 따라서 피고 2가 임산부의 신체나 태아의 건강상태에 관하여 이상 징후가 없는 상황에서 그 당시의 의료수준에서 가장 적합하다고 판단되는 검사방법을 통하여 검사를 한 결과 정상이라는 판정을 내린 다음, 의학적이고 직업적인 소신과 판단에 따라 임산부에게 그와 같은 판정 결과를 알려 주었다면 그로써 통상 요구되는 의무를 다한 것이고, 보다 정확하기는 하나 위험성이나 비용 등 때문에 구체적인 이상 징후나 위험한 인자를 갖고 있는 임산부에 대하여만 한정적으로 실시하도록 되어 있는 검사방법에 관하여 더 이상의 구체적인 설명과 안내를 하여 주지 않았다고 하여 의사의 설명의무를 다하지 않은 것이라고 할 수는 없다. 그렇다면 이 사건에 있어서 피고 2가 원고 2에게 트리플마커 검사와 양수천자 검사의 정확성을 비교설명하고 양수천자 검사를 권유하지 않은 것은 의사의 설명의무를 위반한 경우에 해당한다고 볼 수 없을 것임에도, 피고 2가 위와 같은 설명을 하지 않은 것이 의료상의 과실에 해당한다고 본 원심의 판단은 설명의무 위반으로 인한 채무불이행 또는 불법행위책임에 관한 법리를 오해한 잘못이 있다고 할 것이다. 그러나 원심은 피고 2의 설명의무 위반을 인정하면서도 그로 인한 정신적 손해가 없다는 이유로 원고들의 청구를 배척한 결과 그 결론에 있어서는 정당하므로"라고 판시하였다.

2) 의사에 반한 잘못된 임신과 의사의 과실 책임

자녀를 낳지 않으려고 하였는데 의사의 잘못으로 자녀를 출산한 경우 정상적이고 건강한 아이가 태어났지만 “부당 임신(wrongful conception; wrongful pregnancy)”이란 이름으로 그 부모가 의사를 상대로 제기하는 소송유형이 있다.

서울고등법원 1996. 10. 17. 선고 96나10449 판결은, 산모가 둘째 아이를 임신하여 제왕절개수술을 받게 되었는데 당시 불임수술을 의뢰하였으나 병원측의 과오로 제왕절개수술만을 실시하고 불임수술은 시행되지 아니하여 원고 부부가 원하지 않은 셋째 아이를 출산한 사안에서, 피고측에게 분만비 및 위자료의 배상만을 명하고, 양육비, 교육비의 청구에 대해서는 ‘자의 생명권은 절대적으로 보호되어야 할 가치로서 부모의 재산상 이익에 우선한다는 점, 부모의 친권에 기한 미성년의 자(子)에 대한 부양의무는 원칙적으로 이를 면제받거나 제3자에게 전가할 수 있는 성질이 아니라는 점’을 들어 이를 배척하였다.

미국의 경우 대부분의 법원은 의사의 과실로 인한 의료비(불임시술비 포함), 부모의 신체적·정신적 고통에 대한 보상, 임금 손실과 같은 결과적 손해에 대한 배상 판결을 내리고, 경우에 따라서는 징벌적 배상도 가능하다고 본다. 그러나 일반적인 양육비는 통상 회수할 수 없으며, 많은 법원은 소위 “혜택의 법칙(benefits rule)”에 따라 건강한 아이를 낳음으로써 부모가 얻을 수 있는 것으로 추정되는 이익을 측정하여 부모가 회수할 수 있는 금액과 상계하는 방식을 취한다고 한다.[189)]

바. 손해배상채권의 만족 방법

1) 채권만족의 일반적 방법

일반 민사채권을 만족시키는 방법은 채무자의 임의적 이행, 확정 판결 등에 의한 강제집행의 실시 등이다. 이러한 채권만족 방법은 의료과오로 인한 손해배상채권에도 그대로 적용된다.

189) Marcia M. Boumil, 전게서, pp. 219-220.

2) 조정중재원의 손해배상금 대불제도

2011. 4. 7. 제정된 「의료사고 피해구제 및 의료분쟁 조정 등에 관한 법률(의료분쟁조정법)」 제47조는 의료사고 피해자가 한국의료분쟁조정중재원의 조정이나 법원 판결 등으로 확정된 손해배상금을 배상의무자로부터 지급받지 못한 경우, 피해자의 신청으로 조정중재원이 우선 미지급분을 대불하고 향후 배상의무자에게 구상하는 손해배상금 대불제도를 도입하였다.

> 제47조(손해배상금 대불) ① 의료사고로 인한 피해자가 다음 각 호의 어느 하나에 해당함에도 불구하고 그에 따른 금원을 지급받지 못하였을 경우 미지급금에 대하여 조정중재원에 대불을 청구할 수 있다. 다만, 제3호의 경우 국내 법원에서의 판결이 확정된 경우에 한정한다. 〈개정 2016. 5. 29.〉
> 1. 조정이 성립되거나 중재판정이 내려진 경우 또는 제37조 제1항에 따라 조정절차 중 합의로 조정조서가 작성된 경우
> 2. 「소비자기본법」 제67조제3항에 따라 조정조서가 작성된 경우
> 3. 법원이 의료분쟁에 관한 민사절차에서 보건의료기관개설자, 보건의료인, 그 밖의 당사자가 될 수 있는 자에 대하여 금원의 지급을 명하는 집행권원을 작성한 경우
>
> ② 보건의료기관개설자는 제1항에 따른 손해배상금의 대불에 필요한 비용을 부담하여야 하고, 그 금액과 납부방법 및 관리 등에 관하여 필요한 사항은 대통령령으로 정한다.
> ③ 조정중재원은 손해배상금 대불을 위하여 보건복지부령으로 정하는 바에 따라 별도 계정을 설치하여야 한다.
> ④ 제2항에 따라 보건의료기관개설자가 부담하는 비용은 「국민건강보험법」 제47조제3항에도 불구하고 국민건강보험공단이 요양기관에 지급하여야 할 요양급여비용의 일부를 조정중재원에 지급하는 방법으로 할 수 있다. 이 경우 국민건강보험공단은 요양기관에 지급하여야 할 요양급여비용의 일부를 지급하지 아니하고 이를 조정중재원에 지급하여야 한다. 〈개정 2011. 12. 31.〉
> ⑤ 조정중재원은 제1항에 따른 대불청구가 있는 때에는 보건복지부령으로 정하는 기준에 따라 심사하고 대불하여야 한다.
> ⑥ 조정중재원은 제5항에 따라 손해배상금을 대불한 경우 해당 보건의료기관개설자 또는 보건의료인에게 그 대불금을 구상할 수 있다.
> ⑦ 조정중재원은 제6항에 따라 대불금을 구상함에 있어서 상환이 불가능한 대불금에 대하여 결손처분을 할 수 있다.
> ⑧ 제5항에 따른 손해배상금 대불의 대상·범위·절차 및 방법, 제6항에 따른 구상의 절차 및 방법, 제7항에 따른 상환이 불가능한 대불금의 범위 및 결손처분 절차 등에 관하여 필요한 사항은 대통령령으로 정한다.

이는 의료과오사건의 피해자에는 획기적인 손해배상보장제도로서 그 제도적 의의가 매우 크다고 할 것이다.

조정중재원장은 2012. 4. 9. 조정중재원공고 제2012-1호로 '손해배상금 대불 시행 및 운영방안'을 공고하였고, 이에 의원 또는 병원을 개설한 의사들 중 일부가 서울행정법원에 위 공고처분의 취소를 구하는 소를 제기한 다음, 그 소송 계속 중 의료분쟁조정법 제47조 제2항이 법률유보원칙 등에 위배된다고 주장하면서 위헌법률심판제청을 신청하였다. 서울행정법원은 위 제47조 제2항 중 "그 금액과 납부방법 및 관리 등에 관하여 필요한 사항은 대통령령으로 정한다."라는 부분('심판대상조항')이 법률유보원칙에 위배된다는 이유로 위헌법률심판제청을 신청하였다. 그 결과 헌법재판소 2014. 4. 24. 선고 2013헌가4 결정은 '심판대상조항에서 하위법령에 위임한 보건의료기관개설자들의 구체적인 납부금액이나 방법 등은 그 위임의 필요성이 인정되고, 수권법률인 의료분쟁조정법의 관련조항들을 유기적·체계적으로 해석함으로써 하위법령에 규정될 내용의 대강도 예측할 수 있다. 따라서 심판대상조항은 포괄위임입법금지원칙에 위배되지 아니한다.'라고 판시하였다.

제4장 의료과오의 주요사례와 쟁점

1. 산부인과

가. 뇌성마비

1) 태아곤란증과 제왕절개수술의 지체

산모가 분만실에 들어가면 의사는 태아의 심박동수(heart rate)를 관찰하게 되고 이를 "태아 심박동 모니터링(fetal heart rate monitoring)"이라 부른다. 만일 태아가 분만도중 산소공급에 어려움을 겪게 되면 그 심박동수가 바뀌게 되고, 의사와 간호사는 이러한 경고 조짐이 보이면 가급적 신속하게 제왕절개수술(caesarean section)을 시행하도록 훈련받고 있다. 그런데 태아에게 산소가 제대로 공급되지 않는 태아곤란증(distress)을 보임에도 이를 놓치는 바람에 제왕절개술에 의한 분만이 지체된다면 그 결과 극심한 뇌손상을 입고 뇌성마비(cerebral palsy)를 앓게 된다.

대법원 2006. 10. 27. 선고 2004다2342 판결은 "질식분만의 시도 중 태아곤란증을 뚜렷하게 시사하는 만기심박동감소 양상이 발생한 경우는 물론, 다양성 심박동감소와 같이 그것만으로는 태아곤란증이라고 보기는 어렵더라도 이와 더불어 태아의 심박동수가 시간의 경과에 따라 정상수치보다 훨씬 낮아지고 그 빈도 및 정도가 악화되는 등 태아의 병적인 상태에 대한 의심을 배제할 수 없는 상황이 발생하였다면 분만을 담당하는 의사로서는 즉시 내진을 하여 제대탈출 여부를 확인하고 임신부의 체위 변경, 산소 및 수액공급 등의 조치를 취하여야 하고, 만약 그 후에도 태아의 심박동 측정 결과가 개선되지 않고 태아곤란증을 시사하는 양상이 나타날 때에는 제왕절개술을 통한 즉각적인 분만을 시도하는 등 산모와 태아의 안전을 위하여 필요한 조치를 신속히 취하여야 할 것이다."라고 판시하였다.

2) 의료실무에 있어서 주산기가사[1]로 인한 뇌성마비 여부의 판정기준

가) 1991년 미국 산부인과학회 위원회의 의견서

1991년 미국 산부인과학회 위원회는 성숙아(2.5kg 이상)의 경우에 다음과 같은 조건을 모두 충족한 경우 분만시의 저산소증으로 인한 뇌성마비로 볼 수 있다는 의견을 제시하였으나, 이는 미국에서 주산기의료와 뇌성마비와의 인과관계가 문제되는 의료소송이 다수 발생하여 많은 사회적 문제를 일으키자 다분히 정치적 색채를 띠고 발표된 것으로서 위 견해를 뒷받침할 만한 세부적인 역학적 자료를 제시하지 못하고 있다는 비판을 받고 있다.

① 제대동맥혈내 pH<7.00의 대사성 또는 호흡-대사 혼합성 산혈증
② 출생 후 5분 이상 아프가 점수가 0 내지 3점일 것
③ 경련, 혼수상태 또는 저긴장도의 신생아 신경학적 후유증 동반
④ 다장기장해(Multiple organ failure), 즉 심혈관계, 소화기계, 혈액, 폐, 콩팥 등의 기능장애

나) 2003년 미국 산부인과학회 및 미국 소아과학회의 의견서

2003년 미국 산부인과학회 및 미국 소아과학회는 분만시의 태아저산소증으로 인한 뇌성마비의 판단 기준으로서 다음과 같은 조건을 충족할 것을 제시하였다.

① 대사산증(제대동맥) pH<7.00 & 염기부족도≥12mmol/L
② 신생아뇌병증·출생초기 발생·중등도 이상·34주 또는 그 이후 출생아

---

1) 태아가사라는 말과 함께 널리 사용되어 왔으나, 적절치 않다는 비판이 있어, fetal distress(태아곤란증), non-reassuring fetal status라는 말이 사용되어야 한다는 제안이 있다.

③ 강직성 사지마비 또는 운동이상성 뇌성마비

④ 다른 원인 배제

외상, 혈액응고장애, 감염, 유전요인 등이 없을 것

다) 일본 福島醫大의 佐藤章 교수의 견해[2)]

뇌성마비가 될 정도의 신생아에게는 '낮은 아프가 점수가 지속되고, 근긴장이 저하되며, 의식장해, 우유섭취의 장해, 경련이 나타나며, CT에 뇌부종이 인정되는 특징이 없다면 뇌성마비와의 인과관계는 인정되지 않는다'라고 주장한다.

라) 현행 분만감시장치의 특징과 미국 의견서의 문제점

최근에는 분만감시장치가 발달하여 자궁수축의 강도가 내측법에 의하여 정확히 측정되고, 태아심박수곡선도 태아 머리(兒頭)의 심전유도(心電誘導)에 기록되는 예가 많기 때문에 선명한 기록을 얻을 수 있고, 이것이 진단에 이용되고 있다. 또한 태아의 머리로부터 채혈되거나 출산직후 제대혈을 채취하여 산독증(酸毒症; acidosis; アチド-ジス)의 유무를 진단하는 증례가 많다.

우리나라의 경우에는 태아가 출산하자마자 아프가 점수가 낮고 경련, 혼수, 긴장저하 등이 있는 경우에는 곧바로 탯줄을 잘라 나오는 피의 산소포화도를 측정하고 있는데, 이때 산소포화도가 낮으면 임신중에 이미 저산소증을 앓은 것으로 구별되지만 그 수치가 높으면 출산과정에서 저산소증으로 인한 뇌손상을 입었을 가능성이 높아진다. 또한 신생아에 대한 CT검사를 2주일 이내에 실시하여 뇌에 이미 광범위한 백화현상이 나타나 있는 경우에는 임신중의 장해에 해당하지만 그렇지 않고 신선한 상처 즉 뇌부종 등이 보이는 경우에는 태아가사(胎兒假死)이거나 제대혈류 장해 등일 경우가 많다.

특히 아프가점수는 주관적이 것이어서 신빙성이 낮고,[3)] 다장기장해를 입는 경우에는 생존할 가능성이 낮아 결국 후에 뇌성마비 환자에 대한 출산과정의 과오 유무가 문제되는 사건에서 결정적인 판단기준은 ① 태아심박수와 심음의 측정과 분만감시장치상에 나타난 자궁수축정도와 태아의 활력, ② 제대혈의 산소포화도 내지 가스pH 수치, ③ 출생 후 2주내의 뇌CT 촬영결과라고

2) 佐藤章 외, "胎兒假死と中樞神經系の豫後", 周産期医學 22巻 10号, 東京医学社(1992), 1373면.

3) 소아과 의사나 마취과 의사의 채점에 비하여 산부인과 의사의 채점이 항상 높다고 한다.

할 수 있다.

마) 선천적 이상의 징표

뇌성마비의 원인을 규명하는 데에 특히 문제가 되는 것은 분만전 자궁내에 있는 태아에게 선천성 중추신경계의 이상이 존재하는 것을 어떻게 적극적으로 규명할 수 있는가이다.

우선 뇌수종과 같이 명백한 선천성 이상이 CT를 통하여 진단된다거나 감염증과 같이 중추신경계에 어떠한 소견이 남게 되면 그 진단이 가능할 수도 있다. 그러나 일반적으로는 현재 임신중의 태아의 상태를 아는 방법은 무자극검사(Nonstress Test: NST)[4]만이 있고, 이것이 태아의 중추신경계의 상태를 보여주는 것으로 생각된다. 따라서 그 소견에서 기선세변동(基線細變動)은 정상, 지발일과성 서맥(遲發一過性 徐脈) 및 변동일과성 서맥(變動一過性 徐脈)은 보이지 않고 정상으로 판단된 태아가 그 후 분만중 지발일과성서맥 및 고도변동일과성서맥, 천연성 서맥(遷延性 徐脈), 기선세변동의 감소 또는 소실상태를 보이고, 중증의 신생아가사로 출생한 증례의 경우에는 저산소성허혈성 뇌장해를 최초로 의심하는 것은 당연하다. 이러한 아이가 뇌성마비를 발증한 경우에 그 원인이 선천성이다라고 주장하기 위해서는 그 근거를 어떻게 증명할 것인가가 문제로 된다. 현재 뇌성마비소송에서는 분만중의 경과로 태아의 저산소상태를 보이는 명백한 소견이 보이더라도 의사측에서는 으레 '미국 위원회의 의견을 인용하여, 위 4가지 조건을 갖추지 못했기 때문에 선천성 원인이라거나 지발일과성서맥이 아니라 변동일과성서맥이기 때문에 태아에게 저산소상태는 존재하지 않았다'라고 주장한다.

그 밖에 선천상 이상이 있는 경우에는 태아심박수곡선에 특징이 나타난다는 발표논문이 있다. 즉 하와이 대학교의 矢澤珪二郎 교수는 그 특징으로 ① 평탄화한 FHR(심박수), 세변동은 감소 내지 소실, ② 일과성 서맥이 있는 때 그 패턴이 '둔적(鈍的)'으로 변동일과성서맥의 특징적인 예각성을 소실, ③ 불안정한 기선[건강한 태아의 경우 통상 그 기선이 안정되어 있지만 중추신경장해가 있는

4) 태동에 대한 반응으로 태아 심박수가 적절하게 증가하는지 검사하여 태아의 건강상태를 평가하는 방법이다. 이 검사는 스크린하는 검사로 신뢰도가 높다는 장점과 약물의 정맥내 주입을 필요로 하지 않고, 외래 수준에서 안전하고 보다 빨리 수행될 수 있다는 장점이 있다.

경우에는 불안정한(헤매는-wondering) 모습을 보인다], ④ Overshoot(변동일과성서맥으로부터 회복하는 과장에서 심박수가 상승하였다가 천천히 12초 이상이 걸려 회복한다. 기선은 항상 세변동소실이다. 변동일과성서맥은 반드시 크지 않지만 그것이 계속되고 심박수는 신속하게 상승하였다가 천천히 기선으로 돌아오는 소위 shoulder와는 다르다)를 든다.

3) 태아가사·신생아가사와 태변흡입증후군(Meconium Aspiration Syndrome)

가) 증례

자궁내에서 저산소상태에 있었던 태아가 만출 후에 태변흡입증후군이 발증한다거나 호흡기능이 다시 장해를 일으키는 경우가 적지 않다. 이는 태아의 혈액중에 산소농도가 저하되어 저산소상태가 되면 뇌와 심장, 폐 등의 중요한 장기에서 흐르는 혈액의 양을 보유함으로써 골격근이나 腸管에 흐르는 혈액의 양을 감소시키는 반사현상(잠수반사)을 일으킨다. 이로써 장관의 허혈상태를 일으키고 장관의 유동상태를 항진시켜 양수 가운데 태변을 배설하게 되고 그 때문에 양수가 혼탁하게 된다. 태아의 저산소상태가 지속적으로 고도화 되면 잠수반사에 의하여 대장기능이 파탄되어 뇌의 혈류가 저하되고 대사성 산독증(酸毒症; acidosis; アチドージス)이 진행되어 태아는 자궁 내에서 강한 헐떡호흡(Gasping)을 한다. 이 때문에 태변으로 오염된 양수가 기도 내에 흡입되어 호흡곤란을 일으키게 된다.

나) 진단방법

맥박산소계측기, 동맥혈가스분석(ABGA), 신생아의 임상증상(무호흡, 빈호흡, 흉부함몰, 청색증 등)

다) 예후

태변흡입증후군은 폐호흡에 의한 산소교환을 방해하기 때문에 출생 전에 이미 저산소상태에 빠져 중추신경의 장해를 초래하고, 어떤 아이는 다시 출생 후에 태변흡입증후군이 발증함으로써 저산소상태가 악화되어 중추신경계의 장해를 악화시켜 뇌상마비의 발증을 촉구할 가능성이 있다.

4) 대법원 2010. 1. 14. 선고 2009다59558 판결

태아곤란증에 의한 뇌성마비인지 여부가 재판상 심히 다투어진 사례의 하나로 서울고등법원 2009. 7. 9. 선고 2008나47949 판결을 들 수 있다. 이 판결의 이유를 보면, "만일 자궁수축 이후 1분에 100회 미만의 심박동이 있었다면 다음 수축 전에 120 내지 160회로 회복되더라도 태아곤란증을 의심할 수 있고, 급성 저산소증이나 산증에 대한 정상 태아의 최초 반응이 태아서맥이며, 비수축검사 중 태아심박수의 저하가 1분 이상으로 지속되는 경우 태아사망의 위험성도 현저히 증가하고, 태아심박동 청진의 적절한 빈도는 알려진 바 없으나, 미국 소아과학회 및 미국 산부인과학회(ACOG, 2002)에서는 정상임산부에서 분만(진통) 1기에서 최소한 30분 간격으로 자궁수축 직후에 태아심박동을 확인할 것을 권유하고 있으며, 원고 2는 피고 병원 분만대기실에 있을 당시 분만 제1기 중 잠복기의 상태에 있었으므로, 앞서 본 법리에 비추어 보면, 이러한 경우 피고 병원 소속 의료진은 원고 3에 대하여 적어도 30분 간격으로 심장박동수를 확인하여야 할 주의의무가 있었다고 할 것이다. 그러나 피고 병원 소속 의료진은 이 사건 당일 13:00경부터 21:00경까지 약 1시간 간격으로 원고 3의 심장박동수를 확인하다가 이 사건 당일 21:00경 비수축검사를 시행하면서 원고 3의 심장박동수가 21:20경까지 심한 태아서맥을 보이는 것을 확인하였는바, 피고 병원 소속 의료진에게는 위 원고 3의 태아심박동수를 제대로 확인하지 못하여 위 원고의 태아곤란증을 뒤늦게 발견한 과실이 있다고 할 것이다. 나아가 원고 3에게 나타난 뇌성마비로 인한 이 사건 장해가 피고 병원 소속 의료진이 위와 같은 태아심장박동수를 제대로 확인하지 못하여 위 원고의 태아곤란증, 즉 태아저산소증을 뒤늦게 발견한 과실로 인하여 발생한 것인가에 관하여 보건대, 앞서 본 1991년 미국산부인과학회 위원회는 2.5kg 이상의 성숙아에 대한 태아저산소증으로 인한 뇌성마비의 판단 기준으로서 앞서 본 바 4개의 조건을 충족하여야 한다는 의견을 제시하였으나, 이는 앞서 본 바와 같이 그를 뒷받침할 역학적 자료가 없을 뿐만 아니라, 다분히 정치적 색채를 띠고 발표된 것이라는 비판을 받고 있고, 특히 아프가 점수는 주관적인 것이어서 신빙성이 낮은 점, 신생아에 대한 뇌CT검사를 2주일 이내에 실시하여 뇌에 이미 광범위한 백화현상이 나타나 있는 경우에는 이는 오래 전에 발생한 것으로 임신 중의 장해에 해당하지만, 그렇지 않고 신선한 상처 즉 뇌부종(뇌부종이 보일 경우 이는 통상 3일 이내에 발생한 것으로 보고 있다)이 보이는 경우에는 태아가사이거나 제대혈류 장해 등일 경우가 많은 점, 앞서 본 바와 같이 아프가 점수는 주관적인 것이어서 신빙성이 낮으며, 다장기장해를 입는 경우에는 생존할 가능성이 낮아 결국 후에 뇌성마비 환자에 대한 출산과정의 과오 유무가 문제되는 사건에서 태아저산소증으로 인한 뇌성마비의 결정적인 판단 기준은 ① 제대동맥혈내 ph<.00의 대사성 또는 호흡-대사 혼합성 산혈증, ② 경련, 혼수상태 또는 저긴장도의 신생아 신경학적 후유증 동반, ③ 출생 후 2주 이내의 뇌CT촬영 경과라고 보는 것이 상당하다고 보이고, 이러한 기준이 합당하다는 점은 2003. 미국 산부인과학회 및 미국 소아과학회가 분만시의 태아저산소증으로 인한 뇌성마비의 판단 기준으로서 위 1991년 미국 산부인과학회 위원회의 기준 중 5분 아프가 점수 및 다장기장해에 대한 조건을 제외하고 ① ph<7.00의 대사산증, ② 출생초기 발생, 중등도 이상, 34주 이후의 출생아의 신생아뇌병증, ③ 강직성 사지마비 또는 운동이상성 뇌성마비, ④ 외상, 감염 등의 다른 원인 배제 등 4개의 조건을 제시한 점을 통해서도 뒷받침되는바, 이렇게 볼 때 ① 원고 3이 위 △△병원에서 2003. 11. 26. 06:00경 실시된 동맥혈가스분석상 ph수치가 7.1이었고, 위 수치는 이후 점차 상승하여 정상치인 7.4를 넘었던 점었던 점에 비추어 원고 3의 출생 당시 제대동맥의 ph수치는 7.00 이하였을 가능성이 높다고 보이는 점, ② 위 원고는 위 △△병원에서 치료받을 당시 2003. 11. 26.부터 2003. 12. 4.까지 계속하여 경기, 즉 경련의 신경학적 후유증을 보인 점, ③ 위 원고는 위 △△병원에서 2003. 11. 26. 실시된 신경초음파검사에서 뇌부종이 보였던 점, ④ 원고 3에게 외상이나 감염 또는 유전질환이 있다는 점을 인정할 자료가 없는 점, 더욱이 위 △△병원이나 위 세브란스병원 모두 위 원고에 대하여 신생아가사를 진단하였고, 위 원고를 치료하였던 위 △△병원 소속 의료진은 당원의 위 병원장에 대한 사실조회 결과에서 위 원고의 뇌손상이 출산 전 태아곤란소견을 보일 때부터 진행되었을 것이라는 소견을 밝힌 점 등을 종합하면, 위 원고의 뇌성마비로 인한 이 사건 장해는 피고 병원 소속 의료진이 분만 과정에서 위 원고의 태아저산소증, 즉 태아곤란증을 뒤늦게 발견함으로 인하여 발생하였다고 봄이 상당하다."라고 판시하였다.

이에 대한 상고심에서 대법원 2010. 1. 14. 선고 2009다59558 판결은, '뇌성마비는 대부분의 경우 그 원인을 밝혀내기 어렵고 분만 중의 원인은 6~8%에 불과하다고 할지라도 뇌성마비의 가능한 원인 중 하나가 될 수 있는 분만 도중 발생한 저산소성-허혈성 뇌손상을 표상하는 간접사실들이 인정되는 반면 선천적 또는 후천적인 다른 요인의 존재를 추인하게 할 만한 사정은 발견되지 않는다면, 뇌성마비가 분만 중 저산소성-허혈성 뇌손상으로 인하여 발생하였다고 추정함이 상당하다(대법원 2008. 2. 14. 선고 2006다48465 판결 참조). 원심판결 이유 및 기록에 의하면, 원고 황준영이 출생 당시 제대동맥의 수소이온농도(pH)가 7.00 미만이었을 것으로 보이는 점, 원고 황준영은 임신 39주 3일째 되던 2003. 11. 25. 22:02경 태어난 후 그 다음날 11:30경 소화아동병원에서 실시된 신경초음파검사에서 뇌부종이 보였고, 2003. 12. 3. 실시된 뇌 컴퓨터단층촬영(CT) 검사상 광범위한 뇌허혈의증이 있었으며, 2003. 12. 5. 세브란스병원에서 실시된 뇌 컴퓨터단층촬영(CT) 검사와 두부 자기공명영상(MRI) 검사에서도 저산소성 허혈 뇌병변 등의 소견이 보인다는 이유로 중등도의 뇌질환에 해당하는 저산소성 뇌손상, 신생아경기, 질식 및 태아가사 등을 진단받은 점, 원고 황준영은 소화아동병원에서 치료받을 당시 2003. 11. 26.부터 2003. 12. 4.까지 계속하여 경기, 즉 경련의 신경학적 후유증을 보였고, 그 후로도 경직성 사지마비 및 인지기능과 발달기능 장애 등을 보이고 있는 점, 원고 황준영이 이 사건 당일 20:00경까지 태아심박동수가 정상적이었으나, 같은 날 21:00경 태아심박동수를 검사한 결과 21:03경까지 1분에 50~70회를 보이고, 그 후 21:20경까지 정상적 태아심박동수보다 낮은 심박동수를 보이는 등 지속성 심장박동수감소 소견을 보였던 점, 원고 황준영이 제왕절개술로 출생했을 당시 진한 태변 착색이 있었으며, 부족한 움직임을 보이는 등 상태가 좋지 않았고, 소화아동병원에서는 위 원고에 대한 1분 아프가 점수가 3점으로 측정된 것으로 기재하고 있는 점, 한편 원고 유현정, 황준영에 대한 산전진찰에서 아무런 이상증세가 없었고, 출산 전후를 통하여 달리 뇌성마비의 원인이 될 만한 모체 또는 태아의 감염이나 유전질환 등 다른 이상이 있었음을 인정할 자료가 없는 점 등을 알 수 있다. 이상과 같은 사정을 앞서 본 법리에 비추어 보면, 피고가 이 사건 의료사고가 전혀 다른 원인으로 말미암은 것이라는 증명을 하지 아니하는 이상, 원고 황준영은 이 사건 당일 21:00경 이전부터 태아심박동수가 정상적인 수치 아래로 떨어진 상태에서 태아곤란증으로 인한 저산소성 뇌손상으로 뇌성마비 증세가 초래된 것으로 추정함이 상당하고, 그 당시 피고 병원 소속 의료진이 최소한 30분마다 태아심박동 검사를 하면서 산모와 태아의 상태를 주의 깊게 관찰하였더라면 태아곤란증의 이상 징후를 좀 더 일찍 발견하여 필요한 조치를 취함으로써 저산소성 뇌손상의 진행을 저지할 수 있었을 것으로 추정될 뿐, 이와 달리 30분마다 태아심박동 검사를 하였더라도 태아곤란증을 발견할 수 없었다거나 만약 이를 발견하였더라도 저산소성 뇌손상이라는 결과를 피할 수 없었다는 점에 대한 증명이 부족하다. 원심이 태아저산소증으로 인한 뇌성마비의 결정적인 판단기준을 언급한 부분은 적절하지 않은 것으로 보이지만, 원고 황준영의 뇌성마비로 인한 이 사건 장해가 피고 병원 소속 의료진이 분만 과정에서 태아관찰상 과실로 원고 황준영의 태아곤란증을 뒤늦게 발견함으로 인하여 발생한 것으로 본 결론은 정당하다. 원심판결에는 이 부분 상고이유 주장과 같이 의료사고에 있어서 인과관계에 관한 법리오해, 심리미진, 채증법칙 위반 등으로 판결결과에 영향을 미친 위법이 없다.'라고 판시하였다.

나. 피토신(Pitocin) 사고

피토신은 자궁을 수축해서 분만을 유도하는 합성 옥시토신의 상품명으로서 흔히 사용되는 약제이다. 그런데 어느 약이나 과용하면 문제가 생기듯 과량의 피토신은 지나친 자궁수축을 일으켜 출산중인 태아에게 자궁 수축 사이에 산소를 호흡할 충분한 시간을 제공하지 못할 위험에 빠뜨릴 수 있다. 따라서 피토신을 사용할 때에는 의사는 태아 상태를 조심해서 관찰하여야만 한다. 그런데 이러한 관찰을 소홀히 한 탓에 한 여아가 심각한 뇌손상을 입고 태어난 사례가 있다.

다. 난관임신부에 대한 진단상 과실

임산부가 병원에 찾아와 임신증상이 계속된다는 사실을 알렸는데, 의사가 자궁외임신의 우려가 농후하고 특히 난관임신(나팔관 임신; tubal pregnancy, 輸卵管姙娠)인 경우에는 임신 3개월 정도에서 난관파열의 위험이 있으므로 진찰을 위하여 하복부를 누르는 등 압력을 주면 난관파열로 생명에 위험이 있음에도 아랫배를 누르는 등 압력을 가하여 수란관이 파열되어 그 임산부가 사망한 사례가 있다(대법원 1969. 9. 30. 선고 69다1238 판결). 난관은 난소로부터 배란된 난자를 받아, 질과 자궁을 지나 도착한 정자와 만나 수정되는 부위로 정상적인 경우는 수정된 수정란이 난관을 타고 내려와 자궁에 착상 임신되는 과정을 거치지만 난관 임신은 질병이나 생식이상등에 의한 것으로 정상적인 성장과 분만을 할 수 없다.

라. 분만방식 선택상의 과오

분만중 태아가 뇌손상을 입고 두개강내출혈이 생겨 뇌성마비가 발생한 사안에서, 대법원은 '통상의 주의력을 가진 산부인과 의사라면 아두골반불균형상태 또는 경계아두골반불균형상태의 가능성이 있음을 의심할 수 있다고 보이는데도 출산을 담당한 의사가 이러한 가능성을 전혀 예상하지 아니하여 이에 대한 대비를 하지 아니하였고, 분만 2기에 있어 5분마다 한번씩 측정하여야 할 태아심음측정을 4회나 하지 아니한 채 만연히 통상의 질식분만의 방법으로 분만을 진행시키다가 뒤늦게 아두골반불균형 또는 이와 유사한 상태의 경우에는 피하여야 할 시술방법인 흡인분만의 방법을 무리하게 계속하여 태아를 만출시킨 의료상의 과실이 있다'라고 보았다(대법원 1992. 5. 12. 선고 91다23707 판결).

마. 제왕절개수술 시 응급사태 대비 미비

출산일 전날부터 병원 내에 산소공급장치인 에크모(ECMO) 치료기가 모두 사용중이라는 사실을 확인하지 않은 채 산모에게 유도분만을 개시하다가 응급제왕절개수술을 실시하여 출산한 조산아를 제대로 처치하지 못하여 사망한 사안에서, 법원은 "의료진에게 아기가 태어나기 전 병원에 에크모 치료기를 미리 확보해 두지 않은 과실 또는 신생아중환자실과 에크모 치료기가 확보된 다른 병원으로의 전원 가능성을 검토하지 아니한 채 만연히 아기를 출생한케 한 과실"을 인정하였다(서울동부지방법원 2019가합112395 판결). 이 사안은 그 신생아에게 '선천성 횡격막 탈장'이 있었던 사안이고, 그런 경우 에크모 치료의 효과는 분명하지 않은 것으로 연구 보고가 있고, 또 소아외과 진료기록 감정의도 에크모 치료를 했어도 아기가 생존할 가능성은 매우 낮았을 것이라는 소견을 제시하였는데, 재판부는 '아기는 에크모 치료를 받고 다소나마 생존기간을 연장할 수 있는 여지도 있었을 텐데 의료진의 과실로 그 치료를 받아 볼 기회를 잃었다'라며 의료기관에 아기와 그 가족들이 입은 정신적 고통에 대한 위자료로 3,400만 원을 인정하였다.

2. 소아과·신생아과

가. 감염환자 관리상 과오

어린이는 감염될 우려가 높다. 다행스럽게 어린이에 생기는 대부분의 감염은 부차적인 것으로서 스스로 잘 치유된다. 그러나 때로는 감염이 악화되어 특별한 처치를 위하여 병원에 입원되기도 한다. 병원에 입원해 있는 동안에는 간호사와 의사들은 환자가 호흡을 계속하며 수분을 제대로 유지할 수 있도록 주의하여 관찰하여야 한다. 그런데 4살 된 어린이가 치료가 필요한 감염으로 병원에 입원하여 있는 동안에 담당 간호사가 관찰을 소홀히 하는 바람에 탈수(dehydration)가 악화되어 사망한 사례가 있다.

나. 세균성 뇌수막염(bacterial meningitis)

세균성 뇌수막염은 뇌내벽이 감염되는 것으로 주로 어린이에게 생긴다. 이 질병은 의심스러울 때 곧바로 치료하지 않으면 치명적인 결과를 가져온다. 그러나 제때 치료하면 치료된다. 뇌수막염의 증세로 두통, 메스꺼움(nausea), 열, 구토, 빛에 대한 민감성(sensitivity to light), 목통증 등이 나타날 수 있다. 대체로 어린이는 두통, 그것도 심한 두통을 자주 겪지는 않는다. 또한 매우 심히 아픈 경우조차도 접촉이나 말을 거는 데에 정상적으로 응대한다. 그러므로 어린이가 심한 두통으로 병원을 찾아오거나 누구에게도 거의 응답하지 못할 정도로 기면상태(lethargic)에 있을 때에는 간호사나 의사는 반드시 세균성 뇌수막염을 의심하여야 한다.

실제로 ① 만 4.5세의 여자 어린이가 병원 응급실에 실려 왔는데 열과 심한 두통을 호소하였음에도 간호조무원이 미숙한 탓에 그 어린 환자의 뻣뻣한 목과 빛에 대한 민감증을 놓치고 5시간 동안 처치를 미루었고, 결국 그 어린이는 7시간만에 두뇌이탈(brain herniation)로 사망하였고, ② 만 2세의 남자 어린이가 응급실에 실려왔고 그 당시 간호사가 직장을 통해 체온을 쟀음에도 움직이지 않을 정도로 기면상태였고, 또 높은 열과 함께 목이 뻣뻣한 상태였다. 환자 분류를 책임지던 간호사가 곧바로 세균성 뇌수막염을 의심하고 응급실 간호사에게 즉시 그 어린이를 의사에게 보이도록 하였다. 그런데 응급실 간호사는 그 어린이 병세를 제대로 인식하지 못한 채 응급실에서 2시간가량이 지난 후에야 의사에게 보였다. 당해 병원에서 응급실 간호사가 의사의 지시를 무시할 수 있도록 허용한 잘못된 정책 등 수많은 다른 실수가 겹쳐 그 어린이는 10시간 이상 항생제(antibiotics)를 투입받지 못하였다.

다. 신생아 황달(jaundice)

신생아는 많은 경우에 노란 피부와 노란 눈을 가지고 태어나거나 그 상태가 더욱 발전한다. 이러한 상태를 황달이라 부르고, 이는 혈액 내에 간에서 분비하는 적황색 물질인 빌리루빈(bilirubin)이 포함되어 발생한다. 이 황달은 유아에게 배우 일반적인 현장으로 대체로 시간이 가면 저절로 치유된다. 그러나 때로는 신생아가 과빌리루빈혈증(hyperbilirubinemia) 상태로 태어나거나 빌리루빈을 제거하는 신체기능에 문제가 있을 수 있다. 만일 이 빌리루빈이 증가하도록 방치하면 핵황달(kernicterus)이라는 심한 뇌손상을 일으킬 수 있다. 이 빌리루빈을 제거하는 처치는 유아인 경우에도 실제로 어렵지 않다. 그런데 너무 많은 빌리루빈이 혈액 내에 포함된 상태로 태어난 유아에 대하여 의사가 이를 인식하지 못하고 제때 처지를 하지 않는 바람에 그 환자는 심각한 뇌손상을 입은 사례가 있다.

3. 내과

가. 동맥주사와 공기색전증(空氣塞栓症; air embolism)

입원기간 동안 환자는 혈관에 투입된 튜브를 통하여 영양분을 공급받거나 투약을 받을 수 있다. 이러한 튜브는 삽입하거나 제거할 때 공기가 잘못 혈류에 들어가지 않도록 각별히 주의하여야 한다. 만일 공기가 혈액 속에 들어가게 되면 이를 공기색전증(air embolism)이라고 부른다. 이 기포가 충분히 커지면 마치 공처럼 혈관 내를 흘러 다니게 된다. 그러다가 이 기포가 잘못된 장소에 붙게 되면 심장마비를 일으킬 수 있다. 실제로 한 대학병원 의사가 실수로 이 기포가 폐동맥(pulmonary artery)에 들어가게 하고 말았다. 그 기포가 폐로 들어가는 혈류를 막은 후에 그 환자는 심한 호흡장애를 겪게 되어 곧바로 방사선 촬영을 실시하였다. 그 결과 방사선 영상에 공기색전증이 잘 나타나 있음에도 불구하고 불행하게도 영상학과 젊은 전공의(resident)가 그 영상을 잘못 판독하는 바람에 결국 그 환자는 부주의한 중심정맥관(a central line) 제거와 잘못된 진단 탓에 사망하였다.

나. 관벽혈전(管壁血栓; parietal thrombus)

몸이 베이더라도 피가 멈추는 것은 혈액 내에 혈전(clot)을 만드는 인자가 있기 때문이다. 이처럼 혈전은 몸에 구멍을 막아주는 유익한 것이지만 인체 내 정맥(vein) 안쪽에서 혈전, 즉 병리 혈전(thrombus)이 만들어지면 위험한 일이 생긴다. 이 혈전이 인체 내 다른 부위로 이동하게 되면 그 혈전을 색전(embolus)이라고 부른다. 이 색전은 공기 색전(air embolus)과 마찬가지로 큰 덩어리가 폐동맥에 정착이 되면 심각한 장해 내지 사망을 일으킬 수 있다. 이를 폐색전(pulmonary embolism)이라 부른다.

그러므로 폐혈전을 일으키는 위험인자가 있을 때에는 의사는 혈전이 생기지 않도록 사전에 대비하여야 한다. 그 위험인자로는 ① 폐혈전의 가족력이 있는 경우, ② 응고 장애(clotting disorder), ③ 최근 외과적 수술을 받은 경우 ④ 골반골절 또는 다리뼈골절, ⑤ 장시간 서 있거나 비행기나 자동차 여행과 같이 장시간 움직이지 않고 앉아 있는 경우, ⑥ 암, ⑦ 비만, ⑧ 흡연, ⑨ 55세 이상 고령인 경우, ⑩ 심장마비 또는 뇌졸중의 병력이 있는 경우, ⑪ 임심중인 경우, ⑫ 피임약을 복용한 경우, ⑬ 여성 호르몬 에스트로겐(estrogen) 제재를 복용한 경우 등이 제시되고 있다.

중년의 남성이 응급수술을 받느라 여러 날 동안 움지이지 않았기 때문에 의사는 혈전 발생을 막기 위하여 적절한 처방을 내렸는데 간호사가 실수로 그 지시를 따르지 않아 그 환자가 폐혈전으로 사망한 사례가 있다.

또한 28세의 여성이 임신 36주에 정기검사를 받기 위해 주치의를 찾아 갔는데, 그 환자는 왼쪽 다리의 부종을 호소하였고 이틀 전부터 그 부종이 서서히 증가하였다고 하였다. 더욱이 방문 전날에는 날카로운 가슴통증이 있었는데 깊은 숨을 쉬면 더 심해졌다. 의사는 왼쪽다리의 정맥계통을 검사할 수 있는 이중초음파스캔(duplex ultrasound scan) 검사를 예약하였고, 동 검사를 통하여 광범위한 왼쪽 깊은 정맥의 혈전증(thrombosis)으로 진단되었다.[5)]

다. 혈액암(blood cancer)

편도선(tonsil)이나 치핵(hemorrhoids)을 절제하는 것과 같은 평범한 일반적 절제술을 받은 경우에도 인체상 중요한 정보가 들어나는 경우가 있다. 그렇게 제거된 조직을 병리학자에게 보내지면 암과 같은 질병을 찾을 수 있는 자료가 될 수 있다. 그런데 조직검사를 의뢰받은 병리학자가 그 치핵조직에서 혈액암의 명백한 표지가 나타났음에도 이를 놓치는 바람에 세 자녀의 어머니가 사망한 사례가 있다.

라. 의료기자재 사고

병원은 입원환자를 돌보는 데 필요한 장비를 제대로 공급할 의무를 진다. 이는 바르게 작용할 장비를 가질 것을 의미하는 것만이 아니라 올바른 장비를 가질 것을 의미한다. 관상동맥(coronary artery)이 막힌 75세의 환자를 치료하기 위해서는 의사는 스텐트(stent)가 필요하고 이 스텐트는 막힌 상태가 깨끗이 뚫릴 때까지 피가 잘 통하도록 혈관을 열린 상태로 보존해주는 철망으로 된 관(wire mesh tube)이다. 그런데 병원에서 위 환자에 맞는 적절한 크기의 스텐트를 비축하지 못하고 있었기 때문에 인근에 다른 병원은 빌려줄 충분한 재고가 있었음에도 맞는 크기의 스텐트를 구하는 데에 4주간이 소요되었고 그 바람에 그

5) Richard Drake 외 (조희중 외 번역), GRAY 해부학, 이퍼블릭(2010), 643면 참조.

환자는 기다리는 동안에 중증의 심장마비(massive heart attack)로 사망하였다.

마. 대장내시경(colonoscopy) 사고

대장내시경이나 다른 내시경 시술(endoscopy)은 통상 행하여지는 것으로 매우 안전한 시술이다. 그러나 실수로 내시경이 올바른 방향으로 투입되지 아니하면 그 기구가 대장이나 다른 신체부위에 천공을 낼 수 있다. 만일 이러한 사고가 발생하면 대변(fecal matter)에는 박테리아가 많기 때문에 내장 속에 구멍을 낸 경우에는 심각한 감염사고의 원인이 된다. 그런데 대장내시경 시술 도중 창자(bowel)에 천공이 생겼고, 의사가 이것을 알고서도 이를 치료하는 데에 시간이 너무 오래 걸린 탓에 중년의 여성이 중독되어(poisoned) 많은 고생 끝에 결국 사망한 사례가 있다.

또 다른 75세의 여성 환자도 대장내시경 시술 도중 생긴 천공을 치료받지 못하여 마찬가지로 많은 고통을 받고 사망하였다.

바. 혈관조영(angiogram) 사고

관상동맥조영검사(coronary artery angiogram)를 받던 중 환자의 관상동맥이 천공된 경우도 있다. 이런 사고로 그 환자는 혈관우회수술(heart bypass surgery)을 받은 사례가 있다.

사. 투약상 과실(medication errors)

약은 목숨을 살린다. 그러나 그 약이 오용된 경우에는 인체에 심각한 손상을 일으킬 수 있다. 너무 많은 양을 투여하거나 너무 자주 사용하거나 잘못된 약을 쓴 경우에는 그 약은 독이 될 수 있다. 실제로 병원에서 행하여지는 투약상의 과오는 매우 일반적인 상해의 원인 중 하나이다.

여러 해 동안 제약회사들은 에페드린의 이성체(異性體)인 슈도에페드린(pseudo-ephedrine)이 들어 있는 의약품을 코 질환의 충혈 제거제로 처방전이 없이도 살 수 있도록 판매하여 왔다. 그런데 10여 년 전에 그 의약품이 2살 미만의 유아에게는 약효가 없을 뿐만 아니라 자칫 사망할 수도 있는 위험성을 가지고 있음이 밝혀졌다. 그런데 이러한 경고를 무시하고 한 의사가 생후 4개월 된 유아에게 슈도에페드린의 사용을 처방하였고, 그 유아는 결국 사망하였다.

보건복지부 의약품정책팀은 2008. 1. “의약품 사용과오(Medication Error) 예방을 위한 가이드라인”을 만들었고, 그 가이드라인은 처방확인, 조제, 용법, 복약지도, 의약품 관리 등 총 10개의 지침으로 구성되어 있다.

아. 진통제 사고

진통제(pain killer)는 중요한 약제이면서도 예측할 수 없는 약효로 잘 알려져 있고, 때로는 호흡에 장애를 일으킬 수 있다. 환자의 호흡상태를 계속하여 관찰하고 있다가 호흡이 떨어지면 곧바로 이를 바로 잡아주면 된다. 그런데 20대 초반의 남성 환자에 진통제를 투여하면서도 간호사가 그 환자의 호흡상태를 제대로 관찰하지 못한데다가 자신이 업무를 소홀히 한 점을 감춘 탓에 결국 진통제의 약화로 사망한 사례가 있다.

자. 영양수액제 점적상의 사고

일본에서 발생한 의료사고로, 64세의 남성이 2015. 10. 30. 당시 2, 3일 전부터 구토를 반복하고 음식을 전혀 먹을 수 없게 되어 Y병원에서 진찰을 받은 결과, 유문협착에 의한 경구 섭취 불량의 의심이 들자 정밀검사를 위하여 위 병원 소화기외과에 입원하였다. 환자는 입원 당시 영양 스크리닝에서 “분명히 영양불량 아님”으로 판단되어,[6] 입원중 영양관리계획으로 우선 단식을 한 후, 정맥영양주사로 수액관리를 실시하게 되었다. 그런데 환자는 11. 4. 이후 흔들림

6) 일본에서는 2003년부터 NST(영양서포트팀, Nutrition Support Team) 활동의 보험수가 인정이 시작되면서, 일본정맥경장영양학회(JSPEN, Japanese Society for Parenteral and Enteral Nutrition)가 주관하여 “NST 전문요법사(専門療法士)” 제도를 창설하였고, NST 활동에 실제로 종사하는 의료 전문가가 응시자격을 가지며 소정의 교육 이수 및 시험을 거쳐 학회(JSPEN)가 주관하에 인증 자격을 부여한다. 우리나라도 KSPEN(대한정맥경장영양학회)의 TNT(Training in Nutrition Therapy), CNP(Certified Nutrition Professional) 같은 교육과정을 운영하고 있고 2014년부터 ‘집중영양치료’라는 수가 제도가 도입되었지만, 공식 자격시험 제도는 없다.

이나 구별인식의 장해가 보였고, 11. 6. 신경내과에서 "베르니케 의증"으로 진단되고 그로 인하여 코르사코프 증후군도 발병함에 따라 건망, 무관심 상태, 최근 기억의 소실 등 기억장애가 있어, IQ가 44까지 저하되어 정신년령은 7세 정도이고, 인식, 주의, 계산, 근시기억(近侍記憶), 단어 상기력, 의미기억, 언어유창성(流暢性), 시공간인지, 실행기능이 전반적으로 저하되어 정신장애 1급, 요개호(要介護) 5단계의 상태가 되었다. 이 때문에 환자 본인과 그 아내는 병원에서 입원 시에 실시해야 했던 영양평가를 하지 않고 비타민 B_1을 투여하지 않고 영양수액제재의 점적을 실시한 과실로 환자에게 베르니케 뇌증(Wernicke's encephalopathy)을 일으켜 후유장애가 생겼다고 주장하며 손해배상청구를 하였다.

제1심은 원고의 청구를 모두 기각하였는데, 항소심인 名古屋高等裁判所는, "분명히 영양불량이 없음"이라는 영양평가를 하여 체중측정을 행하지 않은 채 중대한 영양장해가 생길 가능성을 높은 점을 파악하지 아니한 것은 당시의 의료수준을 일탈한 것이라고 말하지 않을 수 없고, 과실이 있다고 보아 제1심을 변경하여 환자와 그 처의 청구를 일부 인용하였다.

4. 외과

가. 자궁경부암(cervical cancer)

자궁경부암 검사법(pap smears)과 유방조영술(mammograms)은 치료가 가능한 초기 단계의 암 확인을 위하여 내려지는 두 가지 통상적이고 원칙적인 검사방법이다. 그런데 만일 의사나 병원에서 그 검사 영상을 잘못 판독하면 그 결과는 재앙이 된다.

어떤 네 아이의 어머니가 정기검사의 일환으로 자궁경부암 검사를 받았는데 그 영상을 잘못 판독하는 바람에 자궁경부암으로 오랜 기간 심한 고통을 겪으면서 결국 사망한 사례가 있다.

나. 수술실 감염

병원내 감염은 여러 경로로 발생할 수 있다. 때로는 수술실에서 감염되는 경우도 있다. 병원과 의사는 이 사실을 잘 알고 있으므로 특별히 대비하여야 한다. 실제로 50대 여성이 등을 수술받은 후 수술실에서 감염된 후 지속적인 열과 통증을 호소하였음에도 의사들이 감염가능성을 무시하는 바람에 뒤늦게 발견되었다가 결국 패혈증(sepsis)으로 사망하였다.

다. 수술실 화재

미국에서는 수술실 내의 화재로 환자의 신체가 손상되는 경우가 적지 않다고 한다. 수술실이나 진단실에서의 화재는 얼마든지 막을 수 있는 것으로서 의료 전문가에게는 가장 기본적인 덕목이고, 가장 핵심적인 것은 수술실 내의 개개인이 그 방지책을 숙지하고 있어야 한다는 점이다. 그런데도 많은 병원들이 이러한 책임을 소홀히 하고 있다고 한다.

실제로 한 외과팀이 생후 1개월 된 유아를 불더미 속에 빠지게 한 일이 있는데, 그 바람에 그 유아는 코와 엄지발가락, 손끝을 잃었을 뿐만 아니라 코로 들어가는 튜브가 녹아 심박정지(cardiac arrest)까지 일으켰다. 그 화재는 수술팀 내 누구도 산소가 많이 들어 있는 공기를 사용하는 수술실에서 피부용 알코올 조제제품을 다루는 방법을 몰랐기 때문이었다. 그 병원에서는 수술을 시행하는 의사들로 하여금 방화를 위하여 시험을 해보거나 훈련을 받은 적이 전혀 없었다고 한다. 더욱이 간호사들에게는 방화훈련을 시켰는데 그 방법이 잘못되었음이 밝혀졌다고 한다.

라. 회복실 사고

수술실에서 수술이 끝나면 환자는 회복실로 옮겨져 마취상태(anesthesia)에서 깨어날 때까지 머문다. 이 회복실에서는 간호사들과 의사들이 환자들이 깨어나는 것을 잘 지켜보아야 한다. 이 회복실에서 의사가 진정상태(sedation)에서 깨어나려고 노력하는 43세의 여성에 대하여 호흡상태를 제대로 관찰하지 못한 채 산소공급을 중단하는 바람에 그 환자는 심한 뇌손상을 입은 사례가 있다.

마. 수혈 사고

의사가 환자에게 수혈을 하면서 수혈할 혈액의 안전성 여부를 자신은 물론 조수, 간호원 등으로 하여금 조사하게 하지도 않았고, 세균이 혼합되어 부패한 혈액을 완전품으로 믿고 수혈 현장에 입회하지도 않고 조수와 간호사에게 일임하고 수혈을 시작한 직후 환자가 고통을 호소함에도 불구하고 수혈을 계속하다가 고통에 못 이겨 고함을 지르자 약 20 내지 30g이 주입되었을 때에 비로소 의사가 달려와서 수혈을 중지한 사례가 있다(대법원 1964. 6. 2. 선고 63다804 판결).

보건복지부는 1996. 2. 3. "의료기관에서의 수혈착오와 투약과오를 방지하기 위한 지침"을 제정하였고, 그 지침에 따르면 수혈을 위한 업무 및 주요확인사항으로『① 검사의뢰 및 혈액요청에서는 환자가 알고 있는 본인의 혈액형을 확인하여야 하고, 환자에게 검사 및 수혈계획을 설명하여야 한다. ② 검사준비 및 채혈시 주의사항으로는 채혈은 의사, 임상병리사가 하는 것을 원칙으로 한다. ③ 혈액주입에서 주의사항은 수혈할 혈액을 침상에 놓아두지 말 것, 다시 한번 수혈 전에 환자의 인적사항 및 혈액형을 확인한다. ④ 수혈결과를 면밀히 관찰한다.』를 들고 있다.

바. 구획증후군(compartment syndrome)

구획증후군은 혈전(clot)이 인체 내 한 부분으로 피가 흘러 들어가거나 그 부분으로부터 피가 흘러나오는 것을 막을 때 발생하고 그 부분을 손상하게 된다. 한 어린 소년이 팔을 부러트리는 사고를 당한 후 혈전이 생겨 팔부위의 구획증후군으로 발전하였다. 이러한 구획증후군에 관한 명확한 증표가 있었음에도 의사가 이를 진단하지 못하여 결국 팔을 절단한 사례가 있다.

사. 투약상 과실(medication errors)

환자가 관절염에 도움이 되는 약을 처방받았는데, 그 약이 매우 강력한 반면 너무 오래 사용할 경우 신장(kidney)에 독이 될 수 있다고 널리 알려져 있다. 이러한 부작용을 막기 위해서는 의사는 투약하는 동안 환자의 신장 기능을 계속 추적하다가 신장에 문제가 있다는 표지가 나타나자마자 곧바로 투약을 중단하여야 한다. 그런데 의사가 신장기능에 대한 추적을 게을리한 탓에 그 환자는 양 신장 모두를 상실하였다.

아. 동맥류(aneurysm) 사고

극심한 두통은 결코 그냥 넘겨서는 안된다. 이는 감염 또는 뇌동맥류(cerebral aneurysm)의 징조가 되기 때문이다. 뇌동맥류는 뇌동맥의 일부가 비정상적으로 부풀러 올라오는 것을 말한다. 긴 막대 풍선을 불 때 풍선 중 맨 처음 부풀어 올라오는 부위와 같다. 이처럼 부풀어 오르는 부위(bulge)는 얇고 터지기 쉽다. 뇌 동맥류가 터지면 극심한 두통을 일으킨다. 만일 의사가 이 극심한 두통을 무시하면 그 파열은 더욱 커지게 되고 깊은 뇌손상을 야기시킨다. 의사는 MRA(magnetic resonance angiography)로 뇌동맥을 촬영하여 뇌동맥류를 진단하게 된다. 그런데 극심한 두통을 호소하는 환자에게 MRA 촬영을 지시하였는데 영상의학과 전문의(radiologist)가 그 화면상 매우 크고 위험스러운 뇌동맥류가 나타났음에도 이를 잘못 판독하여 제때 처치를 못했고, 그 바람에 뇌동맥류가 터져 극심한 뇌손상을 일으킨 사례가 있다.

또 영상의학과 전문의가 뇌동맥류를 발견하였음에도 이를 여러 날 동안 주치의에게 알리지 아니하였고 결국 동맥류가 터져 노령의 환자가 사망한 사례도 있다.

자. 성형외과 사고

1) 성형수술의 특성과 구체적 설명의무 위반

의사인 소외 1은 원고에게 그가 유아 시절 입은 화상으로 인하여 생긴 두부모발결핍부분에 대한 성형수술을 위하여 두피이동술, 모발이식술, 식피술(피부이식술)의 처치가 필요하다는 설명을 하여 이에 대한 수술 및 처치동의를 받은 후 동 병원 성형외과의사 소외 2의 집도하에 원고에 대한 두피이동술과 함께 결손된 부위를 메우기 위하여 원고의 양대퇴부의 피부를 이식하였는데, 이로 인하여 원고의 왼쪽 대퇴부에 약 18×10센티미터, 오른쪽 대퇴부에 약 26×10센티미터 정도의 상처가 발생하여 수술 후 상당기간 통증을 겪음과 동시에 장래 호전되기 어려운 색소이상 및 피부반흔 등의 후유증이 남게 된 사안에서, 대법원 1987. 4. 28. 선고 86다카1136 판결은 "의사인 소외 1이나 2로서는 성형수술이 그 성질상 긴급을 요하지 아니하고, 성형수술을 한다 하더라도 외관상 다소간의 호전이 기대될 뿐이고 다른 한편으로는 피부이식수술로 인한 피부제공처에 상당한 상처로 인한 후유증이 발생할 가능성이 있음을 고려하여 수술전에 충분한 검사를 거쳐 환자인 원고에게 수술중 피부이식에 필요하거나 필요하게 될 피부의 부위 및 정도와 그 후유증에 대하여 구체적인 설명을 하여준 연후에 그의 사전동의를 받아 수술에 임하였어야 할 업무상 주의의무가 있음에도 불구하고 이에 이르지 아니한 채 막연한 두피이동술 및 식피술등의 수술에 관한 동의만 받았을 뿐 양대퇴부의 피부이식에 대한 내용 및 그 후유증 등에 대하여 구체적으로 설명하여 주지 아니하고 수술에 이른 이상 원고의 위 상해는 위와 같은 주의의무를 다하지 아니한 과실로 인한 것이다"라고 판단하였다.

2) 미용성형 시술의 특성과 시술의 거부 내지 중단 의무

대법원 2007. 5. 31. 선고 2007도1977 판결은 "특히 미용성형을 시술하는 의사로서는 고도의 전문적 지식에 입각하여 시술 여부, 시술의 시기, 방법, 범위 등을 충분히 검토한 후 그 미용성형 시술의 의뢰자에게 생리적, 기능적 장해가 남지 않도록 신중을 기하여야 할 뿐 아니라, 회복이 어려운 후유증이 발생할 개연성이 높은 경우 그 미용성형 시술을 거부 내지는 중단하여야 할 의무가 있다. 이 사건에서 피해자 공소외 1을 상대로 피고인 1가 시행한 안면 주름 및 오른쪽 볼 부분 볼거리 흉터 제거수술의 목적과 방법, 위 피고인의 위 수술에 대한 지식의 정도와 시술경험, 위 수술 이후 피해자의 상태 변화, 피해자의 증상이 악화된 이후 피해자를 연세대학교 의과대학 부속 세브란스병원(이하 '세브란스병원'이라 한다)에 이송할 때까지 위 피고인이 취한 조치의 내용 등을 위 법리에 비추어 살펴보면, 비록 위 수술로 인한 부작용을 확대시키는 데 있어서 피해자의 과실이 있음을 고려한다고 하더라도, 피고인 1는 미용성형 시술을 하는 의사로서 요구되는 업무상 주의의무를 다하지 아니하였고, 이로 인하여 피해자가 위와 같은 성형수술 이후 그 회복과정에서 통상적으로 수인하여야 하는 범위를 초과하여 생리적·기능적 장해를 입게 되었다고 보이므로, 원심이 같은 취지에서 피고인 1에 대한 판시 업무상과실치상의 공소사실을 유죄로 인정한 것은 옳고, 상고이유의 주장과 같은 채증법칙 위배로 인한 사실오인, 의사의 업무상 주의의무와 상당인과관계에 관한 법리오해 등의 위법이 없다."라고 판시하였다.

5. 비뇨기과

음경배부신경은 벅스근막(Buck's fascia) 아래, 백막 위층에 위치하여 음경의 귀두, 피부, 요도 및 해면체 내의 감각을 내음부 신경을 통하여 척수로 전달하는 역할을 하는 신경이다. 음경배부신경 부분절제술은 귀두감각이 유난히 예민한 사람에게 적용되는 수술방법으로, 귀두감각을 맡고 있는 음경배부신경을 부분적으로 절단하여 음경 피부와 귀두부의 감각을 저하시킴으로써 사정을 지연시키는 수술 방법이다.

조루치료를 위하여 음경배부신경 부분절제술을 받은 후 포피유착 증상으로 유착분리 용해술을 받게 되고 나아가 '복합부위통증증후군(Complex Regional Pain Syndrome) 제2형'으로 진단받고 음부신경 및 교감신경 차단술, 케타민 정주 등의 신경치료를 받았으나 통증 조절이 잘되지 않아 '외상후 신경병증 통증'으로 진단 받게 된 사안에서, 서울고등법원 2011. 2. 24. 선고 2010나15983 판결은 『이 사건 수술 당시 음경배부신경 부분절제술이 비뇨기과 개원의들 사이에서 널리 행해지고 있었던 사실, 음경배부신경 부분절제술의 일반적인 부작용으로는 부종, 혈종, 감염 등으로 인한 창상 치유 지연 내지 지루, 사정 불능, 발기부전 및 수술 후 수개월 정도 동안의 귀두 부위에의 짜릿한 통증 발생이나 지각과민반응 등이 있는 것으로 알려져 있었으나, 원고에게 나타난 복합부위통증증후군 또는 그에 준하는 정도의 신경병증 통증 질환이 부작용으로 발생한 예는 보고된 적이 없었던 사실, 복합부위통증증후군의 발병 원인이나 기전에 대하여는 현재까지도 정확히 알려진 바 없고 복합부위통증증후군을 정확하게 진단할 수 있는 단일한 검사법도 없는 사실, 복합부위통증증후군 제2형은 우리나라에서 2008년경에야 통계청의 '한국표준질병 및 사인분류'에 추가되어 신종질병분류에 반영된 사실 등을 인정할 수 있는바, 이에 비추어보면 피고가 당시 의료수준에 따라 최선의 조치를 다하였다면 이 사건 수술로 인하여 원고에게 복합부위통증증후군 또는 그와 비슷한 정도의 신경병증 통증질환이라는 결과가 발생할 수 있다는 점을 예견할 수 있었다거나 이를 방지할 수 있었을 것이라고 인정하기에 부족하고, 달리 이를 인정할 만한 증거가 없다.』라고 판시하면서, "피고가 이 사건 수술 당시 그로 인하여 복합부위통증증후군 또는 그와 비슷한 정도의 신경병증 통증의 부작용이 발생할 수 있음을 예견할 수는 없었다 하더라도, 이 사건 수술은 피고가 원고에게 수술방법 및 부작용에 관한 설명의무를 제대로 다하지 않음으로써 원고의 자기결정권을 침해하여 이루어진 위법한 수술이라 할 것이므로, 피고는 이로 인하여 원고가 입은 손해를 배상할 의무가 있다 할 것이다."라고 하며 위자료 배상책임을 인정하였다.

6. 안과

가. 마취약 조제상의 과실

의사가 수습간호사에게 안과에서 사용하는 마취약의 조제를 맡겼는데 수습간호사의 살봇으로 염산 프로카인 분말 0.05그램에 증류수 50cc를 혼합한 것을 의사가 모르고 정상인 것으로 믿고 사용하는 바람에 환자에게 상해를 입힌 사례가 있다. 이때 의사는 마취약등의 조제에 관해서는 스스로 조제하든가 또는 자기의 직접적인 지시 아래 수습간호사에게 조제하게끔 하여 수습간호사가 임의로 마취약 등을 조제하는 일이 없도록 충분히 감독함과 동시에, 위와 같은 수습간호사로 하여금 조제케 하였을 경우에는 즉시 그 조제가 규정대로 되어 있는가의 여부를 확인하는 등으로 사고의 발생을 미연에 방지할 업무상의 주의의무가 있음에도 불구하고 이를 태만히 한 것이므로 의사에게 업무상과실치상죄가 인정된다(일본 동경지방재판소 昭和 40년 7월 7일 판결).

나. 백내장 수술과 망막박리에 대한 진단상의 과오 여부

안과에서 흔히 행하여지는 수술 중 하나는 백내장 수술이다. 이는 통상 수정체를 제거하고 인공수정체 삽입하는 시술로 이루어진다.

대법원 1997. 7. 22. 선고 95다49608 판결의 대상이 된 사안은, '원고 1.은 1991. 10. 7. 피고 재단이 운영하는 A병원 안과에서 의사인 피고 2.로부터 우측 눈은 백내장이 심하여 시력이 0.1이고 좌측 눈은 백내장은 없으나 시력이 0.15로서 양쪽 눈이 모두 중등도근시라고 진단을 받고, 같은 해 12. 12. 백내장 수술을 받았는바, 그 수술은 우측 눈에 대한 국소마취를 한 후 우측 눈을 개검기를 사용하여 상하로 벌린 다음 수술현미경을 보면서 눈동자의 12시 방향 흰 자 위와 검은 자 위가 접한 부분(각막 윤부)을 약 6㎜ 가량 절개하고 수정체 껍질을 제거한 후 초음파 팁을 넣어 혼탁된 백내장을 유화흡인시키는 방법으로 진행되었는데, 이 과정에서 수정체의 후낭이 파열되어(백내장 초음파 유화흡인술 중에 수정체 후낭이 파열되는 빈도는 3% 내지 22%이다) 전부초자체절제술을 시행한 후 인공수정체는 안구의 전방에 삽입하고 절개 부위를 접합하는 방법으로 시행하였다. 백내장 수술 후 우측 눈의 시력은 퇴원일인 같은 달 18.에는 0.5, 외래 내원시인 같은 달 20.에는 0.7, 1992. 2. 6.에는 0.9, 같은 달 28.에는 0.9로서 거의 정상으로 회복되었다. 그런데 위 원고는 같은 해 8. 29. 목동 안과병원에 내원하여 눈이 부시는 현휘증상을 호소하여 세극등 현미경으로 검사를 한 결과 우측 눈의 전방에 인공수정체가 삽입된 상태로 각막 내피세포의 하반부에 반점이 있었으며, 양안의 교정시력은 1.0, 양안의 안압은 18㎜Hg로서 정상범위로 확인되었고, 목동 안과병원은 환자가 호소하는 증상과 위 반점들이 백내장 수술과 어떠한 연관이 있는지의 감별을 위하여 위 원고에게 백내장 수술을 한 피고 병원으로의 전원을 권유하였다. 위 원고가 같은 해 8. 31. 피고 2.에게 찾아와 진찰을 받은 결과 당시 위 원고의 우측 눈의 시력은 1.0으로 정상, 안압은 27㎜Hg로서 정상보다 약간 높았는데 위 원고는 위 피고에게 눈에 무엇인가 떠다니는 증상(비문증 증세)을 호소하였고, 이에 위 피고는 위 원고에게 위와 같은 증상은 근시가 있는 눈에 흔히 있는 것이라고 하며 그 치료를 위하여 레시돈 정제 15일분을 처방하였고, 그 밖에 위 원고의 눈에 결막염 증세가 있다고 판단하여 항생제 안약(탈리비드)을 투여하였다. 위 원고는 위 피고가 처방한 대로 위 레시돈 정제를 복용하던 중 우측 눈에 코 있는 쪽의 시야가 가리는 증상이 나타났고 약 1주일이 지난 후에는 물체가 흑백으로 보이고 물결이 흔들리는 것 같은 증상이 나타나 같은 해 9. 16. 다른 안과를 찾아 진찰을 받은 결과 우측 눈의 시력이 0.02이고 망막박리 증상이 있었는데 이어서 중앙대학교 용산병원 안과 의사로부터 우측 눈이 비문증 증가와 시력저하 증상을 나타내는 우측위수정체안 및 견인성망막박리라는 진단을 받았고, 같은 달 18. 서울대학교병원 안과에서 우측 눈의 시력은 광각이고 전방에 인공수정체가 있으며 망막은 전부 박리되어 있고 망막의 6시 방향으로부터 10시 방향으로 중간 부위를 따라 큰 망막열공이 보여 우측 눈의 초자체 절제술과 망막재유착술을 권유받았다. 위 원고는 같은 해 9. 25. 미국으로 가 로스엔젤레스에 있는 성 메디칼빈센트병원에 입원, 우측 눈의 망막과 맥락막이 이탈되었다는 진단을 받고, 같은 달 28. 망막박리 교정수술을, 같은 해 10. 19. 인공수정체 제거 및 가스주입술 등을 받았으나 수술 후 계속적인 염증이 발견되는 등 경과가 좋지 못한 상태에서 같은 달 27.경까지 치료를 받다가 귀국하여 같은 달 31. 위 용산병원에 입원, 다시 망막박리 교정을 위한 수술을 받았으나 망막박리가 유지되고 있고, 여러 번의 수술로 각막혼탁이 발생하여 현재 우측 눈에 대한 각막이식 및 망막박리 교정술이 필요한 상태로 향후 치료 후에도 우측 눈의 시력장애가 남을 것으로 예상된다.'는 것이다. 여기서 문제가 된 망막박리는 '초자체와 맥락막 사이에 있는 망막이 여러 가지 원인에 의하여 제 위치에 있지 못하고 초자체 쪽으로 떨어져 나오는 현상을 가리키며 이는 그 발생기전 및 형태에 따라 크게 열공성 망막박리, 견인성 망막박리, 삼출성 망막박리, 열공 및 견인성 망막박리의 네 가지 종류가 있는데, 위 원고에게 발생한 망막박리는 망막에 구멍이 뚫리는 망막열공에 의한 열공성 망막박리이고', 백내장 수술은 후초자체 박리의 발생을 증가시킬 수 있고, 또한 초자체의 전후 움직임을 유발해 초자체가 강하게 부착되어 있는 초자체 기저부의 망막에 견인을 유발할 수 있으며 이로 인하여 망막열공이 발생하고 열공성 망막박리가 발생할 수 있다. 경한 초자체 혼탁이 있을 때 환자에게 자각적으로 눈 앞에 먼지 같은 물체가 보이는 등의 혼탁이 보이는 증상을 비문증이라고 하는데 이는 주로 후초자체박리, 안구 내 출혈, 안구 내 염증 등을 원인으로 하여 발생하고, 한편 눈 앞이 번쩍거리는 현휘증상을 광시증이라고 하는데 이는 후초자체박리시 망막과 초자체가 유착되어 있는 부위에 안구 운동시 초자체에 의한 견인력이 작용하여 망막이 자극되어 시야 내에 불빛이 번쩍거리는 것을 환자가 자각하는 것을 말한다. 망막열공이 발생하는 시기에는 눈앞이 번쩍거리는 광시증 또는 먼지 같은 물체가 보이는 비문증 등을 느끼는 수도 있으나, 아무런 증상을 느끼지 못하는 경우도 있다. 한편 열공성 망막박리는 대부분 주변부 망막에서 발생하여 망막 중심부로 파급되므로 초기의 증상은 주변부 시야에 검은 장막이 드리우는 것 같은 주변부 시야장애가 나타나고 망막박리가 망막 중심부까지 파급되면 시력저하가 오고 변시증이 나타나는데, 열공성 망막박리의 경우 초기에는 안압이 정상이거나 저하될 수 있으며 망막박리가 넓게 진행되면 대개는 안압이 저하된다. 환자의 안압과 시력이 정상이고 환자가 광시증(현휘증상), 비문증, 주변부 시야장애 등의 증상을 호소하지 않으면 대개 열공성 망막박리를 의심하지 아니하며, 환자가 망막열공 및 열공성 망막박리의 발생을 의심케 하는 증상을 호소할 때 안저검사, 초음파검사, 또는 망막 전위도검사를 시행하며 이 때 망막열공 및 열공성 망막박리가 있으면 대부분은 진단이 가능하나, 위 각 검사는 그 소요기간과 경비문제로 모든 환자에게 일상적으로 시행하는 검사는 아니다. 열공성 망막박리의 치료는 망막열공의 위치, 크기, 개수, 망막박리의 범위 또는 정도, 열공성 망막박리의 합병증 발생 유무 및 정도에 따라 공막돌융술, 초자체 절제술 및 초자체강내 주입술 등의 수술을 각각 또는 병행하여 시행하는데, 공막돌융술의 성공률(망막재유착률)은 증식성 초자체 망막증이 없는 경우는 90% 내지 95%, 증식성 초자체 망막증이 발생한 경우는 50% 내지 75%이고, 초자체 절제술 및 초자체강내 주입술의 성공률(망막재유착률)은 35% 내지 70%이며, 그 성공률에 관여하는 인자로서는 열공의 크기, 수, 위치, 망막박리의 기간, 합병증의 발생 여부 등이 있다.

위 사안에서 피고 2.가 원고 1.이 1992. 8. 31. 피고 병원에 내원하여 진찰을 받을 때 망막박리의 전형적인 증세인 현휘나 비문증 증세를 호소받고도 망막박리 여부를 판단하기 위한 검사를 하지 아니하여 위 원고로 하여금 적시에 망막박리 증세에 대한 치료를 받을 기회를 상실하게 한 과실이 있거나, 위 원고의 수술 및 진료를 담당하였던 의사로서 위 원고의 상태를 면밀히 진찰하여 그 원인과 치료 방법을 규명할 생각은 하지 아니하고 그대로 돌려보내는 등의 과실이 있는지 여부가 다투어졌는데, 대법원은 '위 원고가 백내장 수술 후 일단 정상으로 회복되었다고 보이고, 비록 피고 2가 1992. 8. 31. 위 원고를 검진할 당시 위 원고가 비문증을 호소하기는 하였으나 이는 후초자체박리의 경우뿐만 아니라 안구 내 출혈, 안구 내 염증 등을 원인으로 하여 발생하며, 당시는 통상 예상되는 후유증 발생기간인 수술 후 6개월이 이미 경과한 시점이고, 위 원고의 시력이나 안압 등의 상태도 망막박리 등 백내장 수술로 인한 후유증의 징후가 있는 것으로 볼 수 없는 상황이었다고 할 것이므로, 위 피고의 위 검진이 오진이라거나, 위 검진 당시 망막박리를 판단하기 위한 검사를 시행하지 아니한 것이 과실이라고 단정하기 어렵고, 나아가 그러한 진단 결과나 망막박리를 판단하기 위한 검사를 하지 아니한 것이 이 사건 장애를 초래한 직접적인 원인이 되었다고 단정할 수도 없다고 봄이 상당하다'라고 판단하였다.

아울러 설명의무 위반의 점에 대해서는 '피고 2.가 이 사건 수술 전에 원고 1.에게 이 사건 백내장 수술치료와 그 치료에 따른 후유증 및 수술치료를 받지 아니할 경우 초래될 결과를 설명하지 아니하였고, 또 위 수술 전후에 백내장 수술도 망막박리를 일으킬 수 있다는 점과 특히 이 사건에서는 수술 도중에 수정체 후낭이 파열되어 그 가능성이 더욱 커졌을 뿐 아니라 위 원고와 같은 중등도 이상의 근시인 사람이 사회적으로 심한 활동을 할 경우에도 망막박리가 초래될 가능성이 있다는 점 등을 설명하여 위 원고로 하여금 이에 대비하도록 하여야 하는데도 이러한 설명을 하지 아니한 사실을 인정한 다음, 위 인정과 같은 피고 2.의 설명의무 위반은 결과적으로 위 원고로 하여금 백내장 수술에 따른 후유증인 망막박리의 증상과 그 예방 방법 및 진단 방법, 치료 방법, 치료가 지연되는 경우 초래될 결과 등에 대비할 기회를 상실하게 하였고 그로 인하여 망막박리라는 예기치 못한 결과를 당하여 정신적 고통을 입게 하였으며 그 가족인 나머지 원고들에게도 그로 인한 정신적 고통을 입게 하였으므로 피고들은 각자 원고들에게 위 정신적 고통에 대한 위자료를 배상할 책임이 있다'라는 원심 판단은 정당하다고 보았다.

7. 이비인후과

가. 축농증 수술상의 과오

축농증 치료를 위한 수술 도중 시신경을 절단하여 실명하는 경우가 있다.

일본 동경지방재판소 昭和 41(1966). 11. 22. 판결은 '환자 X는 축농증 치료를 위하여 모 국립병원에서 비내사골동 개방수술을 받은 결과 수술 직후부터 우안에 실명이 오게 되였다. A의사는 이비과의 전문의로서 앞에서와 같은 수술에 있어서 조치를 잘못하면 실명이 초래될 위험이 있다는 것은 충분히 인식하고 있었으리라고 생각된다. 그러나 본건 수술 시 X의 출혈과다로 수술 부위의 시야의 확보가 곤란하였고, 또 X는 그 부위를 과거에 수술한 사실이 있기 때문에 반흔조직이 생긴 환부가 있는 등의 악조건이 겹쳐서 사골동(篩骨洞; ethmoidal sinus) 내의 병소(病巢; lesion; 병이 생긴 부위)를 소파(搔爬; curettage)하는 데 있어서 수술기구의 조직을 잘못하여 기구가 안와 내로 들어가 직접 또는 골편 등에 의하여 간접적으로 우안구 후부의 시신경 또는 혈관에 충격을 주어 이것 때문에 X의 실명이 야기된 것이라고 추인할 수 있다. 따라서 A의사는 이러한 과실의 책임을 면할 수 없다.'라고 판시하였다.

나. 편도선 절제수술상의 과오

갑상선비대증이나 심장병환자에 대하여는 편도선 절제수술이 금기사항으로 되어 있다.

그런데 갑성선과 심장이 보통 사람의 그것에 비하여 많이 비대해져 있음이 발견된 환자에게 의사가 정밀검사를 통하여 그 발병 원인을 밝혀 보고 나아가 그 질환의 정도가 편도선 절제수술을 감내할 수 있는지 여부를 확인하지 아니한 채 편도선절제수술을 감행한 결과, 그 환자는 갑상선수양암 및 관상동맥경화증을 앓고 있던 터라 수술을 마친 후 약 40분 후에 심장마비로 사망케 하였고, 법원은 그 의사에게 업무상과실치사의 책임이 인정하였다(대법원 1986. 10. 14. 선고 85도1789 판결 참조).

8. 치과

가. 루드비히 안자이나(Ludwig's angina, 구강저 봉와직염)와 패혈증 사고

만 18세 9개월의 여자로서 2.5cm 가량의 태아를 임신한 상태에서 1992. 6. 27. 11:30경 치과에서 하악좌측제2대구치(사랑니)를 발치한 후 발치 부위에 부종증세를 보이고 개구장애와 그로 인한 음식물의 섭취곤란이 생기고 부종증세가 턱 부위와 목 부분까지 확대되면서 통증심화와 고열증세를 계속 보여 다른 병원에서 응급진료 등을 받았는데 호전되지 아니하자 같은 해 7. 1. 피고 병원 구강악안면외과에 입원치료를 받게 되었는데, 당시 환자는 양측하악골우각부와 턱하부, 구강저부에 심한 종창과 압통이 있었고 그 종창이 목 부위까지 번져 있어 심한 악취가 있었으며 구강이 15mm밖에 벌어지지 않는 개구장애로 음식물의 섭취가 어려운 상태이었고, 오한이 있는 외에 체온이 39.2℃까지 올라가는 등, 치아발치 후 세균감염에 의한 것으로서 사망률이 5%에 이르는 루드비히 안자이나(Ludwig's angina, 구강저 봉와직염)의 증상을 나타내고 있었던 사안에서, 대법원 1998. 9. 4. 선고 96다11440 판결은 "피고 병원은 그 진료체제 전체를 통하여 대학병원으로서의 의료수준에 맞는 진료를 실시하여야 할 것임에도 불구하고 위 환자의 화농부위를 적기에 정확히 절개·배농시켜 병소 내 세균의 급격한 증식·전이를 억제하는 조치를 지체하였다고 할 것이고, 또 치사율이 5%에 이르는 루드비히 안기나 환자로서 위와 같이 입원 당시 이미 병세가 중했던 환자에 대하여는 조기에 농배양검사를 실시하여 밝혀진 세균에 적합한 항생제를 충분히 투여함으로써 위 질환이 패혈증 등으로 발전되는 것을 미리 차단하여야 하고, 위 질환이 내과적 질환인 패혈증 등으로 발전하는 것을 의심할 만하였으므로 종합병원인 피고 병원의 치과와 내과가 기민하고 적극적으로 협조하여 진료를 하여야 할 주의의무가 있다고 할 터이며, 이 사건의 경우 환자가 피고 병원에 입원한 직후 조기에 농배양검사를 하였더라면 패혈증 발생 이전에 적합한 항생제를 투여할 시간이 있었음에도 불구하고, 피고 병원은 농배양검사를 실시하지 아니한 채 만연히 세파계열 제1세대 광범위항생제인 세파졸린을 쓰다가 환자의 병세가 이미 악화된 후에야 농배양검사를 하고 뒤늦게서야 세파계열 제3세대 항생제를 투여한 것으로 보이며, 또 피고 병원 내부에서 치과와 내과의 유기적 협조 아래 위 패혈증에 대하여 적절히 대처하지도 못하였다고 여겨지고, 그러하다면 소외 1의 사망은 피고 병원의 위 피용자들의 진료과정에서의 위와 같은 과실과 상당인과관계가 있다."라고 판시하였다.

나. 농배양 지체와 업무상과실치사죄의 성립 여부

위 가.항의 피고 병원 구강악안면외과 과장에 대하여, 원심은 ① 1992. 7. 3. 재수술시는 외래담당의사나 담당 수련의에게 적절한 수술방법을 지시하거나 피고인이 직접 수술을 하여 배농을 한 후 농배양을 실시하도록 할 주의의무가 있음에도 수련의들에게 재차의 수술을 하도록 방임한 과실, ② 농배양을 통하여 원인균을 밝혀내고 그 원인균에 대한 항생제감수성검사를 통하여 적절한 항생제를 선택하기까지 4일 내지 7일이 소요되는데 루드비히 안기나는 급성 염증으로서 조기에 그 원인균을 규명하고 대처하지 않으면 치사율이 매우 높은 패혈증으로 발전할 가능성이 크므로 수련의들이 재수술시 소량이나마 농을 배출시켰다면 즉시 농배양을 실시할 것을 지시, 감독하였어야 할 업무상 주의의무를 게을리한 과실, ③ 같은 해 7. 4. 직접 집도하여 다량의 농을 배출하였으면 즉시 농배양을 시켜 가급적 빨리 원인균을 규명하고 항생제 감수성검사를 통하여 적절한 항생제를 선택하여 치료함으로써 패혈증으로 발전하지 않도록 할 업무상 주의의무가 있음에도 만연히 봉와직염의 원인균에 일반적으로 효과가 있다고 알려진 세파졸린과 클레오신 항생제만을 교체 투약하다가 피해자의 증상이 호전되지 않고 더욱 악화되는 것을 보고 같은 해 7. 7. 농배양을 하기에 이른 과실, ④ 피해자의 증상이 패혈증으로 발전하는지 여부에 대하여 각별한 주의를 가지고 관찰, 진료함은 물론 피해자가 기침을 하고 호흡곤란을 호소한 같은 해 7. 7.부터는 권위 있는 내과의사나 흉부외과 의사에게 루드비히 안기나의 특수성 및 패혈증으로의 진화 위험성을 설명한 후 곧바로 피해자를 직접 검진하게 하고, 흉부 X선 촬영 및 타액검사 등을 시행하여 줄 것을 요청하여 패혈증으로 진화하는지 여부에 대하여 기민하게 그리고 적극적으로 대처하여야 할 업무상 주의의무가 있음에도 불구하고 같은 해 7. 6.부터 내과의사들에게 전화로 증상을 설명하여 상담하는 방식으로 소극적으로 협진하여 오다가 같은 해 7. 9.에 이르러 피해자의 증상이 더욱 악화된 후에야 비로소 내과와 흉부외과에 의뢰하여 흉부 X선 촬영 및 혈액검사 등 적극적 협진을 하기 시작한 과실, ⑤ 임신 여부는 환자의 면역 및 항균능력에 중대한 영향을 줄 수 있지만 피해자와 같이 미혼이면서 임신 초기인 임부로서는 자신의 임신 여부를 알지 못할 수 있으므로 피고인으로서는 피해자의 과거 병력에 대한 문진에 그칠 것이 아니라 임신반응검사와 같은 방법을 통하여 피해자의 임신 여부 등에 대하여도 검진할 업무상 주의의무가 있음에도 이에 대한 검진을 하지 아니한 과실 등을 인정하여 유죄로 판단하였다.

이에 대하여 대법원 1996. 11. 8. 선고 95도2710 판결은, 『우선 원심이 피고인이 피해자의 치료에 관여하기 전임에도 불구하고 피고인의 과실로 인정한 첫째, 둘째 과실의 점에 관하여 보건대, 피고인은 위 부속병원 구강악안면외과 과장이지만 진료체계상 피해자를 담당한 의사가 아니었다는 것인데, 기록에 의하면, 일반적으로 대학병원의 진료체계상 과장은 병원행정상의 직급으로서 다른 교수나 전문의가 진료하고 있는 환자의 진료까지 책임지는 것은 아니고, 소속 교수 등이 진료시간을 요일별 또는 오전, 오후 등 시간별로 구분하여 각자 외래 및 입원 환자를 관리하고 진료에 대한 책임을 맡게 된다는 것이다(공판기록 644, 645면). 그러한 사정을 감안하면, 피고인에게 피해자를 담당한 의사가 아니어서 그 치료에 관한 것이 아님에도 불구하고 구강악안면외과 과장이라는 이유만으로 외래담당의사 및 담당 수련의들의 처치와 치료 결과를 주시하고 적절한 수술방법을 지시하거나 담당의사 대신 직접 수술을 하고, 농배양을 지시·감독할 주의의무가 있다고 단정할 수 없는 것이다. 다음 원심이 인정하고 있는 피고인이 피해자의 치료에 관여한 이후의 셋째 과실의 점에 관하여 보면, 피해자의 병명인 루드비히 안기나와 같이 이미 원인균이 알려진 경우라 할지라도 배농이 되었을 경우 원칙적으로 농에 대한 배양검사를 실시하여 적절한 약물을 선택하여야 한다는 것이므로, 피고인이 농배양을 하지 않은 것이 과실이라고 할 수는 있겠으나, 그것이 피해자의 사망에 기여한 인과관계 있는 과실이 된다고 하려면 원심으로서는 농배양을 하였더라면 피고인이 투약해 온 항생제와 다른 어떤 항생제를 사용하게 되었을 것이라거나 어떤 다른 조치를 취할 수 있었을 것이고, 따라서 피해자가 사망하지 않았을 것이라는 점을 심리·판단하였어야 한다(대법원 1990. 12. 11. 선고 90도694 판결 참조). 그러나 기록상 그러한 점을 밝힐 수 있는 자료는 없고, 오히려 후에 밝혀진 바에 의하면, 피고인이 투약해 온 항생제는 원인균에 적절한 것으로 판명되었다는 것이므로 피고인의 과실이 피해자의 사망과 인과관계가 있다고 보기는 어렵고, 이와 같이 인과관계가 없는 이상 진료상의 적절성 여부를 불문하고 원심이 판시한 바와 같이 다른 과실과 합하여 피해자 사망의 한 원인이 된 것이라고 할 수 없을 것이다. 피고인의 넷째 과실의 점에 관하여 보면, … 피고인 스스로 피해자가 패혈증으로 발전할 우려가 있는 것으로 보고 있었다는 것이므로, 피고인이 예견한 패혈증으로의 발전을 회피할 수 있었는데도 회피하지 못한 것인지 여부가 문제가 된다고 할 것인데, 피고인은 같은 해 7. 6.부터 2, 3일 간격으로 혈액검사를 하도록 하고 3회에 걸쳐 혈액배양 실험을 하였으나 이상이 없었다는 것이어서 패혈증으로 이미 발전한 것으로는 생각지 않았던 것으로 보이고, 이에 따라 내과의사들에게 증상을 설명하여 상담하는 방식으로 협진하였다는 것이다. 감정인 최강원의 보충감정서의 기재에 의하면, 혈액배양에서 균이 검출되지 않았어도 패혈증의 증상과 임상경과를 나타내고 있으면 패혈증이라고 보아야 하고 피해자가 7. 9.에는 이미 패혈증을 가지고 있었다고 하면서, 1992년 미국 흉곽내과-중환자치료학회의 패혈증 정의를 인용하고 있으나(공판기록 671, 672면), 기록에 편철된 의학사전의 사본 등의 기재(공판기록 683면 이하)에 의하면, 일반적인 패혈증의 정의는 "혈액중에 병원성 미생물 또는 그 독소가 존재하며 지속되는 전신성 질환"을 의미하는 것이어서 그러한 정의에 따르면, 혈액검사 결과 이상이 없었다는 점을 토대로 피해자의 증상이 패혈증으로 발전하지 않았다고 본 피고인의 판단을 나무랄 수 있는 것인지 의심이 가고, 피고인이 패혈증에 관한 최신 정의를 알지 못하여 이미 진행 중인 패혈증을 아직 진행하지 않고 있는 것으로 잘못 판단하고 적절한 치료방침을 정하지 못한 것이라 하더라도 그 판단이 현재 우리 나라의 일반적 기준으로서의 의학수준과 함께 기록에 나타난 피고인의 경력·전문분야 등 개인적인 조건이나 진료지·진료환경 등을 고려할 때, 통상의 의사의 정상적인 지식에 기한 것이 아니고, 따라서 그것이 과실이라고 단정하기는 어렵다고 할 것이고(대법원 1987. 1. 20. 선고 86다카1469 판결 참조), 더욱이 감정인 김종열의 감정서 기재에 의하면, 루드비히 안기나에 대한 치료는 구강악안면외과를 제외한 타과에서는 치료가 거의 불가능한 질환이기 때문에 환자의 상태가 전신적으로 악화되기 전까지는 일반적으로 구강악안면외과에서 단독으로 치료하는 것이 대학병원의 일반적인 관례라는 것이므로, 피고인이 원심이 인정한 바와 같은 단순한 대진의뢰 등 소극적 협진마저도 그 시기가 적절치 않았는지 여부와 이에 그치지 않고 내과로 전과하는 등 적극적 협진을 하였다면 그 치료방법이 어떻게 달라져서 피해자의 생명을 구할 수 있었는지 여부가 심리되어야 할 것이다(대법원 1990. 12. 11. 선고 90도694 판결 참조). 나아가 피고인의 다섯째 과실의 점에 관하여 보면, 원심이 피해자의 과거 병력에 대한 문진에서 나아가 피해자의 임신 여부 등에 대하여도 검진하지 않은 것이 피고인의 과실이라고 하려면 봉와직염에 감염된 여자환자라면 19세로서 미혼이라고 하여도 그 임신 여부 검사를 하는 것이 보편적임에도 불구하고 피고인이 그 검사를 하지 않았다거나 위와 같은 여자환자가 증세가 호전되지 않는 경우 임신에 의한 면역기능 저하를 당연히 의심하여 대처하여야 함에도 불구하고 피고인이 그러한 통상적인 예견과 판단도 하지 못한 것이라는 점이 밝혀져야 할 것이다. --- 결국 피고인에게 업무상 과실을 인정한 원심의 판단에는 그 사실인정에 있어서 채증법칙을 위배하였거나 심리를 다하지 아니하여 판결 결과에 영향을 미친 위법을 저질렀다고 할 것이다.』라고 판시하였다.

다. 프리어(freer) 파손과 과실 여부

원심에서 "수술을 집도하는 치과의사로서 유착된 조직을 분리시키는 기구인 프리어(freer)를 사용하던 중 과도한 힘을 준 과실로 프리어의 앞부분이 3cm 가량 파손되게 한 과실이 있다"라고 보아 업무상과실치상죄를 인정한 사안에서, 대법원 2014. 5. 29. 선고 2013도14079 판결은 "① 프리어를 수입하여 이 사건 병원에 공급한 회사는 관련 민사사건에서의 사실조회회신에서 프리어는 골막분리기의 일종으로 잇몸이나 뼈 주변을 감싸고 있는 얇고 연한 막을 박리할 때 사용하는데, 통상 10~15kg 이상의 하중까지도 견딜 수 있으므로 이 사건에서와 같이 얇고 연한 막을 박리하다가 프리어가 부러지는 것은 불가능하고, 다만 오랜 기간 동안 사용하였을 경우에 한하여 소독시 고열에 장시간 노출되거나 단단한 바닥에 떨어뜨리면 부러질 수 있다고 회신한 사실, ② 관련 민사사건의 진료기록감정에 의하더라도 프리어의 강도 및 굵기에 비추어 볼 때 수술 중 의사의 과도한 힘에 의하여 프리어가 부러질 가능성은 매우 희박하고, 다만 기구의 사용 연한이 오래되면 가벼운 동작에 의하여도 피로파절될 가능성은 있는 사실,

③ 피고인은 수사기관에서 이 사건 수술 2일 전에도 이 사건 프리어를 정상적으로 사용하였으며, 수술 전에 이 사건 프리어의 이상 유무를 확인했으나 별다른 이상이 없어 보였고, 박리를 하는 과정에서 가하는 힘이 그렇게 크지는 않기 때문에 부러질 줄은 몰랐다고만 진술한 사실, ④ 그 밖에 이 사건 프리어가 파절된 원인이나 피고인이 수술 중 과도한 힘을 주었다는 점에 부합하는 증거는 없는 사실 등을 알 수 있다. 이러한 사실관계를 앞서 본 법리에 비추어 보면, 검사가 제출한 증거만으로는 피고인이 이 사건 프리어를 사용하면서 과도한 힘을 준 과실이 있다고 단정하기 어려울 뿐만 아니라, 피고인으로서는 통상 10~15kg 이상의 하중을 견딜 수 있는 이 사건 프리어가 얇고 연한 막을 박리하는 수술 과정 중에 부러질 수 있다는 결과를 예견할 수 없었다고 보이므로 설령 피고인이 이 사건 프리어를 사용하면서 약간 힘을 주었다고 하더라도 그것을 과실이라고 보기는 어렵다."라고 판시하였다.

9. 마취과

가. 심장질환자에 대한 마취 사고

환자에게 탈구 및 골절 부위에 대한 도수정복수술을 실시하였으나 관절 내에 골절편이 끼어 있을 가능성이 높아 이를 제거하기 위한 수술에 대비하여 간기능검사와 심전도검사를 하였는데, 간기능검사에서는 간효소치가 정상치 보다 높게 나오고 심전도검사에서는 우측변위 및 '1차성방실차단'의 의증이 있는 것으로 확인되자, 심장기능의 이상 유무를 확인하기 위한 24시간 홀터모니터링검사(단시간의 심전도검사에서는 일과성으로 출현하는 부정맥이나 발작성 허혈성 변화를 포착하기 어려우므로 장시간 연속되는 심전도기록장치를 환자에 부착하여 24시간에 걸쳐 심전도를 기록한 후 이를 해석하는 검사 방법)를 시행하기로 하고 그 뜻을 환자 가족들에게 알려 검사에 필요한 접수절차까지 마치게 하였으나 별다른 이유 없이 그 검사를 시행하지 아니하였다. 의사들은 그 다음날 시행한 고관절 전산화단층촬영검사에서 환자의 대퇴골두 관절 내에 작은 골절편이 유리되어 있음을 확인하였으나 같은 날 시행한 간기능검사에서도 간효소치가 정상치 보다 높게 나오고, 앞서 본 바와 같이 심전도검사에서 심장의 우측변위 및 '1차성방실차단'의 의증이 있어 전신마취할 경우 그에 따른 부적응증이 발생할 것을 우려하여 마취과에 간기능검사 및 심전도검사 결과를 제시하면서 마취 가능 여부에 관하여 협의진료를 의뢰하였지만, 마취과에서는 심전도검사 결과에 대하여는 아무런 언급 없이 간효소치의 상승은 수상(受傷)으로 인한 것일 수도 있으니 간효소치가 상승 추세에 있는지를 확인할 필요가 있다는 내용의 회신을 하였고, 이에 정형외과 의사들은 환자에 대한 수술계획을 일단 중지하고 지속적인 간기능검사를 실시하기로 하였는데, 그 후 실시된 간기능검사에서 간효소치가 정상범위로 나타나자 위 골절편 제거를 위한 수술을 시행하기로 결정하였다. 그런데 의사들은 수술 전날 실시한 심전도검사에서 다시 심장의 우측변위 및 '1차성방실차단'의 소견이 확인되었음에도 병원 내부의 분위기가 심장내과에서 협의진료를 꺼려한다는 등의 이유로 심전도검사 결과가 전신마취에 부적합한 정도에 이르는지 여부를 보다 정밀한 검사를 통하여 확인하지 아니한 채 막연히 큰 지장이 없을 것으로 판단하고 그대로 수술 절차에 들어가, 마취과 의사가 일반적인 마취 방법으로 전신마취하고, 정형외과 의사들이 09:10경 수술을 시작하였는데, 09:15경부터 맥박이 급격히 빨라지고 혈중산소포화도가 급감하며 혈압이 급강하하여 심정지가 발생하자 즉시 수술을 중지하고 심폐소생술을 시행하는 등 응급조치를 취하였으나 그 환자는 같은 날 15:40경 심정지로 사망하였다. 사망 후 환자의 사체를 부검한 결과 심근의 섬유화 소견을 보이고 양측 심관상동맥에는 고도의 경화 및 협착증이 나타나 있음이 확인되었다. 일반적으로 마취제는 호흡 및 심장박동을 억제하는 효과가 있어 고도의 관상동맥 경화 및 협착증 환자를 일반적인 마취 방법으로 마취하게 되면 심한 자극을 받아 사망의 위험성이 증가하고 특히 양측성 관상동맥 협착증 환자의 경우에는 단지 마취에 의한 자극만으로도 심장마비가 발생할 확률이 50% 이상에 이른다고 알려져 있는데, 고도의 심관상동맥 경화 및 협착증이 있는 상태에서 마취로 인한 부작용으로 심정지를 일으켜 사망한 것으로 추정되었다. 심관상동맥질환 등 심장질환 유무를 확인하기 위한 사전 검사 방법으로는 단계적으로 ① 환자의 병력청취, ② 신체이학적검사, ③ 안정시의 심전도검사, ④ 흉부방사선촬영검사, ⑤ 24시간 홀터모니터링검사, ⑥ 심초음파검사, ⑦ 운동부하검사, ⑧ 관상동맥조영술 등이 있고, 심전도검사에서 나타나는 '1차성방실차단'이란 심장 내의 전기전도

과정 중 심방에서 심실로의 전기전도가 정상범위인 0.2초보다 지연되는 상태를 뜻하는 것으로서 확인할 수는 없으나 어느 정도 심장기능 이상이 의심된다는 의미인데, 일반적으로 심장박동 이상에 의한 부정맥이나 관상동맥질환에 의한 심근허혈 증상은 일시적으로 나타났다가 사라지는 경우가 많으므로 24시간 홀터모니터링 검사 방법에 의하여 심관상동맥질환 유무를 판단하는 것이 바람직하고, 그 방법으로 검사할 경우 40% 내지 70% 정도 심관상동맥질환 유무를 밝혀낼 수 있으며, 그 방법에 의하여도 심관상동맥질환이 확인되지 않을 경우 심장질환의 의심이 남아 있으면 보다 정밀한 심초음파검사, 운동부하검사, 관상동맥조영술 등의 검사를 시행하는 것이 일반적이다. 이 사건의 경우 피고 병원 의사들은 위 환자에게 심장기능 이상이 의심되는 소견이 있어 정확한 진단을 위하여 24시간 홀터모니터링검사를 실시할 것을 결정하고서도 합리적인 이유 없이 이를 시행하지 아니하였고, 수술 전날 시행한 심전도검사에서도 심장기능 이상이 의심되는 소견이 다시 확인되었으며, 골편제거수술은 심장기능 이상으로 인한 수술부적응증 여부를 미리 확인하지 않고서라도 시급히 시행하여야 할 수술이 아니었는데도, 심장내과에서 협의진료를 꺼려한다는 등의 이유로 전신마취에 의한 수술에 앞서 시행하여야 할 필요한 검사를 충분히 시행하지 아니함으로써, 마취로 인한 부작용이 발생할 가능성이 높은 고도의 심관상동맥 경화 및 협착증의 질환이 있음을 발견하지 못하고 일반적인 마취 방법으로 △△△을 전신마취하였다가 결국 이로 인한 부작용으로 △△△을 사망에 이르게 한 것이므로, 위 환자의 사망은 피고 병원 의사들의 진료상의 과실로 인한 것이라고 판단되었다(대법원 1998. 11. 24. 선고 98다32045 판결).

나. 간기능검사 소홀로 인한 마취 사고

전신마취에 의한 개복수술은 간부전을 일으키고 간성혼수에 빠지게 하기도 하는데 특히 급만성간염이나 간경변 등 간기능에 이상이 있는 경우에는 90% 이상이 간기능이 증악화(增惡化)하고 심한 경우에는 사망에 이르게 하는 것으로 알려져 있어 개복수술 전에 간의 이상 유무를 검사하는 것은 필수적이고, 피해자의 수술시에 사용된 마취제 할로테인은 드물게는 간에 해독을 끼치고 특히 이미 간장애가 있는 경우에는 간장애를 격화시킬 위험이 있으므로 이러한 환자에 대하여는 그 사용을 주의 또는 회피하여야 한다고 의료계에 주지되어 있으며 이 사건 사고당시 의료계에서는 개복수술 환자의 경우 긴급한 상황이 아닌 때에는 혈청의 생화학적 반응에 의한 간기능검사를 하는 것이 보편적이었다면, 응급환자가 아닌 난소종양환자의 경우에 있어서 수술주관의사 또는 마취담당의사인 피고인들로서는 난소종양절제수술에 앞서 혈청의 생화학적 반응에 의한 검사 등으로 종합적인 간기능검사를 철저히 하여 피해자가 간손상 상태에 있는지의 여부를 확인한 후에 마취 및 수술을 시행하였어야 할 터인데 피고인들은 시진, 문진 등의 검사결과와 정확성이 떨어지는 소변에 의한 간검사 결과만을 믿고 피해자의 간상태를 정확히 파악하지 아니한 채 할로테인으로 전신마취를 실시한 다음 이 사건 개복수술을 감행한 결과 수술 후 22일 만에 환자가 급성전격성간염으로 인하여 사망한 경우에는 피고인들에게 업무상과실이 있다(대법원 1990. 12. 11. 선고 90도694 판결).

다. 마취제 사용량에 따른 의료과오

의사는 환자의 처치 전 상태를 세심히 살피면서 적절한 양을 적정한 속도로 투입하여야만 한다. 마취제를 너무 많이 투여하여 환자를 저산소증으로 식물인간이 되게 한 사례가 있고, 마취제를 너무 적게 투여하여 임신중절 및 불임복강경수술을 받는 도중 환자가 통증으로 몸을 움직이는 바람에 전기소작기로 환자의 소장을 건드려 화상을 입게 하여 소장천공에 의한 복막염을 입게 한 사례도 있다.

라. 마취제 주사상의 과오

주사약인 에폰톨을 3, 4분 정도의 단시간형 마취에 흔히 이용되는 마취제로서 점액성이 강한 유액성분이어서 반드시 정맥에 주사하여야 하며, 정맥에 투여하다가 근육에 새면 유액성분으로 인하여 조직괴사, 일시적인 혈관수축 등의 부작용을 일으킬 수 있으므로 위와 같은 마취제를 정맥주사할 경우 의사로서는 스스로 주사를 놓든가 부득이 간호사나 간호조무사에게 주사케 하는 경우에도 주사할 위치와 방법 등에 관한 적절하고 상세한 지시를 함과 함께 스스로 그 장소에 입회하여 주사시행과정에서의 환자의 징후 등을 계속 주시하면서 주사가 잘못 없이 끝나도록 조치하여야 할 주의의무가 있고, 또는 위와 같은 마취제의 정맥주사방법으로서는 수액세트에 주사침을 연결하여 정맥내에 위치하게 하고 수액을 공급하면서 주사제를 기존의 수액세트를 통하여 주사하는 이른바 사이드 인젝션(Side Injection)방법이 직접 주사방법 보다 안전하고 일반적인 것이라 할 것인바, 산부인과 의사인 피고인이 피해자에 대한 임신중절수술을 시행하기 위하여 마취주사를 시주함에 있어 피고인이 직접 주사하지 아니하고, 만연히 간호조무사로 하여금 직접방법에 의하여 에폰톨 500밀리그램이 함유된 마취주사를 피해자의 우측 팔에 놓게 하여 피해자에게 상해를 입혔다면 이에는 의사로서의 주의의무를 다하지 아니한 과실이 있다고 할 것이다(대법원 1990. 5. 22. 선고 90도579 판결).

마. 응급조치상 과실

대법원 2013. 12. 12. 선고 2013다31144 판결은, 수술 전 마취 시행 도중 사망한 사안에서 '이 사건 수술에서 마취를 담당한 피고 2.로서는 망인에게 기관지경련에 따른 저산소증이 발생한 09:09경 즉시 에피네프린을 정맥으로 투여하고 심장마사지를 실시하여야 할 주의의무가 있다고 할 것임에도, 09:30경에서야 에피네프린을 투여하고 이후 피고 1. 등과 함께 심장마사지를 실시함으로써 망인에 대한 응급조치를 지체하였고, 에피네프린을 희석하지 않고 즉시 정맥 투여할 수 없는 특별한 사정이 없음에도, 간호사에게 에피네프린의 희석을 지시한 후 이를 기관 내 삽관된 튜브를 통해 투여함으로써 효과적인 응급처치 방법을 선택하지 못한 과실이 있으며, 피고 1.은 이 사건 수술의 집도의로서 전신마취를 요구하는 이 사건 수술의 전 과정에서 마취를 담당한 피고 2.와 하나의 팀을 이루어 수술을 진행하여야 하고, 전신마취에 의한 응급상황 발생 시 적극적으로 협조하여 조속한 응급조치를 실시할 의무가 있다고 할 것임에도 이에 대한 주의의무를 다하지 못한 과실이 있다.'라고 판단한 원심 판단을 정당하다고 보았다.

바. 전신마취에 대한 의사의 주의의무

1) 기관지 경련이 발생한 사례

대법원 2001. 3. 23. 선고 99다48221 판결은, "전신마취는 환자의 중추신경계, 호흡기계 또는 순환기계 등에 큰 영향을 미치는 것으로서 환자의 건강상태에 따라 마취방법이나 마취제 등에 의한 심각한 부작용이 올 수 있고, 그 시술상의 과오가 환자의 사망 등의 중대한 결과를 가져올 위험성이 있으므로, 이를 담당하는 의사는 마취 시술에 앞서 마취 시술의 전 과정을 통하여 발생할 수 있는 모든 위험에 대비하여 환자의 신체구조나 상태를 면밀히 관찰하여야 할 뿐 아니라, 여러 가지 마취방법에 있어서 그 장단점과 부작용을 충분히 비교·검토하여 환자에게 가장 적절하고 안전한 방법을 선택하여야 할 주의의무가 요구된다."라고 전제한 다음, "의료행위가 고도의 전문적 지식을 필요로 하는 분야이고 그 의료의 과정은 대개의 경우 환자 본인이 그 일부를 알 수 있는 외에 의사만이 알 수 있을 뿐이며 치료의 결과를 달성하기 위한 의료기법은 의사의 재량에 달려 있기 때문에, 손해발생의 직접적인 원인이 의료상의 과실로 말미암은 것인지의 여부는 전문가인 의사가 아닌 보통인으로서는 도저히 밝혀낼 수 없는 특수성이 있어서 환자 측이 의사의 의료행위상의 주의의무 위반과 손해의 발생과의 사이의 인과관계를 의학적으로 완벽하게 입증한다는 것은 극히 어려운 일이므로, 이 사건에 있어서와 같이 환자가 전신마취 도중에 갑작스런 기관지 경련이 일어나고 이로 인한 심정지가 발생하여 뇌손상으로 인하여 결국 사망에 이른 경우에 있어서는, 피해자 측에서 일련의 의료행위과정에 있어 저질러진 일반인의 상식에 바탕을 둔 의료상의 과실 있는 행위를 입증하고 그 결과와의 사이에 일련의 의료행위 외에 다른 원인이 개재될 수 없다는 점, 이를테면 환자에게 의료행위 이전에 그러한 결과의 원인이 될 만한 건강상의 결함이 없었다는 사정을 증명한 경우에 있어서는, 의료행위를 한 측이 그 결과가 의료상의 과실로 말미암은 것이 아니라 환자의 특이체질 등 전혀 다른 원인으로 말미암은 것이라는 입증을 하지 아니하는 이상, 의료상 과실과 결과 사이의 인과관계를 추정하여 손해배상책임을 지울 수 있도록 입증책임을 완화하는 것이 손해의 공평·타당한 부담을 그 지도원리로 하는 손해배상제도의 이상에 맞는다."라고 판시하고, 당해 사안에 관하여 "원심이 의료과오소송에 있어서의 의사의 주의의무 위반 여부를 판단함에 있어 그 심리를 다하였다고 보기에는 아래에서 보는 바와 같이 선뜻 수긍하기 어려운 점이 있다. 먼저 기록에 의하여 위 망 소외1.이 사망에 이르게 된 원인을 살펴보면, 피고 병원의 마취과 전문의사인 소외 2.가 망 소외1.에 대한 좌측 발목 경골골절 정복치환 수술에 앞서 전신마취를 하기 위하여 그에게 마취제를 투여한 후 기관 내에 삽관을 하고 호흡낭을 조작하던 중 갑자기 망인이 기관지 경련을 일으키고 이에 따른 기관지 협착이 생겨 호흡낭이 딱딱해지면서 조작이 불가능하게 되어 더 이상 산소를 공급해 줄 수 없게 되면서 저산소증으로 인한 심정지가 초래되고 결국 허혈성 뇌손상이 발생하여 망 소외1.이 사망에 이르게 되었다는 것이다. 따라서 망 소외1.이 사망에 이르게 된 최초의 원인은 마취 시술 도중 갑작스런 기관지 경련의 발생이라고 할 것인데, 원심은 <u>소외 2.가 망 소외1.의 마취 유도를 위하여 취한 투약조치와 기관지 경련 발생 후에 취한 처치가 일반적인 기준에 비추어 적절하였다고 판단하였을 뿐, 통상 발생이 예견되지 아니하는 기관지 경련이 위 환자의 경우에 왜 일어났으며 이를 미리 막을 방법이 없었던 것인지에 대하여는 심리·판단하지 아니하였으며, 기록에 의하더라도 망인의 사망을 초래한 이러한 기관지 경련의 발생이 환자의 특이체질 등 전혀 예상할 수 없었던 다른 원인으로 말미암은 것이라는 점을 납득할 만한 사정은 찾아볼 수 없다.</u> 나아가 망인에 대한 부검결과와 대한마취과학회의 인천 남부경찰서장에 대한 회신에 의하면, 망인의 심장은 거의 정상인의 2배에 가까울 정도로 비대하고, 이러한 심장질환이 망인의 사인과 밀접한 관련을 가진 것으로 추정된다는 것이고 한편, 망인에 대한 심전도 검사결과 비록 임상적으로는 정상의 범위에 속한다고 하더라도 어느 정도의 이상이 나타났다는 점은 분명한바, 그렇다면 과연 원심이 판시한 것처럼 망인의 심장에 이상이 있는지 여부를 마취 시술 전 도저히 확인할 수 없었던 것인지에 대하여 쉽사리 의문을 떨쳐 버릴 수 없다. 더구나 제1심의 서울대학교병원장의 진료기록 감정촉탁에 대한 회신에서 망인의 심장이 엑스선 촬영으로도 그 외각음영이 나타나지 아니하는 비후성 심비대로 추정된다고 한 것은, 일반적인 소견으로 감정한 것일 뿐, 망인의 흉부 엑스선 촬영 사진을 가지고 직접 판독하였음에도 그 이상을 찾을 수 없었기 때문에 위와 같이 추정한 것으로 보이지는 아니한다(제1심이 피고측의 요청에 의하여 위 진료기록에 대한 감정을 촉탁할 때 망인의 흉부에 대한 엑스선 촬영 사진을 함께 보내지 않은 것으로 보인다. 기록 413면). 그리고 원심 판시에 의하더라도 망인의 경우 심전도 검사 외에 심초음파 검사나 심혈관 조영술 등 추가검사를 하였더라면 망인의 사인과 관련된 심장의 이상을 확인할 수 있었을 것으로 보이고, 심혈관조영술은 그 자체가 몹시 위험하고 비용이 많이 들기 때문에 극히 제한적으로 시행할 수밖에 없는 것이나, 심초음파 검사는 상대적으로 적은 비용으로 간단하게 시행할 수 있는 것으로 보이는바(피고 병원의 내과 전문의인 소외 4.의 진술에 의하더라도, 심비대증상은 심초음파 검사에 의하여 즉시 확인이 된다는 것이다. 기록 302면), 환자에게 전신마취 시술을 하는 의사로서는 현재의 의료상황에 비추어 전신마취를 실시하는 모든 환자들에게 심전도 검사 외에 심초음파 검사를 시행하는 것은 적절하지 아니하다고 할지라도, 전신마취 시술에 부수되는 중대한 부작용의 결과를 감안한다면, 심전도 검사나 기타 사전 검사과정에서 조금이라도 심장 이상의 의문을 품을만한 사정이 발견된 때에는 심초음파 검사 등을 통하여 심장 이상의 유무를 확인할 주의의무가 있다고 할 것이고, 그렇다면 원심으로서는 이 사건의 경우 소외 2가 위 망인에 대하여 심전도 검사 외에 심초음파 검사 등 추가검사의 필요가 없는 것으로 단정하여 이를 시행하지 아니한 과정에 의무위반이 없었는지의 점에 대하여도 더 심리·판단하여야 했을 것이다. 따라서 앞서 본 바와 같은 사정에서라면, 원심으로서는 전신마취 시술 도중 위 망인에게 갑작스러운 기관지 경련이 왜 일어났으며 피고 병원 의료진들이 모든 주의의무를 다하였더라도 이와 같은 경련을 예상하고 방지할 방법이 없었던 것인지 여부와 망인의 심장이 전신마취 시술에 지장이 없을 정도로 정상인지 여부를 확인하는 과정에서 피고측 의료진이 심장의 이상 유무를 발견하지 못하고 더 이상의 조치를 취하지 아니한 데 대하여 어떠한 잘못이 있었는지 여부 등에 대하여 더 나아가 심리하여야 했을 것임에도 불구하고, 원심은 이 점 등에 대하여 심리함이 없이 그 판시와 같은 사정만을 들어 바로 마취시술행위 전후 피고측 의료진들에게 어떠한 주의의무를 위반한 잘못이 없었다고 단정해 버렸으니, 원심에는 심리를 다하지 아니하였거나 의료과오소송에 있어 과실과 인과관계의 입증책임에 대한 법리를 오해한 등의 위법이 있다고 보지 않을 수 없다."라고 판시하였다.

2) 인공호흡기의 기도삽관이 시술 도중 빠진 경우

일본에서 업무상 과실치사로 형사처벌된 사례입니다. 33세의 입원환자에

대하여 전신마취 하에 복강경을 이용한 난소낭종적출술 등을 실시하게 되었는데, 인공호흡기의 호흡회로 조립이 원뿔 이음매(圓錐接合; cone joint) 때문에 시술 중에 빠지는 경우 산소공급이 차단되어 환자가 사망에 이르게 될 우려가 있으므로, 마취기가 기도내압(氣道內壓)의 부족으로 경보음이 발하도록 경보를 설정하고, 환자가 장착된 센서 등에 의하여 측정되는 모니터의 수치를 주의하여 관찰함으로써 호흡회로의 이탈이 조기에 발견되어 재접속하여 산소를 공급할 수 있도록 주의의무를 다하여야 함에도 이를 게을리하는 바람에 산소공급이 차단되어 저산소증으로 다장기부전에 의하여 사망한 경우입니다. 공소장에 적시된 과실의 보면, "전신마취에 의해 의식소실, 진통, 근육이완상태가 된 환자에게 기관튜브를 입을 통해 삽관하고, 그 튜브에 人工鼻, CO2 감지부, 사관(蛇管)을 접속시킨 호흡회로를 조립하여 마취기에 접속하고, 笑氣ガス(20-40%의 이산화탄소와 80-60%의 산소를 결합한 것)를 공급함과 동시에 그 기구를 통하여 산소를 공급하여 호흡관리를 하였던바, 호흡회로의 조립은 전부 원추접합 때문에 빠진 것이고, 빠지는 경우에는 산소공급이 차단되고, 차단이 장시간 계속되면 그 환자는 저산소 상태에 빠져 뇌의 괴사를 초래하고, 이어서 사망하게 될 우려가 있으므로, 이 경우 마취담당의로서는 마취기의 기도내압의 부족으로 인한 경보음을 발하도록 경보의 설정함은 물론, 그 환자에 장착된 센서 등에 의하여 측정되는 심박수, 혈압, 혈중산소포화도, 호기중이산화탄소의 농도등을 표시하는 베드사이드 모니터(bedside monitor)의 수치를 엄밀히 주시하는 등 그 환자의 전신상태를 끊임없이 관찰, 관리하여 혈압·심박수·혈중산소포화도·호기중이산화탄소의 변화를 판단하여 위 일탈의 조기발견 및 재접속에 의한 산소공급을 행함으로써 죽음에 이르는 위험을 미리 방지할 업무상 주의의무가 있음에도 이를 게을리하여, 마취기의 점검·경보의 설정 등이 이루어졌다고 가볍게 믿고, 또 미경험수술의 상황을 영상으로 보여주는 모니터에 주의를 빼앗겨 만연히 마취기의 점검과 경보의 설정을 하지 아니한 채 위 환자의 전신상태를 관찰·관리를 게을리 한 과실[7)]"이라고 하고 있다.

---

7) 間接介助(indirect assistance) 간호사에 대하여는 "환자의 심박수, 혈압, 혈중산소포화도, 호기중이산화탄소농도 등의 관찰 등에 의한 환자 간호, 환경정비, 마취의 협력, 집도의 등의 원조 등 업무에 종사하였지만, 위와 같이 기관튜유브가 원추접합 때문에 밖으로 빠지고, 빠지는 경우 위와 같이 환자를 저산소상태에 빠지게 하여 뇌의 괴사를 초래하고 이어서 사망하게 할 우려가 있기 때문에, 이러한 경우 간접개조 간호사로서는 베드사이

10. 피부과

원심(대전지방법원 2014. 8. 12. 선고 2014노658 판결)은, 고령의 간경변증 환자에게 화상(火傷) 치료를 위한 가피절제술과 피부이식수술에 관하여 ① 수술을 실시하기 전에 출혈과 혈액량 감소로 신부전이 발생하여 생명이 위험할 수 있다는 점에 대해 피해자와 피해자의 보호자에게 설명을 하지 아니한 채 수술을 실시한 과실, ② 수술을 실시하기 전에 수술을 실시하였을 때의 출혈 위험성과 수술을 하지 않았을 때의 감염 가능성을 비교하는 등 수술의 필요성을 면밀히 검토하지 아니한 채 수술을 실시한 과실 등을 이유로 업무상과실치사의 유죄를 선고하였다.

이에 대하여 대법원 2015. 6. 24. 선고 2014도11315 판결은 '① 의사가 환자측에 수술의 위험성에 관하여 설명하였다고 하더라도 환자측이 거부하였을 것이라고 단정하기 어려워 의사의 설명의무 위반과 피해자의 사망 사이에 상당인과관계가 있다는 사실이 합리적 의심의 여지가 없이 증명되었다고 보기 어렵다. ② 피고인은 피해자의 상황과 자신의 지식·경험 등에 따라 피해자에게 적절하다고 판단되는 진료방법을 선택할 폭넓은 재량권을 가지고 있었으므로, 피고인이 피해자에 대한 치료방법으로서 비수술요법 대신 수술요법을 선택한 것이 과실에 해당한다고 보기 위해서는 피고인의 선택과정에 합리성이 결여되었다고 판단하여야 하는데, 피고인의 선택과정에 합리성이 결여되었다는 점에 대한 증명이 부족하다.'라는 취지로 원심판결을 파기하였다.

드 모니터에 표시된 측정치를 엄밀히 주시하는 등 그 환자에게 적절한 관찰를 행하여야 함은 물론 그 측정치가 설정된 범위를 벗어날 때에 소리가 나도록 경보기를 설정한 상태에서 사용함으로써 이상상태가 발견되도록 노력하고, 이상상태가 인정된다면 신속히 의사에게 이를 알려 의사로 하여금 적절한 조처를 취하여 사망에 이를 위험을 미리 방지하여야할 업무상 주의의무가 있음에도 이를 게을리 하였다"라고 하여 그 과실이 경합된 것으로 공소사실을 정리하면서도 환자의 전신 상태를 관찰할 책임은 마취담당의사에게 부과된 것이므로 마취담당 의사만을 기소하였다. 飯田英男, 전게서, 125-127면.

11. 정신과

정신질환자가 병원에 입원하여 있는 동안 자살을 시도한 사례가 종종 있다. 이때 의사, 간호사 등의 감독상의 과실 유무가 문제로 된다.

대법원 1991. 5. 10. 선고 91다5396 판결은, 환자가 정신질환으로 의과대학 부속병원의 신경정신과에 입원하여 전환장애로 진단받고 치료중 보호병동에서 병원 직원의 감시가 소홀한 틈을 타서 자해행위로 부상을 당한 왼쪽 손목부위의 봉합부위를 감싸기 위하여 병원 직원이 감아 둔 탄력붕대를 창문 철망에 묶고 목을 매달아 자살을 하려다가 병원 직원에게 발견되어 그 생명은 구조되었으나 이로 인하여 저산소성 뇌손상을 입은 사안에서, '환자가 사고 이틀 전에 유리컵을 깨서 병원직원에게 행패를 부리고 주사맞기를 거부하며 플라스틱 쟁반을 입으로 물어 깨는 등 평소와는 달리 매우 공격적인 행동을 하였고, 또한 혀를 깨물려고 하였으며 침대의 쇠붙이를 물고 바둑알을 깨서 자신의 손목에 상처를 내는 등 여러 가지 형태의 자해행위를 함과 아울러 자살을 감행할 것을 암시하는 말을 하고 사고 하루 전인 같은 달 30.에는 보호병동에서 개방병동으로 옮겨 달라는 자신의 요구를 들어 주지 않는다는 이유로 대화와 식사를 거부하였을 뿐만 아니라 사고당시까지도 위와 같은 자해적 태도를 포기하지 아니한 상태에 있었는데도 사고당시 담당 간호사 등이 다른 환자들을 데리고 단체산책을 나가 버림으로써 환자로 하여금 자살도구로 손쉽게 사용될 수 있는 탄력붕대를 감은 채 병실에 혼자 남아 있게 한 사실, 병원의 신경정신과 병실은 개방병동과 보호병동으로 구분되어 있는데 보호병동에는 근접관찰이 필요한 중환자를 수용하고 이들에 대하여는 외부인의 감호가 배제된 채 병원의 의사나 간호사 및 간호보조사 등의 직원에 의하여 그들의 책임하에 환자의 관찰, 보호 및 감독이 이루어지는 사실, 전환장애환자가 자살기도를 시위하는 것은 그 증상의 하나에 해당하지만 드물게는 실제로 자살을 하는 경우도 있는 사실 등을 인정한 다음 담당 의사나 간호사로서는 자살을 감행할 수도 있을 것으로 예상되는 위험한 상태에 있는 환자의 동태를 계속 주의 깊게 관찰 감독하는 등의 조치를 취함으로써 전환장애환자의 자살기도를 미리 방지하여야 할 주의의무가 있음에도 이를 게을리 한 과실이 있다'고 판단한 원심을 정당한 것으로 인정하였다.

12. 한방의료와 의료과오

한방의료는 그 치료방식이 한약과 시술(침, 뜸, 부황)로 나뉘고, 한의약육성법 제2조 제1호는 "한의약"을 '우리의 선조들로부터 전통적으로 내려오는 한의학(韓醫學)을 기초로 한 한방의료행위와 이를 기초로 하여 과학적으로 응용·개발한 한방의료행위(이하 "한방의료"라 한다) 및 한약사(韓藥事)'를 말한다고 규정하고 있다. 한의학은 질병의 발생을 몸 전체의 생리적인 부조화로 파악하고 질병의 진단 및 치료행위 과정에서도 한의사 개인의 재량이 폭넓게 인정되기 때문에 한의사의 과실을 객관화하거나 한방의료행위와 손해 사이의 인과관계를 입증하기가 매우 어렵다. 요컨대 한방의료분쟁에서는 ① 진료의 기준이 불명확하여 의료과오의 판단 기준이 불명확하고, ② 한방치료의 특성상 치료효과나 부작용이 뒤늦게 나타나고 환자의 자각증상과 진맥 등을 통하여 병증을 진단하고 치료방법을 결정하므로 의료소비자가 한의사의 과실을 입증하기 어려우며, ③ 한약으로 인한 약인성 간손상은 한약제 자체의 결함이나 섭취횟수와 복용방법에 따라 발현될 수 있기 때문에 처방의 오류를 판단하기 어려운 것과 같이 인과관계의 인정이 곤란하며, ④ 설사 귀책사유가 인정된다고 할지라도 피해의 범위나 손해의 확정이 어려운 점 등 소송에 의한 사법적 권리구제에 장애사유가 많다. 그러므로 한국소비자원을 통한 분쟁해결방식과 같은 대체적 분쟁해결수단이 효과적일 수 있다.[8)]

가. 당뇨병 환자에 대한 침, 사혈 등과 세균감염

원심이 " 비록 피고인의 이 사건 진료 목적이 당뇨병 치료가 아니라 피해자의 발저림, 통증을 완화하기 위한 것이었다고 하더라도, 당뇨족으로 인한 발괴사의 가능성에 유의하여 침이나 사혈 등 한방시술로 인한 세균감염의 위험에 세심한 주의를 기울이고, 필요한 경우 전문병원으로 전원시켜 전문의의 치료를 받게 할 업무상 주의의무가 있음에도 피고인이 이러한 주의의무를 위반한 업무상과실이 있고, 이러한 피고인의 업무상 과실과 피해자에게 발생한 왼쪽 발 괴

8) 정미영, "한방의료분쟁의 합리적인 해결방안 연구 — 한국소비자원의 한방의료 피해구제를 중심으로 —", 의료법학 제9권 제2호, 대한의료법학회(2008. 12.), 413-416면 참조.

사 등의 상해 사이에 상당인과관계가 있다"라고 유죄 판결을 한 사안에 관하여, 대법원 2014. 7. 24. 선고 2013도16101 판결은 "당뇨 병력이 있는 환자나 당뇨병성 족병변에 대하여 침을 놓거나 사혈을 하는 것이 금지되어 있지는 않고, 다만 시술 전에 소독을 철저히 하고 자침 시에 너무 강하게 찌르거나 너무 깊게 찔러서 상처를 필요 이상으로 크게 하거나 기타 조직을 손상하는 일이 없도록 주의를 기울여야 한다고 되어 있다. 따라서 피고인과 같은 업무와 직종에 종사하는 일반적인 한의사의 주의정도를 표준으로 하였을 때 당뇨 병력이 있는 피해자에게 침을 놓거나 사혈을 한 행위 자체만으로 어떠한 과실이 있다고 단정할 수는 없다.", "괴사되어 절단된 피해자의 족부에서 배양된 균들은 통상 족부에서 발견되는 것이어서, 이러한 균이 피고인이 침 등을 시술하는 과정에서 감염된 균이라고 단정하기는 어렵다"라는 등의 이유를 들어 검사가 제출한 증거만으로는 피고인이 같은 업무와 직종에 종사하는 보편적인 한의사에게 요구되는 정도의 업무상 주의의무를 다하지 아니하였고 그로 인하여 피해자에게 왼쪽 발 괴사 등의 상해가 발생하였다는 점이 합리적인 의심을 할 여지가 없을 정도로 증명되었다고 보기는 어렵다고 보아 원심 판결을 파기하였다.

나. 봉침 시술과 아나필락시스 쇼크반응

대법원 2011. 4. 14. 선고 2010도10104 판결은, 한의사인 피고인이 피해자에게 문진하여 과거 봉침을 맞고도 별다른 이상반응이 없었다는 답변을 듣고 알레르기 반응검사(skin test)를 생략한 채 환부인 목 부위에 봉침시술을 하였는데, 피해자가 위 시술 직후 아나필락시스(anaphylaxis) 쇼크반응을 나타내는 등 상해를 입은 사안에서, "과거 알레르기 반응검사에서 이상반응이 없었고 피고인 1.이 시술하기 약 12일 전의 봉침시술에서도 이상반응이 없었던 피해자를 상대로 다시 알레르기 반응검사를 실시할 의무가 있다고 보기는 어렵고, 설령 그러한 의무가 있다고 하더라도 피고인이 4회에 걸쳐 투여한 봉독액의 양이 알레르기 반응검사에서 일반적으로 사용되는 양과 비슷한 점에 비추어 보면 위 피고인이 봉침시술 과정에서 알레르기 반응검사를 제대로 시행하지 않은 채 봉독액을 과다하게 투여한 경우라고 볼 수도 없다. 또한 아나필락시스 쇼크는 항원인 봉독액 투여량과 관계없이 발생하는 경우가 대부분이고 투여량에 의존하여 발생하는 경우에도 쇼크증상은 누적투여량이 일정 한계(임계치)를 초과하는 순간 발현하게 될 것인데, 알레르기 반응검사 자체에 의하여 한계를 초과하게 되거나 알레르기 반응검사까지의 누적량이 한계를 초과하지 않더라도 그 이후 봉침시술로 인하여 한계를 초과하여 쇼크가 발생할 수 있는 점을 고려하면 알레르기 반응검사를 하지 않은 점과 피해자의 아나필락시스 쇼크 내지 3년간의 면역치료를 요하는 상태 사이에 상당인과관계를 인정하기도 어렵다."라고 판시하였다.

다. 루프스와 다발성경화증 환자에 대한 스테로이드제의 복용 중단

대법원 2006. 12. 21. 선고 2006다41327 판결은, "환자 망 A(망인)의 병력과 피고 2. 학교법인 부설 B대 한방병원 서면분원에 근무하던 한의사인 피고 1.이 취한 치료행위의 내용, 특히 피고 1.은 망인이 스테로이드제 의존증인 난치성 루푸스 및 다발성경화증 환자로서 서울대학교병원에서 검사를 위해 잠시 스테로이드제 복용을 중단한 적이 있었던 외에 4년 여간 줄곧 스테로이드제를 복용하면서 증상의 악화를 저지하고 있었으며, 서울대학교병원에서 스테로이드제 복용을 중단하였을 당시 심각한 부작용이 발생한 적이 있었다는 말을 망인의 모 원고 2.로부터 충분히 들었을 뿐만 아니라, 피고 1.이 한의사로서 망인에 대한 치료에 임했을 당시 루푸스, 다발성경화증 및 스테로이드제에 대한 의료지식이 부족하였음을 스스로 인정하고 있을 정도로 위 병에 대한 충분한 지식을 습득하고 있는 상태라고 보기 어려운 시점에서 뇌종양을 한방요법으로 치료한 경험을 과신하여 독자적인 판단으로 위와 같은 주의사항 등을 무시하여 망인의 스테로이드제 복용 중단으로 생길 수 있는 위독한 부작용에 대한 면밀한 고려도 없이 그 복용을 중단시킨 점, 망인의 증상인 루푸스나 다발성경화증은 모두 면역을 억제시키는 치료가 필요한 증상인데 피고 1.은 별다른 합리적인 의학적 근거도 없이 망인의 원기가 부족하여 병이 낫지 않는다고 보아 면역억제제인 스테로이드의 복용을 중단한 데서 더 나아가 오히려 면역을 증강시키는 약재를 복용하도록 한 점, 자가면역질환을 앓고 있던 망인은 외부에서 침투하는 병원균으로 인하여 그 상태가 극도로 악화될 수 있다는 점을 알고서도 왕진하여 치료하겠다는 약속과 함께 망인을 피고 병원 인근의 호텔에 투숙하게 하거나 귀가하게 하고서도 망인에게 나타나는 증상을 면밀히 관찰하여 그 원인을 파악하거나 적절한 조치를 취하지 아니한 점, 망인의 증상이 급격히 악화되어 이를 지켜보던 원고 2.로부터 다급한 전화를 받고서도 그때마다 단순히 감기 증상이니 안심하라는 취지의 말만을 되풀이 한 채, 망인의 소화능력이 현저히 떨어져 피고 1.의 치료방법인 한약을 복용시키는 방법에 의한 치료가 불가능한 상태가 될 것을 예상할 수 있었으면서도, 결국 망인이 혼수상태에 이르러 스스로 한방적인 방법으로는 더 이상 취할 방법이 없음을 자각하고 대학병원으로의 전원을 권유할 때까지, 스테로이드제를 다시 복용하게 하거나 신속히 전문적인 치료를 할 수 있는 다른 병원으로의 전원조치를 취하지 아니한 점 등 여러 사정을 종합하면, 제2심법원이 피고 1.에게 환자의 구체적인 증상이나 상황에 따라 위험을 방지하기 위하여 요구되는 최선의 조치를 취하여야 할 주의의무 및 시의적절한 전원조치의무를 다하지 않은 과실이 있다는 취지로 판단한 것은 정당하다"라고 판시하였다.

13. 요양병원 내 음식물에 의한 질식사

인구노령화에 따라 요양병원에 의한 의료서비스가 날로 증가하고 있다. 요양병원에서는 음식물에 의한 질식사고(aspiration accident)가 발생하기 쉽고, 이러한 현상은 누워있는 환자에게 식사를 제공하는 개호시설 또는 방문개호에서도 쉽게 발생한다.

일본에서는 이러한 질식사고(誤嚥事故)에 관하여 1991년부터 2018년 사이에 26건의 의료소송 사례가 있었고 그중 15건을 환자가 승소할 정도로 의료과오책임의 인정률이 높다. 이때 문제된 주의의무의 내용은 제공된 음식물의 제조과정상의 과실, 식사하는 동안 관찰의무 위반, 음식물에 의해 기도가 막힌 직후 응급처지의무 위반 등이다.[9] 음식물에 의한 질식으로 사망 또는 심각한 후유장애를 남기는 경우가 많으므로 우리나라에서도 각별한 대비가 필요하다고 할 것이다.

9) 井內 健雄, "誤嚥事故に關する醫療訴訟の解析", 日本病院總合診療醫學會雜誌 16권 5호(2020).

제5장 의료사고에 대한 권리구제절차

1. 의료과오소송

가. 개관

의료과오소송은 전문성이 요구되는 특별한 유형의 재판이라는 데에는 실무상 이론이 없는 것 같다. 우선 다른 통상적인 민사소송에 비하여 쟁점정리 및 감정에 장기간이 소요되는 경우가 많고 그 결과 장기미제사건이 되기 쉽기 때문에 담당 재판부로서는 특별한 주의를 요한다고 할 것이다. 이를 막기 위해서는 쟁점정리단계에서부터 의학적 전문지식을 가진 전문가를 심리에 참여시킬 필요가 있고, 관련 증거가 주로 피고측에 편재되어 있으므로 피고의 협조가 절실히 요구되며, 독립적이고 공정한 감정인군(鑑定人群)을 확보하는 것이 필수적이다.

그러나 무엇보다도 중요한 것은 재판부가 사건관리의 틀을 만들어 놓고 심리절차가 효율적으로 진행되도록 단계별로 소송지휘권을 적절히 행사하여야 하는 점이다. 이미 그동안 재판실무에서 의료과오소송이 쟁점정리도 되지 아니한 상태에서 당사자 쌍방이 단지 준비서면만을 수회 교환하거나 원고가 신청한 진료기록감정신청을 그대로 받아들여 감정촉탁을 하였음에도 그에 대한 회신이 분쟁해결에 도움이 되지 아니한 채 사건이 미궁에 빠지는 것을 자주 경험하였으므로 심리방식의 개선을 위한 재판부의 적극적 노력이 요망된다고 할 것이다.

이와 함께 의료과오의 피해자나 그의 소송대리인은 의료과오소송을 제기하려면 미리 증거보전 등의 절차를 통하여 진료기록부 기타 증거를 확보함과 아울러 의료계의 전문가와 상의를 하여 과실이 주로 어느 분야에서 일어난 것인지에 관한 분석 및 검토를 거쳐야 함에도 이에 관한 사전 준비를 하지 아니한 채, 막연히 피해자의 의료조치에 대한 불만, 분노를 중심으로 소장을 작성하여서는 안될 것이고, 또 과실 등의 쟁점을 충분히 특정하지 못한 채 가정적 주장만을 중첩적으로 제기하는 것은 삼가야 할 것이다.

이하에서 의료과오소송을 효율적으로 심리하여 분쟁을 조속히 해결하는 사건관리방식 및 심리방식의 개선책 등에 관하여 살펴보기로 한다.

나. 소송당사자

1) 원고

청구원인이 무엇이냐에 따라 원고적격이 달라진다.

우선 채무불이행책임을 물으려면 진료계약의 당사자이거나 그 법적 효과가 미치는 제3자의 지위에 있어야 한다. 불법행위로 인한 손해배상책임을 묻는 것으로 법적 구성을 취하게 되면, 의료과오로 손해를 입게 된 환자 개인이나 가족과 같이 그와 신분관계를 맺고 있는 자도 원고가 될 수 있다.[1)]

다만, 의료과오로 인한 정신적 손해의 배상을 청구하는 경우에는 원고의 범위를 어디까지 인정할지에 관하여는 다툼이 있다.

2) 피고

원고가 채무불이행책임을 묻는 경우에는 피고는 진료계약의 당사자가 되어야 하므로 의료법인이 진료계약의 당사자인 경우에는 이행보조자에 불과한

---

1) 미국에서는 의료과오로 인한 상해의 정도가 심하거나 후유장애가 남는 경우에 한하여 배우자나 자녀 또는 직계존속이 원고가 될 수 있다. 다만 플로리다주에서는 의료과오의 피해자가 자녀인 경우 그 자녀의 연령이 25세 이하일 때에 한하여 그 부모가 손해배상청구를 할 수 있는가 하면, 자녀의 나이가 25세가 넘는 경우에는 부모가 의료과오로 사망하더라도 그로 인한 손해배상청구소송을 제기할 수 없다; Florida Wrongful Death Act § 768. 17-21.

의사는 직접적으로는 피고가 될 수 없다. 그러나 불법행위로 인한 손해배상책임을 묻는 경우에는 의료과오를 범한 담당의사는 불법행위자로서, 의료법인은 그 사용자로서 각각 손해배상청구소송의 피고가 될 수 있다.

2. 의료과오소송의 절차

가. 의료과오소송절차의 특성

필자가 처음으로 의료전문부의 재판장이 되어 두툼한 의료사건기록을 대하였을 때의 막막한 심정은 지금도 기억에 새롭고, 모처럼 행정부로 자리를 옮겼을 때에는 정들었던 재판부원들과 조정위원들의 곁을 떠난다는 아쉬움은 있었지만 핏발선 당사자와 난해한 소송기록으로부터 멀어지면서 느끼는 해방감은 적지 않았다. 그만큼 의료과오소송은 쟁점이 된 악결과의 원인관계를 파악하기 어려웠고, 또 의료과정에서 무엇인가 미흡한 점이 있다고 인정될지라도 이를 규범적으로 분석하여 과실 유무를 판단하기가 참으로 피가 마르듯 힘이 들었다. 특히 의료과오를 인정하기에 충분하다는 판단이 서고 난 후에도 이를 객관적으로 설득력 있게 판시하기가 쉽지 아니하였을 뿐만 아니라 적정한 책임비율을 세워가는 일은 그야말로 고행의 길이었다. 그런가 하면, 당사자들로부터는 여전히 다른 민사시간에 비하여 심리가 지지부진하다는 비판이 끊이지 않았고 의료사고의 피해자 중 극히 적은 수만이 소송의 단계에까지 이른다고 하는데도 여전히 의료소송사건의 수는 연간 760건 가량의 고공행진을 계속하고 있었다. 그러면서도 상급심이 느끼는 재판에 대한 만족도는 결코 높지 않았던 것 같다. 그러나 오늘날 의료관련분쟁의 핵심인 인과관계의 문제는 의료전문부에 국한된 문제가 아니고 업무상 재해 여부가 문제되는 산재보상금 청구사건, 국가유공자등록거부처분취소 청구사건, 보훈보상대상자비해당결정취소 청구사건, 교통사고로 인한 손해배상 청구사건과 같은 여타 사건에도 깊이 관련되어 있어, 어느 재판을 맡더라도 피할 수 없는 현안이 되어 버렸다. 이에 무거운 일도 함께 나누며 지혜를 모으면 쉬어지리라는 기대와 소망을 가지고 그동안 겪었던 소송실무상의 현안을 중심으로 나름대로 의견을 제시해보고자 한다.

나. 의료과오책임의 존부

1) 심리방식

가) 쟁점정리절차

근래 의료사건에 필요한 전문적 지식과 경험을 갖춘 변호사들의 수가 늘어나고 있어, 단지 환자측의 불만과 일방적인 진술만을 토대로 소장을 작성하는 예는 드물고, 대부분 소제기 전에 상당한 증거를 확보하고 나름대로 과실내용을 구체적으로 특정하고 있다.[2] 그러므로 구술심리의 원칙에 따라 적정·신속하게 분쟁을 해결하려면 피고측의 응소내용에 따라 충실히 쟁점을 정리하고 집중적인 증거조사, 특히 감정을 원활히 실시하는 것이 필수적이다. 이를 위해서는 재판부가 의료사건에 관한 전문성을 강화함은 물론, 처음부터 의료 전문가의 도움을 받아 대체적인 심리계획을 세우는 한편 소송지휘권을 적절히 행사함으로써 당사자[3]로 하여금 쟁점을 충실히 정리하고 필요한 증거를 조기에 확보할 수 있도록 협력을 유도할 필요가 있다.[4] 2008. 1. 1.부터 시행된 개정 민사소송규칙은 제70조 제3항 내지 제5항을 신설함으로써 변론준비절차에서 효율적이고

---

2) 의료소송에 대한 경험이 없이 단지 환자측의 불만만을 토대로 막연히 불법행위 또는 채무불이행의 책임을 묻는 소장을 제출하는 경우에는, 서면공방의 방법으로 준비절차를 계속하고 그 상태에서 전문가에게 감정을 촉탁한다고 할지라도 과실 및 인과관계에 관한 쟁점이 분명치 아니하여 분쟁해결에 도움이 되지 못하고 기일만 천연되기 쉽다.

3) 의료소송은 구조적으로 피고측에 증거가 편재되어 있는 소송유형이므로, 분쟁의 전말을 조기에 파악하기 위해서는 정보 및 의학적 지식을 가지는 피고측에서 진료경과와 과실의 유무 및 인과관계 등에 관한 자신들의 입장을 적극적으로 밝히고, 진료기록부를 비롯한 관련 자료를 신속히 제출해주는 것이 필요하다. 이를 위해서는 소장을 접수한 후 재판부가 곧바로 의료소송의 특성에 맞는 소송안내문을 발송할 필요가 있고, 그 안에는 신속하게 사실을 확정할 수 있도록 증거설명을 곁들인 '진료경과 일람표', '검사결과 일람표', '투약 일람표', '의료용어집' 등을 조기에 제출하여 줄 것을 요구하고, 아울러 그에 관한 심리계획을 제시하는 것이 좋을 것이다. 또한 대부분의 의료사건의 경우 다수의 증거가 제출되어 이를 찾기에 힘들게 되는 점을 감안하여, 전자소송이 일반화되기 전에 시도하였던 조서의 색깔을 달리하는 것처럼 A, B, C호증 등으로 서증을 세분한다거나 진료기록부에 별도의 페이지 번호를 붙이게 하고, 그 안에 있는 외국어 표시나 약자, 해독이 힘든 문자 등에 대하여는 별도의 번역본을 제출케 하거나 그 주변에 붉은 글씨로 해설 내지 직역을 붙여 제출하게 하는 것도 고려할 필요가 있다.

4) 일본민사소송법은 2004년 개정되어 그 제147의 2, 제147조의 3에서 계획적 심리에 관한 규정을 신설하였다. 여기서 '계획적 심리'라 함은 법원이 쌍방 당사자와의 협의를 통하여 사안의 내용을 검토한 다음, 심리의 종결에 이르는 심리계획을 책정하여 이에 따라 심리하는 것을 말한다. 佐佐木茂美, 전게서, 15-17면 참조.

신속한 변론진행을 위하여 재판부로 하여금 당사자와 절차를 협의할 수 있는 법적 근거를 마련하였다. 예를 들면 준비서면의 제출횟수, 분량, 제출기간 및 양식에 관하여 당사와 협의할 수 있는가 하면, 따로 기일을 정하지 않고서도 동시통화 등의 방법으로 그 절차를 협의할 수 있게 한 것이다.

(1) 쟁점정리절차의 다양성

의료소송은 앞에서 본 바와 같이 쟁점정리 단계에서부터 전문가의 도움을 받지 않고서는 심리를 효율적으로 진행하기 어렵다. 의료행위로 인한 책임의 존재 여부를 따지는 데에는 말할 것도 없고, 후유장해의 등급이나 향후치료비 등이 문제되는 경우에도 의사의 전문적 지식이 분쟁의 조기해결에 많은 도움을 줄 수 있다. 쟁점정리단계에서 전문가의 도움을 얻는 방법은 어떤 종류의 기일을 취하고 소송절차상 어떠한 자격으로 전문가를 참여시키는가에 따라 다양하게 나누어진다. 쟁점정리를 위한 첫 기일을 변론준비기일, 조기 제1회 변론기일 또는 조정기일 중 어느 하나를 선택할 수 있고, 그에 따라 전문 심리위원이나 전문 조정위원을 활용할 수 있다.

(2) 조정위원 활용방법

사건심리의 초입이라 할 수 있는 쟁점정리단계에서 의사인 전문조정위원의 도움을 얻는 것이 매우 효과적이다. 우선 재판부가 소송자료로 제출된 진료기록부나 CT 사진과 같은 증거내용을 파악하고, 쌍방 당사자의 주장내용의 타당성 여부를 분별하는 데에 있어서 전문조정위원이 제공하는 지식이나 경험이 중요한 길잡이가 된다. 감정절차와 비교할 때, 전문조정위원은 이미 위촉된 상태이기 때문에 그 선정이 수월할뿐더러 당사자가 비용을 예납할 필요도 없고, 굳이 감정사항을 따로 제출할 필요가 없는 점 등에서 절차상 훨씬 간편하다. 특히 당사자 본인이 전문가의 도움을 받지 아니한 채 막연히 억울하다는 생각에서 잡다한 주장을 나열해 놓은 소장을 제출한 경우나, 쟁점과 무관한 감정사항을 열거한 데에 그치는 감정신청서를 조기에 제출하는 경우에는 전문조정위원을 활용할 필요성이 더욱 크다고 할 수 있다.[5)]

5) 종전에는 의료전담부의 조정에 있어서도 조정회부의 시기를 '모든 증거조사가 종료되어 재판부에서도 어느 정도 심증이 형성된 단계'에 하는 것이 바람직하다고 보았고, 현재 실무에서도 1심의 경우 대체로 변론준비절차의 마무리단계나 변론준비절차 종결 직후에 조정에 회부하고 있다; 법원행정처, 재판실무편람 제5호: 의료재판실무편람(개정판), 법원행정처(2005), 105면 참조.

통상 조정이란 민사에 관한 분쟁을 간이한 절차에 따라 당사자 사이의 상호양해를 통하여 조리를 바탕으로 실정에 맞게 해결함을 목적으로 하는 것이지만(민사조정법 제1조), 전문가의 전문적 지식을 근거삼아 쟁점을 정리할 목적으로 하는 수소법원의 조정을 상정할 수 있고,[6] 이러한 조정이 특히 의료사건에서 효과적이다. 또한 의료사건의 경우에는 의료과오의 존부와 관련하여 그 기준이 되는 "의료수준"이 문제되는데, 단지 탁상공론에 그치지 아니하고 우리나라 의료의 현실을 보다 실제적으로 이해함과 아울러 합리적인 의료수준을 규범적으로 세워나가기 위해서도 현장경험이 있는 전문조정위원의 지식과 경험이 도움이 됨은 물론이다. 만일 전문조정위원으로부터 임상의학의 실천에 관하여 오랜 경험에서 우러나온 현실적이고 공정한 전문적 의견이 제시된다면, 재판부로서는 이를 참작하여 쌍방 당사자가 납득할 수 있는 규범적인 임상원칙을 찾을 수 있을 것이다.[7] 의료분야에는 아마추어에 불과한 재판부로서는 의료전문가의 도움 없이 무엇이 의료인에게 마땅히 요구되어야 할 의료수준인지를 판단한다는 것은 사실상 불가능에 가깝다. 더욱이 일단 전문조정위원으로부터 전문적인 의견을 들은 후에는 변론절차에서 감정을 실시하는 경우라도 이미 충분한 쟁점정리를 거쳤기 때문에 꼭 필요한 감정사항을 추출할 수 있게 되고, 나아가 그 질문내용도 법적 평가의 전제가 되는 의학적 지식이나 경험을 구체적으로

---

6) 과연 쟁점정리를 위하여 전문가의 전문지식을 얻을 목적으로 조정에 회부하는 것이 조정제도의 취지에 부합하느냐에 관하여는 찬반양론이 있을 수 있지만, 이를 금하는 명문의 규정이 없고, 사안을 해명하는 데에 있어서나 이를 계기로 당사자의 합의형성의 가능성이 있는 이상, 이러한 조정도 마땅히 허용되어야 할 것이고, 비록 전문심리위원제도가 도입되었다고 할지라도, 사안에 따라서는 여전히 조정절차를 쟁점정리의 목적으로 활용할 여지가 있다고 할 것이다; 佐佐木茂美, 전게서, 467-468면; 鈴木利廣 외, 전게서, 157면 각 참조.

7) 전문조정위원이라고 하여 쟁점에 관한 전문지식을 일사천리로 설명하기 어려울 것이다. 하나하나 꼼꼼히 따져 보고 관련된 자료를 찾아보는 신중함이 있어야 할 것이다. 牧民心書 刑典제1조 聽訟편에서도 "聽訟如流 由天才也 其道危 聽訟必核 盡人心也 其法實 故欲詞訟簡者 其斷必遲 爲一斷而不復起也"라고 지적하고 있는 것처럼, 재판을 물흐르듯 거침없이 하는 것은 타고난 재능이 있어야 되는 것으로서 위험한 방법이고, 오히려 하나하나 따져 마음을 다하는 것이 확실한 방법이며, 이로써 비록 심리가 더딜지라도 분쟁이 종국적으로 해결되어 다시는 같은 분쟁이 반복되지 아니하게 함으로써 결과적으로 송사를 줄일 수 있을 것이다. 나아가 "壅蔽不達 民情以鬱 使赴愬之民 如入父母之家 斯良牧也"의 가르침처럼 조정법정에서 당사자들이 부모의 집에 들어옴과 같이 편한 마음으로 하소연할 수 있다면 치료과정에서 생긴 마음의 상처나 답답함을 씻을 수 있을 것이다.

요청할 수 있게 되는 장점이 있다.

(3) 전문심리위원 활용방안

(가) 전문심리위원제도의 취지

2007. 7. 13. 공포되어 2007. 8. 14.부터 시행된 개정법률에 의하여 민사소송법 제164조의2가 신설됨으로써 전문심리위원제도가 새로이 도입되었다. 이는 의료와 같은 전문적 지식이 요구되는 사건에서 법원 외부의 관련 분야 전문가를 전문심리위원으로 지정하여 소송절차에 참여하게 하여 전문적 지식과 경험에 기초한 설명이나 의견을 들음으로써 충실한 심리와 신속한 분쟁 해결에 도움을 받는 제도이다. 요컨대 의료과실에 관한 주장이 분명하지 않거나 전문적인 용어로 기재된 진료기록부 등이 제출되어 그 내용을 파악하기 어렵다든가 감정 가능성 및 감정신청의 적정성 여부 등이 문제되는 경우에 기동성 있게 전문가로부터 전문적 지식을 얻어 소송관계를 분명하게 하거나, 소송절차를 원활하게 진행하려는 데에 그 목적이 있다.

전문심리위원은 법원의 보조기관으로서 소송절차에서 공평하고 중립적인 조언자의 역할을 수행하도록 예정되어 있다. 그러나 재판의 합의에는 참여할 수 없고 조정절차에도 참여할 수 없는 점에서 기술심리관이나 조정위원과 다르다. 또한 전문심리위원이 진술한 설명 또는 의견은 그 자체로 증거자료로서 법원의 심증형성에 사용될 수 없는 점에서 전문가의 감정의견과는 다르다. 따라서 최종적인 판단을 위하여 전문가의 전문적 지식을 증거자료로 사용할 필요가 있는 경우에 전문심리위원의 의견으로 감정을 대체할 수는 없다.[8] 재판부에 따라서는 감정증인의 역할에 갈음하여 전문심리위원을 활용하는 실무례[9]가 있지만 앞서 본 전문심리위원의 특성상 적절치 않다고 보인다.

(나) 관여 절차

법원행정처장은 공공단체, 교육기관, 연구기관에 대한 추천의뢰 등을 통하여 추천된 전문가 가운데 적격자를 선별하여 전문심리위원 후보자 명단을 작성하고, 각 재판부는 특정 사건에 관하여 전문심리위원을 참여시킬 필요성이 있는지를 검토하여 직권 또는 당사자의 신청에 따른 결정으로 전문심리위원을 지

8) 법원행정처, 전문심리위원 제도 해설, 법원행정처(2007), 1-3면 참조.

9) 정진경, "서울중앙지방법원 민사15부의 의료사건재판 — 전문심리위원의 활용을 중심으로 —", 의료법커뮤니티의 소규모세미나에서 발표된 논문으로서 코트넷에 등재되어 있음.

정한다. 이 경우 전문심리위원의 소송절차상 지위를 감안할 때, 당사자의 신청은 법원의 직권발동을 촉구하는 의미를 가질 뿐 전문심리위원에 대한 참여결정은 어디까지나 법원의 직권사항으로 보아야 할 것이다.[10)]

나) 민사소송법의 개정과 구술주의의 강화

전문심리위원의 도움을 받아 쟁점을 정리하는 기일로는 변론준비기일과 제1회 변론기일이 있다. 원래 재판은 밀실에서 이루어진다면 그 공정성이 의심받기 쉽고 당사자 역시 자유롭게 진술할 수 없으므로, 개인의 사생활을 보호할 특별한 필요가 없는 한, 당사자 이외의 제3자가 지켜볼 수 있는 공개된 장소에서 행하여져야 하는데, 이러한 공개재판을 가능케 하는 심리방식이 바로 구술주의이다. 따라서 구술주의는 단지 당사자의 말을 많이 들어주는 데에 그치는 것이 아니라 투명한 재판절차를 보장하고 법원의 공정한 재판진행을 담보하는 데에 특별한 의미와 기능을 가진다. 요컨대, 공개법정에서 재판절차를 진행함으로써 재판에 대하여 국민적 감시가 가능하게 되고, 이를 통하여 국민의 신뢰를 확보·제고할 수 있으며 선거라는 국민의 신임절차를 거치지 않더라도 재판을 담당하는 법관이 그 권한을 행사함에 있어서 민주적 정당성을 가지게 되는 것이다.

이와 같이 구술심리원칙이 재판절차의 민주적 정당성과 직결되어 있고, 우리나라가 과거 제대로 구술심리를 실시하여 본 경험을 가지고 있지 못하며, 여전히 당사자 본인들이 재판절차의 진행내용을 제대로 알지 못한 채 자신들의 억울한 사정을 재판부에 직접 구두로 알리기를 원한다는 이유로, 사건관리의 효율성을 내세워 서면주의를 강화하는 것은 현재의 상황에서 적절하지 못하다고 생각된다.

특히 민사소송법이 2008. 12. 26. 법률 제9171호로 일부 개정됨에 따라 종전의 신모델이 서면준비절차와 변론준비기일을 선행시키는 것을 원칙적인 사건관리방식으로 삼았던 것에 비하여, 개정된 민사소송법은 조기 제1회 변론기일 지정 방식을 원칙적인 사건관리방식으로 삼고 있다고 할 수 있다. 이는 종전의 방식이, 서면절차를 선행함으로써 당사자와 첫 대면이 지연되고, 당사자는 법관을 처음으로 대면하는 변론준비기일에서 실질적인 변론을 하려는 경향이 존재

---

10) 법원행정처, 전게서, 8면 참조.

하며, 재판장 또는 수명법관에 의하여 진행되는 변론준비기일에서 실질적인 변론이 행해지는 경우 직접주의·공개주의 원칙에 어긋날 우려가 있다는 점을 염두에 두고 2002년 개정 당시 이미 예정하였던 것을 당초 계획한 대로 입법에 반영한 것이다.[11] 그러므로 전문심리위원을 활용하는 경우에는 가급적 제1회 변론기일을 조기에 여는 방식을 취하는 것이 적절할 것이고, 이때 별지 제1과 같은 준비지시서가 활용될 수 있을 것이다.

다) 당사자 역할의 중요성

재판부가 나서서 심리계획을 세우고 집중적인 증거조사를 실시할 수 있기 위해서는, 우선 소송당사자가 스스로 쟁점을 제시하고 그에 관련된 증거를 제출하여야 한다. 법원이 아무리 소송운영을 효율적으로 이끌려고 하더라도 사안에 대한 해명책임이 있는 소송당사자가 주체적이고 적극적으로 소송준비를 하고 입증활동을 벌이지 않는다면 충실한 심리를 기대할 수 없다.

그러므로 원고측에서 먼저 의료기관에 직접 요청하거나 증거보전절차 등을 통하여 진료기록을 입수하고 환자측이 전하는 사건의 전말 및 진료기록의 기재 등을 냉정하고 신중히 분석함과 아울러 의학적 전문자료와 관련 판례 등을 면밀히 검토한 다음, 각종 사실조회 또는 문서송부촉탁 등의 활용하여 관련 정보 수집를 조기에 할 수 있도록 노력하여 한다.

그러나 의료과오소송에서는 구조적으로 관련 증거가 피고측에 편재되어 있기 때문에 문제된 사안을 조기에 밝히기 위해서는 정보 및 의학적 지식을 가지는 피고측에서 진료경과, 과실 및 인과관계 등에 관하여 적극적으로 주장하고 관련된 증거를 제출하는 것이 무엇보다도 중요하다. 재판부로서는 피고측에 이점을 설명하여 적극적인 협력을 얻어내는 것이 필요하다. 재판부가 피고측으로부터 진료경과에 관한 사실관계를 설명받을 때에 일정한 형식의 진료경과일람표에 맞추어 정리된 파일을 제출하게 한 다음 원고측으로 하여금 그에 대해 항목별로 원고의 입장을 정리하게 하면 보다 손쉽게 사안을 정리할 수 있다(별지 제2 "의료사건 항소심 소송의 진행에 관한 안내문" 참조). 또한 이렇게 정리된 진

11) 박병대, "재판구조 개혁의 논리와 전개과정", 재판자료 제96집: 새로운 사건관리방식의 이해와 전망(상), 법원도서관(2002), 63면; "결국 신모델의 기본 형태를 서면공방선행 방식으로 결정하였다. 그리고 장차 각 재판부의 사건부담이 감소되면 재판장의 최초 기록 검토 시기를 2회 서면공방종료 후에서 1회 공방 종료 후 또는 피고의 답변서 제출단계로 점차 앞당기는 운영을 해 나가는 것도 염두에 둔 선택이었다."

료경과일람표는 집중적인 증거조사시에 요긴한 자료가 될 뿐만 아니라 감정인에게 사안을 설명하는 자료로 활용해도 효과적이다.

라) 운영현황과 향후 전망

앞서 본 바와 같이 쟁점정리를 위하여 조정절차를 활용할 수 있으나, 조정절차는 본래 구체적인 분쟁에 관하여 당사자로 하여금 상호 양해를 통하여 조리를 바탕으로 실정에 맞게 해결하도록 대화를 주선하는 데에 목적이 있지 쟁점정리를 위한 제도는 아닌 점을 감안할 때, 일단 전문심리위원제도가 도입된 이상 쟁점정리를 위한 제도로서의 조정은 그 활용가치가 반감되었다고 할 수 있다. 그러나 이미 확보된 전문조정위원이 질과 양의 면에서 전문심리위원을 능가하고 있다거나[12] 쟁점정리와 함께 당사자의 양보가능성이 높은 사건의 경우에는 여전히 조정절차를 통한 탄력적 절차운영이 여전히 매력적이라고 할 것이다.

일본에서도 2003. 7. 16. 개정민사소송법을 공포하여 전문위원제도를 도입함으로써 전문가가 소송의 다양한 국면에 관여할 수 있는 길이 열리게 되었다. 이로써 쟁점정리단계에서 전문가의 전문적 지식을 도입할 필요가 있는 경우, 사안에 따라 전문가조정위원과 전문위원을 적절히 활용할 필요가 생겼으나, 향후 전망은 전문위원의 활용이 주류를 이룰 것으로 보고 있다.[13]

---

12) 의료소송에서 향후 전문심리위원제도를 충분히 활용하기 위해서는 의사전문위원의 수를 늘이는 것과 함께 가능한 한 다양한 의료분야마다 해당 전문위원을 확보하여야 한다. 현재는 법원행정처장의 위촉에 의하여 전국적인 전문위원을 일괄하여 확보하는 방식과 함께 담당 재판부의 요청에 의하여 그때그때 필요한 전문위원을 확보하는 이중적 방식을 취하고 있으나, 재판부가 적극적으로 나서서 당해 사건에 적절한 전문가를 물색하여 새롭게 전문위원으로 위촉하게 하는 일은 쉽지 않을 것으로 보인다. 따라서 이미 임명된 전문위원의 명단을 확인하여 적절한 전문위원을 지정하는 것이 일반적으로 이용될 수 있을 것으로 보이는데, 그러기 위해서는 지역에 맞는 전문가를 추천·선임할 수 있도록 관련 단체나 의료기관으로부터 협력을 얻어야 할 뿐만 아니라 그에 대한 보다 심층적인 정보를 가져야 하므로, 전국단위로 전문심리위원을 위촉하는 것은 문제가 있어 보인다. 특히 전문심리위원을 상대로 자신의 특수한 지위를 이해하고 소송절차의 중립성·공평성 및 투명성을 지키도록 협력을 구하기 위해서도 지역단위의 관리가 보다 효과적이지 않을까 싶다. 현재 임명된 전문심리위원의 면면을 보면, 우선 다양한 진료과목을 망라하지 못하고 있고 특정 의료기관에 편중되어 있는 것이 아닌가 싶다.

13) 佐佐木茂美, 전게서, 7면 참조.

2) 서울고등법원 민사 제17부의 조정활용과 그 성과

가) 서면공방절차의 진행과 제1회 조정기일의 지정

필자가 몸담았던 서울고등법원 민사 제17부는 2006. 9.부터 거의 모든 의료사건에 관하여 전문조정위원에 의한 의견청취형 조정을 실시하여 왔는데 그 대체적인 절차는 다음과 같다.[14)]

(1) 안내문의 발송

2008. 12. 26 법률 제9171호로 민사소송법이 개정되기 전에는 우선 기록이 접수된 후 곧바로 준비절차에 회부하여 서면공방을 진행시킨 다음, 감정신청이나 사실조회신청 등이 있는 경우에도 그 채부를 보류한 채, 당해 사건에 대한 준비절차를 종결시키고 수소법원 조정에 회부하는 방식을 취하였다. 이 때 조정회부결정을 함과 동시에 수명법관 및 전문조정위원을 지정하고, 전화로 안내하거나 '조정기일 안내문'을 당사자에게 발송하여 미리 조정절차를 상세히 소개하였다. 그러나 민사소송법이 개정된 후인 2009. 3.경부터는 준비절차에 회부하지 아니한 채 기록접수 후 곧바로 별지 제2와 같은 양식의 항소심소송안내문을 보내어 각 당사자로 하여금 서면으로 어느 정도 항소심 쟁점을 정리하게 한 다음 조정절차에 회부하는 방식을 취하였다.

(2) 전문조정위원에 대한 사실조사의 명령 및 자료 송부

지정된 전문조정위원에게는 곧바로 ① 제1심 판결문, ② 항소이유서, 항소이유에 대한 답변서, 항소심에서 제출된 준비서면, ③ 제1심에서 행하여진 신체감정촉탁 회신, 진료기록감정촉탁 회신, ④ 진료기록(원칙적으로 피고 병원의 진료기록에 한정함) 등의 자료를 보냄과 아울러, 민사조정규칙 제8조 및 제12조에 의하여 '이 사건에 관하여 이 법원 소속 조정위원 ○○○로 하여금 의견 청취 및 사실조사를 담당하게 한다.'라는 취지의 결정을 한 다음 이를 전문조정위원에게 통지한다.[15)]

---

14) 2006. 8 .29.부터 서울고등법원 제17 민사부에서 의료사건을 담당하였던 10분의 판사님(유승룡, 이동훈, 김상우, 최석문, 조양희, 문수생, 박광우, 이일염, 권성우, 손흥수)이 대부분의 사건을 주심판사 겸 수명법관으로서 단독으로 조정기일을 진행하였고, 아래 각 단계 별 절차는 주심판사나 구체적인 상황에 따라 그 진행방법에 약간의 차이는 있었으나 횟수가 거듭되면서 대체로 비슷하게 진행되었으며, 여기서 소개하는 내용은 이러한 여러분의 공동작업을 정리한 것이다. 특히 아래에서 보는 해당 연도 종결사건에 대한 분석은 그 당시 담당하였던 법관과 실무관이 각각 수고하여 주었다.

15) 법원행정처, 조정실무, 법원행정처(2002), 113면 참조.

(3) 제1회 조정기일의 지정 및 소환

수명법관은 당해 기록을 상세히 검토하여 쟁점 및 사안의 내용을 파악하도록 노력함과 아울러 전문조정위원에게 송부된 자료를 검토할 수 있는 시간적 여유를 준 다음, 제1회 조정기일에 관하여 조정위원 및 당사자와 기일 협의를 한다. 원칙적으로 1주일에 1-2건의 의료사건이 월요일 또는 금요일 13:00경에 실시될 수 있도록 기일을 조율하며, 가급적 원고 본인과 피고 병원의 관련 의사가 참석할 것을 독려하며, 쌍방 당사자가 충분한 사전준비를 거쳐 조정기일에 임할 수 있도록 시간 간격을 두고 제1회 조정기일을 지정한다. 만일 당사자가 별지 제2 안내문의 제4.의 나.항 기재와 같이 재감정에 갈음하는 전문조정위원의 사실조사서 작성을 신청하여 그 비용을 예납한 경우에는 이 단계에서 해당 전문조정위원으로 하여금 사실조사서를 제출하게 한다.

(4) 제1회 조정기일의 진행요령 및 쟁점파악

가급적 조정위원으로 하여금 제1회 조정기일이 시작되기 1시간 전에 법원에 도착하여 재판부와 차를 나누면서 당해 사건의 쟁점에 관하여 의견을 나누는 시간을 갖는다. 이 때 재판부의 의문사항을 질문하고 의학적인 전문지식 및 경험에 관한 설명을 듣는다. 조정기일이 시작된 후에는, ① 먼저 쌍방 당사자로 하여금 각자의 사정을 충분히 진술할 수 있도록 기회를 제공하며, 특히 담당 의사로 하여금 관련 자료를 적시하며 자신이 행한 진료행위의 내용 및 경위를 설명할 수 있도록 하고, ② 전문조정위원이 의문사항에 관하여 쌍방 당사자에게 질문할 수 있는 기회를 제공한 후, ③ 수명법관이 다투어지는 사실관계 및 의료과오 여부에 관한 쟁점을 정리하고, ④ 전문조정위원으로 하여금 개개의 쟁점에 관한 의견을 제시하게 하며, ⑤ 이러한 전문조정위원의 의견에 대하여 당사자 쌍방이 자유롭게 반론을 제기하면서 자신의 주장을 펼 수 있도록 토론의 장을 마련하고, ⑥ 심리과정이 진행되는 동안 수소법원은 쟁점의 정확한 파악과 적절한 분쟁해결책의 강구를 위하여 주의를 집중하며, ⑦ 심리결과에 따라 곧바로 조정을 시도하거나 향후 추가적인 심리나 증거조사가 필요하다고 여겨지는 경우에는 쌍방 당사자와 협의하여 앞으로 행할 심리의 방향 및 계획을 세우도록 한다.

(5) 조정조서 작성 및 전문조정원의 의견서 제출

조정기일에서 행하여진 심리결과를 ① 당사자의 주장, ② 쟁점정리, ③ 전문조정위원의 의견 순으로 정리하여 남기고, 임의조정이 성립하면 그에 따라 조정조서를 작성하며, 조정에 갈음하는 결정이 필요한 경우에는 재판부 전원의 이름으로 강제조정을 한다. 추가적인 심리가 필요한 때에는, 조정절차를 종료시키고 중지되었던 변론절차를 다시 진행한다. 그때까지 당사자의 신청에 의한 전문조정위원의 사실조사서가 제출되지는 아니하였지만 조정기일의 진행결과에 따라 보다 상세하고 정확한 전문적 의견이 제출될 필요가 있다고 여겨지는 경우에는 당사자와 협의하여 그 비용을 예납케 하고 전문조정위원에게 당해 사건에 관한 '의견서' 내지 '사실조사보고서'을 제출하도록 요구한다.[16)]

나) 조정불성립과 향후 소송절차

조정절차가 조정불성립으로 종료되는 경우에는, 조정절차에서 드러난 쟁점사항을 중심으로 변론절차를 진행하도록 한다. 먼저 그 동안 보류되었던 당사자의 증거신청에 대하여 채부결정을 하고, 진료기록부의 재감정 등을 실시하지 않는 한, 가급적 빠른 시일로 제1회 변론기일을 지정하고, 그 기일에서는 변론절차에서의 쟁점정리와 함께 필요한 증거조사를 실시한다.

다) 성과

(1) 2007년도

위 제17부는 2007. 1. 1. 현재 미제사건 총 374건 중 손해배상(의) 사건의 수가 43건으로 11.5%를 차지하였는데, 1년 동안 신건이 489건이 접수되고 또 489건이 처리되었으며 그 중 손해배상(의) 사건이 62건이 접수된 반면 47건(2007년 이전 접수사건 36건)이 처리되어 2007. 12. 31. 현재 미제사건 총 374건 중 손해배상(의) 사건의 수가 58건(2007년 이전 접수사건 8건)으로 전체사건에 대한 의료사건의 비율이 15.5%(2007년도 접수사건 비율: 12.67%)로 증가하였다.

2007년도에 처리된 손해배상(의) 사건 총 47건의 처리내역을 보면, 별지 제3의 기재와 같이 그 중 18건에 대해서만 판결이 선고되었고 나머지는 모두 조

16) 법원행정처, 전게서, 114-116면 참조; 민사 및 가사조정의 사무처리에 관한 예규(재민 2001-8) 제16조 제1항은 '조정담당판사 또는 조정위원회는 규칙 제8조 제3항의 규정에 의하여 건축사, 의사 등 전문가 조정위원에게 사실의 조사를 하게 한 경우에 간이한 형식의 사실조사보고서의 제출을 요구할 수 있다. 이 때 사실조사를 위하여 필요한 경우에는 당사자에게 미리 관련 서류(예: 건축관련 분쟁의 경우 공사계약서, 설계도, 시방서, 현장사진 등, 자동차사고로 인한 손해배상청구사건의 경우 진단서, 진료기록 등)를 제출하게 하여 조정위원으로 하여금 참고하게 할 수 있다.'고 규정하고 있다.

정, 화해 또는 항소취하 등으로 종료되었으며, 판결이 선고된 사건들 중 4건이 상고되어 판결선고대비 상고율은 22.2%이다. 1년 동안 의료사건 총 47건 중 조정 및 화해로 종국처리된 사건의 수가 24건으로서 전체처리사건의 51%에 해당하여 조정절차가 상당히 효과적으로 운용되었다고 볼 수 있다. 더욱이 그 심리기간이 다른 종류의 사건들에 비하여 결코 지연되었다고 볼 수 없으며, 제1회 조정기일의 진행만으로 종결된 사건이 11건이고 그 중에서 제1회에 조정기일에 곧바로 임의조정이 성립된 사건이 5건이며, 조정이 불성립하여 변론절차에 나아간 사건의 경우에도 불복률이 상대적으로 낮았다고 할 수 있다.

(2) 2008년도

2008년도 처리결과는 별지 제4의 기재와 같다. 다만 2007. 12. 31. 현재의 미제건수를 59건으로 표시한 것은 사건명이 '손해배상(의)'로 표시되지 않고 '손해배상(기)'로 표시되었으나 그 실질내용이 의료과오에 관한 소송인 경우를 통계에 포함시켰기 때문이다.

2008. 1. 1.부터 2008. 12. 31.까지 총 72건의 의료사건[17)]이 접수되어 전체 접수사건 422건 중 의료사건이 차지하는 비중은 17.06%로 전 년도에 비하여 4.4% 가량 증가하였다. 2007년도 미제사건과 2008년도 신건을 합한 131건의 의료사건 중 총 87건을 처리하였고, 그 중에서 조정과 화해로 종결된 사건의 수가 67건으로 전체 처리건수의 77%를 차지한다. 해를 거듭할수록 의견청취형 조정이 자리를 잡아갔다고 할 수 있는 반면, 판결을 선고한 19건 중 10건이나 상고가 되어 전년도에 비하여 불복률은 크게 늘었다. 이는 의견청취형 조정절차를 거쳤음에도 당사자들이 사실인정이나 과실의 존부에 관한 법원의 견해를 수용하지 아니한 것을 뜻하므로 보다 중립적이고 설득력 있는 전문지식의 확보가 미흡하였던 것으로 여겨진다.

(3) 2009년도

2009년도의 처리결과는 별지 제5의 기재와 같다. 2008년도에 비하여 접수건수가 5건 줄었고 처리건수도 총 61건으로 전년도에 비하여 26건 감소하였다. 조정·화해건수도 38건으로 상당히 감소하였으며 그 비율이 62.29%에 그쳤다.

17) 이 중에는 사건명이 손해배상(기)인 사건이 3건 포함되어 있고, 그 분쟁의 실체가 의료과오의 존부에 관한 것이어서 다른 의료사건과 마찬가지로 쟁점정리형 조정절차를 활용하였다.

특기할 것은 의견청취형 조정을 서울고등법원 내 또 다른 의료전문부인 제9부에서도 실시하였고, 그 결과 높은 조정성공률을 기록하였다는 점이다.

(4) 2010년도

2010년도의 처리결과는 별지 제6의 기재와 같다. 총 처리건수 62건에 조정·화해건수는 29건(46.78%)이지만, 조정에 대한 비판적인 견해가 재야에 팽배했던 기간인 점에 비추어 보면 결코 낮은 율은 아니다. 이 기간 동안에는 진료경과일람표를 더욱 충실히 작성함으로써 심리의 첫 단계에서 쟁점을 보다 철저하게 정리함과 아울러 법적 안정성을 위한 법리구성에 노력을 경주하였다고 할 수 있다.

(5) 사건처리에 소요된 기간

위 제17부에서 2008. 1. 1.부터 2009. 12. 31.까지 종국처리한 총 87건의 손해배상(의)에 대한 처리기간은 다음과 같다. 그 처리기간이 평균 8개월 정도이니 의료사건이라고 하여 결코 다른 유형의 사건에 비하여 항소심의 심리기간이 길었다고 할 수 없을 것이다.

처리기간 (접수 후~ 종국시까지)	4개월	6개월	8개월	10개월	1년	1년 2개월	1년 4개월	1년 9개월	합계
사건수	5	24	37	9	5	5	1	1	87

라) 소결

사실 의료과오사건만큼 중립적인 전문가가 참가한 자리에서 쌍방 당사자가 마음껏 각자의 주장을 펴며 토론의 마당을 벌이기에 적합한 사건유형도 많지 않을 것이다. 물론 전문심리위원제도가 도입된 이상 소송절차에서 전문심리위원의 참여하에 구술심리를 활성화시키는 것이 바람직하지만, 조정절차가 가지는 절차의 유연성을 십분 활용하여 사건의 실체에 보다 쉽게 접근하여 타당한 분쟁해결의 길을 모색하는 것도 나름대로 장점이 있다. 서울고등법원 의료전문부에서 취하고 있는 의견청취형 조정 방법은 법원행정처가 발간한 조정실무교재에서도 언급되어 있고, 특히 일본에서는 의료과오사건에 관하여 이미 정착단계에 이른 분쟁해결기법이라고 할 수 있다. 다만 그 성패는 의료계에 종사하는 전문조정위원이 얼마나 성실하고 중립적으로 전문적인 의학 지식과 경험을 조정마당에 제공하는지 여부에 달려 있다고 해도 과언이 아니다. 그러므로 법원의 입장에서는 전문조정위원들로 하여금 실질적인 재판부의 구성원으로서 원대한 안목을 가지고 사심 없이 전문적인 식견을 제공할 수 있도록 세심한 배려를 하여야 할 것이다.

3) 증거조사절차

의료사건에서 제일 중요한 증거조사절차는 진료기록부를 확보하여 이를 판독하는 것이고, 나아가 거기에 드러난 진료행위의 진행경과를 전문적 의학지식으로 분석하는 진료기록부감정촉탁이라고 할 수 있다.

의료수준에 관한 입증은 미국과 같이 전문가 증인을 직접 법정에서 신문하는 방법이 있다. 그러나 후자는 전문가 증인의 조건에 관한 다툼이 많고 적절한 전문가 증인을 구하지 못하여 소송을 포기하는 경우가 많은 점을 감안할 때, 소송실무상 우리나라에서 활용하기는 어려울 것으로 보인다. 의학논문, 의학서적, 교과서에 게재된 내용 및 학회에서 책정한 표준치료지침 등도 중요한 입증자료가 될 수 있고, 실제 실무에서 의학서적과 논문을 의료수준을 인정하는 증거로 사용하는 예가 적지 않다. 그러나 의학서적과 논문을 의료수준에 관한 증거로 사용할 때에는 ① 출판 시기와 의료행위 시점과의 관련성, ② 저자의 전문성과 권위, ③ 의학계에서의 인정하는 정도, ④ 다른 연구 결과와의 일관성 등을 따져 보아야 하고, 개별 환자의 특수한 상황을 모두 반영하지 못하고 있는 점등을 염두에 두어야 한다.

그 밖에 의료과오소송에서 소송당사자가 법원의 감정절차를 거치지 않고 소송절차 외에서 개인적으로 의뢰하여 제출받은 의학적 의견서를 '사적의견서'라는 서증으로 제출할 수 있다. 이는 진료기록에 대한 일종의 사감정(私鑑定) 결과로서 법원이 선정한 감정인에 의한 공식 감정과는 구별되지만, 재판실무에서 종종 사용되고 있고, 수술상 실수의 유무가 문제된다거나 영상검사결과에 대한 평가가 쟁점이 되는 사안, 의학문헌에서 언급하지 아니한 희소질환의 경우와 같이 의학문헌만으로는 입증이 곤란한 사안에서 중요한 입증방법이 될 수 있다.

한편 의료과오의 의심을 받는 의료인은 형사사건에서는 진술거부권이 있지만 민사소송에서는 그러한 제한이 없으므로 시술과정을 가장 잘 아는 의료인

본인에 대한 당사자본인신문을 생각할 수 있고, 2002. 1. 26. 법률 제6626호로 민사소송법이 전면 개정되면서 당사자본인신문의 보충성을 폐지하여 독자적인 증거방법으로 인정하고 있으므로 활용될 여지가 있지만, 변명으로 일괄될 여지가 커서 독립적인 증거가치를 갖는 어려울 것으로 보인다.

이처럼 우리나라 재판실무에서는 인증신청의 예가 드물지만, 일본에서는 피고측 대리인의 신청에 의하여 진료행위의 적법성을 입증하기 위하여 진료행위를 직접 담당한 의사, 간호사 및 다른 의사(협력의)에 대한 증인신문이 이루어지고 있고, 구급이송의 상황을 입증하기 위하여 구급대원도 증인으로 채택되기도 한다. 이에 반하여 환자측으로서는 동일한 증거신청이 보장되어 있지만, 담당의사가 전문가로서 재량의 범위 내에서 실시한 의료행위의 위법성을 증인신문을 통하여 입증하기란 심히 어렵고, 철저히 준비하지 않으면 오히려 전문가가 준비한 면책이야기에 설득당하는 자리가 되기 쉽다. 이 점은 담당의사에 대한 반대신문을 실시하는 경우에도 마찬가지이므로 극히 주의를 요한다고 한다.[18] 아무튼 우리나라에서는 현재까지 재판실무상 증인신문의 활용도가 낮으므로 진료기록부 감정을 중심으로 개선책을 찾아보기로 하고, 이 부분은 "제6장 의료과오소송과 진료기록 감정"에서 자세히 다루기로 한다.

4) 대체적 분쟁해결수단

앞에서 본 바와 같이 의료과오사건은 그 특성상 조정에 친한 사건이다. 그러므로 의료분쟁은 가급적 조정이나 중재와 같은 대체적 분쟁해결수단(ADR)에 의하여 해결하는 것이 바람직하고, 엄격한 소송절차는 최후의 수단으로 남겨두되 소송절차에서는 분쟁해결의 지표를 제시할 수 있도록 법리를 세워 감은 물론 신중하게 운영되어야 할 것으로 보인다. 앞에서는 주로 의견청취형 조정에 관하여 살펴보았지만, 아래에서는 본래의 의미의 조정절차와 함께 새롭게 도입된 의료분쟁조정위원회의 조정 및 여타의 대체적 분쟁해결수단에 관하여 살펴보기로 한다.

가) 민사조정절차

민사조정법에 규정하는 조정절차는, 조정위원을 구성원으로 하는 조정위원

18) 浦川道太郎 등, 전게서, 446-476면.

회를 구성하여 행하는 위원회 조정의 방법(민사조정법 제7조 제2항, 제8조, 제9조)과 수소법원 또는 조정담당판사가 조정위원회를 구성하지 아니한 채 조정을 행하면서 전문조정위원의 전문적 의견을 청취하는 방법이 있다(민사조정규칙 제8조 제3항, 제12조).[19]

조정전담부가 있는 법원의 경우에도 전문지식을 얻기 위하여 의료사건을 조정에 회부하는 경우에는 당해 재판부가 직접 조정절차를 진행하면서 쟁점을 정리하는 편이 여러모로 바람직스럽다. 수소법원이 합의부인 경우에는, 조정위원회는 조정장 1인과 조정위원 2인으로 구성되고(민사조정법 제8조) 조정장은 수명법관이 되므로(제9조), 합의부의 구성원 중 1인을 수명법관으로 지명하여야 한다. 이 경우 수명법관은 당사자의 주장과 전문조정위원의 의견을 잘 정리하여 조정조서로 남겨둘 필요가 있다.[20] 조정위원회의 구성에 관하여 주심판사를 제외한 나머지 2명 모두를 의사로 구성할 때에는 이들 사이의 견해대립으로 인하여 오히려 어려움을 겪는다는 지적이 있지만,[21] 이러한 형태의 조정위원회 구성은 그 운영 여하에 따라 일본에서 시험적으로 실시하고 있는 회의식(conference) 감정[22]의 장점을 살릴 수 있을 것이다.[23]

---

19) 제8조 (증거조사등) ① 조정담당판사 또는 조정위원회는 사실의 조사 또는 증거조사를 지방법원 판사에게 촉탁할 수 있다.
② 조정위원회는 조정장에게 사실의 조사 또는 증거조사를 하게 할 수 있다.
③ 조정담당판사 또는 조정위원회는 상당하다고 인정하는 때에는, 소속법원의 조정위원에게 사실의 조사를 하게 할 수 있다.
④ 증거조사에 관하여는 민사소송의 예에 의한다.
제12조 (전문적인 지식, 경험에 관한 의견의 청취) 조정담당판사 또는 조정위원회는 필요하다고 인정하는 때에는, 소속법원의 조정위원으로부터 전문적인 지식, 경험에 기한 의견을 청취할 수 있다.

20) 조정위원회 조정에 관하여는 2007년도 의료실무 법관연수 당시 발표된 원용일 판사의 "의료사건에서 조정위원회 조정의 운영"이란 논문에 잘 설명되어 있다.

21) 원용일 판사는 의료전문부인 서울중앙지방법원 민사 제18부의 실무경험을 소개하면서, 주심판사를 제외한 2명의 조정위원을 모두 의사로 구성할 때에는 '당사자들 앞에서 조정위원들의 견해 차이가 그대로 드러날 수도 있고, 의학적인 측면의 주도권을 완전히 장악하지 못한 조정위원들의 자존심이 손상될 우려가 있어' 특별한 주의를 요하다고 지적하고 있다. 이는 전문조정위원인 의사들 사이에서도 실무경험상 의료수준에 관하여 견해차이가 있거나 의료사건을 보는 시각이 서로 다를 수 있음을 보여주는가 하면, 동일한 의학적인 현상을 놓고 합리적이고 과학적인 접근을 한다고 할지라도 얼마든지 견해 차이가 들어날 수 있음을 시사하는 사례로서, 의료현상에 대한 의학적인 분석이 그리 간단치 않다는 것을 단적으로 보여주는 것이라고 할 수 있다.

22) 대학병원 등에서 환자에 대한 치료방침의 결정에 앞서 주치의를 비롯한 복수의 의사들

나) 의료분쟁조정위원회의 조정

국회는 2010년 11일 본회의에서 '한국의료분쟁조정중재원' 설립을 골자로 하는 '의료사고 피해구제 및 의료분쟁조정 등에 관한 법(약칭: 의료분쟁조정법)'을 통과시켰다. 지난 1988년 대한의사협회가 의료사고처리특례법 제정을 국회에 건의한 이후 23년 만에 이뤄진 입법이다. 의료분쟁조정법은 2011. 4. 7. 법률 제10566호로 공포된 후 2012. 4. 8.부터 시행되었다.[24)]

이 법은 판사와 검사 등 법률가들로 구성된 의료분쟁조정위원회를 도입해 이를 준사법절차화하고, 피해자가 소송과 조정을 선택적으로 활용할 수 있도록 규정했다. 중재원 산하에는 사고의 과실유무와 인과관계를 규명하는 의료사고 감정단(제25조)과 실질적인 조정역할을 담당하는 의료분쟁조정위원회(제19조)가 함께 설치된다. 의료사고감정단에는 상임 감정위원과 비상임 감정위원으로 구성된 분야별, 대상별 또는 지역별 감정부를 둘 수 있고, 각 감정부는 법조인 2

이 모여 환자의 검사결과 등을 토대로 질환의 원인 및 적절한 치료방법 등에 관하여 말로 의논하는 형태를 증거조사방법의 하나인 감정에 도입한 것으로서, 일본 동경지방재판소 의료집중부에서 2003년부터 실시하기 시작하여 현재에는 원칙적인 감정방식이 되었고 종전의 서면감정의 방식은 예외적으로 이용되고 있다고 한다; 鈴木利廣 외, 전게서, 235-238면 참조.

23) 만일 2명의 조정위원을 모두 의사로 선정하는 경우에도 위 conference 감정에서 감정사항을 결정하는 것처럼, 의료과오의 존부에 관한 법적 판단에 대한 의견을 물을 것이 아니라 "○○시점에서 약제∨∨를 투여할 필요가 있었는가?". "갑제◇호증의 CD사진에 의하면 위암을 의심할 수 있었는가?"와 같은 구체적인 정황하에서 의료과오의 존부를 판단하는 데에 필요한 지식이나 경험을 묻고, 재판부와 당사자가 그에 관하여 의문사항을 활발히 질문한다면 오히려 공평·중립적인 전문적 지식을 획득하는 데에 많은 도움이 될 것이다; 鈴木利廣 외, 전게서, 238면 참조.

24) 이 법률안은 국회 보건복지위원회가 최영희 의원이 발의한 「의료사고 피해구제에 관한 법률안」과 심재철 의원이 발의한 「의료분쟁 조정 및 피해구제에 관한 법률안」 및 박은수 의원이 제기한 「의료사고 피해구제법 제정에 관한 청원」을 심사한 결과, 국회법 제51조에 따라 위원회 대안으로 의결하면서 그 대안의 제안이유로 "현행법상 의료사고로 인한 손해를 배상받기 위하여 「의료법」에 따라 설치된 의료심사조정위원회의 조정, 「소비자보호법」에 따른 소비자분쟁조정위원회의 조정 등을 이용할 수 있으나, 전자의 역할은 거의 유명무실한 실정이고 후자는 충분한 전문성을 갖추지 못한 채 소액 사건 위주로 기능을 발휘하고 있다는 문제점이 있음. 이에 의료분쟁을 신속·공정하고 효율적으로 해결하기 위하여 특수법인 형태로 한국의료분쟁조정중재원을 설립하고, 임의적 조정전치주의를 채택하여 조정과 소송을 별개의 절차로 규율하며 … 의료사고로 인한 피해자의 미지급금에 대하여 조정중재원이 손해배상금을 대신 지불하는 제도를 마련하는 등 의료사고로 인한 피해를 신속·공정하게 구제하고 보건의료인에게 안정적 진료환경을 조성하려는 것임"을 들었다.

명, 의료인 2명, 소비자단체 1명으로 구성되도록 하였고, 전문성 확보를 위해 법조인 두 명 가운데 한 명은 반드시 검사를 포함시키기로 했다. 감정부는 사고가 발생한 병·의원을 방문해 문서나 물건을 조사하고 열람복사할 수 있다. 열람조사를 방해하거나 기피할 경우에는 3,000만원의 벌금을 물게 된다. 이러한 감정부가 의료인 중심으로 구성되기 때문에 그 공정성이 의심받을 수 있고, 또 과실 및 인과관계에 관한 판단이 법적 판단이 아닌 의학적·자연과학적 판단에 치울 수 있으며, 자칫 그 조정절차가 소송을 위한 증거수집 절차로 전락할 위험이 있다는 지적이 있었다.[25]

의료분쟁조정위원회에도 그 업무의 효율적 수행을 위하여 5명의 조정위원으로 구성된 분야별, 대상별 또는 지역별 조정부를 두도록 했는데 두 명의 법조인을 포함시키되 그 중 한 명은 판사를 두도록 했다. 조정위 각부의 장은 판사와 검사, 또는 변호사 등 법조인 조정위원 중에서 위원장이 지명한 자가 맡게 된다(제23조). 또한 조정신청일로부터 90일 이내에 조정을 결정하도록 명시했다. 다만, 1회에 한해 30일 정도 연장을 해서 최장 120일 안에 조정결정을 끝내도록 했다. 중재는 당사자가 분쟁에 관하여 조정부의 종국적 결정에 따르기로 서면으로 합의하고 신청하는 진행되는 절차로서 조정절차의 계속 중에도 할 수 있다(제43조 제1항). 중재절차에 관하여는 조정절차에 관한 의료분쟁조정법이 우선 적용하고, 보충적으로 중재법이 준용된다.

조정이 성립되거나 조정절차 중 합의로 조정조서가 작성될 경우 및 중재절차에서 화해중재판정서가 작성된 경우에는 업무상 과실치상죄를 범한 경우에도 피해자 의사에 반해 의료진에 대한 공소를 제기할 수 없다(제51조).[26] 이 밖에도 조정이 성립되거나 중재판정이 내려졌지만 피해자가 손해배상금을 지급받지 못한 경우를 대비해 대불제도를 운영하도록 하고 있어 앞으로 그 귀추가 주목된다(제47조).

---

25) 전병남, "의료분쟁조정법안(약칭)의 민사법적 고찰", 의료법학 제11권 제1호, 대한의료법학회(2010. 6.), 44-46면 참조.

26) 위 조항의 단서에서 "피해자가 신체의 상해로 인하여 생명에 대한 위험이 발생하거나 장애 또는 불치나 난치의 질병에 이루게 된 경우에는 그러하지 아니하다."라는 예외 규정을 두고 있는바, 교통사고처리특례법에는 중상해의 경우에도 공소를 제기할 수 없도록 규정하고 있는 반면 중대한 과실에 기한 경우에는 피해자의 의사에 반하여 처벌할 수 있고, 어떠한 방식이나 절차에 의하여 합의가 성립하였는지 묻지 않고 동일한 법적 효과를 가지는 점에서 차이가 있다.

이처럼 좋은 제도를 마련하고도 피신청인이 조정절차에 대한 동의의 의사를 표시하여야만 조정절차가 진행될 수 있어 이용에 한계가 있었고, 이 때문에 의료과오 피해자의 입장에서 선뜻 조정신청에 나서기를 꺼릴 수밖에 없었다. 그런데 의료분쟁조정법이 2016. 5. 29. 법률 제14221호로 개정되어 다음과 같이 제27조 제9항으로 일정한 의료피해에 대하여 조정절차가 자동개시되는 새로운 제도를 도입하였다. 이는 격분한 의료사고 피해자들이 자칫 의료진들과 육체적으로 충돌하는 것을 예방하고 또한 중대한 피해의 경우 조정중재원의 조정절차를 상대방인 의료기관의 의사와 무관하여 이용할 수 있도록 길을 연 것이라고 하겠다. 아무튼 한국의료분쟁조정중재원의 사활은 감정부의 공정하고 책임있는 감정결과에 달려 있다고 보인다.

제27조(조정의 신청) ① 의료분쟁(이하 "분쟁"이라 한다)의 당사자 또는 그 대리인은 보건복지부령으로 정하는 바에 따라 조정중재원에 분쟁의 조정을 신청할 수 있다.
⑧ 제4항에 따라 조정신청서를 송달받은 피신청인이 조정에 응하고자 하는 의사를 조정중재원에 통지함으로써 조정절차를 개시한다. 피신청인이 조정신청서를 송달받은 날부터 14일 이내에 조정절차에 응하고자 하는 의사를 통지하지 아니한 경우 원장은 조정신청을 각하한다.
⑨ 원장은 제8항에도 불구하고 제1항에 따른 조정신청의 대상인 의료사고가 사망 또는 다음 각 호에 해당하는 경우에는 지체 없이 조정절차를 개시하여야 한다. 이 경우 피신청인이 조정신청서를 송달받은 날을 조정절차 개시일로 본다.[27] 〈신설 2016. 5. 29., 2018. 12. 11.〉
1. 1개월 이상의 의식불명
2. 「장애인복지법」 제2조에 따른 장애인 중 장애 정도가 중증에 해당하는 경우로서 대통령령으로 정하는 경우
⑩ 제9항에 따른 조정절차가 개시된 경우 조정신청서를 송달받은 피신청인은 다음 각 호의 어느 하나에 해당하는 경우 조정절차의 개시에 대하여 송달받은 날부터 14일 이내에 위원장에게 이의신청을 할 수 있다. 〈신설 2016. 5. 29.〉
1. 신청인이 조정신청 전에 의료사고를 이유로 「의료법」 제12조 제2항을 위반하는 행위 또는「형법」 제314조 제1항에 해당하는 행위를 한 경우
2. 거짓된 사실 또는 사실관계로 조정신청을 한 것이 명백한 경우
3. 그 밖에 보건복지부령으로 정하는 사유에 해당되는 경우

27) 정신과병원에 입원해 있던 환자가 사망하자 피해자측이 담당 정신과 전문의의 과실로 인한 사망이라고 주장하여 의료분쟁조정중재원에 조정을 신청하였고, 이 조항에 근거하여 곧바로 개시된 조정절차에서 위 조항 중 "사망"에 관한 부분이 담당 정신과 전문의의

다) 행정위원회에 의한 조정제도

과거에는 구 의료법(2011. 4. 7. 법률 제10564호로 개정되기 전의 것) 제70조 제1항, 같은 법 시행령 제33조 제1항에 터 잡아 보건복지부장관 소속으로 중앙의료심사조정위원회가, 시·도지사 소속으로 지방의료심사위원회가 있었다. 이러한 위원회는 7인 이상 15인 이하의 위원으로 구성되어 있었고 그 절반은 의료인이었다. 신청기간이 의료분쟁의 원인이 발생한 때로부터 1년 이내로 제한되어 있는데다가, 민사상 또는 형사상의 사건으로 계속 중인 경우에는 대상에서 제외시키는 등 여러 제약이 있어 활성화되지 못하다가 앞서 본 의료분쟁조정법이 시행되면서 한국의료분쟁조정중재원이 신설됨에 따라 「의료법」 제70조의 의료심사조정위원회 규정은 삭제되었다.

한편 한국소비자원 산하의 소비자분쟁조정위원회(소비자기본법 제60조 제1항)도 의료분쟁에 대한 조정업무를 수행하고 있으며, 소액의 의료분쟁의 경우 이용률이 높고 위원들이 전문성을 갖추고 있어 많은 성과를 거두고 있고 조정이 성립할 경우 마찬가지로 재판상 화해와 동일한 효력이 있다. 또한 이미 소비자분쟁조정위원회에 분쟁조정이 신청된 사안에 대해서는 이를 취하하지 않는 한 한국의료분쟁조정중재원에 이중으로 분쟁조정을 신청할 수 없고 만일 그러한 경우 당해 조정신청은 각하된다(의료분쟁조정법 제27조 제3항 제2호).

라) 대한의사협회 공제회 기타 보험회사가 실시하는 사적 분쟁해결

대한의사협회는 의료분쟁으로 회원에게 발생한 피해의 보상 등을 위하여 공제회를 두고, 이 공제회에서 관련 의사 및 변호사 등 전문가로 구성된 보상심의위원회를 운영함으로써 의료분쟁의 공정한 해결을 위하여 노력한 바가 있었

일반적 행동의 자유, 평등권 등을 침해하였다고 주장하면서 위헌확인을 구하는 헌법소원심판을 청구한 사건에서, 헌법재판소 2021. 5. 27. 선고 2019헌마321 결정은 '환자 측의 피해를 신속·공정하게 구제하려면 소송 외 분쟁 해결수단인 조정절차를 적극적으로 활용할 필요가 있으며, 보건의료인도 사망의 결과 발생 시 당사자 사이에 원만한 해결을 도모할 수 있는 절차가 마련될 필요가 있으므로 사망의 결과가 발생한 경우에 대해 조정절차 자동 개시 필요성이 인정되고, 피신청인에게 일정한 사유가 있다면 의료분쟁 조정절차 개시에 대해 이의신청을 통해 조정절차에 참여하지 않을 수 있고, 조정절차가 자동으로 개시돼도 조정 성립까지 강제되지 않으며, 당사자는 합의·조정결정 수용 여부를 자유롭게 선택할 수 있으므로, 조정절차 자동개시에 따른 결과를 스스로 선택할 기회까지 제한된다고 할 수 없으며, 피신청인은 더 이상 조정절차 참여를 원하지 않을 경우 채무부존재확인의 소 등을 제기해 조정절차가 아닌 소송절차에 따라 분쟁을 해결할 수 있다'라는 등의 이유를 들어 심판청구를 기각하였다.

다[구 의료법(2011. 4. 7. 법률 제10564호로 개정되기 전의 것) 제31조]. 그러나 이 역시 의료분쟁조정법이 시행되면서 한국의료분쟁조정중재원이 신설됨에 따라 구「의료법」 제31조의 "의료분쟁으로 회원에게 발생한 피해의 보상 등을 위한 공제사업"에 관한 규정은 삭제되었다.

한편 의사배상책임보험을 판매하는 보험회사들은 보험약관에 "의료사고 발생 시 회사는 의료전문가 및 법률전문가의 자문을 거쳐 보험금 지급 여부를 결정할 수 있다"라는 식으로 규정하는 경우가 많다. 이는 보험업법에 근거하여 보험회사는 보험계약 체결 및 이행 과정에서 손해사정, 분쟁조정, 보험금 지급 심사 등의 절차를 마련할 수 있고, 이를 위하여 외부 전문가(의사, 변호사)를 포함한 심사위원회를 두는 것은 보험업법상 허용되는 내부 자율 규정에 속하고, 상법 제724조 이하에서도 보험계약자의 보험금청구권, 보험자의 손해배상책임, 손해사정 절차 등을 규정하고 있기 때문입니다. 이에 따라 의사배상책임보험(의료사고 배상책임보험)을 판매하는 보험사들은 의료분쟁의 전문적이고 신속한 해결을 위해 자체적으로 의료인, 법률가 등을 구성원으로 하는 의료배상심사위원회(혹은 의료사고심사위원회) 제도를 운영하고 있고, 이 위원회의 판단에 따라 보험금 지급 여부 및 금액을 산정하고 분쟁 당사자에게 합의를 권고하고 있습니다. 그러나 이러한 위원회 판단은 법적 구속력은 없고 권고적 성격이 강하고, 그에 따라 합의가 성립하더라도 어디까지나 당사자의 사적 자치에 의한 합의에 불과하다. 다만 이러한 위원회가 구성의 독립성을 가지고 위원의 다양성·공정성을 확보하고, 피해자 측이 신뢰할 수 있도록 운영한다면 소송 이전 단계에서 신속하고 합리적인 분쟁 해결을 도모하는 제도가 될 수 있을 것이다.

마) 의료분쟁조정위원회의 중재

중재는 조정과 마찬가지로 소송에 의존하지 않고 의료 과실(또는 기타 청구)을 해결하기 위한 또 다른 자발적 방법이다. 중재에서 당사자들은 일반적으로 해당 주제에 대한 전문 지식과 중재 기술을 갖춘 중립적인 개인을 선정하여 당사자들이 스스로 합의에 도달하도록 지원한다.

의료과오로 인한 손해배상청구를 중재로 해결하기 위해서는 당사자 간에 분쟁에 관하여 조정부의 종국적 결정에 따르기로 하는 서면 합의가 필요하다(의료분쟁조정법 제43조 제1항). 중재 신청은 조정중재원에 서면으로 제출해야 하며, 조정절차 진행 중에도 신청이 가능하다(의료분쟁조정법 제43조 제2항). 당사자들은 합의에 따라 중재를 담당할 조정부를 선택할 수 있고, 그 방법은 위원장에게 중재를 담당할 조정부의 지정을 위임하는 방법과 위원장이 제시하는 조정부 중 하나를 당사자의 합의로 선택하는 방법이 있다. 중재절차에서는 의료 전문가들이 참여하는 감정부를 통하여 의료사고에 대한 전문적인 감정이 이루어지고, 감정부는 의료사고의 감정을 위해 필요하다고 인정하는 경우 당사자나 관련 이해관계인을 출석시켜 진술을 듣거나 필요한 자료 및 물건 등의 제출을 요구할 수 있다(제28조 제1항). 중재부는 당사자의 주장과 제출된 증거, 감정부의 감정결과 등을 종합적으로 검토하여 중재판정을 내리고, 그 중재판정은 확정판결과 동일한 효력을 가진다(제44조 제1항).

우리나라에서 우수한 중재기관을 설립하여 놓고도 그 이용률이 극히 낮은 바, 이러한 중재가 활성화되기 위해서는 조정중재원에 대한 국민의 신뢰가 우선 뒷받침되어야 하고, 중재조항을 병원입원양식에 포함시키는 것도 한 방법이 될 수 있을 것이다.

미국 Morris v. Metriyakool, 344 N.W.2d 736 (Mich.1984)에서는, 「병원입원양식에 중재조항이 포함되어 있었고 원고가 병원에 입원할 때 이에 서명하였으며, 이 입원양식서는 중재 옵션을 환자의 서명 바로 위에 큰 글씨(12포인트)로 굵은 글씨로 명시해야 한다는 미시간 주법을 준수하였고, 중재조항은 선택 사항임을 명확히 했으며, 또한 환자가 퇴원 후 60일 이내에 자유롭게 취소할 수 있음을 명시한 사안에서, 3인의 중재를 허용하는 미사간 법률이 정당한 절차에 따라 공정한 결정을 받을 환자의 권리를 박탈한 것이 아니고, 그러한 합의가 유착계약에 해당하지 않는다.」라는 판시를 하였다.[28)]

의료과오 소송은 그 소송과정에서 피해의식이 배가되기 쉬운 데에 비하여, 조정중재원의 중재절차는 보다 사적이고 비용이 적게 들며 적시에 해결될 가능성이 높은 점에서 많은 장점을 가진다고 보인다.

28) Marcia M. Boumil 외, 전게서, pp. 453-454.

별지 제1

서 울 고 등 법 원

제17 민사부

준비지시서

사 건 : 2008나00000

수 신 : 전문심리위원 □□□

이 사건의 쟁점은 원고 ◇◇◇에게 발병한 스티븐스-존스 증후군이 피고 병원이 처방한 약물에 의하여 발생하였는지 여부입니다. 기록을 참고하여 2009. 1. 15.까지 아래 사항에 대하여 준비하여 주시기 바랍니다.

준비할 사항

1. 원고 ◇◇◇에게 발생한 질병이 스티븐스-존스 증후군인지 여부
2. 스티븐스-존스 증후군의 발병원인과 관련하여
   가. 스티븐스-존스 증후군의 통상적인 발생원인
   나. 스티븐스-존스 증후군의 증상이 투약 후 수일 내에 발생하는지, 약물투어를 였다고 볼 수 없는지
   다. 피고 병원이 원고 ◇◇◇에게 투약한 약물의 투약기간, 부작용 등을 고려할 때 스티븐스-존스 증후군이 피고병원이 처방한 약물에 의하여 발생하였다고 볼 수 있는지
   라. 원고들은 원고 ◇◇◇가 5, 6년전 중국생약을 복용하였을 뿐 피고 병원 입원에 즈음하여서는 위 약을 복용하지 않았고, 입원 기간 중 및 외출중에 녹즙이나 다른 약을 복용하지 않았다고 주장하고, 이에 반하여 피고 병원은 원고 ◇◇◇가 녹즙을 복용한 후 설사가 발생하였고, 입원기간 중에도 피고 병원이 처방하지 아니한 혈압약을 임의로 복용하였다고 주장하는바, 피고 병원의 주장과 같이 녹즙이나 식물성분의 생약이 스티븐스-존스 증후군을 유발시킬 수 있는지

3. 원고 ◇◇◇의 스티븐스-존스 증후군이 피고 병원의 투약에 의한 것이라고 가정할 경우

가. 의사로서는 스티븐스-존스 증후군의 발병을 예방하기 위하여 투약 전에 어떠한 조치를 취할 수 있는지, 피고 병원의 진료기록상 피고 병원이 그러한 조치를 다하였는지

나. 원고들은 스티븐스-존스 증후군의 전조증상인 발열, 기침, 두통 등이 1996. 4.초경 나타났다고 주장하는바, 진료기록상 원고 ◇◇◇에게 설사 외에 스티븐스-존스 증후군의 다른 전조증상이 있었는지, 있었다면 언제 그러한 증상이 나타났는지,

다. 피고 병원으로서는 어느 시점에서 원고의 증상이 스티븐스-존스 증후군임을 진단할 수 있었는지, 실제로 피고 병원은 언제 스티븐스-존스 증후군을 진단하였는지

라. 스티븐스-존스 증후군의 치료법은 무엇인지, 피고 병원에서 2006. 4. 9. 이후에 취한 조치는 무엇이고, 그것이 스티븐스-존스 증후군에 대한 적절한 치료법인지

라. 원고들은 피고 병원의 의료진이 스티븐스-존스 증후군의 발병사실을 뒤늦게 인지하여 3-5일 동안 발병원인인 약물을 계속 투약함으로써 증상을 악화시켰다고 주장하는바, 일단 스티븐스-존스 증후군이 발생한 후 발병원인인 약물을 3-5일 동안 계속 투약한 경우 증상이 악화되는지

2010.　.　.

재판장　판사 ○○○

별지 제2

의료사건 항소심 소송의 진행에 관한 안내문

원고 및 피고 귀하

서울고등법원 민사 제17부

안녕하십니까? 저희 재판부는 항소심 재판부로서 의료사건을 접수하고, 의료사건소송을 보다 적정하고 신속하게 처리하기 위하여 몇 가지 안내 말씀을 드립니다.

1. 진료경과일람표의 제출

이미 제1심 판결에서 진료경과에 관한 사실관계가 확정되었을 터이지만, 항소인으로서 그 사실인정이 미흡하거나 부당하다고 생각하는 경우에는 아래와 같은 양식의 진료경과일람표를 항소이유서에 첨부하여 제출함과 아울러 그에 관한 전자 파일을 e-mail 등의 방법으로 제출하여 주시기 바랍니다.

{e-mail: (나)주심 kwpark@scourt.go.kr / (다)주심 salt123@scourt.go.kr}

진료경과일람표(항소인)

연월일	환자의 상황	검사 · 처치	1심 판단	항소인의 주장	피항소인의 주장	증거관계

2. 진료경과일람표에 대한 피항소인의 인부 및 반론

피항소인은 항소이유서에 대한 답변서를 제출함에 있어서, 항소인이 제출한 진료경과일람표에 대하여 항목별로 인정 여부 및 반론 등을 "피항소인의 주장" 및 "증거관계"란에 표시하여 항소인과 마찬가지로 방법으로 제출하시기 바랍니다.

3. 입증계획서 등의 제출

쌍방 모두 자신의 주장을 뒷받침할 만한 서증을 제출할 경우에는 증거설명서를 붙여 제1회 기일 전까지 제출하여 주시고, 추가적인 진료기록감정이나 사실조회와 같은 증거신청이 필요한 경우에는 입증계획서와 함께 제출하여 주시기 바랍니다.

4. 심리 계획

가. 전문조정위원과 제1회 조정기일

의료사건은 쟁점정리의 단계에서부터 의학 · 의료에 관한 전문지식이 필요하기 때문에 저희 재판부는 원칙적으로 별첨 조정기일 안내문의 기재와 같이 제1회 기일을 쟁점정리형 조정의 형태로 운영하고 있고, 이때 각 진료과목별로 엄선된 조정위원이 출석하여 쟁점에 관한 전문지식을 제공함은 물론 토론의 방식으로 쟁점을 정리하여 장차 행할 심리계획을 세우게 됩니다.

나. 재감정에 준하는 사실조사서

만일 제1심에서 실시한 진료기록감정결과에 대하여 불만이 있는 당사자들은 재감정을 신청한 것과 같은 방법으로 전문조정위원에게 항목별로 전문적인 의견을 구할 수 있고, 이 경우에는 전문 조정위원은 진료기록을 낱낱이 검토하여 감정의견을 사실조사서라는 서면으로 제출하게 되고, 그에 대한 비용으로 금 300,000원을 신청 당사자가 미리 납부하여야 합니다. 이렇게 작성된 사실조사서는 후에 변론절차에서 서증의 형태로 제출될 수 있습니다.

조정기일안내문(별첨)

1. 저희 재판부는 의료전문부로서 갈수록 복잡 · 다기해지는 의료분쟁사건에 있어서 신속한 실체적 진실 파악과 함께 재판에 대한 국민의 신뢰를 제고하기 위하여, 항소심 첫 기일을 원칙적으로 전문가 조정위원(현재 저희 법원에 40인 이상의 의료전문 조정위원이 있음)의 참여하에 변론기일 전 조정기일로 진행하고 있습니다.
2. 제1회 조정기일을 진행하기에 앞서, 저희 재판부는 우선 진료과목별로 전문화된 조정위원을 지정한 다음, 곧바로 민사조정규칙 제8조, 제12조에 의거하여 지정된 조정위원에게 ① 제1심 판결문, ② 항소이유서, 항소이유에 대한 답변서, 항소심에서 제출된 준비서면, ③ 신체감정촉탁 회신, 진료기록감정촉탁 회신, ④ 진료기록(원칙적으로 피고 병원의 진료기록만을 송부함), ⑤ 진료기록에 대한 감정결과 등의 자료를 송부하여 당해 사건에 대한 사실조사를 명하고 있습니다.
3. 조정위원의 자료검토가 끝나는 시점에서, 저희 재판부는 조정위원 및 당사자와 사전에 협의를 거쳐, 원칙적으로 조정회부일로부터 1개월 정도의 기간을 두고 월요일 또는 화요일로 제1회 조정기일을 지정하고 있습니다.
4. 조정기일에서는 당사자 쌍방이 제출한 주장과 증거자료를 검토하고 각 쟁점별로 참여한 조정위원의 의견을 청취하며, 이때 비록 직접적인 소송당사자가 아니더라도 문제된 의료사고에 관여한 의사 기타 의료관계인이라면 누구라도 조정기일에 참석하여 토론식으로 활발하게 의료행위가 행하여진 경위 기타 자신의 처지를 설명하고 의학적인 의견을 말할 기회가 부여됩니다
5. 위와 같은 조정기일의 실질적인 진행을 위해서는, 쌍방 당사자 역시 조정기일 전에 본 의료사건의 쟁점을 정확히 파악하여 이를 조리 있게 주장함과 아울러 관련 자료를 사전에 성실히 제출하여야 하고, 조정기일에는 당사자 본인은 물론 관련 의료인들의 출석이 절실히 필요합니다. 당사자와 사전 협의를 거쳐 조정기일을 정하는 만큼 당사자 본인과 담당 의사 등 관계인들은 반드시 당해 조정기일에 출석할 수 있도록 협조하여 주시기 바랍니다.
6. 조정기일에서 정리된 쟁점과 각자의 의견 및 기본적 합의사항 등은 조정기일 조서에 그대로 기재되어 향후 본 사건의 심리방향을 결정하게 됩니다. 저희 재판부로서는 이러한 조정기일을 통하여 당사자 사이에 분쟁해결을 위한 공감대가 형성되도록 힘씀은 물론, 이러한 조정기일의 심리결과를 기초로 하여 공평·신속한 분쟁해결을 위하여 최선을 다할 것을 다짐하며, 쌍방 당사자 및 각 소송대리인께 제1회 조정기일에 관한 많은 협조를 부탁드립니다.

별지 제3

2007년도 손해배상(의) 사건 처리 내역

1. 기간 : 2007. 1. 1.부터 2007. 12. 31.까지 1년간
2. 2006. 12. 31. 현재 미제건수 : 43건
3. 접수건수 : 62건(2007. 12. 31. 현재 미제 : 50건, 처리 : 12건)
4. 처리건수 : 총 47건(2006. 이전 접수사건 : 35건, 2007. 접수사건 : 12건)
   가. 조정건수 : 20건(강제조정 : 11건, 조정성립 : 9건)
   나. 화해건수 : 4건(화해권고 : 3건, 화해성립 : 1건)
   다. 판결건수 : 18건(원고일부승 : 10건, 원고패 : 2건, 항소기각 : 6건)
   라. 항소취하 : 5건
5. 2007. 12. 31. 현재 미제건수 : 58건
   (2006. 이전 접수사건 : 8건, 2007. 접수사건 : 50건)
6. 상고건수 : 4건(판결대비상소율 : 22.2%)
7. 통계표

<table>
<tr><th rowspan="2">구수</th><th rowspan="2">신수</th><th rowspan="2">미제
(구수/
신수)</th><th rowspan="2">처리
(구수/
신수)</th><th colspan="4">판결</th><th colspan="3">조정 · 화해</th><th rowspan="2">항소
취하</th></tr>
<tr><th>소계</th><th>원고
일부
승</th><th>원고
패</th><th>항소
기각</th><th>소계</th><th>조정
(강제/
임의)</th><th>화해
(권고/
성립)</th></tr>
<tr><td>43</td><td>62</td><td>58
(8/50)</td><td>47
(35/12)</td><td>18</td><td>10</td><td>2</td><td>6</td><td>24</td><td>20
(11/9)</td><td>4
(3/1)</td><td>5</td></tr>
<tr><td colspan="4">처리대비(%)</td><td>38</td><td>21</td><td>4</td><td>13</td><td>51</td><td>43</td><td>9</td><td>11</td></tr>
</table>

8. 처리내역별 구체적 기일진행현황

가. 강제조정(11건)

순번	사건번호	접수일자	첫 조정기일 (일수*)	최종조정기일 (일수)	종국 (일수)	기일횟수*
1	06-39517	06.05.04.	07.01.23. (264)		07.02.16. (288)	조정1
2	06-58969	06.07.11.	07.01.16. (189)	07.01.23	07.02.21. (225)	조정2
3	06-59368	06.07.12.	07.03.20. (251)		07.04.10. (272)	조정1
4	06-61125	06.07.18.	07.03.27. (252)	07.04.17.	07.05.09. (295)	조정2
5	06-105452	06.11.24.	07.05.28. (185)		07.06.19. (207)	조정1
6	06-95890	06.10.27.	07.05.21. (206)	07.06.12.	07.07.03. (249)	조정2
7	06-98912	06.11.06.	07.05.29. (204)	07.06.19.	07.07.12. (248)	조정2
8	06-113828	06.12.15.	07.07.20. (217)	07.10.16.	07.11.06. (326)	조정2, 변론1, 조정1
9	06-118724	06.12.28.	07.07.16. (200)	07.08.28.	07.09.18. (264)	조정2
10	07-15723	07.02.06.	07.10.09. (245)		07.10.30. (266)	조정1
11	07-23786	07.02.28.	07.10.15. (229)		07.11.06. (251)	조정1
평균			222		262.8	1.73

*일수 : 접수일자로부터 해당기일에 이르기까지 소요된 일수를 나타낸다. 이하 같다.
*기일횟수 : 진행된 기일의 순서에 따라 그 횟수를 표시한다. 이하 같다.

나. 조정성립(9건)

순번	사건번호	접수일자	첫 조정기일 (일수)	최종 기일 (일수)	기일횟수
1	06-52886	06.06.23.	07.02.27. (249)		조정1
2	06-74411	06.08.23.	07.04.30. (250)		조정1
3	06-98059	06.11.02.	07.05.22. (201)		조정1
4	06-71191	06.08.14.	07.04.16. (245)	07.09.18. (400)	조정1, 변론2, 조정1
5	06-76639	06.08.29.	07.04.25. (240)	07.07.11. (316)	조정2, 강제조정, 변론1, 조정1
6	06-111914	06.12.12.	07.07.02. (202)	07.12.18. (371)	조정1, 변론2, 조정1(선고직전)
7	07-10933	07.01.24.	07.07.11. (168)	07.11.30. (310)	조정1, 변론1, 조정1
8	07-28422	07.03.12.	07.10.09. (211)		조정1
9	07-39699	07.04.30.	07.12.18. (232)		조정1
평균			222	282.2	2.22

다. 화해권고(3건) · 성립(1건)

순번	사건번호	접수일자	첫 기일 (일수)	최종변론기일 (일수)	종국 (일수)	기일횟수
1	06-30688	06.03.22.	06.12.07. (260)	07.01.18. (302)	07.02.08. (323)	변론만 2
2	06-35195	06.04.11.	06.12.05. (238)	07.03.29. (352)	07.04.26. (370)	조정3, 변론2
3	06-75551	06.08.25.	07.04.24. (242)	07.07.19. (329)	07.08.15. (355)	조정2, 변론2
4	07-51095	07.06.12.	07.12.11. (182)	07.12.11. (182)		당일 조정후 화해1
평균			230.5		307.5	3

라. 판결건수(18건)

순번	사건번호	접수일자	첫 기일 (일수)	선고기일 (일수)	종국결과	기일횟수
1	06-11038	06.01.31.	06.08.31. (212)	07.03.22. (415)	원고일부승	준비2, 변론4
2	06-41961	06.05.16.	07.01.16. (245)	07.04.05. (324)	원고일부승	조정1, 변론2
3	06-52879	06.06.23.	06.11.27. (157)	07.03.29. (279)	원고일부승	조정1, 변론2
4	06-56833	06.07.05.	07.03.08. (247)	07.03.15. (254)	원고일부승	변론1
5,6	06-64780, 64810(병합)	06.07.27.	07.02.06. (194)	07.04.19. (266)	원고일부승	조정1, 변론2
7	06-77953	06.09.01.	07.01.23. (144)	07.03.15. (195)	원고일부승	조정2, 변론1
8	06-87158	06.10.02.	07.01.23. (113)	07.05.31. (241)	원고일부승 (상고, 기일미지정)	조정1, 변론2
9	07-15037	07.02.05.	07.03.22. (45)	07.06.07. (122)	원고일부승	변론2
10	06-72378	06.08.17.	07.04.09. (235)	07.09.13. (392)	원고일부승	준비1, 조정1, 변론1
11	05-61241	05.08.08.	06.04.13. (248)	07.03.22. (591)	원고패 (상고, 기일미지정)	준비1, 조정1, 변론1
12	06-100747	06.11.10.	07.06.12. (214)	07.12.20. (405)	원고패	조정1, 변론4
13	06-62937	06.07.24.	07.03.26. (245)	07.06.07. (318)	원고항소기각	준비2, 변론1
14	06-42797	06.05.19.	07.02.06. (263)	07.09.20. (489)	원고항소기각	조정1, 변론6
15	06-83095	06.09.19.	07.05.08. (231)	07.08.16. (331)	원고항소기각 (상고, 심불기각)	조정2, 변론2
16	06-102255	06.11.15.	07.06.19. (216)	07.12.20. (400)	원고항소기각	조정1, 변론5
17	07-14690	07.02.02.	07.10.11. (251)	07.11.08. (279)	원고항소기각 (상고, 기일미지정)	변론1
18	07-37372	07.04.16.	07.07.18. (94)	07.12.13. (241)	원고항소기각	조정1, 변론3
평균			197.2	326		3.53

별지 제4

2008년도 의료사건 처리 내역

1. 기간 : 2008. 1. 1.부터 2008. 12. 31.까지 1년간
2. 2007. 12. 31. 현재 미제건수 : 59건
3. 접수건수 : 72건(2008. 12. 31. 현재 미제 : 42건, 처리 : 30건)
4. 처리건수 : 총 87건(2007. 이전 접수사건 : 57건, 2008. 접수사건 : 30건)
   가. 조정건수 : 55건(강제조정 : 36건, 조정성립 : 19건)
   나. 화해건수 : 12건(화해권고 : 11건, 화해성립 : 1건)
   다. 판결건수 : 19건(원고일부승 : 8건, 원고패 : 3건, 항소기각 : 8건)
   라. 항소취하 : 1건
5. 2007. 12. 31. 현재 미제건수 : 44건
   (2007. 이전 접수사건 : 2건, 2008. 접수사건 : 42건)
6. 상고건수 : 10건(판결대비상소율 : 52.6%)
7. 통계표

구수	신수	미제(구수/신수)	처리(구수/신수)	판결				조정 · 화해			항소취하
				소계	원고일부승	원고패	항소기각	소계	조정(강제/임의)	화해(권고/성립)	
59	72	44 (2/42)	87 (57/30)	19	8	3	8	67	55 (36/19)	12 (11/1)	1
처리대비(%)				21.84				77	63.2	13.8	1.15

별지 제5

2009도 의료사건 처리 내역

1. 기간 : 2009 1. 1.부터 2009 12. 31.까지 1년간
2. 2009. 1. 1. 현재 미제 : 40건(2007년 접수 : 2건, 2008년 접수 : 38건)
3. 접수건수 : 67건
4. 처리건수 : 총 61건(2007년 접수 : 2건, 2008년 접수 : 37건, 2009년 접수 : 22건), 평균 처리기간 : 8개월 15일 내외
   가. 조정건수 : 29건(강제조정 : 19건, 조정성립 : 10건)
   나. 화해건수 : 9건(화해권고 : 8건, 화해성립 : 1건)
   다. 판결건수 : 19건(원고일부승 : 9건, 원고패 : 3건, 항소기각 : 6건, 재심청구기각 : 1건)
   라. 항소취하 : 4건
5. 2009. 12. 31. 현재 미제건수 : 46건
   (2008년 접수 : 3건, 2009년 접수 : 43건)
6. 상고건수 : 13건(판결대비상소율 : 52.63%)
7. 통계표(항소기각에 재심청구기각 1건을 포함)

구수	신수	미제(구수/신수)	처리(구수/신수)	판결				조정 · 화해			항소취하
				소계	원고일부승	원고패	항소기각	소계	조정(강제/임의)	화해(권고/성립)	
40	67	46 (3/43)	61 (39/22)	19	9	3	7	38	29 (19/10)	9 (8/1)	4
처리대비(%)				31.15				62.29	47.54	14.75	6.55

별지 제6

2010년도 의료사건 처리 내역

1. 기간 : 2010. 1. 1.부터 2010. 12. 31.까지 1년간
2. 2010. 1. 1. 현재 미제 : 49건(2008년 접수 : 4건, 2009년 접수 : 45건)
3. 접수건수 : 59건
4. 처리건수 : 총 62건(2008년 접수 : 3건, 2009년 접수 : 40건, 2010년 접수 : 19건)
   가. 조정건수 : 19건(강제조정 : 9건, 조정성립 : 10건)
   나. 화해건수 : 10건(화해권고 : 10건)
   다. 판결건수 : 30건(원고일부승 : 9건, 원고패 : 2건, 항소기각 : 19건)
   라. 항소취하 : 3건
5. 2010. 12. 31. 현재 미제건수 : 46건
   (2008년 접수 : 1건, 2009년 접수 : 5건, 2010년 접수 : 40건)
6. 상고건수 : 15건(판결 대비 상소율 : 50.00%)
7. 통계표

구수	신수	미제 (구수/신수)	처리 (구수/신수)	판결				조정 · 화해			항소취하
				소계	원고일부승	원고패	항소기각	소계	조정 (강제/임의)	화해 (권고/성립)	
49	59	46 (1/5/40)	62 (43/19)	30	9	2	19	29	19 (9/10)	10 (10/0)	3
처리대비(%)				48.39				46.78	30.65	16.13	4.83

3. 피해자의 입장에서 본 권리구제의 요령

가. 사전 준비의 필요성

의료사고를 입었다고 생각되는 피해자는 소송에 나가기 전에 우선 변호사를 찾아 상담하기 마련이고 그에 앞서 사고의 전말을 파악하기 위하여 담당의사의 사고 전말에 관한 의견을 듣거나 진료기록 등을 확보한다. 무엇보다도 중요한 것은 단지 발생한 악결과만을 볼 것이 아니라 그것이 어떤 원인으로 발생하였으며, 그 시술과정에 대하여 과실책임을 물어 법적 구제를 받을 수 있는지를 개괄적이나 알아보아야 한다. 그러나 피해자의 대부분이 의료인이 아닌 이상 의학적인 전문지식 및 법적 지식이 없이 이를 판단하기란 매우 어려운 일이다.

여기에서는 이러한 피해자의 입장에서 권리구제를 위한 사전 준비에 무엇이 필요하며 그러한 준비활동 중 특별히 문제되는 것이 무엇인지를 살펴보기로 한다.[29] 이 문제는 의료과오사건을 상담받거나 수임한 변호사도 의뢰인의 입장에서 권리구제방안을 준비하여야하기 때문에 마찬가지로 해당된다고 할 수 있다.

의료과오사건을 수임하는 변호사로서는, 그 의뢰인이 신체에 피해가 발생한 환자이거나 사망한 환자의 유족으로서 심신에 고통을 안고 있다는 점과 교통사고와 달리 치료목적으로 의료 전문가에게 나아갔다가 도리어 악한 결과로 인하여 의료기관이나 의사에 대한 심한 배신감을 느끼고 분노, 슬픔, 불신감 등에 시달리고 있다는 점을 유념할 필요가 있다. 아울러 의료과오 소송의 목적이 피해자 구제만이 아니라 의료사고의 재발방지 및 환자가 양질의 안전한 의료서비스를 받을 수 있도록 환자의 권리를 확립하는 데에 있음을 명심하여야 한다.[30]

---

29) 미국에서는 주로 어떤 변호사를 선택하는지 권리구제의 관건이라고 설명되고 있다.

30) 醫療問題辯護團, 「醫療事故」實務入門 — 患者側辯護士の視點から —, 司法協會(2024), 1-4면 참조.

나. 사전 준비의 내용

1) 사고경위에 대한 사전 청취

우선 의료과오사건을 상담받은 변호사는 사전에 의뢰인으로 하여금 사건의 개요를 요령있게 진술할 수 있도록 사건의 진행경위를 시간순으로 기재하게 하는 한편, 피해자가 느끼는 문제점을 놓치지 않도록 일정한 양식의 상담표를 사용하는 것이 좋다. 이러한 방식을 사용하는 이유는 관련된 의학 지식을 사전에 조사해둘 필요가 있고, 또 사안의 경중을 파악하는 데에 도움이 되며, 의뢰인의 입장에서 의료사고의 피해자로서 빠지기 쉬운 감정의 동요에서 벗어나 객관적으로 사안을 보는 데에 도움이 되기 때문이다. 상담표를 통하여 의뢰인의 사정을 청취할 때, 의뢰자의 수중에 있는 진단서, 사망진단서, 진찰권, 영수증, 입·퇴원 계획서, 수술·수혈에 관한 동의서, 치료 및 약에 관한 설명서 등의 자료도 함께 받는다.

상담표에 들어갈 수 있는 사항으로 다음과 같은 항목을 들 수 있다.[31)]

순번	청취 사항	비 고
1	의료기관(명칭, 진료과목, 담당의사)	
2	진료기간	
3	진료를 받게 된 이유	
4	피해 내용	
5	시간대별 진료 경과	
6	기왕증의 유무 및 현재 병명	
7	의료피해 발생의 원인으로 생각되는 과오 내용	
8	의료피해 발생 후 의료기관의 설명 유무 및 내용	
9	의료기관의 사고 조사의 실시 유무 및 보고서 내용	
10	다른 의료기관에서 추가 치료 유무 및 다른 의료기관의 설명 내용	

2) 조사수임

일단 의료사고로 보이는 사건이라도 상대방 의료기관에 법적 책임을 물을

31) 醫療問題辯護團, 전게서, 5-6면.

수 있는지를 결정하기 위해서는, 진료기록의 입수 및 분석은 물론 의학문헌을 조사하고 다른 의사로부터 조언을 얻는 등 의학적 지식을 취득한 다음 이를 관련 법리에 비추어 법적 책임을 물을 수 있는지 여부를 종합적으로 따져 보아야 한다.

이러한 사전 작업을 수행하는 데에도 적지 않은 비용이 소요되므로 의료사고를 상담받은 변호사로서는 그 비용을 의뢰인으로부터 지급받을 수밖에 없다. 다만 미국에서는 많은 의료과오소송 로펌이 자사의 비용으로 이 작업을 하며 후에 승소 시 그 비용을 정산받는 방식을 취하기도 하지만, 우리나라에는 적절하지 않은 방법으로 보인다. 그러므로 이미 소멸시효가 완성되었다거나 과실 또는 인과관계가 없다고 명확히 보이는 사건과 같이 기본적으로 의료기관에 대한 책임추궁이 곤란 내지 불가능하다고 보이는 경우에는 조사수임에 나가지 말아야 한다.

그 외에 변호사로서는 일단 소액의 변호사비용 및 실비로 조사수임을 하여[32] 조사를 실시한 다음 법적 책임을 물을 수 있다는 판단이 설 때에는 다시 의뢰인과 협의를 거쳐 손해배상청구사건을 수임하고, 법적 책임을 묻기 어렵다고 판단되는 경우에는 조사수임만으로 당해 사건에 관한 위임관계를 종료하는 것이 적절하다.

3) 진료기록의 입수·분석

가) 상대방 의료기관의 진료기록 입수

(1) 진료기록부 등에 관한 관련 규정

의료법 제22조 제1항은 "의료인은 각각 진료기록부, 조산기록부, 간호기록부, 그 밖의 진료에 관한 기록(이하 "진료기록부등"이라 한다)을 갖추어 두고 환자의 주된 증상, 진단 및 치료 내용 등 보건복지부령으로 정하는 의료행위에 관한 사항과 의견을 상세히 기록하고 서명하여야 한다."라고 규정하고 있고, 제23조 제1항은 "의료인이나 의료기관 개설자는 제22조의 규정에도 불구하고 진료기록

32) 이때 작성하는 의료과오조사계약의 내용은 '진료기록의 검토, 의학문헌조사, 협력의로부터 의견청취, 상대방 의료기관에 의한 설명회 실시 등에 따라 진료경과를 최선을 다해 규명하고, 상대방 의료기관의 과실 및 인과관계의 존재를 조사하여 당해 의료기관의 책임 유무를 판단하는 업무를 수임하는 것'이 될 것이다. 醫療問題辯護團, 전게서, 9-10면.

부등을 「전자서명법」에 따른 전자서명이 기재된 전자문서(이하 “전자의무기록”이라 한다)로 작성·보관할 수 있다.”라고 규정하고 있으며, 그에 대한 의료인이나 의료기관 개설자의 보존의무를 규정하는 한편(제22조 제2항),[33] 제22조 제3항에서는 “의료인은 진료기록부등을 거짓으로 작성하거나 고의로 사실과 다르게 추가기재·수정하여서는 아니 된다.”라고 규정하고, 나아가 이를 위반할 경우 3년 이하의 징역이나 3천만원 이하의 벌금에 처하도록 규정하고 있다(제88조).

한편 의료법 제21조 제1항은 “환자는 의료인, 의료기관의 장 및 의료기관 종사자에게 본인에 관한 기록(추가기재·수정된 경우 추가기재·수정된 기록 및 추가기재·수정 전의 원본을 모두 포함한다. 이하 같다)의 전부 또는 일부에 대하여 열람 또는 그 사본의 발급 등 내용의 확인을 요청할 수 있다. 이 경우 의료인, 의료기관의 장 및 의료기관 종사자는 정당한 사유가 없으면 이를 거부하여서는 아니 된다.”라고 규정하고 있고 이러한 진료기록 열람 및 사본에 대한 발급권을 일정한 조건 하에 환자의 가족이나 대리인 등에까지 확대하고 있다(제21조 제2항).

(2) 진료기록부 등의 작성 목적

대법원 1997. 11. 14. 선고 97도2156 판결은 “의사에게 진료기록부를 작성하도록 한 취지는 진료를 담당하는 의사 자신으로 하여금 환자의 상태와 치료의 경과에 관한 정보를 빠뜨리지 않고 정확하게 기록하여 이를 그 이후의 계속되는 환자치료에 이용하도록 함과 아울러 다른 관련 의료종사자에게도 그 정보를 제공하여 환자로 하여금 적정한 의료를 제공받을 수 있도록 하고, 의료행위가 종료된 이후에는 그 의료행위의 적정성을 판단하는 자료로 사용할 수 있도록 하고자 함에 있으므로”라고 판시한 바와 같이 진료기록부는 의료행위의 적정성을 판단하는 귀중한 자료가 된다.

(3) 환자 등의 진료정보에 관한 접근권 보장

환자는 자신에 대한 진료기록은 그에 기재된 정보의 소유자로서 당해 정보의 유출 및 사용에 대하여 알고 그 여부를 결정할 권리를 보유함은 물론 적극적 의무의 소유자로서 자신의 진료기록에 대한 접근권을 가진다고 볼 여지도 있지만, 진료기록은 어디까지나 환자의 병상(病狀)과 의사의 의학적 소견이 화체된

33) 진료기록부의 보존기간은 10년이고, 환자 명부는 5년, 처방전 2년, 수술기록 10년, 검사내용 및 검사소견기록 5년, 방사선 사진(영상물 포함) 및 그 소견서 5년, 간호기록부 5년, 조산기록부 5년, 진단서 등의 부본은 3년이다(의료법 시행규칙 제15조 제1항).

진료기록물(전자적으로 처리된 일체의 의료정보 포함)로서 그 작성자가 의료인인 이상 그 소유권도 병·의원에 있다고 봄이 타당하다.[34)]

앞서 본 의료법 제21조는 환자 등의 진료기록부 등에 관한 접근권을 보장하고 있고, 의사는 진료계약상 환자에 대한 설명의무를 부담하므로 그 이행의 일환으로서도 환자에게 진료기록부 등에 대한 접근을 허용하여야 한다. 다만 영국에는 '의료기록 액세스법(Access to Health Record Act 1990)'이 있고, 미국에서는 50개 주 가운데 절반 이상의 주에서 의사 또는 병원이 보관하는 의료기록에 관하여 환자의 접근권(엑세스권)을 보장하는 법률이 제정되어 있는 점을 감안할 때, 진료정보(진료 과정에서 환자의 신체 상황, 병상, 치료 등에 대하여 의사 또는 그 지휘·감독하에 있는 의료종사자가 얻은 정보)에 관한 보다 구체적인 접근권한 및 절차에 관한 세부적인 내용이 입법화되어야 한다는 주장이 제기되고 있다.[35)]

일본에서는 진료기록개시에 대한 사회적 요청이 높아짐과 아울러 1999년 경부터 국립대학부속병원, 국립병원, 일본의사회 등이 진료기록개시에 관한 가이드라인을 서로 협의하여 공표하였고, 그밖에 다른 의료기관도 진료기록개시를 실시하게 되자 일본후생노동성도 2003년 9월 '진료기록의 제공 등에 관한 지침'을 공표하였다. 이 지침은 그 첫머리에 기본이념으로 "일본의사회는 의사가 진료정보를 적극적으로 제공함으로써 환자가 질병과 진료의 내용을 충분히 이해하고, 의료를 제공하고 있는 의사와 의료서비스를 제공받은 환자가 공동으로 질병을 극복하며, 의사와 환자 사이의 보다 나은 신뢰관계를 구축하는 것을 목적으로 하며, 회원 윤리규범의 하나로 이 지침을 제정한다. 일본의사회의 모든 회원은, 이 목적을 달성하기 위하여, 이 지침의 취지에 따라서 환자에게 진료정보를 제공한다."를 제시한 다음, 진료정보의 정의, 적용범위, 제공절차(비용 등 실비 청구 포함), 의사 상호간의 진료정보 제공, 유족에 대한 진료정보의 제공 등을 차례로 규정하고 있다.

나) 증거보전절차

(1) 증거보전의 의의

환자측에서 진료기록부 등을 열람, 복사할 수 있도록 보장된 이상 증거보전의 필요성은 상대적으로 약화되었다고 볼 수 있다. 그러나 진료기록부 등에

34) 양충모, 진료정보에 관한 법적 연구, 의료정책연구소(2004), 43면 참조.

35) 양충모, 전게서, 45-57면 참조.

포함되지 않은 자료, 즉 병동일지, 의사·간호사의 당번표 등이 있고, 또 병·의원측에서 진료기록부 등에 대한 열람, 복사에 비협조적이거나 위, 변작의 가능성이 있으므로 증거보전의 필요성은 여전히 존재한다고 할 것이다.

증거보전이란 민사소송법 제375조에서 제384조에 규정하는 절차로서 법원이 미리 증거조사를 하지 아니하면 그 증거를 사용하기 곤란할 사정이 있다고 인정한 때에는 당사자의 신청에 따라 실시하는 증거조사절차이다. 이러한 증거보전의 신청은 소를 제기하기 전에도 가능하며, 이때의 관할법원은 본안소송의 관할법원이 아니라 신문을 받을 사람이나 문서를 가진 사람의 거소 또는 검증하고자 하는 목적물이 있는 곳을 관할하는 지방법원이 된다.

문서의 기재내용을 증거자료로 삼는 증거보전의 증거조사는 실무상 문서제출명령이나 검증의 방법으로 행하여지고, 진료기록부 등에 대한 증거보전도 이러한 검증의 방법이 보다 효과적일 것이지만[36] 우리나라에서는 대부분 문서제출명령의 방식으로 행하여진다.

(2) 증거보전의 신청

증거보전의 신청은 서면으로 하여야 하고(민사소송규칙 제124조 제1항), 그 서면에는 상대방의 표시, 증명할 사실, 보전하고자 하는 증거, 증거보전의 사유를 밝혀야 하며(민사소송법 제377조 제1항), 증거보전의 사유에 관한 소명자료를 첨부하여야 한다(민사소송법 제377조 제2항, 민사소송규칙 제124조 제2항).

증명할 사실에는 소송상 청구와의 관련성을 밝힐 필요는 없고, 진료기록부 등에 대한 증거보전의 경우에는 상대방의 과실과 인과관계에 관한 사실주장을 하는 것이지만 아직 진료기록부 등을 입수하기 전이므로 실무상 개략적인 주장으로 족하다. 그리고 보전하고자 하는 증거란, 증거보전의 대상인 구체적 증거방법을 말하고, 서증의 이름, 검증의 목적물 이름 등이다. 증거보전의 사유는 증거보전의 필요성을 말하고, 진료기록의 개작, 은익, 폐기의 염려 등이다. 여기서 개작의 우려에 관하여 일반적 추상적인 것으로는 부족하고 구체적 사실과 연계된 위험성을 필요로 하지만 구체적 사실의 정도에 관하여는 실무상 비교적 완화하여 해석하고 있으며 '충분한 설명이 이루어지지 않았다', '설명내용이 전후

36) 일본 동경지방재판소는 주로 검증의 방식으로 시행하며, 특히 사진사를 대동하여 그로 하여금 문서 및 영상을 사진촬영케 하여 복제하는 방식을 채택하여 그 비용 발생이 문제가 되고 있다고 한다. 鈴木利廣 외, 전게서, 123면 참조.

모순되고 일관성이 없다', '책임회피적 발언을 하였다'라는 주장으로 개작의 위험성을 인정하고 있다. 그리고 진료기록에 대한 보존기간의 만료시점이 임박하였다거나 보존기간이 이미 경과하였다는 점 등은 폐기될 우려가 있는 것으로 인정된다.

(3) 증거보전의 대상

증거보전의 대상물은 상대방 의료기관이 보관하고 있는 당해 환자의 진료에 관하여 작성된 일체의 자료이다. 의료기관은 다양한 진료기록을 작성·보관하고 있고, 사안에 따라서 작성된 문서도 다르다. 주된 것으로는 진료기록부, 간호기록부, 수술기록부, 마취기록부, 의사지시표, 혈액검사·소변검사 등 각종 검사표, X-ray 사진, CT 사진, MRI 사진 등 영상사진, 부검기록, 조직표본, 진료보수명세표, 수술비데오, 내시경검사 비데오 등의 동영상이 보관되어 있는 경우가 있다. 또 분만이 문제가 되는 사안의 경우 조산기록부, 분만경과기록, 분만감시장치기록 등이 작성된다. 치과 및 구강외과의 사안에는 구강모형도 증거보전의 대상이 된다.

(4) 증거보전의 결정

우리나라 법원은 증거보전의 신청이 있으면 주로 서면심리를 거쳐 보정을 명하거나 결정을 하는 반면, 일본 동경지방재판소는 통상 신청 후 1~2주간 내에 법관면접이 행하여지고, 법관면접에서는 검증의 대상물 및 검증방법의 확인, 검증기일의 일정조정 등이 행하여진다고 한다.[37]

법원은 증거보전신청이 적법하고 증거보전의 사유가 소명되었다고 인정되면 상대방에게 진술의 기회를 주지 아니한 채 증거보전결정을 내린다. 이 경우 신청인과 상대방에게 증거보전결정을 송달하면서 증거조사기일이 지정되면 그에 관한 기일소환장도 함께 송달한다. 일본에서는 진료기록에 대한 증거보전결정의 경우 상대방에 대한 증거보전결정 및 기일소환장은 집행관송달의 방식으로 하고 증거조사 개시 1시간 전에 송달하는 것이 통상이며, 그 이유는 상대방에게 진료기록을 개작할 시간적 여유를 가능한 한 주지 않기 위함이다. 증거보전결정에 대하여 불복을 허용하지 않는 것은 긴급을 요하는 절차일 뿐만 아니라 상대방에게 불이익을 주는 것도 아니기 때문이다.[38]

37) 鈴木利廣 외, 전게서, 126면.
38) 鈴木利廣 외, 전게서, 126면.

(5) 증거보전에 따른 증거조사절차

증거보전절차에 있어서의 증거조사는 증인신문, 감정, 서증, 검증, 당사자 신문의 방법에 의하지만, 의료소송과 관련되는 증거보전절차의 신청은 여명이 얼마 남지 않았다고 생각되는 원고본인신문 신청, 진료기록부에 대한 증거조사의 신청이 많다. 그중 원고본인신문에 관하여는 특별한 문제는 없다.

진료기록부에 대한 증거보전에 관하여는 증거조사 방법으로, 서증의 신청[① 법원외 서증조사(민사소송법 제269조, 민사소송규칙 제75조)의 신청을 하는 방법, ② 신청인이 법원에 대하여 문서제출명령을 신청하는 방법(민사소송법 제315조 후단 내지 제320조), ③ 신청인이 법원에 대하여 문서송부촉탁신청을 하는 방법(민사소송법 제323조)]과 검증 신청이 있을 수 있다. 검증에 대해서는 법원이 직접 검증의 목적물(검증물)의 존부, 형상, 성질에 관하여 자기의 판단능력(시, 청, 미, 후, 촉의 오감의 작용)에 의하여 사실판단을 행하고, 그 결과를 증거자료로 하는 증거조사이므로 문서의 증거조사에 관하여 그 의미내용이 문제로 되는 한 검증의 방법도 가능할 것이지만 원칙적으로 서증의 방법을 택해야 한다고 본다.[39]

그런데, 일본에서는 일반적으로 문서의 기재내용을 증거자료로 하는 증거보전도 검증의 방법으로 행하는 것이 실무상의 관행이라고 한다.[40]

전자진료기록부를 검증의 방법으로 증거조사를 할 경우에는, 법관이 오감의 작용에 의해 직접 사물의 성상, 현상을 검열하여 얻은 인식을 증거자료로 하는 증거조사가 검증이므로 우선 전자적 기록을 읽을 수 있는 상태로 만들어야 하는데, 이때 가시적 상태로 하기 위한 프로그램이 정확히 작동하고 있는지에 관하여 병원 측의 설명을 따를 수밖에 없으므로 그 프로그램에 관하여 병원 측에 설명을 구한 다음 이를 검증조서에 기재하여 두는 것이 바람직하다. 또한 전자적 기록을 컴퓨터 화면상에 표시할 것인지, 아니면 지면 등에 인쇄할 것인지를 선택하여야 할 것인데, 통상 전자 진료기록부에서 전자 기록의 추가, 삭제, 정정 등은 컴퓨터 화면에 표시된 문자나 그림 등에 근거하여 이들을 가감하는 것에 의해 실행되고 있으므로 지면 등에 프린트 인쇄하는 것보다도 전자 기록을 컴퓨터 화면에 표시하는 방법이 전자 진료기록부 시스템 본래의 가독(可讀)

39) 권광중, "의료소송의 절차상의 제문제", 재판자료 제27집: 의료사고에 관한 제문제, 법원행정처(1985), 353면 이하 참조.

40) 鈴木利廣 외, 전게서, 123-125면 참조.

방법에 따라 전자 기록을 검열할 수 있다는 이점이 있다. 그러나 전자 진료기록부로서 보전되어 있는 전자 기록 전체를 일괄하여 인쇄하는 프로그램을 도입하고 있는 병원에서는, 그 일괄 인쇄기능이 정상적으로 작동하고 있는 것을 확인할 수 있다면, 일괄인쇄기능에 따라 전자 진료기록부로서 보존되어 있는 전자 기록 전체를 출력하는 것이 가능하다. 이 경우 ① 검증사항의 누락 위험성이 줄어드는 점, ② 컴퓨터 화면상의 메뉴바(menu bar)나 태그(tag)를 클릭하는 방법이 시간이 절약될 수 있는 점, ③ 검증의 방법과 검증 결과의 기록화 사이에 괴리가 생기지 않는 점 등을 생각하면, 전자 기록을 지면 등에 프린트 인쇄하는 형태로 검증을 행하는 방법이 보다 효과적이라고 한다. 또한 전자 기록의 보존 상태를 확인하기 위하여는, 입력정보를 확정할 때에 그 작성책임자의 식별정보(아이디 등)가 기록정보에 관련되어 보존되는지, 일단 확정된 정보가 사후에 추가, 수정, 삭제된 경우에, 그 경위(일시나 작성책임자의 표시 등)가 남아 있는지, 그 경위에 관한 기록은 어떤 방식으로 확인이 가능한지, 수정이나 삭제 전의 전자 기록을 검열하는 것이 가능한지, 어떠한 검열방법이 있는지 등을 병원측 입회인에게 물어 그 답변을 조서에 기재해 두어야 한다. 나아가 컴퓨터 화면에 의한 검증방법의 경우에는, 전자 진료기록부 시스템에 보존되어 있는 전자적 기록의 전체를 컴퓨터 화면의 조작에 의해 확인하는 것이 가능한지, 컴퓨터 화면에 의한 검증방법의 경우에 출력프로그램의 개요 및 인쇄의 조건 등도 확인하여 조서에 기재해 둘 필요가 있다. 나아가 전자 진료기록부를 기록화하는 단계가 필요한데, 일괄인쇄기능이 있는 것은 그에 따르고, 이것이 없는 경우에는 검증 작업과 동시에 컴퓨터 화면상에 표시된 문자나 그림 등을 디지털 카메라 등을 사용하여 촬영하거나 인쇄하는 형식으로 기록화하는 방법을 생각할 수 있다. 이 경우, 컴퓨터 화면상에 표시된 문자나 그림 등을 하나씩 촬영해 나가는 수밖에 없다고도 할 수 있으나, 그 전체에 대하여 이러한 작업을 행한다면, 엄청난 노력과 시간 및 비용이 들 수 있으므로, 신청인과 상의하여 필요한 부분에 한하여 기록화한 후 검증 절차 외에 병원에 진료기록 등을 신청인이 송부받는 방법도 활용될 수 있다. 환자의 체온이나 맥박 등 바이탈 정보에 대하여는, 수치로서 전자 진료기록부 시스템에 보존되어 있기 때문에, 전자적 기록을 지면 등에 인쇄하는 검증방법을 취할 경우 그래프로 표시되지 않게 되지만 전자 진료기록부 시스템상의 기능으로서 수치의 형식으로 보존되어 있는 체온이나 맥박 등의 바이탈 정보를 컴퓨터 화면상에 검열하기 쉬운 그래프 형식으로 바꾸는 것이 가능한 경우가 많으므로, 신청인이 그래프로 표시하여 줄 것을 요청하는 경우에는, 입회인에게 임의의 협력을 구하여 필요한 부분에 한하여 바이탈 정보 등을 그래프화한 다음 프린트 인쇄하는 방법을 생각할 수 있다.[41]

다) 상대방 이외의 진료기록 수집

상대방 의료기관의 진료기록 이외에 입수가 검토되어야 할 진료기록에는 상대방 의료기관에서 진료받기 전에 다른 의료기관에서 진료받으면서 작성된 진료기록부와 상대방 의료기관에서 진료받은 후 다른 의료기관에 전원되어 작성된 진료기록부, 119구급차 환자운송기록부 등이다. 이러한 진료기록에는 상대방으로부터 수진받기 전의 병상, 상대방의 의료과오로 인하여 생긴 합병증 및 후유증의 치료경과 등을 알 수 있다. 뒤에 진료를 실시한 의사의 진료기록부에는 사고원인을 시사하는 기재가 발견될 수 있다. 사체부검이 행하여진 사안에서는 사망원인을 알 수 있기 때문에 매우 중요하다. 다만 사체부검기록부의 입수가 어려운 점이 의료사고분쟁이 장기화되는 원인이 되기도 한다.

라) 진료기록의 검토·분석

진료기록을 입수한 후에는 이를 자세히 살펴 행하여진 진료의 내용을 파악한다. 진료기록부에 사용된 의학용어나 약자에 관하여는 필요에 따라 전문가에게 번역을 의뢰한다. 아울러 눈으로 읽는 것만으로는 진료기록에 기재된 많은 정보를 제대로 이해하기 어렵기 때문에 진료경과일람표, 검사수치일람표를 작성하는 방법으로 진료경과를 분석하는 것이 좋다.

4) 의학문헌의 조사

진료기록의 분석을 통하여 진료내용을 이해하기 위해서도 또 법적 책임의 유무를 검토하기 위해서도 의료사고 피해자나 그 변호사는 의학문헌을 통하여 의학적 지식을 얻는 것이 절대적으로 필요하다. 의학문헌에는 의학에 관한 대표적인 교과서와 의학잡지에 게재된 의학논문 등이 있다. 또 인터넷의 검색을 통하여 의학용어에 대한 지식은 물론 의학문헌에 대한 조사도 어느 정도는 가능하다.

---

41) 김정민, "의료소송에 있어서 전자 진료기록부를 대상으로 한 증거보전절차에 대한 약간의 고찰", 재판자료 제119집: 외국사법연수논집(29), 법원도서관(2009), 231면 이하 참조.

5) 협력의의 조언

의학문헌에 써 있는 내용은 어디까지나 일반론에 그치기 때문에 의학문헌의 검색만으로는 구체적 사안에 관하여 무엇이 의학적으로 문제가 되는 것을 알기 어렵다. 그러므로 다른 의사로부터 도움을 받는 것이 절대적으로 필요하고, 다른 의사로부터 구체적 사건에 관한 조언을 들음으로써 의사의 사고 과정을 보다 깊고 정확하게 이해할 수 있게 되고, 의학문헌에 쓰여 있지 않은 임상 현장의 감각을 알 수 있게 된다. 이처럼 의료사건에 관하여 자신의 전문적 지식과 경험에 터 잡아 환자측 변호사에게 협력하는 의사를 협력의(協力醫)라고 부른다.

사실 의학계의 폐쇄성 때문에 협력의를 확보하기란 쉽지 않다. 변호사 자신 또는 의뢰인의 친지나 당해 환자를 진료해 본 다른 의사들을 통하여 협력의를 물색할 수밖에 없다. 환자측 변호인단이나 연구회 등의 인적관계망을 통하여 소개받는 방법도 있다. 아울러 유익한 시사를 준 의학문헌의 저자에게 직접 편지를 써서 조언을 구하는 방법도 있다.

협력의의 조언을 구할 때에는 진료기록부를 통째로 던져주고 문제점을 지적하여 달라고 부탁하는 것은 적절한 방법이 아니다. 의학문헌을 읽고 진료경과를 정리하면서 질문사항을 준비함으로써 스스로 문제의식을 가지고 조언을 구하여야 한다. 이러한 사전 준비가 있을 때에만 협력의로부터 설명된 의학지식의 내용을 정확히 이해할 수 있게 되고, 또한 협력의로부터 보다 유익한 정보를 얻어낼 수 있다.

6) 상대방 의료기관에 대한 설명 요구

진료기록의 분석, 의학문헌의 조사, 협력의의 조언에 의거하여 상대방 의료기관의 법적 책임에 관하여 어느 정도 눈이 뜨인 단계에서, 상대방 의료기관에 대하여 의료피해에 이른 진료경과 및 사고원인에 대한 설명회의 실시를 요구한다. 이러한 설명회를 구하는 근거는 앞에서 본 바와 같이 진료계약에 근거한 의사의 전말보고의무의 이행을 구하는 것이다.

설명을 요구하는 형태에는 두 가지가 있는데, 하나는 조사활동을 통하여 상대방 의료기관의 법적 책임이 상당 정도 밝혀졌다고 생각되는 사안에서 진료경과 및 사고원인에 관한 상대방의 견해를 파악함으로써 쟁점을 명확히 하고 향후 조사에 도움을 얻기 위한 것이다. 다른 하나는 지금까지 조사활동만으로는 상대방 의료기관의 법적 책임을 묻기가 어렵다고 생각되는 사안에서 행하는 것으로서 진료경과 및 사고원인에 관한 자세한 설명을 상대방으로부터 듣고자 하는 데에 목적이 있다.

설명회는 상대방의 담당의사와 직접 면담을 행하는 경우가 많지만, 때에 따라서는 이것이 거부될 수 있기 때문에 미리 질문사항을 기재한 서면을 상대방에게 보내어 설명을 구하는 예도 있다.

7) 시체 해부

해부소견은, 환자 사망시의 상태를 객관적으로 밝히는 것으로 사인해명에 극히 중요한 자료이다. 그러므로 사망 원인이 분명하지 않아 사망 원인을 둘러싼 다툼이 생길 것으로 예견되는 경우, 망인의 유족은 먼저 부검을 통하여 사망 원인을 밝히는 것이 가장 기본적 증명 과정 중의 하나이다.

이에 관하여는 우선 「시체 해부 및 보존에 관한 법률」이 있고, 시체를 해부하려면 유족의 동의를 받아야 하지만, '본인이 시체 해부에 동의한다는 의사표시가 있었을 때', '2명 이상의 의사가 진료하던 환자가 사망한 경우 진료에 종사하던 의사 전원이 사인(死因)을 조사하기 위하여 특히 해부가 필요하다고 인정하고 또한 그 유족이 있는 곳을 알 수 없어 유족의 동의 여부가 판명될 때까지 기다려서는 해부의 목적을 달성할 수 없을 때' 등에는 유족의 동의 없이도 해부가 가능하다(제4조). 「형사소송법」 제222조는 변사체 또는 변사(變死)한 것으로 의심되는 시체에 대하여 검시를 거쳐 해부할 수 있게 하고 있고(시체 해부 및 보존에 관한 법률 제7조 제2항), 법원이 행하는 검증에서 사체의 해부가 가능하며(형사소송법 제 140조), 법원이 명하는 감정에서 감정인은 필요한 처분으로 법원의 허가를 얻어 사체를 해부할 수 있다(형사소송법 제173조 제1항).

8) 방침의 결정

이와 같이 조사과정을 마치는 단계에서는 그때까지의 조사활동 결과를 종합·점검하여 상대방 의료기관에 법적 책임을 물을 수 있는지 여부를 판단하여야 한다. 이때 유사한 의료사고에 관한 선례를 조사하는 것은 당연하다.

나아가 상대방 의료기관에 법적 책임을 묻는다면 취할 수 있는 수단으로

소송 외적으로 합의를 시도할 것인가, 의료분쟁조정중재원이나 소비자보호원에 조정신청을 할 것인가, 민사조정을 신청할 것인가 아니면 조정에 나아갈 것인가, 각각의 경우에 예측되는 결과, 소요되는 비용, 기간 등은 어떠한지 변호사로서 의견서를 작성하여 그 내용을 의뢰인에게 설명하고, 의뢰인과 충분히 협의·검토한 후 최종적인 결정을 내린다.

다. 제소전 교섭절차 등

1) 소송외적 합의시도, 민사조정신청제도의 이용

상대방 의료기관이 법적 책임을 인정하는 경우나 상대방 의료기관의 법적 책임이 상당 정도 밝혀졌지만 피해정도가 경미하여 고액의 손해배상금을 얻을 수 없는 경우에는 소송 전에 상대방과 합의를 시도하거나 민사조정을 신청하는 편이 바람직하다. 소송외적인 합의나 민사조정이 가지는 장점은 시간 및 비용을 들이지 않고도 최종적인 해결이 가능하다는 점이다. 그러나 많은 의료사고의 경우 상대방 의료기관이 법적 책임을 부인하기 때문에 이 방법을 취하기는 쉽지 않다.

그 밖에 염두에 두어야 할 대체적 분쟁해결수단에 관하여는 제5장의 2. 나.4)에서 설명하였다.

2) 의약품부작용피해구제제도의 이용

여기서 피해자측이 고려에 넣어야 할 제도는 의약품부작용피해구제제도이다.

이는 정상적인 의약품 사용에도 불구하고 이로 인한 부작용을 입게 된 경우 그 피해에 대한 보상금을 지급함으로써 피해자를 구제하는 제도이다. 약사법 제68조의 11, 제86조 제5항, 제86조의 2 및 제86조의 4의 위임에 의하여 대통령으로 제정된 「의약품부작용피해구제규정」에 의하여 실시되는 피해구제제도로서 의약품 부작용이 발생하였을 때 피해 당사자와 의료인, 제약회사 모두를 보호하기 위하여 만들어진 것이다. 대한민국에서 사용된 모든 일반의약품 및 전문의약품이 구제 대상에 포함된다.

보상금은 피해 유형에 따라 사망일시보상금, 장애일시보상금, 장례비, 진료비의 4종류로 나누어지고, 진료비는 해당 진료가 있은 날부터 5년 이내, 나머지 보상금은 장애가 발생하거나 사망한 날부터 5년 이내에 신청해야 보상금을 수령할 수 있다.

보상금의 재원은 의약품 제조·수입업체가 납부하는 부담금이고 주관기관은 식품의약품안전처이며, 운영기관은 한국의약품안전관리원이다. 그 절차는 신청인의 한국의약품안전관리원에 피해구제신청으로 절차가 시작되어 의약품 부작용 여부를 조사하기 위한 정보수집 및 현장조사 등의 절차를 거쳐 의약품 부작용 심의위원회에 심의를 의뢰하면 동 위원회의 심의를 거쳐 그 결과를 운영기관인 한국의약품안전관리원에 통보하며 그에 따라 신청인에게 피해보상금이 지급된다. 물론 부작용의 발생에 의사, 약사, 피해자 등의 과실이 있는 경우 등에 보상대상에서 제외된다.

4. 의사 측의 입장에서 본 방어요령

가. 총설

의료사고가 발생하여 환자 측에서 이의를 제기하거나 중대한 의료사고가 발생한 경우, 환자가 그 변호사로부터 의료사고에 대한 설명을 요청받을 때, 법원의 증거보전결정이 송달된 때, 아니며 환자 측이 제기한 소장이 송달된 경우 등에는, 의료분쟁이 이미 시작되었거나 소송으로 번질 가능성이 높으므로 의사는 그에 대한 대비를 하여야 한다. 이때 대부분의 의사는 경제적 자력이 있어 변호사와 상담하거나 변호사에게 사건을 의뢰하게 된다. 만일 의사책임보험 등에 가입된 경우에는 보험회사 측에 알려 공동대처를 하게 된다. 다만 주의할 점은 우리나라의 경우에는 그 예가 드물지만, 미국에서는 빈빈히 문제 되는 것으로서 보험회사가 제공하는 변호사는 의료기관의 이익을 대변하게 되는데, 의료과오의 책임 귀속에 관하여 의사 개인과 그가 근무하는 병원 사이에 이해관계가 대립하는 경우에는 의사 개인은 자신이 독립적으로 변호사를 선임할지 여부를 고려하여야 한다는 점이다.

여기서는 의사와 의사로부터 사건을 의뢰받은 변호사의 입장에서 의료사고에 대한 대처방안을 살펴보기로 한다.

나. 정황의 종합적 파악 및 사정청취

의사 측에서는 자신이 관여한 의료행위를 분석하여 자신이 그 행위를 할 때 환자 측의 구체적 사정이 어떠했으며 자신이 왜 그러한 의료행위를 선택하였고 그 당시 무엇을 생각하였는지를 잘 정리해 둘 필요가 있다. 아울러 그 의료행위를 다른 의사와 공동으로 행하였거나 다른 직종의 의료인들과 협력하여 행한 것일 때에는 관련 의료인들로부터 그 당시 사정을 청취하여야 한다. 그리고 그러한 구체적 사정을 자신이 의뢰한 변호사에게 알려 주어야 한다. 변호사로서는 그러한 의사의 진술내용을 토대로 진료기록부나 간호기록부 그 밖의 검사자료에 비추어 방어지침을 결정하여야 한다.

의사 측 변호사는 해당 의사로부터 사정을 청취하기 전에 가급적 진료기록 및 간호사기록 기타 모든 의료기록을 살피고 관련 의학서적 및 판례를 검토할 필요가 있다. 진료를 시작한 때로부터 의료사고의 발생, 그 후 현재에 이르기까지 시간 순서로 진행된 경위를 추적한다. 이러한 방법이 사안을 이해하는 데에 유리하며, 의사에게 과실이 있는지 의사가 최선의 진료를 다하였는지 등을 판단하는 데에 유용하다.

진료를 실시한 경위, 검사의 내용 및 결과, 이에 대한 설명의 내용, 병상의 경과, 의료사고 발생의 경위·대응·그 후의 경과, 환자의 현상·예후, 해부 여부, 해부 결과 등에 대하여 상세히 정리하는 것이 필요하다. 의사 측 변호사는 이러한 사정을 잘 들어야 하고 이때 검사과정에서 발생한 의료사고라면 검사에 사용된 기구 등을, 수술실시중에 발생한 의료사고라면 수술기구 등에 관하여 실제 조작방법을 확인하는 등으로 가능한 한 진료행위의 내용을 구체적으로 이해하는 것이 중요하다. 또한 복수의 의료종사자가 관여한 의료사고의 경우에는 관여한 의료종사자 전원이 함께 사정청취의 기회를 갖는 것이 필요하고 이러한 기회를 통하여 사실관계가 명확하여질 뿐만 아니라 각자의 측면에서 본 의료사건의 경위 및 문제점을 듣고, 정리할 수 있게 된다.

이러한 선행 작업을 거친 후 의사 측 변호사는 인정된 사실관계에 터 잡아 ① 의사의 과실 유무, 진료행위에 관하여 의사가 최선의 진료를 제공하여 수단채무를 제대로 이행하였는지, ② 인과관계의 유무, ③ 손해의 유무 및 범위 등에 관한 법적 검토를 하여야 한다.

다. 증거보전절차에 대한 대응책

의료사고의 피해자는 사고의 전말을 파악하고 병원이 보관하고 있을 진료기록부 등과 같은 문서가 훼손되거나 변조되는 것을 막기 위하여 사고 당시의 증거를 생생한 상태에서 원형대로 수집하기 위하여 증거보전을 신청하는 경우가 많다.

증거보전신청이 받아들여져 증거조사 기일이 지정되면 상대방에게 통지하게 되고, 긴급한 경우에는 그러한 기일통지도 생략하게 되므로 일단 증거조사가 실시되게 되면 상대방인 의사 측으로서는 사전에 충분한 준비없이 이를 수용할 수밖에 없게 된다. 따라서 증거조사가 시작되면 의사로서는 곤혹스럽거나 감정적으로 격해지기 쉽다. 그러나 결코 당황할 필요는 없으며, 이미 작성된 진료기록부나 검사지 등을 제출하는 것이 향후 진료기록부의 변조 등 오해를 막을 수 있고, 의사의 처치를 설명하는 데에 도움이 될 수 있으므로 침착하게 대응하는 것이 좋다. 어차피 증거보전의 결정에 대해서는 불복할 수 없고(민사소송법 제380조), 이에 응하지 아니하면 후일 소송에서 불리한 판단을 받게 될 터이고 환자 측에서 증거보전절차에서 확보한 증거를 살핀 후 오히려 소송을 회피할 수도 있으므로 법원이 제출을 명한 문서목록에 기재된 문서들을 빠짐없도록 신속히 준비하여 증거보전절차에 협조하는 것이 유리하다. 이 경우 의사 측은 변호사에게 의뢰하여 증거보전절차에 참여하여 줄 것을 요청할 수 있고, 당해 변호사로서는 의뢰인에게 증거보전절차의 특성을 잘 설명하고 의뢰인을 대리하여 증거조사절차에 참여할 수 있다.

민사소송법 제380조는 "증거보전의 결정에 대하여는 불복할 수 없다."고 규정하면서도 같은 법 제348조는 "문서제출의 신청에 관한 결정에 대하여는 즉시항고를 할 수 있다."고 규정하고 있으므로 증거보전을 허용한 결정 자체에 대하여는 불복할 수 없지만, 그에 기하여 증거조사를 실시하는 결정으로서 법원이 문서제출을 명한 경우에 이에 대하여 불복이 있는 이해관계인은 즉시항고를 제기할 수 있다(대법원 2012. 3. 20. 자 2012그21 결정 참조).

오늘날 종합병원에서는 진료기록부가 전자문서로 보관되어 있으며 환자 측의 신청에 의하여 곧바로 그 사본이 제공되고 있으므로 특별한 경우가 아닌 한 진료기록부의 제출을 요구하는 증거보전절차를 행할 필요가 없게 되었다.

라. 환자 측의 요청에 따른 사고전말의 설명

환자와 의사 사이에 진료계약이 성립하면 그 계약의 이행으로 진료가 행하여지고, 그 진료채무는 이미 앞에서 자세히 살핀 바와 같이[三.의 1.가.1)가)(2)항 '진료계약의 특성 및 법적 성질' 참조] 특정한 구체적 결과를 달성하여야 하는 결과채무가 아니라 환자의 질병 치료를 위하여 최선의 주의를 다하여 적절한 진료를 행하는 것 자체를 내용으로 하는 수단채무이므로 진료계약은 그 법적 성질이 환자가 의사등에게 사무로서 적절한 진료를 위탁하는 준위임계약으로 이해되고 있다. 그러므로 환자 측에서 의료사고에 대하여 이의를 제기하며 설명을 요구할 때 이에 응하여 설명하는 것은 준위임계약상의 전말보고의무(민법 제683조)를 이행하는 것에 해당한다.

환자가 사망한 경우에도 의사측에서는 환자가 사망에 이른 경위·원인에 대하여 진료를 통하여 얻은 사실에 터 잡아 유족에게 적절한 설명의 행할 법적 의무를 부담하는 것으로 이해되고 있고, 그 근거로는 환자가 사망한다거나 의식불명의 상태가 되는 것과 같이 환자 본인에게 설명할 수 없는 사정이 생긴 경우에는 이미 체결된 진료계약 자체가 유족 또는 가족에게 설명할 것을 예정하고 있는 것으로 해석하고, 그러한 범위에서 가족 등 제3자를 위한 계약이 포함되어 있다고 본다.

다만 이미 진료의 경과 및 결과에 관하여 설명을 하였음에도 불구하고 환자 측에서 반복하여 설명을 요구하는 경우에는, 이미 행한 설명의 내용, 정도, 환자 측이 설명을 구하는 이유 및 필요성, 당해 의료사고의 분쟁성 유무, 정도 등을 종합적으로 살펴 다시 설명할 것인지 아니면 거부할 것인지를 결정하여야 할 것이다. 또한 이와 같이 사고의 전말을 설명하는 자리에 의사측 변호사가 동석할 경우 환자측에서 불신감이나 불공평하다는 생각을 가질 우려가 있을 뿐만 아니라 오히려 당해 의료사고의 분쟁성을 높일 우려가 있으므로 주의하여야 한다.

마. 의사배상책임보험

1) 총설

의료행위에는 위험이 따르기 마련이고 의료사고의 가능성도 도처에 널려 있다. 더욱이 의료사고로 인한 분쟁이 증가하고 그에 대한 손해배상액도 점차 고액화되어 가는 경향을 보이므로 의료인으로서는 사고에 대비하여 책임보험에 가입할 필요성이 크다. 의사배상책임보험에는 대한의사협회 공제회에서 운영하는 공제가 있고, 또 민영보험사가 운영하는 보험이 있다. 일단 의료과오로 인한 분쟁이 생긴 경우에는 이러한 책임보험에 가입되어 있는지 여부를 확인하여야 하고, 가입되어 있다면 손해배상금을 보험금으로 지급하는 기관에 연락을 취하는 것이 필수적이고 사건을 의뢰받은 변호사로서는 의뢰인을 통해서든 아니면 직접 연락을 취하든 그 기관과 협의하에 변호활동을 벌여야 한다.

다만 우리나라 의료직 종사자들은 자율적으로 의료배상책임보험(공제)에 가입하도록 하고 있으나, 현실적으로 비용 문제 등을 이유로 적극적 보험에 가입하지 않고 있는 상황이다.[42] 「의료분쟁조정법」 제정 당시 의료배상책임보험의 강제가입의무 조항을 포함시킬지 여부에 관한 논의가 있었으나 채택되지 않았고, 그에 대한 대안으로 손해배상금 대불제도가 도입되었다.

2) 대한의사협회 공제회의 공제

대한의사협회 산하의 의료배상공제조합이 삼성화재와 제휴하여 병(의)원에서 근무하는 의사의 의료행위로 인해 발생할 수 있는 법률상 손해배상책임에 대비하여 의료배상공제라는 보험성 상품을 제공하고 있다. 상품의 구성은 보통약관에 의한 기본담보로서 "전문적인 의료서비스 제공으로 인해 발생할 수 있는 법률상 배상책임 담보"가 있고, 특별약관에 의한 선택담보로서 ① 경호비용[의료분쟁과 관련하여 의료기관 점거, 난동 및 부당한 보상강요에 대응하여 사건 처리 수습, 조정을 위해 소요되는 경호비용을 보상(경호원 출동 서비스)], ② 조의금·위로금·형사합의금[수진자의 사망(뇌사 포함)시 수진자측이 의료분쟁을 제기한 경우 관습적으로 지급하는 조의금이나 위로금 또는 형사합의금 보상], ③ 벌금(의료사고로 인하

42) 2017년 기준 의료배상책임보험 가입률은 병·의원의 경우 대략 30%로 추정된다고 한다; 정성희 외 2인, 전게서, 3면 참조.

여 사법기관의 확정판결에 의하여 부담하는 벌금을 보상), ④ 형사방어비용(의료사고로 인하여 피공제자가 구속되었거나 형사소송이 제기되었을 경우 변호사 보수 등 방어비용을 보상), ⑤ 초빙의 및 마취의[기명 피공제자의 초빙에 의하여 일시적으로 기명 피공제자의 수진자에게 의료행위를 하거나 기명피공제자의 의료행위를 보조하는 의사(초빙의/마취의)의 의료행위로 인한 법률상 배상책임을 담보], ⑥ 외래진료 휴업손해[의료사고와 관련하여 수진자 측의 진료방해 및 난동 등으로 부득이 휴업하거나 조합의 요청에 의해 관계기관 출석 등으로 휴업(폐문)한 때에는 의료과실 유무와 관계없이 하나의 의원 당 최대 15일 한도 내에서 실제 휴업일수에 대한 가입금액 보상] 등이 있다.

의료배상공제에 가입할 수 있는 자격은 개인가입의 경우 "30병상 미만의 의원급 소속 개원의 및 봉직의"이고, 병원단위 가입의 경우 "병상기준 300병상 미만의 병원 및 종합병원"이다. 가입체계는 진료과목별로 그룹 A(내과), 그룹 B(외과), 그룹 C(피부/성형외과), 그룹 D(안과), 그룹 E(정신건강의학과), 그룹 F(산부인과), 그룹 G(비뇨의학과)로 나누어져 있고, 각 그룹 내에는 코드가 1 내지 5, 1a 등으로 나누어져 있고 그에 따라 진료영역 및 보험범위가 달라진다. 각 유형에 따라 면책금(자금부담금)이 200만 원 내지 1,000만 원으로 나누어져 있고, 보상한 도액도 1청구당 및 연간총한도가 정하여져 있다. 또 손해방지의 방법을 강구하기 위해 피공제자가 지출한 필요, 유익한 비용 등도 보상하는 손해의 범위에 포함되는 반면, ① 보건의료 관계법령을 위배한 의료행위에 기인한 손해배상책임, ② 면책금(자기부담금) 이하, ③ 고의로 생긴 손해에 대한 배상책임, ④ 계약에 의해 가중된 손해배상책임, ⑤ 비공인 특수의료행위로 인한 배상책임, ⑥ 무면허 또는 무자격자의 의료행위로 인한 배상책임, ⑦ 벌과금 및 징벌적 손해배상책임, ⑧ 후천성면역결핍증(AIDS), 간염(HEPATITIS) 및 급성전염병(가축전염병, 질환 포함)에 기한 손해배상책임, ⑨ 피공제자의 부정, 사기, 범죄행위, 음주 및 약물복용상태에서 수행한 의료행위로 인한 손해배상책임, ⑩ 미용 또는 이에 준하는 목적으로 한 의료행위 후 그 결과의 주관적 불만족에 대한 손해배상, ⑪ 기타 약관에 정한 면책사항의 경우에는 보상대상에서 제외된다.

의료배상공제와는 별도로 "상호공제"가 있는데, 이는 공제조합에 가입한 조합원이 의료사고로 어려움에 처한 조합원을 도와주는 상호부조성격으로 매년 3월 1일부터 3월 31일까지 가입조합원을 모집하여 보상의 재원을 마련하고 그해 4. 1.부터 다음 해 3. 31.까지 사이에 가입조합원의 의료사고분쟁 발생시 최고 1,000만 원까지 공제금을 지급하는 제도이다. 중도가입의 경우에는 공제료를 입금한 날 다음날 0시부터 가입효력 만기일까지 적용된다. 상호공제의 경우에도 의료배상공제와 유사한 면책대상 규정이 있고, 또 유관기관의 유권해석에 저촉되거나 학회에서 인정하지 않는 의료행위를 한 경우 등에는 보상지급이 제한된다.

3) 민영보험사에서 운영하는 보험

민영보험사가 운영하는 보험에는 ① 병원 등의 개설자가 계약자가 되어 개설자 또는 관리자를 피보험자로 하는 병원배상책임보험과 ② 대한외과개원의협의회나 동창회가 계약자가 되어 병원, 진료소에 근무하는 의사를 피보험자로 삼는 의사배상책임보험 등이 있다.

병원배상책임보험의 피보험자는, 의료법인 등과 같은 법인이거나, 개인병원의 경우에는 원장 또는 개설자가 피보험자가 된다. 요컨대 이 보험은 병원 등의 개설자나 관리자가 의료사고에 관하여 환자등으로부터 손해배상청구를 받을 때를 위한 보험이고, 진료계약상의 채무불이행 또는 불법행위법상의 사용자책임도 피보범위에 포함되고, 건물의 설비의 사용, 관리상의 사고도 보험약관에서 정하는 바에 따라 담보될 수 있다. 보험계약에서 정하는 바에 따라 보험사고를 피보험자가 타인으로부터 손해배상청구를 받은 것으로 정하기도 하고, 피보험자가 타인에 대하여 손해배상책임을 부담하는 것으로 발견되는 것으로 정하기도 한다. 만일 이러한 발견을 보험사고로 정한 경우에는 보험사고를 인식할 수 있었던 때가 포함되므로 의사는 의료사고의 가능성이 있다고 판단된 때에는 신속히 손해보험회사에 보고하는 것이 필요하다. 다만 병원의 개설자나 관리자를 상대로 한 청구가 아니라 의료사고를 일으킨 담당의사, 간호사, 약제사 등의 개인책임을 묻는 경우에는 병원배상책임보험이 적용될 수 없다.

의사배상책임보험은 의사 개인의 책임을 추급당하는 경우를 대비한 보험으로서 이 역시 구체적인 보험계약에서 정하는 바에 보험사고나 담보범위가 결정된다. 예를 들면, 대한외과개원의협의회는 2000. 9. 18. 현대해상과 의사배상책임보험계약을 체결하였는데, 그 내용은 '외과개원의가 환자로부터 손해배상청구를 받은 경우 현대해상에 사고 발생을 통지하면 손해사정 전문인이 직접 조사를 하고, 필요한 경우 대한외과협의회가 지정하는 전문기관의 의료자문을 받아 과실책임을 판단하게 되고, 합의나 소송에 따르는 피해자와의 접촉 등 제반업를 대행하고, 손해사정 결과 보험지급이 확정되면 신속히 지급한다는 것이고, 경호서비스를 특약으로 추가하고 있다.

제6장 의료과오소송과 진료기록 감정

1. 의료과오소송의 전개와 진료기록 감정의 중요성

의료과오소송은 의료사고의 피해자들의 편에서 보면 '바위에 계란치기'라는 말을 자주 듣는다. 우선 의료전문가의 의료과실을 밝혀내는 일이 웬만한 의료지식을 가진 사람으로서는 엄두도 내기 힘들고, 명백한 과실이라고 보이는 사건조차도 그 과실을 뒷받침한 전문가의 의견을 확보하는 일이 첩첩산중을 헤매는 험난한 길이기 때문이다.

오늘날 의료서비스는 날로 전문화되어 가는 한편, 전문 의료기관이 제공하는 의료서비스는 그 과정이나 결과 및 처치내용이 진료기록부 등[1]에 상세히 기록되어 보존되고, 환자 편에서는 일부 의료행위를 제외하고서는 그 시술과정을 바로 옆에서 지켜보는 경우가 대부분이다. 따라서 의료과오소송은 전문가의 눈으로 보면, 분쟁의 대상이 되는 의료행위의 경위가 서증에 의해 적나라하게 드러나도록 제도적으로 보장되어 있는데다가 목격자가 많아, 현대의학으로서도 그 원인을 규명할 수 없는 예외적인 경우가 아닌 한, 다른 유형의 사건과는 달리 사실인정이 비교적 용이하다고 할 수 있다.

1) 의료기관은 다양한 진료기록을 작성·보관하고 있는데, 그 대표적인 것으로 진료기록부, 간호기록부, 수술기록부 등이 있고, 그밖에도 마취기록, 의사지시표, 혈액검사·소변검사 등의 각종 검사표, X선·CT사진·MRI사진 등의 영상사진, 부검기록, 조직표본, 진료보수 명세표 등이 있다.

그러나 막상 의료과오가 문제된 사건들을 개별적으로 들여다보면, 그 구체적인 시술내용을 피고측이 자세히 해명하지 않는 한 제3자가 이를 이해하기란 쉽지 않다. 더욱이 진료기록을 작성하는 쪽도 이를 보관하는 쪽도 어디까지나 모두 의사측이다. 따라서 처음부터 의사측이 진료기록부를 제시하지 않거나 제시하더라도 그 진료기록부의 기재가 부실한 경우가 있고, 또 사전에 환자측이 증거보전과 같은 방법으로 이를 확보한 경우라도 담당 의사가 문제된 시술을 어떠한 근거에서 어떠한 의사결정과정을 거쳐 최종적인 판단에 이르렀는지를 밝히지 않는 경우에는, 관련된 진료가 행하여진 경위를 객관적으로 규명하기란 여간 어려운 일이 아니다. 진료 경위가 구체적으로 밝혀지지 않은 상태에서는 원고로서는 피고측이 범한 과실이라든가 그에 이른 인과관계 등을 특정하기 어렵게 되고, 이와 더불어 쌍방이 변론에서 벌일 공방의 대상이 되는 쟁점 역시 불분명한 상태에 머물고 만다. 이처럼 피고측으로부터 당해 사안에 대한 해명이 이루어지지 않은 채로 재판부가 아무리 쟁점정리기일을 거듭하여 열더라도 쟁점이 명확해질 수 없고, 나아가 쟁점정리가 되지 않은 채로 감정촉탁이나 증인신문을 실시하는 경우에는 장님이 더듬거리며 문고리를 찾는 것처럼 감정사항이나 증인신문사항이 포괄적일 수밖에 없고 그 답변 역시 분산되어 도저히 문제해결에 도움이 되는 집중적이고 전문적인 식견을 확보할 수 없게 된다. 결국 증거조사절차에 많은 시일이 소요되었음에도 별 소득 없이 다시 원점으로 돌아가 새롭게 쟁점정리와 증거조사를 거듭할 수밖에 없게 되어 만성적인 사건적체에 빠지게 된다.

최근 2020. 3. 23.자 법률신문의 제1면을 장식한 "진료기록 감정에 최소 6개월 … 소송 당사자 속 탄다"라는 제하의 기사를 대하면서 한때 의료과오사건의 재판 실무를 담당하였던 한 사람으로서 안타까운 마음을 금할 수 없었다.

지금부터 10년 전에도 의료사고 피해자들의 집단적인 민원이 있었고, 이를 해결하기 위하여 많은 국회의원들의 집중적인 의정활동 결과 2011. 12. 31. 법률 제11141호로 『의료사고 피해구제 및 의료분쟁 조정 등에 관한 법률(약칭: 의료분쟁 조정법)』이란 특별법이 제정·시행되었고, 그 제1조에서 "이 법은 의료분쟁의 조정 및 중재 등에 관한 사항을 규정함으로써 의료사고로 인한 피해를 신속·공정하게 구제하고 보건의료인의 안정적 진료환경을 조성함을 목적으로 한다."라고 규정하였음에도 오늘날의 현실은 나아지기는커녕 쟁점정리를 위한 초입단계의 필수적절차에 해당하는 진료기록 감정부터 여전히 헛바퀴가 돌고 있는 모습이다.

2. 감정에 관한 현황과 문제점

가. 진료기록 감정절차

민사소송법상 증거방법 중 하나인 감정은, 판사의 판단능력을 보충하기 위하여 특별한 학식경험을 가지는 제3자에게 그 전문지식 또는 이에 기한 사실판단을 보고하게 하는 절차를 말한다.

의료과오소송에 있어서 당해 의사의 과실 유무를 판단하기 위해서는 ① 진료경과와 같은 전제사실을 확정한 다음, ② 그 전제사실에 의학지식이라는 전문적 경험칙을 적용하고, ③ 그 결과에 터 잡아 최종적으로는 당해 의사의 행위가 과실에 해당하는지 여부에 관한 법적 평가를 행하는 단계를 거치게 된다. 그런데 감정은, 위 ①항 기재 전제사실을 인정하는 절차도 아니고, ③항 기재 법적 평가를 행하는 것도 아니다.

실무에서는 의료경과와 같은 감정의 전제가 되는 사실관계에 관하여 당사자 사이에 다툼이 있는 경우가 많다. 예를 들면 진료기록부가 허위로 작성되었다거나 후에 변조되었는지 여부가 쟁점이 되는 경우도 있고, 진료기록부에 아무런 기재가 없지만 가족들의 진술을 통하여 뜻밖의 문제점이 드러날 수 있다. 그러나 이러한 전제사실에 관한 다툼은 여기서 말하는 감정대상은 아니다. 또한 과실은 그 자체가 법적 평가이기 때문에 법관이 판단할 사항이지 감정인이 판단할 사항이 아니다. 다만 법관의 자유로운 심증에 의하여 행하여지는 사실인정의 과정에는 경험으로부터 귀납적으로 얻어진 사물에 관한 지식 및 법칙, 즉 경험칙이 동원되게 되는데, 이러한 경험칙 중 의학지식과 같은 전문적 경험칙은 일반적·상식적 경험칙과는 달리 법관이 이를 알고 있을 것을 요구하기 어려우므로 감정 등의 증거방법을 통하여 제공되는 것이다. 요컨대 의료소송에 있어서의 감정은, 검사결과 등의 증거자료를 진료 당시의 의료수준[2]에 터 잡아

2) 의료과오사건에서 의사의 과실 여부를 판단하는 기준, 즉 결과회피의무나 예견의무의 판단기준이 되는 것이 바로 "진료 당시의 이른바 임상의학의 실천에 의한 의료수준"이다.

분석하여 보면 어떠한 진단 또는 평가 및 시술이 가능한가에 관하여, 감정인이 법원에 전문적 경험법칙을 제공하는 것이다.

나. 재판실무의 개관과 문제점

현재 우리나라 재판실무를 보면, 그동안 개선을 위한 많은 노력이 기울여 왔음에도 불구하고 여전히 의료사건에 관한 한 대부분 진료기록감정을 실시하되,[3] 1인의 감정인이 서면으로 의견을 진술하는 단독감정의 방식을 취하는 것이 일반이고, 이러한 감정방식은 그 문제점으로 ① 감정인 선정의 어려움, ② 의학계에 폭넓게 퍼져 있는 비협조적인 분위기, ③ 감정서 제출의 지연, ④ 감정결과에 대한 지나친 사후 공방, ⑤ 공정성 확보의 미흡 등이 지적되고 있다.

이를 감정인 선정 방식 및 구체적 감정 방법을 중심으로 살펴보면 다음과 같다.

1) 감정인 선정 방식

가) 종전 감정인 선정방법

과거 재판실무에서는 진료기록의 감정의 경우 각 법원 별로 다소 차이가 있으나 연초에 각 대학병원 등으로부터 추천을 받아 그 결과에 따라 감정인 명단을 작성한 다음 추첨의 방식으로 감정인을 선정하였다. 이렇게 할 경우 감정

요컨대 이러한 의료수준에 미치지 못하는 의료행위를 행하였거나 그 의료수준에 부합된 의료행위가 행하여지지 아니한 때에 그 의료행위는 과실이 있다고 평가된다. 이에 관하여 대법원판례는 '인간의 생명과 건강을 담당하는 의사에게는 그 업무의 성질에 비추어 보아 위험방지를 위하여 필요한 최선의 주의의무가 요구되고, 따라서 의사로서는 환자의 상태에 충분히 주의하고 진료 당시의 의학적 지식에 입각하여 그 치료방법의 효과와 부작용 등 모든 사정을 고려하여 최선의 주의를 기울여 그 치료를 실시하여야 하며, 이러한 주의의무의 기준은 진료 당시의 이른바 임상의학의 실천에 의한 의료수준에 의하여 결정되어야 하나, 그 의료수준은 규범적으로 요구되는 수준으로 파악되어야 하고, 해당 의사나 의료기관의 구체적 상황을 고려할 것은 아니다.'(대법원 1997. 2. 11. 선고 96다5933 판결; 2000. 1. 21. 선고 98다50586 판결 등)라고 판시하고 있다.

3) 사안에 따라서는 처음부터 진료기록감정을 실시하지 않거나 그 회보가 늦어지는 경우 증거결정을 취소하고 변론을 종결하는 예가 있으나 거의 모든 사건에 관하여 진료기록 감정을 실시하고 있다고 하여도 과언이 아니다. 일본에서는 2003년 의료관계소송의 기제사건 1,035건 중 감정을 실시한 사건은 267건으로 전체의 25.8%에 그쳤다고 한다. 佐佐木茂美, 전게서, 21면 참조.

인의 중립성과 공정성은 상당한 정도 담보될 수 있다. 여기서 주의할 점은 당해 사안에 맞는 감정인으로서 어떤 진료과목의 의사가 적절한지를 잘 살펴야 한다. 오늘날 진료과목이 날로 세분화되어 정형외과라고 하더라도 척추 및 척수에 관하여는 독립된 전문분야를 이루고 있고, 소아과 내에서도 신생아과가 특화되어 있으며, 산부인과의 경우에도 산과와 부인과가 나누어지고 있는 점에 유의할 필요가 있다. 만일 의료분야의 전문성에 대한 판단과 선별을 그르친 경우에는 결코 적절한 감정결과를 기대할 수 없고, 그 때문에 법률적 평가를 그르칠 우려가 생길 것이다.

한편 대한의사협회장 앞으로 진료기록 감정을 맡기는 예가 있었고, 이 경우 대한의사협회장은 자체적으로 마련한 '의료 사안 규정 개정에 따른 후속 조치 사전공지'(대의협 제720-4151호)를 근거로 곧바로 심의감정료로 금 40만 원을 대한의사협회의 예금계좌로 입금하여 줄 것을 통보하였으며, 위 금원을 납부하는 경우에도 어느 의료기관에서 감정이 실시되고 있는지 알 수 없는 상태로 9개월 이상 장기간 회보가 없는 경우가 비일비재하였다. 이 때문에 점차 대한의사협회를 감정기관으로 선정하기를 꺼리는 경향이 실무에서 생기게 되었다.

그런 가운데 2012. 12. 31.『의료사고 피해구제 및 의료분쟁 조정 등에 관한 법률』(약칭: 의료분쟁조정법)이 시행되게 되었고, 그 내용 중에 의료분쟁을 신속·공정하고 효율적으로 해결하기 위하여 한국의료분쟁조정중재원을 설립하도록 하였으며, 그 조정중재원 산하에 ① 의료분쟁의 조정 또는 중재에 필요한 사실조사, ② 의료행위 등을 둘러싼 과실 유무 및 인과관계의 규명, ③ 후유장애 발생 여부 등 확인, ④ 다른 기관에서 의뢰한 의료사고에 대한 감정 등의 업무를 수행하는 전문기관으로 의료사고감정단을 두게 하였고, 그 감정단 산하에 상임 감정위원 및 비상임 감정위원으로 구성된 분야별, 대상별 또는 지역별 감정부를 둘 수 있게 하였다.

나) 오늘날의 재판실무

근래 법원은 감정인 명단의 작성·관리 방식을 개선하여, ① 법원행정처장은 매년 3. 31.까지 신체감정등을 촉탁할『감정촉탁기관 및 감정과목별 담당의사 명단』을 작성하고, 이를 감정촉탁기관에게 송부함과 동시에『감정인선정전산프로그램』에 입력하고, ②『감정촉탁기관 및 감정과목별 담당의사 명단』을 신체감정 및 진료기록감정 분야로 나누어 작성하며, ③ 법원행정처장은 매년 3.

15.까지 신체감정등을 촉탁할 복수의 국·공립병원 및 대학부속병원 또는 종합병원의 장들에게 신체감정, 진료기록감정 분야로 나누어 감정과목별로 이를 담당할 과장 또는 대학의 조교수 이상의 전문의들을 추천할 것을 요청하고, ④ 법원행정처장은 추천 요청 시에 공정성·중립성 측면에서 신체감정을 수행하기에 부적절하다고 판단되는 전문의들(예를 들어 보험회사의 자문의, 근로복지공단의 촉탁의 등)을 배제할 것을 요구할 수 있도록 『감정촉탁기관 및 감정과목별 담당의사 명단』의 작성절차를 보완하고, 『감정인선정전산프로그램』을 운영하여 일정한 수를 무작위적으로 추출, 선정하는 방식을 취하고 있으며, 부성실한 담당의사에 대해서는 그 명단에서 삭제할 수 있게 하고 있다.

그러나 재판부가 대학병원에 진료기록감정을 촉탁하더라도 '바쁜 진료 일정' 등의 이유로 감정요청을 반송하는 사례가 잦아 대한의사협회가 의료감정의 전문성과 신속성을 높이겠다며 2019년 9월 설립한 의료감정원에 감정촉탁을 하는 사례가 늘고 있다. 그러나 여전히 늦장 감정 및 부실 감정 등으로 인하여 심각한 사회문제가 노정되고 있다.[4] 특히 감정을 한 의사의 실명이 공개되지 않고, 감정인이 요구하는 감정료는 1~5문항 50만 원, 6~10문항 60만 원, 11~15문항 70만 원, 16~20문항 80만 원이고, 20문항을 넘을 경우 기본 감정료 80만 원에 한 문항이 초과될 때마다 5만원씩 비용이 추가되는 구조를 취하고 있다. 이는 문항의 질적 내용을 기준으로 한 것이 아니라 단순히 문항을 기준으로 하는 비용산정방식으로서 감정사항의 구체화에 오히려 역행할 뿐만 아니라 소송과정에서 환자에게 지나치게 과중한 비용부담을 지우는 결과가 되어 환자와 병원 사이의 '기울어진 운동장'이 더욱 심화된다는 비판이 제기되고 있다. 한편 한국의료분쟁조정중재원 산하 의료사고감정단에는 10개의 감정부를 두고 있고, 각 감정부에서 작성된 수탁감정서는 9인의 상임감정위원으로 구성된 수탁감정회의에서 그 의견이 결정되기 때문에 다수의 전문가가 동시에 참가하여 작성된다는 점에서 장점이 있을 것으로 기대되었지만, 실제로는 진료기록에 한정하여 형식적인 감정에 그치는 바람에 진료기록부가 제대로 작성되지 않았거나 그 일부만을 제출하는 경우에는 실질적이고 구체적인 감정이 이루어지지 못한다는 비판을 받고 있다.

---

4) 법률신문, 2020. 3. 23.자, 1-3면 각 관련기사.

2) 감정 방법의 구체적 실무

우리 재판실무는 1인의 감정인에게 감정서를 작성하도록 하는 단독감정의 방법을 취하는 것이 일반이고, 그 감정결과에 불만이 있는 감정인을 상대로 사실조회를 신청하거나 다른 감정인에게 재감정을 신청하는 절차가 반복된다. 그러니만큼 일단 감정업무를 담당하게 된 1인의 감정인에게 무거운 부담을 주는 일일 뿐만 아니라 그 결과의 신용성도 담보하기 어려운 점 등 많은 문제점이 있다.

3. 외국의 감정제도 운영

가. 일본의 실무례

일본 의료계는 처음에는 법원의 감정의뢰에 대하여 소극적, 비관적이었다가 점차 사법의 장에 적극적으로 의견을 진술하는 것이 중요하다는 것을 인식하면서 법조계와의 대화의 장이 마련되기 시작하면서 2001. 6. 14. 최고재판소에 의사와 법률가를 구성원으로 하는 의사관계소송위원회가 구성되어 각 법원의 의뢰에 터 잡아 개별적인 의사학회에 적절한 감정인 후보자를 추천하도록 의뢰하는 일을 시작하였고, 일본의학회 회장이 그 위원장이 되면서 의료계도 법조계의 요청에 귀를 기울이는 분위가 조성되었다고 한다. 각 재판부의 노력으로 감정인후보자를 찾아낼 수 없는 사건이라거나 적절한 의학분야를 특정하는 것 자체가 곤란하다는 이유로 처음부터 의사관계소송위원회를 통하여 추전을 의뢰하는 사건에 한하여 위 위원회가 후보자 추천을 의뢰하고, 그 나머지 사건은 고등재판소 또는 지방재판소 단위로 감정인 후보자 추천 시스템을 다양하게 구축하고 그 시스템을 이용하여 협력의료기관에 감정인 후보자 추천을 의뢰하고, 의료기관으로부터 추천받은 전문가를 감정인으로 선임하는 방식을 취하고 있다고 한다.[5]

나아가 감정방법에 관하여는, 복수의 감정인들로부터 의견을 듣는 방법을 다각도로 강구하고 있고, 그 대표적인 것으로 ① 앙케이트 방식(복수의 감정인에

---

5) 浦川道太郎, 전게서, 628-631면 참조.

대하여 앙케이트를 보내어 각 감정인 별로 응답을 듣는 방법이다. 이는 X선 사진의 판독, 검사 결과의 분석 등과 같은 비교적 간단한 쟁점에 유용하게 활용될 수 있으나, 감정의견이 서로 다른 경우에 판단이 어려워지고 또 당사자를 납득시키기 어려운 점이 있다), ② conference 방식[6](대학병원 등에서 환자에 대한 치료방침의 결정에 앞서 주치의를 비롯한 복수의 의사들이 모여 환자의 검사결과 등을 토대로 질환의 원인 및 적절한 치료방법 등에 관하여 말로 의논하는 형태를 증거조사방법의 하나인 감정에 도입한 것으로서, 일본 동경지방재판소 의료집중부에서 2003년부터 실시하기 시작하여 현재에는 원칙적인 형태가 된 감정방식이다. 다만 이 용어가 주는 인상과는 달리 감정인 사이에 의견교환이 이루어지는 예는 적은 반면, 주로 복수의 감정인을 상대로 법원이 대질형식으로 질문을 하는 방식으로 행하여진다.[7] 다만 大阪地方裁判所에서도 이 방식의 감정이 실시되고 있지만 그 구체적인 방식은 동경지방재판소와는 달리 동일한 의료기관으로부터 2명의 감정인을 추천받아 2명으로 하여금 사전에 협의를 거쳐 공동으로 간이한 감정서를 작성케 한 다음 감정내용 등을 구두로 설명하게 하는 방법을 취하고 있다),[8] ③ 서면에 의한 복수감정(天葉地方裁判所가 개발한 방식으로, 통상 3인의 복수 감정인이 독립적으로 감정서를 제출하는 방식과 공동으로 1통의 감정서를 제출하는 방식으로 나누어진다. 다만 후자인 복수감정공동방식은 젊은 감정인이 경험이 있는 감정인의 의견에 영향을 받게 되는 등 문제점이 있어 현재에는 주로 복수 감정인이 독립적으로 감정서를 제출하는 방식이 이용되고 있으며, 감정서에 의문이 있는 경우에는 보충감정서의 제출을 요구할지언정 감정인에게 구두설명을 요구하는 것은 예정되어 있지 않다. 이 방식은 복수의 감정인들로부터 각자 별개의 감정서를 작성받기 때문에 제공되는 전문지식이 풍부하고, 쟁점이 복잡하고 어려운 경우에 유용한 방법이다. 실무경험에 의하면 서면에 의한 의견진술만으로는 그 내용을 이해하는 데에 한계가 있고 감정인의 의견이 나누

---

6) 鈴木利廣 외, 전게서, 210-211면 참조.

7) 서면으로 제출되는 의견서는 결론과 이유를 간결하게 기재하면 족하고, 후에 논의결과 의견서의 의견과 다른 결론에 이른 것도 있고, 이 때 최종적인 감정결과는 의견서의 의견이 아니라 구두로 진술한 의견이 된다.

8) conference 감정방식에 대하여는, 간이한 감정서 밖에 읽지 아니한 당사자가 의학전문가들 사이에서도 의견이 나누어지는 문제에 관하여 법정에서 그 의견을 즉시 이해하고 질문을 행한다는 것이 환자측에게는 어려운 일이고, 감정인들이 한 자리에 모일 경우 선후배의 서열관계가 분명한 의학계에서 자유롭게 의견을 피력할 것을 기대하기 어렵다는 등의 비판이 가해지고 있다. 이에 반하여 장점으로는 적정한 결론을 얻을 수 있고, 구두주의 직접주의에 부합하며, 감정에 요하는 기간이 단축되고, 감정인 선임이 용이하다는 점 등을 들고 있다.

어지는 경우에 어느 한 쪽을 채택하는 데에 어려움이 있으므로 어느 정도는 감정인에게 구두로 설명을 구하는 기회를 보장하여야 한다는 지적이 있다), ④ 토론회 방식(복수의 감정인에게 별개로 감정서를 제출하게 한 다음, 각 감정서에 관하여 의문이 있다면 사안에 따라 보충감정서를 제출하게 하거나 또는 전화회의 등을 이용하여 설명회를 실시한다. 감정인들이 한 자리에 모여 설명할 것인가 아니면 개별적으로 설명할 것인가는 양 당사자의 의견을 들은 후에 감정인이 자유롭게 발언할 수 있는지 여부를 기준으로 결정한다. 감정인별로 따로따로 설명회를 행하는 경우에도 다른 감정인의 감정서를 사전에 읽고 설명회에 임하는 것이 감정의 정치함을 높이는 데에 효과가 있다. 따라서 양 당사자의 의견을 들은 후에 감정서의 감정인 이름을 숨기는 등의 노력을 기울인 후에 설명회에 앞서 다른 감정인의 감정서를 읽게 하는 것이 중요하다. 이 방식은 감정인의 풍부한 전문지식을 제공 받음과 동시에 감정서의 미묘한 뉘앙스를 감정인에게 구두로 설명받기 위하여 개발된 방식이다) 등이 있다.

나. 독일, 프랑스 등[9)]

독일의 경우에는, 감정의 공정성과 독립성이 강하여 국민들이나 소송당사자로부터 신임을 받고 있는 것으로 알려져 있다. 감정절차는 과오에 의문이 있는 진료행위에 대해서 환자나 유족 또는 의사 등의 신청으로 시작되고, 감정인은 각종자료(진료기록, 관계자의 견해, 감정인에 의한 환자의 진단결과 등)를 참고로 하여 사실관계를 탐지한다. 독일 민사소송법 제404조 a로 법관에 의한 감정인 지도규정을 두고 있으며 그 안에 "법원은 입증문제를 검토하기 전에 감정인의 의견을 듣고 감정인의 일을 제시 또는 감정의 위탁에 관하여 해설"을 덧붙일 수 있는가 하면(제2항), "사실관계에 대하여 다툼이 있는 경우에는 법원은 감정인이 감정에 있어서 어떠한 사실을 기초로 하여야 할 것인가에 대하여 지시"할 수 있도록 규정하고 있다(제3항). 이처럼 법관과 감정인의 역할에 관한 구체적 규정을 두어 신속하고도 요령 있는 감정이 되도록 쌍방의 협력관계를 유도하고 있다.

오스트리아는 민사소송법상 직권감정주의를 채택하고 있으나 실제로 널리 감정이 이용되고 있으며, 법원에서 감정인 활동을 희망하는 자는 감정인 명부

9) 이영환, "의료재판에 있어서 감정제도의 역할과 그 모순점 및 개선방안에 관한 연구", 법학연구 제37권 제1호(통권 제45호), 부산대학교 법학연구소(1996. 12.), 30-37면 참조.

에 등록하여야 하고, 그 자격 요건은 10년간 전문영역에서 직무경험이 있든가 전문가 고등교육을 받은 자로서 5년간 직무경험이 있는 자라야 한다.

프랑스에서 감정인은 사법의 보조자이고 법관의 능력을 넘는 사실문제에 대하여 법관을 개발시킬 의무가 있다. 법관은 법적인 권한을 감정인에게 위임해서는 안 되고 또한 감정인의 임무 중에는 법적 평가를 내릴 권한은 없다. 그러나 의료행위의 영역에서는 기술면과 의료윤리의 면이 밀접하게 결합되어 있는 탓에 법관으로서는 감정인의 의견에 의지하는 경향이 높아 문제점으로 지적되고 있다. 그리고 형사사건에는 공동감정이 관례화되어 있고, 민사사건에도 공정감정의 필요성이 지적되고 있다고 한다. 한편 프랑스에서는 민사소송에서는 감정이 매우 자주 사용되어 서증을 제외하고는 가장 널리 사용되는 증거방법으로서 실무상 감정은 감정인이 법관과 같은 입장에 서서 감정사항에 관한 의견을 청취하고, 관계인으로부터 사실관계의 청취, 검증, 실험 등을 실시하여 감정의견을 내는 방식으로 운영되며, 감정인이 그 절차를 주재하게 된다는 점에서, 감정인을 증거방법으로서 취급하여 조사하는 우리나라와는 절차상 다른 점이 많다고 한다.[10)]

다. 미국의 실무례

미국 내 다수의 주에서는 문제된 의료시술에 관한 의료수준(the standards of good and accepted medical practice for the care in question)을 아는 일정한 자격을 갖춘 전문가가 그 의료수준이 무엇이며 피고측이 그 의료수준을 어떻게 위반하였는지를 밝히는 증언(affidavit or certificate of merit)에 의해서만 의료과실을 입증할 수 있는 것으로 그 증거방법을 제한하고 있다. 다른 주 역시 의료전문가로 하여금 의료수준을 입증하도록 요구함으로써 해당 의료시술이 이러한 의료수준을 만족시키는 것인지 여부에 관하여 우리나라의 감정에 준하는 전문가의 증언을 확보하는 것이 의료과오분쟁의 승패를 좌우하게 된다.[11)] 그러므로 의료수준

10) 권오창, "집중증거조사의 과제와 전망: 증인신문·증인진술서·감정을 중심으로", 민사판례연구 제24권(2002. 1.), 956-960면 참조.

11) Ilene R. Brenner, How to Survive a Medical Malpractice Lawsuit, Wiley-blackwell (Chichester, West Sussex, 2018), 62-71면.

을 입증하기 위한 전문가 확보가 필수적이고, 의료과오소송에서 원고와 피고에게 '과학적으로 건전하고 편견 없는 전문가 증언(scientifically sound and unbiased expert witness testimony)'이 손쉽게 이용할 수 있을 때 공익 및 의료분야의 이익이 가장 잘 달성될 수 있다고 설명되고 있다.[12] 이처럼 미국은 우리나라와 같이 감정제도를 채택하고 있는 독일, 일본, 프랑스와는 달리 전문지식을 소송에 반영하는 수단으로 전문가 증언 제도를 취하고 있지만 그 기능은 유사하고 단지 그 증인을 당사자가 확보하여야 한다는 점에 큰 차이가 있다.

전문가증인의 자격 요건에 관하여는 주마다 요구하는 바가 다르다. 연방법원에서도 제한적으로 의료과오소송을 관할하는데 이 경우에는 1993년 연방대법원 Daubert v. Merrell Dow Pharmaceuticals, Incorpoated 사건에서 선언한 소위 "다우버트 기준(Daubert Rules)"이라는 매우 엄격한 전문가 자격요건이 요구되고 있다. 다우버트 기준에 따라 전문가증언으로 받아들여지려면 그 증언이 과학적으로 유효하고 다음과 같은 엄격한 신뢰성 기준을 충족할 것을 요구하고 있다. 즉 ① 의료전문가로서 엄격한 자격 요건을 갖출 것(원고의 상해 및 병력에 대한 개인적 지식을 갖춘 시술의사일 것 등), ② 전문의료인의 증언이 신빙성이 있을 것(원고 측 의료전문가가 개인적으로 당해 환자를 검진을 하였고 모든 진료기록을 검토하였을 것, 의료전문가가 객관적인 검사를 통하여 표준적인 과학적 시술을 채택하고 있으며, 의학적 평가기술을 사용하고 있을 것, 예단을 가지고 그 예단을 뒷받침하는 사실을 찾으려고 하여서는 안 되고 소송당사자의 이해관계를 떠나 독립적으로 시험을 통하여 당해 사안을 분석할 것 등), ③ 의료전문가의 증언은 계쟁 사건에 관련된 일반 원칙 이상의 것, 즉 구체적 인과관계(specific causation)를 포함하고 있어야 할 것 등이다.[13]

---

12) The interests of the public and the medical profession are best served when scientifically sound and unbiased expert witness testimony is readily available to plaintiffs and defendants in medical negligence suits; Committee on Medical Liability — American Academy of Pediatrics(미국소아과학회—의료책임위원회), "Guidelines for Expert Witness Testimony in Medical Malpractice Litigation", 109 Pediatrics (2002. 5.), 974-979면.

13) Ilene R. Brenner, 전게서, 64-65면.

4. 감정제도 개선 방안

가. 감정결과의 가치와 한계

감정은 어디까지나 전문적 지식에 터 잡은 의견에 불과하고 그 결과를 수용할 것인지 여부는 법관의 선택에 달려 있음에도 불구하고, 현행 재판실무에서는 법관의 감정의존적인 심증형성이 지나치게 일반화되어 있다고 할 수 있다. 그러나 앞에서 본 바와 같이 감정의 중립성과 신뢰성이 충분히 담보되지 못한 오늘날의 감정제도 하에서는 이러한 법관의 자세는 결코 바람직스럽지 못하다. 법원으로서는 ① 감정결과가 진료기록의 기재 내용에 부합하며 그 밖의 모든 증상을 합리적으로 설명하는 것인가, 아니면 의학분야에 있어서 하나의 가설을 기술하는 데에 그치거나 감정사항에 대한 설명이 결여되어 있거나 객관적 자료에 대한 평가나 검토를 거치지 아니한 채 단지 결론만을 기재한 것에 그치는 것인가, ② 소송상 증명의 견지에서 볼 때, 당해 감정의견은 어떠한 의미를 가지는가 등을 꼼꼼히 따져야 한다.

일반적으로 법원이 선정한 감정인에 의한 감정결과는 그 선정과정에서 공정성과 중립성이 담보되므로 당사자가 사적으로 의뢰한 감정의견에 비하여 신뢰도가 월등하게 높기 마련이다. 그러나 의료소송에 관한 한, 앞서 본 의학계의 폐쇄성으로 인하여 공정한 감정의견을 확보하기 어려운 점을 감안할 때, 사적 감정을 무조건 중립성이 결여되어 있다는 이유로 배척할 것이 아니라 그 내용을 실질적으로 비교하여 합리성의 유무를 신중하게 검토할 필요가 있다고 하겠다. 일단 의료사고의 피해자 측이 제출한 사적 감정서를 반대 당사자인 의사나 의료기관측에서 탄핵하는 방식으로 소송을 진행한다면 보다 효율적인 진실 규명이 가능할 수 있을 것이다. 그러므로 법원으로서는 소송의 초입에 일정한 자격요건을 갖춘 사적 감정인에 의한 감정서 제출을 허용함으로써 사적 감정을 활성화하는 방안을 강구할 필요가 있다. 이때 사적 감정인의 선임절차 및 사적 감정인의 자격, 사적 감정에 관한 내용 등을 법원 내부에서 미리 정해 놓고 소송안내문 등을 통하여 당사자에게 이를 고지하는 방안을 생각할 수 있을 것이다.

나. 감정사항의 확정

사안의 해결에 필요하고도 충분한 전문적 지식을 얻기 위해서는 감정사항이 적확하고 또 감정인의 전문지식으로 판단이 가능한 적절한 것이어야 한다. 신청인이 감정을 구하는 사항을 먼저 법원에 제출하면 상대방은 그에 대한 의견을 제출할 수 있고 법원이 신청인의 신청을 토대로 상대방의 의견을 고려하여 감정사항을 결정한다(민사소송규칙 제101조). 감정사항은 법적 판단의 전제가 되는 사안에 관하여 전문가에 의한 판단, 의견을 구하는 것이기 때문에 그 자체가 과실, 인과관계 및 손해에 관한 것이 되고, 각 감정사항이 어느 것에 관한 것인지 명확하게 의식함과 아울러 전문가인 감정인이 전문적인 식견에 따라 판단하여 의견을 진술할 수 있도록 구체적이어야 하며, 이를 위하여 당사자 외에 전문위원 또는 감정인[14]과 협의하여 결정하는 것이 바람직스럽다.[15] 전문심리위원제도는 의료와 같은 전문적 지식이 요구되는 사건에서 법원 외부의 관련 분야 전문가를 전문심리위원으로 지정하여 소송절차에 참여하게 하여 전문적 지

14) 일본은 2003년에 개정된 민사소송법에 따라, 법원은 구두변론, 변론준비기일 또는 진행협의기일에 감정사항의 내용, 감정에 필요한 자료 기타 감정을 위하여 필요한 사항에 관하여, 당사자 및 감정인과 협의할 수 있고, 서면에 의한 준비절차에서도 마찬가지의 협의를 할 수 있다는 취지의 규정을 신설하였다(민사소송규칙 제129조의 2). 실무에서는 쟁점정리단계에서 감정인을 관여시키는 경우는 드물고, 감정을 채택하고 감정인을 선정한 후 소송자료를 보낸 단계에서 진행협의기일을 열어 감정인의 의견을 듣고 있다고 한다. 이 때 감정인이 바빠 법원에 출석하기 어려운 경우에는 재판부가 당사자와 함께 감정인의 근무처를 방문하여 감정사항을 협의하기도 하고, 전화회의 시스템, 화상회의 시스템, 팩시밀리 및 e-mail 등을 활용할 것이 제안되고 있다; 佐佐木茂美, 전게서, 327-328면 참조.

15) 2007. 7. 13. 개정되어 2007. 8. 14.부터 시행되게 된 민사소송법 제164의 2 내지 8로 전문심리위원제도가 도입되어 이제는 전문심리위원의 도움으로 쟁점정리와 함께 적확하고 적절한 감정사항의 확정이 가능하여졌다. 전문심리위원제도가 도입되기 전에는, 이에 관하여 법원은 필요한 경우 제3자적 지위에 있는 의료전문가에게 민사소송법 130조 소정의 '석명처분으로서의 감정'을 명하여 사실관계를 확정하게 하고, 그 밖에 사실상의 자문을 얻기 위하여 의사자격이 있는 조정위원이나 진료기록감정인으로 추천된 의사들을 활용하는 방법도 생각할 수 있었으나, 법원은 원래 소송절차 외에서 당사자를 제외시킨 채 의료전문가의 조력을 받는 것은 허용되지 않을 뿐 아니라, 전문성과 공정성을 함께 확보하여야 하는 어려움이 있으므로, 이는 그리 바람직한 방법이 아니라고 견해가 제시되었다; 김선중, "의료과오소송의 심리방식과 실무상 제문제 : 새로운 민사사건관리방식에 따른 서울지방법원의 실무를 중심으로", 사법논집 제32집, 법원행정처(2001), 101면 참조.

식과 경험에 기초한 설명이나 의견을 들음으로써 충실한 심리와 신속한 분쟁 해결에 도움을 받는 제도이다. 요컨대 의료과실에 관한 주장이 분명하지 않거나 전문적인 용어로 기재된 진료기록부 등이 제출되어 그 내용을 파악하기 어렵다든가 감정 가능성 및 감정신청의 적정성 여부 등이 문제되는 경우에 기동성 있게 전문가로부터 전문적 지식을 얻어 소송관계를 분명하게 하거나, 소송절차를 원활하게 진행하려는 데에 그 목적이 있다. 이러한 전문심리위원제도가 도입된 후 재판실무에서 그 활용을 위하여 다각도로 노력을 기울여왔고,[16) 그 중 하나가 의료과오소송의 쟁점 정리와 감정사항의 확정에 조력을 받을 수 있게 된 것이다.

1) 전제사실의 제시

먼저 감정인에게 전문적 지식이나 경험칙을 적용할 전제가 되는 사실관계를 제시하여야 한다. 실무상으로는 대부분의 사안에서 전제사실에 대한 다툼이 있기 때문에 재판부는 증거조사를 거쳐 전제사실에 관한 심증을 형성한 다음 당사자와의 협의를 거쳐 그 전제사실을 정리하는 것이 바람직하다. 만일 전제사실이 확실하지 않거나 당사자 사이에 다툼이 심한 경우에는 사실관계에 관한 경우를 나누어 각각의 경우에 따른 감정인의 의견을 별도로 구하여야 할 것이다.

2) 법적 판단사항의 배제

법적 판단은 법관의 전권사항이므로 이를 직접 감정사항으로 하는 감정촉탁은 적절하지 못하다. 예를 들면, '담당의사에게 과실이 있다고 인정되는가?', '결과와 사이에 인과관계가 있다고 인정되는가?' 등의 질문은 법원이 의학적 판단인 감정을 거쳐 스스로 판단하여야 할 법적 평가이므로 의학적인 전문지식에 의하여 판단할 수 있는 사항이 아니다. 마찬가지로 의료수준의 일반론은 법적 판단의 규범이 되는 것이므로 이를 감정사항으로 삼는 것도 적절치 못하다. 다만 의료수준은 모든 의료기관에 관하여 일률적으로 정하여지는 것이 아니라 당해 의료기관의 성격, 소재지의 의료환경 등 제반 사정을 고려하여 결정되므로

---

16) 정진경, "서울중앙지방법원 민사15부의 의료사건재판 — 전문심리위원의 활용을 중심으로 —", 의료법커뮤니티의 소규모세미나에서 발표된 논문으로서 코트넷에 등재되어 있다.

감정인에게 그러한 당해 의료기관의 특성에 관한 사실을 제공할 필요가 있다.

3) 포괄형 감정사항의 배제

'담당 의사의 본건 수술에 부적절한 점이 있었는지 여부'와 같은 포괄적인 질문사항은 감정사항으로 적절하지 못하다. 구술주의에 의한 쟁점중심의 현행 심리방식 하에서는 조기에 쟁점을 정리하고 확정시킨 다음 증거조사는 그 쟁점을 중심으로 집중심리방식으로 실시하는 것이 원칙이다. 이러한 원칙은 전문가 소송인 의료사건에도 그대로 적용되고, 오히려 심리의 지연을 막기 위하여 특히 적극적으로 새로운 심리방식을 시행할 필요가 있다. 특히 쟁점정리에 전문가의 전문지식이 필요한 경우에는 전문심리위원제도를 활용하면 많은 도움을 얻을 수 있을 것이다. 이러한 심리방식 하에서는 감정은 증거조사의 일종이므로 당연히 쟁점이 정리된 단계에서 실시되어야 하고, 그 질문사항도 당해 사안의 해결에 꼭 필요한 사항으로 한정되어 개별·구체화될 수밖에 없고, 그 표현도 가능한 한 간결하고 명료하여야 한다.

4) 탐색형 감정사항의 배제

'기타 부적절한 점은 있는가?', '기타 감정인이 발견한 점이 있는가?' 등과 같이 감정인에게 문제점을 지적하게 하는 탐색형 감정사항은 증거조사의 최종단계로서 행하는 감정의 취지에도 반하고 변론주의에도 반하여 적절하지 않다.

적절한 감정사항의 예로는 '○○시점에서 약제▽▽를 투여할 필요가 있었다고 말할 수 있는가?', '갑제□호증의 X선 사진으로부터 위암의 의심이 있다고 말할 수 있는가?' 등을 들 수 있다.

다. 감정실시의 시점

감정신청은 전제가 되는 진료경과에 관하여 다툼이 없거나 전문지식을 필요로 하는 쟁점이 명확히 드러난 단계에서 행하여지는 것이 좋다.[17] 왜냐하면 감정은 일정한 진료경과를 전제로 하여 행하여지고, 쟁점이 되는 당해 의사의

17) 同旨, 신현호, "의료소송 감정상의 문제점", 의료법학 제6권 제2호, 대한의료법학회(2005), 93면.

진단·처치 등의 적부를 판단하기 위하여 전문지식을 제공하는 것이기 때문이다. 따라서 인증(人證)에 대한 증거조사가 끝난 단계에서 감정신청 및 채부의 결정이 행하여지는 것이 적절하다. 다만 사안에 따라서는 쟁점정리가 된 단계에서 입증사항과 취할 수 있는 입증수단이 명백하여 곧바로 감정의 필요성 여부를 판단할 수 있는 경우에는 굳이 감정신청을 증인신문 뒤로 미룰 것이 아니라 그 단계에서 감정을 채택하여 증인신문과 병행하여 감정을 실시하는 것이 적절할 것이다. 또한 의미 있는 사실에 관하여는 당사자 사이에 다툼이 없고 오직 의학적 평가만이 쟁점이 되는 경우에는 인증에 대한 조사를 유보한 채 먼저 감정을 실시할 수도 있을 것이다.

감정은 당사자의 신청[18]에 의하여 행하여지는 것이 일반이나, 법원은 당사자가 신청한 증거에 의하여 심증을 얻을 수 없거나, 그 밖에 필요하다고 인정한 때에는 직권으로도 감정을 실시할 수 있다.

감정을 신청하는 때에는 감정을 구하는 사항을 적은 서면을 함께 제출하여야 하고, 부득이한 사유가 있는 때에는 재판장이 정하는 기한까지 제출하면 되며, 이러한 감정신청서는 원칙적으로 상대방에게 송달하여야 하고, 상대방은 이에 관하여 의견이 있는 때에는 의견을 적은 서면을 법원에 제출할 수 있다(민사소송규칙 제101조 제1, 2, 3항). 법원은 이러한 신청서와 상대방의 의견을 종합하여 감정사항을 정하여야 하고, 법원이 감정사항을 정하기 위하여 필요한 때에는 감정인의 의견을 들을 수 있음은 물론, 감정에 필요하다고 인정하는 참고자료를 감정인에게 보낼 수 있다(같은 조 제4, 5항). 우리 실무에서는 통상 법원이 소송기록 가운데 감정인에게 필요한 부분을 선별하여 보내고 있으나 당사자의 주장을 정리한 쟁점정리표나 진료경과표를 함께 보내면 감정인의 부담이 그만큼 가벼워질 것이다. 다만 감정인이 감정의견을 제시하기 위하여 사용하는 자료에는 아무런 제한이 없고, 감정인이 필요하다고 여겨지는 자료를 자유로이 수집할 수 있다.

---

18) 쟁점을 정리하고 증거조사를 실시하는 과정에서 감정을 거치지 않더라도 실질적인 심증형성이 가능한 경우에는 굳이 감정을 채택할 필요가 없을 것이다. 일본의 前田順司판사는 감정채택의 기준으로서 ① 집중증거조사의 결과 심증형성이 될 수 없는 경우, ② 청구기각의 심증이 든 상태에서 원고측으로부터 신청이 있는 경우를 들고 있다. 鈴木利廣 외, 전게서, 221면 참조.

라. 감정인의 선정 방식의 개선책

의료과오사건을 담당하는 재판부는 일종의 전문 재판부이므로 질 높은 감정의견을 확보할 수 있도록 다각도로 노력할 필요가 있다. 우리나라 의학계는 의료수준이 높고 모든 의사들에게 연찬의무가 있는 이상 굳이 미국의 전문가증인의 요건과 같이 당해 의사(피고)를 기준으로 감정인의 자격요건을 엄격히 제한할 필요는 없다고 보인다.

재판실무의 현실상 적정한 감정인의 확보가 어려운 점을 감안할 때, 법원행정처장이 작성·제공하는『감정촉탁기관 및 감정과목별 담당의사 명단』을 활용하되, 지방법원 단위로 감정인 후보자의 인적 자료를 조직적으로 관리[19]하거나 대법원 및 고등법원 단위로 의료관계소송위원회를 설치하여 각 진료과목별 학회로부터 감정인 후보자를 추천받아 '광역감정인 추천시스템' 내지는 '의료네트워크'를 갖출 필요가 있다.[20] 이때 그동안 법원실무를 통하여 축적된 감정인이나 조정위원 등에 관한 인적 자료 및 네트워크를 활용하면 법원실무를 이해하는 보다 우수한 감정인 후보자를 확보할 수 있을 것이다. 아울러 법원이 감정인 후보자를 상대로 의료사건의 실정, 민사소송절차의 흐름, 감정의 의의 및 절차 등을 소개하는 설명회를 가진다면 감정제도에 대한 이해를 증진시킴은 물론 감정인으로서의 부담감과 저항감을 상당 정도 떨쳐낼 수 있을 것이다.[21] 또

19) 각 지방법원 단위로 민사사건 감정사례를 진료과목 및 감정인별로 정리하여 데이터 베이스화하여 의료법 커뮤니티에 올리면 전국 법관들이 용이하게 참조할 수 있는 사례집이 작성될 수 있을 것이다.

20) 우리와 비슷한 처지에 있는 일본에서도 1999년 이래 법원이 중심이 된 전국규모의 감정인등협의회가 열려 각 학회에서 감정인후보자를 추천하는 전문위원회와 같은 기관을 설치하자는 의견이 제시되었고, 2002. 6. 12.에 공표된 사법제도개혁심의회의 최종의견에서도 감정인을 확보하기 어려운 점을 해소하기 위하여 ① 감정인의 명부를 조직적으로 정비할 것, ② 전문가단체와 계속적인 제휴를 도모할 것, ③ 최고재판소에 醫事關係訴訟委員會 등을 신설할 것 등을 제언하였다. 이와 함께 최고재판소 민사국에서도 개별 사건에서 적절한 감정인후보자를 추천하는 길을 모색한 결과 2002. 6.14. 醫事關係訴訟委員會規則을 제정공포하기에 이르렀고, 그 규칙에 의하면 위 위원회의 하부기관으로 감정인후보자등의 선정업무를 담당하는 분과위원회를 두도록 규정하고 있고, 각 재판소의 의뢰에 따라 감정인 후보자를 선정해 줄 것이 예정되어 있다. 佐佐木茂美, 전게서, 9-10면 참조.

21) 일본에서는 2002. 1.부터 3.사이에 전국 8개 고등재판소의 각 소재지에 있는 지방재판소와 千葉지방재판소 주최로 장차 감정인 후보자가 될 의사 등 전문가를 상대로 법원이 나

한 감정인으로서의 사명감을 높이기 위해서는 당해 소송의 결과를 반드시 감정인에게 통지하도록 절차를 구축하는 것이 바람직할 것으로 보인다.

아울러 제도상 마련되어 있는 ① 대한의사협회의 감정, ② 의료분쟁조정중재원의 감정, ③ 의료감정원에 의한 감정 등도 재판실무에서 적절히 활용할 때 기관간의 경쟁을 통하여 제도의 단점도 보완되며 보다 신속하고 적절한 감정의견을 확보할 수 있을 것이다. 이러한 모든 제도가 결국 의료인의 제 식구 감싸기 식 부당한 태도에 의하여 공정한 감정의견을 확보하기 어렵다고 한다면 외국의 유명의사들을 감정인군에 포함하여 전자자료를 통한 국제적인 감정의견을 구하는 방안도 고려할 수 있을 것이다.

한편 감정절차를 보다 쉽게 하기 위해서는 감정인에 대한 배려가 있어야 한다는 지적이 있다. 그 동안 감정인이 겪어온 애로사항으로 감정사항이 부적절하여 회답하기 어렵다거나 정리되지 않은 많은 분량의 사건기록을 감정촉탁서에 첨부하여 보내오는 바람에 그 자료를 검토하는 데에 많은 시간이 소요될 수밖에 없다거나 감정서를 작성하는 방법을 몰라 시간이 소요되는 등의 문제가 지적되었다. 따라서 감정사항을 결정하기에 앞서 미리 전문가의 도움을 받아 의학적 관점에서 쟁점사항을 정리한 다음 그 범위 내에서 전문가의 식견이 필요한 부분을 감정사항으로 정리하여야 하고, 감정인에게 송부할 자료도 사전에 분류·정리하여 필요한 부분만을 보내야 할 것이며, 재판부가 전화 또는 서면통지 등의 방법으로 감정인에게 쟁점사항, 송부된 자료의 내용, 감정서의 기재방법, 감정서 제출후의 절차 등에 관하여 설명하는 등의 개선책을 찾을 필요가 있다.

나아가 우리나라의 재판실무에서는 감정의견서에 의문이 있는 경우 당해 감정인을 상대로 사실조회를 신청하거나 추가감정을 신청할 뿐 감정인을 증인으로 신문하는 예는 드물지만, 이를 실시할 필요가 있다. 이때 통상적인 증인신문방식인 교호신문방식을 그대로 취할 것이 아니라 감정사항과 무관하게 인격을 비난하거나 모욕감을 주는 신문이 행하여지지 않도록 미리 감정의견에 불만이 있는 당사자로부터 의문이 나는 사항이나 반박할 사항을 개별적으로 제출받

서서 감정제도에 관한 이해도를 높이기 위하여 설명회를 개최하였고, 그 후 다른 지방재판소에서도 같은 유형의 설명회가 속속 열리고 있다고 한다. 佐佐木茂美, 전게서, 22면 참조.

아 이를 감정인에게 보내준 다음, 이에 터 잡아 재판부가 앞서 신문을 하고 해당 당사자로부터 보충적인 신문을 하도록 하는 등의 배려가 필요할 것이다.[22]

마. 감정 방법의 개선책

1) 문제의 제기

민사소송법 제339조에 의하면 우리나라 현행법하에서도 일본의 실무례와 마찬가지로 다양한 감정방법이 행하여질 수 있는 법적 근거를 갖추고 있다고 할 것이다.

그런데 우리나라의 재판실무에서는 일단 원고 신청의 진료기록감정결과가 도착하면 피고 측에서 다시 재감정을 신청하고, 그 의견이 다르면 다시 제3의 감정인에게 재재감정을 신청함으로써 그 감정의견을 종합적으로 이해하는 데에 엄청난 노력과 시간이 소요되는 경우가 많다. 이렇게 된 원인으로는, 재판의 초입에서 당해 사건의 쟁점을 제대로 정리하지 아니한 채 원고 측 진료기록감정 신청을 그대로 채택하여 일단 감정을 실시하기 때문인 것이 아닌가 싶다. 그러므로 이러한 소송비경제를 막기 위해서는 우선 전문조정위원을 활용하는 방법과 전문심리위원을 활용하는 방법을 생각할 수 있고, 앞에서 본 한국의료분쟁조정중재원의 감정단을 활용하는 방안을 생각할 수 있다.

2) 서울중앙지방법원 의료소송 전문부의 실무례

서울중앙지방법원에서는 일단 원고로부터 감정신청서가 접수되면, 이를 피고에게 통지하면서 ① 원고의 감정신청에 대한 의견, ② 감정(촉탁)기관 선정에 대한 의견, ③ 상대방이 신청한 감정(촉탁)신청과 관련하여 상이한 전제사실이나 감정(촉탁)사항이 있다면, 이에 대하여 별도로 감정(촉탁)을 신청할 의사나 비용을 부담할 의사가 있는지, ④ 그 밖에 감정에 참작하여야 할 사항에 관하여 7일 이내에 의견을 제시하고 입증자료를 제출하라는 취지의 의견요청서를 보낸다.

이에 대하여 피고가 "원고 측 진료기록 감정에 대한 의견서"를 제출하면서

---

22) 佐佐木茂美, 전게서, 11면 참조.

피고 나름의 감정신청서를 별도로 제출하면, 이를 다시 원고에게 통지하면서 피고에게 보낸 것과 동일한 양식의 "의견요청서"를 발송하는 등 감정절차에 관한 당사자의 의견수렴을 반복함으로써 쌍방의 감정사항을 쟁점 중심으로 확정하는 단계를 거치고 있다.

원·피고 쌍방이 상대방의 감정신청서에 대하여 충분히 공방할 기회를 제공받는 점에서 바람직한 절차로 보인다.

3) 재판 초입 단계의 전문가 활용의 필요성

의료과오소송은 한마디로 의학 및 의료에 관한 전문적인 식견이 제공되지 않고서는 해결할 수 없는 특별한 소송유형이다. 여기서 말하는 전문적인 식견이란 단지 인체에 대한 생물학적 지식이 있다거나 의학의 기본적 프로세스를 이해하고 있는 초보 수준의 전문지식을 말하는 것이 아니다. 물론 어느 정도의 의학지식이라도 사건을 파악하는 데에 적지 않은 도움을 주겠지만, 자칫 어설픈 의학지식이 구체적인 의료과오사건을 처리하는 데에 정확한 법적 판단을 방해하는 선입견으로 작용할 여지도 있는 점에 주의할 필요가 있다. 여기서 말하는 전문적 식견이란 적어도 문제가 된 의료분야에 관하여 기본적 지식은 물론 새로운 의학지식까지 끊임없이 배우고 익힌 전문가의 식견을 말하고, 나아가 임상의학의 실천에 관한 현실적 의료수준을 제대로 이해하고 있는 전문가 수준일 것을 요한다. 그렇지 않고서는 문제가 된 의료행위의 내용 및 효과를 파악할 수 없기 때문이다.

소송과정에서 이러한 전문지식을 제공받기 위해서는 의료 전문가를 소송절차에 관여시켜야 하는데, 그 가장 대표적인 방법이 전문조정인, 전문심리위원 및 감정인의 도움을 받는 길이다.

흔히 의학적 전문지식은 정리된 쟁점에 관하여 재판부의 판단을 돕는 데에 필요한 것으로서 감정과 같은 증거방법으로 확보하면 족한 것으로 생각하기 쉽다. 그러나 실제로는 의료과오소송의 원고 측은 대체로 의료에 관한 전문지식 없이 의료행위로 인한 악결과에 대하여 단지 억울한 생각에서 막연히 그 경위를 설명하는 방식으로 청구원인을 제시하는 것이 보통이고, 피고 측은 이에 대하여 자신에게는 아무런 잘못이 없다는 식의 방어방법을 취하기 때문에, 과실 등에 관한 원고의 주장 자체가 특정되거나 정리되지 못한 채 소송이 표류하기 쉽다. 따라서 재판부로서는 소송의 초입단계에서부터 의료전문가의 도움을 받아 적극적으로 쟁점을 정리할 필요가 있다. 만일 이러한 쟁점정리단계를 거치지 아니한 채 원고가 막연히 제출한 감정신청서에 의존하여 곧바로 감정촉탁을 의뢰하거나 증인신문절차에 들어간다면 우선 분쟁해결에 도움이 되는 증거자료를 확보하기 어려울 뿐만 아니라 감정인이나 증인의 입장에서도 쟁점이 분명하지 않기 때문에 많은 어려움을 겪음은 물론 필요한 답변을 제대로 할 수 없게 된다.

쟁점정리단계에서 전문가의 도움을 얻는 방법으로는 쟁점정리를 위한 첫 기일을 변론준비기일이나 조기 제1회 변론기일로 지정하여 전문심리위원(민사소송법 제164조의2) 또는 감정인[23]의 도움을 받는 것과 조정기일로 지정하여 전문 조정위원의 도움을 받는 것이 있다.

본인은 2006년 8월부터 4년간 서울고등법원 민사 제17부 의료전문부의 재판장으로서 재직하면서 의견청취형 조정제도를 실시하여 우수한 전문조정위원들로부터 전문지식을 손쉽게 얻을 수 있었고 그 결과 적체된 미제사건을 신속하게 처리할 수 있었다. 우선 재판부가 소송자료로 제출된 진료기록부나 CT 사진과 같은 증거내용을 파악하고, 쌍방 당사자의 주장 내용의 타당성 여부를 분별하는 데에 있어서 전문조정위원이 제공하는 지식이나 경험이 중요한 길잡이가 되었나. 삼성설자와 비교할 때, 전문조정위원은 이미 위촉된 상태이기 때문에 그 선정이 수월할뿐더러 당사자가 비용을 예납할 필요도 없고, 굳이 감정사항을 따로 제출할 필요가 없는 점 등에서 절차상 훨씬 간편하다. 특히 당사자 본인이 전문가의 도움을 받지 아니한 채 막연히 억울한 생각에서 잡다한 주장을 열거한 소장을 제출한 경우나, 쟁점과 무관한 감정사항을 나열하는 데에 그치는 감정신청서를 조기에 제출하는 경우에는 전문조정위원을 활용할 필요성이 더욱 크다.[24] 통상 조정이란 민사에 관한 분쟁을 간이한 절차에 따라 당사자사

23) 조기에 감정을 채택하여 감정인으로 하여금 감정사항을 확정하는 등의 방식으로 쟁점정리절차에 관여하게 할 수도 있으나 감정인이 대부분 대학병원 소속 의사들로서 평소 바쁜 일정에 쫓기는 터라 쟁점정리기일에 출석할 것을 기대하기란 쉽지 않을뿐더러 전문심리위원제도가 도입된 이상 사실상 무리한 요구로 보인다.

24) 종전에는 의료전담부의 조정에 있어서도 조정회부의 시기를 '모든 증거조사가 종료되어 재판부에서도 어느 정도 심증이 형성된 단계' 에 하는 것이 바람직하다고 보았고, 현재 실무에서도 1심의 경우 대체로 변론준비절차의 마무리단계나 변론준비절차 종결 직후에 조정에 회부하고 있다; 법원행정처, 재판실무편람 제5호: 의료재판실무편람(개정판), 법

이의 상호양해를 통하여 조리를 바탕으로 실정에 맞게 해결함을 목적으로 하는 것이지만(민사조정법 제1조), 전문가의 전문적 지식을 근거 삼아 쟁점을 정리할 목적으로 하는 수소법원의 조정이 가능하고,[25] 이러한 조정이 특히 의료사건에서 효과적이다. 또한 의료사건의 경우에는 의료과오의 존부와 관련하여 그 기준이 되는 "의료수준"이 문제되는데, 단지 탁상공론에 그치지 아니하고 우리나라 의료의 현실을 보다 실제적으로 이해함과 아울러 합리적인 의료수준을 규범적으로 세워나가기 위해서도 현장경험이 있는 전문조정위원의 지식과 경험이 도움이 됨은 물론이다. 만일 전문조정위원으로부터 임상의학의 실천에 관하여 오랜 경험에서 우러나온 현실적이고 공정한 전문적 의견이 제시된다면, 재판부로서는 이를 참작하여 쌍방 당사자가 납득할 수 있는 규범적인 임상원칙을 찾을 수 있을 것이다.[26] 의료분야에는 아마추어에 불과한 재판부로서는 의료전문가의 도움 없이 무엇이 의료인에게 마땅히 요구되는 의료수준인가를 판단한다는 것은 사실상 불가능에 가까울 것이기 때문이다. 더욱이 일단 전문조정위원으로부터 전문적인 의견을 들은 후에는 변론절차에서 감정을 실시하는 경우라도 이미 충분한 쟁점정리를 거친 이상 꼭 필요한 감정사항을 추출할 수 있게 되고, 나아가 그 질문내용도 법적 평가의 전제가 되는 의학적 지식이나 경험을 구체적으로 요청할 수 있게 되는 장점이 있다.

원행정처(2005), 105면 참조.

25) 과연 쟁점정리를 위하여 전문가의 전문지식을 얻을 목적으로 조정에 회부하는 것이 조정제도의 취지에 부합하느냐에 관하여는 찬반양론이 있을 수 있지만, 이를 금하는 명문의 규정이 없고, 사안을 해명하는 데에 있어서나 이를 계기로 당사자의 합의 형성의 가능성이 있는 이상, 이러한 조정도 마땅히 허용되어야 할 것이고, 비록 전문심리위원제도가 도입되었다고 할지라도, 사안에 따라서는 여전히 조정절차를 쟁점정리의 목적으로 활용할 여지가 있다고 할 것이다; 佐佐木茂美, 전게서, 467-468면; 鈴木利廣 외, 전게서, 157면 각 참조.

26) 전문조정위원이라고 하여 쟁점에 관한 전문지식을 일사천리로 설명하기 어려울 것이다. 하나하나 꼼꼼히 따져 보고 관련된 자료를 찾아보는 신중함이 있어야 할 것이다. 牧民心書 刑典제1조 聽訟편에서도 "聽訟如流 由天才也 其道危 聽訟必核 盡人心也 其法實 故欲詞訟簡者 其斷必遲 爲一斷而不復起也"라고 지적하고 있는 것처럼, 재판을 물흐르듯 거침없이 하는 것은 타고난 재능이 있어야 되는 것으로서 위험한 방법이고, 오히려 하나하나 따져 마음을 다하는 것이 확실한 방법이고, 이로써 비록 심리가 더딜지라도 분쟁이 종국적으로 해결되어 다시는 같은 분쟁이 반복되지 아니함으로써 결과적으로 송사를 줄일 수 있을 것이다. 나아가 "壅蔽不達 民情以鬱 使赴愬之民 如入父母之家 斯良牧也"의 가르침처럼 조정 법정에서 당사자들이 부모의 집에 들어옴과 같이 편한 마음으로 하소연할 수 있다면 치료과정에서 생긴 마음의 상처나 답답함을 씻을 수 있을 것이다.

물론 소송초입에서 전문조정위원이나 전문심리위원들로부터 제공되는 전문지식은 사실상 의료과오의 존재 여부를 가늠할 수 있을 정도로 수준 높은 것이지만 이는 오직 쟁점정리를 위한 것이나 임의적 분쟁해결을 위한 수단일 뿐 그 전문지식이 곧바로 증거자료가 될 수 없는 것임에 주의하여야 한다.

결국 의학적 전문지식에 터 잡아 증거자료가 될 수 있는 것은 감정이란 증거조사절차를 거쳐 얻어진 감정결과나 감정증언 또는 이에 준하여 제출되는 서증 등이다. 그리고 이러한 감정과 같은 증거방법이 기능하는 분야는, 법관의 자유로운 심증에 의하여 행하여지는 사실인정의 과정에서 의학지식과 같은 전문적 경험칙은 일반적·상식적 경험칙과는 달리 법관으로 하여금 이를 알고 있도록 요구할 수 없으므로 이를 보충해주는 것일 뿐, 진료경과 등의 전제사실을 확정하는 절차도 아니고 최종적으로는 당해 의사의 행위가 과실에 해당하는지 여부에 관한 법적 평가를 담당하는 것도 아니므로 감정사항을 결정하면서 그 한계를 명백히 하는 것이 중요하다.

어차피 재판실무에서 감정인의 감정의견이 상충되는 사례가 적지 않은 것을 보면, 감정을 실시하기 전에 전문심리의원의 도움을 받아 진료기록 감정의 대상을 명확히 특정한 다음 처음부터 일본과 같이 복수의 감정인 선정하여 동시에 감정을 실시하는 것도 의료과오사건의 신속성을 도모하는 한 방편이 될 것으로 보인다.

4) 진료기록감정촉탁시 감정인에게 요청할 주의사항

진료기록 감정에 있어서 핵심적 사항은, 검사 결과 등의 증거를 진료 당시의 의료수준에 터 잡아 분석하여 보면 어떠한 진단이 가능한가에 관하여 전문적 경험법칙을 제공하는 것이므로 감정인에게 다음과 같은 사항에 유념할 것을 요청하여야 한다.

감정서의 작성 등의 방법으로 감정의견을 제시함에 있어서, ① 결론에 이르는 과정을 모순 없이 상세히 설명하고, 그에 관한 의학적 근거를 제시하여 줄 것, ② 전제가 되는 사실관계가 진료기록부 등의 기재와 구체적으로 어떻게 연결되어 있는가를 밝힐 것, ③ 과실의 유무와 같은 법적 평가는 법관의 전권사항이므로 감정사항에 관하여 의학적 의견만을 제시하면 족하다는 것 등을 내용으로 하는 감정안내서를 작성·활용하는 것이 필요할 것이다.

서울고등법원 민사 제17부는 2010년 당시 별지와 같은 진료기록감정촉탁서 양식을 사용하였다.

5) 감정의견의 평가

일단 감정의견이 법원에 제출되면, 이미 정리된 진료경과 등의 전제사실에 비추어 그 합리성을 검토하여야 한다. 이때 주의할 점은 ① 감정의견이 그 이유와 결론 사이에 모순이 없는지(논리성), 확실한 의학적 근거[27)]에 기하여 이유가 설명되었는지(과학성)를 보아야 하고, ② 그 감정이 진료기록부 등에 의하여 용이하게 인정할 수 있는 진료경과 등의 전제사실에 터 잡아 행하여졌는가(성실성)를 살펴야 하고, ③ 소송상 증명은 자연과학적 증명과는 달리 진실이라는 고도의 개연성으로 족한 반면, 감정인은 과학적 정확성을 추구하므로 단정적인 판단을 피하는 경향이 있는 점을 감안하여, '단정할 수 없다'라는 등의 감정의견을 맹종할 것이 아니라 소송상 증명이라는 관점에서 그 의견을 재검토하는 것이 중요하다.

또한 의학계의 소수의견이 예리하고 설득력이 있어 보인다고 할지라도 쉽게 이를 수용할 것이 아니라 왜 그 견해가 소수의견에 머무르는지를 면밀히 검토하여 그 증명력을 결정하여야 할 것이다.

5. 결어

이상에서 현재 재판실무상 거의 모든 의료과오소송에서 행하여지고 있는 진료기록감정의 현황과 문제점을 살펴보고, 부족하나마 개선책을 제시하여 보았다.

의료과오소송의 성패는, 문제가 된 의료적 처치에 관하여 정확하고 공정한

---

27) 감정인이 의학적 과실 유무를 무엇을 구체적 기준으로 삼아 판단할 것인지에 관하여 많은 고뇌를 하는 것으로 보인다. 흔히들 대학의 의국에서 가르치거나 당시 근무하고 있던 병원에서 스스로 설정한 진료방침(지침)을 일응의 판단기준으로 삼기도 하고, 학회나 건강보험심사평가원 내의 진료심사평가위원회가 마련한 지침을 판단기준으로 삼기도 하는바, 의학계 내부에서 각 진료과목별로 주요 질환에 관하여 진료지침을 정비하면 그만큼 의료수준을 파악하는 데에 도움이 될 것이다.

의료전문가의 의견 확보에 달려 있다고 하여도 과언이 아니다. 이러한 전문가의 의견을 확보하는 방법 중 가장 중심에 있는 것이 이 장에서 살펴본 감정제도이다. 감정을 직접 담당하는 사람이 의료인일 수밖에 없는 이상 이는 결국 의료계의 도덕성에 달려 있는 문제이기도 하다. 의료업무 자체가 인간의 생명을 다루는 일로서 그 자체에 위험이 따를 수밖에 없고 의료인 역시 인간인지라 과실이 있을 수밖에 없다고 한다면 그 모든 의료과정을 솔직히 드러내놓고 다른 전문가와 함께 지혜를 모을 때만이 의료기술의 발전은 물론 의료 피해자의 억울한 심정도 풀 수 있을 것이다. 그러기 위해서는 과도한 업무수행과 사고발생의 위험에 시달리는 의료인을 보호하기 위하여 의료과오로 인한 피해를 보상할 수 있는 사회적 보험제도의 구축이 무엇보다도 필요하다. 다른 한편 의료과오소송이 신속하고 적정하게 원만히 수행되기 위해서는, 원고 측은 과실 및 인과관계 등을 명확히 특정하여 주장하여야 할 소송상 책임을 다하여야 하지만, 피고 측은 이것이 가능하도록 그 전제가 되는 객관적 진료경과 및 담당의사의 판단내용 등에 관한 정보 및 자료를 쟁점정리 단계에서 적극적으로 제출하여야 한다. 요컨대 피고 측으로서는 의료과오가 문제된 사안에 관하여 관련된 진료 전반을 불투명한 상태로 상대방의 억측에 맡겨둘 것이 아니라 적극적으로 사안해명에 나서서 피고 측이 알고 있는 객관적인 진료의 경과 및 담당 의사가 행한 판단·처치의 정당성 등을 주장하고 관련된 정보 및 증거자료를 제출하는 것이 특히 요망된다.

여기서 논한 진료기록부에 대한 감정도 이러한 진료기록부의 진정성 및 충실성 그리고 의사 측의 진료과정에 대한 성실한 해명이 전제될 때 그 기능을 발휘하게 될 것이다.

별지

서 울 고 등 법 원
제 17 민 사 부
감 정 촉 탁 서

○○병원장 귀하

사　　건　2008나11111　손해배상(의)

원　　고　◇◇◇
피　　고　재단법인 □□□

위 사건에 관하여 아래와 같은 사항에 관해 진료기록감정을 촉탁하오니, 별지 사건경위를 참고하시여 감정결과를 서면으로 작성하여 송부하여 주시되, 과실 유무와 같은 법적 평가에까지 나아갈 필요는 없습니다.

다　　　음

1. 감정 대상
○ △△병원 및 피고 산하 ▽▽병원 소속 의료진이 환자를 진료한 후 작성한 진료기록부(감정할 진료과목 : 신경외과)

2. 감정사항
○ 별지 기재와 같음

3. 감정시 유의사항
○ 감정인께서는 감정목적을 달성할 수 있도록 감정결과를 기재함에 있어 ① 결론에 이르는 과정을 가능하면 상세히 설명을 하고, ② 그에 대한 의학적 근거를 제시하여 주시고, ③ 전제가 되는 사실관계가 별첨된 진료기록부 등의 기재와 어떻게 연결되어 있는가를 구체적으로 적시하여 주시며, ④ 감정

의견의 근거가 되는 문헌이나 객관적 자료를 제시하며, ⑤ 병명 등 의학용어는 가급적 국어, 한자어, 외래어를 병기하여 주시기 바랍니다.

○ 감정이 지연되는 경우 재판절차가 진행되지 못하여 재판부 및 사건 관계자들이 어려움을 겪는 경우가 있사오니 가능한 한 빠른 시간 내에 감정결과를 송부하여 주시고 부득이 감정이 지연될 수밖에 없는 경우에는 그 사유 및 감정이 가능한 시점을 재판부(서울고등법원 민사 17부, 530-1230)로 알려 주시면 감사하겠습니다.

4. 첨부자료 : △△병원 진료기록부 및 ▽▽병원 진료기록부

2010. . .

재 판 장 판 사 ◇ ◇ ◇

의학용어 약어목록

1. 진료기록부와 의학 약어

오늘날 환자는 자신의 진료기록부를 열람 및 복사할 수 있고, 이를 보다 보면 질병의 종류에 관한 의학적인 전문 용어가 아니면서도 쉽게 알아볼 수 없는 약어들이 많이 표시되어 있다. 본란에서는 일반인이 진료기록부를 해독할 수 있는 길잡이로서 이러한 약어에 대한 기초지식을 제공하기 위한 목적으로 몇 가지 해설을 제시하기로 한다.

통상 입원기록은 그 작성자와 작성목적 및 진료 단계에 따라 여러 종류가 작성되는바, 의사가 작성하는 ① 의사처치명령서(Order sheet), ② 응급실 기록(ER Note), ③ 입원기록(Adm. Note), ④ 경과기록(Progress Note),[1] ⑤ 환자인수·인계기록,[2] ⑥ 마취기록지 등이 있고, 마취기록지는 통상 마취과 의사가 작성하는데 좌측 하단에 그래프가 있는 용지를 사용하며 그 그래프에는 5분 단위별로 표시하게 되어 있고, 시각, 마취약제, 약제의 용량 및 투여시각, 산소포화도, 호기말 이산화탄소 분압, 마취시작·종료시각, 수술시작·종료시각 등을 표시함은 물론, 그래프 위쪽에는 수술전 진단명, 수술명, 마취의사, 외과의사 등 일반적인 내용을 표기하고, 그래프 오른쪽에는 마취 중 이루어진 약물이나 혈액의 투여, 환자에게 시행한 수기 등을 번호를 붙여 표시하고, 수술 중 추정출혈량 및 주사한 수액량 등을 기재한다.

간호사가 작성하는 ① TPR 차트,[3] ② 투약기록지, ③ 회복기록지 등이 있

1) 환자의 경과를 기록하는 것으로서 수술이 시행된 경우 수술에 참가한 외과의사가 수술기록지를 작성하여 이 경과기록에 편철한다.

2) 주치의가 바뀌는 경우 새 주치의에게 환자 상태를 설명하거나(Off duty note), 새로 환자를 맡으면서 환자에 대한 내용을 기재하는 것(On duty note)을 말한다.

3) 환자의 활력징후(V/S vital sign)와 수분의 섭취량/배설량(input/output 또는 I/O로 표시함) 등을 기록하는바, 여기서 활력징후라는 것은 체온(BT, body temperature), 혈압(BP,

으며, 그 밖에 검사결과를 기재하는 병리검사결과지, 영상의학과결과지 등이 있다.

이에 반하여 외래기록은 별도로 정해진 양식이 없이 입원기록과 분리하여 편철되고, 외래에서 시행한 검사결과는 외래기록의 뒷면에 편철되는 것이 보통이다.

이러한 진료기록에는 C.C>,[4] onset,[5] P.I>,[6] NPO[7] 등의 약어가 흔히 사용되는데 의료전문가가 아닌 일반인으로서는 전혀 그 의미를 이해하기 힘들고, 더 깊이 들어가 병명이나 증세, 의약품에 관하여도 약어를 흔히 사용하는데 동일한 약어를 진료과목 부서별로 달리 사용하는 예가 허다하여 그 정확한 의미를 쉽게 단정할 수 없다.

2. 의학약어사전

의학약어 중에는 대한의학협회에서 발행한 의학용어집에 실려 있는 약어이거나 Dorland Dictionary에 실려 있는 국내적, 국제적으로 공인된 약어들이 있지만, 실제로 의료 실무에서는 의사들이 시간을 절약하기 위하여 편의에 따라 사용하는 것이어서 그 의미가 일률적이지 않고 또 전모를 파악하기란 사실상 불가능하다.

우선 의학용어에 대한 참고 문헌으로는 ① 대한의학협회(大韓醫學協會) 편저(編著), 의학용어집(醫學用語集), 도서출판 아카데미 ② DORLAND' Illustrated Medical Dictionary 27th Edition, ③ 김현숙(金賢淑), 『의학용어 The Language of Medicine』, 현문사(賢文社), ④ 윤인숙(尹仁淑), 『의학용어(醫學用語)Medical Terminology』, 고문사(高文社), ⑤ Grant's Atlas of Anatomy 8th Edition James E. Ander-

---

blood pressure), 맥박수[PR(pulse rate) 또는 HR(heart rate)], 호흡수[RR(respiratory rate)]를 말한다.

4) chief complaint의 약자로서 환자의 '주된 호소'를 기재하는 란이다.

5) 이는 발병시기를 가리키며 5d, 3m, 1y 등은 각각 5일, 3개월, 1년을 뜻한다.

6) present illness의 약자로서 현재 병력을 가리키고, "Dx, Tx, ER visit"라고 기재되어 있다면 진단(Dx diagnosis)을 받고, 치료(Tx, treatment)를 받다가 응급실로 내원하였다[ER(emergency room) visit]는 뜻이다.

7) null per os의 약자로서 금식을 뜻한다.

son, M.D. 등을 들 수 있고, 의학약어사전으로는 ① 현문사 편지부, 『최신의학약어사전』, 현문사(2001), ② 이동호, 『의학약어사전』, 서광(1997) 등이 있으며 인터넷상에도 의학약어사전이 등재되어 있다.

3. 의료과오소송실무와 진료기록부상 약어

의료과오소송의 재판실무에서 흔히 부딪히는 진료기록부상의 약어를 정리하면 다음과 같다.

5-HT; 5-Hydroxy-Tryptamine (보통 통용되는 이름은 세로토닌(Serotonin)입니다. 5 YSR; 5 Year Survival Rate; 5년 생존률

A(a);

1) Artery 동맥
2) assessment; 평가 즉 진단 또는 병태의 호전이나 악화 여부(문제중심의무기록 작성방법에서 사용함)

a.a.; ana; of each; 각각

AB, Ab;

1) Anti-body; 항체(통상 Ab로 표기함)
2) Anti-Biotics; 항생제(ABx 또는 Abx로 표기하는 경우도 있음)

Abd.; Abdomen; 복부

abn.; abnormal; 비정상

ex) abn. reflex>

Barbinsky(-/-) ankle clonus(-/-); 바빈스키 반사나 족간대 반사가 오른쪽, 왼쪽 각각 없음(오른쪽/왼쪽의 순서로 기재)

ABR; Absolute Bed Rest 절대 안정

AC; abdominal circumference; 복위(태아의 배둘레)

Ac; Acute; 급성(Ao 로 표기하는 경우도 있음)

a.c.; ante cibum; before meals; 식전

Accom.; Accommodation; 순응

ACD;

1) Anemia of Chronic Disease; 만성질환에 의한 빈혈

2 Allergic Contact Dermatitis; 접촉성 피부염

3) Acid Citrate Dextrose; 구연산 덱스토로스

AD;

1) Autosomal Dominant; 우성유전

2) Auris Dextra; Right Ear; 오른쪽 귀

3) Atopic dermatitis; 아토피 피부염

ADC; AIDS Dementia Complex; AIDS 치매 복합

ADHD; Attention Deficit Hyperactivity Disorder; 주의력 결핍 과다 행동 장애

ad lib; ad libitum; at pleasure; 원하는 대로

AE; Above the Elbow; 팔꿈치 위로

AGA; Appropriate for Gestational Age; 적정출생체중아

AGE; Acute Gastro-Enteritis; 급성위장염

AI;

1) Avian Influenza; 조류독감

2) Aortic valveinsufficency; 대동맥 판막부전

3) Artificial Insemination; 인공수정

AIA; Aspirin Induced Asthma; 아스피린 유발성 천식

AID; Artificial Insemination Donor; 인공수정기증자

AIDS; Acquired Immuno(Immune)-Deficiency Syndrome; 후천성 면역 결핍증후군

a.j.; ankle jerk; 비근경련, 과반사

AK; Above the Knee; 무릎 위

AKI; acute kidney injury; 급성 신손상(구 ARF; acute renal failure)

Alb.; Albumin

ALL; Acute Lymphocytic Leukemia; 급성 림프구성 백혈병

AMI; acute myocardinal infarction; 급성심근경색

amp.; ample

A & P; Auscultation & Percussion; 청진(聽診) 및 타진(打診)

APC; Atrial Premature Contractions; 심방조기수축

ARDS; Adult Respiratory Distress Syndrome 급성호흡부전

A(R)MD; Aged(Age-Related) Macular Degeneration; 노인성 황반 변성

ASA, A.S.A.; Acetyl-Salicylic Acid(= Aspirin); 아스피린

ASD; Atrial Septal Defect; 심방중격결손

AST; after skin test; 피부반응검사 후 주사

a.t.; acquisition time; 영상회복시간

AU; Auris Uterque; Both Ears 양쪽 귀

AV;

1) Aortic Valve; 대동맥 판막

2) Arterio-Venous; 동정맥의

AV node; Atrio-Ventricular node; 방실 결절

Ba E; Barium Enema; 바륨관장

BC; Bone Conduction; 골전도

BE;

1) Base Excess; 염기 과잉

2) Below the Elbow; 팔꿈치 아래

BID, bid, b.i.d; Bis In Die; Twice a Day; 하루에 두번

BK; Below the Knee; 무릎 아래

BM;

1) Bone Marrow; 골수

2) Basement Membrane; 기저막

b.m.; bowel movement; 장운동

BMD; Bone Mineral Density; 골밀도

BMR; Basal Metabolic Rate; 기초대사율

BMT; Bone Marrow Transplantation; 골수 이식

BP; 1) Blood Pressure; 혈압

2) Bullous Pemphigoid; (물집 유사) 천포창

BPD;

1) Broncho-Pulmonary Dysplasia; 기관지폐 이형성증(기관지폐 형성이상)

2) Bi-Parietal Diameter; 두정골간경(태아의 머리 직경)

3) Borderline personality disorder; 경계성 인격장애

BPH; Benign Prostate(Prostatic) Hypertrophy(Hyperplasia); 전립선 비대(증)

BR; bed rest; 침상안정

BS;

1) Breath Sounds; 호흡음

2) Blood Sugar; 혈당

3) Bowel sound; 장음(복부청진소견)

BSA; Body Surface Area; 체표면적

BSID; Bayley Scales of Infant Development; 베일리 영유아 발달검사

BST; Blood Sugar Test; 혈당검사

BT;

1) Bleeding Time; 출혈시간(출혈질환 선별검사 중 하나)

2) Body Temperature; 체온

BUN; Blood Urea Nitrogen; 혈액(중) 요소 질소

(T)BUT; Break-Up Time; 눈물막 파괴시간

BV; Bacterial Vaginosis; 세균성 질염

Bx, bx; Biopsy; 조직검사

C;

1) Complement; 보체

2) Cervical Vertebrae; 경추

C1; 1st Cervical Vertebrae

C2; 2nd Cervical Vertebrae

cum; with; ~와 같이

Ca;

1) Carcinoma/Cancer; 암

2) Calcium; 칼슘

CABG; Coronary Artery Bypass Graft 관상동맥우회술

cap.; capsula; capsule; 캡슐, "C"라고만 표기하기도 함; ex) Trical 1C

CBC, cbc; Complete Blood Count; 총 혈구 수 검사, 전혈구 검사

CBF; Cerebral Blood Flow; 뇌혈류량

cbl(l); cerebellar; 소뇌의

cbr; cerebral; cb; 뇌의

CBS; clear breath sound; 깨끗한 호흡음

ex) CBS s r; clear breath sound without rale; 호흡에 따른 잡음이 없는 깨끗한 호흡음

CC; Chief Complaint; 주소(主訴), 주된 호소(불평)

Ccr; Creatinine Clearance; 클레아티닌 청소율

CDH;

1) Chronic Daily Headache; 만성 매일 두통

2) Congenital Dislocation of the Hip; 선천성 고관절 탈구

3) Congenital Diaphragmatic Hernia; 선천성 횡격막 탈장

CDR; Crude Death Rate; 보통사망률

CER; Conditioned Emotional Response; 조건화 감정 반응

CHD;

1) Congenital Heart Disease; 선천성 심질환

2) Common Hepatic Duct; 총간관, 간총관

CHF; Congestive Heart Failure; 울혈성 심부전

Chr; Chronic; 만성

CL; Capillary Loops; 모세혈관고리

CLD; Chronic Lung Disease; 만성폐질환

CMT; Cervical Mucous Test; 자궁경부점액검사

CN; Cranial Nerve; 뇌신경

CNS; Central Nervous System; 중추신경계

CO; Cardiac Output; 심박출량

CPD; Cephalo-Pelvic Disproportion; 아두 골반 불균형

CR, C/R;

1) Complete Remission(Response); 완전관해(완전반응)

2) Close Reduction; 폐쇄정복술

Cr, cr; creatinine; 크레아티닌

CRL; Crown to Rump Length; 정둔장, 머리엉덩이길이(태아의 머리부터 둔부까지의 길이)

CRAO; Central Retinal Artery Occlusion; 중심 망막 동맥 폐쇄

CS, Cs, C/S, C-Sec; Cesarean Section; 제왕절개

CSF; Cerebro-Spinal Fluid; 뇌척수액

CT; Computed(Computer) Tomography(-gram); 컴퓨터 단층 촬영

CTD; Connective Tissue Disease; 연조직 질환

CTx; Chemotherapy; 항암화학요법

CVA; Costo-Vertebral Angle; 늑골척추각

CVD;

1) Cerebro-Vascular Disease; 뇌혈관 질환

= Stroke; 중풍, 뇌졸증

2) Cardio-Vascular Disease; 심장혈관질환

Cx;

1) Complication; 합병증

2) Cervix(= Cervical); 자궁경부

CXR; Chest X-Ray

D & C; Dilatation(Dilation) & Curretage; 소파술

D/C;

1) Dis-Charge; 퇴원

2) Dis-Continue; 중지

DI;

1) Diabetes Insipidus; 요붕증

2) Drug Intoxification; 약물 중독

Diag; Dx; dx; diagnosis; 진단

dil.; dilue; dilute; 희석하다.

DIC; Disseminated Intravascular Coagulation; 파종성 혈관 내 응고

(D)ILD; Diffuse Interstitial Lung Disease; 미만성 간질성 폐질환

DIMS; Disorders of Initiating & Maintaining Sleep; 입면장애 및 수면 유지 장애; 불면증

DJD; Degenerative Joint Disease; 퇴행성 관절질환

= Degenerative Arthritis; 퇴행성 관절염

= Osteoarthritis(OA); 골관절염

= Osteoarthrosis; 골관절증

DM;

1) Diabetes Mellitus; 당뇨

2) Dermato-Myositis; 피부근염

DMD; Duchenne Muscular Dystrophy; 뒤센(듀시엔)형 근이영양증

DOA; Death(Dead) On Arrival; 사망상태로 도착; 응급실에 도착했을 당시에 이미 사망한 상태에 있는 경우

DOC; Drug Of Choice; 제1차 치료약

DOE; Dyspnea On Exercise; 운동중 호흡곤란

DOES; Disorders of Excessive Somnolence; 과다 수면 장애

DP; Diastolic Pressure; 이완기 혈압

d/t; due to; … 때문에

DTP; Diphtheria, Tetanus, Pertussis 디프테리아, 파상풍, 백일해 혼합 백신

DTR; Deep Tendon Reflex; 심부 건 반사

1. 하악 반사; Jaw Jerk 뇌교; Pons
2. 이두건 반사; Biceps Jerk C5-6
3. 삼두건 반사; Triceps Jerk C6-8
4. 슬부건 반사; Knee Jerk L2-4
5. 족관절건 반사; Ankle Jerk S1-2

ex) KJ(++/++), AJ(+/++), Biceps(++/++), Triceps(++/++);

슬부건 반사는 정상이고, 족관절건 반사는 오른쪽 감소, 왼쪽 정상, 이두건 반

사 정상이고, 삼두건 반사 정상임; +++는 항진
DUB; Dysfunctional Uterine Bleeding; 부정형 자궁출혈
DW, D.W.; Distilled Water; 증류수
Dx; Diagnosis; 진단

E, E'; Electrolyte; 전해질
E. Coli; Escherichia Coli; 대장균
E1; Estrone; Estrogen (에스트로겐; 여성 호르몬)의 한 종류, 폐경후 주된 Estrogen
E2; Estradiole; 폐경전 주된 Estrogen(에스트로겐; 여성 호르몬)
E3; Estriol; 임신시 주된 Estrogen(에스트로겐; 여성 호르몬)
EBW; estimated birth weight; 태아의 예측 체중
ECA; External Carotid Artery; 외경동맥
ECC;
1) Endo-Cervical Curettage; 자궁내막 소파술
2) Extra-Cardiac Conduit; 심장 외 인공도관
ECCE; Extra-Capsular Cataract Extraction 피막 외 백내장 적출술
ECF; Extra-Cellular Fluid; 세포 외액
ECG; Electro-Cardio-Graphy(-Gram); 심전도
= EKG
ECLE; Extra-Capsular Lens Extraction 피막 외 수정체 적출술
ECMO; Extra-Corporeal Membrane Oxygenation; 체외막 산소 공급
EDC; Estimated Day of Confinement; 출산(분만) 예정일
EDH; Epidural Hematoma; 경막외 혈종
EEG; Electro-Encephalo-Graphy(-Gram); 뇌전도, 뇌파 검사
EGC; Early Gastric Cancer: 조기 위암
EGD; Esophago-Gastro-Duodenoscopy: 위식도 내시경
EGJ; Esophago-Gastric Junction: 식도위 접합부; 위식도 접합부
= GEJ(Gastro-esophageal junction)
EHBF; Estimated Hepatic Blood Flow; 추정간혈류량(推定肝血流量)

EIA; Exercise Induced Asthma; 운동 유발성 천식
= EIB

EIB; Exercise Induced Bronchoconstriction; 운동 유발성 기관지 수축
= EIA

EKG; Electro-cardio-Graphy(-Gram); 심전도
= ECG

ELISA; Enzyme-Linked Immuno-Sorbent Assay; 효소 면역 정량법

EMG; Electro-Myo-Graphy; 근전도 검사

EN; Erythema Nodosum 결절 홍반

ENT; Ear, Nose & Throat; 이비인후과

EOAE; Evoked Oto-Acoustic Emission test 유발이음향 방사 검사

EPS;
1) Extra-Pyramidal Syndrome 추체외로 증후군
2) Electro-Physiological Study 전기생리학적 검사

EPSP; Excitatory Post-Synaptic Potential; 흥분성 시냅스후 전위

ER; Emergency Room; 응급실

ERBD; Endoscopic Retrograde Bile(Biliary) Drainage 내시경적 담도 배액법

ERCP; Endoscopic Retrograde Cholangio-Pancreatography(-gram) 내시경역행췌담관조영술

ESR; Erythrocyte Sedimentation Rate; 적혈구침강속도

ESRD; End Stage Renal Disease; 말기 신질환 (=신부전)

ESWL; Extracorporeal Shock-Wave Lithotripsy; 체외충격파쇄석(술)

ET;
1) Essential Thrombocytosis 본태성 혈소판 증가증
2) Embryo Transfer 배아 이식

ETEC; Entero-Toxigenic Escherichia Coli 장독소성 대장균(법정감염병 4급)

EUA; Examination Under Anesthesia 전신 마취하 검진

E-W nucleus; Edinger-Westphal nucleus 에딩거-웨스트팔 핵(덧눈돌림신경핵; 부동안 신경핵)

Ext; extremity; 사지

ex) Back & Ext>; 등 및 사지
U/Ex; upper extremity; 상지
L/Ex; lower extremity; 하지
CVAT(-/-); 늑골-척추사이(costovertebral angle) 압통(tenderness)
pitting edema(-) cyanosis(-); 함요부종(陷凹浮腫; 손으로 누르면 눌린 형태가 유지되는 부종)이 없고, 청색증도 없음
tingling sensation(+); 저린감이 있음

F; Fahrenheit; 화씨
FA; Fatty Acid 지방산
FAP; Familial Adenomatous Polyposis 가족성 대장 용종 증후군
FB; Foreign Body 이물
FBS; Fasting Blood Sugar; 공복시 혈당
FBSS; Failed Back Surgery Syndrome 척추수술실패 증후군
FC; Finger Count; (시력 검사) 안전(眼前) 수지
FDA; Food & Drug Administration 미국식품의약국
FDCs; Follicular Dendritic Cells; 여포상수지세포
FEV; Forced Expiratory Volume; 강제 호기량(=노력성 호기량)
FEV1; Forced Expiratory Volume in 1 sec; 1초간 노력성 호기량
FFA; Free Fatty Acid; 유리 지방산
FFP; Fresh Frozen Plasma; 신선 동결 혈장
FGR; Fetal Growth Restriction(= Fetal growth retardation; 태아 성장 지연
FHF; Fulminant Hepatic Failure; 전격성 간부전
FH; Familial Hypercholesterolemia; 가족성 고콜레스테롤혈증
FHR; Fetal Heart Rate; 태아 심박수
FHX, FHx; Family History; 가족력
ex) FHx〉 n-c 또는 n-s 가족력에 특이소견이 없다는 의미;
가족력이 있으면 관계(아버지, 어머니 등) 병명, 결과(사망, 치료받음 등)를 기재함.
FiO2; Fraction of Inspired Oxygen; 흡입 산소 농도

FISH; Fluorescence In Situ Hybridization; 형광제자리부합법(=형광 동소 교합법)

FL;

1) Fascia Lata(FL); 대퇴근막(大腿筋膜)

2) Femur Length; (태아의) 대퇴골 길이

Flu, Flue; inFluenzae; 감기

FNAB; Fine Needle Aspiration Biopsy; 세침 흡인 조직검사

FO; Fossa(Foramen) Ovale 난원공

FRT; Fixation Reflex Test; 시선 고정 반사 테스트

FSGS; Focal Segmental Glomerulo-Sclerosis; 국소 분절 사구체 경화증

FSH; Follicle(Follicular)-Stimulating Hormone; 난포자극 호르몬

ft.; foot, feet

FT4; fT4; Free T4; 갑상선 호르몬

FTND; Full-Term Normal Delivery; 만기정상분만(滿期正常分娩)

FTSG; Full Thickness Skin Graft; 전층 피부 이식술

F/U; FU; F-U; Follow Up; 추적관찰

FUO; Fever of Unknown(= Undetermined) Origin; (원인)불명열

F wave; Flutter wave; 조동파

Fx;

1) Fracture; 골절(骨折)

2) Function; 기능

G-sac; Gestational Sac 아기집

GA; Gestational Age; 재태주수

GABA; Gamma-Amino-Butyric Acid; 억제성 신경전달물질 중 하나

GAF scale; Global Assessment of Functioning scale; 글로벌 기능 평가

Gag; gag reflex; 구역 반사(목젖 부위를 자극하면 구역질이 유발되는 반사)

ex) Gag R.(+/+);

GB; Gall Bladder; 담낭; 쓸개

GBM; Glomerular Basement Membrane; (신장의) 사구체 기저막

GBP scan; Gated Blood Pool (cardiac) scan

= GBPS

1. LV 기능 측정
2. Wall Motion분석
3. CO & EF 측정

GBS;

1) Guillain-Barr Syndrome; 길랑-바레 증후군

= PIP; Post-Infectious Polyneuropathy

2) Group B Streptococcus; B군 연쇄상구균

GCS; Glasgow Coma Scale; 글라스고우 혼수계수

E(eye opening; 개안 반응): 눈을 뜨지 않는 경우(1점)부터 자발적 개안(4점)까지 4단계로 표시

V(verbal response; 언어 반응): 소리를 전혀 못 내는 경우(1점)부터 정상(5점)까지 5단계로 표시

M(motor response; 운동 반응): 무운동(1점)부터 지시수행(6점)까지 6단계로 표시

ex) E2V3M3

GERD; Gastro-Esophageal Reflux Disease; 위식도 역류증

GFR; Glomerular Filtration Rate; 사구체 여과율

Cf. eGFR; estimated GFR; 추정 사구체여과율

GGT; Gamma(γ)-Glutamyl Transpeptidase; 감마 글루타밀 전이효소

GH; Growth Hormone; 성장호르몬

= Somatotropin

GHD; Growth Hormone Deficiency; 성장호르몬 결핍증

GHRH; Growth Hormone Releasing Hormone; 성장호르몬 자극호르몬

GI; Gastro-Intestinal; 소화기계, 위장관의

GIFT; Gamate Intra-Fallopian Transfer; 생식세포 난관내 이식술

GIH; Growth hormone release Inhibiting Hormone 성장호르몬 억제 호르몬

= Somatostatin

GM; Glioblastoma Multiforme; 다형성 교아세포종

GN; Glomerulo-Nephritis; 사구체신염

GNB; Gram Negative(-) Bacilli; 그람 음성 막대균

GnRH; Gonadotropin Releasing Hormone; 생식세포 자극 호르몬

= LHRH

= Gonadorelin

gr.; grain; 1 gr. = 0.0648 gm

grav.; gravida; pregnancy; 임신

GRH; Growth hormone Releasing Hormone; 성장 호르몬 자극 호르몬

GS; General Surgery; 일반 외과

G6PD, G6PD, G-6-PD; Glucose 6 Phosphate Dehydrogenase; 포도당-6-인산탈수소효소

GTN; Gestational Trophoblastic Neoplasms; 임신성 융모성 종양

◉ Stages of GTN(FIGO, WHO)

1. Stage O; Molar Pregnancy(H-Mole)
2. Stage Ⅰ; confined to Uterine Corpus
3. Stage Ⅱ; Metastasis to Pelvis & Vagina
4. Stage Ⅲ; Metastasis to Lung
5. Stage Ⅳ; Distant Metastasis(Brain, Liver, Kidney, Spleen or GI tract)

GTT;

1) Gestational Trophoblastic Tumor; 임신 융모 종양
2) Glucose Tolerance Test; 당부하검사

gtt; guttae; drops; 방울 방울 ex. 10gtt; 1분에 10방울이 떨어지는 속도(6초에 한방울)로 주사(10gtt로 주사하는 경우 1일 1ℓ 의 용액이 주사된다.

GU; Genito-Urinary; 비뇨생식기의

GUT; Genito-Urinary Tract; 비뇨생식계

GVHD; Graft-Versus-Host Disease; 이식편대 숙주 질환

GY.; Gynecology; 부인과

H. Mole; Hydatidiform Mole; 포상기태 [HP 1861, 1944, 1947, 2030]

1〉 Complete Hydatidiform Mole

2〉 Partial Hydatidiform Mole

hr.; hour; 시간

HA;

1) Hemolytic Anemia; 용혈 빈혈

2) Headache; 두통

HACE; High Altitude Cerebral Edema; 고산성 뇌부종

HAPE; High Altitude Pulmonary Edema; 고산성 폐부종

HARH; High Altitude Retinal Hemorrhage; 고산성 망막 출혈

HAV; Hepatitis A Virus; A형 간염 바이러스

Hb(Hgb); Hemoglobin; 혈색소; 헤모글로빈

HBI; Hemi-Body Irradiation; 반신 방사선 조사

HBIG; Hepatitis B Immuno-Globulin; B형 간염 면역글로불린

HBPV; Haemophilus influenza type B Polysaccharide(PRP) Vaccine; B형 헤모필루스 인플루엔자 피막 다당질 백신(예방접종)

HBeAg; Hepatitis B eAntigen; B형 간염 e 항원

HBsAg; Hepatitis B surface Antigen; B형 간염 바이러스 표면 항원

HBV; Hepatitis B Virus; B형 간염 바이러스

HC; Head Circumferrence; 두위(머리둘레)

HCC; Hepato-Cellular Cacinoma; 간세포암

HCG, hCG; Human Chorionic Gonadotropin; 사람융모성성선자극호르몬

HCMP; Hypertrophic Cardio-Myopathy; 비대성 심근증

HCN; Hydrogen Cyanide; 청산가리

HCP; Hereditary Copro-Porphyria; 유전성 코프로포르피린증

HCT, Hct; Hematocrit; 적혈구용적율

HCV; Hepatitis C Virus; C형 간염 바이러스

HCVD; Hypertensive Cardio-Vascular Disease; 고혈압성 심장성 혈관 질환

HD;

1) Hodgkin's Disease; 호치킨병

2) Hemo-Dialysis; 혈액투석

3) High Density; 고밀도

HDCV; Human Diploid Cell Vaccine; 인간 이배체 세포 백신

HDL; High Density Lipoprotein; 고밀도 지질 단백질

HDV; Hepatitis D(elta) Virus; D형 간염 바이러스

= HBV associated Delta Agent

HE stain; H&E stain; Hematoxylin-Eosin stain; 헤마톡실린-에오신 염색

HEV; Hepatitis E Virus; E형 간염 바이러스

HFRS; Hemorrhagic Fever with Renal Syndrome; 신증후군 출혈열

HI antibody; Hemagglutination Inhibiting antibody; 혈구응집 억제 항체

HI assay (test); Hemagglutination Inhibiting assay (test); 혈구응집 억제 반응

Hib; Haemophilus Influenzae B type; B 형 인플루엔자균

HIV; Human Immunodeficiency Virus; 사람 면역 결핍 바이러스

HIVD; Herniation(Herniated) of Inter-Vertebral Disc; 추간판탈출증

HLA; Human Leukocyte Antigen; 사람 백혈구 항원

HMD; Hyaline Membrane Disease; 유리질막증

HMG, hMG; Human Menopausal Gonadotropin; 사람폐경생식샘자극호르몬

HMO; Health Maintenance Organization; 건강 유지 조직

HMW; High Molecular Weight; 고분자량

H & N; Head & Neck; 두경부

Hn; Herniation; 탈장

HNP; Herniation(Herniated) of Nucleus Pulposus; 추간판팽윤

HOA; Hypertrophic Osteoarthropathy; 비대성(비후성) 골관절병

HOF; Height Of Fundus; 태아신장

HP; Hypersensitivity Pneumonitis; 과민성 폐장염

= Extrinsic Allergic Alveolitis

HPA axis; Hypothalamic-Pituitary-Adrenal axis; 시상하부-뇌하수체-부신축

HPF, hpf; High Power Field; 고배율 시야

HPV; Human Papillomavirus; 사람 유두종 바이러스

HPZ; High Pressure Zone; 고압지대

HR; Heart Rate; 심박수

HRCT; High Resolution Computed Tomography; 고해상 전산화 단층 촬영술

HRIG; Human Rabies Immuno-Globulin; 인체 광견병 면역 글로불린

HS; Hereditary Spherocytosis; 유전성 구상적혈구증

h.s.; hora somni; at bedtime; 취침 시

H2S; Hydrogen Sulfate; 황화수소

HSG; Hystero-Salpingo-Gram; 자궁난관 조영술

HSP; Henoch Schonlein Purpura; 헤노흐-쉔라인 자반증

HSV; Herpes Simplex Virus; 단순 포진 바이러스

HT; Head Trauma; 두부외상

ht., Ht.; height; 신장, 키

HTIG: Human Tetanus Immune Globulin; 파상풍 면역 글로불린

HTN; Hypertension; 고혈압

hTN; hypotension; 저혈압

HTST; High Temperature Short Time Pasteurization; 71.5 ℃, 15 sec간 가열후 10 ℃ 이하로 급냉각

HUS; Hemolytic Uremic Syndrome; 용혈(성) 요독 증후군

h.w.b.; hot water bag; 더운물주머니

HX, Hx; History; 병력

I; Inspiration; 흡기

IABP; Intra-Aortic Balloon Pump(Plasty); 대동맥 내 풍선 펌프

IBD; Inflammatory Bowel Disease; 염증성 장질환

IBS; Irritable Bowel Syndrome; 과민성 대장 증후군

ICA; Internal Carotid Artery; 내경 동맥

ICCE; Intra-Capsular Cataract Extraction; 백내장내적출술

ICD;

1) Implantable Cardioverter-Defibrillator; 삽입형 제세동기

2) Intrauterine Contraceptive Device: 자궁내 (피임) 장치

ICF; Intra-Cellular Fluid; 세포내액

ICG test; Indo-Cyanine Green loading test; Indo-Cyanine Green 색소 부하검사

ICH; Intra-Cerebral Hemorrhage; 뇌(내)출혈

ICP; Intra-Cranial Pressure; 두개내압

ICS; Inter-Costal Space; 늑간강, 늑간 공간; 갈비뼈(늑골) 사이의 공간

ICU; Intensive Care Unit; 집중 치료실, 중환자실

I & D; Incision & Drainage; 절개와 배액술, 절개배농

IDA; Iron Deficiency Anemia; 철결핍 빈혈

IE; Infective Endocarditis; 감염성 심내막염

IF test; Immuno-Fluorescence test; 면역형광검사법

IFN; InterFeroN; 인터페론

Ig; Immuno-globulin; 면역글로불린

IGF; Insulin-like Growth Factor; 인슐린양 성장인자

IHD; Ischemic Heart Disease; 허혈성 심질환

= Coronary Heart(Artery) Disease; 관상동맥질환

Cf. Atherosclerotic Heart Disease; 죽상동맥경화성 심장질환

IICP; Increased Intra-Cranial Pressure; 뇌압 상승

IIOC; Incompetent Internal Os of Cervix; 자궁 경관 무력증

IL; Inter-Leukin; 인터루킨

ILD; Interstitial Lung Disease; 간질성 폐질환

IM; Intra-Muscular(ly) (injection); 근육주사

IMR; Infant Mortality Rate; 영아 사망률

INH; Isoniazid; 이소니아자이드(항결핵제)

INPV; Intermittent Negative Pressure Ventilation; 간헐적 음압환기 요법

INR; International Normalized Ratio; (프로트롬빈시간의) 국제표준화비율

I/O; I & O; Intake & Output; 섭취량 및 배설량

IP; Incubation Period; 잠복기

IPF; Idiopathic Pulmonary Fibrosis; 특발성폐섬유증

IPPV; Intermittent Positive Pressure Ventilation; 간헐적 양압 환기 요법

IT; Intra-Thecal (injection); 척수강내 주사

ITP; Idiopathic Thrombocytopenic Purpura; 특발성 혈소판 감소성 자반증

ITx; Immunotherapy; 면역치료

IUCD; Intra-Uterine Contraceptive Devices; 자궁내 피임 장치

= IUD; Intra-Uterine Device(s); 자궁내 장치

IUGR; Intra-Uterine Growth Retardation; 자궁내 성장 지연

IV(iv); Intra-Venous(ly) injection; 정맥주사

IVC; Inferior Vena Cava; 하대정맥

IVF-ET; In Vitro Fertilization - Embryo Transfer; 인공수정

IVIG; Intra-Venous Immuno-Globulin; 정맥 주사용 면역 글로불린

IVP; Intra-Venous Pyelography(-Gram); 경정맥성 신우 촬영술

IVS; Interventricular Septum; 심실사이중격

JG; Juxta-Glomerulus; 사구체 곁 장치(사구체 옆 장치)

JRA; Juvenile Rheumatoid Arthritis; 소아 류마티스 관절염

Jtt, Jx; Joint; 관절

JVP; Jugular Vein Pressure; 경정맥압

K, K+; Potassium; 칼륨

K-F Ring; Kayser-Fleischer Ring; 카이저-플라이셔 고리

KUB; Kidney, Ureter & Bladder; 신장, 요관, 방광; '단순 요로 촬영'의 의미로도 사용됨.

KWIS; Korean Wechsler Intelligence Scale; 한국판 웩슬러 지능 검사

L;

1) Lumbar Vertebrae; 요추

2) Liter; 리터

LA; Left Atrium; 좌심방

Lab., lab.; Laboratory; 검사실

LAD;

1) Left Axis Deviation; 좌축 편위
2) Left Anterior Descending coronary artery; 좌전하행관상동맥

LAE; Left Atrial Enlargement; 좌심방비대

lb; libra; pound

LBBB; Left Bundle Branch Block; 좌각차단

LBP; Low Back Pain; 허리통증, 요통

LBWI; Low Birth Weight Infant; 저출생체중아(低出生體重兒)

LC;
1) Liver Cirrhosis; 간경화
2) Laparoscopic cholecystectomy; 복강경 하 담낭 절제술

LCA; Left Coronary Artery; 좌관상동맥

LCP Disease; Legg-Calve-Perthes Disease; 레그-칼베-페르테스 병(대퇴골두 무혈성 괴사증)

LDH; Lactic Acid(Lactate) De-Hydrogenase; 젖산탈수소효소

LDL; Low Density Lipoprotein; 저밀도 지질 단백질

LE; Lupus Erythematosus; 홍반성 루푸스

L/E, LEx, L/Ex; Lower Extremity; 하지

LES; Lower Esophageal Sphincter; 하부 식도 괄약근

LFT; Liver Function Test; 간기능검사

LGA; Large for Gestational Age; 과체중출생아

LH; Luteinizing Hormone; 황체형성 호르몬

LHA; Left Hepatic Artery; 좌간동맥

LHRH; Luteinizing Hormone Releasing Hormone; 황체형성호르몬 자극호르몬
= GnRH; Gonadotropin Releasing Hormone; 성호르몬자극호르몬

LLL; Left Lower Lobe(of Lung); 좌하엽

LLQ; Left Lower Quadrant; 복부의 좌측하부 4분의 1

LMN; Lower Motor Neuron; 하부운동신경

LMP; Last Menstrual Period; 최종 월경시작일

LN; Lymph Node; 림프절

LOC; Loss Of Consciousness; 의식 소실

LP; Light Perception; (시력검사) 빛 인지
LPO; Left Posterior Oblique view
L/R; Light Reflex; 대광 반사
L-tube; Levin tube
LT; Liver Transplantation; 간이식
LUL; Left Upper Lobe(of Lung); 좌상엽
LUQ; Left Upper Quadrant; 좌측상부 4분의 1
LV;
  1) Left Ventricle; (심장) 좌심실
  2) Lateral Ventricle; (뇌) 측뇌실
LVEDV; Left Ventricular End-Diastolic Volume; 좌심실 이완기(확장기)말 용적
LVESV; Left Ventricular End-Systolic Volume; 좌심실 수축기말 용적
LVH; Left Ventricular Hypertrophy; 좌심실 비후
LVOT; Left Ventricular Outflow Tract; 좌심실 유출로

M; Male; 남자
MAHA; Micro-Angiopathic Hemolytic Anemia; 미세혈관병증용혈빈혈
MALT; Mucosa Associated Lymphoid Tissue; 점막연관림프조직
MAO; MonoAmine Oxidase; 모노아민산화효소
MAOI; MonoAmine Oxidase Inhibitors; 모노아민산화효소 억제제
MAP; Mean Arterial Pressure; 평균 동맥압
MAS; Meconium Aspiration Syndrome; 태변흡인증후군
  = Meconium Aspiration Pneumonia태변 흡인성 폐렴
MAST; Multiple Allergen Simultaneous Test; 다중 알레르기항원 검사
m/c; most common
MCA; Middle Cerebral Artery; 중뇌동맥
MCD; Minimal Change Disease; 미세변화, 신증후군
MCHC; Mean Corpuscular(= Cell) Hemoglobin Concentration; 평균 적혈구 혈색소 농도

MCLS; Muco-Cutaneous Lymph node Syndrome; 점막피부림프절 증후군
= Kawasaki Disease; 가와사끼 병

MCP joint; Meta-Carpo-Phalangeal joint; 손허리손가락관절, 중수지관절

MCT; Medium Chain Triglyceride; 중쇄중성지방

MCTD; Mixed Connective Tissue Disease; 복합 교원성 질환

MCV; Mean Corpuscular(= Cell) Volume; 평균적혈구용적

MD; Mid-Day; 정오

MDR; Multi-Drug Resistance; 다약제내성(균)

MDS; Myelo-Dysplastic Syndrome; 골수이형성증후군

MEFR; Maximal Expiratory Flow Rate; 최고날숨유속, 최고호기유속

MELAS Syndrome; Myopathy, Encephalopathy, Lactic Acidosis, and Stroke-like episodes sydrome; 멜라스증후군

MEN; Multiple Endocrine Neoplasia; 다발성 내분비 종양증

MG; Myasthenia Gravis; 중증근무력증

MGN; Membranous Glomerulo-Nephritis(Nephropathy); 막성 사구체신염

MI; Myocardial Infarction; 심근 경색
Cf. AMI; acute MI; 급성 심근 경색

MIC; Minimum(Minimal) Inhibitory Concentration; 최소 억제 농도; 세균의 증식을 억제하는 항생제의 최소 농도

MLD; Metachromatic Leuko-Dystrophy; 이염성 백질 이영양증

MM; Multiple Myeloma; 다발골수종

MMPI; Minnesota Multiphasic Personality Inventory; 미네소타 다면성 인격 검사 (다면적 인성 검사)

MMR; Measles, Mumps, Rubella; 홍역, 멈프스, 풍진 예방접종

MN; Mid-Night; 자정

MNNPO; 자정부터 금식

MPA;

1) Main Pulmonary Artery; 주폐동맥

2) Methylenedioxy Amphetamine; 암페타민

MPAP; Mean Pulmonary Arterial Pressure; 평균 폐동맥압

MPGN; Mesangial(Membrano-) Proliferative Glomerulo-Nephritis; 막증식성 사구체 신염

MPH; Mid-Parental Height; 부모의 신장을 바탕으로 예측한 환아의 최종 신장

MPS; Mucopolysaccharidosis; 뮤코다당증

MPV; Mean Platelet Volume; 평균혈소판용적

MR;

1) Mitral (valve) Regurgitation; 승모판 역류

2) Mental Retardation; 지적 장애

MRI; Magnetic Resonance Imaging; 자기 공명 영상

MRK(H) Syndrome; Mayer-Rokitansky-Kuster-(Hauser) Syndrome; 마이어-로키탄스키-퀴스터-하우저 증후군

= Mllerian Agenesis; 뮬러관 무형성

MRM; Modified Radical Mastectomy; 변형근치유방절제(술)

MRSA; Methicillin Resistant Staphylococcus Aureus; 메티실린 내성 황색포도알균

MS;

1) Mitral Stenosis; 승모판 협착증

2) Multiple Sclerosis; 다발성 경화증

M/S; mental status; 의식 상태

MSLT; Multiple Sleep Latency Test; 다중수면잠복기검사

MTC; Medullary Thyroid Carcinoma; 수질갑상샘암종

MTD; Membrana Tympanic Dexter; Right Ear Drum; 우측 고막

MTP joint; Meta-Tarso-Phalangeal joint; 발허리발가락관절, 중족지관절

MTS; Membrana Tympanic Sinister; Left Ear Drum; 좌측 고막

MTX; MethoTreXate; 메토트렉세이트(항암제)

MV; Mitral Valve; (심장) 승모판

MVP; Mitral Valve Prolapse; 승모판 탈출

MW; Molecular Weight; 분자량

Na; Sodium; (전해질)나트륨

NB; New-Born; 신생아(실)

NBT test; Nitro-Blue Tetrazolium (dye reduction) test; 니트로블루테트라졸륨검사 (만성 육아종병 진단에 사용)

NE; Nor-Epinephrine; 노르에피네프린

NEC; Necrotizing Entero-Colitis; (신생아) 괴사성장질환

N/Ex, N/E; 신경학적 진찰

NF; Neuro-Fibromatosis; 신경섬유종증

NG tube; Naso-Gastric tube; 비위관

NHL; Non-Hodgkin's Lymphoma; 비호치킨림프종

NIDDM; Non-Insulin Dependent Diabetes Mellitus; 인슐린비의존성 당뇨병 = Type II DM; 2형 당뇨

NIH; National Institutes of Health; 미국 국립보건원

NK cell; Natural Killer cell; 자연살해세포

NKHS; Non-Ketotic Hyperosmolar Syndrome; 당뇨성 고삼투성증후군

NL, nl; Normal; 정상

NMR; Nuclear Magnetic Resonance; 핵자기 공명술

NMS; Neuroleptic Malignant Syndrome; 신경이완제 악성증후군

NPH;

1) Neutral Protamine Hagedorn Insulin; 중간형 인슐린
2) Normal Pressure Hydrocephalus; 정상압 수두증

NPO; Nulli(Non) Per Os; Nothing by Mouth; 금식

NR; Neurology; 신경과

NRD; normal regular diet; 정상식이

NREM; Non-Rapid Eye Movement; 비급속안구운동

NS;

1) Neuro-Surgery; 신경외과
2) Nephrotic Syndrome; 신증후군
3) Normal Saline; 생리식염수 = N/S

NSAID; Non-Steroidal Anti-Inflammatory Drugs; 비스테로이드 항염증제

NSE; Neuron Specific Enolase; 신경 특이 에놀라제

NSR; Normal Sinus Rhythm; (심전도상) 정상 심장 박동

NST; Non-Stress Test; 태아비자극검사(태동검사)

NT, Nt; NeuroTransmitter; 신경전달물질

NTG; Nitroglycerin; 니트로글리세린

NTM; Non-Tuberculosis Mycobacteria; 비결핵항산균

O; 1) objective; 객관적 소견(문제중심 의무기록 작성방법에서 사용)

2) onset; 발생시기

O2; Oxygen; 산소

OA; Osteo-Arthritis; 골관절염

OB;

1) OBstetrics; 산과

2) Occult Blood; 잠혈(잠재혈액)

OC; Oral Contraceptive; 경구피임약

OCA; Oculo-Cutaneous Albinism; 눈피부백색증

OCT;

1) Optical Coherence Tomography; 빛간섭단층촬영

2) Oxytocin Challenge Test; 옥시토신자극 자궁수축검사

OD; Oculus Dexter; Right Eye; 우안, 오른쪽눈

ODT; Occlusive Dressing Technique; 밀봉 요법

OGTT; Oral Glucose Tolerance Test; 경구 당부하 검사

Op, op.; Operation; 수술

OPD; Out-Patient Department; 외래

OPP; Organo-Phosphorous Pesticide; 유기인제

OPH; ophthalmology; 안과(=OT라고 쓰기도 함)

OPV; Oral Polio-Vaccine; 경구용 소아마비 백신

OR;

1) Operating Room; 수술실

2) Open Reduction; 개방정복술 (=O/R)

ORIF; Open Reduction and Internal Fixation; 관혈적(개방) 정복술 및 내고정술 (=OR/IF, OR&IF)

OS;

1) Orthopedic(Osteo)-Surgery; 정형 외과

2) Oculus Sinister; Left Eye; 좌안, 왼쪽 눈

OSA;

1) Obstructive Sleep Apnea; 폐쇄성 수면 무호흡

2) Osteosarcoma; 골육종

OU; Oculus Uterque; Each Eyes, Both Eyes; 양안, 양쪽 눈

P;

1) Phosphorous; 인

2) plan; 계획(진단 및 치료계획)

PA; Pulmonary Artery; 폐동맥

PAC; Premature Atrial Contraction; 심방조기수축

= Atrial Premature Contraction; APC

PaCO2; Carbon Dioxide Pressure; amount of CO2 in arterial Blood; 동맥내 이산화탄소 분압

PAF; Platelet Activating Factor; 혈소판 활성인자

PAN; Poly-Arteritis Nodosa; 결절성 다발성 동맥염

PaO2; Oxygen Pressure; amount of O2 in arterial blood; 동맥내 산소분압

Pap smear(= test); Papanicolaou smear(= test); 자궁경부 도말 검사

Para.; Parere; to Bear; 출산

PAS;

1) Periodic Acid-Schiff Stain; 과요오드산-쉬프염색, PAS 염색

2) Peripheral Anterior Synechia; 홍채주변 전유착

PB; Peripheral Blood; 말초혈액

PBC; Primary Biliary Cirrhosis; 원발성 담즙성 간경변증

PBS; Peripheral Blood Smear; 말초혈액 도말검사

PC; Platelet Concentrate; 혈소판 농축액

p.c.; post cibum; after meals; 식후

PCA; Posterior Cerebral Artery; 후뇌동맥

PCO2; 이산환탄소분압

P-COM; Posterior COMmunicating artery; 후교통동맥

PCOS; Poly-Cystic Ovary(Ovarian) Syndrome; 다낭성난소증후군

PCP; Pneumocystis Carinii Pneumonia; 폐포자충 폐렴

PCR; Polymerase Chain Reaction; 중합효소 연쇄 반응

PCWP; Pulmonary Capillary Wedge Pressure; 폐모세혈관쐐기압

PD;

1) Peritoneal Dialysis; 복막투석

2) Personality Disorder; 인격장애

3) Prednisolone; 프레드니솔론(스테로이드의 한 종류)

PDA; Patent Ductus Arteriosus; 동맥관개존증(動脈管開存症)

PDR; Proliferative Diabetic Retinopathy; 증식성 당뇨 망막증

PE;

1) Physical Examination; 신체진찰

= P/E, P/Ex, PEx

2) Pleural Effusion; 흉막삼출

3) Pericardial Effusion; 심낭 삼출

PED.; Pediatrics; 소아과

PEEP; Positive End-Expiratory Pressure; 호기말 양압

PEFR, PEF; Peak Expiratory Flow Rate; 최고날숨유속, 최고호기유속

PFO; Patent Foramen Ovale; 난원공개존

PFT;

1) Pulmonary Function Test; 폐기능 검사

2) Platelet Function Test; 혈소판 기능 검사

pH; Hydrogen Ion or Degree of Acidity; 수소지수, 산도

PHP; Pseudo-Hypo-Parathyroidism; 가성 부갑상선 기능저하증

PI; present illness; 현병력
  = P/I
PICA; Posterior Inferior Cerebellar Artery; 후하소뇌동맥
PID; Pelvic Inflammatory Disease; 골반 염증성 질환
PIE;
  1) Post-Infectious Encephalomyelitis; 감염(접종)후 뇌척수염
  2) Pulmonary Interstitial Emphysema; 폐간질기종
PIH; Pregnancy-Induced Hypertension; 임신성 고혈압
PIP; Peak Inspiratory Pressure; 흡기압
PIP joint; Proximal Inter-Phalangeal joint; 근위지간 관절
P-J syndrome; Peutz-Jeghers syndrome; 포이츠-예거 증후군
PKD; Pyruvate Kinase Deficiency; 피루브산 키나아제 결핍증
PKU; Phenyl-Keton-Uria; 페닐케톤뇨증
PLT; Platelet; 혈소판
PM; Polymyositis; 다발근육염
PMC; Pseudo-Membranous Colitis; 거짓막결장염
PMHx; past medical history; 과거력
PMN; Poly-Morpho-Nuclear Leukocytes; 다형핵백혈구
PMS; Pre-Menstrual Syndrome; 월경전 증후군
Pn, pn; pneumonia
PN; Penicillin; 페니실린
PND;
  1) Paroxysmal Nocturnal Dyspnea; 발작성 야간 호흡곤란
  2) Posterior Nasal Drip; 후비루
PNH; Paroxysmal Nocturnal Hemoglobinuria; 발작성야간혈색뇨
PNS; Peripheral Nervous System; 말초신경계
PO, p.o.; Per Os; by mouth; 구강으로, 경구로
POD; Post-Operative Day; 수술 후일
PP2; 2 Hrs Post-Prandial plasma glucose Level; 식후 2시간 혈당
PPD; (Tuberculin) Purified Protein Derivatives test; 투베르쿨린 결핵반응 검사

= Tuberculin test

PPDR; Pre-Proliferative Diabetic Retinopathy; 증식전당뇨망막병증

PPHN; Persistent Pulmonary Hypertension of the Newborn; 신생아 지속성 폐고혈압

PPHP; Pseudo-Pseudo-Hypo-Parathyroidism; 가성가성 부갑상선 기능저하증

PR;

1) Pulse Rate; 맥박 수

2) Pulmonary Regurgitation; 폐동맥판 역류

3) Partial Response; 부분 관해

PRL; Prolactin; 프로락틴(유즙분비 호르몬)

PRN; pro re nata; as necessary(= needed); 필요시, 필요한만큼

PROM; Premature Rupture of Amniotic Membrane; 조기 양막 파수

PRP; Pan-Retinal Photocoagulation; 범안저 광응고술

PS;

1) Plastic Surgery; 성형외과

2) Pulmonary Stenosis; 폐동맥판막 협착

3) Performance Status; 수행도

PSA; Prostate(Prostatic)-Specific Antigen; 전립선 특이 항원

PSC; Primary Sclerosing Cholangitis; 원발 쓸개관 간경화

PSGN; Post-Streptococcal Glomerulo-Nephritis; 연쇄상구균 감염 후 사구체신염

PSIS; Posterior Superior Iliac Spine; 상후장골극, 위뒤장골가시

PSVT; Paroxysmal Supra-Ventricular Tachycardia; 발작성 상심실성 빈맥

PT;

1) Prothrombin Time; 프로트롬빈시간

2) Physical Therapy; 물리 치료

Pt., pt.; Patient; 환자

pt.; pint; 파인트

PTBD; Percutaneous Transhepatic Bile Drainage; 경피경간담도배액술

PTCA; Percutaneous Transluminal Coronary Angioplasty; 경피적 경혈관 관상동맥 확장술

PTE; Pulmonary ThromboEmbolism; 폐색전증

PTH; ParaThyroid Hormone; 부갑상선 호르몬

PTSD; Post-Traumatic Stress Disorder; 외상후 스트레스 장애

PV; Polycythemia Vera; 진성적혈구증가증

PVC; Premature Ventricular Contraction(s); 심실조기수축

= Ventricular Premature Contraction; VPC

PVE; Prosthetic Valve Endocarditis; 인공판막 심내막염

PVR;

1) Pulmonary Vascular Resistance; 폐혈관 저항

2) Pulmonary Valve Replacement; 폐동맥판막 치환술

P(A)WP; Pulmonary (Artery) Wedge Pressure; 폐동맥 쐐기압

Px; Prognosis; 예후

q ○hr; ○시간마다

QD, qd, q.d.; quaque die; Once a Day, Every Day; 하루 한번

QID, qid, q.i.d.; Quarter In Die; Four Times a Day; 하루 네 번, 1일 4회

RA;

1) Room Air; 실내 공기 (FiO2 0.21)

2) Rheumatoid Arthritis; 류마티스 관절염

3) Right Atrium; 우심방

RAAS; Renin-Angiotensin-Aldosterone System; 레닌-안지오텐신-알도스테론 시스템

RAD; Right Axis Deviation; (심전도)우축 편위

RAE; Right Atrial Enlargement; 우심방확장

RAS;

1) Reticular Activating(Activation) System; 망상체

2) Renal Artery Stenosis; 신동맥 협착

RBBB; Right Bundle Branch Block; (심전도) 우각차단

RBC; Red Blood Cell (Count); 적혈구(수)

RCA; Right Coronary Artery; 우관상동맥

RCC; Right Common Carotid artery; 오른쪽 총경동맥

RDS; Respiratory Distress Syndrome; 호흡 곤란 증후군

RDW; Red cell Distribution Width; 적혈구분포폭

REM; Rapid Eye Movement; 급속 안구 운동

Resp.; Respiration; 호흡

RF;

1) Rheumatic Fever; 류마티스열

2) Renal Failure; 신부전

RFP; RiFamPin; 리팜핀(항결핵제)

RFT; Renal Function Test; 신기능 검사

RHB; regular heart beat; 심음 규칙적임, 규칙적 심박음

RI; Regular Insulin; 속효성 인슐린

RLL; Right Lower Lobe; (폐의) 우하엽

RLQ; Right Lower Quadrant; (복부의) 우측하부 4분의 1

RMB; Right Main Bronchus; 오른쪽 주기관지

RN; Registered Nurse; 등록(면허)간호사

RND; Radical Neck Dissection; 경부곽청술

ROM;

1) Range Of Motion; (관절의) 운동범위

2) Rupture Of amniotic Membrane; 양막파수

ROP; Retinopathy Of Prematurity; 미숙아 망막증

= Retinolental Fibroplasia; 수정체후 섬유 망막증

ROS; review of system; 계통 문진

RPA; Right Pulmonary Artery; 우폐동맥

RPF; Renal Plasma Flow; 신장혈장유량

RPGN; Rapidly Progressive Glomerulo-Nephritis; 급성진행(성)사구체신염

RR; Respiratory Rate; 호흡수

RSV; Respiratory Synthitial virus; 호흡기세포융합바이러스

RTA; Renal Tubular Acidosis; 요세관성 산증, 신세뇨관산증

rt-PA; recombinant tissue-Plasminogen Activator; 조직플라스미노겐활성제
 = Alteplase

RTx; Radiotherapy; 방사선치료

RUL; Right Lower Lobe(of Lung); (폐의) 우상엽

RUQ; Right Upper Quadrant; (복부의) 우측상부 4분의 1

RV;

1) Residual Volume; 잔기량, 남은공기량

2) Right Ventricle; 우심실

RVH; Right Ventricular Hypertrophy; 우심실 비대

RVOT; Right Ventricle Outflow Tract; 우심실 유출로

RVT; Renal Vein Thrombosis; 신정맥 혈전

SA node; Sino-Atrial node; 동방결절(洞房結節)

SAD; Seasional Affective Disorder; 계절성 정동 장애

SAH; Sub-Arachnoid Hemorrhage; (뇌)지주막하출혈

SaO2; (동맥혈) 산소포화도

SBD; soft blended diet; 죽 등 유동식

SBE; Subacute Bacterial Endocarditis; 아급성 세균성 심내막염

SBP; Spontaneous Bacterial Peritonitis; 자발성 세균성 복막염

SB tube; Sengstaken-Blakemore tube; 셍스타켄-블랙모어 튜브(관)

S.C.; Sub Cutis; Sub-Cutaneous(ly) injection; 피하주사

SCC; Squamous Cell Carcinoma; 편평세포암종

SC joint; Sterno-Clavicular joint; 흉골 빗장 관절

SCID; Severe Combined Immuno-Deficiency; 중증 복합 면역 결핍증

SCLC; Small Cell Lung Cancer; 소세포폐암

SCLE; Subacute Cutaneous Lupus Erythematosus; 아급성피부홍반루푸스

SCM; Sterno-Cleido-Mastoid muscle; 목빗근, 흉쇄유돌근

SCT; Sentence Completion Test; 문장 완성 검사

SDH; Sub-Dural Hematoma; 경뇌막하혈종

SE, s/e; Side Effect; 부작용

SGA; Small for Gestational Age; 부당 경량아

S-G catheter; Swan-Ganz catheter; 스완-간즈 카테터

SI joint; Sacro-Iliac joint; 천장관절

SIADH; Syndrome of Inappropriate secretion of Anti-Diuretic Hormone; 항이뇨 호르몬 분비 이상 증후군

SIDS; Sudden Infant Death Syndrome; 영아 돌연사 증후군

SLE; Systemic Lupus Erythematosus; 전신 홍반 루푸스

SLR test; Straight Leg Raising test; 하지 직거상 검사

SMA;

1) Superior Mesenteric Artery; 위창자간막동맥

2) Smooth Muscle Antibodies; 평활근항체

3) Spinal muscular atrophy; 척수성 근위축증

SMDS; Sudden Manhood Death Syndrome; 청장년 급사 증후군

SOW; sips of water; 물만 소량 섭취

SSS; Sick Sinus Syndrome; 동기능 부전 증후군

= Tachycardia-Bradycardia Syndrome

SSSS; Staphylococcal Scalded Skin Syndrome; 포도알균(포동상구균) 열상 피부 증후군 = 4S

STD; Sexual Transmitted Disease; 성매개 감염

SVR; Systemic Venous Resistance; 체정맥 저항

SVT; Supra-Ventricular Tachycardia; 상심실성 빈맥

syr.; syrupus; syrup; 시럽

Sz; Seizure; 발작

TA; Tricuspid Atresia; 삼첨판 폐쇄

TAH; Total Abdominal Hysterectomy; 복식 전 자궁절제술

TAO; ThromboAngiitis Obliterans; 폐쇄혈전혈관염

= Buerger's Disease; 버거씨 병

TAPVR; Total Anomalous Pulmonary Venous Return; 전폐정맥 환류이상

= TAPVC

TB, Tb; TuBerculosis; 결핵

TBG; Thyroxine-Binding Globulin; 타이록신 결합 글로불린

TBI; Total Body Irradiation; 전신 방사선 치료

TBII; TSH Binding Inhibiting(= Inhibition) Immunoglobulin; 갑상선자극호르몬 결합억제 면역글로불린

TBLB; Trans-Bronchial Lung Biopsy; 경기관지폐생검

TBNA; Trans-Bronchial Needle Aspiration; 경기관지세침흡인술

TBW; Total Body Water; 체내(몸의) 총수분량

TCA; Tri-Cyclic Antidepressants; 삼환계 항우울제

Td; Tenderness; 압통

TEE; Tranc-Esophageal Echocardiogram; 경식도 심장초음파

TEF; Tracheo-Esophageal Fistula; 식도기관루, 기관식도샛길

TEN; Toxic Epidermal Necrolysis; 독성표피괴사 용해증

TFT; Thyroid Function Test; 갑상선 기능 검사

TG; TriGlyceride; 중성지방

TGA; Transposition of Great Arteries; 대혈관전위

Th cell; helper T cell(= T4 cell); 도움 T세포

TIA; Transient Ischemic Attack; 일과성허혈발작

TIBC; Total Iron Binding Capacity; 총철결합능

TID, tid, t.i.d; ter in die; three times a day; 하루 세번

TIG: (human) Tetanus Immune(Immuno-) Globulin; 파상풍 인간 면역 글로불린

TM joint; Temporo-Mandibular joint; 턱관절

TMP/SMX; Trimethoprim-Sulfamethoxazole(=Bactrim)

TNF; Tumor Necrosis Factor; 종양 괴사 인자

TOA; Tubo-Ovarian Abscess; 자궁관난소고름집, 자궁관난소농양

TOC; Treatment Of Choice; (여러 치료법 중) 가장 적합한 치료 방법

TOF; Tetralogy Of Fallot; 팔로 네징후, 팔로 4징

TORCH; TOxoplasma, Rubella, Cytomegalovirus, Herpes, syphilis; 선천감염 선별 검사(톡소플라즈마, 루벨라, 사람거대세포 바이러스, 헤르페스, 매독)

tPA; tissue Plasminogen Activator; 조직 플라스미노겐 활성인자(혈전 용해제)

TPN; Total Parenteral Nutrition; 총정맥영양

TR; Tricuspid Regurgitation; 삼첨판 역류

TS;

1) Tricuspid Stenosis; 삼첨판 협착

2) Tuberous Sclerosis; 결절성경화증

TSH; Thyroid Stimulating Hormone; 갑상선 자극 호르몬

TSS; Toxic Shock Syndrome; 독성쇼크증후군

TTN; Transient Tachypnea of Newborn; 신생아 일과성 빈호흡

TTP; Thrombotic Thrombocytopenic Purpura; 혈전성 혈소판감소성 자반증

TUR; Trans-Urethral Resection; 경요도 절제술

TURP; Trans-Urethral Resection of the Prostate; 요도식 (전립선) 절제술

U; Unit; 단위

U/A; Urine Aalysis; 소변검사, 요검사

UC; Ulcerative Colitis; 궤양성대장염

U/E; Upper Extremity; 상지

UES; Upper Esophageal Sphincter; 상부 식도 괄약근

UGIS; Upper Gastrointestinal Series; 상부위장관조영술

ULQ; Upper Left Quadrant; (복부)좌측상부 4분의 1

UMN; Upper Motor Neuron; 위운동신경원, 상위 운동신경원

U/O; Urine Output; 소변량

UPJ; Uretero-Pelvic Junction; 요관신우접합부

UPPP; Uvulo-Palato-Pharyngo-Plasty; 인두구개성형술

URI; Upper Respiratory Infection; 상기도 감염

LRQ; Left Right Quadrant; (복부)우측상부 4분의 1

US, USG; Ultra-Sonography; 초음파 검사

USO; Unilateral Salping-Oophorectomy; 편측 난소난관 절제술
UTI; Urinary Tract Infection; 요로 감염

VCUG; Voiding Cysto-Urethro-Gram; 방광요도조영술
VDRL; Venereal Disease Research Laboratory (slide) test; 매독 선별검사
VEP; Visual Evoked Potential; 시각유발전위
VF;
  1) Ventricular Fibrillation; 심실세동
    = V.Fib
  2) Visual Field; 시야
VOR; Vestibulo-Ocular Reflex; 안뜰눈반사, 전정안구반사
VP shunt; Ventriculo-Peritoneal shunt; 뇌실-복강간 션트
VPC; Ventricular Premature Contraction; 심실 조기 수축
V/S; Vital Signs; 활력 징후 (혈압, 심박수, 호흡수, 체온)
VSD; Ventricular Septal Defect; 심실 중격 결손
VT;
  1) Ventricular Tachycardia; 심실 빈맥
  2) Tidal Volume; 1회 호흡량
    = TV
VUR; Vesico-Ureteral Reflux; 방광요관 역류
vWD; von Willebrand Disease; 폰 빌레브란트 병
vWF; von Willebrand Factor; 폰 빌레브란트 인자
VZIG; Varicella Zoster Immuno-Globulin; 수두대상포진바이러스 면역 글로불린
VZV; Varicella Zoster Virus; 수두대상포진바이러스

WAIS; Wechsler Adult Intelligence Scale; 웩슬러 성인용 지능 검사
WBC, wbc; White Blood Cell (Count); 백혈구, 백혈구수
WHO ORS; WHO Oral Rehydration Solution; WHO 경구 수액 용액

WISC; Wechsler Intelligence Scale for Children; 웩슬러 소아용 지능 검사

WISC-R; Wechsler Intelligence Scale for Children-Revised; 웩슬러 소아용 지능 검사

WNL; Within Normal Limit; 정상 범위

WPW Syndrome; Wolff-Parkinson-White Syndrome; WPW 증후군(울프파킨스화이트증후군)

W/U; Work Up; 검사

Xi; inactive X Chromosome

XL; X-Linked; X염색체 연관

ZDV(= AZT); Zidovudine; 지도부딘(HIV 치료제)

ZES; Zollinger-Ellison Syndrome; 졸린거 엘리슨 증후군
= Z-E Syndrome

4. 응급실기록, 입원기록에서 흔히 쓰는 약어[8]

가. 내과계열

C.C>[1] (O: 3d 또는 2m 또는 1y)[2]

P.I>[3] Dx, Tx, opd visit, ER visit

PMHx> DM/Tbc/HTN(-/-/-) 또는 DM/Tb/HT(+/-/-)[4]

FHx> n-c 또는 n-s[5]

S/R 또는 ROS>[6]

C/S/R(+/++/-)[7] A/N/V/D/C(-/+/-/-/-)[8]

8) 노태헌, “의료소송에서 자주 쓰이는 의학용어 및 기초의학지식”, 의료소송의 이론과 실무 법관연수, 사법연수원(2011), 23-26면.

P/Ex 또는 P/E>[9]

G/A> chr. ill-looking, acute ill-looking, cachexic, lethargic 등[10]

Head & Neck 또는 HEENT>[11]

normocephaly

not anemic, not icteric

PTH(-/-), PI(-)

chest>[12]

CBS $\overline{s}$ ⓡ, RHB $\overline{c}$ ⓜ

abdomen>[13]

soft, flat

normoactive B.S

T/RT (-/-)

Back & Ext>[14]

CVAT (-/-)

pitting(-) cyanosis(-)

tingling sensation (+)

1) 주된 호소(chief complaint)
2) 발생시기(onset): 3일(days), 2달(months), 1년(year) 전
   cf) 발생시기가 두개인 경우 하나는 증상의 시작시점, 하나는 악화시점을 의미
   ex) (O : 2y, 1m) → 2년 전부터 발생하여 1달 전부터 심해진 ○○을 호소하며 내원
3) 현병력(present illness)
   … 으로 진단(Dx, diagnosis)받고 … 로 치료(Tx, treatment)받다가 외래 방문(opd visit) 또는 응급실 내원(ER visit)
4) 과거력(past medical history) 당뇨/결핵/고혈압 -는 병력이 없음, +는 있음
5) 가족력(family history) n-c나 n-s는 특이소견이 없다는 의미
   가족력이 있으면 관계(아버지, 어머니 등) 병명, 결과(사망, 치료받음 등) 기재함
   cf) 혈액검사 등에서는 WNL(within normal limits)이라고 쓰는 경우도 있다.
6) 계통 문진(systemic review 또는 review of system)
7) 기침/가래/콧물(호흡기계의 전형적인 문진사항), +는 증상이 있음, ++는 증상이 심함
8) 식욕부진/오심(메스꺼움)/구토/설사/변비(소화기계의 전형적인 문진사항)
9) 신체검진(physical examination)

10) 전신상태(general appearance) 만성병색(chronic ill-looking), 급성병색(acute ill-looking), 악액질(cachexic), 축 늘어짐(lethargic)
11) 두경부(head, ear, eye, nose and throat)
    머리크기 정상
    결막에 빈혈기 없음(not anemic conjunctiva)
    공막에 황달기 없음(not icteric sclera)
    편도선 비대(palatine tonsilar hypertrophy) 없음, 인두발적{pharyngeal injection, 목젖 뒤 인두(후두 뒤의 음식물의 통로)가 염증 등으로 빨갛게 된 것} 없음
12) 흉부
    나음(호흡에 따른 잡음) 없는 깨끗한 호흡음(clear breath sound without rale)
    심잡음(심박동에 따른 잡음) 있고 규칙적인 심음(regular heart beat with murmur)
    cf) $\overline{s}$는 without을, $\overline{c}$는 with를 의미
13) 복부: 부드럽고, 팽만 없음, 장음(bowel sound) 정상
    압통(tenderness, 누를 때 느끼는 통증)
    반발압통(rebound tenderness, 손을 뗄 때 느끼는 통증)
14) 등 및 사지(back and extrimity)
    늑골-척추간각(늑골-척추 사이, costovertebral angle) 압통(tenderness)
    함요부종(陷凹浮腫, pitting edema): 손으로 누르면 눌린 형태가 유지되는 부종
    청색증(cyanosis), 저린감(tingling sensation)

나. 신경과, 신경외과 등

N/Ex 또는 N/E>[1]

M/S>[2] alert, drowsy, stupor, semi-coma, coma, GCS

L/R (++/++), Gag R.(+/+)[3]

N/S[4]

motor & sensory>[5]

DTR>[6]

KJ(++/++), AJ(+/++), Biceps(++/+++), Triceps(++/++)

abn. reflex>[7]

Barbinsky (-/-)   ankle clonus (-/-)

다. 정형외과

SLR, ROM 또는 LROM, U/E, L/E, M/S/C, 척추표시(C1, T2, L3 등), HIVD, HNP, Fx[8)]

라. 산부인과

CRL, FL, H/C, A/C, BPD, EBW 또는 BW, Cx[9)]

1) 신경학적 검진기록
2) 의식상태(mental status): 명료, 기면, 혼미, 반혼수, 혼수
최근에는 글라스고우 혼수계수(Glasgow coma scale)로 표시하는 것이 권장됨
E(eye opening, 개안(開眼) 반응): 눈을 뜨지 않는 경우(1점)부터 자발적 개안(4점)
V(verbal response, 언어 반응): 소리를 전혀 못 내는 경우(1점)부터 정상(5점)
M(motor response, 운동 반응): 무운동(1점)부터 지시에 따른 운동(6점)

	1	2	3	4	5	6
E	무반응	통증에 반응	소리에 반응	자발적		
V	무반응	신음소리	단어만 가끔	약간 혼동	정상 반응	
M	무반응	통증자극에 팔꿈치 신전	통증자극에 팔꿈치 굴곡	통증자극을 회피함	눈 위쪽에 통증시 손을 턱 이상 올림	지시수행

ex) E3V2M4와 같은 방식으로 기재함

3) 뇌신경검사
대광반사(light reflex) : 빛을 보면 동공이 축소되는 반사, ++가 정상
구역반사(gag reflex) : 목젖 부위를 자극하면 구역질이 유발되는 반사
4) 경막자극징후(뇌막이 염증이나 출혈로 인하여 자극되었을 때 나타나는 증상
경부강직(neck stiffness, 목이 뻣뻣해지는 증상)이 대표적
5) 운동 및 감각
운동: 사지의 근력을 측정하여 표시함
접두어 신경학적 이상
quadri-: 사지 모두 -paresis, paralysis: 불완전마비
para-: 양 하지 -plegia: 완전마비
hemi-: 한쪽 상하지

mono-: 사지 중 하나만
ex) rt. hemiparesis는 우측 불완전마비를 의미
근력(Medical Research Council의 분류): 움직임이 없으면 0, 수축만 느껴지면 Ⅰ, 운동은 가능하나 중력을 이기지 못하면 Ⅱ, 중력에 대한한 움직임이 가능하면 Ⅲ, 중력 + 약간의 저항에도 움직임이 가능하면 Ⅳ, 정상은 Ⅴ
감각: 마비된 영역을 지배하는 신경으로 표시함(ex : 제5경수 지배부위 이하)
paresthesia(통증 없이 느끼는 불편감), dysesthesia(통증이 동반되는 불편감)
hypesthesia(감각둔마), hyperesthesia(과민감각), hyperalgia(과민통증)

6) 심부 건 반사(depp tendon reflex): ++가 정상, +는 감소, +++는 과민
슬반사(knee jerk), 족반사(ankle jerk), biceps(이두박근), triceps(삼두박근)

7) 비정상반사(abnormal reflex): -가 정상(신생아는 +가 정상)
바빈스키 반사: 발바닥 바깥쪽을 긁을 때 발가락을 바깥으로 벌리는 반사
족간대: 족관절을 강하게 배굴시키면 족관절이 덜덜 떨리는 증상

8) 하지 직거상 검사(straight leg raising test)
운동범위 또는 운동범위제한(limitation of range of motion)
상지(upper extrimity), 하지(lower extrimity)
운동/감각/순환(motor/sensory/circulation)
C(cervical, 경추), T(thoracic, 흉추), L(lumber, 요추), 제1경추, 제2흉추, 제3요추
HIVD, HNP: 추간판 탈출증(herniated intervertebral disc 또는 nucleus pulposus)
추간판팽윤(protrusion): 수핵을 둘러싼 섬유륜(輪)의 일부가 파열되지 않은 상태
추간판탈출(extrusion): 섬유륜 진층(層)이 파열, 수핵이 추간판을 빠져나간 상태
Fx: 골절(fracture)

9) 태아 크기의 측정지표들
정둔장(crown-rump length, CRL): 머리부터 둔부까지의 길이
대퇴골 길이(femur length, FL), 두위/복위(head/abdominal circumference, HC/AC)
두정골간경, 양두정경(biparietal diameter, BPD): 양쪽 두정골 사이 길이(머리 직경)
예측체중(estimated birth weight): BPD, FL, AC 등을 종합·추정하는 태아의 체중.
정상 체중에서는 비교적 정확, 비정상 체중에서는 정확성이 떨어져 진단가치가 적음.
Cx: cervix(자궁경부), 그 외에 암(cancer), 합병증(complication)으로도 쓰인다.

참고문헌

[단행본]

곽윤직·김재형, 민법총칙(제9판), 박영사(2013)

권오승, 민법의 쟁점, 박영사(1993)

김현태, 불법행위론, 일조각(1979)

노병호·한경식, 사회보험법, 진원사(2010)

법원행정처, 재판실무편람 제5호: 의료재판실무편람(개정판), 법원행정처(2005)

법원행정처, 전문심리위원 제도 해설, 법원행정처(2007)

법원행정처, 조정실무, 법원행정처(2002)

송덕수, 채권법각론(제6판), 박영사(2023),

양충모, 진료정보에 관한 법적 연구, 의료정책연구소(2004)

유남석 집필부분, 편집대표 김증한, 주석 민법: 채권총칙(Ⅱ)(제4판), 한국사법행정학회(2013)

의료개혁위원회, (의료 부문의 선진화를 위한) 의료정책과제, 한국보건사회연구원(1997. 12.)

이영준, 민법총칙(개정증보판), 박영사(2007)

이은영, 채권각론(제5판), 박영사(2005)

이은영, 채권총론(제4판), 박영사(2009)

이은영, 채권각론(제5판), 박영사(2005)

정성희 외 2인, 의료배상책임의 현황과 과제: 보상체계 중심으로, 보험연구원(2020)

정영일, 형법각론(제3판), 박영사(2011)

Richard Drake 외 (조희중 외 번역), GRAY 해부학, 이퍼블릭(2010)

[논문]

강현중, "의료사고와 피해자 측의 과실", 재판자료 제27집: 의료사고에 관한 제문제, 법원행정처(1985)

권광중, "의료소송의 절차상의 제문제", 재판자료 제27집: 의료사고에 관한 제문제, 법원행정처(1985)

권영준, "법의 개인화 단상", 법조 제70권 제5호, 법조협회(2021. 10.)

권오창, “집중증거조사의 과제와 전망: 증인신문·증인진술서·감정을 중심으로”, 민사판례연구 제24권(2002. 1.)

김기영, “새로운 약제의 사용과 의사의 민사책임의 근거”, 법조 통권644호, 법조협회(2010. 5.)

김기영, “임상시험계약상 피험자의 민사법적 보호 — 의사의 진료와 의약품임상시험과의 구별을 중심으로 —”, 법조 제60권 제5호(통권 제656호), 법조협회(2011. 11.)

김민중, “의사책임 및 의사법의 발전에 관한 최근의 동향”, 민사법학 제9·10호, 한국민사법학회(1993)

김선중, “의료과오소송의 심리방식과 실무상 제문제 : 새로운 민사사건관리방식에 따른 서울지방법원의 실무를 중심으로”, 사법논집 제32집, 법원행정처(2001)

김선혜, “한방의료와 의료과실(하)”, 법조 제58권 제7호(통권 제634호), 법조협회(2009. 7.)

김선석, “의료과오에 있어서 인과관계와 과실”, 재판자료 제27집: 의료사고에 관한 제문제, 법원행정처(1985)

김선석, “민사법상의 인과관계론에 대한 재음미”, 대한변호사협회지 통권 제111호(1985. 10.)

김성수/김도형, “의료판례의 종합적 분석 및 그 전망”, 법조 제46권 제1호, 법조협회(1997. 1.)

김용빈, “의료행위의 과실과 신뢰의 원칙”, 사법연수원논문집 제2집, 사법연수원(2004)

김용빈, “의료과오소송에 있어 입증책임 완화에 따른 의료과실의 의미와 판단기준”, 의료법학 제9권 1호, 대한의료법학회(2008. 6.)

김용한, “의료과오의 서론적 고찰”, 건국대학교 사회과학 제80집, 건국대학교(1984)

김원주, “의료사고와 국가배상의 법리”, 한국행정법학의 어제·오늘·내일, 문연 김원주교수 정년기념논문집 간행위원회(2000)

김정민, “의료소송에 있어서 전자 진료기록부를 대상으로 한 증거보전절차에 대한 약간의 고찰”, 재판자료 제119집: 외국사법연수논집(29), 법원도서관(2009)

김지숙, “의료기기사고의 민사책임에 관한 연구”, 의료법학 제6권 제2호, 대한의료법학회(2005. 12.)

김천수, “환자의 자기결정권과 의사의 설명의무”, 서울대학교 박사학위논문(1994)

김천수, “진료과오 책임의 입증 및 설명의무 이행”, 의료법학 제1권 제1호(창간호), 대한의료법학회(2000. 5.)

김천수, “의사·환자관계의 성립과 진료상 주의의무”, 의료법학 제7권 제1호, 대한의료법학회(2006)

김천수, "의료와 생명공학에 대한 의료법학의 성과와 발전 ― 의료행위와 생명현상에 대한 민사법적 접근을 중심으로 ―", 민사법학 제36호, 한국사법행정학회(2007. 5.)

김형배, "인과관계", 민법학연구, 박영사(1986)

김형배, "과실개념과 불법행위책임체계", 민사법학, 한국사법행정학회(1985. 4.)

노태헌, "의료소송에서 자주 쓰이는 의학용어 및 기초의학지식", 의료소송의 이론과 실무 법관연수, 사법연수원(2011)

류화신, "의료분야의 퍼터널리즘(paternalism)에 대한 민사법적 강제", 의료법학 제6권 제2호, 대한의료법학회(2005. 12.)

류화신, "적절한 의료를 받을 기대와 손해배상책임 여부 ― 일본 최고재판소의 최근 판결을 중심으로 ―", 의료법학 제13권 제1호, 한국사법행정학회(2012. 6.)

미국사법제도연구반, "인신사고 손해배상사건에서의 손해배상액 산정(미국)", 외국사법제도(1), 법원행정처(2007)

민유숙, "의료과오로 인한 손해배상소송에 있어서 인과관계·과실의 추정과 설명의무(2004. 10. 28. 선고 2002다45185 판결 : 공2004하, 1929)", 대법원판례해설 통권 제51호, 법원도서관(2004)

박병대, "재판구조 개혁의 논리와 전개과정", 재판자료 제96집: 새로운 사건관리방식의 이해와 전망(상), 법원도서관(2002)

박영호, "의료소송과 사실적 인과관계", 법조 제52권 제3호, 법조협회(2003. 3.)

박영호, "의료과실의 입증방법", 의료법학 제6권 제2호, 대한의료법학회(2005. 12.)

박영호, "의료과실과 인과관계의 입증에 관한 대법원 판결의 태도", 의료법학 제6권 제2호, 대한의료법학회(2005. 12.)

박영호, "설명의무위반 및 치료기회상실을 근거로 한 가족들의 독자적 위자료 청구권", 법조 제58권 제2호, 법조협회(2009. 2.)

박종권, "자동차사고와 의료과오의 경합에 관한 연구", 동국대학교 대학원 박사학위논문(1992)

박종훈, "너무 과하게 치료하는 것이 아닐까?", 대한변협신문 제484호(2014. 3. 3.)

배병일, "의료계약상의 진료채무와 진료비채무와의 관계", 사법행정 제35권 제2호, 한국사법행정학회(1994. 2.)

백경희, "환자의 진료협력의무와 의사의 의료과실", 의료법학 제13권 제1호, 대한의료법학회(2012. 6.)

서영애, "의사의 지도·설명의무의 내용과 손해배상책임의 범위", 재판과 판례 19집, 대구판례연구회(2010)

서태환, "의료 행정소송실무상의 제문제", 사법논집 제52집, 법원도서관(2011)

석희태, “의사의 설명의무와 환자의 자기결정권”, 연세행정논총 제7집, 연세대학교 행정대학원(1981)

석희태, “의료과오 민사책임에 관한 연구”, 연세대학교대학원 박사학위논문(1988)

석희태, “미국 불법행위법에서의 의료과오 민사책임이론 ― 이른바 의료과오 위기와 불법행위법의 개혁 ―”, 사법행정 제35권 제5호, 한국사법행정학회(1994. 5.)

석희태, “의료과실 판단기준에 관한 학설·판례의 동향”, 의료법학 제1권 제1호(창간호), 대한의료법학회(2000. 5.)

손홍수, “진료기록 개작, 부실기재 등과 의료과오소송: 진료기록 개작 등에 대한 독립한 손해배상책임 인정에 관한 논의를 포함하여”, 사법논집 제53집, 법원도서관(2011)

신은주, “의료과오사건에 있어서 과실의 입증 및 입증방해”, 판례월보 제305호, 판례월보사(1996. 2.)

신현호, “의료소송 감정상의 문제점”, 의료법학 제6권 제2호, 대한의료법학회(2005)

안법영, “의료사고의 불법행위책임 ― 대법원과 독일연방법원(BGH)판결의 비교 고찰”, 법학논집 제33, 고려대학교 법학연구소(1997. 8.)

안병하, “위자료 기능의 새로운 이해”, 사법 제21호, 사법발전재단(2012)

양삼승, “손해배상의 범위 및 방법에 관한 독일·일본 및 우리나라 민법의 비교”, 민사법의 제문제: 온산방순원선생고희기념논문집, 박영사(1984)

양삼승, “의료과오로 인한 민사책임의 발생요건”, 민법학총론: 후암곽윤직교수 화갑기념, 위 논문집편집위원회, 박영사(1985)

양충모, 진료정보에 관한 법적 연구, 의료정책연구소(2004)

이백휴, “이원적 의료체계에서 의사와 한의사의 과실판단”, 의료법학 제12권 제2호, 대한의료법학회(2011. 12.)

이보라, “수술실 의료인의 환자안전문화에 대한 인식”, 서울대학교 간호대학 간호학과 학위논문(2019-08), 서울대학교 대학원

이성철, “의료과오소송과 입증책임”, 2010 의료소송의 이론과 실무 법관연수자료 중

이수경, “의사의 설명의무위반으로 인한 손해배상책임”, 판례연구 제24집 제1호, 서울지방변호사회(2010. 9.)

이순형, “강의는 종합예술”, 끝나지 않은 강의, 서울대학교출판부(2004)

이영환, “의료재판에 있어서 감정제도의 역할과 그 모순점 및 개선방안에 관한 연구”, 법학연구 제37권 제1호(통권 제45호), 부산대학교 법학연구소(1996. 12.)

이진성, “의사의 설명의무와 손해배상책임의 범위”, 판례월보 제353호, 판례월보사(2000. 2.)

이충상, “일본의 공동불법행위책임론 : 특히 부분적 책임론 중심으로”, 판례실무연구 제3권, 박영사(1999)
인정헌, “의료과오”, 대한변호사협회지 통권 제94호(1984. 2.)
전병남, “의료소송에 있어서의 입증책임의 완화”, 의료법학 제2권 제2호, 대한의료법학회(2001. 12.)
전병남, “의약품사고로 인한 책임경합 — 의약품제조업자·의사·국가간의 책임경합을 중심으로”, 의료법학 제7권 제1호, 대한의료법학회(2006)
전병남, “의료분쟁조정법안(약칭)의 민사법적 고찰”, 의료법학 제11권 제1호, 대한의료법학회(2010. 6.)
정미영, “한방의료분쟁의 합리적인 해결방안 연구 — 한국소비자원의 한방의료 피해구제를 중심으로 —”, 의료법학 제9권 제2호, 대한의료법학회(2008. 12.)
정영일, “분업적 의료행위에 있어서 형법상 과실책임”, 형사판례연구 제6권, 박영사(1998)
정종휴, “손해배상의 범위결정의 구조”, 손해배상법의 제문제: 성헌황적인박사화갑기념논문집(1990)
최상회, “의약품의 허가사항 외 사용으로 발생한 사고에 대한 의사와 제약회사의 책임”, 인권과 정의 통권 제400호, 대한변호사협회(2009.12.)

[기타]

나상훈, “회생의료법인 M&A과정 인수인이 무상출연 및 자금대여 조건으로 그 의료법인의 임원추천권을 갖는 내용의 운영권 양도계약의 위법 여부”, 법률신문 2022년 2월 17일
네이버 지식백과 중 두산백과
NAVER 표준국어대사전
민중에센스국어사전
박성민 기자 등, “병동 곳곳 ‘내생명 내가 결정’ 문구 — 중증치매도 연명의료 중단 가능”, 동아일보 2025. 8. 20.자
박영호, “통계로 본 의료소송”, 법원 의료법분야연구회(의료법커뮤니티) 게시판
백경희, “미국의 원격의료에 관한 고찰 — 코로나19 대치에 대한 시사점을 중심으로 —”, 법률신문(2020. 8. 27.)
법률신문, 2020. 3. 23.자, 1-3면 각 관련기사
정진경, “서울중앙지방법원 민사15부의 의료사건재판 — 전문심리위원의 활용을 중심으로 —”, 의료법커뮤니티의 소규모세미나에서 발표된 논문으로서 코트넷에 등재되어 있음

한두륜, “원격의료 규정은 원격의료를 금지하는가”, 법률신문(2022. 2. 28.)

[외국문헌]

〈일본〉

佐佐木茂美, 医事関係訴訟の実務(新版), 新日本法規出版(2005)

佐藤章 외, “胎兒假死と中樞神經系の豫後”, 周産期医学 22巻 10号, 東京医学社(1992)

鈴木利廣 외, 医療訴訟(専門訴訟大系 1巻), 青林書院,(2007)

平野龍一, 刑法總論 Ⅰ, 有斐閣(1972)

山口厚, 新判例から見た刑法(第2版), 有斐閣(2008)

李 啓充, アメリカ醫療の光と影-醫療過誤防止からマネジドケアまで, 醫學書院(2011)

中島健一郎, 歯科醫療過誤と判例, 一世出版(2004)

飯田英男, 刑事醫療過誤 Ⅲ, 株式會社 信山社(2012)

井上澄江, “民事醫療訴訟の過失判斷における添附文書の證據としての扱われ方に關する一考察”, 關西大學(2019).

井內 健雄, “誤嚥事故に關する醫療訴訟の解析”, 日本病院總合診療醫學會雜誌 16권 5호(2020)

桑原 博道, “2020年の醫療訴訟統計について”, 日本小兒科醫會會報 Vol. 62, 日本小兒科醫會(2021)

前田和彦, 醫事法講義[新編第5版], 信山社(2023)

浦川道太郎 외, 醫療訴訟(第2版), 株式會社民事法研究會(2024)

水野 謙, “ルンバール施行後の腦出血と因果關係”(日本最高裁判所 昭和 50. 10. 24. 第二小法廷判決), 別冊 Jurist 219號 醫事法判例百選, 有斐閣(2014. 3.)

醫療問題辯護團, 「醫療事故」實務入門 ― 患者側辯護士の視點から ―, 司法協會(2024)

〈영미〉

Committee on Medical Liability ― American Academy of Pediatrics, “Guidelines for Expert Witness Testimony in Medical Malpractice Litigation”, 109 Pediatrics (2002. 5.)

Ilene R. Brenner, How to Survive a Medical Malpractice Lawsuit, Wiley-blackwell (Chichester, West Sussex, 2018)

Marcia Mobilia Boumil 외, Medical Liability in a Nutshell(2nd ed.), Tomson/West(St. Paul, MN, 2003)

Marcia Mobilia Boumil 외, Medical Liability in a Nutshell(5th ed.), West Academy

(Eagan, MN, 2024)

Paul C. Weiler 외, A Measure of Malpractice, Harvard University Press(Cambridge, MA, 1994)

Sieber, Planck's Kommentar zum BGB, Bd. Ⅱ, Halfte I. 4.Aufl.

Victor Schwartz 외, Torts: Cases and Materials(11th ed.), Foundation Press(New York, NY, 2006)

William A. Cirignani, Everything You Need to Know about Medical Malpractice in Plain English, Word Association Publishers(2016)

Wietholter, Rechtfertigungsgrund des richtigen Verhaltens, 1960

판례색인

사항색인

저자약력

곽종훈(郭宗勳)

1951년 남원에서 태어났다. 전주고등학교와 서울대학교 법과대학을 졸업하고, 경희대학원 법률학과를 수료하였으며, 1983년 전주지방법원 판사로 임관하여 대법원재판연구관, 전주지방법원 부장판사, 인천지방법원 부장판사, 서울지방법원 부장판사, 서울지방법원 북부지원 부장판사, 광주고등법원 부장판사, 서울고등법원 부장판사, 서울고등법원 수석부장판사, 의정부지방법원장을 역임하고, 2016년 2월 서울고등법원 행정1부 부장판사로 법원을 퇴직하였다.

『의료소송 실무』는 법관으로 재직하면서 수행하였던 의료소송 실무, 특히 의료과오전문 재판부인 서울고등법원 제17민사부 재판장으로 재직하면서 겪었던 의료재판실무 경험과 법원 내 의료법커뮤니티 회원 및 회장으로 활동하면서 얻은 연구 성과 및 퇴직 후 변호사[법률사무소 이경(以敬), 법무법인 이경(以敬), 법무법인 시선(施善) 및 법무법인 씨케이(C.K.)]로서 활동하면서 겪은 경험을 바탕으로 우리나라 의료소송 전반을 분석, 정리하여 본 실무교재이다.

제3판
의료소송 실무

초판발행 2021년 1월 30일
제3판발행 2025년 11월 30일

지은이 곽종훈
펴낸이 안종만 · 안상준

편 집 김선민
기획/마케팅 조성호
표지디자인 박현정
제 작 고철민 · 김원표

펴낸곳 (주) 박영사
서울특별시 금천구 가산디지털2로 53, 210호(가산동, 한라시그마밸리)
등록 1959. 3. 11. 제300-1959-1호(倫)
전 화 02)733-6771
f a x 02)736-4818
e-mail pys@pybook.co.kr
homepage www.pybook.co.kr
ISBN 979-11-303-9883-9 93360

정 가 34,000원